KB215158

아주 독특하고 매력적인 현대신학 입문서가 나왔다. 지금까지는 현대신학을 특정 신학자별로 또는 신학사조의 흐름을 따라 연대기별로 다룬 책이 주를 이루었다. 그러나 이 책은 그런 통상적인 접근과는 달리 신학의 고유한 주제를 따라 지난 2세기 남짓 진행된 현대신학의 복잡다단한 논의의 미로를 추적하면서 삼위일체론부터 종말론까지 신학의 각 주제들이 어떤 현대적인 논의를 거쳐 발전되고 있는지를 일목요연하게 정리하였다. 본서는 진보적 신학을 추구하는 이들은 물론 전통적인 신학을 보수하려는 이들도 놓쳐서는 안 될 현대신학의 거대한 흐름과 핵심이슈를 잘 짚어준다. 더불어 고전적인 교리들이 다양한 현대사조의 도전을 통해 더욱 정제되고 심화될 수 있는 가능성과 전망까지 제시해준다. 그런 면에서 보수신학과 개혁신학을 공부하는 이들 모두에게 이 책은 더욱 요긴한 자료가 될 것이다. 과거의 전통을 따르는 이들도 오늘날 교회가 서 있는 해석학적 지평을 형성해온 지난 200년간의 신학적 과정을 모른 채 역사적 공백 속에서 신학을 할 수는 없기 때문이다.

박영돈 | 고려신학대학원 교의학 교수

현대 조직신학의 이해를 위한 새로운 시도다. 기존의 학자별 탐구나 역사적 연구 방법을 넘어서서 조직신학의 전통적인 주제 내에서 고전적 이해와 현대 사상 간의 역동적인 대화를 포함하는 풍성한 내용을 담고 있다. 또한 각 주제가 갖고 있는 핵심적인 논쟁을 회피하지 않으면서도, 포괄적인 이해와 통전적 접근을 모색하는 특성을 지니고 있다. 다양한 교단적 배경과 전문성을 지닌 학자들의 열린 글쓰기도 돋보인다. 현대 조직신학의 유형과 동향을 깊이 있고 짜임새 있게 살펴보기 위해 진지한 발걸음을 내딛는 이들에게 매우 좋은 안내서가 될 것이다.

신옥수 | 장로회신학대학교 조직신학 교수

본서는 조직신학의 거의 모든 주제(locus)에 대한 현대 신학자들의 논의상황을 가볍게 스케치하는 형식을 취하고 있다. 조직신학의 주제들이 우리 시대에 어떻게 다루어지고 있는지를 확인하고 보다 세부적인 연구로 나아가려는 독자들에게 이 책이 큰 도움이 되리라 생각한다. 조직신학의 각 주제(locus)를 다루면서도 어떤 "특정" 신학을 표방하지 않음으로써 기고자의 고유한 신학적 취향을 노골적으로 드러내지 않는다는 사실은 본서의 장점 가운데 하나다. 하지만 조직신학 특유의 내용적인 일관성을 추구하지 않는다는 점 때문에 독자들에게는 어느 정도 열린 독서의 태도가 요청된다고 할 수 있다. 이 책이 다루는 각각의 주제를 끊어 읽듯이 대한다면 마지막까지 흥미를 잃지 않고 무난히 읽어낼 수 있을 것이다. 이런 장단점에도 불구하고 아주 뚜렷하게 조직신학의 주제(locus)를 따라서 내용을 정리했다는 점에서 기존의 현대신학 저술들과 차별화되는 고유한 영역을 점하고 있다. 이런 이유로 이 책을 책상에 올려놓고 수시로 읽어보면 좋겠다는 마음이 든다.

유태화 | 백석대학교 신학대학원 조직신학 교수

영미권 범복음주의에 속하는 기고자들은 전통적인 조직신학의 15가지 주제들과 관련하여 현대 신학자들이 현대성과 어떻게 씨름하였는지를 보여준다. 이것이 현대신학을 역사적으로 서술하거나 신학자별로 다루는 다른 책과 구별되는 본서의 장점이다. 현대성의 주요 특징인 합리성은 종교개혁 신앙이 소개한 세계의 비신비화로서 과학을 발전시키는데, 이 과학은 신앙과는 다른 세계 해명을 제시한다. 이런 도전에 직면하여 독일신학은 중재와 사변의 방식으로 새로운 해명을 시도하였다. 기고자들은 이런 현대신학의 관심을 자기들의 상황에서 기술하면서 독자들에게 현대성의 문제를 심각하게 대면시킨다. 본서는 현대성을 제대로 직시하게 한 뒤, 신앙을 바로 해명하고 교회를 건강하게 세우는 데 큰 도움을 줄 것이다.

유해무 | 고려신학대학원 교의학 교수

본서의 기고자들은 15개의 핵심적인 신학적 주제들을 현대적 관점에서 다루고 있다. 각 주제들이 근대 이후로 다루어져온 역사적 과정을 소개하는 한편 오늘날의 상황에서 제기되는 주요 논점들에 대해 성찰하고 있다. 이 책은 전체적으로 전통적인 조직신학의 주제들을 다루는 동시에 교회 안팎에서의 그리스도인의 삶과 관련하여 "기독교 윤리학", "실천신학" 같은 주제들도 포함하고 있다. 이 책의 가장 중요한 특징은 기고자들이 대체로 균형 잡힌 신학적 입장을 견지하면서, 오늘날 급속히 발전하고 있는 자연과학을 포함한 일반 학문들과 진지하게 대화하려는 "열려 있는 영성"을 보여주고 있다는 점이다. 교회가 세상과의 소통에 실패함으로써 많은 지성인들이 교회를 떠나고 있는 한국교회의 현실 속에서, 이 책은 목회자와 신학도 그리고 기독교 신앙과 신학에 진지한 관심을 가지고 있는 교회와 사회의 지성인들에게 매우 큰 유익과 도전을 줄 것이다.

윤철호 | 장로회신학대학교 조직신학 교수

오늘날 "현대신학"이라는 표현을 자주 사용하고 있지만 그것이 무엇을 뜻하는지를 밝히기는 아주 어렵다. 현대신학은 수많은 사람들에 의해 다양한 내용과 방법들을 가지고 전개되었기 때문이다. 19세기까지는 신학이 주로 유럽에서 이루어졌으나 20세기에는 북아메리카와 아시아, 라틴아메리카, 아프리카까지 지리적으로 대폭 확장되었다. 또한 과거에는 신학이 남성 성직자들의 전유물이었지만, 오늘날은 여성과 평신도들도 여기에 가담했다. 이처럼 신학의 장(場)이나 주체마다 관심사나 현안이 다르고 접근방법이나 내용도 다르기 때문에, 현대신학의 전체 면모가 도무지 그려지지 않는다. 그러나 『현대신학 지형도』는 그런 어려움을 딛고서 지난 200년 동안 진행되어온 현대신학의 흐름을 신론, 인간론, 기독론, 성령론, 종말론 등 조직신학의 전통적 주제들과 함께 추적하면서 그 핵심과 맥락을 찾아 소개하고 있다. 그런 의미에서 본서는 "조직신학의 현대사"라 할 수도 있고, "현대 조직신학의 주제별 탐구"라고 할 수도 있다. 영미권에서 활발하게 연구하고 가르치는 조직신학자들이 열다섯 주제들을 각자의 전문성에 따라 나누어서 다루었다. 그러나 저자들은 대체로 자신이 맡은 주제에 대한 연구가 현대에 들어와 어떻게 전개되고 있는지를 특징 있는 주요 학자들을 중심으로 펼쳐놓는 공통점을 가지고 있다. 특히 개신교 학자들만 아니라 칼 라너나 제2차 바티칸 공의회 등 가톨릭 신학자들의 논의까지, 진보적인 신학자들뿐만 아니라 보수적인 복음주의 학자들까지도 의미 있게 소개하고 있다. 물론 어느 경우에도 비평적인 토론을 배제하지 않는다.

이오갑 | 케이씨대학교 조직신학 교수

이 책의 탁월함은 저자들의 면면에서 이미 예견되었다. 이미 신학의 다양한 분야에서 선도적 역할을 감당하고 있는 학자들이 『현대신학 지형도』라는 공간에서 자신들의 학문적 역량을 조화롭게 발휘하였다는 점은 놀라울 따름이다. 하지만 이 책이 지닌 진정한 미덕은 신학이라는 학문의 본질을 명쾌하게 드러내주었다는 점이다. 신학이란 책상 위에서만 이루어지는 작업이 아니라, 교회와 신학 공동체가 처한 사회문화적 환경 속에서 시대의 질문에 응답하면서 이루어지는 지적이며 영적인 노정이다. 그런 점에서 근대와 탈근대의 사상적 격랑과 과학기술의 발전, 사회문화의 격변 속에서 교회와 신학 공동체가 어떻게 응답해왔고, 또한 현대신학이라는 풍경들을 어떻게 형성해왔는가를 입체적으로 직조해낸 『현대신학 지형도』는 신학의 본분에 충실한, 이 시대의 훌륭한 안내서임에 틀림없다. 교리적 주제와 함께 윤리, 문화, 교육, 실천신학 등, 빼놓을 수 없는 신학적 주제들이 다루어진 것도 간과할 수 없는 미덕이다. 현대신학의 흐름을 한눈에 조망하고자 하는 이들에게 기쁜 마음으로 정독을 권한다.

임성빈 | 장로회신학대학교 조직신학 교수

우리시대 학문은 아직도 전문성의 칸막이가 높다. 신학을 공부하는 학생들도 자신들의 세부전공 안에 파묻혀 좀처럼 나오려 하지 않는다. 석·박사 논문을 보아도 한 가지 문제에 집중하는 것은 좋으나 그 문제가 왜 중요한지 전체적 맥락은 논의하지 않는다. 이웃마을에 마실도 가고, 옆 나라 구경도 다녀와야 우리 마을 살림살이가 더 잘 보일 텐데, 모두 자신의 달팽이집 안으로 들어가 전공의 이름으로 벽을 쌓고 안주하고 있다. 이것은 신학이라는 학문의 발전과 복음의 생명력에 치명적이다. "근대성"의 도래 이후 신학은 세상으로부터 후퇴하여 이 세계에 대한 설명을 과학자들의 손에 맡겼다. 이제 우리의 달팽이집, 자폐의 공간에서 나올 때다. 복음을 부끄러워하지 않고 신학이라는 학문을 자랑스러워하며 "근대성"이 만든 세계의 논쟁 안으로 성큼 걸어 들어가야 한다. 지난 200년간 현대신학 발전의 전체 "지형도"를 주제별로, 또한 역사적 방법론으로 한눈에 보여주는 이 책은 바로 이 일에 큰 영감과 통찰력을 줄 것이다. 길이 보이지 않으면 걸어온 길을 돌아볼 일이다. 걸어온 길의 전체 지형도를 이해할 수 있다면 우리는 새로운 길을 상상할 수 있을 것이다. 이 책은 바로 이 새로운 상상을 위한 좋은 동반자다.

장윤재 | 이화여자대학교 기독교학부 조직신학 교수

신학은 전통과 현재의 긴장과 대화의 산물이다. 신학은 현재의 도전에 대한 성찰과 해석을 그 근간으로 한다. 그리하여 모든 신학은 현재를 반성하는 "현재의 신학"이라고 말할 수 있을 것이다. 본서는 지난 200년간 일어났던 근대성의 격변 속에서 현대신학이 어떻게 태동되고 재구성되며 또한 변형되었는지를 잘 보여준다. 신학의 중요한 주제들이 철학, 과학, 문명의 역사와 발전 속에서 어떠한 신학적 지각변동과 새로운 궤적을 그려왔는지를 독자들에게 친절하게 제시한다. 근대의 시기는 매우 역동적인 신학적 창발과 격동의 시기였다. 이 저서는 현대의 신학을 태동시킨 여러 문화적 조건과 역사적 경로에 대한 다양한 정보를 담고 있다. 특히 15가지 신학의 핵심 주제가 각각 근대의 정신을 어떻게 수렴하고, 그 안에서 신학적 논점들을 어떻게 재구성하는지를 역사적으로 확인할 수 있는 조직신학 보고서이다. 이에 독자들은 지난 두 세기 근대 정신사의 변화를 현대신학과 조직신학이 어떠한 맥락에서 체화하였는지를 이 신학적 지도를 통하여 종합적으로 만날 수 있을 것이다.

전철 | 한신대학교 조직신학 교수

각 분야 전문가들의 기고를 담고 있는 이 뛰어난 논문집은 학자들과 학생들 모두의 관심을 끌 것이다. 편집자들은 독자들에게 다른 교과서들에 대한 진정한 대안을 제공하기 위해 노력하였다. 수록된 논문들은 모두 탁월하며 수준 높은 학술적인 토론을 가능하게 해준다. 역사신학적·조직신학적 접근을 통합한 이 책은 현대 기독교 신학에 대한 포괄적인 설명을 원하는 이들에게 더없이 귀한 자료가 될 것이다. 이 책을 강력히 추천하는 바다.

올리버 크리스프 Oliver Crisp | 풀러 신학교 조직신학 교수

조직신학의 전통적인 주제들을 현대성의 특수한 도전이라고 하는 렌즈를 통해 다루는 이 흥미로운 책은 신학생들을 가르치는 데 유용할 뿐 아니라 오래도록 주목할 가치가 있는 교수 자료를 제공해주고 있다. 주로 개혁파 전통에 속한 학생들을 위한 것이기는 하지만, 어떤 대상에게도 탁월한 교과서임이 입증될 것이다. 편집자들은 기고문의 수준과 통찰력에 대해 칭찬을 받아 마땅하다.

새러 코클리^{Sarah Coakley} | 케임브리지 대학교 종교철학 교수

주요 주제들에 대한 15편의 논문을 담고 있는 본서는 신중하게 주의를 기울여 연구할 가치가 있다. 기독교 신앙의 중심적인 교리를 현대성이라는 압력 아래에서 다루는 다양한 방식을 검토함으로써 현대신학을 공부하는 학생들에게 가치 있는 길잡이가 되고 있다. 풍성한 정보를 명료하게 제공하는 통찰력 있는 논문들을 담고 있기에 필독 도서 목록에 포함시킬 가치가 있다.

데이비드 퍼거슨^{David Fergusson} | 에딘버러 대학교 신학 교수

현대신학의 윤곽을 제공해주는 참으로 환영할 만한 안내서다. 이 책은 기독교 신학의 전통에서 고전적인 교리적 주제와 주요 관심사를 따라 구성되어 있기 때문에 특별히 더 가치가 크다. 기고자들의 탁월한 수준이 인상적이며, 각자가 다루는 주제에 대해 현대성의 맥락에서 분명한 안내를 제공해주는 한편 본서에서 다루어지는 주제들에 대해 분투해야 할 필요성을 확인시켜준다. 우리는 교회의 전통에 대한 책임성과 현대 문화라는 실재에 대한 민감성 모두를 잃지 않는 방식으로 복음을 전하기 위해 힘써야 한다. 때로 그렇게 하는 데 실패하더라도 말이다.

머레이 레이^{Murray Rae} | 오타고 대학교 신학 교수

Mapping Modern Theology
A Thematic and Historical Introduction

edited by

Kelly M. Kapic & Bruce L. McCormack

현대신학 지형도

조직신학 각 주제에 대한 현대적 개관

케빈 J. 밴후저·마이클 호튼·프레드 샌더스·리처드 R. 아스머 외 지음

켈리 M. 케이픽·브루스 L. 맥코맥 편집 | 박찬호 옮김

Holy
WavePlus

어제와 오늘 우리와 함께했던 학생들에게 바칩니다.

그대들은 우리에게 주신
위대한 선물입니다

켈리 M. 케이픽
Kelly M. Kapic

&

브루스 L. 맥코맥
Bruce L. McCormack

차례

감사의 말

책을 쓰고 출판하게 되는 강한 동기 중 하나가 가르치는 일에서 온다는 것은 우리 모두에게 마찬가지일 것이다. 한 학기과정을 꾸준히 가르치고 난 후, 우리 학생들이 수업에 완벽하게 대비할 수 없었던 이유가 교재가 지닌 어떤 결함 때문이었다는 결론에 도달할 때, 우리는 출판을 결심하게 된다. 지난 십 년 동안 현대신학을 가르치면서 나도 그런 필요를 느껴왔다. 현대신학을 다룬 훌륭한 책들이 많이 있지만, 그 책들은 주로 연대기 순으로 배열되어 있거나, 아니면 특별한 신학자들 혹은 신학 사조를 중심으로 배열되어 있다. 현대신학을 포괄하는 동시에 고전적인 주제들을 중심으로 정리된 연구는 보이지 않았다. 사람들은 조직신학 책을 읽거나 현대신학에 관한 책을 읽을 수는 있었다. 하지만 둘을 종합하는 것은 흔히 학생들이 져야 하는 짐이었다. 그 결과 나는 학생들이 (심지어 가르치는 사람도) 어떤 신학자나 신학 사조에 대해서는 잘 말할 줄 알지만, 지난 150-200년의 격동기를 거쳐 온 특별한 신학적 주제의 역사적 과정을 적절하게 추적할 수 있는 경우는 드물다는 사실을 발견하게 되었다. 그들은 현대신학의 이야기에 대해 폭넓은 감각을 지니고 있기는 했다. 그러나 특별한 신학적 주제가 문제되었을 때, 그들은 핵심 주제들, 반작용, 그리고 양자 사이에 발생한 발전과정 등을 충분히 이해하기 위한 필수적인 도구를 대체로 갖고 있지 못했다. 이런 상황에서 『현대신학 지형도』가 태어났다. 의심할 바 없이 더 많은 주제들과

장들이 첨가될 수도 있었겠지만, 우리는 이 책의 열다섯 장만이라도 우리가 채우기를 원했던 틈새의 빈 공간을 함께 느꼈던—여러 종류의—학생들에게 도움이 되기를 희망한다.

이 책의 출판을 준비하는 동안 우리는 현대신학 강좌의 고급과정을 선택했던 학생들에게 대부분의 자료를 검토하는 작업을 부탁했다. 그 학생들은 이 책의 많은 분량의 초고를 읽고 유익한 피드백을 제공했다. 우리는 출판과정에 곁들인 이 여분의 시간이 이 책의 내용을 보다 견실하게 만들었기를 바란다. 특별히 상세한 도움과 피드백을 제공해준 매튜 배도프(Matthew Baddorf), 저스틴 보저(Justin Borger), 캐머런 모란(Cameron Moran), 그래디 디킨슨(Grady Dickinson) 등의 옛 학생들에게 감사한다. 또한 도서관 사서인 존 홀버그(John Holberg)와 톰 호너(Tom Horner), 그리고 태드 민드먼(Tad Mindeman)의 도움에 감사한다. 이들은 이 책을 만드는 과정에 여러 가지로 도움을 주었다.

우리는 이 책의 다양한 주제에 대해 집필을 맡아주신 분들께 감사한다. 이 분들은 이 책에 고유한 목소리와 솜씨를 더하기 위해 꽉 찬 일정 중에서도 기꺼이 시간을 내주셨으며, (학생들의 피드백을 포함한) 편집자들의 다양한 형태의 조언들을 미소를 띠고 들어주셨다. 모든 집필자는 각자의 글에서 놀라운 인내심, 학문적 능력, 통찰력을 보여주었다. 이 책의 가장 깊은 중심은 분명 이 집필자들이다.

밥 호색(Bob Hosack)과 베이커 학술출판부(Baker Academic) 팀을 특별히 언급하지 않을 수 없다. 기억할 수 없을 정도로 많았던 식사 시간과 서로 나누었던 대화를 통해 나는 밥이 성실한 편집자이자 즐거움을 주는 친구임을 확인하였고, 이에 대해 깊이 감사한다. 이에 더하여 베이커 출판부의 편집 팀은 계속해서 편의를 제공했으며 생산적인 도움을 주었다. 그 도움은 이 책과 같이 크고 복잡한 원고를 다룰 때 생기는 많은 부담스럽고 힘든 과제들을 가볍게 해주었다.

그리고 나는 브루스(Bruce L. McCormack)에게 무슨 말을 할 수 있겠는가? 나는 그에게 너무나 감사한다. 나의 멘토였던 콜린 건튼(Colin Gunton)이 세상을 떠났을 때, 브루스는 여러모로 힘든 삶의 환경에 놓인 나에게 시기적절하게 필요한 때마다 사랑이 담긴 충고를 들려주었다. 나는 그의 친절에 크게 빚을 지고 있다. 이 책의 기획이 시작되던 초기부터 브루스는 전체 과정을 내다보고 도움을 주었던 훌륭한 지원자였다. 이것은 그가 이 책을 준비하는 여러 해 동안 엄청난 학문적 압박을 받았음을 뜻한다. 하지만 브루스가 이 책을 만들려는 나의 도전에 단지 학문적 능력만 빌려준 것은 아니다. 브루스와 맺은 우정은 특별히 이 기간 동안 나의 가정이 몇 가지 건강 문제에 직면했을 때, 대단히 값진 것임이 드러났다. 브루스! 여러 해 동안 베풀어 준 당신의 은혜와 격려, 또 기도에 감사하오.

이 책이 완성되는 동안 웃음과 사랑과 전망을 선사해준 것은 변함없는 나의 아내 타비다(Tabitha)와 나의 아이들 조나단(Jonathan)과 마곳(Margot)이었다. 도전적인 높은 파도와 낙담의 물결이 몰려올 때, 그들의 웃는 얼굴과 따뜻한 포옹은 없어서는 안 될 희망과 안식을 내게 제공해주었다. 그대들은 너무도 아름답다.

마지막으로 브루스와 나는 이 책을 어제와 오늘의 우리 학생들에게 헌정하고자 한다. 그들은 살아 있는 참고문헌(bibliography)이다. 그들의 질문과 분투와 열정, 그리고 하나님의 일에 대한 진정한 사랑은 항상 우리를 자극하여 앞으로 나아가도록 압박하며, 우리를 겸허하게 만든다. 의심할 바 없이 그들은 우리에게 주어진 위대한 선물이다. 우리는 이 책을 감사의 작은 표시로 그들에게 헌정한다. 어려움을 참아주고 우리를 격려해준 것에 대해, 그리고 우리가 그대들의 삶 속에서 작은 음성이 되도록 허락해준 것에 대해 감사하오.

켈리 M. 케이픽(Kelly M. Kapic)

1

서론

"현대성"을 신학적
개념으로 이해하기

브루스 L. 맥코맥
Bruce L. MacCormack
프린스턴 신학교

이 책은 지난 200여 년 동안 연구된 기독교 신학을 체계화(organizing)하는 작업과 관련하여 새로운 접근방법을 채택한다. 서구 기독교 신학의 어떤 중요한 시기를 분명하게 설명하면서, 그 시기에 발생한 교리적 발전을 통해 서구신학 **전체**를 이해하려는 훌륭한 역사서들은 많이 있다.[1] 주도적 신학자들, 또는 그들이 영향력을 행사한 영역들에 초점을 맞춘 책들도 있다.[2] 하지만 우리는 이 책에서 현대신학을 고전적인 교리들의 큰 주제와 세부주제의 흐름에 맞추어 정리하려고 한다. 그렇게 할 때 우리는 각각의 교리들이 형성되는 영역에서 발생했던 중요한 발전들을 보다 더 완전하게 제시할 수 있다. 이 방법을 따를 경우 학생들은 현대 신학자들이 다루었던 모든 주요한 교리들을 숙고함에 있어 근본적인 문제들과 직접 마주치게 될 것이다.

이 서론의 목적은 이 책의 기획에서 중심이 되는 용어인 "현대성"(modernity)의 의미에 대한 기본적인 질문을 소개하는 것이다. 이 질문은 우리 연구에 시대적 한계를 설정하는 데 도움을 줄 뿐만 아니라, 우리 연구가 어떤 것을 포함하거나 제외하는 합리적인 이유도 제시할 것이다. 지난 200년 동안에 일어났던 모든 일이 "현대적"인 것은 아니다. "전근대적인"

---

1) 예를 들어 Claude Welch, *Protestant Thought in the Nineteenth Century*, 2 vols. (1972; 재판. New Haven: Yale University Press, 1985); Hendrikus Berkhof, *Two Hundred Years of Theology: Report of a Personal Journey* (Grand Rapids: Eerdmans, 1989); Helmut Thielicke, *Modern Faith and Thought* (Grand Rapids: Eerdmans, 1990) 등이 있다.

2) 주도적인 신학자들을 통한 접근방법에 관하여 H. R. Mackintosh, *Types of Modern Theology* (London: Nisbet, 1937); Karl Barth, *Protestant Theology in the Nineteenth Century: Its Background and History*, trans. Brian Cozens and John Bowden (Grand Rapids: Eerdmans, 2002)을 보라. David Ford, ed., *The Modern Theologians: An Introduction to Christian Theology in the Twentieth Century*, 2 판 (Oxford: Blackwell, 1997)에서는 두 가지 전략이 서로 결합된다.

사고의 흐름을 여전히 변호하려고 하는 사람, 도무지 변화를 모르는 어떤 사람들은 항상 있기 마련이다(비록 그 사실에 해당하는 사람들이 거쳐 온 길들은—현대성의 내부에 위치한—그들의 역사적인 자리와 관련하여 그들이 인정하려고 하는 것보다 종종 훨씬 더 많은 [현대적인—역자 주] 것을 말해주지만 말이다). 심지어 최근 15년 동안에 단지 "반(反)현대"라고 표현할 수 있을 뿐인 한 가지 사조까지 출현했다("고대 정통주의"[paleo-orthodoxy: 20세기 후반과 21세기 초에 일어난 개신교 내의 신앙운동으로서 초기 교부들과 공의회로 돌아가자고 주장한다—역자 주]는 새로운 신정통주의다). 그럼에도 "현대"가 신학의 영역에서 무엇을 의미하는지를 확정하는 것은 쉬운 과제가 아니다. 현대라는 단어가 자동적으로 포괄하는 신학은 다양하며, 이 신학들을 모두 함께 묶는 것이 무엇인지는 쉽게 파악되지 않는다. 여기에는 어떤 명확한 정의도 주어지지 않는다. 만일 "현대"에 대한 정의를 적절한 주제로 삼는다면, 그것은 책 한 권 분량의 또 다른 과제에 해당할 것이다. 여기서 내가 할 수 있는 일은 우리가 현대신학에서 "현대"라고 부를 수 있는 어떤 단서를 출현시켰던 결정적인 시기를 지적하는 일뿐이다.[3]

"현대성"의 의미

엄격한 **신학적** 개념으로서의 "현대성"이 무엇을 뜻하는지 물을 때, 그것은 이미 다음 구분을 포함한다. 즉 사회학자들, 정치학자들, 자연과학자들, 또는 철학자들이 사용하는 "현대성"의 개념은 신학자들과 기독교 교리사가들이 사용하는 "현대성"의 개념과는 다르다. 사회학자들은 일반적으로 서구사

---

3) 다음에 유의하라. 이 책은 학자들보다는 학생들을 위한 교과서이기에 아래에서 다루어질 인물과 주제들의 해석에 관련된 이차 문헌을 선택하는 기준은 전문가의 관점에서 "최고"로 간주되는 여부가 아니라, 우선적으로 "접근가능성"(accessibility)이 될 것이다. 그래서 어떤 경우에는 보다 오래된 책들이 소개되기도 할 것이다.

회가 광범위한 농업경제로부터 자본주의, 산업화, 세속주의 등으로 옮겨간 변천을 지적한다. 정치학자들은 마키아벨리와 프랑스 대혁명과 같은 역사적 사건으로 소급되는 정치적 이론의 중요성에 대해 토론한다. 자연과학자들은 코페르니쿠스에서 뉴턴에 이르는 시기에 성서적·아리스토텔레스적 우주론이 종말을 고한 사건을 언급한다. 철학자들은 데카르트의 합리론, 그리고 라이프니츠, 흄, 칸트와 같은 위대한 사상가들을 통한 철학의 내적 발전을 소재로 삼아 자신들의 이야기를 시작하는 것을 당연하게 여긴다. 문화적 개념의 "현대성"은 이 모든 것을 포괄한다. 하지만 신학적 개념의 "현대성"은 최종적으로 이 요소들 중 어느 것으로도 환원될 수 없다(비록 어떤 요소가 다른 것보다 우리의 주제에 조금 더 부합한다고 해도 마찬가지다).

신학사가들이 처음으로 "현대"신학이라는 표현을 사용하기 시작한 것은 아마도 독일에서일 것이다. 독일은 특별히 영국과 비교했을 때 산업화가 매우 늦게 발생한 나라다. 독일은 프랑스에서 발생했던 종류의 세속화에 어느 정도 성공적으로 저항했고, 1918년에 이르러서야 비로소 민주주의 국가가 되었다(그때도 그것은 비극적인 결함이 있는 형태에 불과했다).[4] 독일에 관한 진실은 그런 사회적이고 정치적인 발전이 현대신학이 도래한 후에야 비로소 뿌리를 내릴 수 있었고, 그 발전이 현대신학을 만들어낸 것까지는 아니라고 해도 그 신학의 차후 발전에 대한 조건이 되었다는 사실이다. 현대 독일 신학을 예비하는 길을 놓아주었던 앞선 조건들을 살펴볼 때, 우리는 그 진실에 보다 더 가까이 접근하게 된다. 그 길은 과학혁명 안에서, 항해의 결과로 얻어진 비유럽 문화권과 그들의 역사에 대한 지식이 증가함에 따라서, 그리고 자연종교를 황폐케 만든 흄의 비판 그리고 "앎"을 현상적 외형의 영역에 제한하는 칸트의 인식론에 의해 예비되었다. 다른 말로 하면, 그

---

4) 독일이 현대신학에서 차지하는 중요성에 관해 더 많은 자료를 John E. Wilson, *Introduction to Modern Theology: Trajectories in the German Tradition* (Louisville: Westminster John Knox, 2007)에서 찾을 수 있다.

길은 삶의 물질적인 조건들보다는 지적인 조건들 안에서 예비되었다.[5] 하지만 그것들은 단지 앞서 마련된 조건들일 뿐이다. 그 조건들이 사태 자체는 아니다.

"현대"신학은 내가 보기에 (한편으로는) 교회에 기반을 둔 신학자들이 과거로부터 계승한 정통주의적 교리들을 변호하여 그것들이 부식하지 않도록 막으려는 시도를 멈추었던 시점에서 등장했다. 그 시점은 정통주의적 교리들에 내재된 신학적 가치들이 어떻게 전적으로 새로운 표현으로 제시될 수 있는가, 그리고 성찰을 위한 새로운 범주들의 옷을 입을 수 있는가의 질문이 보다 근본적이고 도전적으로 제기되던 때이기도 했다. 그렇다면 그 시점은 교회의 영역을 떠받치는 토대가 "적응"(accommodation)이라는 전략으로부터 "중재"(mediation)라는 과제로 전환된 때를 뜻한다.[6] 신학적 과제와 관련된 철학에서 우주론에 기초를 둔 신적 존재의 형이상학이 인간학에 기초를 둔 형이상학으로 변화했던 것이 결정적인 순간이었고, 바로 그 순간이 (다른 한편으로) 위의 전환에도 영향을 미쳤다.

기독교 신학에 결정적인 영향을 미쳤다는 관점에서 볼 때, 내가 서술하기로 계획하는 "전환들"은 특별히 몇 가지의 매우 기본적인 결정이 야기한 것이었다. 장구한 신학의 역사 속에서 단계별 시대들은 신학적 숙고의 모든 영역에서 교리들을 형성시켰던 근본적 질문과 관심사를 갖고 있었다. 초기 교회에서 가장 위대한 영혼들의 관심을 사로잡았던 것은 삼위일체와 기독론이었다. 중세 초기로 건너가면서 아우구스티누스의 인간론이 큰 역할

---

5) 과학혁명 그리고 지리학과 세계사 영역에서의 지식의 팽창이 성서 비평학을 등장시키는 데 수행한 역할에 대한 놀랍도록 분명하고 설득력 있는 묘사를 Klause Scholder, *The Birth of Modern Critical Theology: Origins and Problems of Biblical Criticism in the Seventeenth Century* (London: SCM/Philadelphia: Trinity, 1990), 46-87에서 보라. 자연과학과 신학의 관계에 대한 보다 넓은 토론은 John Dillenberger, *Protestant Thought and Natural Science: A Historical Interpretation* (Westport, CT: Greenwood, 1977)에서 볼 수 있다.

6) 이 용어들의 의미는 다음 단락에서 분명해질 것이다.

을 담당하였는데, 이것은 결과적으로 사람들의 관심사를 구원론으로부터, 하나님이 죄 많은 인간 존재와 어떻게 화해하시는지 알고 싶다는 욕구 쪽으로 옮긴 셈이 되었다. 중세 중기는 성례전이 발전했던 전성기였다. 이 시기에 성례전은 세심하게 정의되고, 성례전의 숫자가 확정되는 등 많은 일이 일어났다. 종교개혁 시대가 중심으로 삼은 것은 칭의론이었다. 현대의 가장 핵심적인 질문은 **하나님의 본성, 그리고 세계에 대한 하나님의 관계**가 되었다. 이와 같이 각각의 시대에 1) 창조, 2) 하나님의 존재와 세계에 대한 하나님의 관계, 3) 계시의 영역 등에서 "기본적인 결정"이 내려졌다. 각각의 영역은 다른 영역의 교리적 관심사를 계속 발전시키는 토대가 되었다. 기독교 신학에서 "현대적"이라는 의미를 이해하려고 하면서, 이제 우리가 뒤돌아 숙고해야 하는 것은 그와 같은 기본적인 결정들이다.

창조론: 적응에서 중재로

코페르니쿠스(Nicolaus Copernicus, 1473-1543)가 1543년 『천체의 회전에 관하여』에서 발표한 사상은 그 책이 발간되기 이미 여러 해 전부터 소문으로 떠돌고 있었다. 그렇기 때문에 마르틴 루터는 1539년이라는 이른 시기에 그 사상에 대해 잠정적인 입장을 취할 수 있었다. 루터는 여호수아가 정지하라고 명령했던 것(수 10:12-14)이 지구가 아니라 태양이었기 때문에, 지구가 하늘에서 움직인다는 것이 어떻게 가능한지 이해할 수가 없었다.[7] 어떻든 간에, 그것 외에도 아리스토텔레스가 알려준 물리적 우주론과 창세기의 특별한 첫 장들이 서술하는 성서적 우주론이 "일치"(fit)한다는 신념은 신학자들을 압박하여 양쪽의 우주론을 계속해서 통합해 나가도록 만들었다. 교회의 신학과 자유로운 과학적 탐구 사이의 중간 지대에서 안드레아스 오시안더(Andreas Osiander, 1498-1552)는 양자의 평화로운 공존을 가능케 할

---

7) Scholder, *Modern Critical Theology*, 47.

조건을 마련하는 일을 맡게 되었다. 코페르니쿠스의 위대한 책에 덧붙여진 서명 없는 서문에서 오시안더는 천문학자들이 천체 운동의 진정한 원인을 발견하지 못했다고 주장했다. 사정이 그렇다면 천문학자들의 관찰은 단지 그런 운동들이 지표면에 확고히 고정된 사람에게 어떻게 보이는지만을 이해시켜줄 뿐이고, 또 미래에 어떻게 보일지를 계산하는 기초만을 놓아줄 뿐이다. 다시 말해 천문학자들의 작업은 단지 "가설적"이며, 사물들이 실제로 존재하는 방식과는 일치하지 않는다.[8]

이런 주장은 케플러(Johannes Kepler, 1571-1630)와 같은 후대의 천문학자들의 심기를 불편하게 만들었다. (그들은 자신들의 가설이 사실이며 어떤 기술적인 구성 연습에 불과한 것이 아니라고 믿었기 때문이다.) 그럼에도 오시안더는 자연과학에 그럭저럭 호의를 베푼 셈이 되었다. 갈릴레이(Galileo Galilei, 1564-1642)가 코페르니쿠스와 케플러가 묘사한 운동을 (망원경을 통해) 자신의 눈으로 직접 보았다고 주장할 때까지 양대 교단(가톨릭과 개신교)의 관리들은 천문학자들의 작업이 단지 "가설"일 뿐이라고 간주하는 것에 만족하였고, 그래서 그것은 전승된 정통교리에 위협이 되지 않는다고 보았다. 그 결과 과학자들은 교회의 방해를 받지 않고 상대적으로 자유롭게 탐구할 수 있었다.

케플러는 고의는 아니었지만 (오시안더가 베푼—역자 주) 은혜를 갚게 되었다. 케플러는 자신의 과학적 작업이 "가설"이라고 말해지는 것을 기뻐하지 않았다. 그래서 그는 교회와 자연과학 사이에 합의된 평화에 대해 다소 다른 기초를 제시했는데, 그것은 계시의 본성 자체에 놓인 기초였다. 한때 튀빙겐 신학교(Stift)의 회원이었던 케플러는 신학훈련을 잘 받은 사람이었기에, 신학자들이 걱정하는 것을 잘 이해하고 있었다. 그것은 지구가 태양 주위를 돈다고 말하면, 성서의 궁극적인 저자인 성령이 거짓말쟁이가 된다

---

8) Dillenberger, *Protestant Thought and Natural Science*, 42(오시안더의 서문에서 인용한 긴 문장이 여기에 있다).

는 염려였다. 케플러는 이 문제를 다음과 같이 풀었다. "성서는 일상적인 일들을 사람들에게 ("가르치"려고 의도하기보다는) 인간적인 방식으로 말해주기 때문에 사람들은 그 일들을 잘 이해할 수 있다. 성서는 고차원적이고 신적인 일들을 우리에게 전달하기 위해, 사람들 사이에서 의심할 수 없이 일어나는 확실한 사건들을 사용한다."[9] 성령께서 여호수아에게 "태양아, 멈추어라"라고 명령하라는 영감을 주셨을 때, 그분은 공간 안에서 운동하는 천체들의 실상을 우리에게 가르치려고 의도하신 것이 아니었다. 오히려 성령께서는 계시를 그 시대에 파악될 수 있는 수준에 맞추셨다. 자연과학과 관련된 어떤 것을 여호수아에게 가르치는 것은 성령의 의도가 아니었기 때문에, 성령께서 어떤 거짓에 대해 비난을 받으실 필요는 없다.

(위의 진술에서 이미 ─ 역자 주) "적응"이라는 개념은 다소 옛 것으로 보이고, 케플러도 틀림없이 그것을 의식하고 있었다. 아우구스티누스와 칼뱅 모두 창세기 1장에서 6일 간의 창조를 해석할 때 그 개념을 사용했는데, 그 결과는 놀랍도록 달랐다.[10] 칼뱅은 신적 계시를 이해할 때 그 개념을 사실

---

9) Scholder, *Modern Critical Theology*, 55. 여기에 케플러의 『새로운 천문학』 (*Astronomia nova*) 서문의 인용문이 있다.

10) 아우구스티누스는 전능하신 하나님께서는 창조를 위해 6일을 필요로 하지 않으시며, 그분은 만물을 동시에(한순간에) 창조하셨다고 주장했다. 그의 주장에 따르면 하나님께서 창조의 행동을 "6일"이라는 용어로 계시하신 것은 그것을, 피조물 사이의 어떤 논리적이고 인과적인 관계를 전달하도록 고안된 인간적 이해에 적응시킨 것이었다. 참조, Augustine, *The Literal Meaning of Genesis*, 1권, trans. John Hammond Taylor, SJ (New York: Newman Press, 1982), 36-37, 154를 보라. Augustine, *City of God*, trans. Henry Betterson (Harmondsworth, UK: Penguin Books, 1980), 435-36. 칼뱅은 아우구스티누스에 동의하지 않으면서 다음과 같이 주장했다. 신적 "적응"은 반드시 하나님께서 말씀하시는 것과만 관계가 있는 것이 아니라, 때로는 하나님께서 **행하시는 것**과도 관계가 있다. 하나님께서 자신의 일을 완성하시기 위해 (글자 그대로) 6일을 택하신 것은 그 자체로 하나님의 교육적인 목적이다. John Calvin, *Commentaries on the First Book of Moses Called Genesis* (Edinburgh: Calvin Translation Society, 1847), 78을 보라.

상 중심으로 삼았다.[11] 그러나 케플러가 그 개념을 사용했던 것은 의도적인 것이 아니었다. 그는 단지 성서 본문의 "이해하기 어려운 점"을 해결하려고 했을 뿐이다. 그의 의도는 과학적 탐구에 필요한 자유로운 공간을 마련하려는 것이었다. 하지만 케플러는 의도하지는 않았지만 보수적인 주해 방법을 제시한 셈이 되었는데, 그 방법은 특별한 (주석적―역자 주) 탐구의 결과가 논쟁의 여지가 없을 때는 자연과학과의 충돌을 피할 수 있게 해 주는 것이었다. 그 결과 우리는 성서에서 어떤 본문의 의미가 과학적 진리와 갈등을 일으키는 증언을 하지 않는 경우에, 그 과학적 진리를 당연한 것으로 받아들이고 진리로 주장할 수 있게 된다. 태양이 태양계의 중심이라는 사실이 인정되고 나서 여호수아 10장이 제기하는 진짜 문제는 (문자적인 읽기가 흔히 함축하는) 태양의 운동이 아니라 지구의 운동과 관련된다. 그러므로 본문 자체는 다른 원천으로부터 알려진 것에 "적응되었다." 이것은 과학이 주해를 다소간 통제하고 있음을 뜻한다.[12] 물론 이것이 현대신학이라고는 아직은 말할 수 없다. 하지만 이것은 마침내 현대신학을 태동하는 지적인 조건

---

11) 에드워드 다우이는 신적 적용의 개념이 "하나님의 앎"에 대한 칼뱅의 이해를 결정짓는 특징들 가운데 하나라고 보았으며, 칼뱅의 저술들 가운데 이 생각이 널리 퍼져 있음을 보여준다. Edward A. Dowey Jr., *The Knowledge of God in Calvin's Theology*, 3판 (Grand Rapids: Eerdmans, 1994), 3-17을 보라.

12) 예를 들어 글리슨 아처는 "만일 24시간을 주기로 자전하는 지구가 실제로 멈추었다면, 지구 전체 그리고 지표면의 모든 것에 상상도 할 수 없는 대재앙이 몰아닥쳤을 것이라는 반대 의견이 있어왔다"고 말한다. Gleason L. Archer, *Encyclopedia of Biblical Difficulties* (Grand Rapids: Zondervan, 1982), 161을 보라. 아처는 지구가 자전하는 것이 단지 늦어졌을 뿐이지 멈춘 것은 아니라고 제안함으로써, 이 본문이 제기하는 문제를 해결하려고 시도한다. 이에 대해 흥미로운 것은 그 문제를 이런 방식으로 이해하는 것조차도 자연과학이 어느 정도 성서주해에 영향을 미친다는 사실을 인정하는 것인데도, 아처는 그것을 전혀 의식하지 못하고 있다는 점이다. 비판자들은 이렇게 말한다. "거의 충분한 영향은 아니다!" 하지만 여기서 나의 논점은 아처가 이 본문에서 지구의 자전을 이해하는 데 "어려움"을 겪던 루터로부터 멀리 벗어났다는 사실이다. 다시 말해 아처의 해석은 태양이 멈추어 서 있어야 한다는 명령의 의미를 여호수아와 그의 독자들이 어떻게 이해했는가에 대한 이해로부터 멀리 벗어나 있다.

을 마련했던 의미심장한 양보였다.

성서적이고 아리스토텔레스적인 우주론은 마침내 전 우주의 현상을 중력이라는 단일 법칙으로 설명할 수 있다는 뉴턴(Isaac Newton, 1642-1727)의 주장을 통해 잠재워졌다. 1687년 뉴턴의『자연철학의 수학적 원리』(*Philosophiae Naturalis Principia Mathematica*)가 발간된 이후 한 세기 동안에는 신학이 자연과학에 관여할 수 있는 어떤 큰 발전도 이루어지지 않았다. 신학자들은 과학적인 설명 안에서 "간격"(gaps)을 발견하려고 애썼는데, 간격이란 우리가 보다 더 복잡한 설명을 얻고자 한다면 반드시 하나님을 생각해야 하는 장소를 뜻했다. 그러나 이것은 그다지 적합한 방법이 아니었다. "간격"의 숫자는 점차 줄어들었다.

최종적으로 사태를 진척시킨 것은 철학적 인식론의 영역에서 칸트(Immanuel Kant, 1724-1804)가 이룬 작업이었다. 칸트는 경험적인 재료가 없다면 엄격한 의미에서 지식이란 있을 수 없다고 생각했다. 우리의 지식에 내용을 제공하는 것은 감각이며, 인간의 지성은 지식의 형식을 제공한다. 그렇다면 어떤 관찰자도 없었던 때의 일들을 증언하는 창세기 1장의 본문, 어떤 사람도 감각적인 자료를 수용한 적이 없는 그런 일들에 대해 우리는 어떻게 생각해야 하는가? 이 사실만으로도 많은 사람들이 창세기 1장의 이야기가 지니는 과학적 가치를 의문시하는 데는 충분했다. 그러나 창세기 1장의 과학적인 가치를 인정할 수 없다고 해도, 바른 빛에서 살펴본다면 그것은 창조론이라는 신학적 가치를 여전히 지니고 있다. 프리드리히 슐라이어마허(Friedrich Schleiermacher, 1768-1834)와 같이 교회를 염두에 두는 기독교 신학자들에게 창세기 1장을 바른 빛 안에서 본다는 것은 다음을 의미했다. 그것은 창세기 1장을 (과학이라는―역자 주) 특수한 문제의 해석을 위한 도구가 아니라(이것은 분명히 인위적인 과정으로 보일 것이다), 신학자들이 기독교 교리의 내용 전체를 관통하여 숙고하도록 돕기 위해 고안된 도구로 해석하는 것이다. 그렇게 이해되는 "실질적인(material) 원리"는 (만일 이 후대의 용어가 허용된다면) 그 자체로 기독교인들이 구속의 경험으로 삼는 지성과 심성의 움직임에 속해야 한다. 그것은 다른 교리의 내용들이 연역되어 나오는 시초의 선험적인(*a priori*) 원리가 아니다. 오히려 그것은 어떻게 (구속을 포함한) 모든 교리가 생겨나고 조직되어야 하는지에 대한 후험적인(*a posteriori*) 설명이다. 슐라이어마허 자신은 "절대의존의 감정" 안에 있는 이 원리가 예수 그리스도 안에서, 그리고 예수 그리스도에 의해 성취된 구속을 통해 수정된다고 보았다.[13]

우리는 여기서 "현대"신학의 주요 흐름 중 최소한 한 가지에 기초가 되는 어떤 사실과 마주치게 되는데, 그것은 "실질적 규범"의 용도가 교육적 도구와 비판적 원리 둘 다라는 사실이다. 교육적인 도구로서의 그 규범은 신학자들이 어떤 분야의 특수한 교리가 취급하는 실질적인 내용에 접근하는 것을 가능하게 해주는데 여기서 접근방식은 다른 교리들에 대한 그 신학자의 접근방식과 일치하는 것이어야 한다. 비판적 원리로서의 그 규범은 무엇이 교의학에 포함되기에 적합한 것인지에 대한 사변을 제어하고 경계선을 설정하는 기능을 행하였다. 이 두 가지 기능은, 함께 묶어 생각한다면, 전통적인 가르침을 현대성의 조건 아래서 "중재"하는 데 기여했다.

나의 제안은 우리가 "현대"신학의 출현을 포착할 수 있도록 도와주는 것이 바로 "적응"으로부터 "중재"로의 움직임이라는 사실이다. 이것이 창조신학의 분야에서 처음 발생한 것은 역사적인 우연이었다. 하지만 일단 발생하고 나자 그것은 기독교 교의학을 건립하는 데에 근본적인 것이 되었다. 기독교 신학에서 "실질적인 원리"를 사용하는 것에 자주 반대했던 칼 바르트(Karl Barth, 1886-1968)조차도 내가 방금 묘사한 의미의 실질적인 규범을 사용하였고, 그렇게 함으로써—바르게 관찰된다면—그 자신도 기독교 신학에서 중재의 전통에 (제일 마지막 주자로서 느슨하게) 속한다는 사실을 스

---

13) 이렇게 설명하는 것은 슐라이어마허의 "실질적인 원리"가 기독교의 본질에 대한 그의 정의(교의학 11장)의 한 가지 기능임을 시사한다. Friedrich Schleiermacher, *The Christian Faith*, trans. H. R. Mackintosh and J. S. Stewart (Philadelphia: Fortress, 1976), 52를 보라.

스로 증언했다. 교의학적 활동의 첫 단계에서 바르트의 비판적 규범은 그의 계시 개념에서 발견된다. 창조론을 자세히 설명할 때도 바르트를 인도했던 질문은 "만일 계시가 내가 묘사했던 것과 같다면, 창조는 무엇이어야 하는가?"였다. 다르게 표현하자면 하나님이 계시 안에 존재하시는 동시에 존재하지 않으신다는 사실이 바로 계시(예수의 육체라고 말하기로 하자)의 중재를 통해 우리에게 객관적으로 주어진다면, 다시 말해 하나님께서 자신의 본래적 존재로서의 신적 주체이기를 중단하지 않고서도 자신을 객관화하실 수 있다면, 이것은 하나님과 창조 중인 세계 사이의 관계에 대한 질문에 어떤 빛을 던지는가?[14] 예정론의 개정 이후에 바르트의 비판적인 규범은 주로 "역사화된"(historicized) 기독론에서 발견된다(이것은 흔히 바르트를 연상시키는 "기독론적 집중"이 출현한다는 신호다). 하지만 바르트는 자신의 교의학적 연구 활동 전체를 통해 슐라이어마허가 자신보다 앞서 행했던 바로 그 일을 행하였다. 즉 바르트는 교육적이고 비판적인 (후험적) 원리를 유용하게 사용했다.

신학 안에서 현대라는 시기가 동터 올 즈음에 슐라이어마허는 다음을 염려했다. 즉 (현대라는—역자 주) 그날은 자연과학자들이 천체의 운동뿐만 아니라 심지어 물리적인 우주의 기원에 대해서도 완벽한 설명을 제공하게 될 때 도래할 것이다. 슐라이어마허는 다음과 같이 말한다.

나는 많은 사람들이 아직도 여전히 관습적으로 기독교의 본질과 분리시키는 것이 불가능하다고 간주하는 것 없이도 우리가 신학을 잘 수행할 수 있기를 배워야 한다고 단지 예견할 따름이다. 나는 6일 동안의 창조가 아니라, 창조 자체의 개념, 곧 모세의 연대기(모세 오경—역자 주)를 전혀 참고하지 않은 창조, 그리고 해석자들이 고안해 낸 모든 믿기 어려운 이성적 합리화에도 불구

---

14) 이러한 사고의 맥락은 Karl Barth, "*Unterricht in der christlichen Religion,*" *Zweiter Band: Die Lehre von Gott/Die Lehre vom Menschen, 1924/1925,* ed. Hinrich Stoevestandt (Zürich: TVZ, 1990), 213-20에서 분명하게 제시된다.

하고 일반적으로 이해되는 창조 개념을 가리키고 있다. 전통적·성서적인 창조 개념은 어떤 사람도 회피하거나 거부할 수 없는 과학적 결론으로 구성된 세계관의 권세에 대항하여 얼마나 더 버틸 수 있을 것인가?[15]

슐라이어마허는 자신의 교육적이고 비판적인 규범을 통해 창조신학을 제한하여 정밀과학과의 갈등을 피할 뿐만 아니라[16] 창세기 1장의 창조 이야기를 합리적으로 사용할 수 있는 길을 발견했다.

이 장은 슐라이어마허의 창조론을 포괄적으로 해설하는 장소가 아니다. 여기서는 슐라이어마허 자신의 언어로 그의 접근방법을 묘사하고 그 결과를 간략하게 소개하는 것으로 충분할 것이다. "창조론은 특별히 모든 이질적인 요소를 배제하려는 관점에서 설명되어야 한다. 그렇게 하여 기원의 물음이 대답되는 길에서 "절대의존의 감정"의 순수한 표현과 모순되는 어떤 것이 우리의 영역 안으로 몰래 잠입하지 못하도록 막아야 한다."[17] 존재하는 모든 것은 하나님께 절대적으로 의존되어 있어야 하기 때문에, 기독교 창조론은 "하나님으로부터 비롯되었다고 하면 무엇이든 배제하려 드는 세계의 기원에 대한 모든 주장"에 반대해야 하며, "세계 안에서 그리고 세계를 통해 일어나는 조건과 반명제들 아래 하나님을" 위치시키려는 세계

---

15) Friedrich D. E. Schleiermacher, *On the Glaubenslehre: Two Letters to Dr. Lücke*, trans. James Duke and Francis Fiorenza (Atlanta: Scholars Press, 1981), 60-61.

16) Ibid., 64을 보라. 만일 우리의 교회를 처음으로 출현시켰던 종교개혁이 살아 있는 기독교 신앙과 완벽하게 자유롭고 독립적인 탐구 사이에 영원한 언약을 세우려고 노력하지 않았다면, 그래서 신앙이 과학을 방해하지 않고 과학 또한 신앙을 배제하지 않도록 하지 않았다면, 기독교 신앙은 우리 시대가 필요로 하는 것을 적절하게 충족시키지 못했을 것이고, 그 결과 우리는 다른 어떤 믿음을 요청하였을 것이다. 그런 믿음을 확립하기 위해 어떤 대가를 치르든지 말이다. 하지만 그 언약의 기초가 종교개혁 시대에 이미 확립되었다는 것이 나의 확신이다.…그렇기 때문에 나는 내가 할 수 있는 한 최선을 다해 우리의 기독교 의식에서 어떤 요소를 진정으로 표현하는 모든 교의가 과학과 뒤엉킴 없이 자유롭게 남아 있을 수 있도록 형성되어야 한다는 것을 보여주려고 했다. 나는 특별히 창조와 보존의 교리를 다루면서 그 과제를 수행했다.

17) Schleiermacher, *Christian Faith*, 148.

의 기원에 대한 모든 개념에도 반대해야 한다.[18] 이런 이해로부터 슐라이어마허는 창세기 1장의 주석이 지지하는 다음 결론을 이끌어낸다. 1) 하나님은 창조 시에 선재하는 재료를 가지고 일하지 않으신다. 왜냐하면 하나님이 창조하지 않으셨는데도 취급될 준비가 되어 있는 어떤 재료가 있다면, 그 재료는 하나님으로부터 독립적일 것이며, 그때 절대의존의 감정은 파괴되고 말 것이며, 신적인 건축자라는 개념은 법정에서 축출될 것이기 때문이다. 2) 만일 기독교 창조론이 하나님을 "세계 안에서 그리고 세계를 통해 일으켜지는 조건들과 반명제들 아래" 위치시키려는 모든 것을 바르게 배제한다면, 그때는 아마도 하나님이 행동하기 전에 신중하게 숙고하셨다고 간주될 수 없을 것이다. 창조가 하나님의 "자유로운" 행동인 것은 확실하지만, 신적인 "자유"가 "선택을 동반하는 그 이전의 숙고" 또는 "하나님께서 세계를 창조하지 않으실 수도 있었다"는 어떤 가능성으로 이해된다면, 그것은 잘못된 생각이다. 하나님 안의 "자유"를 이런 식으로 정의하는 것은 그것이 "필연성"과 대립된다고 속이는 것이고, 또 하나님을 창조된 세계 내부의 생명의 조건에 적합한 반명제 아래 위치시키는 것이다. 하나님의 자유는 "타자성"(Otherness)에 있고, 하나님이 모든 활동 안에서 그분 자신의 인격과 존재가 되실 수 있는 능력에 있다. 다시 말해 하나님의 자유는 하나님이 "최선"이라고 생각하시는 것(라이프니츠가 생각했던 것)을 결정하기 이전에 가지고 계셨을 어떤 선택의 가능성들 가운데 하나를 선택하는 것에 있지 않다. 그리고 어떤 경우에도, 스피노자가 (슐라이어마허가 인정했을 수도 있는 문구로) 표현했던 것처럼 "하나님 안에서는 본질과 의지가 일치하기 때문에 하나님이 다른 세계를 원하셨을 수도 있었다는 주장은 마치 하나님이 다른 존재일 수도 있었다고 말하는 것과 동일하다"라는 식으로 말할 수 없다. 그것은 즉 하나님이 어떤 다른 하나님이 된다는 것을 뜻한다.[19] 3) 하나

---

18) Ibid., 149-50.

19) Spinoza, *Ethics* I, 명제 33. David Friedrich Strauss, *Die christliche Glaubenslehre in ihrer geschichtlichen Entwicklung und im Kampfe mit der modernen*

님이 창조의 행동을 (창조 이전의 영원성 안에서 - 역자 주) 이미 시작하셨다고 생각될 수도 없다. 이것은 창조가 "영원한" 것이라고 생각되도록 해줄지는 모르지만, 슐라이어마허는 이런 관계성의 형식적 표현을 거부한다. 만일 우리가 창조가 영원하다고 말한다면, 창조는 하나님으로부터 독립적으로 되고, 이것은 절대의존의 감정을 파괴할 것이기 때문이다. 여기서 슐라이어마허는 두 가지 가치를 주장한다. (a) 하나님은 결코 세계 없이 존재하신 적이 없고, (b) 세계는 자신의 존재와 관련하여 신적인 활동에 항상 절대적으로 의존해왔다. 슐라이어마허의 결론은 하나님만이 (시간을 초월하는 의미에서) "영원하시다"는 것이다. 세계가 시간을 초월하지 못하고 시간적 구조를 갖는다는 사실은, 슐라이어마허가 보기에는 창조주와 창조세계 사이를 적절하게 구별하는 데에 충분하다. 하지만 "영원"이라는 용어에 의존하지 않고 어떻게 시작이 없는 창조를 말할 수 있는가? 알렉산더 슈바이처(Alexander Schweizer, 1808-1888)는 나중에 어떤 시작도 알지 못하는 세계의 존재를 묘사하기 위해 ("영구성" 또는 "항구성"이라는 뜻의 라틴어 셈피테르니타스[sempiternitas]로부터 온) 영구성(Sempiternität)이라는 단어를 사용하곤 했다. 그런 세계는 "항구적"(everlasting)이지만, 그러나 오직 하나님만이 "영원"(eternal)하시다.[20] 아마도 나는 여기에 다음을 덧붙여야 할 것 같다. 그것은 언어적인 유희가 아니라, 하나님과 세계가 다른 종류의 존재에 기인한다는 (하나님은 시간을 초월하는 존재이며 세계는 시간적 구조를 갖는 존재라는) 실재적 구별이다. 4) 슐라이어마허는 "무로부터의 창조"(creatio ex nihilo)라는 문구의 의미가 하나님이 창조 시에 어떤 도구나 수단도 사용하지 않았다는 이해에 국한되는 한, 그 문구를 기꺼이 사용한다. 슐라이어마허는 "무로부터의 창조"가 하나님께서 오직 "자신의 말씀"만으로 창조하셨

  Wissenschaft (Tübingen: C. E. Osiander/Stuttgart: F. H. Köhler, 1840), 1:636에서 재인용.

20) Alexander Schweizer, *Die christliche Glaubenslehre nach protestantishen Grundsätzen*, 2판 (Leibzig: S. Hirzel, 1877), 1:266.

다는 신약성서적 표현의 힘이라고 믿었다. 신약의 그 표현은 하나님이 어떻게 일하셨는가에 대한 실증적인 설명이라기보다는 비판적인 의미로 해석되어야 한다는 것이다.

하나님의 창조 활동을 관찰한 사람이 없다는 사실이 기독교 창조론에 야기하는 문제들을 다루는 다른 방식도 있었다. 말하자면 그것은 독일의 관념철학이 추구했던 사변적 방식이었다. 하지만 이 전략은 세계에 관계하시는 하나님의 존재에 대한 철저히 개정된 이해에 창조를 종속시키는 결과를 수반했다. 그것이 이제 우리가 살펴볼 두 번째 주제다.

세계와 관계하시는 하나님의 존재: 사변신학

(교회적이라기보다는 엄격하게 학문적인) 철학적 신학의 영역에서 "현대성"을 마주하는 일은 임마누엘 칸트의 인식론이 하나님의 지식에 부과했던 도전을 전제한다. 비록 오늘날 많은 신학자들이 칸트의 업적을 경시하는 경향이 있기는 하지만, 그렇게 할 때 그들은 철학자들의 지지를 받을 수 없을 것이다.

칸트에게 "지식"은 그의 용어로 하자면 "오성(Understanding)의 범주들"을 감각을 통해 받아들인 자료들에 적용함으로써 생겨난다. "범주들"은 감각을 통해 제공되는 원재료들로부터 우리의 지식의 "객체들"을 구성하는 과정을 통제하는 해석학적인 규칙들과 같다.[21] 칸트는 이 범주들이 본성에서 선험적이고 그 숫자는 고정되어 있다고 믿었다. 사실 칸트는 그 범주들을 아리스토텔레스의 "논리표"에서 읽어내었다(예를 들어 양, 질, 그리고 관계).[22] 이 견해의 최종적인 결과는 중요했다. 그것은 사물들이 일단 오성의 범주들의 처리 과정을 거치면, 인간적 주체가 알 수 있는 것은 다만 "사물이

---

21) 신학자들을 위한 칸트에 대한 훌륭하고 간략한 개요는 Diogenes Allen, *Philosophy for Understanding Theology* (Atlants: John Knox, 1985), 203-19에서 발견된다.

22) A. C. Ewing, *A Short Commentary on Kant's "Critique of Pure Reason"* (Chicago: University of Chicago Press, 1938), 136.

자신에게 어떻게 보이는가"일 뿐임을 의미했다. 인간적 주체는 사물의 참된 존재인 "물자체"(things in themselves)를 알지 못한다. 그러므로 그 결과는 인간적 인식 주체와 실제로 존재하는 인식 대상 사이의 인식론적 "분열"(메울 수 없는 틈)이다.

지금 우리는 칸트의 생각, 곧 인간적 지식의 형식들(말하자면 범주들)이 배타적으로 선험적이며 그 숫자는 고정되어 있다는 생각은 잘못이었다고 말해야 한다. 그러나 칸트는 인간의 정신이 우리가 지식이라고 여기는 것에 어떤 기여를 한다고 믿었다는 점에서는 중요한 진척을 이루었다. 인식의 과정은 **구성적**(constructive) 요소를 갖는다. 우리는 우리의 지식을 대상을 향해 구성한다. 완전하게 "객관적인" 지식은 우리의 인식의 범위 너머에 있다.

인간 이성의 한계를 이렇게 설정함으로써 칸트는 "기성의(ready-made) 세계"의 존재에 대한 계몽주의적 확신에 종지부를 찍었다.[23] 즉 우주의 질서가 발견되기를 기다리면서 단순히 "저기 바깥에" 있다는 생각을 끝장낸 것이다. 우주의 단일성에 대한 객관적인 근거("하나님")는 한편으로 우리가 가지고 일할 수 있는 어떤 감각 자료도 없기 때문에 알려질 수 없다. 하나님은—칸트의 견해에 따르면 도덕적인 삶을 위해—요청될 수 있고 요청되어야 하지만, 알려질 수는 없다. 그리고 만일 하나님이 알려질 수 없다면, (총괄개념으로서의) "세계"라는 개념은 최종적으로 인간적 상상력의 구성물에 불과하다. 이런 결론에 도달하면서 칸트는 우주론적인 기반의 형이상학을 인간론적인 기반의 형이상학으로 전환시키는 데 필요한 조건들을 형성했다. 이 시점 이후부터 형이상학은 단지 인간적 의식(그것의 본성과 역사)을 출발점으로 취하는 한에서만 생존할 수 있게 되었다.[24]

---

23) Hilary Putnam, "Why There Isn't a Ready-Made World," in *Realism and Reason: Philosophical Papers* (Cambridge University Press, 1983), 3:205-28.
24) 종종 우주론에 의해 인도된다는 인상을 주는 20세기의 과정철학과 과정신학조차도 하나님과 세계의 관계를 인격적인 용어로 이해하곤 하며, 그렇게 하여 전체 구도에서는 인간론의 중요성을 입증한다.

칸트 이후 위대한 독일 관념론자들은 인식의 주체와 객체 사이의 분열을 양자가 함께 출현하는 무조건적 근거, 즉 동일성(identity)이 발생하는 지점이 존재한다고 설정함으로써 극복하려고 했다. 헤겔(Georg Wilhelm Friedrich Hegel, 1770-1831)에게 세계사는 신적인 자기지식의 역사로 설명된다. 온전한 자기의식에 이르기 위해 신은 자기 자신으로부터 "바깥으로 나와야" 하며, 자신 안에 자신과 "다른" 한 존재 양태를 설정해야 한다.[25] 이와 같은 자기설정의 행동은 일단 "소외"를 초래하는데, 이것은 보다 고차원적인(higher) 화해를 아직은 알지 못한다. 화해가 발생하려면, 무한한 주체(Infinite Subject)와 유한한 세계가 "함께 속하는 존재"(이 둘의 본래적인 동일성)가 이해되어야 한다. 화해가 일어나려면 시원적인(originating) 동일성이 인간에게 계시되어야 한다. 다시 말해 신과 인간의 암묵적인 통일성이 명시적으로 드러나야(계시되어야) 한다. 헤겔에게 신의 자기계시는 나사렛 예수 안에서 발생한다. 그 한 인간 안에서 소외가 화해로 전환하는 사건이 발생한다. 그 전환 안에서 신과 인간의 시원적인 동일성이 시간 안에서 알려지고, 인간이 신을 아는 것이 가능해진다. 인간은 그 전체 과정을 움직이는 것이 신의 자기사랑임을 알게 되면서, 신에 대한 두려움을 극복하게 된다. 이제 인간은 그 "자기사랑"에 참여할 수 있다.

이와 같은 사고 "체계" 전체의 관건은 신이 자신에 대한 인간적 지식 안에서, 그리고 그 지식을 통해 신 자신에 대한 완전한 지식에 이르게 된다는 근본적인 주장이다. 신과 인간, 나아가 신과 세계 사이에는 깊숙이 자리 잡은 존재적 연결이 있다. 인간의 의식 안에서 발생하는 것이 신이 시간 안에서 자신을 실현하는 매개체가 된다는 점에서, 신의 존재는 구체화된다. 그것은 관념에 그치는 것이 아니라, 실재의 충만함이다. 그 결과 세계의 질서는 더 이상 단지 "저기 바깥에" 있는 것으로만 생각되지 않는다. 오히려 그

---

25) 이어지는 개요는 G. W. F. Hegel, *Lectures on the Philosophy of Religion*, one-vol. ed., *Lectures of 1827*, ed. Peter C. Hodgson (Oxford: Clarendon, 2006)에 근거한다.

것은 역사적 질서이고, 그 질서의 종말은 이미 폭로되었지만 아직 도래하지는 않았다.

이 "체계"를 지탱하는 하나님 개념과 관련하여 헤겔이 행한 것은 스피노자의 무한한 실체(infinite substance)를 무한한 주체(an infinite Subject)로 교체한 것이다.[26] 이 단계를 거치면서 신의 존재는 그의 활동의 배후 또는 아래에 놓여 있는 불변하는 "본질"이 더 이상 아니게 되었다. 오히려 신은 자신이 행하는 바, 바로 그것이다. 신 안에서 본질과 존재는 하나라는 점에서 헤겔은 토마스 아퀴나스에 동의할 수 있었다. 그러나 이제 본질을 규정하는 것은 거꾸로 하나님의 **살아내어진**(lived) 존재다. 이 개념 안에 함축된 신과 세계의 관계가 범신론적인 방향성을 지니는 것은 명백하다. 하지만 다음 사실 역시 언급되어야 한다. 대부분의 사람들이 "범신론"이라고 생각하는 것은 스피노자가 실제로 신과 세계의 관계에 대해 말했던 것이라기보다는, "하나님이냐 자연이냐"(*Deus sive natura*)라는 스피노자적 형식으로부터 추론된 연역에 근거하고 있다. 스피노자의 무한한 실체는 이미 모든 개별자들과 존재론적으로 구별되는데, 그 실체는 **홀로** "그 자체로"(in itself) 존재하고, 그 자체를 통해(through itself) 인식된다는 점에서 그러하다.[27] 다른 모든 사물은 타자를 통해 존재하고, 그것들은 그 유일한 실체의 "양태들"(modes)이다.[28] 헤겔의 경우에 "범신론"은 분명히 신이 어떤 또는 모든 개별존재와 동일하다는 것을 의미하지 않는다. 오히려 범신론은 신이 만물 안에서 작동하는 힘이라는 것을 의미한다.[29] 슐라이어마허가 "범신론"이라

---

26) Frederick Beiser, *Hegel* (New York: Routledge, 2005), 67, 71.

27) Ibid., 59.

28) Michael Della Rocca, *Spinoza* (New York: Routledge, 2008), 58-69.

29) 이 점에 관하여 Hegel, *Lectures on the Philosophy of Religion*, 28-29에 있는 하지슨(Peter C. Hodgson)의 편집자 서문을 보라. 하지슨은 "스피노자의 철학 성향은 무신론이라기보다는 무우주론[우주라는 실체의 부정]으로 기울고 있다. 왜냐하면 무엇보다 이 철학이 확증하는 것은 세계의 현실태라기보다는 신의 현실태이기 때문이다"라는 중요한 언급을 한다. 스피노자의 "무우주론"은 칼 바르트에게서 흥미로운 반향을 발견한

는 단어의 의미를 확대하여 창조주와 피조물 사이의 급진적인 구별을 포괄시켰던 것(심지어 무로부터의 창조 개념에 깃들어 있는 비판적인 가치를 확증하도록 했던 것)은 이 용어에 대한 대부분의 엉성한 정의가 그것의 실제적인 용법으로부터 얼마나 멀리 벗어나 있는지를 우리에게 알려준다.

헤겔이 오늘의 시대까지 기독교 신학자들에게 지니는 매력은 특별히 다음 세 가지로 정리될 수 있다. 첫째, 헤겔은 칸트의 불가지론을 극복했다. 헤겔의 신은 인간적 이성에게 알려질 수 있다. 둘째, 존재의 궁극적 근거를 자연과 역사의 과정에 둠으로써 헤겔은 자연과학을 철학에 복속시키는 방법을 발견했다. 이 사고방식이 지니는 변증적인 가치는 엄청났다. 헤겔의 철학적 신학은 "사변적"이라고 말해졌는데, 이 말은 실재(reality)의 궁극적 근거에 대한 지식은 오직 [실재] 그 자체 안에서만, 그것의 "자기수여"(Self-giving) 안에서만 발견될 수 있다는 사실을 가리킨다. 우리는 우리 자신이 세계 내에서 인식했다고 생각하는 질서로부터 제일원인까지 소급하여 추론할 수 없다. 그 추론은 반드시 신으로부터 시작되어야 한다. 이것은 일관된 "위로부터의" 사고를 뜻한다. 그렇지 않으면 우리는 실제로 존재하는 신으로 마칠 수 없을 것이다. 그러나 신을 사고의 출발점으로 삼는 것이 합리적이지 못한 비약이라고 생각하는 것은 잘못이다. 그 과정의 합리성은 바로 그 방식이 채택하는 출발점의 이유를 밝히는 가치, 곧 존재하는 다른 모든 것을 설명할 수 있는 그 출발점의 능력에 의해 보장된다. 이것이 왜 헤겔이 변증적인 관심을 지닌 신학자들에게 그토록 매력적인가 하는 이유를 말해준다. 이 신학자들은 슐라이어마허가 종교의 뿌리를 "감정"에 둠으로써 확보하고자 했던 "종교의 독립성"을 언제나 비합리성을 향한 걸음으로 보

다. "말씀 안에 계신 하나님에 대한 어떤 지식을 전제할 때, 실제로 발생하는 것은 세계의 존재와 상태가 하나님의 존재와 상태에 의해 (그 반대의 경우보다) 훨씬 더 의문시된다는 사실이다"(*Church Dogmatics* III/1, ed. G. W. Bromiley and T. F. Torrance [New York: T&T Clark, 2004]), 6. 바르트의 논점은 세계를 믿는 것보다 하나님을 믿는 것이 더 쉽다는 것이다. 스피노자는 아마도 이 점에 동의하였을 것이다.

려고 했다. 셋째, 헤겔의 "체계"는 강한 신정론을 위한 기초를 제공한다. 유한의 무한으로의 지양(止揚, Aufhebung)이라는 헤겔의 개념은 신이 유한의 가장 극단적인 한계—죽음—를 자신의 존재로 취하고, 그곳에서 그것을 정복하는 행동에서 목표에 도달한다. 그리스도의 십자가와 부활은 죽음이 아니라 하나님이 우리의 미래이심을 뜻한다. 이 사실은 악의 문제에 대한 강력한 해결책을 제공한다. 그 해결책은 하나님이 단지 우리와 공감만 하시는 것이 아니라 이 세상 안의 우리의 존재와 의미에 대한 위협을 직접 손안에 취하시고 그것을 자신 안에서 극복하신다는 사실이 자각될 때 분명해진다. 하나님은 멀리 머물러 계시지 않고 우리의 상황 안으로 완전히 들어오시며, 그것을 내부로부터 변화시키신다.

헤겔의 새로운 개념은 한 가지 결정적인 점에서 슐라이어마허를 넘어서는 커다란 발걸음을 내디뎠다. 슐라이어마허는 고전적 유신론을 따르면서 하나님의 고난당할 수 없음(또는 "영향 받을 수 없음")뿐만 아니라 하나님 안의 완전한 단순성(simplicity 또는 "구성요소의 결여")도 여전히 확신했다. 헤겔은 그렇지 않았다. 헤겔 이후 현대 신학자들은 대체로 고전적인 유신론에 작별을 고했다. 그 시점 이후부터는 우리가 많을 것을 배워야 하는 전환기적인 인물인 위대한 슐라이어마허조차도 헤겔에 의해 극복된 존재로 간주되었다. 이와 관계된 교리의 영역에서 "현대"가 무엇인지 정의해준 사람은 그 누구보다도 헤겔이었다.

계시 개념: 정보 전달에서 자기계시로

교리사가로서의 재능에서는 심지어 칼 바르트를 능가하는 볼프하르트 판넨베르크(Wolfhart Pannenberg, 1928-2014)는 현대신학의 여명기에 계시 개념에 두 가지 중요한 변화가 발생했다고 지적했다. 첫째는 역사적 사건들 안에서, 그리고 그것들을 통한 하나님의 현시에 기초한 "외적 계시"와 "성서적 증인들이 그 사건들을 주관적으로 해석한 결과로서의 영감" 사이를 구분한 것이다.[30] 그 구분에서 판넨베르크는 "영감"이라는 단어를 상당한 정도까지 "자연화시켰다"(naturalize). 영감은—최소한 부분적으로는—계시의 사건들이 인간적인 해석자들에게 미친 영향이다. 하지만 이 사실은 성령이 "영감"의 주체시라는 다소 전통적인 이해를 배제하지 않고, 오히려 성령의 사역을 증인들이 목격했던 바로 그 역사적인 사건들과 연결한다. 그 과정에서 아무런 증인도 없는 사건들이 계시되었다는 정보에 근거했던 오래된 계시론적 견해는 소리 없이 뒷전으로 밀려난다. "영감"이라는 주관적 경험이 역사적인 사건들과 연결되지 않는다면, 대부분의 사람들은 그것을 그 경험에 대한 시적 표현으로 이해하든지, 아니면 (신학적) 자료들에 근거한 상상력의 숙고로 이해할 것이다. 그러므로 보다 확고한 기초를 확보하려면, 우리는 성서의 증언들을 역사적인 사건들과 관련지어야 한다. 이 단계에서 역사비평학은 아직 유아기적인 상태에 있었고, 그것의 급진적인 가능성은 그 당시에는 예견되지 않았다.[31] 하지만 객관적인 것과 주관적인 것 사이의 구별은 역사비평을 위한 공간을 만들어내었고, 결국 다비트 프리드리히 슈트라우스(David Friedrich Strauss, 1808-1874)와 같은 비판적인 학자에게 문을 열어준 셈이 되었다.[32]

논쟁의 여지가 있다고 해도 판넨베르크가 그렸던 더 중요한 둘째 발전은 "영감과 구별되는 역사적인 계시"를 "하나님이 계시의 주체가 되실 뿐만이 아니라 그것의 배타적 내용과 주제도 되신다는 개념"과 연결시킨 것이

---

30) Wolfhart Pannenberg, *Systematic Theology* (Grand Rapids: Eerdmans, 1991), 1:221.

31) 판넨베르크는 여기에서 다루는 구별의 앞선 실례를 칼 루트비히 니츠(Carl Ludwig Nitzsch, 1751-1831)의 계시의 본성에 대한 1805년 논문에서 발견한다. Ibid., 200-21 을 보라.

32) 1835년 슈트라우스의 예수의 생애 연구의 발간과 함께 비판은 더욱 부정적으로, 심지어는 자의식적으로 파괴적인 것이 되었다. Strauss, *The Life of Jesus Critically Examined* (Philadelphia: Fortress, 1972)를 보라.

다.[33] 다른 말로 하면 하나님께서는 이것저것에 대한 정보를 계시하시는 것이 아니라, 오히려 **자기 자신**을 계시하신다. 하나님의 "**자기계시**" 개념은 요한복음 1:1과 히브리서 1:1에서 발견된다. 하지만 그런 어구 자체는 "주체와 내용(content)의 엄격한 동일성(identity)이라는 의미에서" 독일 관념론자들이 처음으로 채택한 것이다.[34] 하나님이 계시의 주체이신 동시에 내용이라고 말하는 것은, 하나님이 계시 안에서 행동하시는 동시에 **그분 자신이 바로 그 행동**이라고 말하는 것이다. 하나님의 존재는 **계시의 행동 가운데 있는** 존재다.

이 주장의 중요성을 설명하는 데는 한 가지 이상의 방법이 있다. 우선 그 주장은 하나님의 존재가 "자기구별과 화해"의 역사적 과정 안에서 그리고 그 과정을 통해 **구성된다**(constituted)는 것을 의미한다. 예를 들어 헤겔은 신이 시간 안에서 자신을 계시하면서 발생하는 신의 "생성"(becoming)이 신 자신에게 "필수적"이라고 이해했다. 그 생성이 신의 존재 자체에 본래적인 "결정"(determination)의 결과라는 의미에서 그렇다는 것이다. 신은 바로 그런 생성을 통한 길 외에 다른 어떤 방법으로 신일 수 없다. 하지만 헤겔의 이 주장은 (시간 이전이라는 의미에서) 하나님의 영원하신 "자기결정"의 행동의 결과(바르트)로 이해될 수도 있다. 이때 영원한 자기결정은 시간 안의 계시를 예비하는 신적 존재로서의 하나님의 존재를 구성한다. 이것이 칼 바르트의 견해다. 이제 바르트와 헤겔의 견해 차이는 다음과 같다. 바르트는 내재적 삼위일체가 시간 이전의 (즉 세계 창조 이전의) 영원 안에서 완전하게 실현되어 있는 것으로 이해하는 반면에, 헤겔은 내재적 삼위일체를 엄격하게 단지 종말론적 실체로 이해한다. 바르트에게 하나님의 존재는 "원-결정"(Urentscheidung, 즉 "원초적 결정")에 근거하고, 이 결정에서 하나님은 자기 자신에게 하나님으로서의 존재를 부여하신다.[35] 그 결정이 예정

---

33) Pannenberg, *Systematic Theology*, 1:222.

34) Ibid., 222-23.

35) Barth, *Church Dogmatics* II/1, 50, 168. Eberhard Jüngel, *God's Being Is in*

(election, 선택)이다. 이것은 헤겔과 바르트의 또 다른 차이점이다. 왜냐하면 헤겔에게는 예정이라는 개념이 없기 때문이다.

어떻든 계시를 일차적으로 하나님의 "자기계시"로 이해하는 것은 성서를 계시에 대한 증언 곧 부차적 파생적 의미의 계시로 이해하는 것이다. 이런 움직임은 어떤 측면에서는 현대 이전의 기독교 전통에서 잘 준비되어 있었다. 아주 초창기부터 기독교인들은 한편으로 아버지에 의한 아들의 "영원한 나심"(eternal generation)의 결과와, 다른 한편으로 예언자들과 사도들의 영감 사이를 구별하는 것을 당연하게 여겼다. 비록 그들이 그 구별의 결과를 끝까지 사고하지는 않았다고 해도 말이다. 아들의 "영원한 나심"의 개념은 아들이 아버지의 존재에 참여되어 있음을 확고히 해주었다. 아버지는 아들이 "완전한 하나님"이 되도록 자신이 지닌 모든 것(존재양식과 속성들)을 아들에게 주신다. 이 기초 위에서 인성과 신성의 인격적 연합을 말할 수 있게 되었고, 그 결과 오직 예수 그리스도만이 신성과 관련해서는 (니케아 신경이 말하는 것처럼) 아버지와 동일본질(homoousios, 하나의 실체)이고, 인성과 관련해서는 우리와 동일본질(하나의 실체)이라고 말할 수 있게 된다. 이 둘 중 어느 것도 성서의 저자들에 대해서는 말해질 수 없다. 그들은 자신들 안에 내주하면서 영감을 주시는 성령과 (삼위일체적) 인격적으로 연합되어 있지 않고, 하나님의 존재에 참여할 수도 없다. 현대신학에 이르러 (그 자체로도 대단히 근본적인) 이 구별에 더하여 다음과 같은 생각도 부정되었다. 그것은 성서 저자들이 신적인 "도구"였다는 생각인데, 이것은 종종 현대 이전의 신학자들을 유혹하여 성서의 형성에 인간들이 기여했다는 사실을 경시하도록 만들었다.[36]

Becoming: The Trinitarian Being of God in the Theology of Karl Barth, trans. John Webster (Grand Rapids: Eerdmans, 2001), 86를 참조하라. "우리는 하나님의 원래적인 결정을 하나님의 존재 양태를 구분하는, 하나님의 존재 안의 **사건**으로 이해해야 한다."

36) 내가 언급하는 "도구화"의 종류 가운데 다소 극단적인 실례는 Athanagorus, *Embassy for the Christians [and] The Resurrection of the Dead*, ed. Joseph Hugh Crehan,

이 발전의 최종적인 결과는 처음에는 첫째 발전의 결과와 동일했다. 즉 성서 연구에 대한 보다 비평적인 접근방법이 가능한 공간이 만들어졌다. 하지만 장기적으로 이 발전은 기독론에 보다 큰 관심을 갖게 만들어, 기독론이 기독교 교의학의 기초적인 결정 영역이 되도록 했다. 판넨베르크는 칼 바르트가 "자기계시"의 개념을 "유일무이성"과 연결하는 것에서 너무 멀리 나갔고, 그 결과 오직 그리스도만을 하나님의 계시와 하나님의 앎을 위한 유일한 근원으로 보았다고 생각한다.[37] 그러나 나는 개인적으로 이 연결의 뿌리가 이미 헤겔 안에 존재하고 있었으며, 그래서 바르트의 움직임이 전혀 전례가 없는 것은 아니라고 생각한다.[38] 어떻든 간에 바르트의 "기독론적 집중"은 20세기 후반의 신학에 결정적인 영향을 미쳤고, 로마 가톨릭교회의 공식적인 신학에도 반향을 일으켰다.[39]

SJ (Westminster, MD: Newman, 1956), 39에서 발견할 수 있다. "나는 진리에 대해 그토록 배우려는 열망이 있는 여러분들이 모세와 이사야와 예레미야와 여타의 예언자들에 관한 기초지식을 갖고 있지 않다고는 생각하지 않는다. 그들은 하나님의 영이 그들을 움직였을 때 진통 가운데서 그들 자신의 추론을 멈추고, 마치 플루트 연주자가 플루트를 연주하듯이, 성령께서 그들을 사용하도록 자신을 내맡기면서 말했다."

37) Pannenberg, *Systematic Theology*, 1:223.

38) 우리가 이미 본 것처럼 (세계 과정을 생성시키는) 이념에 필연적인 헤겔의 목적론은 무한이 유한을 무한 자신에게로 취하여 유한의 제한성을 극복하는 목적론이다. 이것을 성취하기 위해 무한은 스스로 유한이 "되어야"만 했다. 무한은 죽음에 존재하는 유한의 가장 먼 극단을 "경험"해야만 했다. 이제 죽음은 구체적으로 한 사람의 개인 안에서 경험되는 어떤 것이다. 그것은 사건 자체의 본성상, 하나님이 한 사람의 개인과 완벽하게 동일하게 되실 때만 "경험하실" 수 있는 어떤 것이다. 기독교인들은 그 개인이 예수였다고 믿는다. 헤겔의 "구체성의 원리"가 일관성과 생존능력을 획득하는 것은 정확하게 바로 이 지점이다.

39) 자기계시의 개념을 수용하고 그것에 로마 가톨릭교회의 권위적인 입장을 부여했던 제2차 바티칸 공회는 계시가 우리에게 도달하는 두 가지 흐름이 있다고 상정했다. "거룩한 전승과 거룩한 성서는…서로 밀접하게 연결되어 있고 서로 소통한다. 왜냐하면 두 가지 모두 동일한 신적인 원천에서 흘러나와 동일한 목표를 향해 움직이기 때문이다. 거룩한 성서는 성령의 영감(문자적으로는 호흡) 아래 쓰인 것이기 때문에 하나님의 말씀이다. 그리고 전승은 영원 안에서 주 그리스도와 성령께서 사도들에게 맡기신 하나님의 말씀을 전달한다." Walter M. Abbott, SJ, ed., *The Documents of Vatican II* (New

정의(定義)를 대신하여 : 결정적인 계기들

우리는 "현대"신학을 탄생시킨 "결정적 계기들"의 덮개를 벗기는 일에 착수했다. 우리의 노력이 결과적으로 포괄적인 정의를 내린 것은 아니었고, 우리는 그것을 의도하지도 않았다. 다만 다음과 같은 것이 어느 정도 잠정적으로 말해질 수 있다. 첫째, "현대" 신학자들은 모두 중재 또는 사변에 기꺼이 참여한다. 만일 자연과학이 기독교 신학에 제기하는 문제들을 한데 묶어 폐기하려는 의도가 아니라면, 그렇게 해야만 한다. 내가 여기서 채택한 "중재"라는 단어는 그 단어에 해당하는 19세기의 "학파"만 아는 사람들이 생각하는 것보다 폭넓은 의미를 갖는다. 그런 학파에서 발견되는 "중재"의 원래 형태는 변증적인 관심사에 의해 주도된 형태였고, 보통 슐라이어마허와 헤겔 사이를 "중재하려고" 시도했다.[40] 이것은 그들의 신학 안에 (예를 들어 이자크 도르너[Isaak Dorner, 1809-1884]에게) 강한 사변적 요소가 있음을 뜻하였고, 이것은 알브레히트 리츨(Albrecht Ritschl, 1822-1889)의 "반형이상학적인" 사고에 대한 혐오에서 온 것이었다. 그러나 리츨은 이후의 바르트와 같이 그리스도 안의 하나님의 "자기계시"를 중심으로 사고하려고 시도했다. 이와 같은 "집중"은 리츨의 경우 그의 사고의 기초적 요소들을 함께 연결해 준 일련의 주제적인 "관점들"(예를 들어 소명, 칭의, 화해)을 열어주었고, 이 사실은 리츨이 기독교 교리들을 조심스럽게 선택된 몇 가지 "원칙들"의 도움을 받아 재구성했다는 것을 보여준다. 이것은 리츨 역시 내가 여기서 (느슨하게) 정의한 "중재"에 속하는 한 가지 형식에 몰두했음을 뜻한다.

둘째, "현대" 신학자들은 고전적인 유신론을―그들이 계속해서 그것을 얼마나 존중하든지 상관없이―뒷전으로 밀어버린다. 그들은 나사렛 예수

York: America Press, 1966), 117을 보라.
40) 19세기 중후반에 변증론 성향을 지닌 독일의 신학자들의 "학파"를 묘사하는 기술적인 용어로서의 "중재 신학"(mediating theology)에 대해 Welch, *Protestant Thought*, 1:269-73을 보라.

안에서 구체화된, 세계에 대한 하나님의 관계를 하나님의 "자기결정"의 결과로 본다. 그때 "자기결정"이 단지 "본질적으로만" 하나님께 속한다고 단순하게 생각할 것인지, 아니면 (바르트가 그렇게 하려고 했듯이) "원초적인 결정"(primal decision)이라는 의미로 이해할 것인지는 이차적인 숙고의 문제다. 어느 경우든 하나님의 "자유"는 주의주의(主意主義)적(다른 선택들 가운데에서의 한 가지 선택—역자 주)으로 이해된다.

셋째, 하나님의 자기계시는 "계시" 자체로 이해된다. 이때 성서는 하나님의 자기계시의 사건을 증언하는 범주로 이해될 것이다. 비록 성서학자들이 다양한 종류의 비평학을 어떻게 수행하는지에 대해 심각한 의구심이 있기는 하지만, "현대" 신학자들은 성서 비평학의 작업을 원칙적으로 승인한다. 그들이 성서 비평학의 연구 결과들 중 일부를 수용할 수 없는 경우도 있다는 것은 두말할 필요도 없지만, 그러나 그런 판단은 성서학자들 자신도 자신이 소속된 집단의 다른 사람의 작업에 대해 흔히 내리는 종류의 것이다.

더 많은 것을 말할 수도 있겠지만 여기서 우리는 다음의 평가로써 만족한다. 우리가 위에서 고려한 결정적인 계기들은 기독교 신학을 수행하는 한 가지 양식(Style)을 만들어냈고, 하나의 새로운 시대를 출발시켰다. 이 단계들을 밟아야 할 필요를 심각하게 여기지 않는, 기독교 신학에 대한 다른 접근방법들도 "현대"라는 시대 안에 존재하기는 하지만, 그러나 그 방법들 자체는 "현대적"이라고 할 수는 없다. 그런 방법들은 자신들이 직간접적으로 "현대적인" 신학들, 그리고 그 신학을 태동시킨 문화적 조건들에 관여하는 한에서만, 자신들 역시 현대에 속한다고 예시할 수 있을 것이다.

결론

우리가 지금까지 전개한 이야기는 "현대"신학의 초기 단계에 초점을 맞추었다. 이 시기는 신학자들이 변화의 시대, 나아가 위기의 시대에 살고 있다는 훨씬 더 큰 자의식의 시기였다. 그 변화를 이해하고 그것에 적응하는 것은 최고의 질서를 추구하려는 신학적 도전이었다. 이 도전은 일차적으로 주로 독일어를 말하는 개신교인들이 수행했다.[41] 우리가 개관했던 기본적인 결정들은 그들이 내린 것이다. 이후 "현대"신학은 더 발전하면서 (주로 서구에 국한되기는 했어도) 국제적인 이야기가 되었다. "현대" 신학이 다른 지역으로 전해지면서 경험했던 조정은 그 자체로도 흥미로운 이야기인데, 그렇게 된 부분적인 이유는 현대화하려는 경향에 대한 미국의 저항이 생각보다—심지어 영국보다도—컸기 때문이다. 스스로 "현대적"이라고 생각했던 미국 신학자들조차 자신들이 "독일 개신교 신학자들의 과잉"이라고 인식했던 것에 반대했었다. 그러나 그것도 또한 적응과 동화의 이야기다.

시간이 흐름에 따라 신학자들은 자신들의 작업이 각자 살고 있는 역사적인 시대의 문화적인 조건들을 반영하는 정도를 점점 덜 인식하게 되었다. 현대 신학자들은 현대성을 당연하게 여기기 시작했고, 새롭고 전례 없는 어떤 일을 하고 있다는 의식이 일으킨 흥분은 약화되었다. 그 결과 이 책에 나

---

41) 사후에 출판된 크로얼 강연(Croall Lectures)에서 매킨토시(H. R. Mackintosh)는 내가 교사로서 종종 듣는 반대 의견을 앞서 예견했다. "애국적인 영국인은 작금의 신학연구에서 교리사 또는 넓은 의미에서 앵글로 색슨 사상사에 영국인이 기여한 기록이 전혀 또는 거의 없다는 사실에 어느 정도 치욕을 느낄 것이다. 이웃 영역인 철학에서와 마찬가지로 신학에서도 우리는 유럽 대륙에서 유행하는 사상운동을 기록하는데 거의 모든 시간을 소비해야 한다. 철학이나 신학 분야는 거의 독일 사람들의 이름으로 가득 차 있다"(H. R. Mackintosh, *Types of Modern Theology* [London: Nisbet, 1937], 2-3). 매킨토시는 계속해서 지리적인 조건에서 온 차이라는 용어로 19세기 신학에서 독일인들의 탁월함을 설명한다. 그는 세 가지를 거명한다. 첫째, 독일의 신학 교수진이 영국의 교수진보다 많았다. 많은 재능 있는 사람들의 연합된 노력이 의미 있는 성과를 산출하지 않을 수 없었다. 둘째, 독일에서 교회와 국가의 관계가 실제로는 독일 신학자들의 학문적인 자유를 보호하는 데 기여했다. 전체적으로 독일의 신학자들은 교회의 검열에 덜 노출되었다. 셋째, "독일 민족의 특징인 철저하고 정확한 지식의 사랑, 곧 우리가 철저성(*Gründlichkeit*)이라고 부르는 것"이 있었다. 하지만 매킨토시는 비록 "앵글로 색슨 민족의 평균적 지성이 그보다 상당히 덜 학문적이기는 하지만", 그러나 매우 자주 "훨씬 더 건전한 판단"을 내린다는 사실로써 스스로를 위로한다(Mackintosh, *Types of Modern Theology*, 4).

오는 많은 신학자들―특별히 20세기의 신학자들―은 자신들의 신학이 현대적인지 아닌지의 질문에 거의 주의를 기울이지 않는다. "현대성"의 적절한 의미를 다시 묻게 된 것은 소위 포스트모던의 도래 이후부터이다.

이 책의 집필자들에 대해 몇 마디 할 말이 남았다. 집필자들은 자신이 서술한 교리 분야의 전문가들이다. 그들 각자는, 포괄적인 의미에서 "복음적"이고, 일부는 복음주의 기관에서 가르치고 있다. 물론 모두가 다 그런 것은 아니다. 하지만 다른 이들도 "주류" 교단에 속해 있고 그 교단의 신학교 또는 대학에서 일하고 있다.

집필자들은 그것이 유형론적(typological)이든, 주제 중심적이든, 아니면 거의 역사학적이든 자신만의 접근방식을 택하도록 안내를 받았다. 무엇을 포함시킬지 그리고 무엇을 합리적으로 배제할지에 대해 그들은 상당한 자유를 부여받았다. 분별력 있는 독자는 몇몇 집필자들에게, 현대 신학자들이 다루는 문제들을―그것들이 이전의 일련의 고전적인 사고로 소급될 수 있음에도―현대 신학자들 자신의 고안물로 생각하려는 경향이 있음을 알아차리게 될 것이다. 다른 집필자들(나 자신을 포함하여)은 현대 신학자들이 다루는 문제들이 일련의 고전적인 사고 체계에 이미 내재되어 있는 문제이며, 이것들은 단순한 회귀가 시도되는 곳에서는 언제나 언급되지 않은 채 남아 있음이 틀림없다고 생각한다. 하지만 편집자들은 집필자들에게 그런 근본적인 문제에 대해 이런저런 방식의 선택을 전혀 강요하지 않았다. 각각의 집필자들에게는 각자가 보고 있는 그 분야의 지층을 스스로 묘사할 수 있는 자유가 주어졌다. 그 결과 이 책이 다루는 많은 인물과 문제들을 둘러싼 의견 차이가 자연스럽게 집필자들에게서 고스란히 드러난다. 우리는 그 차이의 평준화를 시도하지 않았고, 그 대신 그 차이를 현대신학의 풍요로움을 증언하는 한 가지 방법으로 보았다. 우리의 유일한 요청은 집필자들이 규범적이 아니라 서술적으로 작업해 달라는 것이었다. 그렇게 한다면 내재하는 의견차이는 그다지 중요한 문제가 되지 않을 것이기 때문이었다.

참고도서

Ford, David, ed. *The Modern Theologians: An Introduction to Christian Theology in the Twentieth Century*. 2nd ed. Cambridge, MA: Blackwell, 1997.

Grenz, Stanley J., and Roger E. Olson. *20th-Century Theology: God and the World in a Transitional Age*. Downers Grove, IL: InterVarsity, 1992.

Heron, Alasdair I. C. *A Century of Protestant Theology*. Philadelphia: Westminster, 1980.

Jones, Gareth. *The Blackwell Companion to Modern Theology*. Malden, MA: Blackwell, 2004.

Livingston, James C. *Modern Christian Thought*. Vol. 1, The Enlightenment and the Nineteenth Century. 2nd ed. Upper Saddle River, NJ: Prentice Hall, 1997.

_____., and Francis Schüssler Fiorenza. *Modern Christian Thought*. Vol. 2, The Twentieth Century. 2nd ed. Upper Saddle River, NJ: Prentice Hall, 1997.

Webster, J. B., Kathryn Tanner, and Iain R. Torrance. *The Oxford Handbook of Systematic Theology*. Oxford Handbooks. Oxford: Oxford University Press, 2007.

Wilson, John Elbert. *Introduction to Modern Theology: Trajectories in the German Tradition*. 1st ed. Louisville: Westminster John Knox, 2007.

2

삼위일체

프레드 샌더스
Fred Sanders
바이올라 대학교

"사람들은 삼위일체에 대해 무엇을 말하는가?" 로마 가톨릭교회의 신학
자 앤 헌트(Anne Hunt)는 1998년에 발간된, 최근의 삼위일체 신학의 발전
에 대한 그녀의 책 제목에서 그렇게 묻는다.[1] 헌트의 책은 폴리스트 출판사
(Paulist Press)가 기획한 소책자 시리즈인 "사람들은 ~에 대해 무엇을 말하
는가?"(What Are They Saying About)의 한 부분이었는데, 이 시리즈는 신
학과 성서 연구의 주제들에 대해 독자들을 업데이트시켜 주려는 기획물이
었다. 그녀의 책은 원래 그 시리즈에 들어 있었던 조셉 브라켄의 1979년의
책을 대체한 것이었고, 브라켄의 책 제목 역시 『사람들은 삼위일체에 대해
무엇을 말하는가?』였다.[2] 여기서 핵심은 신학자들이 계속해서 말하고 있으
며, 1970년대 후반에 신학자였던 "사람들"이 삼위일체에 대해 말했던 것과
1990년대 후반의 신학자들이 말하는 것이 같지 않다는 것이다. 사실 삼위
일체론은 현대신학에서 가장 생동감 있고 급속하게 발전한 논의 주제가 되
었다.[3] 이토록 오래되고 확고한 교리가 현대에 와서 다시 활발하게 토론되
고 있다는 사실은 매우 충격적이다. 삼위일체론이 소홀히 취급되었던 오랜
세월을 지나 다시 신학적인 토론의 중심으로 복귀하고 있다고 말하는 것은
이제는 새삼스런 일이 아니다.

　현대신학의 평론가들은 삼위일체에 대한 이런 최우선적인 관심의 급

---

1) Anne Hunt, *What Are They Saying about the Trinity?* (Mahwah, NJ: Paulist Press,
　1998).
2) Joseph Bracken, *What Are They Saying about the Trinity?* (Mahwah, NJ: Paulist
　Press, 1979).
3) 루터교 신학저널인 「다이얼로그」(*Dialog*)는 일련의 논문을 통해 그와 같은 대화의 특
　별히 활력 있는 국면을 추적했다. Ted Peters, "Trinity Talk," 1부와 2부 in *Dialog: A
　Journal of Theology* 26, no. 1 (1987년 겨울): 44-48, 그리고 no. 2 (1987년 봄): 133-
　38; Fred Sanders, "Trinity Talk, Again," in *Dialog* 44, no. 3 (2005 가을): 264-72.

증이 아주 최근의 현상이라고 묘사한다. 예를 들어 로저 올슨(Roger Olson, 1952-)은 특별히 1940년 이후의 시기를 "20세기 신학의 가장 위대한 경이들 가운데 하나"라고 부른다. 그것은 "삼위일체 교리에 대한 흥미가 회복되고 반성적 숙고가 부활한 시기다."[4] 20세기 후반에 삼위일체론에 대한 출판물, 학회, 일반적인 흥미는 의심할 바 없이 급증하고 있다.[5] 만일 책이나 논문의 분량만이 르네상스의 척도라고 한다면, 대략 1970년 이후로 삼위일체론 르네상스가 도래했다고 말할 수 있다.[6] "사람들"은 삼위일체에 대해 점점 더 많이 말하고 있다.

하지만 우리가 현대신학에서 삼위일체론 르네상스를 말하려면, 그리고 특별히 그것을 경축하려고 한다면, 우리는 그 출발점을 조심스럽고 정확하게 설정해야 한다. 삼위일체론이 특별한 관심의 초점이 되었던 것은 20세기 후반만이 아니었다. 삼위일체에 대한 현대적인 관심은 이미 200년 전에 시작되었다고 할 수 있다. 만일 삼위일체론이 고통스럽게 무시당했던 시기가 있었다면, 그때는 17세기나 18세기로 소급될 것이다. 그때는 비판적 계몽주의의 합리주의적인 회의론이 최고점에 달했지만, 아직 창조적인 도전을 받지는 못했던 시기였다. 그런 근대 초기에 소키누스주의자들과 같이 삼위일체를 반대했던 단체들이 활발한 논의를 전개하기 시작했다. 이들은 보다 쉽게 용납되었다. 왜냐하면 계몽주의의 일반적인 지적 풍토가 모든 계시된 교리에 반대하는 중이었기 때문이었다. 계몽주의가 합리적이라고 간주

---

4) Roger E. Olson, "The Triumphs and Tragedies of Twentieth Century Christian Theology," *Christian Scholars Review* 29, no 4 (Summer 2000): 665.

5) 방대한 문헌에 대한 최근의 훌륭한 요약은 Stanley J. Grenz, *Rediscovering the Triune God: The Trinity in Contemporary Theology* (Minneapolis: Fortress, 2004)와 Veli-Matti Kärkkäinen, *The Trinity: Global Perspectives* (Louisville: Westminster John Knox, 2007)에서 볼 수 있다.

6) 하지만 1952년이라는 이른 시기에 클라우드 웰치(Claude Welch)와 같이 선견지명이 있는 관찰자는 지금 진행 중인 삼위일체론의 부흥을 예견한다. *In This Name: The Doctrine of the Trinity in Contemporary Theology* (New York: Scribner, 1952), 3-122에 있는 웰치의 빈틈없는 개관을 보라.

했던 것은 보편적으로 유용한 자연종교였는데, 이것은 어떤 신의 존재, 다른 사람에 대한 의무, 그리고 죽음 이후의 심판과 같은 내용을 더 이상 용납하지 않았다.[7] 이런 지적인 분위기에서 토마스 제퍼슨(Thomas Jefferson, 1743-1826)과 같은 공적인 인물들마저도 "삼위일체적 산술이라는 파악 불가능한 전문 용어"라는 말을 하며 조롱했다. 그와 같은 비난의 요점은 현대라는 시대가 도래했고, 삼위일체란 매우 전근대적인 교리처럼 보이며, 그래서 폐기되어야 한다는 것이었다.

대략 1800년 무렵 계몽주의에 대해 낭만주의가 반동하던 시기에 삼위일체론이 독특한 현대적 방식으로 재해석된 것은 사실이다. 낭만주의는 정확하게 정의할 수는 없지만 "일련의 운동으로 시작되어 한 시대의 정신이 되었던" 국제적인 문화의 힘이라고 말해지며, 1789년과 1815년 사이에 발생했다.[8] 현대로 나아가는 길을 예비했던 것은 오히려 삼위일체의 낭만주의적 교리였다. 다시 말해 삼위일체는 1. 세계사, 2. 인간의 경험, 3. 과거의 회복이라는 세 가지의 획기적인 낭만주의적 개념의 빛 안에서 재해석되었다. 이 개념들은 오늘 우리 자신의 시대까지 현대적 삼위일체론의 틀을 형성하는 지성의 중심적인 힘이다. 이번 장은 역사, 경험, 회복이라는 세 가지 제목 아래 현대적 삼위일체론을 개관한다.

---

7) 라이마루스(Reimarus)와 제믈러(Semler), 레싱(Lessing)과 같은 "비판적 계몽주의"의 중요한 인물들에 대해 Samuel L. Powell, *The Trinity in German Thought* (Cambridge: Cambridge University Press, 2001), 60-96에 있는 제목의 장을 보라. 영국에서의 흐름에 대해 Philip Dixon의 *Nice and Hot Disputes: The Doctrine of the Trinity in the Seventeenth Century* (London: T&T Clark, 2003), 34-65에 있는 "The Rise, Growth, and Danger of Socinianisme"을 보라.

8) Jacques Barzun, *From Dawn to Decadence: 500 Years of Western Cultural Life* (New York: HarperCollins, 2000), 465.

삼위일체와 역사

"비판적 계몽주의"의 주도적인 사상가들은 이성에 몰두했다. 그들에게 이성은 역사적인 흐름 위에 있는 영역의 필연적 진리들의 집합을 의미했고, 그들은 그 진리가 수학적·논리적 관계에 의해 가장 잘 드러난다고 주장했다.[9] 이성의 진리는 단순히 사실에 불과한 문제들과 대조되었다. 사실들은 이 세계에서 우연히 참이 되는 경우가 있지만, 이성의 진리들은 모든 가능한 세계에 대해 필연적으로 참이다. 계몽주의적 합리성은 완전히 새것 같아 보이는 반역사적인 특성을 공유했고, 이것은 명료성에는 큰 도움이 되었지만 합리성과 세속적인 현실 사이에 간격을 벌려놓았다. 레싱(G. E. Lessing, 1729-1781)은 그 위기를 날카롭게 인식한 후, 그것을 다음과 같은 격언으로 표현했다. "역사의 우연적 진리들은 결코 이성의 필연적 진리들의 증거가 될 수 없다." 특별히 종교적 문제와 관련하여, 세계사 안에서 발생하는 사건은 역사적으로 가능한 것 이상이 될 수 없는 것처럼 보였고 그래서 형이상학적인 의미를 결코 담지할 수 없을 것처럼 보였다. 하나님이 그리스도의 역사적인 삶 가운데 분명하게 계시되었다는 기독교적 주장에 직면하여, 레싱은 심지어 그리스도가 죽은 자들로부터 부활했다고 하더라도 "역사적인 진리로부터 그와 같은 매우 다른 종류의 진리로 옮겨가는 것"은 불가능했다고 주장하며, 계몽주의적 합리성의 위기를 옹호했다. "그렇다면 그것은 내가 결코 건널 수 없는 추하고 넓은 도랑이다."[10] 분열의 한편에는 역사적 예수가, 다른 한편에는 신성이 있어서 삼위일체란 도무지 생각도 할 수 없게 된

---

9) 서로의 차이점에도 불구하고 (데카르트를 따르는) 합리론자들과 (로크를 따르지만 가장 명시적으로는 흄을 추종하는) 경험론자들은 역사를 인정하지 못하는 특징적인 무능력을 공유하고 있었다. 계몽주의의 반역사적인 경향에 대한 미묘한 논의에 대해 Ernst Cassirer, *The Philosophy of the Enlightenment* (Boston: Beacon, 1951), 197-209를 보라.

10) "On the Proof of the Spirit and of Power," in *Lessing's Theological Writings*, ed. Henry Chadwick (Stanford: Stanford University Press, 1956), 53-5.

다. 어떤 종류의 "최고 존재"는 계몽주의적 이성과 양립이 가능할 수도 있지만, 전통적인 기독교 신앙의 "아버지·아들·성령"은 그럴 수 없다.

헤겔의 삼위일체: 절대정신의 자기 자신에게로의 회귀

웅장한 철학적 종합이라는 기획을 통해 이성과 역사를 화해시키는 과제를 떠맡았던 사람은 헤겔(G. W. F. Hegel, 1770-1831)이다. 헤겔은 그 종합을 습관적으로 삼위일체적인 용어로 상술한다. 철학적 이성을 위해 헤겔은 이성이 역사적인 것을 포괄하는 쪽으로 이성의 정의를 확장하기 시작했다. 헤겔은 이렇게 선언한다. "이성은 세계의 법칙이다.…그러므로 세계사에서 사건들은 합리적으로 발생한다."[11] 헤겔에 따르면 모든 현실적인 사물들은 역사의 흐름 안에서 그것들 자신의 존재를 획득한다. 그런 역사적인 흐름은 이성에 대한 장애물이 아니고, 오히려 이성이 추상적 관념들로부터 구체적인 현실들로 나아가는 길을 놓아준다. 그렇기 때문에 역사의 흐름은 철학자로 하여금 이성의 경로를 추적할 수 있게 해주는 장소다. 헤겔은 자신의 철학 체계가 철학의 진보에 한 단계 기여하고 있다는 확신을 가지고 다음과 같이 말했다. "세계사는 창조적 이성의 풍부한 산물이며, 이것을 이해할 수 있는 시기가 마침내 도래했다."[12]

헤겔은 자신의 철학 체계 전체를 정신적 실체(mental entities)라는 궁극적 실재(reality)에 근거시키고, 그 위에서 형이상학적인 사변을 웅장한 스타일로 구축했던 관념론자였다. 하지만 이전의 여러 변형된 형태들의 관념론이 주관적이었다면, 헤겔의 관념론은 절대적이고 객관적이었다. 헤겔에게 중요했던 것은 관념이라는 것이 다른 많은 것들 중의 한 가지 생각이 아니며, 단지 하나의 생각에 불과한 것도 아니라는 점이다. 헤겔에게 관념은

---

11) G. W. F. Hegel, *Reason in History: A General Introduction to the Philosophy of History*, trans. Robert S. Hartman (New York: Prentice Hall, 1995), 11.
12) Ibid., 18.

궁극적으로 현실적인 것(the real)이다. 즉 관념은 세계사의 과정 안에서 문화와 시대와 철학들을, 그리고 예술과 음악과 언어들을 발생시키면서 스스로를 발전시키고 자기 자신을 상세하게 설명하는 가운데 구체적인 현실이 된다. 다른 말로 하면 헤겔의 체계는 절대적·객관적 관념론의 한 가지 형태라고 분류할 수 있다.

헤겔의 사상을 간략히 요약한다는 것은 지극히 어렵지만, 우리는 세계사를 생각하는 한 가지 방식을 헤겔에게서 배울 수 있다. 그것은 세계사를 궁극적으로 성인이 되는 이야기로 보는 것이다. 헤겔의 걸작 『정신현상학』은 "일종의 성장소설(Bildungsroman)"(어떤 인물의 성장, 문화적 적응, 그리고 철학적 발전을 묘사하는 소설)이라고 불리어왔다. "그런데 그 소설의 주인공은 '의식'이다."[13] 성인이 되는 것은 우리가 의식, 또는 영혼, 또는 생각, 또는 실재, 또는 절대적·객관적 관념이라고 부를 수 있는 이 주인공에게 지름길도 아니고 쉬운 길도 결코 아니다. 자신의 잠재성을 계발하고 능력을 전개하기 위해 그는 자기 자신을 상실할 수도 있는 위험한 시련을 통과해야 한다. 순수한 사상은 추상으로부터 출현하는 어떤 것이며, 스스로를 현실적인(actual) 어떤 형태로 설정하고, 추상과 현실태(actuality)를 정신이라 불리는 하나의 살아 있는 전체로 재통합한다. 절대적 실재(reality)는 헤겔이 괴리(diremption, Entzweiung)라고 불렀던 것을 겪어야 하며, 타자를 설정하고 그 다음에 소외를 극복함으로써 자신을 확증해야 한다.

괴리와 화해의 그런 변증법이 삼위일체에 대해 갖는 관계가 헤겔에게는 명확해 보였다. 삼위일체론은 만유를 절대적으로 포괄하는 궁극적인 영적 실재의 구조를 종교적인 신화의 수준에서 일종의 그림으로 제시한다. 이제 그 구조를 명확하게 하는 것이 헤겔의 과제였다. 찰스 테일러(Charles Taylor, 1931-)는 "삼위일체 교리는 헤겔의 목적을 위한 이상(ideal)이었다"

---

13) Craig B. Matarrese, *Starting with Hegel* (London: Continuum, 2010), 52. Hegel, *The Phenomenology of Spirit*, trans. A. V. Miller (Oxford: Oxford University Press, 1977)을 보라.

라고 주장한다. 그 교리의 체계 안에서

> 보편자는 자신의 바깥으로 나가고, 그렇게 하여 자기괴리를 경험하며, 특수자
> 를 산출한다(아버지께서 만세 전에 아들을 낳으신다). 그 특수자는 그럼에도
> 불구하고 공통의 생명 안에서 보편자와의 통일성으로 복귀한다(성령은 아버
> 지, 그리고 아들로부터 나오시고 아버지와 아들을 통일시키신다). 이와 같이 헤
> 겔은 영원한 삼위일체의 개념 안에서 심오한 사변적 의미, 곧 절대자 자체 안
> 에 있는 사랑의 사역을 본다.[14]

헤겔에게 삼위일체는 보편적인 진리와 우연한 사실 사이의 딜레마라는
계몽주의적 진퇴양난에 빠진 교리가 아니라 오히려 양자 사이의 통일의 원
리가 되었고, 보편적인 진리가 역사 안에서 자신을 소통시키는 문법이 되
었다. 형이상학적인 의미를 지니는 자신의 삼위일체론을 설명하기 위해 헤
겔은 때로는 삼위일체론의 전통적·종교적 언어를 직접 사용하였고, 때로는
점차 독특해지는 자신만의 형이상학적 용어로 삼위일체를 표현하기도 했
다. 헤겔은 "때가 차매 하나님이 그 아들을 보내사"라는 갈라디아서 4:4의
말씀을 인용한 뒤, 그것을 자신만의 방식으로 표현했다. "성령에 대한 필요
가 생겨났을 때, 성령은 화해를 드러내어 보였다."[15]

헤겔 자신의 의도를 분별하기란 쉽지 않다. 헤겔은 교회의 삼위일체 교
리를 궁극적인 진리로 주장했던 기독교 변증가였는가? 아니면 전혀 다른
어떤 것을 말하기 위해 삼위일체론의 용어들을 빌려 쓴 무신론자였는가?
해석자들의 의견은 갈라진다. 하지만 현대 삼위일체론에 대한 헤겔의 영향
은 너무나 엄청난 것이어서 결코 무시할 수 없다. 헤겔의 작품은 현대 삼위

---

14) Charles Taylor, *Hegel* (Cambridge: Cambridge University Press, 1975), 489.
15) *Vorlesungen über die Philosophie der Religion,* ed. Georg Lasson (Leipzig: F.
   Meiner, 1925-1930), 1:121; Stephen Crites, "The Gospel according to Hegel,"
   Journal of Religion 46, no. 2 (April 1966): 246-63에서 재인용.

일체론을 위한 한 가지 양식을 만들어냈다. 그에 따라 삼위일체론은 세계 과정의 역동성에 근거하게 되었다.

몰트만: 고통, 열린 삼위일체

헤겔의 유산이 최근의 삼위일체 신학 안에서 전개되는 방식은 우리가 위르겐 몰트만(Jürgen Moltmann, 1926-)을 주목해볼 때 보다 분명해진다. 몰트만은 헤겔의 가장 창조적이고 영향력 있는 옹호자 가운데 한 사람이다. 몰트만의 출발점은 그리스도의 십자가를 의도적으로 급진적으로 설명하는 것이었다. 다시 말해 그는 십자가를 하나님이 역사 안에서 자신을 포기하신 사건으로 묘사했다. 이와 같은 근본적인 사고를 진전시켰을 때, 몰트만은 그 사고가 철저하게 역사화된 강력한 삼위일체론을 요구한다는 것을 알게 되었다. "만일 우리가 그리스도의 십자가의 역사를 하나님의 역사로 이해하려고 한다면, 삼위일체론은 꼭 필요한 개념적인 틀이다."[16] 고전적이고 전근대적인 신학은 하나님이 자신의 신적 본성에 있어 고통을 느낀다는 것이 불가능하며 고통에 빠질 수 없다고 일관되게 주장했다. 전통적인 견해에서 성육신은 아들 하나님이 인간의 고통에 참여하는 것이었지만, 신성 안에서 고통을 경험하신 것은 아니었다. 몰트만은 의도적으로 그런 전통에 반대하면서, 하나님께서 고난당하셨다는 교리인 "하나님의 파토스(pathos)"를 가르친다. 그리스도의 죽음을 "인간이 되신 하나님, 곧 십자가에 달리신 하나님"의 구원 사역으로 묘사하기 위해 몰트만은 "십자가 신학은 삼위일체론이 되어야 하고, 삼위일체론은 십자가 신학이 되어야 한다"고 주장한다.[17]

이 사실이 몰트만의 신학 전체에 미친 영향은 그의 1981년의 책인 『삼위일체와 하나님 나라』에서 분명해졌다. 이 책에서 몰트만은 "세계사는 하

---

16) Moltmann, "The Trinitarian History of God," in *The Future of Creation* (Philadelphia: Fortress, 1979), 81.

17) Jürgen Moltmann, *The Crucified God* (New York: Harper & Row, 1974), 241.

나님의 고통의 역사"라고 선언한다. 몰트만은 말한다. "만일 어떤 사람이 하나님의 사랑의 무한한 고통(passion)을 한번 느끼기만 하면, 그는 삼위일체 하나님의 신비를 이해하게 된다. 하나님은 우리와 함께 고난을 당하신다. 하나님은 우리에게서(from) 고통을 당하시고, 우리를 위해(for) 고통을 당하신다."[18] 몰트만의 손에서 삼위일체론은 구속하시는 하나님이 인간의 역사 안에서 고난당하신다는 고난의 신학이 되었다. 창조세계를 치유하기 위해 하나님은 자신을 창조세계의 고난에 대해 개방하셨으며, 고난을 자신의 것으로 만드셨고, 고난을 내면화하셔서, 하나님 자신을 역사라는 유배지로부터 구출하심으로써 또한 창조세계도 구출하실 것이다. "하나님의 고난의 신학은 하나님께서 자기 스스로를 고난에 굴복시키셨다는 사고로 인도한다. 그러므로 그 신학은 하나님의 종말론적 자기구원이라는 사고에 도달할 수밖에 없다."[19] 구원에 대한 이와 같은 설명은 헤겔 일가(Hegelian family)가 지니는 유사성을 보여준다. 그것은 "소외를 통한 구원"의 또 다른 설명이다.

　이런 종류의 삼위일체론과 관련하여 역사는 분명히 중요하다. 몰트만은 그 중요성을 몹시 강조하면서 플라톤부터 바르트에 이르기까지 서구 형이상학의 전통 전체를 존재(being)의 영역을 생성(becoming)의 영역과 대조시키는 일련의 노력으로 묘사하는데, 그 전통은 균열의 한편에 하나님을, 다른 한편에 세계를 놓는다.[20] 몰트만은 이 분리가 기독교의 하나님—우리와 함께 하시는 하나님—에 대한 고백을 불가능하게 만든다고 생각한다. 왜냐하면 그런 분리는 존재의 영역에 안정적으로 자리 잡고 있는 어떤 영원한 내재적 삼위일체에서 시작하며, 그것은 단지 유한의 조건 아래서 그리고 생성의 과정 중에서 여기서 우리와 함께하는 현실적인 삼위일체에 대해서는 환영과 같은 숙고만 보여주기 때문이다. 그런 어떤 신은 피조물과의 현

---

18) Jürgen Moltmann, *The Trinity and the Kingdom: The Doctrine of God* (New York: Harper & Row, 1981), 4.

19) Ibid., 60.

20) Ibid., 158-59.

실적인 교제로부터 단절되어 있고, 그래서 몰트만은 삼위일체론을 세계에 대한 하나님의 개방성 즉 현실적 관계에 대한 개방성의 선언으로 이해한다.

몰트만은 하나님의 일체성(unity)에 대한 고전적인 설명조차도 너무 일면적이라고 거부한다. 왜냐하면 그 설명은 역사와 반대되는 쪽으로 왜곡되어 있기 때문이다. 만일 하나님이 최고 실체(supreme substance)이기 때문에, 또는 절대적인 주체이기 때문에 일자(一者)라면, 하나님의 일체성은 삼위일체론이 고려되기 전에 이미 확립되어 있는 셈이 된다. 그와 달리 몰트만은 하나님의 일체성을 구원의 역사 안에서 세 위격이 페리코레시스(상호 내주)적인 교제(fellowship)를 통해 이루는 일체성으로 설명한다. 다른 말로 하면 하나님은 "아버지·아들·성령의 일체성이…하나님의 삼위일체적 역사의 완성(consummation)에 대한 종말론적인 질문"이기 때문에 한 분이시다.[21] 몰트만은 분명 전통적인 교리의 날카로움을 발견하는 본능을 가지고 있다. 삼위일체의 연합에 대한 몰트만의 서술은 그를 전례 없이 혁신적인 사회적 삼위일체론으로 인도한다. 그 혁신은 그가 단일신론으로 보는 형이상학적-정치적 구성물의 거부, 그리고 세계와 하나님의 관계에 대한 만유재신론적인 설명을 포함한다. 이 입장들 중 몇 가지는 몰트만의 개성이 강한 독특한 것이기는 하지만, 그러나 그중 대부분은 "역사적 삼위일체론"을 "아들 예수의 역사"로부터 전개하려는 몰트만의 결단에 의해 추진된다.[22]

판넨베르크: 삼위일체의 역사적인 자기실현(Self-Actualization)

몰트만의 삼위일체론은 역사적일 뿐만 아니라 또한 종말론적이다. 하지만 그를 유명하게 만들어준 『희망의 신학』이래로 몰트만은 종말론의 두 가지 서로 다른 의미 사이에서 균형을 발견하려고 노력했다. 한편으로 개방된

---

21) Ibid., 149.
22) Ibid., 19.

미래를 향한 지향과 다른 한편으로 결정적·궁극적 결론을 향한 지향 사이의 균형이 그것이다. 몰트만의 동시대인인 볼프하르트 판넨베르크(Wolfhart Pannenberg, 1928-2014)는 후자의 지향(orientation)이 지니는 우선성을 훨씬 더 단호하게 강조했다. 판넨베르크에게 성서적 종말론의 논점 전체는 그것이 만물을 최종적인 완성으로 인도한다는 것이다. 종말론은 시간적인 전일론(holism, 전체는 부분의 단순 총합보다 더 크다는 사상—역자 주)이다. 판넨베르크는 존재 자체가 역사적이라고 보았는데, 그것은 존재가 진실로 완성이라는 최종 상태를 향한 도상에 있기 때문이었다.

삼위일체론은 판넨베르크 사상의 중심이다. 왜냐하면 삼위일체론은 바로 그의 종말론적 존재론의 긴장으로부터 작동하기 때문이다. 판넨베르크는 자신의 경력 초기에 그런 사고의 틀을 짰고, 이것은 나중에 유명한 논쟁거리가 되었다. 그는 하나님의 존재라는 개념이 모든 것을 결정하는 힘으로서의 신 개념과 연결되어 있다고 논증한 후에, 역사의 과정이 진행되는 동안에 하나님이 모든 것을 직접 결정하시는 것으로는 보이지 않는다는 사실을 지적했다. 그러므로 하나님 나라가 도래할 때까지 하나님의 존재는 의심스럽다. 왜냐하면 하나님의 존재는 완전히 드러나지 않았기 때문이다. 자신의 나라를 갖지 않는 하나님은 하나님이 아니다. 이런 이유에서 판넨베르크에 따르면 "제한적이기는 하지만 중요한 의미에서 하나님은 아직 존재하지 않으신다고 말하는 것이 필요하다."[23] 판넨베르크는 자신의 『조직신학』에서 이 주장을 더욱 발전시켰다. "오직 세계가 하나님 나라 안에서 완성될 때, 하나님의 사랑은 목표에 도달하고 신론은 결론에 도달한다."[24] 하나님이 사랑과 능력으로 다스리신다는 사실의 자각은 오직 시간이 영원 안으로 취해져 그 안에 포함될 때, 말하자면 하나님 나라가 도래할 때 일어날 수 있

---

23) Wolfhart Pannenberg, *Theology and the Kingdom of God* (Philadelphia: Westminster, 1969), 56.

24) Wolfhart Pannenberg, *Systematic Theology* (Grand Rapids: Eerdmans, 1991), 1:447.

다.[25] 그 시점에 시간적인 모든 것은 온전하게 현재할 것이며, 역사의 사건들은 심판을 통과한 후에 영원한 것이 될 것이다. 그러나 판넨베르크 자신의 입장이 완전하고 상세하게 설명되는 것은 그가 삼위일체론을 과제로 삼았을 때다. 판넨베르크는 세계사 안으로 보내진 아들과 성령의 사명이 하나님이 자신의 나라를 건립하시는 중심적인 사건이라고 주장한다. 그러므로 삼위일체 하나님의 존재적 완성은 분명 세계사의 과정 위에서 아들과 성령의 종말론적 사역을 통한 구속사의 완성, 그리고 미래에 있을 하나님 나라의 도래를 기다리고 있다.

판넨베르크는 삼위일체 하나님의 존재를 이와 같이 역사에 직접 연결시킬 때 야기되는 교리적이고 형이상학적인 위험을 뚜렷이 의식하고 있는 듯이 보인다. 신적인 생명을 세계의 역사적 현실과 통합시키는 것은 범신론 쪽으로 기우는 경향이 있기 때문에, 판넨베르크는 그 위험을 애써 차단하려고 한다. 그는 이렇게 주장한다. "여기서 논박되는 것은 역사를 통한 신적 생성이라는 개념, 다시 말해 마치 삼위일체 하나님이 역사의 결과이고 단지 종말론적 완성에 의해서만 현실성을 획득하는 것처럼 간주하는 개념이다."[26] 비록 우리의 눈에는 그런 신적 생성이 발생하는 것처럼 보일 수도 있지만, 실제로 일어나는 일은 다음과 같이 묘사될 수 있을 것이다. "종말론적 완성은 삼위일체 하나님께서 항상 영원부터 영원까지 참된 하나님이라는 사실이 결정되는 자리일 뿐이다."[27]

판넨베르크는 두 가지 관점으로부터 말할 때마다 영원한 실재가 역사의 변화하는 조건들 아래서 드러난다는 넓은 의미의 플라톤적 존재론으로부터 어느 정도 안도감을 얻곤 한다. 판넨베르크의 경우 영원한 실재(reality)는 엄격히 무시간적인 천국(the world above)보다는 오히려 현실적인(real) 미래에 놓여 있다. 하지만 판넨베르크는 일단 정적인 영원성을 인정하고 나

25) Ibid., 3:595-607.
26) Ibid., 1:331.
27) Ibid.

서, 어떻게 그것을 역사의 과정에 완전하게 관여하는 신적 실재의 개념, 곧 역사를 진정으로 중요하게 여기시는 하나님과 일치시킬 수 있는가? 판넨베르크에 따르면 그 일치는 우리가 다음과 같은 포괄적인 하나님 개념을 하나의 통일된 개념적 틀 안에서 발전시킨다면 가능하다. 그 개념은 "신적 존재의 초월성 및 세계 내의 내재성뿐만 아니라 또한 하나님의 영원한 자기 동일성과 역사 과정 안에서 그분이 갖는 논쟁 가능성도 함께 포함하는 개념이며, 역사의 정점에서 그 진리에 대해 내려질 결정도 이 논쟁 가능성에 포함된다."[28] 판넨베르크는 이와 같은 문구로 많은 사상들을 표현하지만, 우리가 주의를 기울여야 할 주된 사실은 판넨베르크가 그런 사상들을 궁극적인 미래 안에 쌓아올린다는 점이다. 그 미래는 하나님께서 현실성을 결정하시는 장소다.

판넨베르크는 그 요점을 하나님의 자기실현(self-Actualization)을 말하는 또 다른 방식으로 다시 한 번 전개한다. 그는 이렇게 말한다. "하나님은 세계에 들어오심으로써, 세계 안에서 자기 자신을 실현하신다(actualize)."[29] 오직 하나님만이 자기실현을 행하실 수 있다. 왜냐하면 자기 자신을 실현하려는 자는 실현될 미래 존재와 지금 이미 동일한 자여야 하기 때문이다. 이것이 바로 영원한 하나님이 세계사의 과정 안에서 행하시는 일이다. "자기실현이라는 개념은 유한한 존재인 우리의 판단을 넘어선다.…그럼에도 경륜적 삼위일체에 대한 내재적 삼위일체의 관계, 즉 구원사 안에서의 하나님의 행동에 대한 하나님의 내재적·삼위일체적 생명의 관계는 '자기실현'으로 매우 잘 묘사될 수 있다. 이것들이 하나님의 신성에 대해 외적이지 않고 세계 안에서의 하나님의 임재를 나타내준다는 점에서 그러하다. 왜냐하면 여기서는 그 표현이 요청하는 것과 같이 주체와 결과가 동일하기 때문이다."[30] 판넨베르크로 하여금 다시 한 번 하나님의 존재 그 자체를 세계사의

---

28) Ibid., 333.
29) Ibid., 390.
30) Ibid., 392.

결과와 밀접하게 연결된 것으로 생각할 수 있도록 해주는 것은 세계 내에서의 성자와 성령의 역사적 행동이다. 하지만 몰트만보다 훨씬 더 분명하게 판넨베르크 역시 하나님의 (시간보다) 앞선 (영원한—역자 주) 실재를 인식하기 위해 삼위일체론의 범주를 성공적으로 사용한다.

> 구원사 안의 삼위일체 하나님이 영원한 생명 안의 하나님과 동일하다는 것은 확실한 사실이다. 그러나 삼위일체 하나님의 영원한 연합(communion)이 구원사 안에서 전개되는 연합에 대해 우위를 유지하는 필수적인 구분이 있다. 그 구분이 없다면 한 분 하나님의 실재는 세계의 과정으로 용해되어버린다.[31]

이와 같은 미래주의적 형이상학이 설득력을 얻는다면, 삼위일체론은 판넨베르크에게 자신의 역사적·존재론적 분깃을 소유하도록 허락할 것이고 또 그것을 먹을 수 있게 해줄 것이다.

젠슨: 하나님의 이야기 안의 세 등장인물

역사에 우선권을 부여한 또 다른 삼위일체 신학자는 미국 루터교 신학자 로버트 젠슨(Robert W. Jenson, 1930-)이다. 그의 작업은 형이상학적 주장의 수준에 이른 일종의 이야기신학(a narrative theology)이다. 젠슨의 초기 저작인 『삼위일체적 정체성』은 "성부·성자·성령"이 하나님의 이름이라고 주장했다.[32] 후기 저술에서 젠슨은 "삼위일체적 가르침의 주된 조직신학적인 기능은 '신학' 안에서 **하나님**(*theos*)**을 찾아내는 것**(to identify)"이라고 주

---

31) Wolfhart Pannenberg, "Books in Review: Robert W. Jenson, *Systematic Theology*: Volumes I & II," *First Things*, no. 103 (May 2000): 49-53.
32) Robert W. Jenson, *The Triune Identity: God according to the Gospel* (Philadelphia: Fortress, 1982).

장했다.[33] 젠슨에 따르면 하나님을 찾아내기 위해 그 하나님이 부여한 도구는 수정주의적인 형이상학(원리체계)의 기초 장비인 존재론인데, 이 존재론의 중심 역할은 이야기성(narrativity)에 의해 전개된다. 확인(identity)이란 역사 안에서 이야기되는 어떤 것이며, 역사는 끝을 가진 어떤 것이다. 이 이야기의 끝은 또한 하나님께도 적용된다. "성서의 하나님은 참으로 이야기에 의해 확인되기 때문에, 하나님의 실재 존재인 자기정체성은 극적인 일관성(coherence) 안에서 구성된다."[34] 하나님의 정체성에 대한 극적인 일관성의 이야기를 제공하는 것은 그리스도의 죽음과 부활이다. 삼위일체론은 그 이야기의 내용을 특수화하고, 등장인물 셋을 선별한다. "아버지와 아들과 성령 사이의 성서적 이야기 가운데 나타나는 관계들이 하나님 자신에 대한 진리라고 말하는 것이 삼위일체론의 명제적 기능이다."[35] 젠슨은 몰트만이나 판넨베르크와 많은 공통점을 갖지만, 계시라는 이야기의 외형을 강조하는 것은 젠슨만의 독특성이다. 물론 젠슨이 단순히 형이상학을 무시한다거나 존재의 주제를 이야기로 바꾸려는 것은 아니라는 사실이 중요하다. 오히려 젠슨은 이야기를 존재론적 범주의 중심에 위치시킨다. 젠슨은 이야기성이 존재론적이라고 주장한다. 왜냐하면 이야기는 그것의 최고 형식에서 삼위일체의 정체성이 되기 때문이다.

위에서 살펴본 신학자들(몰트만, 판넨베르크, 젠슨—역자 주)은 삼위일체론을 형성하는 것이 바로 역사에 전념하는 것이라는 사실을 공유한다. 기독교 신앙에 대한 역사의 역할과 관련하여 이들의 접근방법을 이들과 반대되는 결정을 내렸던 일군의 현대 신학자들과 대조해보는 것은 유익할 것이다. 19세기 역사비평학의 불길로부터 출현한 빌헬름 헤르만(Wilhelm Herrmann, 1846-1922)과 같은 신학자들은 신앙이 역사적인 정보에 단순히

---

33) Robert W. Jenson, *Systematic Theology*, vol. 1, *The Triune God* (New York: Oxford University Press, 1997), 60. 강조는 저자의 것임.

34) Ibid., 64.

35) Ibid., 150.

동의하는 것으로 생각되어서는 안 되고 오히려 신약성서가 그리는 예수의 내적인 생명에 근거되어야 한다고 주장함으로써 역사가 지닌 발언권을 축소하는 데 관심을 기울였다. 폴 틸리히(Paul Tillich, 1886-1965)는 기독교 신앙을 위한 역사적인 안전지대를 확보하려고 한다는 점에서 헤르만의 열망을 공유했다. 틸리히는 자신의 강의실에서 다음과 같은 농담을 던지곤 했다. "나는 어떤 동료 신약학 교수가 내 연구실에 전화하여 '폴, 우리의 연구는 마침내 당신의 궁극적 관심의 대상을 제거해버렸네. 우리는 어떤 곳에서도 당신이 말하는 예수를 발견할 수 없네'라고 말하는 소리를 듣고 싶지 않습니다."[36] 틸리히는 (이 점에서는 불트만[Rudolf Bultmann, 1884-1976]도 마찬가지다) 기독교가 단지 역사적인 토대에 의지하는 것을 막기 위해 어떤 실존적인 모티프를 사용하였고, 그렇게 하여 신앙을 신앙 그 자체가 보증할 수 있는 자료들 위에 기초시켰다. 틸리히에게 그리스도에 대한 성서의 그림은 그것이 역사적인 어떤 것에 들어맞든지 그렇지 않든지 상관없이 진실이다. 역사에 대해 이런 기본적 결정을 내렸던 현대신학들은 현대신학의 다른 부분에서 삼위일체의 진지한 숙고를 추진시켰던 동기들과 스스로 단절하는 경향을 보인다. 틸리히는 삼위일체론의 역동성에 대해 엷은 반성만을 허용하는 일종의 종교적 상징주의의 신학을 취했다. 불트만은 삼위일체론을 거의 다루지 않았다. 역사의 도전을 어떻게 다룰 것인가에 대해 다른 선택을 했던 사상가들 사이에서 그와 같이 삼위일체론이 전개되지 않았다는 사실은, 역사가 얼마나 현대적 삼위일체론의 형성에 영향을 미쳤는지를 역으로 강조할 따름이다. 역사, 운동, 세계 과정에 대한 숙고가 현대라는 기간 동안 어떻게 삼위일체론을 생동감 있게 만들었는지를 보다 더 완전하게 개관하려면, 우리는 더 많은 인물이나 사상적 학파를 포함시켜야 할 것이다. 과정신학과 개방적 신론의 저술들, 그리고 철학적 신학의 만유재신론의 부흥 등이 그 제목 아래 고려될 가치가 있다. 헤겔적 사상 체계의 영향을 덜 받았

---

36) Langdon Gilkey in *Gilkey on Tillich* (New York: Crossroad, 1990), 151에서 재인용.

지만, 그럼에도 역사에 몰두했던 많은 신학자들도 마찬가지다.[37]

삼위일체와 경험

삼위일체론을 생동시키고 그것에 현대적 형태를 부여한 두 번째 주요 범주
는 "경험"이다. 낭만주의가 시작될 무렵에 많은 사람들은 진리가 유의미한
것이 되기 전에 반드시 개인적인 경험의 범위 안에서 다가와야 한다고 생
각하기 시작했다. 이것은 경험되든지 그렇지 않든지 간에 진리를 참된 사실
의 어떤 객체로 묘사했던 계몽주의에 대한 또 한 번의 반작용이었다. 진리
가 경험의 문제여야 한다는 요청이 삼위일체론을 직접적으로 지지한 것은
아니었지만, 그 요청은 곧바로 삼위일체론이 현대에 어떻게 진술되어야 하
는지를 알려주는 핵심적인 요소가 되었다.

슐라이어마허: 기독교적 "의식"의 정석

프리드리히 슐라이어마허(Friedrich Schleiermacher, 1768-1834)는 경험이라
는 범주의 제일 앞자리에 있다. 슐라이어마허는 경건주의의 교육을 받았지
만 위대한 "최초의 현대 신학자"로 발전해 나갔다. 삼위일체가 현대 사상에
서 어떻게 무시되어왔는지에 대한 표준적인 설명에서 슐라이어마허는 대
표적인 비난의 대상이다. 슐라이어마허가 자신의 영향력 있는 저작인 『기
독교 신앙』에서 삼위일체론을 본문에 첨가된 부록처럼 마지막 몇 페이지
에 배열했다는 것은 유명한 일이다.[38] 그러나 우리는 왜 삼위일체론이 그곳

---

37) 예를 들어 Bruno Forte, *The Trinity as History: Saga of the Christian God* (New
York: Alba House, 1989).

38) Friedrich Schleiermacher, *The Christian Faith*, 2판 (Edinburgh: T&T Clark,
1930), 738-51.

에 배치되어야 했는지 알아야 하며, 그것을 위해 슐라이어마허가 자신의 체계를 구축했던 방법을 이해해야 한다. 슐라이어마허에게 기독교는 "그 안의 모든 내용이 나사렛 예수가 성취한 구속(redemption)과 관계된다는 사실에 의해 다른 신앙들과는 본질적으로 구별된다."[39] 슐라이어마허의 신학은 전적으로 그 구속에, 아니 그 구속에 대한 지식에 집중되고, 이 지식은 구속을 받은 사람의 자의식의 내용을 뜻한다. 신학자의 과제는 구속받는 것(redeemed)에 대한 기독교적 자의식을 풀어내어 분명하게 진술하는 것이다. "만일 우리가 종교적 자의식의 사실들을 고려하고자 한다면 기독교 교리의 전체 범위를 망라해야 하며, 먼저 교리들이 구속의 개념으로 표현되는 반명제(antithese)에 의해 전제된다는 점을 살펴보고, 그다음에 두 번째로 그 교리들이 그 반명제에 의해 결정된다는 점을 다루어야 한다."[40]

구속을 (엄밀히 말해 구속이 전제하는 것과 그것이 산출하는 것이 무엇인지를) 분석함으로써 "기독교 교리의 전체 범위를 망라하는 것"은 신학을 구속에 대한 연구로 환원시키는 위험을 감수해야 하는 것처럼 보인다. 하지만 슐라이어마허의 방법은 구속 말고도 많은 것을 충분히 포함할 정도로 포괄적이다. 구속에 대한 기독교적 의식은 하나님의 거룩성, 의, 사랑, 지혜와 같은 개념들, 그리고 그와 반대되는 악과 죄의 부정적인 상태를 전제하고, 그리스도와 교회를 경유하는 중생과 성화를 통해 그 둘 사이를 건너간다는 개념을 전제한다. 나아가 이와 같은 개념들은 창조와 보존, 인간의 온전함이라는 본래적 상태, 그리고 영원, 편재, 전능, 전지와 같은 신적 속성들도 전제한다. 심지어 천사들과 마귀들도 비록 약간 잠정적이기는 해도 『기독교 신앙』이라는 구속 중심의 기획 안에서 한 자리를 차지할 수 있었다. 이것이 잠정적인 이유는 천사와 마귀들이 행한다고 단언되는 작용들이 구속에 대한 기독교적 의식으로부터 너무도 먼 주변에 머물고 있기 때문이다.

---

39) Ibid., 52.
40) Ibid., 123.

기독교적 의식은 천사론이란 "결코 기독교 교리의 적절한 영역 안으로 들어올 수 없다"[41]는 생각에 지배되고 있었다.

그런데도 삼위일체론은 그것이 구속 안에 직접 함축되어 있지 않다는 이유에서 (슐라이어마허의-역자 주) 기독교 교리 체계 안에 적절한 것으로 받아들여지지 못했다. "삼위일체는 기독교적 자의식에 대한 직접적인 진술이 아니라 다만 그런 다양한 진술들을 모아놓은 것에 불과하다."[42] 교리들을 함께 모아 보다 정교한 교리들을 구성하는 것은 슐라이어마허가 두려워하며 경계했던 일이다. 왜냐하면 그것은 우리를 신앙의 살아 있는 중심으로부터 신학적인 명제의 형성이라는 무미건조한 지역으로 이끌기 때문이다. 거기서 교의학자들은 치명적인 작업을 수행한다. 슐라이어마허는 그런 접근방법을 이미 오래 전에 자신의 『종교론』에서 거부했다. "저 조직신학자들 사이에서는 자신들이 묘사하려고 하는 것을 바로 그들 자신의 마음속에서 발견하기 위해 경건하게 관찰하고 경청하는 일이 다른 어떤 곳보다 적다. 오히려 그들은 상징들을 가지고 추정한다."[43] 이 젊은 낭만주의자(슐라이어마허-역자 주)는 교리에 관한 대작을 저술할 정도로 성장했지만, 그럼에도 그는 (자신의 내면을-역자 주) "경건하게 관찰하고 경청하는 일"을 계속하였으며, 자신의 근본적인 통찰을 배신한다거나 "상징들을 가지고 추정하는" 일에 만족하는 "저 조직신학자들" 가운데 한 사람이 되지 않았다.

삼위일체론은 구속과 직접 연결될 수 없었기에, 슐라이어마허는 차라리 그것을 『기독교 신앙』에 생명력을 부여하는 핵심의 바깥에 두었다. 마침내 삼위일체론을 다루게 되었을 때, 슐라이어마허는 그 단락의 표제에서 삼위일체론이란 "최종적으로 해결된" 주제로 간주될 수 없음을 지적했다. 왜냐하면 그것은 무엇보다도 "개신교회가 세워졌을 때 어떤 새로운 대우도 받

41) Ibid., 156.
42) Ibid., 738.
43) Friedrich Schleiermacher, *On Religion: Speeches to Its Cultured Despisers* (1799; New York: Harper & Bros., 1958), 52.

지 못했기 때문이다. 그리고 바로 그런 초기상황으로 되돌아가야 할 운명이 그것을 기다리고 있음이 틀림없다."[44] 슐라이어마허는 다음 사실이 틀림없이 명백하다고 생각했다. 만일 삼위일체가 복음에 포함된다면, 그것은 16세기의 복음적인 (즉 개신교적인) 각성이 그것을, 마치 그것이 기독교적인 구속에 중심적인 모든 것을 가진 것처럼 변형시키고 심화시켰기 때문이다.

이런 이유에서 슐라이어마허는 일반적으로 현대 삼위일체론의 대변자들 사이에 이름을 올리지 못했다. 실상 그는 자신에게는 매우 중요했던 이유들 때문에 삼위일체론을 자신의 체계의 주변부로 밀쳐두었다. 하지만 슐라이어마허는 "바로 그 초기상황으로 돌아가는 변형"이라는 말로써 삼위일체론이 현대에 재등장할 수 있는 용어를 확립하고 그 조건을 선언했다. 지금까지 거의 1세기가 넘는 기간 동안 삼위일체론은 슐라이어마허의 영향이 느껴지는 곳에서는 제대로 다루어지지 못했다. 하지만 삼위일체론이 동면에서 깨어나 재등장한다면, 그것은 기독교적 "경험"의 교리가 될 것이다.

라쿠냐: 구원의 신비로서의 삼위일체

캐서린 모리 라쿠냐(Catherine Mowry LaCugna, 1952-1997)의 영향력 있는 책인『우리를 위한 하나님: 삼위일체와 기독교인의 삶』의 첫 논제는 "삼위일체론은 궁극적으로 기독교인의 삶에 대해 급진적인 결과를 갖는 실천적인 교리"라는 것이다.[45] 라쿠냐는 삼위일체론의 역사가 그 교리가 본래 지녔던 구원론적·송영적인 입장으로부터 지속적으로 멀어졌다고 주장한다.

---

44) Schleiermacher, *Christian Faith*, 747. 나는 여기서 슐라이어마허가 명확하게 "개신교적"이라는 의미로 사용하는 "복음적"이라는 단어에 대한 표준적인 번역을 바꾸었다 (독일어 단어 evangelisch는 복음적 혹은 개신교적이라는 두 개의 의미를 갖는데, 전자를 후자의 번역으로 바꾸었다는 뜻―역자 주).

45) Catherine Mowry LaCugna, *God for Us: The Trinity and Christian Life* (San Francisco: HarperCollins, 1991), 1.

그 역사는 "삼위일체론의 출현과 패배의 이야기"다.[46] 삼위일체론은 처음에 우리에 대한 하나님의 관계(*oikonomia*, 경륜)가 어떻게 구속사 안에서 계시되는지에 대한 설명으로서 등장했고, 하나님의 영원한 존재(*theologia*, 신학)에 근거했다. 하지만 삼위일체론은 점차 자기 자신 안에 계신 하나님(God *in se*)의 묘사가 되었고, 그에 따라 삼위일체 신학은 사변화되어 기독교인의 경험과 무관한 것이 되었으며, 결국 구원론에 아무런 내적 관련도 없는 신론을 출현시켰다. 라쿠냐는 이러한 비구원론적 신론을 그것의 그 바닥에 놓인 "실체의 형이상학"에 이르기까지 추적한다. 그 형이상학이란 "자신 안에 계신" 하나님이란 무엇인지, "신적 자아 안에 계신"(in Godself) 하나님 또는 "홀로 계신"(by Godself) 하나님이 무엇인지에 대한 질문이다.[47] 라쿠냐에 따르면 현대에 삼위일체 신학이 직면하는 중심적 도전은 신론을 구원론에 다시 연결시키는 일이다. 삼위일체론은 "신학이 구원론과 분리될 수 없으며, 그 역도 사실임"을 제시하는 자리다.[48]

라쿠냐는 "자신 안에 계신 하나님"과 "구원의 하나님" 사이의 구별을 초월함으로써, 그 의제를 수행하려고 시도했다. 그녀는 하나님이 세계와 관계하시는 방식에 대해 보다 더 큰 견해를 제시했다. 이 견해 안에는 "경륜적(economic) 삼위일체도 내재적 삼위일체도 없다. 오직 '하나님의 영원한 존재'(*theologia*)의 신비를 시간, 공간, 역사, 인격성 안에서 구체적으로 깨닫는 '구속사'(*oikonomia*)가 있을 뿐이다."[49] 『우리를 위한 하나님』이라는 책 제목은, 삼위일체에 대한 라쿠냐의 견해에 따르면 하나님은 남김없이 우리를 위한 하나님이기 때문에, 아주 정확하다. 첫 쪽은 제안하는 문장으로 시작한다. "하나님의 생명은—정확하게 말하자면 하나님은 삼위일체이시기

---

46) Ibid., 8.
47) Ibid., 3.
48) Ibid., 211.
49) Ibid., 223.

때문에—하나님 자신에게만 속하지 않는다."⁵⁰ 이 문장이 앞으로 의미하게 될 것들 가운데 하나는 교리적으로 말하자면 다음 사실이다. "삼위일체론은 궁극적으로 '하나님'에 대한 가르침이 아니라, 우리와 함께하시는 하나님의 삶, 그리고 다른 사람들과 함께하는 우리 자신의 삶에 대한 가르침이다."⁵¹

라쿠냐가 구원론적인 경험의 관점에서 삼위일체 신학을 발전시킨 것은, 어떤 비판자들에게는 하나님의 존재를 경륜 안의 구원 경험으로 함몰시키는 완전한 혼동의 융합으로 보였다. 하지만 그 융합에 성공했든지 그렇지 않든지 관계없이 최소한 그녀는 하나님의 신비와 영원성을 안전하게 지키려고 시도했다. 그녀는 조심스럽게 말한다. "삼위일체 신학은 단지 하나님에 대한 우리의 경험의 요약에 불과한 것이 아니다. 물론 삼위일체론은 그 경험이지만, 그러나 그것은 또한—비록 부분적이라고는 해도—하나님의 영원한 존재의 신비에 대한 진술이기도 하다."⁵² 라쿠냐에게 "자신 안에 계신 하나님"(God in himself)에 대한 사고는 선택의 범위 밖에 있다. 그래서 흔히 내재적 삼위일체라고 말하는 것은 단지 경륜적 삼위일체 안에 내재되어 있는 하나님의 신비로 인식될 수 있을 따름이다. 라쿠냐는 잘 정리된 삼위일체 신학으로 이렇게 선언한다. "하나님의 자존성이란 일종의 철학적 신화로 표출될 뿐이며, 자신 안에 폐쇄된(self enclosed) 어떤 하나님, 또는 배타적으로 자신에게만 관계되는 어떤 삼인조 하나님이란 존재하지 않는다."⁵³ 마지막으로 그녀 자신의 저작들에서는 자주 들리지 않는 여성신학적 논조를 표출하면서, 라쿠냐는 "자기포함적"(self-contained)인 삼위일체 개념은 추상에 지나지 않고, "자족하는 개인이라는 관념, 곧 아마도 궁극적으로는 남성적인 환상에 불과한 '자기소유'의 개인이라는 관념"이란 우상승배로 투

---

50) Ibid., 1.
51) Ibid., 228.
52) Ibid., 4.
53) Ibid., 397.

사된 "자기확대"에 지나지 않는다고 주장한다.[54]

엘리자베스 존슨: 여성의 경험으로 삼위일체 하나님의 이름 짓기

여성신학은 수십 년 동안 삼위일체 신학과 대화를 추구할 만한 분야는 아니었다. 제1세대 여성신학자들은 삼위일체론이 너무도 분명한 문제를 지녔다고 생각하는 경향이 있었다. 메리 데일리의 1973년의 책인 『아버지 하나님을 넘어서』로부터 로즈마리 래드포드 류터의 1983년의 책 『성 차별과 하나님 담화: 여성신학을 향하여』에 이르기까지 아버지와 아들에 대한 노골적인 언어 표현들을 보면 이들은 삼위일체론이 남성 클럽의 특성을 갖는다고 생각한 듯이 보인다. 삼위일체론은 여성신학자들에게는 일종의 도발로 여겨졌고, 그래서 그들은 전복과 풍자로 그것에 반응했다. 하지만 여성신학에 결정적이었던 것은 계속해서 경험의 범주였으며, 이 범주가 마침내 여성주의적인 기획의 범위 안에서 현대신학의 "경험주의적" 삼위일체론을 발생시켰다. 예를 들어 류터는 "경험"이 모든 신학적 반성의 기반이라고 선언하고, 성서나 전통과 같은 통상적인 객관적 자료들도 문서화된 경험 이상의 것이 아니라고 본다. 이런 설명에 기초하여 여성신학은 여성의 경험을 방대한 기독교적 전통 안에서 무엇이 "사용 가능한 전통"(usable tradition)인지 결정하는 기준으로 삼는다. 이 평가가 삼위일체론에 이를 때 질문은 본질적으로 여성주의적인 슐라이어마허의 것이 되는데, 여성주의적으로 표현하면 다음과 같다. 여성들은 삼위일체 하나님을 경험한다고 의식하는가?

　가장 진전되고 성과가 있는 확실한 대답은 엘리자베스 존슨(Elizabeth Johnson, 1941-)의 『스스로 있는 그녀(She Who Is): 여성신학적 대화 안의 하나님의 신비』라는 책이다. 존슨은 기독교 공동체의 종교적인 언어가 형성적이고 도구적이라고 주장한다. 그녀는 말한다. "하나님이라는 상징이 기능

---

54) Ibid., 398.

하고 있고", 하나님에 대한 우리의 관념이 우리의 세계관과 행동을 형성한다.[55] 존슨은 하나님에 대해 남성적인 은유를 사용하는 것을 전적으로 반대하지는 않지만, 그러나 기독교회에서 행하는 것과 같이 "배타적·문자적·가부장적으로" 사용되는 남성적 은유들은 반대한다.[56] 『스스로 있는 그녀』에서 존슨의 목표는 남성적인 이미지를 여성적인 이미지로 보충하는 것이다. 그것은 "기독교 신앙의 윤곽 안에서 인식될 수 있는 하나님의 신비를 훌륭한 언어로 묘사하여, 그 신앙이 인간 존재와 지구를 포함한 창조세계 전체의 유익을 위해 여성과 남성의 해방적 실천에 봉사하도록 이끄는 것이다."[57]

비록 존슨의 기획은 의도적으로 수정론적 노선을 택했지만, 존슨의 책은 전통적인 삼위일체론적 범주들의 영향을 깊이 받고 있다. 존슨은 세 위격 각자를 택하여 소피아(Sophia, 지혜)라는 일종의 지배적 은유의 용어를 사용하여 여성적 이미지로 설명한다. 이에 따라 제1위격은 (우주를 돌보고 공의로운 긍휼을 확립하며 원숙함으로 향한 성장을 배양하는) "어머니-소피아"다. 제2위격은 (단지 인간의 구원자일 뿐만 아니라 우주적인 구원자이고 억압당하는 자들과 연대하며 그의 성육신은 육체성과 성례전적 성격을 긍정하는) "예수-소피아"다. 그리고 제3위격은 (생명을 부여하고 능력을 주시고 은혜를 주시고 친구가 되시는) "성령-소피아"다. 그러나 존슨은 실제로는 전통적인 순서를 뒤집는다. 그녀에게는 정확히 세 번째 위격의 사역이 가장 심오한 경험적 접촉점이고 최선의 출발점이기에, 그녀는 자신의 서술을 성령론으로 시작한다. 존슨의 설명에 따르면 신학이란 인간의 경험을 통해 유비적으로 하나님의 이름을 지으려는 기획이다.[58] "표현할 수 없는 타자이고 다 담아낼 수

---

55) Elizabeth A. Johnson, *She Who Is: The Mystery of God in Feminist Theological Discourse* (New York: Crossroad, 1992), 4, 5, 36 등등.

56) Ibid., 33.

57) Ibid., 8.

58) "여성들의 경험"을 본질로 삼는 것이 적법한지에 대해 여성신학 내부에 광범위한 토론이 있다. 존슨의 주장에 대한 분석을 위해 Kathryn Greene-McCreight, *Feminist Reconstructions of Christian Doctrine: Narrative Analysis and Appraisal* (New

72 73

없는 신비이신 하나님은 또한 역사 안에서 육체성(flesh)을 통해 세계와 함께 하시고, 그것도 우리 자신보다 우리에게 더 가까이 계신다. 소피아 하나님은 세계의 배후에, 세계와 함께, 세계 안에 계시고, 우리의 배후에, 우리와 함께, 우리 앞에 계시고, 또한 우리 위에, 우리 곁에, 우리 주위에 계신다."[59] 세 위격을 통과하여 움직여 나가면서 삼위일체 하나님을 경험적이고 여성적인 소피아 범주로 숙고할 때, 존슨은 우리가 몰트만과 다른 사람들에게서 보았던 것과 동일한 입장에 도달한다. 그것은 세계에 대한 하나님의 만유재신론적인 관계, 그리고 억압받는 자들의 고통에 동참하는 자로서의 하나님이다.

삼위일체 신학에 대한 존슨의 여성신학적 탐구의 결과는 여성들의 경험과 깊이 공감하는 삼위일체의 개념이다. 삼위일체론의 그와 같은 재정립은 "현대"가 경험을 지향했기 때문에 가능했다. 이 지향은 다른 많은 해방신학적 기획의 범주 안에서도 삼위일체론을 생성시켰다. 예를 들어 레오나르두 보프(Leonardo Boff, 1938-)는 삼위일체를 완전한 사회로 묘사하고, 삼위일체가 인간적 질서에 대한 모델과 비판이 된다고 호소한다. "사회가 자신을 불평등이라는 기반 위에서 조직할 때, 그것은 삼위일체를 공격하는 셈이다."[60] "경험"으로의 지향은 많은 문화권의 신학자들을 삼위일체론의 새로운 탐구로 초청했으며, 또한 인도, 아프리카, 아시아의 기독교 저술가들이 삼위일체 신학과 자신들의 문화적인 배경 사이를 연결하고 있다.[61] 삼위

York: Oxford University Press, 2000), 112-17을 보라.

59) Johnson, *She Who Is*, 191.

60) Leonardo Boff, *Trinity and Society* (London: Burns and Oates, 1988), 236.

61) 문화적인 다양성을 의도적으로 보여주는 개관을 위해 Veli-Matti Kärkkäinen, *The Trinity: Global Perspectives* (Louisville: Westminster John Knox, 2007)을 보라. 카르카넨은 이 장들을 라틴아메리카와 히스패닉 저자들인 레오나르두 보프와 유스토 곤잘레스, 아시아 신학자들인 이정영과 레이문도 파니카(Raimundo Panikkar), 그리고 아프리카 신학자들인 니야미티(C. Nyamiti)와 오그보나야(A. O. Ogbonnaya)에게 할애한다.

일체를 인간적 경험에 적용하려는 확장된 기획의 또 하나의 분명한 사례는 삼위일체 신학이 중대한 사회 문제와의 관련성으로 나아가고 있는 최근의 흐름이다. 경험적인 용어로 삼위일체에 접근하는 가장 학문적이고 유망한 작업은 새러 코클리(Sarah Coakley, 1951-)의 저술이다. 교회 교부들과 현대적 영성의 명상적인 기도에 대한 그녀의 탐구는 종교적 경험이 "불가피하게 세 가지 측면의 구성요소를 지니고 있다"는 사실을 발견한다. 코클리는 "하나님이 삼위일체로 경험될 수 있는가?"라는 질문에 긍정적인 뉘앙스로 응답해왔고, 그 경험이 실제로 현대적인 신앙과 사상을 위한 중요한 자원인 동시에 삼위일체론의 기원에 대한 "가장 공격받기 쉬운 부분"이라고 주장한다.[62]

칼 라너: 경험과 역사의 종합

칼 라너(Karl Rahner, 1904-1984)는 삼위일체론을 현대적으로 서술한 가장 중요한 사상가들 중 한 명이다. 1960년 이후의 삼위일체 신학의 이야기 전체는 라너의 저술이 받아들여졌는가 거부되었는가, 또는 어떻게 수정되었는가에 대한 이야기라고 말할 수도 있다.[63] 역사와 경험의 흐름을 종합하는 중심적 역할을 라너에게 맡기기 위해, 우리는 이 주제의 개관에서 여러 인물들에 대한 라너의 영향(특별히 판넨베르크와 라쿠나에게서 드러나는 영향)을 앞에서는 대강 얼버무리고 넘어가야 했었다. "머리와 가슴의 교리문답"에서조차 삼위일체 교리가 무시되고 있다는 라너의 탄식은 수십 권의 삼위일체

---

62) 초기의 훌륭한 논문 중 하나는 Sarah Coakley, "Can God Be Experienced as Trinity?" *Modern Churchman* 28, no. 2 (1986): 11-3이다. 코클리의 다면적인 기획은 많은 논문에서 등장하며, 그녀는 곧 출간하게 될 *God, Sexuality and the Self: An Essay "On the Trinity"*에서 일종의 조직신학적 개관을 약속한다.

63) 나 역시 *The Image of the Immanent Trinity: Rahner's Rule and the Theological Interpretation of Scripture* (New York: Peter Lang, 2001)에서 그와 같은 작업을 했다.

론 관련 서적을 배출하는 고전적인 출발점이 되었다. 라너는 설사 삼위일체 교리가 교과서와 교리사에서 생략된다 해도 일상적인 기독교인의 삶이나 생각에는 아무런 변화도 일어나지 않을 것이고, 슬프게도 삼위일체론과 별 반 관계없는 대다수의 기독교 문학들도 전혀 바뀌지 않을 것이라고 경고했 다. 많은 조직신학은 한 분 하나님을 훨씬 더 중요하게 논의한 뒤, 삼위일체 론을 그 부분에 의무적으로 안전하게 포함된 짧은 장으로 축소시키고 있다. 이처럼 의무적으로 취급된 뒤 "결코 다시 등장하지 않는" 상황에서, 삼위일 체론이 다른 교리들을 형성하거나 그것들에게 힘을 줄 수는 없다.

　여기서는 주제 중심으로 개관하기 때문에, 우리는 라너를 어떤 영향력 있는 인물들의 노선에 위치한 연대기적 자원이 아니라 지금까지 연구된 두 가지 주요 주제를 종합한 사람으로 생각한다. 칼 라너의 전체적인 신학적 기획은 선험적 토마스주의라고 불릴 수 있는데, 그것은 경험과 역사를 종합 하는 일에 전력을 다한다.[64] 라너는 궁극적인 진리가 두 가지 방식으로 자 신을 인간에게 드러낸다고 가르쳤다. 진리는 첫째, 모든 가능한 경험의 초 월적 조건으로서, 둘째, 만날 수 있는 실제적·역사적 실재로서 자신을 드러 낸다. 첫째 주장은 매우 추상적이지만, 라너는 그것을 신학자로서의 자신 의 중심적 메시지로 간주한다. 자신의 대작 『기독교 신앙의 토대』를 요약하 면서 라너는 "나는 독자들에게 매우 단순한 것을 말하고자 할 따름이다. 인 간들은 모든 시대에, 언제 어디서나, 스스로 그것을 인식하거나 숙고하든지 않든지 상관없이, 하나님이라고 부르는 '인간적 삶의 말로는 표현될 수 없

---

64) "선험적 토마스주의"는 토마스 아퀴나스의 신학에 대한 현대적 변형이다. 선험적 토마 스주의는 "피에르 루셀롯(Pierre Rousselot)과 조셉 마레칼(Joseph Marechal)과 같은 탁월한 해석가들에 의해 시작되었고", "토마스가 현대 철학적 숙고의 빛 안에서 다시 읽 혀져야만 한다"는 확신에 근거한 20세기 초반에 생겨났던 사고 유형의 하나였다. 우리 가 붙들고 씨름해야 할 가장 중요한 근대 사상가는 "경험의 분석이 '선험적'이었던 칸트 였다. 그것은 실제적인 경험의 배후에서 그 경험을 전적으로 가능하게 하는 조건을 드 러내 준다는 의미에서 그러했다"(Fergus Kerr, *After Aquinas: Versions of Thomism* [Oxford: Blackwell: 2002], 208).

는' 신비와 관계를 맺고 있다."[65] 그러나 인간성은 육체적인 동시에 역사적으로 현실적(actual)이기 때문에, 그 은혜에 대한 초월적 개방성은 세계사 안에서 자신을 우리에게 구체적으로 제시하는 역사적 실체(entity)와 부합할 것이다. 바로 그 실체가 인간이신 예수 그리스도시며, 그의 사역은 교회와 성례전 안에서 지속적으로 현재한다. 그 둘(역사와 경험 – 역자 주)이 만날 때, 구원이 현재한다. 하나님은 경험 그 자체 안에서, 그리고 특수한 역사 안에서 자신을 전달하신다.

이와 같은 범주들이 라너의 삼위일체 신학 안에서 생명력을 얻으며, 그 것들은 그곳에서 편재하는 성령, 그리고 성육신하신 아들과 어느 정도 연관되어 있다. 모든 인간적 경험 안에서 그 경험의 지평과 의미로서 스며드는 것이 성령의 고유한 직무이고, 특수한 것 안에서의 하나님의 현존처럼 우리 가운데 성육신하셔서 서는 것이 아들의 고유한 직무다. 아우구스티누스가 아들과 성령을 지식과 사랑이라는 심리적 범주로 도표화하는 전통을 시작한 곳에서, 라너는 의도적으로 아들과 성령을 각각 구원사와 실존적 경험으로 도식화했다.

라너의 신학은 특성상 매우 철학적이고, 그것의 핵심은 그에게 주된 철학적 영향을 미친 토마스 아퀴나스, 칸트, 하이데거 등을 인용할 때만 상세하게 묘사될 수 있다. 하지만 역사와 경험의 종합이라는 동일한 노선 위에서 라너는 또한 삼위일체론에 대한 자신의 가장 큰 유산인 방법론적 접근법도 제안한다. 삼위일체를 그 자체로만 고려한다면, 라너는 우리가 언제나 구원의 경륜 안에서 현시되는 아들과 성령으로 시작해야 한다고 주장했다. 그 두 가지 사명은 궁극적이다. 왜냐하면 그 사명을 통해 삼위일체가 세계사 안에서 나타나고, 그것들은 영원한 삼위일체 그 자체의 계시이기 때문이다.

---

65) Paul Imhof and Herbert Biallowons, eds., *Karl Rahner in Dialogue: Conversations and Interviews 1965-1982* (New York: Crossroad, 1986), 147. 라너는 자신의 책인 *Foundations of Christian Faith: An Introduction to the Idea of Christianity* (London: Darton, Longman & Todd, 1978)을 묘사하고 있다.

아버지로부터 오는 사명과 함께 아들과 성령은 경륜적 삼위일체를 구성한다. 하지만 우리가 이 땅의 복음 이야기에서 만나는 삼위일체(경륜적 삼위일체)와 영원한 삼위일체 그 자체(내재적 삼위일체) 사이에는 아무런 차이도 없고 구분도 거의 없다. 그 자체로서의 삼위일체와 구원사의 삼위일체 사이에는 아무런 간격도 불일치도 존재하지 않는다. 라너는 이것을 자신이 근본 공리(Grundaxiom)라고 부르는 것으로 요약했다. 해석자들은 그 공리를 "라너의 규칙"이라고 불렀다. 즉 "경륜적 삼위일체가 곧 내재적 삼위일체이고, 내재적 삼위일체가 곧 경륜적 삼위일체다."

이 공리를 일관성 있게 적용하는 중에 라너는 성육신한 삼위일체의 위격은 영원한 아들일 뿐만 아니라 필연적으로 바로 그 유일무이한 아들(the Son)이라고 주장하게 되었다. 삼위일체의 다른 위격은 성육신할 수 없었을 것이다. 이것은—전통의 목소리들이 오래도록 주장했듯이—보내심을 받고 성육신하는 것이 단지 아들의 특성에 적절하기 때문만이 아니라, 그에 더하여 라너의 용어로 하자면 경륜적 로고스가 내재적 로고스이고 그 역도 사실이기 때문이다. 이 공리를 성령에 적용하면서 라너는 다음과 같이 주장했다. 구원의 경륜 안에 성령께서 현재(presence)하시는 것은 (교회를 함께 묶으시는 오순절 성령이든 아니면 창조되지 않은 은혜로서 믿는 자들의 가슴 속에 하나님이 내주하시는 것이든 관계없이) 내재적 삼위일체 안에서 갖는 성령의 내재적-신적 역할의 분명하고 직접적인 확장이라고 주장했다. 자신의 규칙을 사용하면서 라너는 경륜적 삼위일체와 내재적 삼위일체를 함께 묶지만, 나아가 역사와 경험, 즉 현대적으로 강조된 구원사(*historia salutis*)와 구원의 순서(*ordo salutis*)도 함께 묶는다. 하지만 역사와 경험을 통해 삼위일체에 접근하는 라너의 신학 방법이 주로 경륜적 삼위일체를 초점으로 삼아 주의를 집중시킨다는 것은 분명해 보이고, 그래서 내재적 삼위일체에 대해 말하는 것은 다소 어렵게 된다.

삼위일체론의 복원

20세기에 일어난 삼위일체 신학의 르네상스에 대한 표준적인 설명은 두 명의 칼(Karl)의 이야기라 할 수 있다. 한 명은 우리가 삼위일체론 사상을 통해 지금 막 만났던 칼 라너이고, 다른 한 명은 이제 우리가 살펴볼 스위스의 개신교 신학자 칼 바르트(Karl Barth, 1886-1968)다. 삼위일체 신학에 미친 바르트의 영향은 확실히 방대하며, 신학적인 풍토에 중요한 차이를 만들어 냈다. 1931년에 자신의 저술 계획을 밝히면서 바르트가 삼위일체론이『교회교의학』의 기초와 중심이 될 것이라고 공표했을 때, 그는 자유주의적 개신교주의의 비(非)삼위일체론적인 흐름에 의도적으로 저항하는 중이었다. 그 당시 삼위일체 교리는 너무 오래되어서 과거에 가지고 있었을지도 모르는 유용성은 다 소진되었다고 간주되었고, 정중한 무시가 삼위일체론을 기독교적 담론의 변두리로 밀어내고 있었다. 무리수를 두듯이 삼위일체론을 자신의 출발점으로 삼았을 때, 바르트는 로마 가톨릭의 반동적인 고백주의자와 가장 완고하고 보수적인 무리의 조언을 받고 있다는 비난을 받았다. 『교회교의학』의 첫 권에서 바르트는 "역사적·형식적·내용적으로 자신이 스콜라주의의 길을 가고 있다는 비난"에 노출되어 있음을 인정했다. 바르트는 이렇게 말한다. "나는 분명히 초기 교회의 교리를 어떤 의미에서 규범적인 것으로 간주한다. 나는 삼위일체론은 물론 동정녀 탄생의 교리도 명시적으로 다룬다. 마지막의 동정녀 탄생만으로도 작금의 많은 동시대인들이 나를 가면 쓴 가톨릭주의자로 의심하도록 만들기에 충분할 것이다. 나는 무엇이라고 말해야 하는가?"[66] "나는 무엇이라고 말해야 하는가?"라는 질문은 수사학적이었다. 왜냐하면 바르트가 그때 말문이 막혔던 것은 분명 아니었기 때문이다. 그 후 수십 년 동안 바르트가 산출해낼『교회교의학』의 수천 페이지가 그 사실을 말해준다. 삼위일체론으로의 전환은 바르트가 확신을

---

66) Karl Barth, *Church Dogmatics* I/1, xiii.

갖고 계속해서 말하는 데에 필요했던 모든 것을 그의 신학에 제공해주었다. 한스 프라이(Hans Frei, 1922-1988)와 존 웹스터(John Webster)가 지적했듯이 "바르트는 파손된 신학적 언어를 복원시키는 중이었으며, 그 언어를 길고 늘어지게 사용함으로써 그렇게 했다."[67] 고대 삼위일체론을 후기 현대성 안에서 복원하고 정교화하면서 바르트는 "교의학에서 가장 중요할 뿐만 아니라 또한 가장 적절하고 아름다운 문제들이 바로 그 지점, 곧 '아무런 이익이 없는 스콜라주의'라는 우화 그리고 '교부들의 헬라적 사고'의 슬로건이 우리가 마땅히 멈추어야 한다고 우리를 설득하려 하는 바로 그 지점에서 시작된다"라고 말한다.[68] 이 중심적인 기독교 교리(동정녀 탄생과 같은 유행에 뒤떨어진 교리들과 마찬가지로)에 대한 흥미를 잃었던 것은 신학적 자유주의라는 질병의 주요 징후들 가운데 하나였다.

> 현대 개신교주의의 끊임없이 증가하는 혼돈과 지루함과 부적절성에 대해 나는…한탄만 하고 있어야 하는가? 현대 개신교주의는 아마도 삼위일체론 및 동정녀 탄생과 함께 제3의 차원 전체를 상실했다. 제3의 차원은—만일 우리가 그것을 종교적 내지 도덕적인 진지함과 혼동하지 않는다면—우리가 "신비"라고 묘사할 수 있는 차원이다. 그 신비의 차원을 상실한 결과, 사람들은 모든 종류의 무가치한 대용품들로 그 자리를 채워야 하는 징벌을 받고 있다.[69]

다른 말로 하자면, 바르트가 삼위일체론을 옹호했던 것은 다른 사람들 앞에서 보란 듯이 위험에 빠졌던 과거를 복원(retrieval)하는 신학의 한 형태였다. 그의 삼위일체론은 현대적 삼위일체론에 특수한 외형을 부여하는

---

67) John Webster, *Karl Barth* (London: Continuum, 2000), 50. 웹스터는 "Eberhard Busch's Biography of Karl Barth," in *Types of Christian Theology* (New Haven: Yale University Press, 1992), 158에 있는 프라이의 통찰을 패러프레이즈하고 있다.
68) Barth, *Church Dogmatics* I/1, xiv.
69) Ibid.

제3의 주요한 추세를 제시한다.

존 웹스터는 말한다. 복원은 멀리 떨어져 있는 어떤 사상적 학파라기보다는 "신학의 한 형태(mode)이고, 신학적 과제에 접근하는 정신적 입장 내지는 한 가지 방식이다." 다양한 부류의 현대 신학자들이 온갖 다양한 이유로 복원을 기획하는 쪽으로 돌아서고 있다.

> 복원의 신학은 여러 가지 다른 이유에서 생긴다. 어떤 신학은 주류 현대신학 안에서 비판철학이나 역사적 그리고 해석학적 이론이 행사하는 통제적인 역할에 대한 불만족 때문에 생겨났다. 다른 신학은 더할 나위 없이 진·선·미로 보이는 교의학적 반성의 대상에 사로잡힌 결과로 보다 직접적으로 유도되었다. 하지만 17세기와 18세기의 학문이 기독교 자체와 그것의 종교적 반성을 비판했을 때, 그것에 대응해야 했던 주류 신학이 위의 두 가지 복원 신학을 전통적으로 주어진 대상과 유산으로부터 불필요하게 멀어지게 했다는 사실에는 모두가 동의한다.[70]

비판적 계몽주의에 반대했던 낭만주의의 광범위한 문화적 반응의 관점에서 고려한다면, 복원의 모티프는 중세적인 원천들을 원래 상태로 되돌리는 가운데 영감을 발견했던 모든 창조적인 예술 안에서 발견된다. 물론 우리는 삼위일체론적 사고의 부흥, 특별히 우리가 바르트와 같은 이에게서 보는 부흥을 중세기로 되돌아가려는 낭만주의적인 충동으로 환원시킬 수는 없다. 하지만 그 부흥은 비판적 현대주의의 얕은 사고에 저항하는 정신을 공유한다.

우리는 바르트의 삼위일체론을 간략하게 요약한다. 바르트는 삼위일체

---

70) John Webster, "Theologies of Retrieval," in John Webster, Kathryn Tanner, and Iain Torrance, *The Oxford Handbook of Systematic Theology* (Oxford: Oxford University Press, 2007), 584. 웹스터는 594-95페이지에 있는 복원의 기획 안에서 삼위일체에 대해 간략하게 토론한다.

론을 자신의 다른 모든 특징적인 주제들, 특별히 기독론과 계시론에 밀접하게 연결시켰다. 바르트는 기독교 신앙을 진지하게 수용하는 근본적인 주장으로 시작한다. 그것은 우리의 하나님 이해가 예수 그리스도 안에 있는 계시에 근거해야 한다는 요청이다. 다른 말로 하자면 하나님은 우리가 그분을 그리스도 안에서 계시된 대로 보는 것과 같아야 한다. 하나님과 예수 사이에 어떤 "계시적인 간격"도 있을 수 없다. 예수 그리스도를 통해 계시된 하나님의 배후에 아직도 완전히 계시되지 않은 어떤 신비가 있다거나, 그 안에 어떤 "실재적이고 절대적인 하나님"이 숨어 있다고 말해서는 안 된다. 그 다음에 바르트는 자신의 삼위일체론을 예수 그리스도 안에서 계시된 사실로부터 풀어간다. 하나님은 이미 자신 안에서 삼위일체이시고, 계시 안에서도 삼위일체의 존재는 조금도 감해지지 않으며, 계시의 결과에서도 마찬가지로 조금도 덜 삼위일체적이지 않으시다. 이것을 가장 압축된 형태로 표현하면 "하나님은 자신을 주님으로 계시하신다." 다시 말해 하나님 자신이, 자기 자신을 통해, 자신을 주님으로 계시하신다. 간략히 말하자면 바르트의 삼위일체론은 계시 개념의 구조로부터 분석적으로 전개되는 것처럼 보일 수 있다. 하지만 바르트는 그 도식을 "계시자, 계시, 계시됨"이라는 개념으로부터 유도한 것이 아니다. 오히려 바르트는 그 도식을 구원사 안의 하나님의 행동으로부터 이끌어낸 풍성한 성서적 소재들로 가득 채웠다. 그리고 바르트는 삼위일체론을 자신의 신학체계의 전면에 배치하고, 그것을 자신의 교의학의 중심적인 주제들과 관계되도록 했다. 그렇게 하여 바르트는 삼위일체론을 기독교 신앙의 구조 안의 본래 자리로 회복시켰다. 그 자리는 설명이나 정당화를 필요로 하는 다소 문제가 있는 수수께끼라기보다는, 신학적 토론에 대해 해석학적인 열쇠가 되는 자리다.

바르트의 세 가지의 주요한 기여(1. 계시 간격[역사적 계시 사건과 하나님 자신의 영원하신 존재 사이의 간격—역자 주]을 메운 것, 2. 계시 개념으로부터 삼위일체론을 전개한 것, 3. 삼위일체론을 해석학적 열쇠로 사용한 것) 가운데 첫째와 마지막 것은 광범위한 영향을 미쳐왔고 계속되는 대화에서도 주도적인 위치를 점하고 있다. 바르트를 따라 삼위일체론을 계시의 사실(fact)의 직접적 함축으로 다룰 수 있었던 사람은 거의 없었다. 그러나 현대 삼위일체론에 대한 칼 바르트의 가장 중요한 유산은, 그가 복원이라는 주목할 만한 행위를 실행하면서 지녔던 확신과 일관성이라고 말할 수 있다.

바르트가 성취한 것은 훌륭하기는 하지만, 종종 말해지는 것처럼 단순히 칼 바르트가 삼위일체론을 다시 가지고 왔다고 말하는 것은 지나친 것이다. 우선 그런 말은, 삼위일체론의 궤도를 결코 떠나지 않았기에 다시 가지고 올 수도 없었던 다양한 신학 공동체들을 모독하는 것이다. 콜린 건튼(Colin Gunton, 1941-2003)이 현대신학을 언급하며 지적하는 것처럼 "가톨릭이나 개신교를 가릴 것 없이 모든 시대에 유능한 신학자들이 있었다. 이들은 지속적으로 전통적인 삼위일체론의 범주를 가지고 작업하였지만, 다른 한편으로 다른 사람들이 전통적인 정통주의를 의문시하거나 수정하고 때로는 거부했던 이유들 역시 의식하고 있었다."[71] 또 존 웹스터도 말한다. "삼위일체론은 결코 우리의 시야에서 사라진 적이 없다(삼위일체론은 로마 가톨릭 학파의 교의학에서 기본이었고, 예를 들어 도르너[Isaak Dorner, 1809-1884]와 바빙크[Herman Bavinck, 1854-1921] 같은 개신교 교의학자들에게서도 광범위하게 발견된다).[72] 그러므로 바르트가 삼위일체론을 현대신학이 주목해야 하는 의제로 되돌려놓았다고 말하는 것이 정당할 것이다. 특별히 유럽과 미국의 학문적 신학의 자유주의적인 흐름 가운데서, 그리고 특별히 역사와 경험을 기독교 사상의 조건을 지배하는 결정적인 현대적 범주로 삼았던 사람들 가운데서 그렇게 되돌려 놓았다. 바르트가 성취했던 것은 결정적으로 현대적인 신학자로서 그 자신의 신뢰성을 드높인 것이었다. 바르트는 고전적인 삼위일체론을 그것의 하위문화와 관련되는 용어로 표현하기 위해 모든 해당되는 학문적인 대상들과 접촉하고 대화하면서 학계의 주목을 이

---

71) Colin Gunton, "The Trinity in Modern Theology," in *The Companion Encyclopedia of Theology* (London: Routledge, 1995), 937.
72) Webster, "Theologies of Retrieval," 595.

끌어내었다. 그렇게 바르트가 삼위일체론을 되살렸다라고 말하는 것이 일반적인 일이 된 것은 그가 직접 이루어낸 성과였다.

바르트가 어떻게 복원된 삼위일체론에 주의를 집중시키는 데 성공했는가에 대한 좋은 지표는 그 시대 자유주의 신학자들의 반응이다. 독일계 미국 신학자인 빌헬름 파우크(Wilhelm Pauck, 1901-1981)는 1931년에 『칼 바르트: 새로운 기독교의 예언자』라는 제목의 책에서 바르트가 막 행하고자 했던 것이 무엇인지를 해설한다. 파우크가 보기에 바르트는 전적이지는 않지만 거의 새로운 어떤 것의 예언자였다. 파우크는 계시에 대한 바르트의 실존론적인 해석에 갈채를 보낸다(하지만 그는 바르트보다는 틸리히에게 더 편안하게 보이는 용어로 그것을 묘사한다). 파우크가 받아들일 수 없었던 것은 『교회교의학』에서 계속해서 쌓아올려지고 있는 방대한 양의 전통적 자료들이었다.

> 바르트는 교회의 오래된 교리들을 하나님의 계시의 관점으로부터 숙고하기를 열망하면서, 그 교리들 안에 입력할 수 있는 모든 지적인 열정 속에 자신을 내던진다. 하지만 바르트는 자신의 과제를 잘 수행하지 못한다. 바르트는 너무나 자주 자신의 진정한 관심사를 감추는 방식으로 행동한다. 모든 편견 없는 독자들이 계시에 대한 바르트의 논의로부터 얻는 인상은, 어떤 보다 똑똑하고 과도하게 유창한 신학자가 심오한 정서적 지성주의를 가지고 자기 자신을 오래된 형식의 신학적 사고에 적용시켰다는 것이다. 그때 바르트는 그 교리들을 이해할 수 있는 자신의 능력의 한계를 거의 넘어서기까지 그렇게 시도했다. 20세기 교회의 지체인 우리가 삼위일체 교리를 받아들여야 한다는 것이 마치 정말로 삶과 죽음의 문제라도 되는 듯이 말이다.[73]

---

73) Wilhelm Pauck, *Karl Barth: Prophet of a New Christianity?* (New York: Harper, 1931), 189.

신학계의 이러한 학문적 풍토와 문화 속에서 바르트의 삼위일체론 복원은 획기적이었다. 바르트가 자신의 삼위일체 신학에 현대적인 윤곽을 특징적으로 부여하는 가운데 어떻게 역사와 경험이라는 범주를 채택하는지 제시하는 것은 가능할 것이다. 그리고 우리가 바르트의 작품을 그 두 범주 아래서 각각 고려한다면, 그것 역시 유익할 것이다. 바르트의 삼위일체론은 성서와 기독교 전통의 고전적인 중심 주제를 단지 복원하기만 했는데도 현대신학의 세계를 뒤흔들었다. 하지만 파우크와 같은 신학자들은 집요하게 저항했다. "우리는 기독교 신앙을 새롭게 표현하는 작업에 있어서 삼위일체론과 기독론에 몰두하는 것이 필수적이라는 사실을 부인한다. 그렇게 된다면 우리는 바르트가 자신의『교회교의학』에서 행한 것과 동일한 실수를 저지르게 될 것이다."[74] 바르트가 자신의『교회교의학』에서 어떤 실수를 저질렀는지 관계없이, 삼위일체론을 회복한 것은 바르트가 내렸던 주요한 결정 가운데 가장 큰 선견지명을 가진 것으로 드러나고 있다.

콜린 건튼이 언급했던 "유능한 신학자들"(현대의 시기 전체에 걸쳐서 "전통적인 삼위일체론적 범주들을 가지고 계속 작업했던 가톨릭과 개신교의 신학자들") 가운데서 삼위일체 신학을 통해 무엇인가 중요한 내용을 제공하는 데 실패했던 사람이 있었다고 말하기는 어렵다. 최근의 삼위일체론의 흥분된 부흥에 속한 것 중 일반적으로 칭송을 받는 모든 것은 이미 보다 오래된 자료들 안에서 쉽게 발견되는 것이다. 그리고 진지한 신학적 음성이 삼위일체론에 대해 신실하고 창조적인 의견을 개진하지 않았던 어떤 연대기적인 틈새가 있었던 것 같지도 않다. 만일 우리가 삼위일체론을 기독교 신앙을 지속시키는 핵심적 내용으로 인식하는 논의를 찾는다면, 우리는 그것을 영국의 감리교 신학자인 윌리엄 버트 포프(William Burt Pope, 1822-1903)에게서 발견할 수 있다.

---

74) Ibid., 201.

항상 축복받아온 삼위일체론은 기독교에 핵심적이다. 삼위일체론이 없다면, 어떤 신학도, 어떤 기독론도 있을 수 없다.…삼위일체론은 성서에 대한 보편적인 해석인 동시에 보편적 신앙이었다. 교의학적 정의에 어떤 예외가 주어지든지 간에, 이 영원한 근본적 진리는 기독교 계시의 생명이다.[75]

만일 우리가 삼위일체론이 매우 실천적이고, 계시된 신비를 단지 명제적인 형식으로 대충 짜 맞춘 어떤 것이 아니라는 진술을 찾는다면, 그것은 미국의 장로교 신학자인 찰스 하지(Charles Hodge, 1797-1878)에게서 발견된다.

진리는 거룩함을 향한다. 하나님께서 사람들에게 자신의 존재와 속성을 알려주시는 것은 학문을 가르치기 위함이 아니라, 그분 자신에 대한 구원의 지식으로 인도하기 위함이다. 그러므로 성서의 교리들은 종교 또는 영혼 안에 있는 하나님의 생명에 밀접하게 연결되어 있다.…이것은 특별히 삼위일체론에 해당한다. 이 교리를 우리가 아무런 실천적 관심도 가지고 있지 않고 단지 계시되었기에 믿어야 한다고 요청하는 어떤 신성의 구성요소에 관련된 단지 사변적이고 추상적인 진리로 간주하는 것은 커다란 실수가 될 것이다.[76]

만일 우리가 삼위일체론이 역사 안에서 펼쳐지는 신적인 행동들에 의해 점진적으로 계시되는 교리, 그러나 또한 기독교적 경험으로부터 직접 출현하는 유기적이고 통합적인 교리라는 인식을 찾는다면, 그것은 네덜란드의 칼뱅주의자인 헤르만 바빙크(1854-1921)에게서 발견될 수 있다.

삼위일체론은 이신론의 차가운 추상과 범신론의 혼동에 대항하면서 참으로

---

75) William Burt Pope, *Compendium of Christian Theology* (New York: Phillips & Hunt, 1881), 1:284.
76) Charles Hodge, *Systematic Theology* (Grand Rapids: Eerdmans, 1995), 1:443.

살아 계신 하나님이 우리에게 알려지도록 만든다. 창조론―하나님이 우주와 관계하시지만 동일시되지는 않으신다는 교리―은 오직 삼위일체론의 기초 위에서만 유지될 수 있다. 사실상 기독교 신앙의 체계 전체는 하나님의 삼위일체에 대한 고백과 함께 서거나 넘어진다. 삼위일체론은 기독교 신앙의 핵심이고 모든 교의의 뿌리이며, 새 언약의 근본적인 내용이다. 삼위일체적인 교의의 발전은 우선적으로 형이상학적인 질문이 결코 아니었고, 오히려 종교적인 질문이었다. 우리가 인류의 구속을 위한 하나님의 계시 전체의 맥박을 느끼게 되는 것은 바로 삼위일체의 교리 안에서다.[77]

마지막으로 만일 우리가 기독교 교리들을 기독교적인 것으로 확인해주는 삼위일체론, 다시 말해 성서의 하나님이 누구인지를 특성화하고 그렇게 하여 모든 개별적 교리에 대해 무엇이 성서적인 것인지를 알려주는 신학적 요소로서의 삼위일체론을 찾고자 한다면, 그것은 미국의 성공회 신학자인 프랜시스 홀(Francis J. Hall, 1857-1932; 1908년에서 1922년까지 책을 발간했다)에게서 발견될 수 있다.

삼위일체론은 모든 기독교 교리의 해석 원리이고, 기독교적 이상과 희망의 궁극적인 기초이며, 인간 정신이 생각할 수 있는 모든 진리 가운데 가장 생명력 있고 영감을 주는 진리다.…삼위일체론은 영적인 실재들에 대한 모든 건전하고 적절한 개념들 안에서 중심 자리를 차지해야 한다. 삼위일체론은 성육신론, 대속론, 교회론, 칭의론과 구원론, 그리고 하나님 나라의 도래에 관한 이론 등에 대한 명제들을 구성한다. 만일 삼위일체론이 잘못인 것처럼 보인다면, 위의 교리들은 알아볼 수 없을 정도로 수정되어야 할 것이고, 그때 기독교는 실제 그러해야 하는 것과는 전혀 다른 어떤 것이 되고 말 것이다.[78]

---

77) Herman Bavinck, *Reformed Dogmatics* (Grand Rapids: Baker Academic, 2004), 2:260.
78) Francis J. Hall, *Dogmatic Theology* (London: Longmans, Green, 1910), 4:2-3.

논의되던 시대 전체에 걸쳐 들려지던 이런 음성들과 다른 많은 음성들을 고려할 때, 우리는 삼위일체론에 관련된 "복원"을 어떻게 말할지에 대해 조심해야 한다. 두 명의 칼(Karl; 바르트, 라너) 중 하나가 영웅적인 구조를 실행할 때까지, 삼위일체론은 현대라는 시기 전반에 걸쳐 크게 무시되었다. 이에 대해 종종 들려지는 이야기가 있다. 즉 포프, 하지, 바빙크, 홀과 같은 신학자들을 제외한 대부분의 기독교인들에게는 완전히 상실된 교리의 절대적 복원이라는 필요성은 존재하지 않았다. 복원은 책임성을 갖춘 신학적 방법론의 정상적인 한 부분이고, 그래서 신학자들은 현대를 통해 일종의 낮은 수준의 평범한 복원에 적극적으로 몰두했다. 그 결과 복원은 너무 증가하여 보존과 도무지 구별할 수 없을 정도가 되었다.

야로슬라브 펠리칸(Jaroslav Pelikan, 1923-2006)은 말했다. "기독교 교리사에서 현대라는 기간은 긴 기독교 역사 안에서 논란될 수 없을 정도로 확실하다고 간주되어온 교리들이 그 자체로 의문시되었던 시대라고 정의될 수 있을 것이다. 그런 교리들에는 계시 개념, 그리스도의 유일무이성, 성서의 권위, 죽음 이후의 삶에 대한 기대, 심지어 하나님의 초월성 자체 등이 포함된다."[79] 물론 삼위일체론도 이런 식으로 정의되면서, 현대라는 기간 동안 심각한 도전에 직면했다. 그러나 우리가 이미 살펴본 것처럼 그 위기의 지점은 계몽주의적인 비판이 끝나가는 국면 근처였고, 19세기가 동터올 때 기독교 신학은 전통적인 교리인 삼위일체론을 역사나 경험과 같은 현대적 범주로 바꾸기 시작했다. 역사 또는 경험이라는 현대적 범주는 종종 삼위일체론을 왜곡시키는 영향을 끼쳐서, 삼위일체론의 내용이 새로운 표현 형식으로 옮겨지도록 압박했는데, 그 형식은 위대한 전통에 부합한다고 할수도 없고 성서에 있는 계시에 충실하다고도 할 수 없는 것이었다. 세계사와 인간적 경험이라는 주제가 신론의 표현을 지배하게 되었을 때, 예를 들

---

79) Jaroslav Pelikan, *The Christian Tradition: A History of the Development of Doctrine*, vol. 5, *Christian Doctrine and Modern Culture (Since 1700)* (Chicago: University of Chicago Press, 1989), viii.

어 창조와 구원에 대한 하나님의 자유를 고백하는 것은 특별히 어려워졌다. 그러나 현대적 범주들은 또한 예견하지 못했던 발전과 정교화의 큰 기회를 삼위일체론에 제공했다. 현대 이전의 신학은 삼위일체론적인 소재들을 역사와 경험이라는 의미 깊은 용어로 묵상하지 않았고, 이에 대해 삼위일체론의 현대적 형태들은 전에는 눈길을 주지 않았던 새로운 소재들에 빛을 비추어주었다. 최소한 삼위일체론에 대한 광범위한 교의학적인 흥분은 20세기 후반의 신학적 토론에 신선한 활기를 주었다. 그리고 이 추세가 누그러들 조짐은 아직 보이지 않는다. 삼위일체 신학이 계속 토론되고 발전된다면, 신학자들은 이 고전적 교리를 분명하게 표현해서 현대적 삼위일체론의 기획을 더 잘 수행할 수 있게 될 것이다. 그 수행 방법은 삼위일체의 교리를 전래된 전문용어들 안의 불투명한 돌덩이로 취급하는 것이 아니라, 역사에 투명하고, 인간적 경험에 투명하고, 그리고 그것의 성서적 기초에도 투명한 것으로 만드는 방식이 될 것이다.

참고도서

Barth, Karl. *Church Dogmatics*. Vol. I/1, *The Doctrine of the Word of God*. Vol. IV/1, *The Doctrine of Reconciliation*. Edited by G. W. Bromiley and T. F. Torrance. Translated by G. W. Bromiley. Edinburgh: T&T Clark, 1975.

Jenson, Robert W. *Systematic Theology*. Vol. 1, *The Triune God*. New York: Oxford University Press, 1997.

Johnson, Elizabeth. *She Who Is: The Mystery of God in Feminist Theological Discourse*. New York: Crossroad, 1992.

LaCugna, Catherine Mowry. *God for Us: The Trinity and Christian Life*. San Francisco: HarperCollins, 1991.

Levering, Matthew. *Scripture and Metaphysics: Aquinas and the Renewal of Trinitarian Theology*. Oxford: Blackwell, 2004.

Molnar, Paul. *Divine Freedom and the Doctrine of the Immanent Trinity*. London: T&T Clark, 2002.

Moltmann, Jürgen. *The Trinity and the Kingdom: The Doctrine of God*. New York: Harper & Row, 1981.

Pannenberg, Wolfhart. *Systematic Theology*. Vol. 1. Grand Rapids: Eerdmans, 1991.

Powell, Samuel M. *The Trinity in German Thought*. Cambridge: Cambridge University Press, 2001.

Rahner, Karl. *The Trinity*. New York: Herder & Herder, 1997.

3

하나님의
속성

스티븐 R. 홈즈

Stephen R. Holms

세인트앤드루스 대학교

서론

1879년에 이자크 도르너(Isaak Dorner, 1809-1884)는 다음과 같이 말했다.

> 하나님의 속성론은 다시 삼위일체론으로 인도되는데, 삼위일체론이 속성론의 기초에 놓인 진리이기 때문이다. 현실적이고 절대적인 최초의 생명, 지식, 선이 되기 위해 신성은 자기유래적이고 자의식적이라고 생각되어야 한다. 이것은 하나님이 자발적인 사랑으로 생각되어야만 하는 것과 마찬가지다. 자발적 사랑은 하나님께서 자기 자신을 자신으로부터 영원히 구별하시고, 그다음에 언제나 자신의 다른 자아로부터 그 자신에게로 회귀하시는 것, 다시 말해 오직 하나님의 삼위일체적 존재에 의해서만 가능하다. 하나님이 자신의 모든 속성에서 삼위일체적이어야 하는 것과 같이, 하나님의 속성은 삼위일체를 통해 단일성으로 조화롭게 합쳐진다.…하나님 자신으로부터 하나님의 영원한 자기구별의 영원한 결과는, 마찬가지로 영원한 자신 안으로의 재진입과 함께, **절대적인 신적 인격성의 생명**(Organism)이다.[1]

도르너는 먼저 "하나님의 일반적인 개념"을 다루었고, 자신이 신적 존재에 필수적이라고 생각했던 속성들을 분석했다. 그다음에 도르너는 삼위일체론을 그것의 성서적 기초와 역사적 전개 안에서 검토했다. 인용된 문장은 삼위일체라는 특별히 기독교적인 하나님 개념에 대해 자신이 확신하는 교리의 전개를 시작하는 요약이다. 도르너에 따르면 그 논의는 1500년 동안

---

1) Isaak A. Dorner, *A System of Christian Doctrine*, vol. 1, trans. Alfred Cave (Edinburgh: T&T Clark, 1880), 412; 강조는 원저자의 것임.

지배적이었던 "절대적 실체"로서의 하나님 개념을 거절하게 될 것이고, 그 자리를 "절대적인 인격성"의 하나님에 대한 비전으로 대체할 것이다.

하나님의 속성은 "하나님은 ~이다"라는 문장으로 적절하게 완성되는 어떤 의미다. 고전적인 신적 속성의 목록은 선하심, 사랑, 전능, 영원, 그리고 다른 많은 용어를 포함한다. 신적 속성론은 이 용어들이 어떻게 하나님을 실제로 서술할 수 있는지, 그리고 그 용어들 중 어느 것을 하나님의 속성으로 거명하는 것이 필연적이고 적절한지를 제안한다. 위의 인용문에서 도르너는 생명, 지식, 선하심, 자기유래, 자의식, 그리고 사랑을 적절한 신적 속성으로 열거하고 있다. 도르너는 하나님이 신적 속성들을 소유하는 것이 우선적이고(하나님은 "현실적이고 절대적인 주요한…선"이시므로 선에 대한 피조물의 어떤 경험은 부차적이고 파생적이다), 그 속성들은 삼위일체적이며, 다양한 속성들은 하나님 안에서 통일성을 형성한다고 주장한다. 이와 같은 각각의 주장은 반박될 수 있을지 모르지만, 어떻든 함께 신적인 속성론(의 시작)을 형성한다. 도르너는 몇 가지 안 되는 노선—어느 정도 길고 굴곡이 있음을 인정하기는 하지만—을 따라 지난 2세기 동안 신적 속성론에 속했던 거의 모든 중요한 주제들을 어떻게든 반성하거나 예시한다. 하나님의 속성론은 이전 시대에는 상대적으로 안정되어 있었지만, 지난 2세기 동안에는 심각하게 의문시되고 논쟁적이 되었다.

확실히 신적인 속성들에 대한 어떤 종류의 설명은 신학만이 아니라 기독교적 삶의 헌신에도 근본적이다. 성서의 내용을 반영하는 찬송가와 예배 의식은 신적 속성들을 찬양하고 경축한다. 찬송들은 다른 많은 완전하심 가운데 하나님의 거룩하심과 전능("거룩, 거룩, 거룩! 진능의 주 하나님!"—레지날드 헤버[Reginald Heber, 1783-1826]), 하나님의 아름다움과 장엄하심("나의 하나님은 얼마나 아름다우신지요, 당신의 영광은 얼마나 빛나는지요."—파버[F. W. Faber, 1814-1863]), 그리고 그분의 사랑과 자비("하나님은 사랑이시라, 하늘이 하나님을 경배하게 하라"—티모시 리즈[Timothy Rees, 1874-1939], "하나님의 자비에는 광대하심이 있도다"—파버)를 선포한다. 기도문들도 이와 비슷하게 하나님의 완전하심을 찬양 중에 고백한다. 그것들은 하나님의 전능하심을 기억하고, 기도하는 사람을 위해 용서를 구하며, 하나님의 사랑과 자비를 애원하면서("그러나 당신은 동일한 주님이십니다. 당신의 본성은 항상 자비입니다"—공동기도문에 있는 성만찬 예식에 나오는 "겸손히 나아가는 기도"), 세상을 위한 중보기도 가운데 하나님의 사랑과 자비를 간구하기도 한다. 개인의 즉흥적인 경건은 본성상 조심스런 분석이 감지할 수 없는 것이기는 하지만, 그것도 본능적으로 하나님의 완전하심을 회상하고 마찬가지로 본능적으로 탄원 가운데서 하나님의 본성에 호소한다는 주장은 이치에 맞을 것이다. 이 모든 것에 어떤 종류의 신적 속성의 교리가 전제되어 있다. 하나님의 완전성은 현실적이고 공적으로 거명되며, 이해되고 경축되고 간구의 대상이 된다.

동일한 전제가 이미 성서 안에서 발견된다. 성서에 기록된 찬양은 규칙을 따르듯이 신적 속성의 경축들 주변을 맴돈다. 예언자 이사야는 천사들이 서로 외치는 소리를 들었다. "거룩하다, 거룩하다, 거룩하다, 만군의 주님이여!"(사 6:3). 다윗 왕은 생애 말년에 "주님이여! 위대하심과 권능과 영광과 승리와 위엄이 다 주께 속하였사오니"(대상 29:11)라고 공개적으로 선언했다. 평지의 도시들을 위해 중보기도할 때 아브라함은 그들을 위한 하나님의 공의를 간구하며 응답을 기대했다. "세상을 심판하시는 이가 정의를 행하실 것이 아니니이까?"(창 18:25)

현대 초기의 안정된 교리

위에서 지적한 것처럼 이 글이 초점을 맞추는 "현대"가 시작할 때, 하나님의 속성론은 상대적으로 안정된 상태였다. 하지만 사정이 항상 그러했던 것은 아니었다. 사실 중세신학에서 아마도 가장 유명했던 "유명론"과 "실재론" 사이의 논쟁은 바로 이 교리에 관한 것이었다. 이 문제는 보편자들의 존재론적인 상태(어떤 사물의 집합적 본질을 표현하는 "인류", "붉음", "의자됨"[chairness]과 같은 용어)에 관계된다. 이들은 우리가 우연히 인지한 어떤 공통점을 지시하기 위한 단순한 이름에 불과한가, 아니면 이들 보편자는 어떻게든 그 집합의 구성원에게 그것들의 본성을 전달해주는 현실적인 본질인가? 우리는 우리 모두가 "인류"라고 불리는 어떤 현실태(a real thing)를 어떻게든 공유하기 때문에 인간존재인가? 아니면 우리는 단지 개별자들의 다발에 불과하고, 단지 편의를 위해 "인류"라는 말을 고안하여 그 군집 안에 함께 그룹을 지어 속해 있는가?

중세 철학자들은 이 질문이 근원적으로는 신적 속성의 상태에 대한 논쟁이라고 믿었다. 보편자들의 문제는 우리가 "선"이나 "정의"와 같은 개념을 고려할 때 흥미롭게 된다. 어떤 행동은 그것을 판단할 수 있는 보편적인 표준이 있기 때문에 선하고 의로운 것인가, 아니면 단지 우리가 그것을 그렇게 부르기로 선택했기 때문에 선하고 의로운가? 분명 전자의 입장이 매력적이다. 그렇지 않다면 우리는 악을 선이라고 부르고도 아무런 불평도 할 수 없게 될 것이다. 하지만 우리가 만일 하나님이 선하시다고 부를 때, 그것은 어떤 선함의 표준이 하나님 바깥에 있어서 하나님께서도 그것을 따라야만 한다는 것을 의미하는가? 만일 그렇지 않다면, 우리는 하나님을 악하다고 불러도 정당하다는 말인가? 어느 쪽 입장도 매력적이지 않다. 그래서 논쟁은 격렬해졌다.

하지만 종교개혁과 그 이후에 이어진 종교전쟁의 외중에 이 논쟁은 옆으로 밀렸다. 널리 받아들여지는 새로운 구분이나 논의가 제공되지 않았기에, 이 논쟁이 해결되었다고 주장하기는 어렵다. 기껏해야 우리는 이 논쟁이 시작되기 이전의 전통에서 이미 사용되었던 해결책―그것은 하나님이 자신의 속성과 동일하다는 하나님의 단순성(simplicity)의 교리로 문서화된 토마스주의의 주장이다―이 타당한 것으로 여겨졌고, 아마도 그래서 두 세기 동안 논쟁은 불필요했다고 제안할 수는 있을 것이다.[2] (위에서 사용된 용

---

2) 소키누스주의자들을 제외한다면 종교개혁 이후의 스콜라적인 체계는 그 해결책을 모든

어로 말하자면 이 논의는 다음과 같이 진행된다. 만일 하나님이 자신의 속성과 동일하다면, 선의 표준은 하나님 자신이다. 그러므로 선은 하나님 "위에" 존재하는 어떤 것도 아니고 단지 자의적인 어떤 것도 아니라, 하나님 자신이다.) 이것이 바른 이해인지 아닌지와 관계없이 16세기부터 18세기까지 로마교회, 루터교회, 개혁교회 신학자들의 정통주의적-스콜라적인 체계 안에는 대체로 신적 속성의 진술 방법에 관한 일반적인 합의가 존재했다.[3]

이렇게 해결된 교리의 핵심은 하나님의 속성이 하나님의 존재/생명에 본질적이라는 주장으로 요약된다. 이 주장은 피조된 사물에 대해서는 (거의) 참일 수 없다. 우리는 물론 "제인은 지혜롭다" 또는 "오늘은 덥다" 또는 "슈피리어 호수는 크다"라고 주장할 수는 있다. 그러나 추측컨대 제인이 지혜롭지 못했던 때가 분명 있었을 것이지만 그때도 제인은 여전히 제인이었다. 덥지 않은 오늘을 생각하는 것은 가능하지만, 그것도 여전히 오늘이다. 전 지구적인 기후 변화는 어느 날 슈피리어 호수가 작은 연못이 되도록 마르게 할지도 모른다. 이와는 대조적으로 "하나님은 지혜로우시다/선하시다/편재하신다"는 주장은 그런 질문이나 사고의 실험을 허용하지 않는다. 지혜, 선하심, 편재는 각각 하나님의 "하나님 되심"의 한 부분이다.

나아가 이 주장은 세 가지 다른 주장에 의해 분명해진다. 그것은 1) 각각의 신적인 속성이 완전하다는 주장, 2) 신적인 속성이 동일한 특성을 지니는 창조세계의 사례보다 우월하다는 주장, 3) 양자가 하나라는 주장이다.

면에서 올바른 것으로 생각했다.

3) 이 주제에 관하여, 심지어 논쟁할 때에도, 교의학자들이 서로 불일치하는 경우가 거의 발견되지 않는다는 것은 놀랍다. 대표적인 예를 들자면 투레티니(Turretin, 1623-1687)는 자신의 『변증신학 강요』에서 신적 속성에 관한 22가지 질문을 던진다. 12가지에서는 어떤 대적자의 이름도 거론되지 않았고, 나머지 9가지 정도는 소키누스주의자들(초기의 유니테리언들)을 향한 것이었다. 투레티니가 다른 삼위일체 교의학자들과 어떤 불일치를 발견할 수 있었던 유일한 주제는 예수회 사람들과 항변파들(remonstrants)에 반대하는 "중간지식"(middle knowledge)이라는 개념을 부정하는 문제였다. Francis Turretin, *Institutes of Elenctic Theology*, trans. George Musgrave Giger, ed. James T. Dennison Jr. (Phillipsburg, NJ: P&R, 1992), 1:169-253을 보라.

첫째, **피조된 속성은 일반적으로 완전하지 않다.** 제인은 아마도 더 지혜로 워질 수 있었을 것이고, 오늘은 더 더워질 수도 있을 것이며, 슈피리어 호수 는 더 커질 수도 있다. 하나님은 전적으로 지혜롭고 선하시며, 그렇기 때문 에 더 지혜롭거나 더 선하게 되실 수 없다(나는 이 특성의 완전성은 이미 편재 의 개념 속에 포함되어 있다고 생각하는데, 그렇지 않다면 이 특성은 그곳에 적용 되어야 한다). 하나님의 속성은 완전하기 때문에 증가할 수 없다. 둘째, 우리 가 제인이 지혜롭고 하나님도 지혜롭다고 주장할 때, 거기에는 분명 우선 성이 문제된다. 지혜는 우리가 하나님께 투사하는 인간적 특성인가, 아니면 우리가 어떤 피조된 존재 안에 메아리치는 것을 보는 신적인 완전성의 한 측면인가? 고전적인 속성론은 후자를 강하게 주장했다. **하나님의 속성은 거명된 특성의 우선적이고 본래적인 사례들**(instances)**이며, 그 특성과 유 사한 어떤 피조된 특성은 부차적이고 파생적이다.** 지혜는 하나님이 소유물 이다. 제인이 도덕적 추론을 실행할 때 그 안에 하나님의 완전성의 아득히 먼 메아리가 울린다는 한도에서, 우리는 제인이 "지혜롭다"고 말한다. 셋째, **하나님의 생명은 완벽하게 일관적이고 통합되어 있다.** 하나님은 결코 나누 어지지 않는다. 예를 들어 하나님의 자비는 하나님에게 어떤 한 가지 방식 으로 행동하실 것을 요구하는 반면에, 하나님의 정의는 그와 다른 어떤 방 식으로 행동하실 것을 요구한다는 식으로 하나님은 나누어지지 않는다. 그 대신에 자비와 정의(그리고 지혜, 선, 편재)는 하나님의 완전한 하나의 생명 에 대한 부분적인 반영이다. 하나님의 속성들은 연합과 조화를 이루며, 분 리되거나 서로 반대되지 않는다. 이와 같은 요점을 주장한 후에 하나님의 속성론은 일반적으로 하나님의 완전성의 모든 뉘앙스를 파악하기 위해 속 성들의 적절한 집합을 열거하는 시도로 끝을 맺는다. 이상이 하나님의 속성 에 대한 안정된 고전적 교리의 간략한 요약이었다.

인식론적 질문과 경험에 호소하기

고전적 종합에 가해진 첫 번째 일격은 18세기의 심오한 인식론적 질문에 뒤따라왔다. 지면 관계상 여기서 그 모든 이야기를 반복할 수는 없다. 하지만 그 질문은 일반적으로 수용된 상식적 실용주의와 결합되었던 심원한 철학적 회의주의로 끝을 맺는다. 우선 가장 유명한 인물은 칸트(Immanuel Kant, 1724-1804)다. 그는 우리의 모든 지식이 "현상"의 영역에 제한되어 있다고 주장한다. 우리는 사물을 우리에게 나타난 것으로, 즉 우리의 감각과 정신적 범주들을 통해 걸러진 것으로서 아는 것이다. 물자체의 세계("본체"[noumenal]의 영역)는 필연적으로 우리에게 불투명하다. 우리는 어떤 외적 형태(patterns)를 관찰할 수는 있다. 하지만 (흄[David Hume, 1711-1776]이 주장했던 것처럼[4]) 우리가 그 외적 형태를 논리적·필연적인 어떤 것으로 환원할 수 있지 않은 한, 우리는 그것이 지속될 것이라고 가정할 수 있는 아무런 이유도 갖지 못한다. 계속해서 칸트는 제안한다. 심지어 우리는 그 외적 형태가 (본체적인) 실재 안에 있으며 그래서 우리의 감각기관의 가공물이 아니라고 추론할 수 있는 마땅한 이유도 찾지 못한다.

이런 관념의 논리적 결론(특별히 우리가 어떤 이유에서 칸트의 전제처럼 모든 인간이 비슷한 감각기관을 공유한다고 전제해야 하는지에 대한 질문의 결론)은 포스트모더니즘이라는 이름 아래 최근에 유행하게 된 회의론, 곧 형식(form)에 대한 극단적인 회의론이다. 18세기에 이 결론이 내려지지 못하게 막았던 것은 그 시대의 기초였던 경험적 실용주의였을 것이다. 하지만 이것

---

4) 흄은 우리가 어떤 일들을 발생시키는 역학관계(mechanism)를 알지 못하면 과거의 경험이 미래에 대한 믿을 만한 안내자가 될 수 없다는 사실을 매우 간단하게 지적한다. 그가 드는 고전적인 실례는 태양이 뜨는 일이다(*Enquiry concerning Human Understanding*, 4.1). 그렇다면 왜 우리는 우리의 삶을 계속해서 그런 잘못된 가정 위에 기초시키는가? 흄 자신의 말로 하면, "만일 우리가 불이 따뜻하게 하고 물이 신선하게 한다는 것을 믿는다면, 그것은 그와 다르게 생각하는 것이 우리에게 너무도 큰 수고를 부과하기 때문일 것이다"(*Treatise of Human Nature*, 1.4.7).

이 로크(John Locke, 1632-1704)의 경험적 프로그램의 승리라고 할 수는 없는데—흄의 부정은 특별히 로크를 목표로 했고 그의 철학을 황폐화하는 것이었다—로크는 자연과학의 인상적인 성공을 기초로 삼으면서 대답될 수 없는 철학적 회의를 기꺼이 옆으로 제쳐놓으려고 했다. 배는 떠가고, 비행기는 날고, 내연기관은 자동차로 빠르게 여행 중이다. 흄의 주장으로는, 우리가 이것들을 믿는 유일한 이유는 그와 다르게 생각하는 것이 "우리에게 너무도 큰 수고를 요청"하기 때문이다. 그러나 우리들 대부분은 현대 세계가 제공하는 여행 가능성을 감사한 마음으로 이용하고 있다.

하지만 이런 실용주의적 해법(또는 도피)의 범위는 심각하게 제한적이다. 그것은 도덕적 또는 형이상학적 추론에는 아무것도 제공하지 못하고, 그 결과 신학에도 아무 소용이 없다. 현대신학이 시작된 시기를 분명하게 알려주는 것은 바로 그런 지적인 교착상태다. 19세기와 심지어 20세기에도 그런 실용주의적 도전을 명확하게 인식하지 못한 채 옛 논쟁들을 재현하고 다듬었던 유능한 저술가들이 발견되기는 하지만, 진지한 지성적 형식을 갖춘 현대 교의학은 "형이상학적인 영역에서 지식을 얻는 것이 불가능하다는 명확한 사실 앞에서 어떻게 신학이 진행될 수 있는가?"라는 질문을 끊임없이 던져왔다.[5]

새로운 혁신적 제안을 했던 첫 번째 위대한 인물은 당연히 슐라이어마허(Schleiermacher, 1768-1834)다. 그의 제안은 뒤따르는 거의 모든 것에 대해 안건을 정해주었다. 재건축을 위한 슐라이어마허의 제안은 신학을 종교적 경험의 분석을 통해 재정립하는 것을 기초로 삼았다. 그것은 하나님의

---

5) 이것은 "보수적인" 신학들이 중재신학이나 자유주의 신학들보다 덜 "현대적"이라거나 덜 "지적으로 진지하다"는 것을 뜻하지 않는다. (칸트가 남긴 인식론적 도전에 대해 아무것도 알지 못하면서도 삼위일체론과 같은 전통적인 신학적 주장들을 무시하는 것이 가능한 것과 마찬가지로) 그 도전을 직시하면서 전통적인 신학적 주장들을 다시 확증하는 해결책도 가능하다. 하지만 어떤 신학적 제안이 칸트 이후에 진지한 주장으로 간주되려면, 그것은 최소한 자신이 제기하는 신학의 바로 그 가능성에 대한 도전을 어느 정도 인식하고 또 실제로 취급하면서 전개해야 한다. 이것은 내게는 공평한 기준처럼 보인다.

속성에 대한 슐라이어마허의 설명에 큰 영향을 미쳤다. 슐라이어마허는 신적 속성론의 서론에서 이렇게 요약했다. "우리가 하나님께 돌려드리는 모든 속성들은 하나님 안에 있는 어떤 특별한 것을 나타낸다고 이해될 것이 아니라, 단지 절대의존의 감정이 그분에게 관계되는 방식에 속하는 어떤 특별한 것으로 이해되어야 한다."[6] 슐라이어마허에게, 그리고 그를 따르는 여러 신학들에게 하나님의 속성론은 "하나님은 누구신가?"라는 질문에 대한 답이 아니라, 신성(the divine)에 대한 우리의 경험을 설명한 것이다. 이것은 속성론의 지시점이 하나님의 영원한 생명으로부터 경륜적 삶으로 이동한 것을 뜻한다. 이 이동이 현대신학의 고유한 특성이 되었다.

이 이동의 이유는 다양하다. 19세기 신학자들, 특별히 칸트주의의 영향을 받은 신학자들의 중심적 관심사는 정확하게 말하면 형이상학적인 어떤 것에 대한 앎의 불가능성이었다. "신적 본질은 알 수 없다"라는 종류의 구호들은 신학사에서 쉽게 볼 수 있었고, 신학들은 가장 극단적인 순간에는 그와 동일한 유혹에 굴복했다.[7] (하나님의 본질이 알려질 수 없다는 주장은 물론 표준적인 것이지만, 하나님의 본질을 지시하는 데에 하나님의 속성이 적절하다는 것은 **유비의 설명**에 의해—나중에 더 다루겠지만—변호되었다.) 예를 들어 합

---

6) Friedrich Schleiermacher, *The Christian Faith*, trans. H. R. Mackintosh and J. S. Stewart (Edinburgh: T&T Clark, 1928), 194.

7) 위(僞) 디오니시우스(Pseudo-Dionysius)의 영향은 이 점에서 중요했고, 나아가 성 그레고리오스 팔라마스(St. Gregory Palamas, 1296-1359)가 가르쳤던 구별에서는 결정적이었다. 그 가르침은 동방 정교회 전통 안에서 너무 소중하게 간직된 결과, 하나님의 본질은 알려지지 않은 채로 있고 알려진 모든 것은 신적 에너지(divine energies)로 이해되었다. 같은 질문이 서구에서도 반복적으로 제기되었지만, 슐라이어마허 이전에는 하나님의 속성에 대한 지식이 하나님의 본질에 대한 진정한 지식이라는 주장만이 반복해서 변호되었다. 예를 들어 랭스 공의회(the Synod of Reims, 1148)에서 질베르 드 라 포레(Gilbert de la Porrée, 1085-1154)를 정죄한 것이 그러했고, 1329년 교황 요한 22세(Pope John XXII's, 1244-1334)가 교서 *In argo dominico*에서 "하나님의 본질 자체에는 어떤 구별도 있을 수 없고, 그래서 어떤 구별된 것도 알려질 수도 없다"는 진술이 마이스터 에크하르트(Meister Eckhart, c. 1260-c. 1328)의 것이라는 주장을 정죄했던 것이 그런 종류의 변호였다.

리론 때문에 대학에서 물러나야 했던 벡샤이더(J. A. L. Wegscheider, 1771-1849)는 단순히 완전하고 절대적인 실체 개념에 대해 말하기보다 속성의 다양성을 말하는 것이 필연적인 신인동형론이고, 우리 지식의—거의 불가피한—불완전성의 한 국면이라고 주장했다.[8] 벡샤이더가 보기에 하나님의 본질에 대한 인간적 지식이란 가능하지 않으며, 그래서 전통적으로 그 지식에 대한 신중하고 침착한 설명이었던 신적 속성론은 옆으로 제쳐두거나, 아니면 인간적 인식이 가능한 어떤 대상적 실체에 대해 말하도록 재규정되어야 한다.

복음서의 역사를 하나님의 내적 생명에 대한 설명으로 만들려는 20세기의 욕망은—이것도 나중에 상세하게 다룰 것이다—우리가 논의하는 구별을 다소 의미 없는 것으로 만들었다. 만일 (투박하게 표현하여) 하나님의 경륜이 하나님의 본질이라면,[9] 속성의 언어가 본질을 지시하는지 경륜을 지시하는지의 논의는 의미를 잃는다. 그럼에도 불구하고 심지어 이런 동일성조차 회피하려는 신학자들, 그리고 자신의 지적 선택지가 칸트에 의해 규정되지 않도록 매우 조심하는 신학자들마저도 의식적·무의식적으로 슐라이어마허의 전환을 따르는 것 같다. 에밀 브룬너(Emil Brunner, 1889-1966)는 칸트나 슐라이어마허에게 거의 사로잡혀 있지 않았지만, 하나님의 속성에 대한 자신의 논의를 다음의 결론으로 마무리짓는다. "하지만 하나님은 자기 자신 안에서는 전능하거나 전지하거나 의로우신 분이 아니다. 이것은

---

8) J. A. L. Wegscheider, *Institutiones Theologiae Christianae Dogmaticae* (1815; repr., Halle, 1833), 247-48.

9) "하나님은 예수와 세계에 대해 발생한 것이다"(Robert W. Jenson, *Systematic Theology* [Oxford: Oxford University Press, 1997], 1:221). 위르겐 몰트만의 삼위일체론은 다음과 같이 주장했다. "성서적인 증언을 관통하는 단서는 하나님 나라의 역사라고 말할 수 있다.…아우구스티누스 이래로 교의학적 전통이 주장했듯이 이 역사는 단지 지상에서 그 과정을 진행할 뿐만 아니라 또한 그것의 외부에서 하나님 자신도 말한다. 이 역사는 지상적인 양식 안에 있지만, 삼위일체의 내부에서 발행하는 것이다"(*Trinity and Kingdom of God: The Doctrine of God*, trans. M. Kohl [London: SCM, 1981], 95). 이런 식의 증언은 찾으면 많다.

하나님이 창조하셨던 세계와의 관계 안에서 그러하다."¹⁰ 존 웹스터도 살펴보자. "거룩성"에 관한 그의 책의 결론은 다음과 같다. "그러므로 거룩성은 하나님이 피조물과 맺는 인격적·도덕적 관계다."¹¹

이런 논의는 다소 추상적으로 보일 수도 있지만, 그러나 사실은 깊은 의미를 지니고 있다. 내가 이 장의 처음에 언급했던 이자크 도르너는 그 핵심을 다음과 같이 정확하고 강력하게 표현했다. 만일 하나님의 속성이 어떻게든 하나님의 본질을 지시하지 않는다면, 그때 하나님은 "그 자신을 나타내는 것이 아니라 하나님 자신과는 다른 어떤 것을 드러내어 그것을 하나님 자신과 대체하는 셈이 될 것이다."¹² 우리가 하나님을 사랑이라고 부를 때, 그것은 우리가 부르는 하나님 자신인가? 아니면 소위 하나님의 "공적인 위격"(public persona)에 불과한가? 하나님은 실제로는 자신 안에서는 전적으로 사랑인 존재가 아니고, 단지 우리를 향해서만 사랑으로 행동하시는가? 알려지지 않았고 알 수도 없는 "하나님 배후의 어떤 하나님"이 존재하는가? 그렇다고 가르치려는 것이 슐라이어마허의 적극적인 의도는 결코 아니다 (또 성 그레고리오스 팔라마스[St. Gregory Palamas, 1296-1359]도 마찬가지다). 하지만 하나님의 속성을 경륜에만 귀속시키고 하나님의 본질을 지시하지 않는 논의는 그 질문의 여지를 남긴다.

---

10) Emil Brunner, *Dogmatics*, vol. 1, *The Christian Doctrine of God*, trans. Olive Wyon (London: Lutterworth, 1949), 247. 브룬너는 사실 두 종류의 하나님의 속성의 집합을 믿고 있는 것 같다. 하나님 자신("하나님은 그 자신에게 있어 거룩하신 분이시다", 247)을 묘사하는 속성들과 세계와 하나님과의 관계를 묘사하는 위의 인용문에 언급된 속성들이 그것이다.

11) John Webster, *Holiness* (London: SCM, 2003), 100. 이 인용은 다소 불공평하다고 간주될 수도 있다. 왜냐하면 웹스터는 그 맥락에서 의심의 여지없이 거룩성이란 1) 하나님이 누구신지, 그리고 2) 하나님이 어떻게 행동하시는지 두 가지 모두를 진술한다고 주장했기 때문이다. 어떤 점에서 이 사실은 위에서 인용된 정의를 보다 충격적인 것으로 만든다. 그러나 주의 깊고 뛰어난 신학자도 그 위험을 인지하고서도 정교한 정의를 내릴 때는 종종 "슐라이어마허"의 언어로 미끄러진다.

12) Dorner, *Christian Doctrine*, 1:195.

그와 같은 어떤 것을 정말로 가르치려고 했던 신학자 중 한 사람은 토마시우스(Gottfried Thomasius, 1802-1875)였다. 그는 케노시스 기독론을 발전시키는 데 몰두했다. 케노시스 기독론에서 신적인 로고스는 성육신의 과정에서 어떤 신적인 속성들을 내려놓는다. 이때 토마시우스는 하나님이 원하시면 취할 수도 있고 버릴 수도 있는 일련의 신적인 속성들을 상정했다. 그는 "내재적인" 혹은 본질적인 하나님의 속성과 "상대적인" 속성을 구별했다. 그는 상대적인 하나님의 속성은 "내재적인 하나님의 속성들이 외적으로 드러난 것이고, 하나님이 자신의 외형으로 취하신" 속성들이라고 설명한다.[13] 즉 토마시우스는 고전적으로 말해진 신적 완전성의 많은 것들을 실제로는 전혀 신적 완전성이 아닌 것으로 보았고, 오히려 (그의 용어로) 신적 "존재 양태"(modes of being)라고 생각했다. 영원하신 아들은 성육신에서 계속해서 하나님이지만, 다른 양태 그리고 다른 방식으로 하나님이시다.

토마시우스의 사고에 대해 제기되는 질문은 우리가 사실상 본질적인 신적 속성들과 단지 상대적이어서 아마도 다르게 표현될 수도 있는 속성들 사이를 어떻게 구별할 수 있는가 하는 것이다. 토마시우스는 주로 전지나 편재와 같은 속성에 관심을 기울였던 반면에, 만일 하나님이 선하시거나 자비로우시거나 또는 그렇지 않기를 선택하실 수 있다면, 우리는 어떤 근거에서 하나님이 그렇게 선택하시는지를 질문할 수 있다. 이때 우리는 숨겨진 하나님을 다시 갖게 되는데, 그 하나님의 신적인 특성과 목적은 알려질 수 없다. 토마시우스의 응답은 선이 하나님의 생명 안에 내재하는 속성들의 집합에 속하고, 그래서 내려놓을 수 없다는 것이 될 것이다. 토마시우스에게 속성들은 어떤 존재의 생명의 표현이고, 그것은 다른 존재와의 관계에서만 생긴다.[14] 이것은 어떤 속성들은 삼위일체 내부의 관계에서 나타나며("내

13) Thomasius, "Christ's Person and Work," trans. Claude Welch, in *God and Incarnation in Mid-Nineteenth Century German Theology*, ed. Claude Welch (New York: Oxford University Press, 1965), 70.
14) 이것에 대해 웰치의 토론 *God and Incarnation*, 67-9, 각주 10을 보라.

재적" 속성들), 그리고 다른 속성들은 오직 하나님-세계의 관계에서만 나타
난다("상대적" 속성들)는 주장과 같으며, 이 주장을 통해 속성들을 경륜에만
제한시키는 슐라이어마허적 제약으로부터 구출된다. 토마시우스는 전지가
후자의 범주에 들어가는 반면, 선은 전자의 범주에 들어간다고 주장하는 것
같다. 하지만 어떤 근거에서 그렇게 통찰될 수 있는지는 분명하지 않다.[15]
그리고 자비가 그런 조건에서 단지 상대적인 속성일 뿐이라는 것은 거의
확실한 듯이 보인다. 하나님은 자비 대신 무정을 택할 수도 있으셨다. 왜 하
나님은 후자가 아니라 전자를 선택하셨는가? 성육신을 통한 자기실현이라
는 불가해한 결정 때문에, 하나님의 진정한 성품, 성육신의 이유, 복음적 소
망의 기초 등은 숨겨진 채로 있다.[16]

존재에서 인격으로: 하나님의 본성과 신적 속성들에 대한 질문

포사이스(P. T. Forsyth, 1848-1921)는 위의 문제에 대해 한 가지 상세한 해

---

15) 복음서의 역사에 대한 호소가 증명할 수 있는 최상의 것은 신적 로고스가 성육신하면
   서, 실제로 선하심을 중단하기로 선택하지 않았다는 것뿐이다. 이와 같은 "선택하지 않
   았다"로부터 "선택할 수 없었다"라는 쪽으로 논의를 전개하는 것은 토마시우스의 논리
   안에서는 더 이상의 자료가 없기에 어려워 보인다. 내가 이 장을 시작할 때 언급했던 도
   르너는 바로 이 점에서 토마시우스를 날카롭게 비판했다. *Christian Doctrine*, 3:266-
   67을 보라.
16) 토마시우스의 주요 저술들은 내가 아는 한 (영어로―역자 주) 번역되지 않았다. 토
   마시우스에 대한 영어로 된 최근의 유용한 분석을 Welch, *God and Incarnation*;
   Thomas R. Thompson, "Nineteenth-Century Kenotic Christology," in C. Stephen
   Evans, ed., *Exploring Kenotic Christology: The Self-Emptying of God* (Oxford:
   Oxford University Press, 2006), 74-111, 특별히 78-85에서, 그리고 Ronald J.
   Feenstra, "Reconsidering Kenotic Christology," in *Trinity, Incarnation, and
   Atonement: Philosophical and Theological Essays*, ed. Ronald J. Feenstra and
   Cornelius Plantinga Jr. (Notre Dame: University of Notre Dame Press, 1989),
   128-52, 특별히 129-33에서 보라.

결책을 제시했는데, 그것은 대답이 신적 인격의 불변성에 놓여 있다는 것이다. 포사이스는 나중에 영국의 케노시스 기독론의 옹호자가 되었다. 포사이스의 용어로 하면 하나님은 선과 같은 자신의 "도덕적" 속성들을 바꿀 수는 없지만, 전능과 같은 형이상학적 속성들을 내려놓으실 수는 있다.[17] 여기서 포사이스는 도르너에게서 빌린[18] 지배적인 신학적 직관을 가지고 작업하고 있다. 하나님 그리고 궁극적 실재는 형이상학적으로보다는 도덕적으로 이해되는 것이 보다 적절하다는 것이다. 이것은 내가 서론에서 지적했던 도르너의 전환을 반영한다. 그것은 하나님을 절대적 실체로 보는 것으로부터 절대적 인격성으로 보는 것으로의 전환이다.[19] 만일 이 전환이 철저하고 설득력 있게 이루어질 수 있다면, 아마도 토마시우스의 (그리고 진정으로 또한 포사이스의) 케노시스 사상은 유지될 수 있을 것이다.[20]

---

17) 이것은 포사이스의 입장에 대한 다소 과장된 단순화라고 할 수 있다. 포사이스는 "전지나 전능, 또는 편재와 같은 보다 덜 윤리적인 속성들을" 말하기는 하지만, 모든 신적인 속성을 도덕적인 것으로 본다(Forsyth, *The Person and Place of Jesus Christ* [London: Independent Press, 1946], 295). 실제로 포사이스는 형이상학을 인격성의 표현으로 해석함으로써, 교의를 "도덕화하는" 시도를 현대신학의 최상의 목표로 본다 (*Person and Place*, 213-24). 포사이스는 결국 내가 "도덕적" 속성들이라고 불렀던 것이 하나님의 진정한 속성들이라고 제안하면서, "형이상학적" 속성들은 그 진정한 속성들의 결과물들로 보고 있다.

18) 도르너가 포사이스에 영향을 미쳤다는 증거를 Leslie McCurdy, *Attributes and Atonement: The Holy Love of God in the Theology of P. T. Forsyth* (Carlisle, UK: Paternoster, 1999), 5-7에서 보라. 맥커디는 여기서 단지 하나님이 "거룩한 사랑"이라는 정의에만 초점을 맞춘다. 맥커디는 신성에 대한 형이상학적인 개념으로부터 도덕적 개념으로의 전환이 지니는 중심성(그의 책 다른 곳에서 이루어진 논점임)이나 포사이스의 그와 같은 중심적인 이동이 도르너에게 의존하고 있음(맥커디에게는 없는 논점임)을 명확하게 인식하고 있지는 않다.

19) 이 주제에 대한 도르너의 뛰어난 검토를 Jonathan Norgate, *Isaak A. Dorner: The Triune God and the Gospel of Salvation* (London: T&T Clark, 2009), 10-52에서 보라.

20) 포사이스가 형이상학적인 속성들을 단순히 실제적인 속성들의 결과물로 격하시킨 것은 아마도 그 자신의 체계를 방어하는 데는 유익하겠지만, 동시에 전통적인 기독교 신앙으로부터는 보다 멀리 떠나게 만들 것이다. 만일 전능이 단지 조금 더 중심적이라는 도덕

포사이스와 도르너(그리고 다른 사람들)는 자신들의 통찰력 안에 하나님을 "최고의 완전한 존재"(ens perfectissimum)로 정의하는 신학적 전통을 포함시킨다. 그러나 그 개념은 실제로는 상대적으로 최근의 것이다. 라이프니츠(Leibniz, 1646-1716)가 그 개념을 하나님 개념의 중심으로 삼았던 첫 번째 사상가였을 것이다. 그 이전의 고전적 주장, 곧 아퀴나스(Aquinas, 1225-1274)와 다른 많은 사람들의 주장은 하나님이 "어떤 실현되지 않은 '잠재태'도 없는 순수한 현실태"(actus purus sine ulla potentia)라는 것이었다. 이것은 하나님의 존재가 곧 그분의 행위라는 주장에 의해 보충되었다. 이것은 최소한 "최고의 완전한 존재"라는 설명을 함축하기는 했지만, 그것이 근본적인 주장은 아니었다. 나는 도르너와 포사이스가 직관했던 문제와 관련하여 그 차이가 정말 중요한지 의심스럽다. "완전한 존재"는 "순수한 행동"이라기보다는 신적인 본성에 대한 훨씬 더 정적인 설명이라고 생각된다.

이것은 도르너와 포사이스가 칸트 이후의 일반 철학의 맥락에 잘 어울리는 하나님에 대한 형이상학적인 정의를 싫어한다는 것을 말해준다. 예를 들어 자신의 학생이었던 칼 바르트에 영향을 준 것으로 유명한 빌헬름 헤르만(Wilheim Herrmann, 1846-1922)은 칸트의 인식론적인 혁명을 수용하면서, 이제는 현상계(the phenomenal)로부터 본체계(the noumenal)를 주장한다거나 물리학(physics)으로부터 형이상학(metaphysics)을 논증하려는 어떠한 시도도 불가능하다고 생각했다. 바로 그렇게 해서 자연신학은 원칙상 배제되었고, 신적인 것에 대한 어떤 일반적인 학문이나 형이상학도 있을 수 없다고 했다. 그 대신 오직 직접적인 계시가 보증하는 지식만 있을 따름이다.[21] 헤르만은—그의 뒤를 이은 바르트도—최소한 19세기 독일신학 안

적 속성들의 결과물에 지나지 않는다면, 어떻게 그 속성을 쉽게 옆으로 제쳐놓을 수 있는지 상상하기는 쉬울 것이다. 그러나 "전능자"라는 하나님의 호칭을 그렇게 격하시키는 것은 하나님에 대한 고전적·기독교적 담론에서 벗어나는 심각한 이탈로 보인다.
21) 내가 아는 한 헤르만의 책들도 영어로 번역되지 않았다. 헤르만의 신학의 이런 측

에서 매우 일반적인 전제로 통했던 대단히 급진적인 입장을 대변한다. (알브레히트 리츨[Albrecht Ritschl, 1822-1889]도 계시 대신 형이상학으로 시작하는 것을 거부했지만, 자연지식과 계시된 지식의 최종적인 종합은 가능하기도 하고 동시에 바람직하다고 전제했다.[22]) 이것이 19세기 유럽의 낭만주의적 감수성과 연결되었을 때, 신론을 형이상학적 연구로부터 인격적인 만남으로 이동시키려는 열망이 출현했다는 것은 놀라운 일이 아니다.

20세기에 일어난 이런 변화는 19세기의 또 다른 한 가지 주장과 얽혔는데, 그것은 기독교가 초기 형성기에 그리스 사상에 감염이 되었다는 주장이다. 이 생각의 뿌리 깊은 근원은 아마도 보편적인 기독교가 유대교적 명제와 그리스적 반명제의 헤겔적 종합의 결과라고 상세하게 설명했던 바우어 (F. C. Baur, 1792-1860)일 것이다. 하지만 헤겔의 종합을 적극적으로 옹호했던 그런 감각은 리츨과 폰 하르낙(Adolf von Harnack, 1851-1930)이 그 사상을 채택했을 즈음에는 완전히 상실되었다(하르낙은 베를린에서 유명한 교수직을 취하기 전에 마르부르크에서 1886-1888년의 짧은 시기 동안 헤르만의 동료였다). 오히려 그리스적 영향은 형이상학적인 사변과 복합적 제의 체계를 강조했다는 사실을 포함하여, 예수의 본래적이고 단순하고 윤리적인 종교에 해를 끼쳤던 부착물로 간주되었다.

기독교의 유래에 대한 그런 설명은 역사적으로는 더 이상 신뢰할 만하지 않은 것으로 간주되지만, 이상하게도 교의학의 영역에는 여전히 유산을 남기고 있다. 해로운 헬레니즘이 부착되었다는 생각은 여러 가지 방식으로 정기적으로 주장되고, 때로는 마치 그것이 학계의 공인된 사실인 것처럼(예를 들어 아래에서 건튼의 인용문을 보라) 말해지며, 대안적 계보가 제공될 때는

면에 대한 간략하지만 유용한 설명은 Mark D. Chapman, "'Theology within the Walls': Wilhelm Herrmann's Religious Reality," *Neue Zeitschrift für Systematische Theologie und Religionsphilosophie* 34 (1992): 69-84에서 발견된다.

22) 예를 들어 Ritschl, *Three Essays*, trans. Philip Hefner (Philadelphia: Fortress, 1972), 150-217을 보라.

더욱 기쁘게 받아들여지고 있다. (후자의 사례로 로버트 젠슨의 설명을 보라. 우리가 철학이라고 부르는 담론은 젠슨의 말로는 올림피아드의 신학이 비신화화된 잔재다. 하지만 그것에는 18세기의 "계몽주의"에 철저하게 굴복시켰던 지속적인 유혹이 있다. 이 유혹은—자신은 마치 "철학"과는 완전히 다른 무엇인 것처럼 행세하면서—그런 주장을 보편적으로 타당하고 권위 있는 "합리적" 담론으로 보는 유혹이며, 그래서 그런 주장이 성서적인 주장들과 신학적인 주장들을 판단하고 통제할 수 있다고 생각하는 유혹이다.[23])

성서적 종교의 그리스적 "감염"이라는 말은 널리 퍼져서 단순성, 자존성(aseity, "스스로로부터"[a se], 하나님만이 홀로 자신의 원인이라는 생각), "고난당할 수 없음"(아래에서 자세히 다룬다)과 불변성, 영원성 등 일단의 전통적·형이상학적인 하나님의 속성들을 의심스럽게 만들고 있다. 보다 "인격적"인 하나님 이해로 옮겨가는 과정과 연결되었을 때, 이 이해는 잠재적으로 하나님의 속성론에도 큰 영향을 미쳤다. "형이상학적인" 속성들은 적절하지 못하게 추론된 것이라는 심각한 의심을 받았고, 하나님에 대한 일반적인 설명에도 적절하지 않다고 여겨졌다. 만일 이런 상황에서도 그 속성들이 보유되어야만 한다면, 그때 그것들은 속성론의 체계 내에서 매우 보잘것없는 위치로 격하된다. 그렇게 강하게 주장하는 특별한 진술을 콜린 건튼에게서 살펴보자. "비인격적인 속성들은 그리스, 곧 그리스 철학적인 전통으로부터 온다. 인격적인 속성들은 성서로부터 오며, 비인격적인 속성들과 일치하지 않는 것으로 보인다."[24] 동일한 논점이 몰트만에게서도 발견된다.[25] 또는 보다

---

23) Jenson, *Systematic Theology*, 1:8-11.
24) Colin E. Gunton, *The Barth Lectures*, ed. P. H. Brazier (London: T&T Clark, 2007), 94. 공정을 기하자면 이것은 사후에 출간한 강연이기에, 건튼이 선택한 공적인 진술보다는 직설적일 것이다. 더 미묘한 표현이기는 하지만 건튼은 동일한 요점을 (예를 들어) *Act and Being* (London: SCM, 2003), 39-54에서 주장한다.
25) 예를 들어 *The Trinity and the Kingdom*을 보라.

더 신중한 형식으로 판넨베르크[26]나 바르트[27]에게서도 발견될 수도 있다.

유비의 거부: 하나님을 신적 속성으로 말하기

형이상학적인 언어는—아마도 놀랍게도—도르너 및 포사이스와 거의 동시대를 살았던 프린스턴의 매우 보수적인 신학자 찰스 하지(Charles Hodge)에게서도 발견된다. 첫눈에 하지의 저술들은 도르너와 포사이스가 인식했던 문제의 한 사례처럼 보일지도 모른다. 하지는 매우 야심차게 이렇게 주장했다. "지금까지 하나님에 대해 사람이 쓴 것 중에서 아마도 최상의 정의는 웨스트민스터 교리문답인데, 그것은 '하나님은 영이시며 무한하고 영원하고 자신의 존재와 지혜와 능력과 거룩과 공의와 선함과 진리에 있어 불변하시다'라고 말한다."[28] "지혜", "거룩", "선함"과 같은 인격적/도덕적 언어가 없는 것은 아니지만, 독자는 그 정의가 근본적으로 형이상학적이라고 해석하기 쉬울 것이고, 그래서 자신의 신학에서 그토록 자주 뿌리 깊게 보수적 전선을 대변했던 하지가 여기서는 도르너와 포사이스가 대체하려고 애썼던 옛 교의학자들의 사례에 불과하다고 상상할지도 모른다.

　하지만 그런 해석은 놀랍게도 하지에게 불공평하다. 웨스트민스터 교리문답의 작성자들에게 "하나님은 영이시다"라는 제일 처음의 확증이 주로 육체성의 부정, 그리고 그에 따라 장소에 제한된 임재와 변화를 부정하는 기능으로 작용했다는 것은 사실이며, 그것은 분명히 형이상학적인 주장이다. 하지만 하지는 이와 대조적으로 그 개념에 보다 긍정적이고 인격적

---

26) Wolfhart Pannenberg, "The Appropriation of the Philosophical Concept of God as a Dogmatic Problem of Early Christian Theology," in *Basic Questions in Theology*, trans. George H. Kehm (London: SCM, 1971), 2:119-83.

27) Barth, *Church Dogmatics* II/1, 329-30.

28) Charles Hodge, *Systematic Theology* (Grand Rapids: Eerdmans, 1960), 1:367, 웨스트민스터소요리문답의 질문 4를 인용한다.

인 내용을 부여했다. 하지는 지성, 자유의지, 애정의 소유가 영적 존재에 본질적이라고 말하며, 우리의 영적 경험과 하나님의 존재 사이의 유비를 사용하기 위해 하나님의 형상(*imago Dei*)으로 인간이 창조되었다는 교리를 한 번 이상 사용한다.[29] 이것은 일반적으로 지성과 자유의지가 신적인 생명 안에 있다고 언급하는, 하지가 유산으로 물려받은 교리를 미묘하게 발전시킨 것으로 보인다. 하지가 감정(또는 감각이나 애정)을 첨가했던 것은 명백하게도 당대의 심리학에 대한 존경, 그리고 보다 덜 철학적이고 보다 더 성서적인 신론에 대한 관심으로부터 온 것이다.[30] 슐라이어마허가 신학의 기초로 경험에 집중했던 것은 그 논의의 어떤 곳에서도 언급되지 않지만, 틀림없이 관계가 있다.

하지는 그가 하나님의 인격성이라고 부른 것을 당대 독일신학에 풍토병처럼 퍼져 있었던 범신론의 해독제로 강조했다.[31] 그러나 범신론을 피하려는 하지의 염려가 너무 컸던 나머지 그는 모든 전통적인 유비론도 제거해 버렸고, 하나님의 완전성에 대한 우리의 앎은 크기에서는(in extent) 하나님 자신의 앎과 다르지만, 종류에서는(in kind) 다르지 않다고 주장했다. 이것은 대단히 급진적인 신학적 변화인데, 하지도 틀림없이 그것을 알고 있었음에도 반복적으로 그렇게 주장했다. 하나님의 앎에 대해 말하면서 하지는 먼저 그 앎이 "양태와 대상(object)에 있어서" 인간적인 앎과 다르지만, 그러나 "본질적 본성에서는" 다르지 않다고 주장한다. 그다음에 하지는 그 요점을 신적인 완전성에 대한 일반적인 교리로 확대한다. "우리는 신적인 속성들에 대한 우리의 개념으로부터 그에 상응하는 우리 안의 속성들에 속하는 모든 제한성과 불완전성을 제거해야만 하지만, 그때 우리는 그 속성들의 본성을 파괴해서는 안 된다."[32] 실제로 하지는 이에서 더 나아가, 앎에 대한 우리의

---

29) 예를 들어 *Systematic Theology*, 1:371 또는 1:424-25를 보라.
30) Ibid., 376-80.
31) Ibid., 424-26.
32) Ibid., 396.

경험이 근본적(basic)이고 하나님은 자신을 거기에 맞추신다(conform)라고 제안하는 듯이 보인다. "그러므로 하나님은 언어의 일상적이고 적절한 의미에서 아시며 또 아실 수 있다."[33]

내 생각에 하지가 이런 급진적인 교리를 주장하는 것은 변증적인 이유에서다. 신적인 완전성에 대한 하지의 설명은 바로 하나님의 완전성에 대한 어떤 존재적 또는 인지적 가능성도 전적으로 부정하려는 사람들과 대화하는 가운데 이루어진다. 하지는 심오한 철학자는 아니었다. 그래서 하지는 신학적 관점이 이렇게 변화할 때 일으켜지는 전체적인 파문을 인지하지 못했던 것으로 보인다. 예를 들어 하지는 내가 보기에는 유비가 부정된다면 불가능하다고 보이는 전통적 교리인 "신적 단순성"을 어떤 특별한 변증 없이도 주장할 수 있다고 생각했다.[34]

둔스 스코투스(Duns Scotus, 1266-1308)가 유비란 중간의 어느 지점에서 근저에 놓이는 일의성(univocity)이 없다면 당연히 유지될 수 없으며, 유비론은 최근 몇 십 년간 점차 한물간 것이 되었다고 주장했던 것은 유명하다.[35] 그 결과 한편으로 도르너와 포사이스를 따라 보다 인격적인 신론으로 되돌아가는 많은 사람들이 있다. 이들은 신적 질서와 창조세계의 질서 사이의 주요한 접촉점을 인격적이고 관계적인 언어 안에서 발견한다. 존 지지울라스(John Zizioulas, 1931-)의 영향력 있는 책인 『교제로서의 존재: 인격성

---

33) Ibid.
34) 하지는 투레티니가 가르친 것과 같이 단순성을 인정한다(1.370-74). 그 교리는 속성들이 잠재적으로(*virtualiter*)는 다르지만 실제로(*realiter*)는 다르지 않다는 교리다. 즉 하나님의 완전성 개념에서 우리가 인식하는 구별에 상응하는 하나님의 영원한 생명 안의 어떤 기초가 있다는 것이다. 언급된 것처럼 이런 설명은 전통적이고 정통주의적이다. 그리고 (내 생각에는 하지도 잘 알고 있었듯이) 이런 주장은 투레티니뿐만 아니라 토마스 아퀴나스에게서도 발견된다. 하지만 아퀴나스는 논리를 유지하기 위해 그것을 유비에 대한 자신의 설명과 매우 밀접하게 연결시킨다.
35) 적절한 본문은 *Oxford Commentary*에 있다. 주요 본문의 번역을 Allan Wolter, *Duns Scotus: Philosophical Writings* (Edinburgh: Thomas Nelson, 1962), 15-25에서 보라.

과 교회에 대한 연구』[36]는 4세기 카파도키아 교부들에게서 그런 입장을 발견했다고 (분명히 틀리게) 주장한다.[37] 그런데도 최근의 "삼위일체론의 부흥"은 많은 저술가들이 엄청난 열정으로 지지울라스의 주장을 채택하는 것을 목격하고 있다. 나중에 나는 이 문제로 돌아올 것이다.

또한 최근 영어권의 신학적 토론 가운데 또 하나의 인기 있는 영역에서도 유비의 교리를 옆으로 제쳐놓거나 무시하고 있다. 그것은 "완전한 존재의 신학"(perfect being theology)이다. 역설적으로 이것은 도르너가 계속 반대해 온 바로 그 전통을 흡사 재현하는 것처럼 보일 수도 있지만, 그렇게 규정하는 것은 아마도 공정하지 않을 것이다. 완전한 존재의 신학은 단순히 하나님이 완전한 존재라는 확신으로 시작하고, 그 주장으로부터 신적인 완전성을 연역해낼 수 있다고 전제한다(헤르만은 이런 절차에 행복해하지 않았을 것이다). 도르너의 시대 이래로 이런 논증 방법은 주로 로마 가톨릭교회의 신스콜라주의적 전통을 따르는 자연신학에 국한되어 있었다. 이 자연신학은 하나님의 존재와 최소한 몇 가지의 신적 완전성이 이성의 자연적인 빛에 의해 드러날 수 있으며, 성 토마스 아퀴나스가 그것을 최종적으로 온전하게 잘 드러내었고, 그래서 지금 필요한 모든 것은 아퀴나스의 논리의 이해라고 주장했다.[38]

---

36) John D. Zizioulas, *Being as Communion: Studies in Personhood and the Church* (Crestwood, NY: St. Vladimir's Seminary Press, 1985).

37) 지지울라스는 카파도키아 사상이 유노미우스(Eunomius, ?-393)와의 논쟁을 통해 발전했다는 맥락을 거의 완전히 무시한다. 이 논쟁은 언어가 하나님을 언급할 수 있는 방식에 대한 질문들에 집중한다. 이에 대해 아래를 보라.

38) 20세기 관점으로부터의 고전적 진술을 Reginald Garrigou-Lagrange, *Dieu: Son existence et sa nature; Solution Thomiste des antinomies agnostiques*, 2 vols. (Paris: Beauchesne, 1950)에서 보라(1판은 1919년에 출간되었고, 30년 동안 18판이 발간되었던 것은 지금은 저자와 함께 거의 모든 것이 잊혔다고 해도 그 책의 엄청났던 인기를 말해준다). 가리구-라그랑주(Garrigou-Lagrange, 1877-1964)는 하나님의 완전성을 제2권에서 취급한다. 가리구-라그랑주에 대해 Richard Peddicord, *The Sacred Monster of Thomism: An Introduction to the Life and Legacy of Reginald Garrigou-Lagrange* (South Bend, IN: St. Augustine's Press, 2005)를 보라. 가리구-

20세기가 시작될 무렵에 바티칸은 그와 같은 신토마스주의 철학을 현대주의의 위기에 대한 반응으로 대단히 강조했다. 이 철학은 1914년에 교황 피우스 10세가 제정하고 시행했던 악명 높은 "24개의 토마스주의적 논제들"에서 최고점에 도달했다. 예를 들어 지금 아퀴나스의 "다섯 가지 길"을 패러디한 것처럼 읽을 수 있는 논제 22는 하나님의 존재, 완전성, 지성, 영성, 만물의 원인 되심 등이 창조세계의 질서를 관찰함으로써 적절하게 입증될 수 있다고 주장한다.[39]

1970년 이래로 완전한 존재의 신학은 종교철학의 분석철학적 전통 안에서 대단한 르네상스를 맛보았다. 앨빈 플란팅가(Alvin Plantinga, 1932-)[40]나 리처드 스윈번(Richard Swinburne, 1934-)[41]과 같은 중요한 학자들이 분석철학의 전통 안에서 작업하는 일군의 철학자들을 선도적으로 산출했고, 이들은 기독교 교리의 고전적 주제들을 탐구하거나 때로는 변증하는 데 헌

라그랑주는 1960년 앙겔리쿰(Pontifical University of Saint Thomas Aquinas의 별칭—역자 주)에서 은퇴했는데, 그곳에서 나중에 교황 요한 바오로 2세가 되는 카롤 보이티와(Karol Wojtyla)의 박사학위논문을 지도했다.

39) 논제 22의 라틴어 원문은 다음과 같다. *Deum esse neque immediata intuitione percipimus, neque a priori demonstramus, sed utique a posteriori, hoc est, per ea quae facta sunt, ducto argumento ab effectibus ad causam: videlicet, a rebus quae moventur ad sui motus principium et primum motorem immobilem; a processu rerum mundanarum e causis inter se subordinatis, ad primam causam incausatam; a corruptibilibus quae aequaliter se habent ad esse et non esse, ad ens absolute necessarium; ab iis quae secundum minoratas perfectiones essendi, vivendi, intelligendi, plus et minus sunt, vivunt, intelligunt, ad eum qui est maxime intelligens, maxime vivens, maxime ens; denique, ab ordine universi ad intellectum separatum qui res ordinavit, disposuit, et dirigit ad finem.*

40) 예를 들어 Alvin Plantinga, *Does God Have a Nature?* (Milwaukee: Marquette University Press, 1980)을 보라.

41) Richard Swinburne, *The Existence of God* (Oxford: Oxford University Press, 1991)을 보라.

신했다.[42] 신적 완전성에 대한 설명은 그 작업에서 계속해서 중요한 과제였고, 그 자체로 탐구해야 할 주제로서만이 아니라 또한 다른 탐구에 사용되는 소재로서도 그러했다.

역순으로 살펴보자면 이 전통에서 가장 활력적이었던 두 가지 논쟁은 고전적인 삼위일체론의 정합성[43]과 영원한 형벌의 설명 가능성[44]에 관련된 것이다. 각각의 경우에 논쟁은 보통 특별한 하나님의 속성의 의미에 호소하고 그것을 집중적으로 논의한다. 사례들을 거의 무작위로 인용하면서 레프토우(Brian Leftow)는 사회적 삼위일체론의 사고가 필연적으로 하나님이 전지전능하시다는 것을 부정하게 된다고 비판한다.[45] 반면에 월스(Jerry L. Walls)는 하나님의 전지, 전능, 선하심이 제기하는 지옥 교리의 문제를 소개한다.[46] 각각의 경우에 거명된 하나님의 속성들에 대해 분석적인 정의를 제공하는 과제는 논증의 중요한 부분이 된다.

하나님의 속성들이 토론의 주제가 되는 영역으로 되돌아가보면 최근의

---

42) 새롭고 흥미로운 방법론적인 제안들이 그런 노력이 결실하는 새로운 단계를 보여준다. Oliver D. Crisp and Michael Rea, eds., *Analytic Theology* (Oxford: Oxford University Press, 2009) 또는 Thomas G. Flint and Michael Rea, eds., *The Oxford Handbook to Philosophical Theology* (Oxford: Oxford University Press, 2009)를 보라.

43) 삼위일체론에 접근하는 다양한 분석적 방법에 대한 탁월하고 대표적인 설명을 Thomas McCall and Michael C. Rea, eds., *Philosophical and Theological Essays on the Trinity* (Oxford: Oxford University Press, 2009)에서 보라.

44) 이 논쟁에 대한 요약을 Jonathan L. Kvanvig, *The Problem of Hell* (New York: Oxford University Press, 1993); Jerry L. Walls, *Hell: The Logic of Damnation* (Notre Dame, IN: University of Notre Dame Press, 1992); 그리고 (보다 최근의), Joel Buenting, ed., *The Problem of Hell: A Philosophical Anthology* (Farnham, UK: Ashgate, 2010)에서 보라.

45) Brian Leftow, "Anti Social Trinitarianism," in McCall and Rea, *Philosophical and Theological Essays*, 52-88. 윌리엄 해스커가 제시한 최근의 응답에 대해 William Hasker, "Objections to Social Trinitarianism," *Religious Studies* 46 (2010): 429-31을 참조하라.

46) Walls, *Logic of Damnation*, 33-111.

분석철학 안에서 상당한 양의 논증이 이루어졌음을 알 수 있다. 그 논증에 따르면 어떤 존재가 완전하다고 분류되기 위해서 그 존재는 최소한 전능, 전지, 완전한 선(omnibenevolence)을 소유해야 한다. 이 속성들은 각각 광범위하게 분석되었으며, 최근에는 일관성 있는 설명이 제공될 수 있다는 쪽으로 의견이 일치된 듯하다. 다른 전통적인 속성들, 특히 영원성, 단순성, 자존성(aseity)에 대해서는 다소 논쟁이 많다. 이 속성들을 개별적으로 옹호하는 사람은 있지만, 그 경우에 논리적 일관성에 대한 비판이 대단히 강력해져서 많은 사람들은 그 속성들이 아무리 시도해도 답이 주어지지 않고 어쩌면 대답할 수 없는 것이라고 여길 정도까지 되었다.[47]

우리는 이들 토론을 상세하게 살펴보기보다는 방법론적 수준에서 멈추는 편이 나을 것이다. 분석 작업의 중심 과제는 개념적인 명료성에 도달하는 것이다. 문장들이 사려 깊게 정의되고 사용된다면, 의미는 저절로 드러나게 된다. 이것이 기독교 신학의 전통적 측면과 상당히 일치하는 과정이라는 점에는 의문의 여지가 없다. 예를 들어 의미와 표현의 명료성을 추구하는 것은 성 토마스가 시도했던 지성적 과제의 핵심이었다. 성 토마스는 그 추구를 우리가 하나님의 생명의 근원적인 신비를 깊이 음미하는 것과 조화시킨다. 우리가 하나님의 본질을 말할 때, 분석적인 명료성을 획득할 수는 없을 것이다. 그 대신에 우리의 모든 언어는 우리가 명료하게 볼 수 없을 정도로 너무나 밝게 빛나는 진리를 향한 멈칫거리는 몸짓으로서 필연적으로 분석적이다.[48]

47) 이들 논증에 관련된 요약을 Katherin A. Rogers, *Perfect Being Theology* (Edinburgh: Edinburgh University Press, 2000)에서 보라.
48) 토마스의 가장 유명하지만 유일하지는 않은 유비에 대한 설명은 『신학대전』(*Summa Theologiae*) 제1부 질문 11에 있다. 이 주제에 대한 아퀴나스의 가르침의 상세한 논의를 Laurence Paul Hemming, "*Analogia non Entis sed Entitatis*: The Ontological Consequences of the Doctrine of Analogy," *International Journal of Systematic Theology* 6 (2004): 118-29, and Hemming's further development of his thesis in *Postmodernity's Transcending: Devaluing God* (Notre Dame, IN: University of

이 한계의 중심적 의미는 아마도 4세기의 정통적 삼위일체론의 정립에 담긴 그것의 중요성에서 발견될 것이다. 이단의 창시자인 유노미우스(Eunomius, ?-393)는 단어들(words)이 직접적으로 개념들(concepts)에 상응한다고 가르쳤다(이것은 그 시대의 신플라톤주의자들로부터 빌려온 이론이었다). 그래서 만일 하나님이 "유출되지 않으셨다"(ungenerated)라고 바르게 말해졌다면, 유출된(being generated) 아들은 하나님일 수 없다고 주장했다. 이에 대한 응답으로 카파도키아 교부들은 인간의 언어가 어떻게 하나님의 실재를 지시할 수 있는가에 대한 설명을 발전시키고, 언어가 신적 실재를 지시할 때의 곤란성과 불확실성을 강조했다. 신학은 현기증(epinoia) 나는 작업이고, 창조적인 언어구성이라는 망설여지는 작업이다. 신학 언어는 말로 할 수 없는 하나님의 실재를 단지 부분적으로만 정확하게 가리킬 수 있다는 것이다.

하나님의 완전성에 대한 고전적인 교리에서 이런 유비론은 다양한 신적 속성들이 서로 어떻게 관계되는지를 규정하는 데 중요한 역할을 한다. 그 규정의 중심에 하나님의 단순성의 교리가 있다. 전통적 관점에서 "단순성"(simplicity)은 하나님이 어떤 방식으로도 합성이 되거나 나누어질 수 없다는 중심적인 신적 속성이다. 이 속성은 다른 많은 신적 속성들의 설명을 통제한다. 그래서 하나님이 선하시고 의로우시고 사랑이시고 전능하시고 영원하시다고 다양하게 주장되는 한편, 신적 단순성의 교리는 하나님이 다만 한 분 하나님이실 뿐이며, 우리가 다양하게 인식하는 것은 신적인 완전성을 파악하거나 명료하게 설명할 수 없는 무능력한 우리의 특징에 불과하다고 가르친다. 이 사실은 예를 들어 구원의 논의에 중요하다. 흔히 말해지는 구원론의 이야기는 한편으로 하나님의 정의와 다른 한편으로 하나님의

Notre Dame Press, 2005)에서 보라. 나는 헤밍의 설명이 매우 설득력이 있다고 생각하지만, 다소 비판적인 견해를 Victor Salas, "The Ontology of Analogy in Aquinas: A Response to Laurence Hemming," *Heythrop Journal* 50 (2009): 635-47에서 보라.

사랑, 자비, 선하심 사이의 균열을 말하는데, 이 균열은 속죄에 의해 다시 화해된다.[49] 그러나 단순성의 규정 아래서 두 가지 신적 속성의 그런 대립은 항상 오류여야만 한다.

하나님의 단순성을 그런 용법으로 이해하는 것에 대해 표준이 되는 분석적 "반증"이 있다. 그것은 그 용법이 위에서 말한 유비에 관련된 경고를 무시한 결과, 최근의 "완전한 존재의 신학"의 잠재적인 문제를 드러내는 것에 대한 반증이다. 그 반증은 이렇게 주장한다. 사람들이 생각하는 단순성에 따르면 하나님은 신적인 속성들과 동일하다. 하지만 만일 하나님이 사랑과 동일하고 또 하나님이 편재와 동일하다면, 하나님의 사랑과 하나님의 편재가 동일하다는 결론이 되는데, 이것은 명백히 무의미하다. 이 점에 대한 해답은 사용되는 언어의 부분적·잠정적·유비적 본성을 주장하는 것이다. 그와 같은 겉으로 보기에 말끔한 삼단논법은 유비적인 언어로부터는 구축될 수 없다.

물론 이 주장은 종교에 대한 최근 대부분의 분석철학적 신학의 중심에 놓여있는 개념적 명료성의 갈망이 잘못된 것이라고 말하는 것은 아니다. 그것이 의미하는 바는 단지 우리가 언어의 한계를 알아야 할 필요가 있다는 것이다. 그래서 우리는 유노미우스의 사례와 같이 지시의 정확성이 명료성을 획득하는 유익을 주기보다 오히려 잘못 인도하는 가식이 될 수도 있다는 사실을 알아야 한다. 이미 지적한 대로 성 토마스는 개념적인 명료성과 적절한 신비의 감상이 즐겁게 공존할 수 있음을 보여준 탁월한 사례라고 할 수 있다.[50]

---

49) 엘리자베스 클레페인(Elizabeth Clephane, 1830-1869)의 찬송 "예수의 십자가 아래"의 가사인 "오 안전하고 행복한 안식처, 오 믿을 수 있고 달콤한 피난처, 오 은밀한 만남의 장소, 거기에서 하늘의 사랑과 하늘의 정의가 만나네"를 생각해보라.

50) 이에 대한 탁월한 증명을 Karen E. Kilby, "Aquinas, the Trinity and the Limits of Understanding," *International Journal of Systematic Theology* 7 (2005): 414-27에서 보라.

완전성과 삼위일체론

하나님을 묘사할 때 망설임과 유비가 없는 어떤 언어를 발견하려는 갈망은 현대의 분석철학적 전통 밖에도 널리 퍼져 있다. 앞에서 짧게 지적했던 것처럼 소위 "삼위일체론의 부흥"과 관련된 최근의 많은 신학들은 "인격"과 "관계성"의 범주를 신적인 것과 피조된 것 사이의 접촉점으로 본다.[51] 이것이 인격적인 것에 집중했던 도르너와 포사이스의 신학에 의존하고 있다는 사실은 쉽게 알 수 있지만, 그러나 결정적인 구분이 필요하다. 도르너와 포사이스는 인격의 완전성을 한 분 하나님에게서 발견하는 반면에, 최근의 저술가들은 세 가지 위격을 각각 "인격"으로 부르기로 했던 초기 교회의 결정을 따르면서 아버지·아들·성령에게 개별적으로 현대적인 (후기 낭만주의적인) 인격성의 의미를 기꺼이 적용하고 있다.[52] 각각의 신적인 위격은 완벽한 인격적 내면성을 소유하고 있고, 그런 인격적인 본질을 사랑 안에서 공유함으로써 신적인 존재가 발생한다.

삼위일체론을 신적 속성론에 관련하여 이렇게 급진적으로 재규정할 때 제기되는 문제는 내용적(material)이기보다는 오히려 형식적이다. 이 사실은 아마도 놀라울 것이다. 하나님은 완전하게 정의롭고, 선하시고, 편재하시고, 영원하시다고 아무 문제없이 주장될 수 있다. 그렇다면 (아타나시오스 신경의) "세 영원자가 아니라 오직 한 영원자만 있다"(*Quincumque vult*)는 주장은 폐기되어야 하겠지만, 그 교리를 주장하는 사람들은 아직은 참을 만

---

51) 이 사례의 고전적인 진술은 여전히 Zizioulas, *Being as Communion*이다. 하지만 다른 많은 연구도 같은 길을 따른다.

52) 위격을 "인격들"(persons)보다 "존재양식들"(*Seinsweisen*)로 명명하려는 바르트의 희망은 도르너를 따르고 있으며, 정확하게 "인격"이라는 용어가 언어의 우연성 때문에 타당한 것처럼 보일 수도 있다는 두려움에 근거한 것이다. *CD* I/1, 351-60을 보라. 특별히 357쪽에서 안톤 귄터(Anton Günther, 1783-1863)와 리처드 그뤼츠마허(Richard Grützmacher)의 견해를 토론하는 작은 글자 부분을 보라; Dorner, *Christian Doctrine*, 1:410-11, 448-53을 보라.

하다고 느끼는 것 같다. 이때 일반적인 표현에서는 서로 다른 신적 인격들이 서로 다른 신적 완전성들을 예시한다는 고대의 잘못된 사고(사랑하는 아들이 거룩하신 아버지의 진노를 비켜간 것이 구원이라는 식의 논의)가 다시 등장할 수 있는데, 이것은 분명 세심하게 주의해야 할 내용이다.

어떤 특별한 속성들은 이런 종류의 도식 아래서는 나쁜 대우를 받는다. 예를 들어 그때 단순성의 교리가 유지되기란 어려울 것이다. 자존성(하나님이 자기 원인이라는 주장)에서 "자신으로부터"(a se)의 이해 역시 어려워진다. 아버지는 자신으로부터 유래하지만, 아들은 아버지로부터 나시고, 성령은 각각 아버지(그리고 아들)의 호흡으로부터 나오신다. 하지만 이 속성들은 확정된 신학적 구축물이라기보다는 복음에 부착된 그리스적 요소들이라고 일반적으로 주장되는 비인격적이고 부정적이며 형이상학적인 속성들이다. 최근의 많은 신학자들은 이 속성들을 기념만 하고 곧바로 신속하게 버려 버린다.

하지만 가장 급진적이면서도 가장 일반적인 이런 현대적인 새로운 전통의 설명은 한 걸음 더 앞으로 나아간다. 아들을 아버지와 대조적으로 뚜렷이 구분되는 인격적인 존재로 위치시킬 때, 고전적 기독론의 어렵고도 반직관적인 제약은 쉽게 무너지고, 그래서 유대인 나사렛 예수가 자신이 아버지라고 불렀던 분과 상호작용하는 복음서의 이야기를 삼위일체의 내적인 생명의 역사로 읽는 것은 자연스러워 보인다.[53] 이것은 기도나 고난과 같은 인간의 행동이 인성으로 남아 있는 특성이라고 주장했던 칼케돈과 그 이후의 공의회 전통과는 대조된다. 칼케돈에 따르면 인성은 실체적(hypostatic) 연합에서 신성과 분리될 수 없이 연합되어 있다. 그러나 우리는 예를 들어 "아들은 육체 안에서 무감각하게 고난을 당하셨다"는 키릴로스의 대조적인 주장을 발견한다. 또 소위 말하는 칼뱅주의적 여분(extra Calvinisticum; 신성이 인성이 된 후, 다 소진되지 않고 어느 정도 남아 있는 여분—역자 주)도 사실

---

53) 몇 가지 사례들을 이 장에 있는 각주 10에서 보라.

은 고대 정통주의적 주장의 재진술에 불과하다. 그것은 신적인 아들은 성육신했을 때도 우주를 채우고 다스리는 일을 중단하지 않았다는 주장이다.

나사렛 예수의 인간적 경력이 하나님의 내적인 역사라면, 우리는 많은 전통적인 속성들을 급진적으로 재정의하거나 아니면 완전히 버려야 한다. 하나님의 영원성은 회복 가능할 것이지만, "영원"이 무엇인지의 설명 중 상당 부분이 개정된 다음에야 그렇게 될 것이다. 나사렛 예수가 어떤 무시간적으로 영원한 "지금"의 삶을 살지 않았다는 사실은 분명하다.[54] 그리스도의 고난은 십자가에 못 박힌 하나님의 고난이다. 그러므로 신적인 무감정이란 것은 제거되어야 한다.[55] 그와 비슷하게 불변성도 만일 복음서의 이야기가 이런 방식으로 읽힌다면 방어될 수 없다. 그런 유지될 수 없는 목록은 확대될 수 있을 것이다.

분명한 것은 그 목록이 전적으로 부정적이고 형이상학적인, 또는 "그리스적인" 속성들로 구성된다는 사실이다. 거룩성을 주장했던 포사이스는 그 속성들을 이미 상대화하였고, 분석 철학자들은 그 속성들의 논리적 일관성을 시험하였고, 하르낙은 히브리적인 사고와 그리스적인 사고의 차이를 강조하는 역사의 설명을 통해 그 속성들을 비판했다. 지난 2세기 동안 고전적인 하나님의 속성론은 외견상으로는 무관한 도전들의 "완전한 폭풍"에 예속되었는데, 그 도전들은 고전적인 속성들을―지나간 "개념의 역사"에서 일으켜졌던 변화를 분명하게 이해하는 사람을 제외하고는―어느 누구에게도

---

54) 바르트는 영원이 시간을 부정하지 않고 오히려 포함한다고 주장한다. 영원성에 대한 바르트의 대단히 흥미로운 설명(*CD* II/1, 612)은 좀 다른 방향으로 움직이기는 하지만, 아마도 이런 움직임을 초청하는 출발점일 수 있다.

55) 모범적인 진술은 Jürgen Moltmann, *The Crucified God* (London: SCM, 1974)이다. 전통적인 입장에 대한 강한 변호를 Thomas G. Weinandy, *Does God Suffer?* (Edinburgh: T&T Clark, 2000)에서 보라. 무감정(impassibility)은 1945년 이래로 전통적인 속성들 가운데 가장 도전받는 속성이다. 나치 수용소에서 극심한 고통의 깊이가 드러났을 때 (물론 당연히 뒤따르는) 공포에 떨면서 수많은 신학자들은 하나님이 고통을 경험할 수 없다는 주장이 이제 더 이상 유지될 수 없다고 주장했다. 그 논증은 정서적 및 수사적으로 강력한 것이기는 했지만, 논리적으로는 결함이 있었다.

지속될 수 없는 것으로 보이게 만들었다. 그 결과 심지어 매우 보수적인 신학자들도[56] 속성론의 교리가 이제는 지나간 것이라고 믿게 되었다. 이 논문에서 나는 신적인 속성의 교리를 회복하고 재구성하기 위한 몇 가지 수정안을 간략한 윤곽과 함께 제시했다. 또한 나는 그런 잘못된 도전들을 무시해야 할 이유와, 우리의 학문적 선조들이 인기가 없는 교리를 최소한 흐트러지지 않는 평온함을 가지고 주장해야 했던 (내가 생각하는) 설득력 있는 이유도 함께 제시했다.

---

56) "그 시도는 이제 코믹한 분위기를 쉽게 전제한다.…'하나님의 (6가지 또는 7가지 또는 100가지의) 완전성은 무엇인가?'라고 묻는 것은 터무니없다.…전통적인 교리를 유지하려면 '하나님'을 묘사하기 위한 술어들을 유도하는 방법을 먼저 진술하고, 그다음에 그 경우의 표본을 논의하기를 시도해야 한다". Robert W. Jenson, "The Triune God," in *Christian Dogmatics*, ed. Carl E. Braaten and Robert W. Jenson (Philadelphia: Fortress, 1984), 1:181.

참고도서

Barth, Karl. *Church Dogmatics* II/1, secs. 29-31. Edinburgh: T&T Clark, 1957.

Bavinck, Herman. *Reformed Dogmatics*. Vol. 2, *God and Creation*, 95-255. Translated by John Vreind. Grand Rapids: Baker Academic, 2004.

Gunton, Colin E. *Act and Being: Towards a Theology of the Divine Attributes*. London: SCM, 2002.

Moltmann, Jürgen. *The Crucified God*. London: SCM, 1974.

Pannenberg, Wolfhart. *Systematic Theology*. Vol. 1, 337-448. Grand Rapids: Eerdmans, 1991.

Plantinga, Alvin. *Does God Have a Nature?* Milwaukee: Marquette University Press, 1980.

Rogers, Katherin A. *Perfect Being Theology*. Edinburgh: Edinburgh University Press, 2000.

Schleiermacher, Friedrich. *The Christian Faith*, 35, 79-85, 164-69. Translated by H. R. Mackintosh and J. S. Stewart. Edinburgh: T&T Clark, 1928.

Weinandy, Thomas G. *Does God Suffer?* Edinburgh: T&T Clark, 2000.

4

성서와
해석학

대니얼 J. 트라이어

Daniel J. Trier

휘튼 대학

모든 기독교 신학은 싫든 좋든—대부분의 현대인은 좋아하지 않겠지만—앞선 전통(들)과 상호작용한다. 따라서 "현대적인" 교리들을 설명하는 작업은 그 교리들에 대응하는 "현대 이전"의 전망들을 인식하는 것에서 시작해야 한다. 이것은 특별히 성서론과 해석학의 접근방법에 (특별히 본문 해석에서 인간적인 이해의 연구에) 해당한다. 많은 현대 신학자들은 앎에 대한 관심(인식론)에 새롭고 독특하고 "비판적인" 방식으로 주목함으로써 자신들을 정의한다. 우리가 어떻게 인식하는지에 대한 이런 현대적인 몰두는 "해석학"이라는 분야를 만들어냈고, 논쟁의 여지가 있기는 하지만 성서적인 "교리"라는 개념으로 이어졌다. 이런 맥락에서 이번 장은 기본적으로 지난 2세기에 걸쳐 성서의 접근방법에 영향을 미쳤던 인식론적인 발전을 하나의 이야기로 서술한다. 하지만 이 이야기는 다른 한 가지 교훈도 우리에게 준다. 그것은 인간 속량의 본성과 중요성을 우리가 어떻게 이해하는가 하는 것이 우리의 성서 이해에 영향을 미친다는 사실이다. 고전적인 구원 개념을 회피하려는 현대적인 노력에도 불구하고, 그 영향은 여전하다.

선구자들

현대 이전의 신학자들은 일반적으로 성서의 권위 자체를 논증하지는 않았지만, 그럼에도 설교와 교리교육 등의 많은 과제에 성서의 권위를 전제했다. 종교개혁 때까지 성서는 이렇다 할 인식론적인 수고 없이도 은혜의 수단으로서 교회적인 삶을 형성했다.[1] 초기 교회의 신경에는 성서에 관한 어

---

1) 성서를 진리 주장의 평가를 위한 인식론적인 기준으로 삼기를 거부하는 그런 이야기

떤 교리도 나타나지 않는다. 심지어 외경으로 분류된 책들도, 개신교도들이 외경을 거부하고 가톨릭교회가 외경을 형식적으로 수용하는 반응을 보였을 때까지는, 불분명한 상태에서 정경적 지위에 머물러 있었다. 성 아우구스티누스의 『기독교 교리에 대하여』(De doctrina christiana)는 천 년 동안 해석학 분야를 지배했던 책이었다.[2]

하지만 종교개혁에 동반된 르네상스의 인본주의적인 지식은 성서와 전통 사이에 인지되어온 일치성을 파괴했다. 서구 세계의 내부에서 서로 경쟁했던 교회들은 정치적인 권위에 대해서도 경쟁적인 주장을 증가시켰다. 국가 내부의 반란과 나라들 사이의 전쟁은 종교적인 요인을 가지고 있었다.[3] 교회 내부에서는 개신교와 가톨릭의 논쟁에 더하여 개신교 자체에서도 분열이 일어났다. 그에 따른 폭력과 회의론이 교회에 반대하는 계몽주의적 맥락을 형성함으로써, 보편적인 이상에 호소하며 신적인 계시를 주장하는 교회를 거절하도록 만들어놓았다. 이성과 계시는 이미 중세 스콜라주의에서 둘 다 지식의 근원이었지만 서로 뚜렷이 구분되기 시작했다. 그 후 개신교

의 한 종류를 William J. Abraham, *Canon and Criterion in Christian Theology* (Oxford: Clarendon, 1999); William J. Abraham, Jason E. Vickers, and Natalie B. Van Kirk, *Canonical Theism: A Proposal for Theology and the Church* (Grand Rapids: Eerdmans, 2008)에서 보라.

2) Saint Augustine, *On Christian Teaching*, trans. R. P. H. Green (Oxford: Oxford University Press, 1997). 아우구스티누스는 "사물"을 하나님을 알고 "즐기는" "표징"으로 "사용"하는 법을 탐구했다. 그런 기호론적인 견해는 창조세계 전체를 해석하기 위해 성서를 사용하는 것 이상의 의미를 가지고 있다. 그래서 올리버 데이비스(Oliver Davies, 1956-)는 "전근대적인 기독교 해석학의 최상의 대표자는 사실상 신학자가 아니라 저술가다"라고 주장한다. 다시 말해 『신곡』을 쓴 단테 알리기에리(Dante Alighieri, 1262-1321)가 그렇다는 것이다("Hermeneutics," in *Oxford Handbook of Systematic Theology*, ed. John Webster, Kathryn Tanner, and Iain Torrance [Oxford: Oxford University Press, 2007], 499).

3) 계몽주의의 지지자들은 종교를 평화를 위한 것으로 제한했던 반면, 자신들을 종종 보편적 이성을 추구하는 사람으로 묘사한다. 하지만 윌리엄 카버나프(William T. Cavanaugh)는 *Theopolitical Imagination: Christian Practices of Space and Time* (London: T&T Clark, 2003)에서 이런 설명에 반대했다.

스콜라주의 신학들은 계시를 앞서 배치하는 경향을 보였고, 나아가 그것을 인식론적 출발점으로 강조했다. 그 결과 계시와 이성은 뚜렷이 구별되는 것으로, 심지어 대립되는 실체로 바뀌었다.[4] 성서와 전통은 서로의 권위에 도전하는 경쟁자가 되었고, 인간적 자유와 사회적 질서를 위협하게 되었다. 나아가 성서와 전통은 특수한 역사적인 배경에서 생긴 단지 우연적이고 문화적인 인공물로 취급되기에 이르렀다.

역사비평학

성서와 전통에 대한 그런 태도는 현대 성서 해석학의 첫 번째이자 가장 지배적인 선구자인 "역사비평학"(historical criticism)으로 이어진다. 역사비평학은 다음과 같은 "기본적인 질문에 대답하려고 시도한다. 본문은 어떤 역사적인 환경을 가리키는가? 그리고 본문은 어떤 역사적인 환경으로부터 생겨나왔는가?"[5] 1440년에 로렌조 발라(Lorenzo Valla, 1407-1457)가 4세기 문서로 알려졌던 『콘스탄티누스의 증여』가 진짜가 아니라 위서에 불과하다고 예시했을 때, 그것은 새로운 비판적 역사 연구의 움직임에 중요한 초석이 되었다. 그러나 역사비평학의 도전은 그 후 성서에 대해 다소 급진적으로 변했다. 그때는 바룩 스피노자(Baruch Spinoza, 1632-1677), 헤르만 사무엘 라이마루스(Hermann Samuel Reimarus, 1694-1768), 그리고 다비트 프리드리히 슈트라우스(David Friedrich Strauss, 1808-1874)와 같은 사람들이 성서 본문

---

4) 이런 구상은 "급진적 정통주의"에 열정을 불어넣고 있다. 특별히 John Montag, "Revelation: The False Legacy of Suárez," chap. 2 in *Radical Orthodoxy: A New Theology*, ed. John Milbank, Catherine Pickstock, and Graham Ward (New York: Routledge, 1999)를 보라.
5) Richard E. Burnett, "Historical Criticism," in *Dictionary for Theological Interpretation of the Bible*, ed. Kevin J. Vanhoozer (Grand Rapids: Baker Academic/London: SPCK, 2005), 290은 그 용어의 널리 사용되는 폭넓은 의미를 주로 다루고 있다.

을 순전히 인간적인 기록으로 격하시킬 것을 주장하면서, 본문이 신적 계시나 기적 또는 그와 비슷한 어떤 것을 증언한다는 사실을 거절했을 때였다.

그 시점에서 역사비평학은 단지 일군의 해석학적 도구들이 아니라 세계관의 기능을 행사하였고, 아우구스티누스주의와 대혼전을 벌였다.[6] 아우구스티누스의 대표적인 가르침은 원죄를 포함하였고, 원죄 때문에 정부와 교회의 권위 행사가 필요하다는 사실과 그에 따른 하나님의 섭리를 함께 가르쳤다. 이와 대조적으로 역사비평학은 고전적·계몽주의적 자유주의의 정치적 기획을 반영했는데, 이 자유주의의 근본적인 목표는 자아(the self)의 자율성이었다. 자유주의적인 인간론이 성서 해석에 적용되었을 때, 그 목표는 "사심 없는 의식으로 사실을 발견하여 최종적 판단을 공표하는 객관적인 외부자"였다.[7] "비판적" 연구의 본질은 각 개인이 다른 어떤 사람이 이러저러하다고 말하는 것―최소한 교회나 성서가 말하는 것―을 당연한 것으로 받아들이지 않는 것이다. 그것이 본문의 의미와 관련된 것이든지 아니면 인생의 어떤 운명에 관한 것이든지 상관없이 말이다.

바룩 스피노자와 헤르만 라이마루스는 성서 이야기가 정치적인 관계로 환원될 수 있다고 생각했다. 왜냐하면 "제도적인 종교의 본질은 성직자들이 신들에 대한 일반적인 두려움을 교의와 제의를 수단으로 삼아 조종하는 것"이기 때문이다.[8] 역사비평학은 자신의 이상을 추구하는 개인들을 이념적으로 해방시키는 데 필수적이다. 이런 인간론적 낙관주의자들은 처음에는 교회와 무관한 기독교를 추구한다는 점에서 반역적으로 보였을 것이다. 그러나 1900년대에 그들은 새로운 견고한 학파가 되었는데, 그것이 바로 사적인 종교의 성향을 지닌 문화적 개신교주의(cultural Protestantism)다.[9]

---

6) Roy A. Harrisville and Walter Sundberg, *The Bible in Modern Culture*, 2nd ed. (Grand Rapids: Eerdmans, 2002), 5.
7) Ibid.
8) Ibid., 332.
9) Ibid., 334.

이에 반대하는 전통에 속했던 소수는 역사비평적인 방법을 단지 교회의 유익을 위해, 심지어 아우구스티누스적인 목적을 위해 사용하려고 노력했지만,[10] 그럼에도 다음과 같은 역사비평의 세 가지 결과가 지배적이 되었다.

(1) **성서가 교리와 신학으로부터 분리되었다.** "성서신학과 교의신학 사이, 그리고 각각의 특별한 목적 사이의 적절한 구별에 대한 연설"이라는 요한 가블러(Johann P. Gabler, 1753-1826)의 1787년 강의는 유용한 참조사항을 제공한다. 가블러는 성서 저자들의 원초적인 종교적 개념들의 통합성을 유지하기를 원했다. 가블러는 종교와 신학을 구별하였고, 역사적 조건 아래 있는 진술들을 무시간적 진리와 구별했다. 성서는 둘 다를 포함한다. "순수한" 성서신학은 영원히 반복되는 진리를 가리키는 순수한 고대의 종교와는 다른, 그 당대의 신학적인 표현을 구별한다. 이것은 교의학자들에게 확실한 토대를 제공할 것이다.[11]

(2) 명제와 반명제, 그리고 종합이라는 헤겔의 변증법에 기초하여 **성서신학에 대한 발전적인 설명이 등장했다.** 영향력 있는 사례는 신약의 교회 안에 베드로적인(보다 유대교적인) 학파와 바울적인(보다 그리스적인) 학파 사이에 기초적인 갈등이 있었다는 바우어(F. C. Baur, 1792-1860)의 구상이다. 이 두 학파의 충돌의 결과로 초기 교회의 가톨릭주의적인 종합이 등장했다는 것이다. 이런 설명들은 일반적으로 전통적인 기독교가 허용하는 것보다 더 큰 신학적 충돌을 전제했는데, 그것은 역사적 진보관에 더하여 인간학적 낙관론에 근거한 것이었다. 다른 말로 하면 사도들과 성서 본문 자체는 갈등을 일으켰지만, 시간이 지나면서 사람들은 지적으로나 종교적으로 진보했다.

(3) **"그리스화 논제"를 지향하는 경향이 또한 출현했다.** 이것은 아돌프

---

10) Ibid., 336-37.
11) C. Kavin Rowe and Richard B. Hays, "Biblical Studies," in Webster et al., *Oxford Handbook of Systematic Theology*, 441; 가블러의 본문을 John Sandys-Wunsch and Laurence Eldredge, "J. P. Gabler and the Distinction between Biblical and Dogmatic Theology: Translation, Commentary, and Discussion of His Originality," *Scottish Journal of Theology* 33, no. 2 (1980): 133-58에서 보라.

폰 하르낙(Adolf von Harnack, 1851-1930)의 여러 권으로 된 『교리사』에서 가장 현저했다. 그 설명에 따르면 기독교 교리는 보다 단순한 유대교 형태에서 보다 복잡한 그리스적 형태로 진화했다. 이것은 예수의 온전한 신성을 확인하면서 니케아(325)와 칼케돈(451)으로 가는 고등 기독론의 발전과 일치했기 때문에 비극적인 것으로 보일 수도 있다. 이 설명에 영향을 받은 많은 성서학자들은 "역사적 예수"의 순수성을 초기 유대교의 단순성과 동일시했는데, 그것은―"역사적 예수"를 비판적으로 재현할 때―"신앙의 그리스도"라는 소위 후대의 교의적이고 예전적인 부착물과 대조된다고 했다.[12] 어떻든 종교에 대한 진화론적인 설명은 장기적으로는 긍정적으로 남으면서, 궁극적으로 비평학자들 자신이 지지했던 현대 서구문화로의 발전을 동반했다. 이 패러다임에서, 앞서 언급했던 것과 같이, "그리스적인" 교의의 첨가물들이 벗겨져야 했는데, 그것이 유대교적인 구체성을 위해 그렇게 되었던 것은 아니었다. 오히려 예수의 근본적인 요소들은 그의 삶과 가르침을 담았다고 여겨진 순수한 도덕 종교 안에서 강조되었고, 그런 종교는 보편적인 이성과 개인의 자율성이라는 현대적 양식과 일치한다고 여겨졌다.

일반 해석학과 자유주의 전통

역사비평학과 그것의 (보편적이라고 주장하는) 합리적 기준들 사이의 대면은 "일반" 해석학의 현대적인 발전을 가리킨다. 문화가 양쪽에 미친 영향을

---

12) 많은 신학자들은 나아가 제1운동자(Unmoved Mover)라든가 가장 완전한 존재 등의 철학적으로 유도된 특징들을 이스라엘의 하나님에게 귀속시킨 것을 기독교 역사의 비극으로 한탄한다. 최근의 역사적 연구는 헬레니즘화라는 논제를 비판한다. 그 이유를 설명하는 것은 이 논문의 범위를 넘어선다. 예를 들어 Paul L. Gavrilyuk, *The Suffering of the Impassible God: The Dialectics of Patristic Thought* (Oxford: Oxford University Press, 2006); Matthew Levering, *Scripture and Metaphysics: Aquinas and the Renewal of Trinitarian Theology* (Oxford: Blackwell, 2004)와 그들이 언급하는 다른 자료들을 보라.

강조하면서 계몽주의는 성서와 신학 사이뿐만 아니라 성서와 하나님의 말씀 사이에도 균열을 일으켰다.[13] 성서의 권위는 더 이상 신학을 형성하는 데 있지 않았으며, 오히려 "문화"라는 새로운 개념을 발전시키는 데 행사되었다. "성서가 보편적인 신학적 진리로부터 분리되어 특수한 문화적 문서로 변경됨에 따라, 또 신학 자체가 종교적인 문화라는 이상과 일치하게 됨에 따라, 종교적 공동체의 응집성을 보장하기 위해 국가가 사실상 개입하기 시작한다."[14] 유대인들에게는 정치적인 의미가 매우 특별했다. 그래서 모범적인 사상가 프리드리히 슐라이어마허(Friedrich Schleiermacher, 1768-1834)는 구약성서 본문으로는 거의 설교하지 않았고, 철저하게 "유대교의 모든 관습과 구약성서 전체를 기독교 신학의 시야로부터 배제했다."[15]

독일의 이런 발전은 마침내 영국으로도 수출되었다. 영국에서 쉬한(Sheehan)은 그 추세를 "문화의 규범적인 이상을 향해, 문화적인 종교를 향해, 살균 처리된 기독교를 향해"[16]라고 비슷하게 요약했다. 둘이 같은 공간에 놓임에 따라, 문화와 기독교는 한쪽이 다른 쪽을 불필요한 것으로 만들수도 있는 경쟁자로 보이게 되었다. 세속화라는 통상의 현대적 전망 안에서 "종교는 불운한 양파의 기능을 수행한다. 그 껍데기들은 세속적인 수프를 만들어내기 위해 끊임없이 벗겨지고 있다."[17] 거기서 실제로 발생한 것

---

13) Jonathan Sheehan, *The Enlightenment Bible: Translation, Scholarship, Culture* (Princeton: Princeton University Press, 2005), 90.

14) Ibid., 233.

15) Ibid., 234. 슐라이어마허는 "단지 왕의 명령에 의해 이루어지는 특별한 예배를 위해 본문이 지정되었을 때만 구약성서를 설교했던 것 같다"(Jeffrey Hensley, "Friedrich Schleiermacher," in *Christian Theologies of Scripture: A Comparative Introduction*, ed. Justin S. Holcomb [New York: New York University Press, 2006], 182 각주34). 임마누엘 칸트는 심지어 *The Conflict of the Faculties*, trans. Mary J. Gregor (1798; repr., New York: Abaris, 1979), 95에서 "순수한 도덕 종교"를 위해 유대주의를 안락사시켜야 한다고 말했다(나는 이것을 J. 캐머런 카터가 배포한 자료에서 처음 발견했다).

16) Sheehan, *The Enlightenment Bible*, 255.

17) Ibid., 260.

은 생산적인 변형이었다. 그것은 성서를 문학 작품으로 고정시키고 "서구 문화"의 "규범"적 원천으로 간주하는 것이었다. 불신앙으로 가는 단순한 현대적인 전환은 발생하지 않았다. 그 대신에 "종교"의 창조성은 문헌학이 어떤 백성의 언어와 사고 구조를 도표로 그리면서 연구할 수 있는 자료로 취급되었다.

"계몽주의적 성서"를 공급했던 업자들은 성서를 문화적 가치로 격하시켰지만, 그럼에도 또한 인간 이해의 보편적인 설명도 추구했다. 그 결과 서구 문화(들)가 높게 평가하는 발달 척도가 생겼다. 한스 프라이(Hans Frei, 1922-1988)는 일반 해석학이 역사비평과 만난 것을 기독론을 통해 탐구했다.[18] 어림잡아 칼뱅에 이르기까지 성서의 전근대적 해석은 복음서를 예수 그리스도의 정체성을 행동하는 주체로 묘사하는 "실제 이야기들"로 읽었다. 교회 안의 고전적인 해석자들에게 이야기의 "문자적 의미"와 "역사적인 지시 대상은 동일했다. 예를 들어 기적 이야기들은 기적 자체에 대한 것이지, 희망이나 새로운 생명과 같은 추상적 주제가 아니었다(이때 기적 사건 자체는 재해석되거나 부정된다). 다른 말로 하면 일련의 성서 이야기의 줄거리가 그리는 단 하나의 세계만 있었다. 성서를 읽는 작업은 (심지어 칼뱅과 같은 문자주의자들에게도) "형상적"(figurally)으로 수행되었다. 사람들은 본문 전체가 이야기하는 상징적인 세계 안에서 자신들이 위치한 자리를 발견했다.

그러나 현대적인 역사의식의 발흥에 따라 이제는 성서의 역사와 실제 역사라는 두 세계가 존재하고 양자는 서로에 대한 관계를 필요로 하게 되었다. 보수주의자들은 두 세계가 잘 일치한다고 (성서적 이야기는 "실제일" 뿐만 아니라 또한 "역사적"이라고) 주장했고, 각각의 사례에 따라 증명을 시도했다. 그러나 자유주의자들에게는 선택사항이 엄청나게 복잡하게 되었다. 프라이는 몇몇 경험론적 지성을 가진 영국의 이신론자들을 제외하고서 많은

---

18) *The Eclipse of Biblical Narrative* (New Haven: Yale University Press, 1974), 104
를 보라. "(신학적으로 편향되지 않은) 일반 해석학과 성서적 역사비평학은 함께 성장했고, 역사비평학은 지배적인 동반자였다."

사람이 예수 그리스도를 (도덕성이나 최고의 하나님 의식과 같은) 어떤 다른 개념적인 틀에 짜맞춰넣음으로써 역사성을 거부했고, 그렇게 하여 내러티브의 종교적 가치를 보존했다는 사실을 제시했다.[19] 기독교인의 자기서술은 상실되었으며[20] 해석학은 학자들이 성서의 진리를 그 의미를 바꾸어 건져내는 도구가 되었다.

성서의 이야기들은 더 이상 실제 사건을 언급하는 것으로 여겨지지 않을 뿐만 아니라 양자는 서로 연결성을 갖지도 않게 되었다. 정경은 개별 공동체들의 관심을 증진시키는 많은 상황의 파편적인 문서들로 쪼개졌다. 그 결과 자유주의자들이나 보수주의자들 모두에게 교회로의 접근방법은 바뀌었다. 고전적인 "형상적" 읽기는 성서 이야기를 문자적인 실제 의미와 정경적인 맥락에서 읽는 것을 뜻했다. 그러나 현대적 맥락에서 "형상적" 읽기는 비문자적 읽기가 되었고, 문자적 해석은 단지 개별적인 맥락에서 문법적·역사적인 정확성만을 추구하게 되었다.[21]

프리드리히 슐라이어마허

역사비평학이 진리의 결정권자가 되었다. 다시 말해 본문이 만일 종교적 가치를 가진다면 그것이 무엇을 뜻하는지를 역사비평학이 결정하게 되었다. 이것은 우리로 하여금 슐라이어마허 그리고 그와 관련된 두 가지 전통—일반 해석학과 자유주의 신학—을 상세하게 공부하도록 인도한다. 왜냐하면 역사비평학과 그에 대한 변증론적인 대응이 성서와 대면하는 일반 해석학

---

19) Frei, "Biblical Hermeneutics and Religious Apologetics," chap. 6 in *Eclipse*, esp. 113-23.

20) Hans W. Frei, *Types of Christian Theology*, ed. George Hunsinger and William C. Placher (New Haven: Yale University Press, 1992)를 보라.

21) Frei, *Eclipse*, 7.

에 결정적인 추진력을 제공했기 때문이다.[22]

자신의 교의학에서 슐라이어마허는 성서론을 죄의식과 은혜를 서술하는 주요부분에 위치시킨다. 이때 성서는 교회가 세계와 나란히 존속할 수 있게 해주는 은혜의 한 측면이다. 성서는 교회의 6가지 "본질적이고 불변하는 특징들" 가운데 첫째다. 하지만 성서의 권위는 "**그리스도를 믿는 믿음의 기초가 될 수 없다. 오히려 특별한 권위가 성서에 주어지기 전에, 그리스도에 대한 믿음이 먼저 전제되어야만 한다.**"[23] 성서의 권위를 합리적으로 증명하려는 것은 지적인 엘리트 집단이 성서를 모순으로 여기도록 예약해놓는 것과도 같다. 그때 성서는 신앙의 보편적인 가능성과도 상충하고, 나아가 속량에 필요하다고 느끼는 믿음의 요소와도 상충하는 것으로 여겨질 것이다. 사도들처럼 우리는 성서를 특별한 방식으로 보기 이전에 먼저 그리스도를 믿어야 한다. "성서에 포함되어 있기 때문에 교리가 기독교에 속한다는 인상을 회피하기 위해" 예방조치가 취해져야 한다. "교리가 기독교에 속하기 때문에 그에 따라 성서에도 포함될 뿐이라는 것이 핵심이다."[24]

다음으로 슐라이어마허는 성서의 권위를 신학과 대조하며 탐구한다. "신약성서는 한편으로 그 이후로 줄곧 제시되어온 일련의 기독교 신앙들의 첫 번째 제시이며, 다른 한편으로 이후에 전승된 모든 제시를 위한 규범이다."[25] 우리는 여기서도 구약성서가 생략된 것에 주목해야 한다. 실제로 교회의 역사적 발전은 "유대교적·이교적 견해와 격언"의 근절을 포함한다. 왜냐하면 "기독교 정신에 대한 유대교 및 이교의 적대감은 점차적으로 겨우 인지될 수 있었기" 때문이다.[26] 그러므로 성서 자체 안에서도 정경적인 것과 위경적인 것의 구별이 필요하다. 위경은 교회가 제거되어야 할 것으로

---

22) 특별히 ibid., 124를 보라.

23) Friedrich Schleiermacher, *The Christian Faith*, ed. H. R. Mackintosh and J. S. Stewart (London: T&T Clark, 1999), 591; 강조는 원저자의 것임.

24) Ibid., 593.

25) Ibid., 594.

26) Ibid., 595.

규정한 책들이다. 정경적인 것들은 "그리스도의 살아 있는 직관"을 진정으로 반영하는 요소들이다. 권위는 성서 전체에 걸쳐 일정한 것이 아니라, 각각의 저자들이 정경적인 요소를 획득한 정도에 비례한다.

> 그것은 후대의 모든 제시가 정경으로부터 균등하게 유추되어야만 한다거나, 처음부터 그 안에 발아적 상태로 담겨 있었다는 것을 의미하지는 않는다. 왜냐하면 성령이 모든 육체 위에 부어진 이래로 기독교적 사고에서 자신의 독창성 없이 존속할 수 있었던 시대는 없었기 때문이다. 하지만 한편으로 어떤 것도 자신이 최초의 산물과 조화를 이루고 있다는 것을 보여주지 않는 한, 그리스도의 영의 순수한 산물로 간주될 수 없다. 다른 한편으로 기독교적인 특징 가운데 어떤 개별적인 것만 확실히 제시한다거나 또는 어떤 비기독교적인 요소를 드러낸다는 사실이 문제되는 어떤 후대의 산물은 원래의 저작과 동등한 권위를 주장할 수 없다.[27]

이제 균형을 맞추는 조치가 뒤따라온다. 초기에 성서적인 제시는 가장 깊은 정경적 요소를 담고 있었을 것이다. 그러나 후대에 발전된 교회는 정경적인 것을 보다 폭넓게 확산시키기 위해 어느 정도 위경적인 요소들을 골라내야만 했다. 이 원칙은 정경의 승인에도 적용되었고, 나아가 "성서의 개별 부분에 각각 인정되어야 하는 다양한 정도의 규범적 권위"에도 적용되었다. "교회의 판단은 위경적인 것의 완전한 추방과 정경적인 것의 순수한 보존에 조금 더 가까워지려는 근사치의 노력이었을 뿐이다."[28]

그러므로 "사도들의 특별한 영감은 신약의 책들에 배타적으로 속하는 어떤 것이 아니다. 신약의 책들은 그것을 단지 공유할 따름이다. 나아가 이런 좁은 의미의 영감, 즉 사도들이 파악한 기독교의 순수성과 완전성을 조

---

27) Ibid., 596.
28) Ibid., 603.

건으로 하는 영감은 그에 따라 이해된 사도들의 공식적인 활동 전체를 포함한다."[29] 슐라이어마허의 대적은 줄곧 저자 또는 의도와 기록된 단어 사이, 나아가 성서와 다른 책들 사이에 분리하는 선을 긋는 "전적으로 죽은 스콜라주의"다. "그러므로 우리는, 신적 영감을 지키기 위해 거룩한 책들이 다른 곳에서 획득한 규칙이 인도하는 것과는 다른 어떤 (특별한) 해석학과 비판적 취급을 요구한다는 주장을 단번에 거부해야 한다."[30] 사도들은 후대 교회의 대변자들과─나아가 다른 모든 사람과도─다르지만, 그것은 종류의 차이가 아니라 단지 예수 그리스도 안에 있는 계시를 직관하는 정도의 차이에서만 다르다. 만일 스콜라 신학자들이 영감을 저술하려는 충동, 형성된 아이디어, 바로 그 기록된 단어 중 어느 것에 연결시켜야 하는지에 대해 의견일치를 이루지 못했다면, 왜 영감을 삶 전체와 관계시켜서는 안 되는가?[31] 어쨌든 본문이 최종적인 중요성을 갖지는 않는다. "당신이 모방자들, 곧 자신들의 종교를 통째로 다른 누군가로부터 이끌어내거나 또는 자신들이 맹세하고 증거의 원천으로 삼는 죽은 문서에 매달리는 보잘것없는 모방자들을 경멸하는 것은 옳다. **모든 거룩한 저술이란 단지 종교의 무덤일 따름이며**, 더 이상 존재하지 않는 어떤 위대한 영이 한때 거기에 존재했었다는 기념비에 불과하다."[32]

그러므로 일반 해석학은 인간적인 영의 회생과 기념을 목표로 한다. 벤자민 조웨트(Benjamin Jowett, 1817-1893)가 1860년에 말했던 것처럼, 성서는 다른 책과 똑같이 읽혀야 한다.[33] 슐라이어마허의 견해에 따르면─이 이

---

29) Ibid., 599.
30) Ibid., 600.
31) Harrisville and Sundberg, *Bible in Modern Culture*, 72n17을 보라.
32) Friedrich Schleiermacher, *On Religion: Speeches to Its Cultured Despisers*, trans. Richard Crouter (Cambridge: Cambridge University Press, 1988), 134(강조는 첨가된 것임), Sheehan, *Enlightenment Bible*, 229에 인용된 것이다.
33) Benjamin Jowett, "On the Interpretation of Scripture," in *Essays and Reviews: The 1860 Text and Its Reading*, ed. Victor Shea and William Whitla (Charlottesville:

야기는 오늘날에도 종종 말해진다—근세 이전의 해석학은 대체로 특별히 성서 해석에만 관련된 문제들의 해결을 위한 규칙들에 놓여 있었다. 이 해석 활동을 다른 문화적인 일들과 관련시키는 더 큰 철학적인 틀은 없었다.[34] 하지만 슐라이어마허의 중심적인 관심은 "인간의 창조적인 영"이었다. 그는 가장 흥미를 가졌던 지식을 친구들과 공유하는 직관으로 바꾸었다.[35] 슐라이어마허는 특별히 음악에 반응할 때 야기되는 감정(feeling, 이것이 필연적으로 "정서"[emotion]는 아니다)을 소중히 여겼다.[36] 이것이 저자와 함께하는 감정이입에 중심적 역할을 담당한다. "해석학적 순환"(해석을 개선하기 위해 본문의 부분과 전체 사이를 반복적으로 오가는 운동)과 관련하여 슐라이어마허는 "저자가 그 자신을 이해하는 것보다 그를 더 잘 이해하기"라는 전형적으로 낭만적인 해석 개념을 제안했다. 핵심적인 목표는 인간의 천재성의 발현을 인식하고 함께 참여하는 것이었다. 슐라이어마허는 이런 일단의 문제들의 "이론적이고 실천적인 의미"와 씨름했던 첫 번째 사람이었다.[37] 슐라이어마허는 단지 고립된 오해들을 다루는 것이 아니라, 어떤 것을 이해한다는 것이 무엇을 뜻하는지와 씨름했다. 그는 해석에서 문법적 차원뿐만 아니라 심리적 차원까지 소개해야 할 필요성을 언급했고, 본문의 이해에서 언어 체계만 다루는 것이 아니라 구체적 상황에서 그 언어를 사용했던 사람인 저

University Press of Virginia, 2000), esp. 482.

34) 아우구스티누스의 『기독교 교리』(De doctrina christiana)가 보여주는 것처럼 근세 이전의 기독교인들이 단지 하나님과 세계에 대한 헌신이라는 큰 맥락에서만 성서 해석을 수행하였는지는 다소 의심스럽다(Jens Zimmermann, Recovering Theological Hermeneutics: An Incarnational-Trinitarian Theory of Interpretation [Grand Rapids: Baker Academic, 2004]이 그렇게 의심하는데, 하지만 짐머맨은 이것들이 "해석학"으로서 갖는 형식적인 자격을 다소 과대평가한다).

35) Anthony C. Thiselton, New Horizons in Hermeneutics (Grand Rapids: Zondervan, 1992), 210.

36) Friedrich Schleiermacher, Christmas Eve: Dialogue on the Incarnation, trans. Terrence N. Tice (Richmond: John Knox, 1967)를 보라.

37) Thiselton, New Horizons, 204.

자를 동시에 이해해야 한다고 주장했다. 그와 관련된 주장들의 목표는 저자의 사고과정을 재현하는 것이고, 활동 중인 창조적 인간 정신을 향유하려고 노력하는 것이다.

인간 정신의 특수성에 대한 이런—보편적인?—집중 때문에, "단지 역사적인 해석만이 자신들의 고유한 시간과 장소에 뿌리박고 있는 신약성서의 저자들을 정당하게 다룰 수 있다."[38] 그때 성령이 성서를 "전적으로 기적적인 방식"으로 산출하기로 선택했던 것은 분명 아니라는 사실이 발견된다. 오히려 "모든 요소는 순수하게 인간적으로 취급되어야 한다. 성령의 행동은 단지 내적인 자극을 산출했을 뿐이다."[39] 그러므로 성령의 사역을 진정으로 높이는 것은 교의학적 성서 영감설의 압박을 거절하는 것이고, 어떤 본문에 대해 다수가 사용하는 일반적인 규칙만을 적용하는 것이다.[40]

슐라이어마허 이후

의견이 전적으로 일치했던 것은 아니지만 슐라이어마허는 수십 년 동안—특별히 독일의 대학에서—전형적이고 모범적인 의미를 확립했고, 거기서 해석학은 자연과학과 비교되면서 지식의 원천으로서의 인문학을 다시 젊어지게 만드는 수단이 되고 있었다.[41] 이 사실 중 한 측면은 "본문의 중심적 문제를 이해하는 것(헤겔)과 본문 저자의 주관성을 이해하는 것(슐라이

---

38) Friedrich Schleiermacher, *Hermeneutics: The Handwritten Manuscripts*, AAR Texts and Translations, ed. Heinz Kimmerle, trans. James Duke and Jack Forstman (Missoula, MT: Scholars Press, 1977), 1:104.

39) Ibid., 106.

40) Ibid., 107.

41) 해석학적인 토론의 탐구를 Kurt Mueller-Vollmer, ed., *The Hermeneutics Reader* (New York: Continuum, 1989)에서 보라.

어마허) 사이의 차이를 강조한다.[42] 많은 관점에서 이것은 에드문트 후설 (Edmund Husserl, 1859-1938)의 (슐라이어마허적) 현상학적 전통과 마르틴 하이데거(Martin Heidegger, 1889-1976)의 (헤겔적) 현상학적 전통 사이를 구별하는 초기 형태라 할 수 있다(현상학은 의식의 구조와 내용에 초점을 맞추는 철학적 접근방법이다). 슐라이어마허/후설의 선험적인 해석은 저자의 사고방식을 공유하기 위해 뒤로 움직인다. 헤겔/하이데거의 존재론적 해석은 새로운 역사적인 순간에 본문을 활용하기 위해 앞으로 나아간다. 많은 사람들이 슐라이어마허를 왜곡하고 부당하게 무시하는 것을 넘어서서, 20세기의 가장 영향력 있는 해석학적 철학자인 한스-게오르크 가다머(Hans-Georg Gadamer, 1900-2002)도 오늘날 대부분의 기독교적 문학연구가들과 함께 후자, 즉 존재론적 전통을 선호했다.[43]

> 문학적인 경향은 종교에 대해 단지 역사적인 태도만을 취하려는 신학 유형에 대해 경고한다. (이러한 유형의 신학)은 풍부한 인식 내용을 가지고 있지만, 그것들 모두는 단지 역사적인 한 가지 종류일 뿐이다. 이런 식의 인식은 우리의 관심사가 아니다. 만일 신학적 인식이 단지 역사적인 것일 뿐이라면, 우리는 그런 신학자들을 회계사무실 직원과 비교해야 할 것이다. 그 직원들은 다른 사람들의 재산대장 원본과 장부를 관리한다. 부는 그들이 그중 어떤 것도 보유하는 일 없이, 그들의 손을 통과해 지나간다. 직원들은 자신의 재산을 획득하는 일 없이, 오직 다른 사람을 위해서만 활동한다.[44]

가다머는 슐라이어마허와 후설보다는 헤겔과 하이데거의 길을 따르면

---

42) Gerald L. Bruns, *Hermeneutics Ancient and Modern* (New Haven: Yale University Press, 1995), 152.

43) Thiselton, *New Horizons*, 23, 197, 204-36, 267, 558-61.

44) G. W. F. Hegel, *Lectures on the Philosophy of Religion*, trans. R. F. Brown (Berkeley: University of California Press, 1984), 1:128, Bruns, *Hermeneutics*, 150 에서 인용함.

서 방법론적인 명료성과 과학적인 확실성에 집착하는 현대 해석학을 비판한다. 진리는 폭로되는 사건들(events of disclosure) 안에서 발생한다는 것이다.[45] 해석은 단지 우리가 본문이나 본문의 기원을 "설명"하고 그 기초 위에서 어떤 의미를 결정하는 과학적인 기획에 불과한 것이 아니다. 어떤 본문을 "이해"하는 것은 특별한 맥락 안에 놓인 실존의 적용을 포함한다.

하지만 가다머는 유비들이 예시하는 것과 같은 상대주의자는 아니다. 본문을 읽는 것은 게임을 하는 것과 같다. 어떤 행위들은 단지 맥락의 내부에서만 의미가 있다. 우리는 게임을 할 때, 분리된 모든 움직임을 끝없이 분석하는 것이 아니라 게임 자체에 반응한다. 마찬가지로 본문은 반응의 가능성에 영향을 미치는 방식들로 우리에게 작용해온다. 의미는 인간적 주체인 우리가 분리된 주도권을 가질 때까지 기다리는 일 없이 발생한다. 우리는 중립적인 대상에게 행동한다기보다는 본문과 만나는 연속적인 흐름 속에서 반응한다. 적용의 강조가 우리가 원하는 어떤 것을 본문에 부여할 수 있거나 아니면 그렇게 해야 한다는 것을 뜻하지는 않는다. 본문이 우리에게 가하는 객체성의 한 가지 형태가 존재한다.

어떤 본문을 읽는 것은 대화를 나누는 것과 같다. 본문은 "말하고" 우리는 대답한다. 또는 우리는 질문하고 본문은 대답한다. 협상은 대화의 주제가 무엇이 되어야 할지에 관하여 본문과 독자라는 "지평들" 사이에서 발생한다. 그 결과 "지평의 융합"(fusion of horizons)이 일어난다. 다시 말해 본문이 소개하는 것과 독자가 실존적 상황에서 추구하는 것 사이에 중첩(overlap)이 발생한다. 다시 한 번 본문은 자신의 발언권을 가진다. 반면에 이해의 차원은 이후의 맥락에 관련된 것으로 남는다.

물론 우리는 우리의 지평으로부터 중간에 위치한 역사들을 뛰어넘어 저자의 지평이나 본문의 원래 맥락으로 직접 비약할 수는 없다. 본

---

45) Hans-Georg Gadamer, *Truth and Method*, trans. Joel Weinsheimer and Donald G. Marshall, 2nd ed. (New York: Continuum, 1989).

문은 언어를 통해 축적이 되어 이어지는 독서에 영향을 미치는 "작용사"(Wirkunsgeschichte)를 형성한다. 이것은 의도적이든 의도적이지 않든, 또는 좋든 나쁘든 관계없이 그러하다. 이런 전통적인 과정은 우리를 본문 자체에, 그리고 역사를 통해 수행된 그 맥락의 요소들에 되돌아 연결시킨다. 그러므로 우리는 예를 들어 "이신칭의"와 관련하여 로마서 4장을 더 이상 루터의 영향으로부터 분리하여 읽을 수 없다. 비록 우리가 루터에 대해 전혀 들어본 적이 없다고 하더라도, 그럼에도 루터의 바울 해석은 너무나 깊이 서구 문화의 형성에 관여했기에 단어의 번역이나 언어적으로 함축된 의미는 그 해석의 흔적을 지니고 있다.

가다머가 "이해"(understanding)를 역사의 흐름 내부에서 응답하는 "대리점"(agency)으로 회복시킨 것은 많은 사람들에게 영감을 주었고, 본문을 어떤 유형의 역사주의나 과학주의로부터 구출하도록 했다. 하지만 다른 사람들—위르겐 하버마스(Jürgen Habermas, 1929-)와 같은 비판적인 이론가들로부터 자크 데리다(Jacques Derrida, 1930-2004)와 같은 "포스트모던" 해체주의자들에 이르는 사람들—은 가다머의 생각을 거부하며, 가다머의 생각이 전통에 대해 소박하게 긍정적이거나, 또는 비판적인 방법론에 대해 전체적으로 너무 부정적이라고 본다. 어떤 경우든지 어느 정도까지 "해석학적 순환은…결코 순전히 언어학적이지만은 않다. 그것은 우리 앞에 객체로 주어진 본문의 부분과 전체 사이에서 일어나는 단지 주석적인 운동에 불과한 것이 아니다. 오히려 해석학적 순환은 본문과 그것의 해석자들인 우리의 상황 사이에서 발생하는 존재론적인 움직임이다."[46]

이런 이해에 덧붙여서 폴 리쾨르(Paul Ricoeur, 1913-2005)는 다양한 방법들 사이를 중재했다.[47] 리쾨르는 3중적인 해석학적 아치(arc)를 말한다.

---

46) Bruns, *Hermeneutics*, 4.

47) Dan R. Stiver, "Method," and Kevin J. Vanhoozer, "Ricoeur, Paul," in *Dictionary for Theological Interpretation of the Bible*, 510-12, 692-95을 보라. 성서해석학에 가장 적절한 책들은 Paul Ricoeur, *Essays on Biblical Interpretation*, ed. Lewis S.

그것은 1) **이해**라는 시원적인 순간(본문과의 첫 번째의 단순한 만남), 2) **설명**이라는 비판적 순간, 그리고 3) **적용**이라는 재조정의 순간(두 번째의 단순한 만남)이다. 예를 들어 어떤 사람은 성서의 비유를 듣자마자, 어떻게 하나님의 은혜가 진정한 삶을 위한 새로운 가능성을 창조하는지에 관해 실존적으로 사로잡힐지도 모른다. 하지만 이처럼, 1) "이해"는, 2) "설명"에 종속될 필요가 있는데, "설명"은 단지 사회적인 권력 구조에 대한 의심뿐 아니라 매우 조심스러운 주석적 연구도 포함하는 비판적인 계기다. 그럼에도, 마지막으로 "신뢰의 해석학"이 필연적·비판적 "의심"보다 더 근본적이어야만 하고, 그래서 3) 적용이 설명과 함께 가능하게 된다. 이 과정을 통제하는 원칙은 원래의 맥락이나 저자의 의도를 회복시키는 것이 아니라 "본문"의 의미(단어와 문법 등과 같이 특별히 의미론적인 특성)이다. 본문의 의미가 그 안에 거주하는 "세계"를 하나의 삶의 방식으로 투사함으로써 실재(reality)의 "지시"를 가능하게 한다. 리쾨르의 중요성은 단지 슐라이어마허의 해석학적 유산의 요소들을 되살려낸 것에 있는 것이 아니라, 특별히 그가 성서 해석에 주의를 기울였다는 데 있다.[48]

우리는 여기서 슐라이어마허가 단지 일반 해석학의 아버지일 뿐만 아니라 현대 "자유주의" 신학의 아버지도 된다는 사실을 지적함으로써, 두 가닥의 실을 연결할 수도 있을 것이다. 두 가지 사실은 인간의 영에 집중하기

Mudge (Philadelphia: Fortress, 1980); *Figuring the Sacred: Religion, Narrative, and Imagination*, ed. Mark I. Wallace, trans. David Pellauer (Minneapolis: Fortress, 1995); André Lacocque and Paul Ricoeur, *Thinking Biblically: Exegetical and Hermeneutical Studies*, trans. David Pellauer (Chicago: University of Chicago Press, 1998) 등이다.

48) 성서와 만나는 일반적 해석학의 개관에 대해 Anthony C. Thiselton, "Biblical Studies and Theoretical Hermeneutics," in *Cambridge Companion to Biblical Interpretation*, ed. John Barton (Cambridge: Cambridge University Press, 1998), 95-113과 Thiselton, "Biblical Interpretation," in *The Modern Theologians: An Introduction to Christian Theology since 1918*, ed. David Ford with Rachel Muers, 3rd ed. (Oxford: Blackwell, 2005), 287-304을 보라.

에 인간론과 관련하여 일치한다. 슐라이어마허는 칸트의 비판적·인식론적 전환을 인정하는 기독교적 가르침을 재구성했는데, 그때 그는 예술적인 관심을 지닌 자신의 친구들에게 그 전환이 문화적 삶의 모든 것을 단지 보편적 이성에 유용한 낮은 수준의 도덕성으로 환원시켜버렸다고 말했다. 그와 같이 슐라이어마허는 기독교 신앙을 인간적 경험이 분명하고 보편적인 장소로 취급되는 특이한 형태의 "종교"로 묘사했다. 다시 말해 기독교 신앙은 "절대의존의 감정"과 관련된다.

> 하나님은 인간 주체에게 직접적으로(immediately) 현존하시지만, 직접적인 (direct) 사고의 대상으로 고립되지는 않으신다. 오히려 하나님은 세계와 우리 자신에 대한 우리의 경험과 "함께 결합되어 주어진다(co-given)." 우리가 말하는 모든 신학적 진술은 경험 안에서 그렇게 함께 결합되어 주어진 것에 대한 차후(post facto)의 합리화다. 왜냐하면 그와 같이 경험과 함께 결합되어 주어진 것은 본질적으로 이성 너머 또는 위에 있기 때문이다.
>
> 다양한 자유주의적 개신교의 기획들—하나님의 존재와 진리를 역사, 이성, 또는 경험에 기초해서 식별할 수 있다는 주장들—의 흐름을 하나로 묶어주는 것은 신에 대한 접근이 이런 저런 방식으로 자연스러운 현상이라는 확신이다.[49]

데이비드 트레이시(David Tracy, 1939-)는 그런 기획 가운데서 로마 가톨릭교회의 최근의 탁월한 모범 사례를 제공한다. 누구보다도 가다머와 리쾨르의 영향을 받았던 트레이시는 셰익스피어가 그렇게 했던 것처럼 성서를 창의적 가능성의 순간들을 형성해주는 "고전적" 본문으로 다룬다.[50] 그

---

49) Ben Quash, "Revelation," in Webster et al., *Oxford Handbook of Systematic Theology*, 329.

50) 개관을 위해 David Tracy, "Theological Method," in *Christian Theology: An Introduction to Its Traditions and Tasks*, ed. Peter C. Hodgson and Robert H.

이후 자유주의 신학들은, 얼마나 그 신학들이 슐라이어마허의 개별적 사례들과 다르든지 상관없이, 역사비평과 (기독교 신앙이 문화의 보편적인 요소와 상관관계에 있다고 하는) 철학적 작업을 혼합시켜 함께 공유하려는 경향을 보인다.[51]

초기 교의학의 반응들

보수적인 교의학은 종교개혁 이후 서구 교회가 형성한 각각의 신학을 재확증하려는 반응을 보였다.[52] 로마 가톨릭교회의 제1차 바티칸 공의회(1869-1870)는 교황의 새로운 회칙인 「오류들의 목록」을 재확인했는데, 그 목록에서 교황은 다양한 계몽주의적 방식의 이데올로기를 거부했다. 제1차 바티칸 공의회는 또한 교황이 전체 교회를 위해 "권위를 가지고"(ex cathedra, 주교좌로부터) 신앙과 도덕에 대해 분명하게 말할 때 오류를 범할 수 없다는 교황 무오설도 공식화했다. 비록 그 공식을 적용하는 일은 거의 없었지만 (단지 두 번 마리아 교의에 적용되었지만), 교황 무오설의 확립은 성서에 대한 전통과 교도권(magisterium)의 강력한 역할을 확고히 했던 반면에, 교회로 하여금 현대성을 외면하게 만들었다.

마찬가지로 개신교인들도 성서 자체와 관련된 무오성을 강화했다. 프

King, 2nd ed. (Minneapolis: Fortress, 1994), 35-60을 보라. 트레이시는 본문과 문화의 해석 사이에 이루어지는 "상호 비판적인 상관관계"를 말하고 있다.

51) 프라이의 자극적인 말로 하면 "현대의 중재 신학은 동일한 건물을 끊임없이 세우고 허물고 다시 세우고 다시 허문다는 인상을 준다"(Eclipse, 129).

52) 동방 정교회는 더 나아가 성서를 에큐메니칼 공의회(이것도 또한 무오하다)와 신성한 예배의식 등으로 구성되어 있는 전통의 중요한 한 측면으로 다룬다. 이 정교회들은 주로 서구적인 의미인 조직신학을 발전시키지 않았다. 그래서 종종 현대성을 우회했다고 주장한다. 그러므로 이 교회들은 이 글의 주제가 되는 특성인 인식론적인 정의와 같은 것을 시도하지 않았다.

린스턴 신학교의 찰스 하지(Charles Hodge, 1797-1878)는 1873년에 완성된 자신의 『조직신학』을 시작하면서, 신학이란 하나님에 대한 사실들(facts)을 다루는 학문이라고 주장했고, 그 모든 사실들은 성서에 포함되어 있다고 했다. 합리주의, 신비주의, 그리고 로마 가톨릭의 교도권을 비판한 다음에 하지는 개신교 신앙의 원칙을 상세히 설명했다. 그가 반대했던 "유해한 이론들" 가운데는 슐라이어마허의 신학도 있었다. 하지가 성서의 무오성을 주장하는 것은 성서가 영감으로 기록된 하나님의 말씀이기 때문이다. 영감은 "어떤 선택된 사람의 마음에 성령이 끼친 영향이었다. 이것이 그 사람들을 하나님의 마음과 의지를 무오하게 전달하는 하나님의 기관(organs)으로 만들었다. 그런 의미에서 그들은 하나님의 기관이었고, 그래서 그들이 말한 것은 하나님이 말씀하신 것이었다."[53] 이와 같은 어떤 하나님의 영향은 계시는 물론 일반 섭리와 개인의 영적 조명과도 다른 것이다. 하지에 의하면 계시, 섭리, 영적 조명은 영감을 입은 지식을 저술하기 이전에 때로 발생했을지도 모르지만, 만일 저자들이 새롭고 직접적인 신적 지식을 가지고 있지 않았다면, 전혀 발생할 수 없었다.

하지는 베드로후서 1:21과 디모데후서 3:16, 그리고 데살로니가전서 2:13과 같은 일반적인 증거에 호소했는데, 그 구절들은 사도들의 메시지가 정말로 하나님의 말씀이라고 말한다. "무오성"은 성서의 가르침의 이와 같은 "신적 권위"와 반복해서 동일시된다. 성서의 모든 책은 단지 "도덕적이거나 종교적인 진리"에서만이 아니라 모든 내용에서 오류가 없다.[54] 영감은 단순히 모든 단어들로부터 추론될 수 있는 개념만이 아니라, 모든 단어들 그 자체에 대해 "축자적"이고 "완전하다." 하지는 많은 사람이 이 교리에 반대하는 것은 바로 섭리의 가능성을 부정하기 때문이라고 생각했다. 그들이 부정하는 인격적인 하나님은 실제로는 세계의 일들을 남김없이 정돈하시

---

53) Charles Hodge, *Systematic Theology* (Grand Rapids: Eerdmans, 1993), 1:154.
54) Ibid., 163.

고 피조물의 행동을 의미 있게 만드신다는 것이다.[55] 그럼에도 하나님의 영향은 인간의 독특성을 말살하지 않으셨다.

하지는 성서 내부의 모순과 함께 성서와 역사 또는 성서와 과학 사이에 명백한 모순이 있다는 사실을 인정했다. 그러나 종종 지적되는 얼마 되지 않는 오류들 가운데서 합리적으로 설명되지 않은 것은 거의 없으며, 그래서 "제정신인 사람은 파르테논 신전의 구조물에서 작은 사암 조각이 발견된다고 해서 그것이 대리석으로 지어졌다는 사실을 부인하지는 않을 것이다."[56] 나아가 우리는 현재의 이론과 실제 사실 사이, 그리고 성서의 가르침 자체와 우리의 해석 사이를 항상 구별해야 한다.

1881년에 또 다른 프린스턴 신학자인 벤자민 브레킨리지 워필드(Benjamin Breckinridge Warfield, 1851-1921)는 성서무오를 변호하는 책을 하지의 아들과 공동으로 저술했다. 워필드는 성서의 권위에 대한 그런 이해가 칼뱅주의, 웨스트민스터 신앙고백서, 그리고 궁극적으로는 교회의 유산과 합치한다고 생각하고, 지치지 않고 계속해서 그것을 변호했다.[57] 유럽 대륙에서는 제네바의 가우센(L. Gaussen, 1790-1863)이 1840년이라는 이른 시기에 비슷한 견해를 변호했다.[58] 독일 사람인 이자크 도르너(Isaak Dorner, 1809-1884)는 상대적으로 보수적인 중재적 견해의 사례를 제공했다. 하지만 도르너는 성서의 무오성을 저자에게 계시된 비전 안에 있는 영적 메시지에 제한했다.[59]

---

55) Ibid., 168.

56) Ibid., 170.

57) 가장 적절한 논문들은 사후에 *The Inspiration and Authority of the Bible*, ed. Samuel G. Craig (Philadelphia: Presbyterian and Reformed, 1948)로 출판되었다.

58) *La Théopneustie, ou pleine inspiration des saintes ecritures*, published in English as *The Inspiration of the Holy Scriptures* (Chicago: Moody, 1949).

59) *A System of Christian Doctrine*, trans. Alfred Cave and J. S. Banks (Edinburgh: T&T Clark, 1888), 2:196을 보라. 도르너는 영감을 받을 때, 성서 저자들이 자아를 상실하거나 하나님 의식을 상실하지 않으며, 단지 아마도 세계의식의 측면들을 잃는다고 제안함으로써, 저자들의 완전한 인성을 인정했다(184-85). 영감은 저자들의 저술 이전

칼 바르트, "신정통주의" 그리고 "새로운 해석학"

자유주의와 복음주의 사이에 칼 바르트(Karl Barth, 1886-1968)가 서 있다. 논쟁의 여지가 있기는 해도 칼 바르트는 20세기의 가장 위대한 신학자라고 말할 수 있다. 1915년 바르트는 자기 스승들의 자유주의적 진정성이 자신이 목회자로서 설교하는 데 도움이 되지 않았고, 바로 그 신학자들이 독일의 전쟁 시도를 지지했다는 사실을 개탄했다. 성서를 재발견하기 시작하면서 바르트는 "신학자들의 놀이터에 떨어진 폭탄"이라는 꼬리표로 유명해진 로마서 주석을 집필했다. 많은 사람들은 바르트의 『로마서』(Der Römerbrief)를 실제로는 주석서로 여기지 않았고, 고도의 기교를 지닌 신학 또는 영적인 해석으로 보았다. 하지만 초판의 서문에서 바르트는 "만일 우리가 우리 자신을 바르게 이해한다면, 우리의 문제는 바울의 문제가 될 것이다"라고 말했다. 바르트는 다음과 같이 인정했다. "우리가 그것(역사비평학—역자 주)과 영감설이라는 공경할 만한 교리 중 하나만 선택하도록 강요받는다면, 나는 주저하지 않고 후자를 택할 것이다. 그것이 더욱 폭넓고 심오하며, 보다 중요한 정당성을 갖는다." 하지만 바르트는 "성서 탐구의 역사비평적 방법도 합당한 자리를 가지고 있다"고 확신했다.[60]

바르트가 마치 해석학적인 발전을 알지 못했던 것처럼 생각하는 것은 잘못된 것이다. 오히려 바르트는 실제 내용을 다루는 주해를 강조했다. 이

에 저자들에게 발생하는 과정이다. 이 저자들에게 일어나는 것과 후대의 기독교인들의 조명 사이의 차이점은 정도의 문제가 아니라 중재의 문제다. 성서 저자들은 다른 사람들을 위한 조상들이다(191).

60) Karl Barth, *The Epistle to the Romans*, trans. Edwyn C. Hoskyns, 6th ed. (Oxford: Oxford University Press, 1933), 1에서 칼 바르트는 첫 판에 서문을 붙였다. 바르트가 역사비평을 계속해서 보유했다는 사실은 실천적으로는 복잡해도(Mary Kathleen Cunningham, "Karl Barth," in Holcomb, *Christian Theologies of Scripture*, 183-201), Bruce L. McCormack, "Historical-Criticism and Dogmatic Interest in Karl Barth's Theological Exegesis of the New Testament," *Lutheran Quarterly* 5, n. s. (Summer 1991): 211-25에서 강조된다.

것은 성서만이 아니라 명백하게 모든 다른 본문들에 대해서도 주장될 수 있는 원칙이다.[61] 리처드 버넷(Richard Burnett)에 따르면 바르트의 그 주장에 네 가지의 전문작업이 따라온다. 첫째, 바르트는 "주제" 또는 "실체"에 집중했는데, 이것이 해석학적 통제력을 갖고 있다고 보았다. 그에 따라 둘째, 바르트는 우리가 의미 안으로 들어가서 참여해야 한다고 주장했다. 하지만 그것의 출발점은 인간학이라기보다는 신학이다. 우리는 "종교적으로", 다시 말해 포괄적 인문성 안에 위치한 한 가지 경건한 특성의 실천으로 읽지 않는다. 저자의 사고방식 안으로의 감정이입을 추구하는 대신, 우리는 하나님의 은사에 응답한다. 셋째, 우리는 현대의 과학자들이나 단순한 역사비평가들보다 "더 큰 관심과 사랑을 가지고" 읽어야 한다. 넷째, 바르트는 "'성서 자체의 의미'와 보다 더 일치하는 성서읽기"를 주장한다.[62]

　　바르트는 성서의 언어와 내용을 함께 묶어 생각했다. 다시 말해 그는 본문을 넘어서는 것, 또는 본문 내용을 본문과는 다른 근거에서 주장되는 일반적이고 합리적인 원칙들로 번역하는 것을 정당화하는 데 해석학을 사용하는 것을 거부했다. 이것이 본문비평의 특별한 중요성을 부정하는 것은 아니다.[63] 그러나 역사비평은 해석을 위한 준비단계일 뿐이고, 종이지 주인이 아니다. "주제"(subject matter)는 말할 자유를 가지고 있어야 한다. 그래서 바르트는 다른 말로 바꾸어 표현하기(paraphrase)에 우선순위를 둔다. 본문이 말하는 것은 해석자가 위치한 시대의 개념을 사용하여 다른 말로 재차 진술되어야 한다. 바르트에게 모범적인 해석자는, 그의 저술이 우리에게 얼마나 다르게 느껴지든지 상관없이, 칼뱅(John Calvin, 1509-1564)이다. 우리는 칼뱅으로부터 한 가지 유형의 비평학을 배우는데, 그것은 성서 본문의

---

61) Richard E. Burnett, *Karl Barth's Theological Exegesis: The Hermeneutical Principles of the Romerbrief Period* (Grand Rapids: Eerdmans, 2004), 64.

62) Ibid., 221.

63) 예를 들어 Barth, *Epistle to the Romans*, 6-7에 있는 두 번째 판의 바르트의 서문을 보라.

"주제"를 중심적인 것으로 유지하면서 그 본문의 인문성도 함께 진지하게 취급하는 비평학이다.[64]

이에 더하여 바르트의 혁신적인 계시론과 성서론은 놀라움을 준다. 삼위일체론의 합리성(또는 비합리성)에 대한 현대적 스캔들에도 불구하고, 바르트는 삼위일체 신학과 그것의 뿌리인 계시를 함께 수용하였다. 계시의 주체이신 하나님(계시자)은 아버지이시고, 계시 자체의 행동인 하나님(계시)은 아들이시며, 계시의 결과이신 하나님(계시됨)은 성령이시다. 자기계시의 하나님은 자신의 말씀(Word)과 동일하시다. 그래서 계시는 하나님으로부터 무언가를 뺀 것 혹은 하나님과 다른 어떤 것이 아니라, 오직 하나님 자신의 반복이다. "말씀"은 삼중적 형식을 취한다. 계시된 말씀은 예수 그리스도이고, 기록된 말씀은 성서이며, 그리고 그 말씀은 다양한 방식으로 선포된다. 이것은 성서와 하나님의 말씀이 단지 간접적으로만 동일하다는 것을 의미한다. 하나님의 말씀은 우선적으로 그 자신이 하나님이신 예수 그리스도이시다. 성서는 성령에 의해 효력을 발생할 때, 하나님의 말씀이 된다. 그럼에도 그 동일성은 현실적(real)이다. 바르트는 이에 대한 유일한 유비는 세 인격에 해당하는 세 가지 존재양식의 삼위일체 하나님뿐이라고 말한다.[65]

간접적인 동일성은 계시의 변증법적인 성격과 일치한다. 한편으로 계시는 드러난다. 하나님은 창조세계를 매체로 하여 궁극적으로 예수 그리스도 안에서 인성을 취하심으로써, 자신을 인간에게 알리신다. 하지만 계시는 동

---

64) Burnett, *Karl Barth's Theological Exegesis*, 6장. 로마서는 바르트가 성서에 심취했다는 것을 보여주는 유일한 책은 아니다. 『교회교의학』은 성서의 주해로 가득 차 있을 뿐 아니라 바르트는 수많은 성서 본문에 대한 강의를 했고, 한때 교의학과 신약주해를 겸한 교수직을 맡기도 했다. Bruce L. McCormack, "The Significance of Karl Barth's Theological Exegesis of Philippians," in Karl Barth, *Epistle to the Philippians: 40th Anniversary Edition*, trans. James W. Leitch (Louisville: Westminster John Knox, 2002), v-vi을 보라.

65) Karl Barth, *Church Dogmatics*, trans. G. W. Bromiley (Edinburgh: T&T Clark, 1975), I/1, 특별히 121을 보라.

시에-피조물의 유한한 형식이 포함되어 있는 정도까지-자신을 은폐한다. 인간은 계시에서 창조자 하나님이 어떤 분이신지 완전하게 파악할 수 없다. 예수의 진정한 정체성을 인식하는 어려움과는 별개로, 예수께서 다가가셨던 그 사람들은 인간적인 형태 안에서 흐려진 무한의 특성을 온전하게 파악할 수 없었다. "우리는 하나님에 대해 말해야 한다. 하지만 우리는 인간이기에 하나님에 대해 말할 수 없다. 그러므로 우리는 우리의 의무와 동시에 우리의 무능력을 인정해야 한다. 바로 그것을 인정할 때, 우리는 하나님께 영광을 돌려드리게 된다."[66]

축자적인 완전 영감설의 옹호자들은 예상했던 대로 반대했다. 하지와 워필드의 유산을 이어받은 웨스트민스터 신학교의 코넬리우스 반 틸 (Cornelius Van Til, 1895-1987)은 수십 년 동안 바르트에 대해 가혹한 비판을 행하여 잘못된 복음주의적 반응을 형성시켰다.[67] 그의 견해에 따르면 바르트는 실존적인 대면을 주장하는 사람이었다. 그런 복음주의자들은 바르트가 그들의 방식으로 성서무오를 주장하지 않는다는 사실은 제대로 인식했다. 하지만 그들은 바르트의 존재론적 접근방식을 이해하지 못했다. 그것은 어떤 사물이 그것과 관련된 하나님의 행동에 의해 그 자신이 된다는 존재론이었다. 바르트는 그와 같은 의미에서 성서가 하나님의 말씀이라고 말할 수 있었다.[68] 그보다 조금 더 공정했던 비판은 아마도 유한은 무한을 파

---

66) Karl Barth, "The Word of God and the Task of the Ministry," in *The Word of God and the Word of Man*, trans. Douglas Horton (London: Hodder & Stoughton, 1928), 186.

67) Cornelius Van Til, *Christianity and Barthianism* (Grand Rapids: Baker, 1962).

68) Bruce L. McCormack, "The Being of Holy Scripture Is in Becoming: Karl Barth in Conversation with American Evangelical Criticism," in *Evangelicals and Scripture: Tradition, Authority and Hermeneutics*, ed. Vincent Bacote, Laura C. Miguelez, and Dennis L. Okholm (Downers Grove, IL: InterVarsity, 2004), 55-75. 기독론은 분명히 중요하다. "만일 예수 그리스도의 인성 그 자체가 하나님의 **직접적인** 계시라고 말하는 것이 잘못이라면(개혁주의 기독론의 토양 위에서 바르트는 그럴 가능성을 부인해야 했다), 어떻게 우리는 성서가 직접적인 계시라고 말할 수 있겠는가?"(63)

악할 수 없다는 개신교 원리를 지나치게 강조하면서 바르트의 견해에 반대했던 편이었을 것이다. 하지만 하나님의 자유는 성서가 하나님의 말씀 자체라고 특징적으로 묶어주는 주장을 미리 앞서서 배제하지는 않는다.[69]

몇몇 자유주의자들 역시 바르트의 성서관이 지닌 변증법적이고 명백하게 실존적인 요소를 과다하게 강조했다. 자유주의자들과 문자주의자들은 다른 몇몇과 함께 바르트에게—축하든지 조롱이든지—"신정통주의"라는 꼬리표를 붙였다.[70] 히틀러 치하의 독일 정부에 저항하면서 성서 말씀에 따라 그리스도의 권위를 확증했던 바르멘 선언의 작성에는 디트리히 본회퍼와 같은 동맹군이 있기는 했어도, 바르트에 포괄적으로 동의했던 신학자는 거의 없었다.

또 다른 중요한 사상가인 루돌프 불트만(Rudolf Bultmann, 1884-1976)도 왜 "신정통주의"라는 규정이 부적절한지를 계속 보여준다. 불트만은 유

---

69) 복음주의자들은 성서가 계시에 대한 증언이라는 생각을 거부할 필요가 없다. 맥코맥은 워필드(Benjamin B. Warfield, 1851-1921) 자신이 계시로서의 예수 그리스도와 다른 수단들을 질적으로 구분했던 사실을 강조한다(62-63). 대신에 논쟁은 성서 "그 자체"에 대해 토론할 것인지, 그 후에 맥코맥이 사용하는 것과 같은 "역동적 무오류설"(dynamic infallibilism)을 택할 것인지에 대한 것이어야 한다. 그리고 과연 우리가 그 용어로 불가항력적인 은혜와 존재론에 대한 실재적인 접근을 주장할 수 있는지가 논의되어야 한다. 베르카우어(G. C. Berkouwer, 1903-96)는 바르트가 전통적인 견해를 정적이라고 비판한 것과 그가 하나님의 말씀을 기적과 관련지은 것에 대해 의문을 제기한다. 베르카우어는 바르트의 주장이 신적 은폐성을 지나치게 강조하고 구약성서의 중요성을 축소한다고 믿는다(*Modern Uncertainty and Christian Faith* [Grand Rapids: Eerdmans, 1953], 특별히 17-18).

70) 예를 들어 Douglas John Hall, *Remembered Voices: Reclaiming the Legacy of "Neo-Orthodoxy"* (Louisville: Westminster John Knox, 1998)를 보라. 그러나 바르트는 명백하게도 이 개념을 부정했다. "내가 보고 있는 것과 같이, 독일 개신교는 조만간 공산주의에 조금도 못지않게 다름이 아니라 불트만(Bultmann, 1884-1976)에 반대하는 또 다른 분리와 재편성을 보게 될 것이다. 그리고 아마도—누가 알겠는가?—『교회교의학』도 그 점에서 일부분을 담당하게 될 것이다. 그러나 어쨌든 만일 제대로 이해하면서 읽는다면『교회교의학』은 독일에서나 다른 그 어떤 곳에서도 소위 '신정통주의'의 형성에 아무런 기여도 하지 않을 것이다"(서문[1950], *Church Dogmatics* III/3, xii).

명한 질문을 한다. "전제 없는 주해가 가능한가?" 만일 이것이 어떤 사람의 주해의 결과에 전제된 것이 아무것도 없다는 것을 뜻한다면, 불트만의 대답은 "예"일 것이다. 그러나 어떤 주해도 백지(*tabula rasa*) 혹은 아무런 장식도 없는 석판 위에서 이루어지지는 않는다. 모든 주해는 본문에 접근할 때, 질문을 갖고 다가가거나 또는 최소한 질문을 제기하는 특수한 방법들을 갖고 다가가며, 그래서 그 본문이 소개하려는 어떤 개념을 미리 가지고 있다. 더구나 "묵과할 수 없는 한 가지 전제는 본문을 탐구하는 **역사적 방법**이다."[71] 이것은 역사가 원인과 결과라는 닫힌 체계로서 통일성을 가지고 있음을 의미한다. 자유로운 인간의 결정은 역사가 단순히 법칙과 같은 방식으로 작동하는 것을 방지하는 반면에, 특별히 인간이 미친 영향들은 동기라는 관점에서 탐구되어야 할 원인을 갖고 있다.

불트만에 따르면 역사학은 신화적인 주장의 수렁에 빠져 있는 성서 본문을 그 본문들이 지니고 있는 실제적인 내용으로 번역해야만 한다. 신화는 진정한 인간의 실재(reality, 불트만은 이것을 자신의 동료인 하이데거의 실존철학적 용어로 이해했다)를 대상화하고, 그것을 피안적인 용어로 각색한다. 그러므로 성서의 자료에서 신화론적인 껍데기를 벗겨내어 그 바닥에 있는 케리그마라는 핵심에 도달하기 위해서는 "비신화화"가 요구된다. 그 핵심은 인간이 진정한 실존을 위해 필요로 하는 하나님의 복음적 메시지이며, 이것이 바로 그 인간에게 선포된다. "사실적인 학문인 역사는, 성서의 문서들이 그렇게 말하는 것처럼, 역사의 과정에 개입하시는 하나님의 행동을 말할 수 없다. 역사는 역사적 현상 안의 하나님의 활동에 대한 믿음을 인식할 수는 있지만, 하나님 자신을 인식할 수는 없다."[72] 하나님은 대상화될 수 있는 세상의 현상이 아니시기 때문에, 우리는 하나님을 단지 우리 자신의 실존에

---

71) Rudolf Bultmann, "Is Exegesis without Presuppositions Possible?" in Mueller-Vollmer, *Hermeneutics Reader*, 243; 강조는 원저자의 것임.

72) Rudolf Bultmann, "The Problem of Demythologizing," in Mueller-Vollmer, *Hermeneutics Reader*, 252.

대한 이해를 통해 말할 수 있을 뿐이다.

바르트와 불트만 사이의 분명한 유사점은 변증법적인 현실성, 곧 하나님을 대상화할 수 없는 인간적 무능력에 대한 관심이다. 하지만 바르트는 신적 계시라는 초월적인 요소를 믿었다. 이것은 인격적인 하나님의 자유와 관련이 있고, 불트만이 하지 않았던 방식이었다. 시간이 지나면서 불트만의 신약 연구가 양식비평(form criticism)을 촉진시켰다는 것은 분명해졌다. 불트만의 양식비평에 따르면 우리는 성서에서 예수 자신에 대한 어떤 지식을 발견할 수는 없고, 단지 교회적 신앙의 양식들을 연구하기 위해 성서를 사용할 수 있을 뿐이다. 예수에 대한 실제적인 지식은 신앙을 위한 실존론적 요구를 방해할 것이다. 불트만의 유산은 "새로운 해석학"을 발전시키는 데 도움이 되었다. "새로운 해석학"은 하나님의 말씀을 듣는 것의 중요성과 문학적인 "새로운 비평"을 혼합했다. "새로운 비평"에서 본문은 저자의 의도를 고려함 없이 구조적으로 연구되어야 한다.[73] 비록 한때 신약학 연구에서 불트만의 영향은 지대했지만, 이제는 그 영향력이 희미해지고 있는 것 같다.[74] 그동안 바르트는 현대의 "탈자유주의"와 "성서에 대한 신학적 해석"에 적지 않은 활기를 불어넣었다.

---

73) 새로운 해석학에 대한 짤막하지만 탁월한 묘사를 Francis Watson, "The Scope of Hermeneutics," in *The Cambridge Companion to Christian Doctrine*, ed. Colin E. Gunton (Cambridge: Cambridge University Press, 1997), 66에서 보라. 또한 Watson's "The Bible," in *The Cambridge Companion to Karl Barth*, ed. John Webster (Cambridge: Cambridge University Press, 2000), 57-71을 보라.

74) 바르트에 반대하고 슐라이어마허 및 리쾨르와 함께 불트만의 직감을 변호하는 사람은 Werner Jeanrond, *Theological Hermeneutics: Development and Significance* (New York: Crossroad, 1991)이다.

제2차 바티칸 공의회

고전적인 개신교 전통에 대한 바르트의 창조적 재구성과 느슨한 병행은 20세기 가톨릭 신학자들의 "근원으로 돌아가기"(ressourcement)의 실행이다. 이것은 스콜라적 토마스주의의 엄격하고 무미건조한 형태에 반대하여 교부들과 성서에 흠뻑 젖은 그들의 신학을 회복하려는 시도다. 앙리 드 뤼박(Henri de Lubac, 1896-1991)은 특별히 영적 주해라는 비평 이전의 방법론을 회복했다.[75] 이 신학자들은 논쟁의 소지가 없는 것은 아니었지만 처음에는 계몽주의에 대한 가톨릭교회의 견고한 거부를 위협하는 것처럼 보였다.[76]

결과적으로 이들이 제2차 바티칸 공의회(1962-1965)를 위한 길을 닦아놓았다. 성서에 대한 제2차 바티칸의 중요한 결과는 「하나님의 말씀(Dei Verbum), 신적 계시에 대한 교의적인 확립」이라는 문서였다. 이 문서는 최근에 교회가 역사비평적 방법을 조심스럽게 사용할 수 있는 개방성을 확인하였고, 토착어 번역 성서의 사용을 새롭게 촉진시켰다. 성서 영감의 교리는 전통적인 것처럼 보이고 무오성의 암시를 담고 있지만, 복음적인 개념의 두드러짐이나 복잡성은 없다.[77]

결정적인 발전은 성서와 전통 사이의 관계와 관련된다. 트리엔트 공의회(the Council of Trent, 1545-1563)는 "두 가지 근원의 이론"을 가르치는 것으로 이해되었는데, 한 가지는 성서가 가르치는 몇 가지 신념이고 다른 한 가지는 실천과 전통이 가르치는 다른 신념이나 실천을 뜻한다. 제2차 바티칸

---

75) Henri de Lubac, *Exégèse Médiévale: Les Quatre Sense de l'Écriture*, 4 vols. (Paris: Aubier, 1959-1964). 첫 3권은 *Medieval Exegesis: The Four Senses of Scripture* (Grand Rapids: Eerdmans, 1998, 2000, 2009)로 영어로 번역되었다.

76) Fergus Kerr, *Twentieth-Century Catholic Theologians* (Oxford: Blackwell, 2007)을 보라.

77) *Dei Verbum* 3.12을 보라. 바티칸 웹사이트 http://www.vatican.va/archive/hist_councils/ii_vatican_council/documents/vat-ii_const_19651118_dei-verbum_en.html에서 볼 수 있다.

은 트리엔트 공의회가 바르트의 "한 가지 근원의 이론"을 외견상 옹호하는 것으로 재해석했다.[78] 바르트적 출발점에서 대단히 분명한 한 가지 근원은 신적인 계시로서의 예수 그리스도를 뜻한다. 성서는 바로 이 말씀(Word)에 대해 영감을 받은 언어적 증언이고, 전통은 그 증언을 신실하게 전승했다.

9. 그러므로 거룩한 전통과 거룩한 성서 사이에는 밀접한 연결과 소통이 존재한다. 왜냐하면 동일한 신적인 샘에서 흘러나오는 양자는 어떤 방식으로든 통일성으로 합류하며 동일한 목적으로 나아가기 때문이다.…그러므로 거룩한 전통과 거룩한 성서는 동일하게 받아들여져야 하며, 동일한 충성심과 공경심으로 경배되어야 한다.
10. 거룩한 전통과 거룩한 성서는 교회에 위탁된 하나님의 말씀의 하나의 거룩한 보관소를 형성한다.…그러나 기록된 것이든 전승된 것이든 하나님의 말씀을 참되게 해석하는 과제는 교회의 살아 있는 가르침의 기관에 배타적으로 맡겨져 있다. 바로 그 교회의 권위는 예수 그리스도의 이름으로 실행된다.[79]

전통이 독립적인 자료를 온전히 구성하지 않는 한, 이 입장은 보다 개신교 친화적인 입장으로 보인다. 가톨릭교회가 아직도 "오직 성서"(sola scriptura)를 거부한다고는 해도 말이다.[80] 그럼에도 가톨릭 신자들은 제2차

---

78) 두 개의 원천 대 한 개의 원천이라는 것은 헤이코 오버만(Heiko A. Oberman, 1930-2001)의 The Harvest of Medieval Theology: Gabriel Biel and the Late Medieval Nominalism (Grand Rapids: Baker Academic, 2000), 11장에 있는 전통 1과 전통 2에 대한 토론의 영향을 받은 모델이다. 트리엔트의 논쟁에 대해 Donald S. Prudlo, "Scripture and Theology in Early Modern Catholicism," in Holcomb, Christian Theologies of Scripture, 143을 보라.

79) Dei Verbum 2.9-10.

80) 발전에 대한 요약을 Avery Cardinal Dulles, SJ, "Revelation, Scripture, and Tradition," in Your Word Is Truth: A Project of Evangelicals and Catholics Together, ed. Charles Colson and Richard John Neuhaus (Grand Rapids: Eerdmans, 2002), 35-58에서 보라. "오직 성서"에 대해 Thomas G. Guarino, "Catholic

바티칸 이후 수십 년 동안 성서를 연구하면서 새로운 방식으로 계속해서 비평적인 연구와 교회일치를 위한 기회들에 관여하고 있다.

성서 무오성에 대한 복음주의의 토론[81]

칼 헨리(Carl F. H. Henry, 1913-2003)와 같은 복음주의자들도 신적 계시의 "명제적" 특징에 따라 성서와 하나님의 말씀의 동일성을 주장했다. 이때 성서는 참이거나 거짓으로 판단될 수 있는 인지적 내용들을 포함하고 있다고 생각된다.[82] 복음주의자들은 마치 저자들이 비인격적인 "하나님의 펜들" 그 이상의 것이 아닌 것처럼 하나님이 직접적으로 그 모든 단어를 알려주셨다는 영감적 "받아쓰기" 이론을 거절한다. (그것은 기껏해야 대중적인 일탈로 받아들여질 뿐이다.) 하나님은 인간의 탐구와 자료구성(예를 들어 눅 1:1-4), 언어적 문체(예를 들어 마가복음과 히브리서를 비교하라), 인격성과 역사(예를 들어 시편, 묵시록, 예언서들) 등 많은 요소들을 통해 자신을 전달하신다. "살아 있는 말씀"이신 예수 그리스도와 기록된 말씀 사이의 다음과 같은 유비는 많은 사람에게 도움이 될 것이다. 아들은 완전한 하나님이시지만, 완전한 인성을 수용하신다. 마찬가지로 성서의 완전한 신적 계시는 인간적인 의사

Reflections on Discerning the Truth of Sacred Scripture," in *Your Word Is Truth*, 79-101을 보라.

81) 이 단락의 내용은 Daniel J. Treier, "Scripture and Hermeneutics," in *The Cambridge Companion to Evangelical Theology*, ed. Timothy Larsen and Daniel J. Treier (Cambridge: Cambridge University Press, 2007), 35-49에 의존한다.

82) Carl F. H. Henry, *God, Revelation, and Authority*, 6 vols. (Waco, TX: Word, 1976-1983); 명제적인 것과 인격적인 것, 고정된 것과 역동적인 것 사이의 균형을 잡아주는 보다 현대적인 공식을 Kevin J. Vanhoozer, "God's Mighty Speech-Acts: The Doctrine of Scripture Today," in *A Pathway into the Holy Scripture*, ed. Philip E. Satterthwaite and David F. Wright (Grand Rapids: Eerdmans, 1994), 143-81에서 보라.

소통을 완전하게 수용했다는 관점에서 말해질 수 있다.

영감의 포괄적인 성격은 20세기 중반에 다시 논쟁의 주제가 되었다. 프린스턴 신학교에 뿌리를 두었던 많은 보수적인 개신교인들은 성서 "무오성"에 헌신했으며, 이것은 헨리와 같은 새로운 복음주의자들의 자기이해로서 지속되었고, 바로 그들이 1940년대에 근본주의를 다시 사용하기 위해 그 꼬리표를 되살려냈다. 하지만 복음주의 신학교의 기수인 풀러 신학교가 바르트 이해의 영향을 받은 몇몇 교수들과 함께 제한적 무오성을 허용하는 쪽으로 교리적인 진술을 개정했던 1960년대에 논쟁은 다시 일어났다. 제한적 무오성은 성서가 신앙과 실천의 문제에는 무오하지만, 역사나 과학과 같은 문제에서는 오류가 있을 수 있다는 주장을 뜻한다. "성서를 위한 전투"가 강화되었던 1970년대에 잭 로저스와 도날드 맥킴은 이런 제한된 무오성의 형태가 전통적 개신교에 가장 근접하는 현대적인 후예라고 주장했다.[83] (풀러에 대한 무오론자들의 대안으로 재차 활발해졌고 학문적으로 엄격했던) 트리니티 복음주의 신학교의 존 우드브리지는 역사적인 근거에서 그들의 주장을 거절하는 것으로 응수했다.[84] 그 즈음에 성서무오국제회의(the International Council on Biblical Inerrancy)는 "시카고 선언"(Chicago Statement)을 발표했다. 그것은 미국의 많은 복음주의자들에게 성서의 무오성과 관련된 측면을 정의해주었다.

성서의 무오성은 다음을 뜻한다. "모든 사실이 알려질 때 성서는 그 원본에 있어서, 그리고 바르게 해석된다면 그것이 확증하는 모든 것에서 전

---

83) Harold Lindsell, *The Battle for the Bible* (Grand Rapids: Zondervan, 1976); Jack B. Rogers and Donald K. McKim, *The Authority and Interpretation of the Bible: An Historical Approach* (San Francisco: Harper & Row, 1979).

84) John Woodbridge, *Biblical Authority: A Critique of the Rogers/McKim Proposal* (Grand Rapids: Zondervan, 1982). 토마스 부칸(Thomas Buchan)은 "Inerrancy as Inheritance? Competing Genealogies of Biblical Authority," in Bacote et al., *Evangelicals and Scripture*, 42-54에서 린드셀과 로저스/맥킴, 그리고 우드브리지의 세 책 모두가 시대착오적 형식을 반영한다고 주장한다.

적으로 참이고 거짓이 있을 수 없다. 그것이 교리나 윤리 또는 사회과학이나 물리학이나 생명과학 등 어느 것에 관계되든지 상관없이 그렇다."[85] 하지만 그것은 성서에서 이미 서술되어 있는 상태를 무시하는 기술적인 정확성을 가지고 말해야 한다거나, 신약이 구약성서의 축자적인 인용을 포함할 것, 또는 병행구절들이 문자적으로 일치할 것 등을 요구하지는 않는다. 또 그것은 불명확한 본문이 없다는 뜻도 아니고, 죄의 행동이나 잘못된 주장의 기록, 영감을 받지 못한 어떤 저자들 또는 역사적 전망의 인용이 없다는 뜻도 아니다. 무오성은 분명 성서 해석에 확대 적용되어서는 안 된다. 또한 이것은 도전해오는 역사비평적 질문들에 대한 모든 대답을 복음주의자들이 현재 알고 있다는 것을 뜻하지도 않는다. 그러나 무오성은 궁극적으로는 성서의 가르침 안에 (정경적인 문맥에서 바르게 해석된다면) 어떤 명백한 충돌도 없고, 성서와 진정한 과학 및 다른 인간적 지식 사이에도 아무런 모순이 없을 것을 뜻한다. 그러므로 우리는 문학적 장르가 진리 주장에 관계하는 다양한 방식에 대해 조심스러운 주의를 기울여야 한다. 무오성에 대한 갈등이 복음주의를 규정했던 일은 미국 외에는 다른 어떤 곳에서도 없었고, 그 모든 신학적인 전통과 함께 받아들여진 적도 없다.[86] 특별한 인식론 혹은 변증학과 성서 자체의 신뢰성에 대한 헌신은 점점 더 뚜렷이 구별되고 있다.[87]

그동안 세속적인 사상가 허쉬 2세(E. D. Hirsch Jr., 1928-)의 주장은 수십 년 동안 보수적인 개신교 해석학을 지배했다.[88] 그는 타당하거나 타당하지

---

85) Paul D. Feinberg, "Bible, Inerrancy and Infallibility of," in *Evangelical Dictionary of Theology*, ed. Walter A. Elwell, 2nd ed. (Grand Rapids: Baker, 2001), 156.

86) 예를 들어 Stanley J. Grenz, "Nurturing the Soul, Informing the Mind: The Genesis of the Evangelical Scripture Principle," and Donald W. Dayton, "The Pietist Theological Critique of Biblical Inerrancy," in Bacote et al., *Evangelicals and Scripture*, 21-41, 76-89.

87) 이러한 보다 적극적인 신학적인 진술에 대해 Paul Helm and Carl R. Trueman, eds., *The Trustworthiness of God: Perspectives on the Nature of Scripture* (Grand Rapids: Eerdmans, 2002)를 보라.

88) 특별히 *Validity in Interpretation* (New Haven: Yale University Press, 1967)을

않은 논증을 구별하는 유일하게 가능한 표준은 저자의 의도라고 주장했다. 독자들은 저자의 심리나 동기를 회복할 수 없다.[89] 하지만 독자들은 상세한 것을 살펴보기 전에 그 본문의 장르의 의미로부터 시작하여 표현된 의미에 신뢰할 만한 근접한 해석을 정제해낼 수 있다. 많은 사람들은 허쉬의 견해를 성서의 권위를 유지하기 위한 한 가지 방식으로 보았다. 그 견해는 객관적으로 단일한 의미, 해석자의 주관적인 이해, 그리고 (맥락을 읽는 것에 어느 정도 관계된) 가능한 많은 적용들 사이를 구별한다. 가다머에 대한 허쉬의 공격은 보수주의자들이 가다머를 일종의 상대주의자로 간주하고 거부하도록 만드는 데 영향을 미쳤다.[90]

아마도 성서 해석학에 대한 복음주의의 주된 긴장은 기록된 본문(들)인 성서의 의미와 관련하여 성령이 독자(들)의 내면에 행하시는 동시대적 역할에 관한 것이다. 어느 정도까지 성서는 (예수 그리스도 안에서 말해진 하나님의 최종적인 말씀에 대한) 성령의 이미 완성된 증언에 의해 고정되는가? 다시 말해 어떻게 영감이라는 의미가 "조명"이라는 성령의 사역에 한계를 설정하는가?

그 긴장은 다른 추세들과 관계가 있다. 성서의 다양성, 특별히 다양한 문학적 장르들을 점점 더 강조하는 추세는 본문 자체 안에 성서의 권위를 말해주는 다른 모델들도 있다는 사실을 인식시켰다.[91] 시편처럼 하나님을 2인칭으로 부르는 장르는 하나님을 3인칭으로 묘사하는 전지적 내러티브와

보라.

89) 그런 열망은 때때로 허쉬가 그랬던 것처럼 "의도의 오류"와 연계되어 있다. Kevin J. Vanhoozer, "Intention/Intentional Fallacy," in *Dictionary for Theological Interpretation of the Bible*, 327-30을 보라.

90) Roger Lundin, *From Nature to Experience: The American Search for Cultural Authority* (Lanham, MD: Rowman & Littlefield, 2005), 158. 허쉬의 후대의 저작은 초기 입장을 약화시키고, 타당성 이외의 다른 해석학적인 목표들도 인정했다. 하지만 보수적인 개신교 숭배자들은 대부분 이 사실을 무시했다. 우리는 보수적이지 않은 많은 성서학자들 또한 허쉬의 해석학에 근접해 있음에 유의할 필요가 있다.

91) John Goldingay, *Models for Scripture* (Grand Rapids: Eerdmans, 1994).

다른 기능을 갖는다. 그리고 3인칭 기사는 예언자들 안에서 1인칭 화자로 등장하여 신탁을 주시는 하나님 모델과 다르다.

더구나 이 시대의 일부 신학자들은 계시론을 구성할 때, "로고스와 과거"보다는 "성령과 현재"를 보다 더 강조한다. 이때 강조점은 성서의 존재론보다는 성령의 성화를 위한 성서의 역동적인 "기능 행사"에 놓인다. 이 점에서 데이비드 켈시(David Kelsey, 1932-)는 성서에 호소하는 신학자들의 다양한 실제적인 관행들에 대해 특별한 영향을 주었다.[92] 전통적인 신학이 성서론을 "서론" 또는 방법론적으로 신학을 정당화하는 서론적인 도입부, 즉 전면에 위치시켰던 반면, 오늘날 스탠리 그렌츠(Stanley Grenz, 1950-2005)와 같은 몇몇 사람들은 성서론을 성령의 공동체를 형성하는 사역 아래, 즉 끝부분에 위치시킨다.[93] 신적인 동시에 인간적인 그리스도와 신적인 동시에 인간적인 성서 사이의 인기 있는 성육신적 유비는 지금도 여전히 논쟁적인 주제다.[94]

다양성은 급증하고 있다. 가다머에 대한 학자들의 공감은 이제 일반적으로 확대되어 신학자들에게도 영향을 미치고 있다. 그 결과 오늘의 복음주의자들은 "성서의 신학적 해석"을 지지하는 운동에서 의미 있는 자리를 차지하면서도 동시에 또한 이데올로기 비평과 탈자유주의 신학(postliberal theology)을 포함하여 아래에서 살펴볼 폭넓은 발전들과 상호작용하고 있다.

---

92) David H. Kelsey, *The Uses of Scripture in Recent Theology* (Philadelphia: Fortress, 1975), *Proving Doctrine* (Harrisburg, PA: Trinity, 1999)으로 재발간됨; Robert K. Johnston, ed., *The Use of the Bible in Theology: Evangelical Options* (Atlanta: John Knox, 1985)에 있는 응답들은 단지 부분적으로만 만족스럽다. 그러므로 Kevin J. Vanhoozer, *The Drama of Doctrine: A Canonical-Linguistic Approach to Theology* (Louisville: Westminster John Knox, 2005)를 보라.

93) *Theology for the Community of God* (Nashville: Broadman & Holman, 1994).

94) 그런 도전들에 대해 Stephen E. Fowl, "Scripture," in Webster et al., *Oxford Handbook of Systematic Theology*, 352; on the controversy, track reception of Peter Enns, *Inspiration and Incarnation: Evangelicals and the Problem of the Old Testament* (Grand Rapids: Baker Academic, 2005)를 보라.

이데올로기 비판과 세계화

일군의 변증론적 접근방법의 지지자들은 자유주의 신학과 복음주의 신학 모두에 대항하여 구원의 이야기를 다시 읽고 있다. 라틴아메리카의 해방신학이 근본적인 사례를 제공한다. 해방신학은 개인적인 죄보다는 구조적인 악에 관심을 집중시키면서, 가난한 사람들과 주변으로 밀려난 사람들의 관점에서 성서를 읽는다. 출애굽 내러티브는 지상에서 하나님 나라를 진전시키는 데 중요한 모범을 제공한다. 신학이 비판적인 반성이라고 여전히 말하기는 하지만, 해방신학자들은 그것이 정의를 위한 교회 그리고 교회의 사역의 한가운데서 이루어지는 "실천에 대한 비판적 반성"이어야 한다고 주장한다. 그러므로 인식론 그 자체는 뒷자리를 차지하게 되며, 윤리학 및 종말론과 뒤얽히게 된다.

"의심의 해석학"은 성서 본문 그 자체에 대해서뿐만 아니라 교회론적이고 신학적인 구조에 대해서도 실행된다. 여성신학은 다양한 가능성을 예시하는 중인데, 어떤 사람들은 기독교의 전통을 재해석하고, 다른 사람들은 전통이 지닌 해로운 요소들을 최소화하면서 유용한 보석을 캐기 위해 개혁하거나 전통을 구속하려고 시도한다. 또 다른 사람들은 전통을 전면적으로 거부하기도 한다. 아메리카 원주민들은 유럽에서 온 미국의 초기 정착자들이 약속의 땅을 정복하는 이야기에 얼마나 자주 호소했는지에 주목하면서, 출애굽에 대한 언급을 문제 삼고 있다. 성서 이야기는 가나안 사람들이나 하갈과 같은 사람들의 관점에서 보면 다르게 작용한다. 흑인신학은 학문적인 기회가 어떤 집단에 대해서는 조직적으로 거절되고 있는 가슴 아픈 사례를 제공한다. 이것은 해당되는 사람들에게만 아니라, 바로 성서 해석 자체의 성격에도 지속적인 영향을 미치고 있다.[95]

---

95) Cain Hope Felder, ed., *Stony the Road We Trod: African American Biblical Interpretation* (Minneapolis: Fortress, 1991)을 보라. 이것은 Lewis V. Baldwin and Stephen W. Murphy, "Scripture in the African-American Christian Tradition," in

노예제, 가난, 그리고 성차별 문제는 문화가 성서 해석에 대해 제기하는 문제들 가운데 단지 몇 가지에 불과하다. 자유주의자들은 본문과 맥락 사이의 "상관관계"를 말하는 반면에, 복음주의자들은 맥락의 내부에 본문을 적용하는 것과 관련된 "상황화"(contextualization)를 말한다. 하지만 이런 패러다임은 무너져내리고 있다. 다른 부적절한 점들 중에서 이 패러다임은 성서와 문화 사이의 "두루 적용되는 획일적" 관계를 생각하지만, 실제로는 일련의 대단히 복잡한 협상 과정이 발생한다.[96]

세계화라는 이 시대의 지배적인 도전은 여전히 의심스러운 눈길을 받으며 다양하게 정의되고 있지만, 두 가지의 주요한 해석학적인 표현을 갖는다. 첫째, 식민통치 이후의 이론은 해방신학을 대신할 "포스트모던적인" 대안을 제공한다고 주장한다. 그것은 해방신학자들이 가난한 자들 자체에 너무 큰 관심을 쏟았다고 비판하면서, 그들의 단조로운 종교와 권위적인 성서를 반대한다.[97] 식민통치 이후의 이론화는 특별한 정치적 관점을 비변증적으로 지지하는 학문기관으로부터 나온다.[98] 식민통치 이후의 이론가들은

Holcomb, *Christian Theologies of Scripture*, 282-99에 따르면 "지금 이미"와 "아직 아니" 모두를 소개하는 "이중 음성의" 해석을 야기하고 있다.

96) 성윤리에 대한 주류 개신교회 안의 논쟁을 William J. Webb, *Slaves, Women and Homosexuals: Exploring the Hermeneutics of Cultural Analysis* (Downers Grove, IL: InterVarsity, 2001)에 관련된 복음주의적인 논쟁과 비교하라. 또한 Pamela D. H. Cochran, "Scripture, Feminism, and Sexuality," in *Christian Theologies of Scripture*, 261-81을 보라.

97) R. S. Sugirtharajah, "Introduction: Still at the Margins," in *Voices from the Margin: Interpreting the Bible in the Third World*, ed. R. S. Sugirtharajah, 3rd ed. (Maryknoll, NY: Orbis, 2006), 5. 포스트모던의 해석학적인 노력에 대한 더욱 일반적인 설명을 Kevin J. Vanhoozer, "Scripture and Tradition," in *The Cambridge Companion to Postmodern Theology*, ed. Kevin J. Vanhoozer (Cambridge: Cambridge University Press, 2003), 149-69에서 보라. 또한 Dan R. Stiver, "Theological Method," 170-85를 보라. Gerard Loughlin, "Postmodern Scripture," in Holcomb, *Christian Theologies of Scripture*, 300-22에 있는 정체성의 흐름에 대한 강조뿐 아니라 초현대성에 대한 강조에 유의하라.

98) 정치적인 주제를 소개하는 최근의 실례를 R. S. Sugirtharajah, *The Bible and*

가난한 사람들과 주변적인 집단을 위한 조건이나 접근방법을 설명하면서 "종속집단" 연구(subaltern studies)에 몰두한다. 하지만 이론가들 자신의 정체성은 혼합적이다. 왜냐하면 그들은 흔히 자신들의 정체성을 서구의 학문에 맞추어 형성하고, 또 어디에 있든지 최소한 지적인 삶에 종사할 수 있는 충분한 특권을 향유하기 때문이다.

그에 따라 그들은 "성서를 무비판적으로 사용하여 동일한 성서를 무정하고 비열한 정신의 잔인한 책으로 만든 것"에 대해 남반구의 기독교인들 (해방신학자들—역자 주)을 비판하기를 두려워하지 않는다. 동시에 그들은 "자신의 문화를 다른 사람들에게 강요하는 것을 받아들일 수 없는 것은 명백하다"고 강조한다.[99] 하지만 사람들은 그런 탈식민주의자들에게 다음과 같이 질문할 수 있다. 그들 자신도 성서를 "교회론적인 그리고 교의학적인 기능이 없는 하나의 재미있는 내러티브"로 보는 것을 원하지 않는 사람들에게 "학문적인 문화 안에서 제도화된 종교 다원주의라는 서구적 형태"를, 강요하고 있지 않은가?[100] 이제 탈식민주의 이론은 곤경에 처했다. 그것은 우리의 신학적 이해 안에서 기독교인들이 인간의 유한성과 타락성을 인정하는 데는 유용한 도움을 주지만, 그러나 특별히 신적인 계시의 규범적인 부재를 가정하는 경향은 역설적이게도 지적인 식민주의의 일종이다.

그러므로 세계화와 마주친다는 것은 둘째로 다음과 같은 재치 있는 재담의 소재를 확인하는 것이다. 지성인들은 가난한 사람들을 위한 우선적인 선택을 지지하는 반면에, 가난한 사람들 자신은 오순절주의를 선택한다. 서구학자들의 레이다에 잡힌 남반구의 성서 독자들은 "서구의" 독자들과 달리 다른 부분에—많은 성서 가운데 구약, 히브리서, 그리고 야고보서에—끌

Empire: Postcolonial Explorations (Cambridge: Cambridge University Press, 2005)에서 보라.
99) R. S. Sugirtharajah, "Afterword: The Future Imperfect," in *Voices from the Margin*, 495.
100) Ibid., 496.

리고 있다. 이들은 서구인들이 쉽게 공명하지 못하는 집단적 정치투쟁과 하나님의 급진적인 개입에 대한 기대를 인정하면서, 성서 본문과 상황들에 대해 보다 큰 직접성을 감지하고 있다.[101]

이 기독교인들은 자신들이 다른 종교와도 상호작용해야 하는 전선에 놓여 있음을 발견한다.[102] 현대신학은 일반적으로 각각의 신앙들을 "종교"와 같은 일반적인 범주와 비교하려고 했고, "성서"를 마치 모든 신앙들이 그와 비슷한 방식의 기능을 가진 거룩한 경전을 가지고 있다는 정도의 수준에 위치시켰다. 하지만 세계가 "점점 작아지면서", 학자들은 특수성을 이전보다 조심스럽게 인정해야 했으며, 그래서 일반적인 범주는 무너지고 있다. 그러나 현대의 서구는 모든 종교인들에게 각각 거룩한 경전을 어떻게 읽을지에 영향을 미쳤고, 그 결과 전통적인 실천들은 약화되었다.[103] 종교 간 대화의 또 다른 측면은 "경전에 따른 추론"이라는 최근의 발전이다. 이 운동은 기독교인, 유대인, 무슬림들이 다른 사람의 경전을 함께 읽는 모임을 포함한다.[104] 목표는 단지 상호이해의 증가만이 아니라, 상대적으로 낯선 다른 사람의 종교 전통과 만나면서 자신의 전통에 대해 보다 진전된 이해를 갖는 것이다. 이런 실천은 종교 간 대화와 서로 다른 믿음들을 현관에서 미리 검열하여 추방해버리는 경향을 넘어서도록 이끌고, 그렇게 하여 공동의 약속을 붙든다.

---

101) 이 분야의 전문적인 학자들로서 Lamin Sanneh와 Andrew Walls 그리고 필립 젠킨스가 있다. 젠킨스는 *The New Faces of Christianity: Believing the Bible in the Global South* (Oxford: Oxford University Press, 2006)에서 최고의 해석학적 설명을 제공한다.

102) 실제적인 예를 Timothy C. Tennent, *Theology in the Context of World Christianity* (Grand Rapids: Zondervan, 2007)에서 보라.

103) 이것을 드러내 주는 비교종교학적인 책은 Paul J. Griffiths, *Religious Reading: The Place of Reading in the Practice of Religion* (Oxford: Oxford University Press, 1999)이다. 이 책의 저자는 종교적인 특수성과 기독교 신학에 유의하는 학자다.

104) David F. Ford and C. C. Pecknold, eds., *The Promise of Scriptural Reasoning* (Oxford: Blackwell, 2006)을 보라.

탈자유주의와 성서의 신학적 해석

기독교적 전통들을 그렇게 통합(integrity)하는 입장은 소위 탈자유주의(postliberal) 신학의 중심적 관심사가 되었다. 앞에서 우리는 프라이와 켈시라는 두 인물이 기여한 바를 탐구했다. 그밖에 관련된 인물은 조지 린드벡(George Lindbeck, 1923-)이다. 린드벡은 『교리의 본성: 탈자유주의 시대의 종교와 신학』에서 탈자유주의라는 용어를 널리 유행시키기 시작했다.[105] 린드벡은 교리를 인지적 명제의 내용과 동일시하는 보수주의의 경향뿐만 아니라, 교리를 경험에 대한 상징적 표현과 동일시하는 자유주의의 경향(그 안에서 참된 진리가 철학적으로 설명된다고 한다)도 마찬가지로 거부했다. 린드벡에 따르면 교리는 "문화적·언어적"이고, 기도와 같은 일차적인 종교적 언어를 위한 이차적인 문법적 규칙이다. 교리는 기독교인이 교회 안에서 갖는 시민권이 무엇인지를 가르쳐준다.

여기서 린드벡이 "본문 내재성"(intratextuality)이라고 부르는 것이 중요하다. 그것 안에서는 세계가 본문을 흡수하기보다 "본문이 세계를 흡수한다." 린드벡은 기독교적 언어를 다른 근거에서 주장되는 어떤 일반적인 틀 안으로 옮겨놓는 자유주의적 번역(본문을 흡수해버리는 세계)에 저항한다. 성서적 내러티브에 집중하는 프라이의 영향을 받아서 린드벡은 기독교인들에게 본문 자체의 틀이 (다른 모든 것을 내다보는) 문화적·언어적 상징의 렌즈를 결정하도록 요청한다. 느헤미야서에 대해 "성공적인 리더십"을 설교하는 것과 "종 됨"을 설교하는 것 사이의 차이를 상상해보자. 전자가 본문 밖에 있는 것이라면, 후자는 본문 내적이다.

린드벡은 오직 성서만이 신학에 영향을 마치도록 허용하려 하는 따분한 보수주의를 요청하지는 않는다. 린드벡의 예일 대학교 동료인 프라이나 켈

---

105) *The Nature of Doctrine: Religion and Theology in a Postliberal Age* (Louisville: Westminster/John Knox, 1984).

시도 마찬가지다. 나아가 이들은 자신들 사이에서도 서로 일치하지 않는 부분이 꽤 있고, 각자의 대학원생 제자들도 그러하다. 그러므로 "예일 학파"가 존재하는지, 그 학파와 관련된 "내러티브 신학"의 의미가 도대체 무엇인지, 그리고 탈자유주의가 일관성 있는 개념인지 아닌지에 대해 상당한 논란이 있다. 그럼에도 탈자유주의는 그리스도와 문화의 문제에 몰두할 때 성서와 기독교 전통을 신중하게 선택함으로써 "관대한 정통주의"를 추구하였고, 그 결과 일련의 교회일치적 관계에 활력을 불어넣었다.[106]

린드벡을 뒤따르는 탈자유주의 신학자들은 또한 기독교와 유대교의 관계에도 세심한 주의를 기울인다. 교회와 교회의 설립 원천(유대교-역자 주) 사이의 통합적인 관계를 유지하려는 관심에서 탈자유주의자들은 구약성서가 기독교의 정체성에 대해 지니는 중요성을 주장한다. 그래서 탈자유주의자들은 유대인들에 대한 하나님의 취소 불가능한 약속을 인정하고, 기독교인들이 "대체주의"(supersessionism)를 회개하고 그것을 거부해야 할 필요성을 말한다. 기독교의 특수성을 재확증하는 과제를 유대교에 대한 보다 큰

---

106) 탈자유주의자들과 탈보수주의자들 사이의 화해를 축하하는 것은 John R. Franke, "Theologies of Scripture in the Nineteenth and Twentieth Centuries: An Introduction," in Holcomb, *Christian Theologies of Scripture*, 163인데, 거기서 탈자유주의는 현재의 설명과 병행하는 주요한 인물들인 슐라이어마허, 바르트, 발타자르, 그리고 프라이(프라이의 "이야기 신학" 거부에 관하여 Mike Higton, "Hans Frei," in ibid., 232을 보라) 등의 발자취들이 이룬 업적이다. (린드벡을 신자유주의자 [neoliberal]라고 부르면서) 프라이와 린드벡을 포함한 예일 학파의 일관성을 부정하는 사람은 George Hunsinger, "Postliberal Theology," in Vanhoozer, *Cambridge Companion to Postmodern Theology*, 42-57다. 프라이와 린드벡을 보다 긴밀하게 서로에게 그리고 니버(H. Richard Niebuhr, 1894-1962)와 같은 사람의 자유주의적 전통에 연결하면서 다른 각도에서 탈자유주의와 논쟁하는 Paul J. DeHart, *The Trial of the Witnesses: The Rise and Decline of Postliberal Theology*, Challenges in Contemporary Theology (Oxford: Blackwell, 2006)를 보라. 또한 James J. Buckley and David S. Yeago, eds., *Knowing the Triune God: The Work of the Spirit in the Practices of the Church* (Grand Rapids: Eerdmans, 2001); Christopher R. Seitz, ed., *Nicene Christianity: The Future for a New Ecumenism* (Grand Rapids: Brazos, 2002)에 있는 대표적인 논문들을 보라.

관심과 연결하는 것은 이상하게 보일지 모른다. 하지만 신앙의 규칙은 기독교인들로 하여금 이스라엘의 하나님을 예수 그리스도 안에서 계시된 분으로 예배하도록 줄기차게 요구한다.

몇 명의 이른바 탈자유주의자들은 "성서의 신학적 해석"을 옹호하는 또 다른 운동을 주도해왔다.[107] 이 옹호자들을 연합시켜준 것은 역사비평 자체에 대한 반발이며, 최소한 교회에 미친 역사비평의 주도권과 영향력에 대한 비판이다. 모든 해석자들이 각각 자기 관점(들)을 가지고 있기에, 교회적인 이해를 가지고 성서 주해를 수행하는 것도 역시 적절하다. 이것은 궁극적으로 하나님의 말씀을 듣는 것과 관련이 있다. 이 기본적인 주제를 넘어서는 지배적인 강조점은 1) 정경, 2) 신조, 3) 맥락 또는 문화에 놓인다. 1) 정경과 관련하여 신학적 주해는 본문들을 성서 전체의 내러티브의 한 부분으로 그리고 다른 본문과의 관계를 통해 읽을 필요성을 강조하고, 또 교회가 그 권위적인 본문들을 수용하고 전달하는 과정도 의식하면서 읽어야 한다고 제안한다.[108] 2) 신조와 관련하여 신학적 주해는 성서를 특별히 신앙의 규칙 안에서 읽을 것을 지시하고, 그다음에 비평 이전의 영적이고 주해적인 실천을 보다 폭넓게 회복하고, 이에 더하여 가능하다면 특수한 교리적 전

---

107) 대표적인 작품을 Vanhoozer, *Dictionary for Theological Interpretation of the Bible* 그리고 Stephen E. Fowl, ed., *The Theological Interpretation of Scripture: Classic and Contemporary Readings* (Oxford: Blackwell, 1997)에서 보라. 개관을 위해 Daniel J. Treier, *Introducing Theological Interpretation of Scripture: Recovering a Christian Practice* (Grand Rapids: Baker Academic, 2008)를 보라. 여기서 이 장의 요점들이 등장한다. 탈자유주의와 성서의 신학적 해석 사이의 관계에 대해 Daniel J. Treier, "What Is Theological Interpretation? An Ecclesiological Reduction," *International Journal of Systematic Theology* 12, no. 2 (April 2010): 144-61을 보라.

108) 전자는 개신교 종교개혁자들이 "신앙의 유비"를 통해 기본적으로 말하고자 했던 것이다. 후자는 예일 대학의 또 다른 학자인 브레바드 차일즈(Brevard S. Childs, 1923-2007)가 채택했던 "정경적인 접근방법"에서 유래한다. Christopher Seitz, "Canonical Approach," in Vanhoozer, *Dictionary for Theological Interpretation of the Bible*, 100-102를 보라.

통을 채택하도록 인도한다.[109] 3) 맥락 또는 문화에 대해 신학적 주해는 세상 안에 있는 교회와 관련하여 폭넓은 범위의 질문을 제기할 필요성을 확정하고, 나아가 새로운 읽기의 장을 열기 위한 비판적 전망들까지도 허용한다. 이와 같은 의견일치에도 불구하고 성서신학의 규칙들과 일반 해석학의 규칙들 사이에서 어느 쪽에 얼마나 많이 몰두할 것인지, 그리고 저자, 본문, 독자 가운데 어느 것을 가장 두드러지게 강조할 것인지에 대해 신학적 주해의 지지자들 사이에는 상당한 다양성이 존재한다.

결론: 속량과의 관계 안에서 성서를 상상하기

현대신학은 너무도 다양하여—누군가는 너무도 "파편화되어"라고 말할지도 모른다—성서와 해석학과 관련된 일반화 작업은 어렵다. 그럼에도 이 논문이 어떤 것을 드러냈다면, 그것은 바로 현대 신학자들이 이런 서론(prolegomena)적인 것에 전례가 없는 방식으로 시간과 노력을 사용해야 할 필요성을 분명히 인지했다는 사실이다. 어느 정도까지 이것은 중세와 개신교 모두의 "스콜라적" 신학에서 시작된 추세를 악화시켰다. 하지만 방법론을 먼저 분명히 밝히고 출발해야 한다는 요구는, 신학의 지적인 진정성을 측정하기 위해 일반적·철학적 기준을 사용하려는 경향과 결합되었을 때, 현대성에 대해 더욱 확고한 것이 되었다. 그 경우에 서론(prolegomena)은 신학을 실제로 행할 때 단순히 **처음에** 말하는 것이라기보다는 어떤 다른 기초에 호소한다고 **사전에 미리** 밝히는 진술이다.

그러므로 제프리 스타우트(Jeffrey Stout, 1950-)가 자주 인용하는 말로

---

109) 두 가지 중대한 논문은 David C. Steinmetz, "The Superiority of Pre-Critical Exegesis"와 David S. Yeago, "The New Testament and the Nicene Dogma: A Contribution to the Recovery of Theological Exegesis," in Fowl, *Theological Interpretation of Scripture*, 26-38, 87-100이다.

하면, 현대신학은 어떤 것을 일관성 있게 말하는 것 없이 목소리만 가다듬는 것으로 전락했다. 다르게 표현하자면, 신학자들은 손에 모자를 들고 학문적인 존경을 구걸하며 돌아다니고 있다. 어느 정도 그러한 방어적인 태도는 해방신학자들과 남반구의 신학자들이 학문보다는 청중들을 향함에 따라, 그리고 다른 사람들이 기독교 신학의 고전적인 원천인 성서와 교부들에 집중할 용기를 회복함에 따라, 지금은 줄어들고 있다.

오늘날 전통적인 교리들과 성서의 사용은 그 회복에 따라 필요하게 된 삼위일체 신학에 보다 큰 관심을 기울여 유익을 얻고 있다. 성서를 "구원의 경륜 안에서"[110] 그리고 삼위일체 하나님의 사역인 "성화"와 관련하여 이해하려는 노력은 "계시"와 "영감"의 보다 균형 잡힌 이해라는 큰 유익을 주고 있다.[111] 심지어 오래된 옛 진술형식들이 다시 활발하게 사용되기도 한다.[112] 이런 논의들은 철학적 해석학과 문화적 해석학을 흔히 동시에 포함하고, 양쪽 모두에 기여하기도 하는데, 특별히 화행이론(speech-act theory)과 관련하여 그렇다.[113] 하지만 그 과제들은, 부분적으로는 바르트의 추천

---

110) Telford Work, *Living and Active: Scripture in the Economy of Salvation*, Sacra Doctrina (Grand Rapids: Eerdmans, 2002).

111) John Webster, *Holy Scripture: A Dogmatic Sketch*, Current Issues in Theology (Cambridge: Cambridge University Press, 2003).

112) 예를 들어 Timothy Ward, *Word and Supplement: Speech Acts, Biblical Texts, and the Sufficiency of Scripture* (Oxford: Oxford University Press, 2002); Kevin J. Vanhoozer, "Triune Discourse: Theological Reflections on the Claim that God Speaks," in *Trinitarian Theology for the Church: Scripture, Community, Worship*, ed. Daniel J. Treier and David Lauber (Downers Grove, IL: InterVarsity, 2009), 1-2장.

113) 예를 들어 Kevin J. Vanhoozer, *Is There a Meaning in This Text? The Bible, the Reader, and the Morality of Literary Knowledge* (Grand Rapids: Zondervan, 1998); the Scripture and Hermeneutics series led by Craig Bartholomew (Grand Rapids: Zondervan/Carlisle, UK: Paternoster). 보다 폭넓은 개관을 Daniel J. Treier, "Theological Hermeneutics, Contemporary," in Vanhoozer, *Dictionary for Theological Interpretation of the Bible*, 787-93에서 보라. 화행이론은 말을 하는 것에서 단지 관념적인 내용만이 아니라 화자의 행동이 갖는 힘이라는 측면에서 의

에 따라, 기독교 신앙의 밖에서 방어적으로 빌려온 것이라기보다는 삼위일체 신학 안에 창조적인 뿌리를 내리고 있다.

성서에 대한 자유주의적 설명은 특별히 속량의 목적과 관련하여 그와 비슷한 신학적 전제들에 의존한다. 그 견해에 따르면 개신교적 성서원칙과 교황 무오설과 관계된 "권위의 집"은 산산이 무너져 내렸는데, 그것은 단지 역사비평학 때문만이 아니라 고전적·구원사적 도식이 거부되었기 때문이기도 하다. 성서무오설과 교황 무오설의 특수성은 현대적인 보편성이 필수적으로 배제해야 하는 승리주의로 인도할 뿐만 아니라, 고전의 원천적 자료들에 퇴적된 본성을 현대적 역동성과 인간적 자유라는 개념으로 이해하는 교회의 실존에는 부적절하다. 그러므로 성서의 권위를 기능적으로 설명하려던 시도는, 지금까지는 소홀히 취급되었던 능력인 상상력의 활용에 자리를 내어주고 있다.[114]

그런 미적 차원을 회복할 필요성을 인식했던 것은 한스 우어스 폰 발타자르(Hans Urs von Balthasar, 1905-1988)의 다양한 방면에 걸친 작품이다. 형식에 분명한 관심을 기울이면서 발타자르는 삼위일체 하나님의 사랑에 뿌리를 두고 있는 성서 본문의 소진되지 않는 풍요로움에 그치지 말고 몰두할 것을 권고한다. "신학자들이 마치 오렌지를 갈아 주스로 만드는 것처럼 성서에서 신앙의 대상의 핵심들을 추출할 수 있다고 생각하는 것은 잘못이다."[115] 이렇게 경고한 후에 발타자르는 공경할 만한 전통을 회복

미를 탐구한다(예를 들어 '약속하기'). 밴후저는 이것을 하나님의 언약의 드라마에 대한 성서론을 구축하기 위한 신학적 열쇠로 빌려온다. 리처드 브릭스 등의 다른 사람들은 이것을 단지 특별한 본문 안에서 어떤 "강력한" 행동(다시 예를 들자면 "약속하기")에만 적용한다. *Words in Action: Speech Act Theory and Biblical Interpretation* (Edinburgh: T&T Clark, 2004)을 보라.

114) Edward Farley and Peter C. Hodgson, "Scripture and Tradition," in *Christian Theology*, 특별히 72-6을 보라.

115) W. T. Dickens, "Hans Urs von Balthasar," in Holcomb, *Christian Theologies of Scripture*, 205.

시킨다. 이 전통에 따르면, 성서는 예수 및 교회와 더불어 신적인 자기 비움(kenosis)의 객체였던 그리스도의 몸의 한 형태다.[116]

켈시가 제시한 것과 같이 신학자들이 성서 본문에서 찾고자 하는 것을 상상력으로 구성하면서 본문에 접근해야 한다는 불가피성을 인정하면서, 케빈 밴후저(Kevin Vanhoozer, 1957-)는 속량이라는 성서의 드라마를 사용한다. 상상력은 문화적이라기보다는 정경적으로 형성되어야 하고, 성서의 문학적 형식에 의해 도출되어야 한다.[117] 현대의 보수적·자유주의적인 두 체제가 어느 정도 극복되는지와는 상관없이, 신학은 최종적으로는 여전히 하나님과 하나님의 말씀을 우선시하든지 아니면 인간적인 것을 우선시하든지 둘 중 하나를 택하게 되어 있다.[118] 현대성은 너무도 자주 인간이 구원을 필요로 한다는 사실을 인정하기를 거절하면서 후자를 선택했다.

우리가 앞으로 나아갈 때 위대한 보화들은 성서적 내러티브의 해석학적인 차원을 인식하는 것에, 그리고 하나님의 말씀과 인간의 들음에 대한 설명을 그 틀 안에 위치시키는 것에 놓여 있다. 만일 어떤 잠재적인 위험이 그 보물찾기에 숨어 있다면, 그것은 아마도 구원 자체에 대한 성서적인 경륜을 "삼위일체론"의 추상적인 공상으로 흐려놓는 기회일 것인데, 그 공상은 기독교인들이 외부의 권위에 굴복하게 만드는 현대적인 경향을 지속시키고 있다. 이 논문이 제시한 것은 성서 해석에 접근할 때면 신적·인간적 행동에 관한 상상력의 구성이 불가피하게 작동한다는 사실이다. 심지어 우리가 "성

---

116) Dickens, "Hans Urs von Balthasar," 209-10.

117) *Drama of Doctrine* 이외에 Kevin J. Vanhoozer, *First Theology: God, Scripture and Hermeneutics* (Downers Grove, IL: InterVarsity, 2002)를 보라.

118) 마크 보왈드(Mark Alan Bowald)는 *Rendering the Word in Theological Hermeneutics: Mapping Divine and Human Agency* (Aldershot, UK: Ashgate, 2007)에서 현대 해석학이 신적인 행동을 거의 보편적으로 제외하고 있음을 보여준다. 하지만 매튜 레버링(Matthew Levering)은 *Participatory Biblical Exegesis: A Theology of Biblical Interpretation* (Notre Dame, IN: University of Notre Dame Press, 2008)에서 신적 현실성들의 역사에 대한 접근 방법도 적합하다고 보고 탐구한다.

서"라는 단어가 의미하는 것이 무엇인지 알려고 할 때도, 속량의 개념―그리고 우리가 그것을 필요로 한다는 사실―이 유도하는 어떤 내러티브의 틀이 요청된다.

참고도서

Bacote, Vincent, Laura C. Miguelez, and Dennis L. Okholm, eds. *Evangelicals and Scripture: Tradition, Authority and Hermeneutics*. Downers Grove, IL: InterVarsity, 2004.

Bartholomew, Craig, ed. Scripture and Hermeneutics series. Grand Rapids: Zondervan/ Carlisle, UK: Paternoster, 2000-2008.

Burnett, Richard E. *Karl Barth's Theological Exegesis: The Hermeneutical Principles of the Romerbrief Period*. Grand Rapids: Eerdmans, 2004.

Frei, Hans W. *The Eclipse of Biblical Narrative*. New Haven: Yale University Press, 1974.

Harrisville, Roy A., and Walter Sundberg. *The Bible in Modern Culture*. 2nd ed. Grand Rapids: Eerdmans, 2002.

Holcomb, Justin S., ed. *Christian Theologies of Scripture: A Comparative Introduction*. New York: New York University Press, 2006.

Jenkins, Philip. *The New Faces of Christianity: Believing the Bible in the Global South*. Oxford: Oxford University Press, 2006.

Sheehan, Jonathan. *The Enlightenment Bible: Translation, Scholarship*, Culture. Princeton: Princeton University Press, 2005.

Thiselton, Anthony C. *New Horizons in Hermeneutics*. Grand Rapids: Zondervan, 1992.

Treier, Daniel J. *Introducing Theological Interpretation of Scripture: Recovering a Christian Practice*. Grand Rapids: Baker Academic, 2008.

Vanhoozer, Kevin J., ed. *Dictionary for Theological Interpretation of the Bible*. Grand Rapids: Baker Academic/London: SPCK, 2005.

Webster, John. *Holy Scripture: A Dogmatic Sketch. Current Issues in Theology*. Cambridge: Cambridge University Press, 2003.

Work, Telford. *Living and Active: Scripture in the Economy of Salvation*. Sacra Doctrina. Grand Rapids: Eerdmans, 2002.

5

창조

캐서린 손더레거

Catherine Sonderegger

버지니아 신학교

영국의 시인 윌리엄 블레이크(William Blake, 1757-1827)는 진기하고 신비롭게 힘 있는 시에서 "타이거"(블레이크는 호랑이를 tiger가 아닌 tyger로 표기한다)라는 불가사의한 이름의 피조물에 대해 깊이 숙고한다. 건장하고 소름끼치는 타이거의 "무서운 대칭구조"는 어떤 끔찍하고 기이한 용광로에서 주조되었고, 근육과 눈과 가슴은 어떤 "먼 심연"의 불속에서 만들어졌다고 했다. 자신의 섬세한 작품인 『순수의 노래』(Songs of Innocence)를 회상하면서, 블레이크는 그 무서운 타이거에게 잊을 수 없는 질문을 던진다. "양을 만든 그분이 그대도 만들었는가?" 프로메테우스와도 같이 조물주는 마치 "불을 붙들듯이" 이 두려운 것에 생명을 불어넣었는가? 그 조물주가 바로 하늘과 땅의 창조자인가? 그의 불타는 듯한 제조행위가 창조였는가? 그리고 창세기의 주님인 하나님과 같이 그 조물주는 "자신의 작품을 보고 미소를 지었는가?" 하지만 블레이크는 자신의 질문에 대답하지는 않는다. 아마도 블레이크는 타이거가 끌려나오게 된 『경험의 노래』(Songs of Experience)가 우리 모두가 너무도 잘 알고 있는 슬픔, 두려움, 죄로 가득한 삶의 내부에서는 대답할 수 없는 질문을 단지 제기하기 위한 것이라고 생각했을지 모른다.[1]

블레이크는 아마도 그 질문들에 대답을 줄 수는 없었던 것으로 보인다. 하지만 블레이크는 아마도 자신이 매우 훌륭하게 예시했던 교리 탐구용 체계를 우리에게 빌려줄 수는 있을 것이다. 블레이크의 체계를 빌려서 우리는 현대적 창조 교리를 탐구할 수 있다. 현대라는 시대의 자녀이자 건축가였던 블레이크는 자신의 시적인 상상력 안에서 현대 서구적 창조론

---

1) William Blake, "The Tyger," from *Songs of Experience*, and "The Lamb," from *Songs of Innocence*, in *Poetry in English*, ed. W. Taylor and D. Hall (New York: Macmillan) 252, 247.

의 근본요소들을 알아챘다. 타이거는 자연스럽기도 하지만 뒤틀린 세상, 친숙하기도 하지만 낯선 세상에 대한 어둡고 음울한 비전을 펼치며, 은혜의 주님이면서도 낯선 존재이고 창조자이면서도 두려운 권세인 조물주의 비전을 보여준다. 여기서 우리는 현대 직전 곧 후기 계몽주의와 급증하는 낭만주의로부터 우리를 20세기의 고난의 심장부인 "끔찍한 세기"로, 그리고 21세기의 시대적 여명으로 이끌어줄 주제들을 본다. 우리는 그 요소들을 세 가지 주제로 요약할 수 있다. 1) 자연적인 것, 2) 인공물, 3) 기원(genesis).

블레이크의 시 안에서 우리가 이미 보는 것과 같이 이 요소들은 완전히 분리해서 취급될 수가 없다. 이 요소들은 서로를 규정하고 보강해준다. 현대 창조신학에서 자연, 인공물, 기원이라는 요소는 가톨릭과 개신교, 자유주의와 복음주의의 많은 현대 신학자들과 매우 넓고 다양한 창조론들을 가로질러 영향력을 행사하고 있다. 현대 창조론들은 물질 안에 있는 성령의 자리에 대한 확장된 반성으로부터 창조 안에 계신 하나님을 아는 문제, 자연과 종 안에서의 발전 이론, 그리고 창조와 창조자 자신의 행동에서 비롯된 원인과 시간성의 탐구에 이르기까지 연구 영역이 다양하다. 자연, 인공물, 기원의 요소는 교리뿐만 아니라 윤리학에도 영향을 미치고 있고, 교회적 가르침의 변호뿐만 아니라 교리사, 주해와 근대 과학, 그리고 과거의 교리에 대한 급진적인 재작업과 거부에도 영향을 미치고 있다.

현대라는 시기의 창조론은—과거의 시대도 그랬던 것처럼—"자연"(nature)이라는 말이 의미하는 바로 그것을 이해하려고 시도했다. 그러나 현시대는 훨씬 더 많이 그리고 훨씬 더 큰 독창성을 가지고 "자연적인 것"(the natural)이 뜻하는 바를 이해하려고 노력했다. 비록 "인공물"(artifact)이라는 범주는 아리스토텔레스만큼 오래 되기는 했지만, 우리 시대인 현대에서 인공물, 나아가 "인공적인 것"(the artificial)은 한편으로는 "자연적인 것"의 개념과 다른 한편으로는 제작된 것과 공학적인 것의 출현 사이에서 자기 자리를 찾아야 했다. 자연적인 것과 인공적인 것이라는 변증법적인 한 쌍은, 우주의 신적인 기원에 대한 작업 틀 속에 놓이면서, 현대 창조론을 위한 무대를 마련해주었다. 우리는 그 창조론을 프리드리히 슐라이어마허와 칼 라너, 윌리엄 페일리(William Paley, 1743-1805)와 샐리 맥페이그(Sallie McFague, 1933-), 그리고 보통 제1차 바티칸으로 알려진 19세기 로마 가톨릭 공의회의 다양한 신학자들에게서 보게 될 것이다. 대부분의 변증법적인 쌍들처럼 자연적인 것과 인공적인 것이라는 쌍도 태초 혹은 만물의 기원이라는 보다 심오하고 고상한 통일성에 근거한다.

창조론은 만물의 절대적인 기원이 하나님께 기인한다는 사실을 가장 폭넓게 전통적으로 설명한다. 우리의 세 번째 주제인 "기원"은 현대를 많은 혁신의 한가운데에서도 충분히 전통적으로 특징짓는다는 점에서 중요하다. 물론 19세기와 20세기에 이르러서는 더 이상 이전 시대의 확신에 찼던 어조로 "기원"에 대해 말할 수 없게 되었다. 현대 천문학의 발흥으로부터 지구 나이의 탄소연대측정과 현재 동물들의 종(種)의 발전에 이르기까지, 만물의 기원이 하나님께 있다는 주장은 (정밀과학에 지배당하고 그 과학에 대한 두려움에 압도된 지적 분위기 안에서는) 기독교 교리가 설 수 있는 자리와 지닐 수 있는 설득력을 확보하려는 대격전의 한가운데 놓이게 되었다. 한편으로 "과학과 대립하는 종교"라는 오래되고 신뢰받지 못하는 이야기에 희생되지 않으면서 현대 창조론 안의 이 요소들을 논의하기 시작하는 것은 우리에게 큰 집중력을 요구할 것이다. 하지만 다른 한편으로 그 논의는 새롭기는 하지만 더 큰 설득력은 없는 과학 이야기, 즉 과학이 전체 분야를 망라하는 최고로 확실한 우승자라는 주장에 희생되어서도 안 된다. "기원"(genesis)이라는 통합적 요소 안에서 물론 우리는 성서와 교리를 다윈 및 아인슈타인과 대면시키고, 나아가 고생물학 및 양자역학과도 대면시키는 수고롭고 때로는 괴로운 만남의 작업을 수행하는 신학자들을 살펴볼 것이다. 하지만 이런 방어와 화해의 시도를 넘어서서, 또한 우리는 물리학과 유전적 진화의 관용구를 통해 기독교의 가르침을 신선하고 상상력 넘치는 방식으로 적극적으로 표현하려고 시도하는 창조 신학자들 역시 살펴볼 것이다. 기원이라는 지시문 아래서 우리는 철학적 신학자들인 임마누엘 칸트와 윌리엄 템플(William Temple, 1881-1944)부터 『에세이와 비평』(Essays and Reviews)이라는 저널의 진보적인 집필자들까지, 그리고 찰스 하지, 존 로크, 볼프하르트 판넨베르크와 같은 과학적인 소양을 갖춘 저술가들에 이르기까지, 현대신학의 모든 분파와 시기에 걸친 신학자들을 만나게 될 것이다.

요약하자면 우리는 한편으로 블레이크의 자연적인 "순수한 양"을 기억하지만 다른 한편으로 우리 시대 안에서 제 맘대로 어슬렁거리고 돌아다니는 "타이거"를 잊을 수 없는 세계에서, 현대 그리고 포스트모던 시대의 신학자들이 창조론을 고백하려고 애쓰는 것을 보게 될 것이다. 자연적인 양과 인공적인 타이거는 각각 자신의 방식대로 신비롭고 요구가 많으며, 각각 자신의 방식대로 하늘과 땅의 전능한 조물주(Maker)에게 자신의 기원을 의존하고 있다.

자연세계의 기원

거의 모든 기독교 신학자들은 하나님이 세계를 창조하셨다거나 또는 하나님이 세계의 절대적 기원이라는 주장에 동의한다. 하지만 두 사람만 모여도 창조가 무엇인지 또는 자연적인 피조물이 무엇인지에 대해 일치된 의견을 찾기란 어렵다. 우리 시대에 그런 불일치는 점점 심각해지고 있다. "창조"의 현대적 개념은, 불일치의 근거가 그런 것처럼, 여러 가지 출처로부터 온다. 예를 들어 뉴턴 역학의 발전은 창조된 자연과 자연법칙에 대한 새로운 설명을 내놓았다. 그리고 거대한 도시들과 강력한 도시 산업의 발생은 인류 사회에 자연세계에 대한 열망을 새롭게 불러일으켰다. "설계"와 관련된 주목할 만한 논증은 자연주의자들의 섬세한 발견이 높여준 영향력을 향유했다. 자연적인 것이 윤리적 법칙이 되었고, 나아가 은혜로 인도하고 은혜의 왕관을 쓰는 역동성이 되었다. 자연신학(natural theology)은 많은 사람에게 하나님에 대한 지식에 이르는 왕도를 제공했다. 자연의 신학(a theology of nature)은 또 다른 사람들 안에 자연환경에 대한 신선한 헌신을 각성시켰다. 그리고 자연의 창조세계에 대해 (자연신학 및 자연의 신학) 각각의 입장에 헌신하는 지지자는 언제나 가까운 곳에서 즉시 발견된다. 우리는 개관의 마지막에 이르러서도 창조 혹은 자연적인 것에 대한 현대적인 의견 일치를 발견하지는 못할 것이다. 다양성은 너무 크고 의견의 불일치는 너무 날카롭고 서로 물러서지 않는다. 그럼에도 이 신학자들은 다음과 같은 상당한 확신을 공통의 배경으로 갖고 있다. 하나님께서 자연을 창조하셨으며, 바로 그런 이유에서 자연적인 것은 하나님 아닌 존재를 향한 하나님의 은혜로운 행동, 곧 (내재적 삼위일체적 존재의) 외부를 향한 하나님의 사역의 선물이자 표징으로 마땅히 칭송되어야 한다. 이와 같은 배경의 통일성으로부터 창조를 하나님의 은혜롭고 풍요로운 선물로 인식하고 존중하는 윤리적 명령법, 곧 지구 위에서 인간적인 삶을 살라는 윤리적 명령법이 생성될 수 있다.

논쟁의 조건

창조된 자연의 기원이 하나님께 있다는 이해에서, 높은 차원의 통일성과 깊은 차원의 분리 모두는 다음과 같은 뜻밖의 본래적인 질문을 던진다. 하나님께서 존재하는 모든 것을 창조하셨을 때, 그분이 만드신 것은 정확히 무엇인가? 이 질문이 지닌 여러 측면들은 물론 새로운 것이 아니다. 곧이어 보게 될 것처럼 전통적 요소들이 이 주제의 토론 과정 전체를 통해 나타날 것이다. 하지만 이 질문은 대체로 근대 과학과 그에 동반되는 철학이 제기하는 현대적인 질문이다. 비록 이 주제는 우리가 자연과 자연적인 것에 대한 현대적인 개념을 토론할 때 다른 모습으로 되돌아올 것이기는 해도, 이 질문은 창조 자체에 대한 토론의 **선조건**으로서 이곳의 논의에 속한다. 하나님께서 창조하셨던 현실성의 정체 곧 그것의 근본적 성격은 창조에 대한 토론의 조건을 설정하며, 현대의 창조 신학자들 사이에서의 어떤 의견교환도 그런 개념적 뒷받침과 무관하게 이해될 수는 없다. 데카르트의 몸과 마음의 본성과 관계에 대한 분석이 데카르트주의자와 데카르트주의자가 아닌 사람 모두에게 마음 그리고 그것의 뇌와의 관계에 대한 모든 현대적 토론의 조건을 설정했던 것처럼, 피조물에 대한 근본적인 분석은 기독교인과 비기독교인 모두에게 자연적인 것에 대한 토론의 조건을 설정한다. 그것은 현대의 모든 서구 신학자들 그리고 그들에 대한 반대자들이 함께 세계를 보는 렌즈다.

그렇다면 하나님께서 만물의 시초에 창조하셨던 것은 정확히 무엇인가? 여러 세기를 거쳐 온 많은 기독교인들의 본능적인 반응은 다소 직접적이었고 다음과 같은 견고한 상식으로 가득 차 있었다. 하나님은 우리가 지구 위에서 보는 모든 것과 우리의 시야를 넘어서 뻗어 있는 별들이 가득한 하늘에 속한 모든 것을 만드셨다. 이것은 창세기에 대한 간단하고 "평이한" 독서가 쉽게 확증하는 통찰이다. 크고 작은 광명체들, 하늘 위의 물과 땅위의 물, 물에 우글거리는 생물들과 날개 달린 새들, 열매 맺는 나무들, 남자와 여자, 그리고 모든 동물들, 그리고 빛 자체, 이 모든 것은 주 하나님께서 만드신 것이다. 이제 피조물인 인간에게 적합한 동산이 만들어졌고 인간은 동산을 보살피고 그 안에서 번성해야 한다. 우리가 보게 될 것처럼 생물과 무생물로 구성된 "사물들"(things)을 창조하시려는 하나님의 의지에 대한 그런 강력한 확증은 오늘 우리 시대의 과학과 대면할 때 복잡하고 고통스러운 국면으로 인도될 것이다. 그럼에도 그것은 "**하나님께서 세계를 창조하셨을 때, 그분이 만드신 것은 정확하게 무엇인가?**"라는 우리 앞에 놓인 질문에 대해 많은 사람에게 가장 분명하고 설득력 있는 대답이다. 과거는 물론 이 시대에도 그런 식의 대답에 대한 매우 학문적인 유형의 지지자들이 없지 않다. 그런 상식적인 통찰을 보다 학문적·철학적 언어로 표현하려면, 우리는 다음과 같이 말해야 할 것이다. 하나님은 앞선 어떤 물질이나 도움도 없이―무로부터(*ex nihilo*)―창조하셨다. 그분이 전부 또는 "실체 전체"(whole substance)를 창조하셨다. 즉 활성이 없거나 살아 있는 물질, 동물과 유기체, 궤도를 도는 행성과 별들, 그리고 (우리의 세계를 우주로 만드는) 측량될 수 없는 은하들을 그렇게 창조하셨다. 제1차 바티칸 공의회 문서에 실린 것이 바로 그 "실체 전체"라는 용어이고, 이에 따라 공의회는 자연과 은혜에 대해 논쟁의 소지가 있는 정의를 내리게 된다. 제1차 바티칸의 「가톨릭 신앙의 교리적 규범집」의 첫째 규정에서 우리는 강력하게 확증된 전통적인 라틴어 창조 교리를 발견한다. "어떤 사람이 세계와 그 안에 포함되어 있는 모든 영적 그리고 물질적 사물들이 하나님에 의해 무로부터가 아니라, 그것들의 실체 전체에 따라 산출되었다고 고백한다면, 그는 저주를 받을지어다."[2] 그러나 이 공의회의 뿌리는 서구에서 가장 위대한 스콜라 신학자인 토마스 아퀴나스(Thomas Aquinas, 1225-1274)에게까지 거슬러 올라간다.

토마스는 자신의 창조론에서 아리스토텔레스의 실체 개념—이것은 그 자체의 역사를 갖고 있는 복잡한 개념이다—에 의지하여 상식적인 전통을 다음과 같이 표현한다. 하나님께서는 세계를 한 번의 단순하고 운동이 없는 행위를 통해 창조하셨고, 무로부터 "실체 전체"를, 다시 말해 형상과 질료 모두를 창조하셨다.[3] 그러나 토마스는 우주가 살아 있거나 비활성인 객체들 이상의 것으로 가득 채워져 있다는 것을 너무도 잘 알고 있었다. 토마스는 물질의 세계가 셀 수 없는 속성들 또는 특질들로 특성화되어 있다는 것을 알고 있었고, 어떤 비물질적인 실재들—관념, 가치, 숫자, 그리고 시간 자체—이 우리가 세계라고 부르는 것의 대부분을 통제하고 있다는 것도 인지했다. 토마스는 이 실재들 역시 하나님께서 창조하셨다고 확실히 결론을 내렸다. 하지만 그것들에는 특별한 한계가 설정된다. 이 비물질적인 실재들은 (물질적으로) 존재하는 모든 것을 동반하도록 (물질적인 것들과—역자 주) "함

---

2) The Decrees of the First Vatican Council, Dogmatic Constitution of the Catholic Faith, Canon 1, found at the Vatican website, http://www.papalencyclicals.net/Councils/ecum20.htm.

3) *Summa Theologiae* Ia.45.2.2.

께 창조되었다"(con-created).

보다 현대적인 용어로 눈길을 돌려서 오스틴(J. L. Austin, 1911-1960)의 표현을 다른 목적으로 옮겨보자. 만일 우리가 그런 상식적인 읽기를 따른다면, 하나님께서 유한한 현실을 만드시기 위해 바깥으로 향하실 때 "보통 크기(거대 은하와 극소립자 사이에서 인간이 일상적으로 경험하는 크기-역자 주)의 건조한 물건들"(moderate-sized-dry-goods)을 창조하셨다고 말할 수 있다.[4] 그런 개념은 창조론 전체에 중요한 영향을 미치게 된다. 우리가 다윈의 진화론, 또는 말하자면 하이젠베르크(Heisenberg, 1901-1976)의 열역학 이론, 또는 다른 차원에서 빅뱅의 천체물리학적 설명 등에 관한 토론과 마주칠 때, 우리는 "보통 크기의 건조한 물건들" 학파에 속한 현대 신학자들을 보게 되는데, **이들은 볼 수 있고 만질 수 있는 물건들을 다루면서** 자신들의 창조론을 과학적인 설명들과 일치시키려고 시도한다. 각자의 창조론을 전개할 때 그들은 "반환원주의자들"이다. 하나님의 창조 의지의 범위 혹은 목표는 **물체들**(objects)을 향한 것이라고 생각된다. 이 신학자들의 토론은 그 목표를 먼저 가정하고, 그 전제로부터 물체들의 구성과 그것들의 피조적 기원 및 운명에 관련된 질문으로 되돌아간다. 이런 이유로 종의 진화는 이 신학자들의 이론에 가장 큰 위협이 되었다. 자연선택도 다양한 모든 해석에서 중간 크기의 물체들에 관심을 갖고 그것들을 전제한다.

현대의 양자역학 혹은 천체물리학 이론은 그 학파에 덜 위협적이다. 왜냐하면 그 이론들은 단지 물체들을 구성하는 물리적 실재의 부분이나 요소들을 다룰 뿐, 물체 자체를 다루지는 않기 때문이다. 일종의 "도구적인 원인"이 아원자 물리학 혹은 우주 물리학 이론에 부과된다. 하나님은 조화로운 우주에서 중간 크기 물체들의 창조라는 목표를 성취하시기 위해 입자들과 그것들의 행동을 이용하실 수 있다. 목수가 어떤 집의 구조를 세우기 위해 망치나 수평계를 사용하는 것처럼, 하나님은 모든 생물체와 무생물체를

---

4) J. L. Austin, *Sense and Sensibilia* (Oxford: Clarendon, 1962), 8.

창조하기 위해 그런 물리적인 요소들과 법칙들을 사용하실 수 있고, 두 경우 모두에서 작업이 종료되어 집 혹은 우주가 완성되었을 때, 도구들은 보이지 않게 된다. (현대의 독일 철학자 마르틴 하이데거[Martin Heidegger, 1889-1976]는 1927년 자신의 사유의 길을 여는 작품인 『존재와 시간』에서 도구들, 즉 물품들[die Wären]의 형이상학적 상태에 대해 유사한 점을 지적했다. 오스트리아 철학자 루트비히 비트겐슈타인[Ludwig Wittgenstein, 1889-1951]도 다른 방식으로 실천들 또는 "언어 게임들" 안에 파묻힌 물체들에 대해 비슷하게 말했다.) 모든 경우에 하나님의 창조 의지의 목적 또는 목표는 유한한 물체(object)이고, 창조자가 우주를 유지하고 심판하고 통치하는 것은 이 세계의 근본요소가 아니라 물체들에 대한 신적 법령(decree, 작정)에 의해 평가될 것이다.

하지만 다른 어떤 사람들은 "그렇지 않다"고 주장한다. 그 신학자들에게 하나님의 창조적인 의지의 범위는 **기초적인 입자 또는 법칙**인데, 보이지 않는 그것들이 볼 수 있고 유한한 물체들을 만들어낸다. 하나님의 의도 또는 목적은—이렇게 말할 수도 있다—**매우 작은 것**을 향하고 있을지도 모르고, 특수 소립자들과 그것들의 관계로부터 출현하는 중간 크기의 물체들은 그런 깊이 놓인 실재들의 작용이거나 또는 (대담하게 말하자면) **부대현상**(*epiphenomena*)이다. "보통 크기의 건조한 물건" 학파에게 그런 것과 같이 이 학파(우리는 이 학파를 "환원주의자들"이라고 부를 수 있을 것이다)에 대해서도, 고대와 현대의 철학적 내지 과학적 상관관계들이 존재한다. 이 경우에 해당하는 고대의 사례를 발견하려 한다면, 우리는 서구의 철학적 전통의 근원까지, 즉 그리스 아테네의 "소크라테스 이전" 철학자들에게로 되돌아가야 할 것이다.

세계의 가장 깊은 실재 또는 근본을 발견하려는 인간의 충동은 정말로 오래되었다. 초기의 많은 철학자들은—이들과 대비되는 현대 철학자들과 마찬가지로—사물의 기초가 우리가 더 깊이 들어갈 때, 다시 말해 보이고 알려져 있는 세계의 층들을 통과해서 만물의 기초인 숨겨진 참된 요소에 이르기까지 움직여갈 때 덮개가 벗겨질 수 있다고 주장했다. 그런 사상가들에 따르면 만물은, **실제로는**(in reality) 하나의 사물(one thing)이다. 비록 우주가 다양한 것처럼 보이지만, 우주는 한 종류의 요소 또는 입자로 적절하게 환원될 수 있다. 헤라클레이토스(Heraclitus, c. 535-c. 475 BCE)는 세계는 가장 깊고 참된 의미에서 불이라고 가르쳤다. 운동 없는 불꽃이 없는 것처럼, 전체 우주는 가장 깊은 층의 실재에서는 변화, 곧 끊임없는 운동과 변화다. 물론 이 우주 안의 많은 사물은 정적이고 영원하며 흔들리지 않는 것처럼 보인다. 그러나 그것은 눈 또는 상식적 경험과 측정에 의해 그렇게 보이는 외관일 뿐이다. 우리는 그런 것들을 옆으로 젖히고 실재의 더 깊은 정체성에 도달해야 한다. (유사하지만 정반대의 도식이 파르메니데스에게서 발견될 수 있는데, 그에게 존재는 영원하며 모든 변화는 환영에 불과하다.) 창조에 대한 고대와 현대의 환원주의적 설명에 공통적인 것은 만물의 **개념적인**(conceptual) 실재에 대한 그와 같은 호소이며, 그 실재는 우리의 감각과 도구들이 기록할 수 있는 어떤 것보다 더 깊고 더 높다고 한다. 데모크리토스(Democritus, c. 460-c. 370 BCE)가 더 이상 나누어질 수 없는 완전 물질의 부분들인 "원자들" 안에서 실재의 근본을 찾았을 때, 그는 서구 사상에서 오랜 계보를 형성하게 될 분석을 시작한 셈이었다. 그것들은 실재를 구성하는 가장 깊고 참된 조각인 "단순체들"(simples)이었다.

그런데 두 번째 형태의 단순성은 시간 안의 세계 창조 이론에 대해 더욱 골치 아픈 종류의 것임이 드러났다. 이 단순성은 처음 등장했을 때, 세계가 영원할지도 모른다는 두려움에 대한 다른 근거를 제공했다. 우리는 이것을 자연 자체에 대한 중세기적인 개념 안에 있는 환원주의적 충동의 둘째 뿌리로 생각할 수도 있다. 콜린 건튼(Colin Gunton, 1941-2003)과 같은 현대 해석자들의 커다란 실망에도 불구하고[5], 그 단순한 것의 개념은 피조된 또는 "물질적인" 물체들에 대한 기독교적 이론을 거쳐서 토마스주의 그리고

---

5) Colin Gunton, *The Triune Creator* (Grand Rapids: Eerdmans, 1998), 특별히 2장, 14-40.

다른 아우구스티누스주의 신학자들 안으로 흘러들어왔다. 이 중세 신학자들은 피조된 만물이 "원물질"(prime matter)이라고 부르는, 전적으로 단순하고 가장 낮은 단계의 재료물질(stuff)로 구성되어 있다고 말했다. 이 재료들은 아우구스티누스의 운명적인 구절로 말하자면 형식도 의미도 없고 "무(nothing)에 가까우며", 단지 모든 피조물의 합성 안으로 진입할 수만 있다. 그러나 우리는 그런 환원주의가 단지 충동적일 뿐이라는 점을 재빨리 지적해야 한다. 왜냐하면 그 사상가들이 말하는 그런 피조된 물체들은 그들의 질료(material)를 훨씬 넘어서는 그 이상의 존재이고, 나아가 그들의 실재는 질료에 있는 것이 아니라 그것들의 의미나 "형식"에 있기 때문이다.

우리 시대를 향할 때, 우리는 철학적 그리고 과학적 서클 안에서 큰 목소리를 내는 환원주의의 강력한 부활과 그것의 창조론에 대한 하향식 압력을 본다. 영국 계몽사상의 설계자인 존 로크(John Locke, 1632-1704)를 생각해보자. 『기독교의 합리성』이라는 책에서 로크는—비록 지나가는 말이기는 하지만—창조론과 전능하신 창조자 하나님에 대한 교리가 합리적 종교의 기반이라고 주장한다. 창조론에 대한 이런 관례적인 동의에도 불구하고, 로크의 기독교는 전혀 전통적이거나 교의적이지 않다. 결국 『기독교의 합리성』에서 발견되는 것은 "예수가 메시아이다"라는 가르침에 동의하는 것 이외에 기독교인에게 요구할 것이 없다는 로크의 확신에 찬 주장이고, 이 주장은 이미 로크 자신의 시대에 "환원주의적" 주장으로 간주되었다. "합리적 종교"는 바로 이 의미만으로도 환원주의적이고, 이보다 사정이 나은 교의학은 거의 없다. 하지만 환원주의에 몰두하는 현대철학은 기독교의 교리적 신앙의 요소와 적절하게 관련되지는 않는다. 환원주의가 지닌 힘의 전부는 유한한 피조물들의 종류와 특성을 열거하는 이론인 세속적 존재론과 관계된다고 보는 것이 옳을 것이다. 로크에게 피조된 실체와 관련된 어떤 환원주의의 형태는 창조에 대한 우리의 지식을 가능하게 하지만, 창조자의 목적은 깊은 신비 안에 남는다. 로크를 해석하는 일은 난해하기로 악명이 높다. 그래서 우리는 여기서 조심스럽게 발걸음을 내딛어야 한다. 하지만 그의 입장은—어떻게 해석되든지 관계없이—인식론과 형이상학, 그리고 종교에 대한 현대적 개념들에 너무나 강력한 것이어서, 우리는 무슨 주장을 하든지 틀릴 각오를 하지 않을 수 없게 되었다.

로크는 『인간 오성론』에서 한편으로 실체(substance), 문자적으로 말하면 어떤 사물의 근저에 놓인 "내가 무엇인지 알지 못하는 것"과, 다른 한편으로 우리의 눈과 사고에 보이는 외양 사이를 구별한다. 이것은 잘 알려져 있다. 다시 말해 그는 일군의 제1성질과 제2성질을 구별한다. 대상들은 우리의 감각을 자극하고 지성을 깨우는 집적된 특성들(qualities)이다. 이 두 종류는 지성적으로 분별이 가능하다. 제1성질은 우리가 그것을 지각하는 것과는 별도로 실체의 내부에 존재하는 것이고, 제2성질은 우리가 물체를 대면하고 그것을 판단하는 것에 의존한다. 로크는 데카르트(Descartes, 1596-1650)가 말한 물질의 위대한 속성인 연장(extension)이 제1성질에 속한다고 생각했던 것으로 보이고, 사물의 "객체적인" 속성으로 견고성과 충동을 첨가했다. 제2성질은 우리가 대부분 상식적-감각적(common-sensibly)으로 사물들과 연관시키는 속성들 안에 있다. 그것은 색깔, 맛, 감촉, 그리고 효용성 등이다. 이미 "제1성질"이라는 개념이 사물을 요소들, 즉 인간의 시각과 촉각의 외부에 놓인 "원자들"이나 또는 "혈구들" 등으로 환원한다. 그러나 어떤 물체의 가장 깊은 현실성은 "실체"라는 통일성 개념의 훨씬 깊은 근저에 놓여 있고, 그것은 형이상학적으로 너무나 은폐되어 있어서 우리는 그것에 대해 정말로 아무것도 알 수 없다. 세계에 대한 우리의 경험과 그것의 가장 깊은 현실성 사이에 커다란 간격이 확정된다. 이것은 시간이 흐르면서 철학적 "관념론"이라고 알려지게 될 간격이다. 비록 그것의 초기의 지지자들인 로크나 조지 버클리(George Berkeley, 1685-1753)는 고전적 경험론자로 알려져 있지만 말이다. 로크의 성찰 안에서 실체의 엄격한 초월성과 은폐성은 우리를 다음과 같은 가르침으로 이끌었다. 즉 하나님의 섭리가 우리로 하여금 인간적·피조적 방식에 따라 세계를 볼 수 있도록 해주며, 은혜롭게도 우리를 강력한 망원경이나 완벽한 현미경이 보는 것처럼 세계를 지각하지 않도록 막아준다는 것이다. 망원경이나 현미경은 유한한 피조물인 인간에게는 거대하고 대단한 것이어서 인간을 왜소하게 만드는 경향이 있다. 그럼에도 불구하고 하나님의 창조 의지의 목표는 만물의 깊고 진정한 통일성인 제1성질의 실체다. 바로 그것이 우리가 성찰을 통해 상상할 수는 있지만, 결코 대면하거나 알 수는 없는 것이다.

그런 관념들이 "루터주의 철학자"인 임마누엘 칸트(Immanuel Kant, 1724-1804)에게 계속 살아 있다. 칸트에게 "중간 크기 물체들"의 세계는 사물의 가장 참된 실재를 감각에 나타난 것과 분리시켜주는 구별이나 도식을 마음에 분명히 간직할 때만 이해되고 알려질 수 있다. 그 구별은 모든 인식의 행위에서 발생하는 칸트의 유명한 대조인 "본체계"(noumena) 대 "현상계"(phenomena)의 구별로 표현된다. 칸트는 우리가 세계에 대한 확실하고 신뢰할 만한 지식을 가지고 있다는 것을 부인하지는 않는다. 실제로 칸트의 비판철학은 현대의 과학적 사고라는 조건 아래서 확실성을 성취하기 위해 모든 조치를 취한다. 그럼에도—우리가 엄격하게 아무것도 알 수 없다는— "물자체"와 "우리를 위한 사물" 사이의 칸트적 구별은, 로크와 마찬가지로 칸트를 바로 그 자신의 작전에 놓인 기초를 위협하는 급진적인 입장으로 내몰았다. 물체의 근저에 깊이 놓인 기저층에 대한 경험(과 지식)에 대한 칸트의 부정은 너무나 급진적이어서, 칸트가 『순수이성비판』에서 각각의 물체의 근저에 놓인 특별한 실체를 확증하는지 또는 결국 그도 단 하나의 "본체", 즉 각각의 물체와 그 특성들을 지원하는 전적으로 단일한 "단순체" 혹은 "제일 물질"만 존재한다고 확증해야 했는지는 분명하지 않다.[6]

이런 종류의 수수께끼는 칸트로 하여금 영혼에 대한 이론에서 시작하여 무로부터의 창조에 이르기까지 가장 전통적인 형이상학적·신학적 범주에 대해 의구심을 가지도록 했다. 이런 종류의 교의학적인 이론들은 도덕적·

---

6) Immanuel Kant, *The Critique of Pure Reason*, trans. N. K. Smith (New York: St. Martin's Press, 1929), 1.2, "The Deduction of the Pure Concepts of Understanding."

지성적 유용성의 영역으로 격하되어야만 한다. 왜냐하면 이 개념들이 우리의 사고를 규제하고 제한하기 때문이다. 그래서 칸트가 칭송하는 삼중주가 가능해진다. 즉 우리는 "우리는 무엇을 알 수 있는가, 우리는 무엇을 희망할 수 있는가, 우리는 무엇을 행할 수 있는가?"를 인지할 수 있다. 그렇다면 칸트주의는 비판적 의미에서 환원주의적이다. 세계의 가장 참된 실재는 우리가 대면하고 아는 것의 기저에 은폐된 채 놓여 있다. 우리는 그것을 알 수 없고 단지 그것을 추론하고 지시할 뿐이다. 그것은 실제로 단 하나의 실체일 수도 있다. 우리는 그것을 적절하게 알 수 없고, 다만 창조자 하나님께서 그것의 존재를 원하셨고 보존하신다고 믿고 그렇게 전제할 수 있을 뿐이다.

유한한 물체들의 물리적 법칙에 대한 현대의 과학적인 설명은 비록 강력하고 환원주의적인 의미에서라고는 해도 칸트주의로부터 그렇게 멀리 벗어나 있지 않다. 현대 열역학의 우주 개념을 생각해보자. 그곳에서 우리는 너무나 철저한 환원주의를 발견하는데, 그것을 창조론에 직접 적용하는 것은 창세기에 대해 완전히 상징적이거나 "신화적인" 읽기를 초래할 것이다. 왜냐하면 창조 이야기에서 언급되는 물체들이 전지적 창조자의 목표를 구성할 수 없고, 오히려 그 우주의 물리 법칙의 저자는 우주의 더 깊고 보편적인 실재를 목표로 삼는데, 그것은 바로 **에너지**이기 때문이다. 이런 물리학자들에게 물질은 열이나 에너지의 한 형태를 뜻한다. 볼 수 있는 가장 큰 대상으로부터 가장 작은 아원자 입자에 이르기까지 에너지가 최소 구성단위 그리고 가장 깊은 현실성을 구성한다. 실제로 물체나 사물이라는 개념은 그런 양자물리학에서는 개정되는 중이다. 그 과학자들은 우리에게 이렇게 말한다. 모든 물리적 사물들은 원자로 구성되어 있고, 원자들은 데모크리토스의 (나누어질 수 없는) 단순체를 표상하기는커녕 또 다시 각각의 에너지 묶음인 소립자들로 나누어진다. 원자, 분자, 유기적 및 무기적 복합물, 원소, 광물, 가스, 액체 등은 모두 에너지의 형태들인데, 그것들은 그 자체가 에너지의 힘들인 화학적 결합에 의해 하나로 합쳐진다. 부수고, 부식시키고, 요리하고, 썰고, 끓이고, 먹거나 소화하고, 핵분열로 나누는 모든 사건에서 에너지가 방출된다. 특별히 마지막 핵분열의 경우에는 전멸시키는 엄청난 에너지, 즉 현대의 정치와 전쟁을 새롭게 규정하는 힘이 나온다.

이렇게 물체를 에너지로 설명하는 것은 마이클 패러데이(Michael Faraday, 1791-1867)와 관련 있는 힘의 장(field)이라는 현대적 개념과 병행되며, 현대 루터교 신학자인 볼프하르트 판넨베르크(Wolfhart Pannenberg, 1928-2014)는 장의 개념을 교의학적으로 훌륭하게 사용했다.[7] 패러데이에게 힘의 장은 자기력이라는 독특한 속성을 나타냈고, 초기의 과학적 자연주의자들에게 그것은 매우 흥미로운 힘이었다. 자석은 극점 주위로 쇳가루를 끌어당겨 **무늬**(patterns)를 그린다. 이 무늬는 자력이 나타나고 끌어당기는 장의 외부적인 범위를 보여준다. 이후의 물리학자들은 패러데이의 발견을 우주 전체에 일반화시켰다. 우주는 서로 당기거나 밀치는 에너지인 힘에 의해 형성된, 서로 맞물려 있는(interlocking) 구조라는 것이다. 사물의 세계에 대변혁이 일어났다. 어떻게 계산되거나 상상되든지 상관없이, 피조된 물체 중에 자유롭게 서 있거나 독립적인 것은 아무것도 없게 되었고, 어떤 개별적인 실체도 더 이상 존재하지 않는다. 창조된 물체들은 이제 에너지의 그물 가운데 있는 "마디들"(nodes)이다. 이 마디들은 에너지가 응축되어 육안으로 볼 수 있게 된 장소다. 이전 세대들은 거의 상상할 수 없었던, 물체를 생성시키는 이런 관계망은 이제 모든 유한한 실재의 기초가 되었고, 우주의 모든 부분을 운행하는 에너지가 되었다. 환원주의는 이런 이론 물리학자들보다 더 큰 지지자들을 발견할 수 없을 것이다. 헤라클레이토스의 불은 이제 에너지와 그것의 힘이라는 관용구와 개념 아래서 되돌아오고 있다. 한 단계가 아직 남아 있다.

---

7) Wolfhart Pannenberg, *Systematic Theology*, vol. 1, trans. G. Bromiley (Grand Rapids: Eerdmans, 1991). 또한 Thomas Torrance, *Ground and Grammar of Theology: Consonance between Theology and Science* (Edinburgh: T&T Clark, 2005)와 Alister McGrath, *A Fine-Tuned Universe: The Quest for God in Science and Theology*, Gifford Lectures, 2009 (Louisville: Westminster John Knox, 2009)를 보라.

현대의 과학철학 또는 형이상학에서 환원주의는 우주와 그 안에 있는 만물에 대한 완벽한 이론으로 제시된다. 이들 철학자들에게, 특별히 영미의 분석철학적인 전통 안에서, 모든 유기체와 무기체, 모든 가공적인 것과 문화적인 것, 모든 사고와 희망과 신념, 모든 살아 있거나 비활성적인 물질 등 모든 물체들은 사실상 그리고 현실적으로 아원자 상태의 입자들의 집합이 틀림없다. 콰인(W. V. O. Quine, 1908-2000)과 같은 형이상학자들 또는 김재권(Jaegwon Kim, 1934-)과 같은 마음의 철학자들에 따르면 존재하는 모든 사물과 생각되고 주장되는 모든 사상은 그 기원이 요소나 분자 상태 또는 뇌와 그 화학적 구조 및 상태 안에 있는 입자들에 이르기까지 추적된다.[8] 위에서 그렸던 물리적 세계에 대한 생화학적 설명은 이 철학자들에게는 만물에 대한 완벽한 학설인 형이상학적 **이론**이 되었다. 마음의 철학에서 그 철학자들은 "물리주의자들"이고, 형이상학에서 그들은 "환원주의적" 또는 "제거적(eliminative) 유물론자들"이다. 이 입장이 얼마나 급진적인지를 아는 것은 중요하고도 어렵다.

이 철학자들에 따르면, 설사 우리가 이 세계에서 만물을 다 합친다 해도, 어떤 나무나 바위, 또는 새들이나 식탁 의자, 디저트 접시, 또는 시스티나 채플이나 미켈란젤로도 거기에 없을 것이다. 그 이유는 이것들이 그 철학자들에게 **중요하지 않기** 때문이 아니다. 전혀 그렇지 않다! 오히려 그 존재와 물체들은 인간적·문화적·언어적 세계에 속하는데, 그곳은 칸트에 따른다면 "현상적"이라고, 또는 물리주의자인 대니얼 데닛(Daniel Dennett, 1942-)에 따른다면 "의도적"이라고 부를 수 있는 세계다.[9] 그러나 그러한 가공물, 관습, 관행 등은, 만일 세계에 대한 참된 과학적 설명에 속하고자 한다면, **실제** 존재로 보여야 한다. 그 존재는 "사물의 방식으로 배열된" 입자

---

8) 예를 들어 W. V. O. Quine, *Ontological Relativity and Other Essays* (New York: Columbia University Press, 1969)와 J. Kim, *Mind in a Physical World* (Cambridge, MA: MIT Press, 1998)를 보라.

9) Daniel Dennett, *The Intentional Stance* (Cambridge, MA: MIT Press, 1996).

들의 집단이다.

만일 이런 주장을 하는 철학자가 기독교인이라면 그는—완전히 전지하고 완전히 비물질적이고 초월적이신—창조자 하나님께서 그런 쿼크, 양전자, 전자들의 영역을 창조하셨고, 그다음에 인간들이 보고 찬탄하고 사랑하고 두려워하는 중간크기의 물체들에 질서를 부여하고 그것들을 통제하고 조직하게 될 물리법칙을 명하셨다고 확신할 수도 있을 것이다. 그런 어떤 하나님이 창조하는 우주는 그것의 모든 부분을 구성하고 구조를 짓고 인과를 일으키는 무한히 작은 에너지 입자들 안에서 소진될 것이다.

이 철학자들의 도움으로 우리는 창세기에 대해 상식적으로 접근하는 독자들과 그들의 친족인 반환원주의자들의 주장의 반대편에 도달하게 된다. 일상적인 물체들을 다루는 신학자들과 철학자들로부터 현대 양자역학을 주장하는 과학자들, 그리고 자신들의 발견을 형이상학으로 번역하는 철학자들에 이르기까지, 나열된 모든 사람은 이면에 놓인 질문에 대답하는 것에 기여한다. 그 질문은 "**하나님께서 세계를 창조하셨을 때, 그분이 창조하신 것은 정확하게 무엇인가?**"이다. 중간크기의 물체들로부터 "제일 질료" 또는 쿼크와 양전자에 이르기까지, 우리가 지금 취급하는 주제에 정보를 제공하고 그 주제를 명확하게 해줄 전제들은 이제 준비되어 있다. 그래서 우리는 처음의 넓고 분석적인 범주로 직접 들어간다. 그것은 자연적인 세계의 기원이다.

과학시대의 창세기 이해

알버트 슈바이처(Albert Schweitzer, 1875-1965)는 『역사적 예수 탐구』의 서글픈 서문에서 이렇게 말했다. "서로 사랑하라는 부르심에 따라 예수의 생명력을 되살리려고 노력했던 사람들은 정직하라는 것이 잔인한 사명임을 발견했다." 이어서 슈바이처는 다음과 같은 결론을 내렸다. "예수의 생애에 대한 비판적 연구는 신학에게는 '정직성의 학교'였다. 세계는 그토록 고통과 포기로 가득한 진실을 향한 투쟁을 이전에 본적이 없었고, 결코 다시 보게 되지도 않을 것이다. 지난 백 년 동안 수수께끼 같은 기록들을 담은 예수의 생애 연구가 바로 그 투쟁이다."[10] 이제 우리는 창조론을 현대 과학과 화해시키려는 기독교적 투쟁에 대해서도 그와 비슷하게 말해야 할지 모른다.

현대 과학의 출현을 단지 교리의 완고한 반작용에 대항했던 영웅적 반란으로만 볼 수는 없다. 과학사가들은 그 점을 재빨리 지적하곤 하는데, 그것은 물론 정당하다. 위대한 역사적 사건들은 그보다 훨씬 더 복잡하기 때문이다. 근세 초기의 과학자들은 대부분 기독교인들이었고, 그중 다수는 성직자들이었다. 뉴턴(Newton, 1643-1727)과 프리스틀리(Priestley, 1733-1804), 페일리와 하비(Harvey, 1578-1657), 데카르트 등은 물론 젊은 다윈까지도 경건한 사람들이었고, 자신들의 발견이 세계의 기원이신 하나님의 고차원적 신비에 이르는 왕도라고 생각했다. 우리가 칼 라너의 신학을 서술할 때 보게 될 것처럼, 현대의 경험적·전문적 형태의 과학은 창조론 그리고 창조자와 모든 피조물 사이의 날카로운 구분에 의존한다. 하지만 우리가 현대 과학의 가르침을 살펴볼 때, 슈바이처가 현대 독일신학에서 감지했던 고통이 오늘날에도 기독교인들의 마음에 상처를 주고 있다는 사실을 부인할 수 없다.

현대의 대부분의 기독교인들은 과학적인 발견들이 의학, 농업, 또는 도시의 삶에 적용되었을 때, 그것을 당연한 일로 받아들였다. 기독교인들은 질병의 치료에서 의학의 획기적인 돌파를 간절히 소망하고, 카메라가 무너진 갱도 아래 깊이 갇힌 광부들을 발견할 때 안도의 숨을 돌리며, 커다란 폭풍 후에 빛이 다시 비칠 때 안도감을 느낀다. 현대 과학의 기술적인 한계는—그 자체가 많은 기독교 생태학자들의 걱정거리이기는 해도—대체로 기독교 교리에 대한 위협으로 간주되지는 않았다. 하지만 우주의 기원에 대해 현대 천체물리학이 설명하는 우주론, 그리고 지상에 있는 동물과 인간의 종의 기원에 대해 현대 생물학이 설명하는 진화론은 그렇지 않았다. 이 두

---

10) Albert Schweitzer, *The Quest of the Historical Jesus*, trans. W. Montgomery (New York: Macmillan, 1961), 5.

분야는 기독교의 현대적 창조론에 골치 아픈 분야들이다. 특별히 영어권 세계에서 많은 사람들은 만물과 인류의 기원에 대한 과학적 견해를 들을 때, 여전히 그 설명이 "정직해야 한다는 잔인한 과제"에 속한 것임을 발견한다. 현대의 기독교 신학에 대한 모든 개관은 그 고통스런 과제를 소개해야만 하며, 그 개관의 대부분은 "정직을 위한 학교"가 왜 우리 영어권 세계에서 여전히 그토록 많은 학생을 가지고 있는지 그 이유를 탐구할 필요가 있다.

우리는 윌리엄 페일리로부터 시작하려 한다. 그는 기독교 자연주의자이자 널리 존경받는 『자연신학』의 저자다. 현대의 시작점(1801)에 쓰인 페일리의 『자연신학』은 전 세계 영어권 신학교에서 표준적인 교과서로 사용되었다. 이 책의 부제는 "신성의 존재와 속성들의 증거"이며, 이것이 이 책이 지닌 힘의 단서를 제공한다. 자연세계의 증거에 의존하여 페일리는 창조자의 존재와 특성에 대한 신선한 논증을 전개한다. 페일리는 우리에게 세계를 마치 **인공물**(artifact)과 같은 어떤 것으로―그의 유명한 예로는 주머니에 넣고 다니는 시계로―상상하라고 요청한다. 그 인공물의 복잡성과 풍성함은 그것이 어떤 **목적**을 위해 만들어졌다는 것을 말해준다는 것이다. 페일리는 이 세계가 **의도적**(intentional)이라고 제안한다. 눈이나 귀의 섬세하고 정교한 복잡성, 각각 딱 맞는 자리에서 동물들이 놀랄 만큼 번성하는 것, 근육과 힘줄과 척추의 질서와 힘, 생물과 무생물 그리고 궤도를 도는 행성과 전체 우주의 복잡하게 얽힌 질서 등의 모든 자연현상에 대한 가장 온전하고 일관성 있는 설명은 권능과 목적을 가진 신성 또는 현대적 어구로 표현하자면 "지적 설계자"다.

이 장에서의 우리의 과제에 중심적인 두 가지 주제가 마음에 떠오른다. 널리 존경받는 모범적 인물이었던 더럼의 주교 조지프 버틀러(Joseph Butler, 1692-1752)에 의지하여 페일리는 자신의 주장을 유비(analogy)의 방법으로 논증했다. 창조는 인공물로 또는 인공물에 **유사한 것**(analogous)으로 생각되어야 한다. 버틀러와 페일리가 사용하는 "유비"는 연역적이거나 "과학적 증명"이 아니었다는 점에 유의하라. 오히려 그 "유비"는 비교를 요청한다. 세계는 화려하게 장식되어 스스로 작동하는 시계와 같은 어떤 것으로 이해되는 것이 최선이다. 우리는 기계 장치에서 작동 중인 부품들을 고려한다. 그때 우리는 이 유비가 어떻게 우리 인간이 거주하고 대표하는 자연세계를 조명하는지 보게 된다. 그런 모든 유비에는 물론 **비유사성**도 포함되어 있다. 유기적이고 동물적인 세계는 어떤 직접적인 의미에서는 기계일 수가 없다. 여우는 선반 위에 있는 것이 아니고, 순수한 금속 부품으로 함께 접합되어 있지도 않고, 증기엔진으로 운행될 수도 없다. 이런 비유사성들은 유비에 의존하는 페일리와 몇몇 사람들이 신학적 논증에서 독자들이 단지 유사성에 어울리는 것만을 고려하고 나머지는 무시하기를 기대하고 있음을 보여준다. 설계의 옹호자들 사이에서 일반적으로 받아들여지는 확률 논증과 같이, 유비의 논증은 말하자면 수학 방정식에서 양변의 동일함과 같은 식의 동의를 강요할 수 없다. 오히려 유비의 논증은 일관성 있고 결실이 있고 통찰력이 있는 관찰 방식을 요청한다. 이 기독교 자연주의자들은 적절한 패러다임과 사례들이 고안되어 작동될 때, 신학과 과학 사이의 관계가 강화되어 보다 더 심화될 수 있다고 주장한다.

이제 나는 대부분의 기독교인들이 그런 유비들에 대해 문제가 없고 좋다고 말할 것으로 믿는다. 나아가 그들은 현재 진행되는 논증들이 통계적 확률에 근거하고 있다고 생각할지도 모른다. 우리가 살고 있는 이 세계가 확률적으로 정말로 얼마나 불가능한 세계인지를 생각해보라! 이것은 전통적인 우주론적 논증의 환영받는 혁신이거나, 또는 종종 말해지듯이 설계 논증이다. 그러나 이런 혁신 위를 배회하고 있는 **후퇴**의 분위기를 오해해서는 안 된다. 다음은 서로 다르다. 결국 토마스 아퀴나스가 자신의 유명한 다섯 가지 방법에서 그렇게 했던 것처럼[11] 하나님의 존재가 우주의 구조에 대한 깊은 반성에 의해 **증명될** 수 있다고 주장하는 것과, 자연신학의 논리적 또는 경험적인 증명이 더 이상 진전될 수 없고 그 자리에 제안, 유비, 초대, 또

11) *Summa Theologiae* Ia.2.2.

는 확률이 들어서야 한다고 싸잡아 말하는 것은 서로 다른 것이다. 중세의 변증가들에게 그런 움직임은 일종의 양보로 보였을 것이다. 그 양보는 우주론, 과학적 이론, 지적 설계 등에 대한 최근의 논쟁적 반목과 고도의 수사학에 기름을 부었던 고발이 남긴 상처가 되었다. 비슷한 양보가 칸트, 데이비드 흄(David Hume, 1711-1776), 고트프리트 레싱(Gottfried Lessing, 1729-1781) 등이 스콜라적인 신학에 대해 다양한 공격을 개시한 후에, 신학적인 지식의 현대적 이론들에서도 뒤따라 나타났다. 프리드리히 슐라이어마허(Friedrich Schleiermacher, 1768-1834)는 의심의 여지없이 현대 기독교 신학에서 우뚝 솟은 인물이다. 하지만 그가 칸트의 비판철학에 선사한 양보는 그에게 자유주의 신학의 아버지라는 타이틀을 안겨주었는데, 이것은 항상 칭찬만을 의미하지는 않았다. 자연과학의 현대적 발견들을 이해하고 응답하고 수용하려는 기독교인들의 고통스런 투쟁을 고려할 때, 우리는 신학적 논증의 **형식**이 그 내용에 영향을 미칠 뿐만 아니라, 그 자체가 논쟁으로 발전할 수 있다는 사실을 기억해야 한다.

페일리의 논문에서 울려 퍼지는 두 번째 주제는, 비록 전혀 다른 이유이기는 하지만, 유비라는 첫째 모티프와 마찬가지로 고통스러운 음색을 띤다. 페일리의『자연신학』을 읽는 현대의 독자들 가운데 어느 누구도 페일리의 자연적응에 대한 설명과 "종의 기원" 문제를 다룬 다윈의 저술에 묘한 유사성이 있음을 알아차리는 데 실패하지 않을 것이다. 형식적으로 둘은 동일하다. 페일리는 그 책의 과학적인 부분을 동물과 파충류의 눈에 대한 상세하고 기술적인 묘사로 시작한다. 그 묘사는 초기의 현대 자연주의자들이 서술한 각각의 부분적 요소에 대한 정확한 세부사항과 자세한 관찰에 대한 애정으로 넘쳐난다. 결국 유비의 엔진을 가동하는 것은 그 부분적 요소들의 기능이나 목적이다. 페일리는 오직 신성만이 그런 놀라운 메커니즘을 설계하고 건립하고 유지할 수 있다고 제안한다. 그 신성은 바로 자애롭고 전지하시며 섭리로 인도하시는 하나님이시다. 하나님만이 그런 열매 있고 조화롭고 성공적이고 사랑이 넘치는 세계를 만드실 수 있다! 운명론적인 언어로 페일리는 설계 또는 인공물이 설계자를 **함축한다**고 말한다. 그러나 그 함축은 바로 다윈이 거부하는 것이다.

페일리와 마찬가지로 다윈도 역시 비전문가들이 지배했던 초기 경험과학의 시대에 폭넓게 대중들에게 열려 있었던 직업이었던 아마추어 자연주의자였다. 다윈의 초기 여행과 자연에 대한 상세한 관찰은, 말하자면 페일리의 감각기관에 대한 묘사와 거의 차이가 없다. 다윈도 마찬가지로 예를 들어 남태평양 제도의 새들 가운데 으스대는 수컷을 꾸미는 찬란한 깃털을 묘사했다. 두 경우 모두 상세한 관찰이 기능과 목적을 지시하고 뒷받침한다. 두 사람 모두 생물학적 메커니즘이 어떤 생명체가 그 서식지에서 번성하고 새끼를 기르기 위해 가지고 있는 힘에 있어 뛰어나다고 말한다. 하지만 바로 그 기능에 대한 **설명**은 다윈의 손에서 혁명적인 변화를 겪었다. 다윈은 메커니즘과 설계자 사이의 근본적인 유비가 더 이상 적용될 필요가 없다고 제안했다.

데이비드 흄이 『자연종교에 관한 대화』에서 조심스럽게 제안했던 것을 다윈은 다음과 같이 대담하게 진술했다. 동물들이 자신의 환경에 비상하게 적응하는 것은 전적으로 자연주의적이고 내재적이고 이 세상적인 방식으로 설명될 수 있다. 동물성 자체의 내적인 역동성이 어떤 창조자와 상관없이―창조자가 어떻게 상상되든지 간에―적응과 번성과 재생산을 설명할 수 있다는 것이다. 라플라스(LaPlace, 1749-1827)의 나폴레옹(Napoleon, 1769-1821)을 향한 협박, 즉 "나는 신이라는 가설을 필요로 하지 않는다"는 협박은 이제 당연한 것이 되었다. 이 가설의 옹호자들은 세계와 그 안의 거주자들이 그 무리가 변화하는 조건에 적응했다는 사실에 의해 설득력 있게 그리고 남김없이 설명될 수 있다고 말한다. 바로 그 적응 능력은 자연선택이라고 말해진다. 다윈의 자연선택의 이론[12]은 현대과학이 남긴 획기적인

---

12) 예를 들어 Charles Darwin, *On the Origin of Species* (London: John Murray, 1859)를 보라.

업적 가운데 하나다. 인문학 안의 심리학과 정치학의 업적들과 함께 그것은 현대라는 시대를 규정하는 개념 가운데 하나가 되었다.

어떤 위대한 사상이나 운동과 마찬가지로 진화론도 다윈 이전과 이후의 많은 사람들의 연구에 의존한다. 다윈 이래로 진화 생물학자들은 자연선택의 메커니즘 안에서 세포 유전자와 이들의 돌연변이가 담당하는 역할을 탐구하고 있다. 생명체들이 환경에 적응하는 것은 이제 그 기저의 심층에 놓인 힘을 통해 폭넓게 설명된다. 그 힘은 긴 나선형 가닥으로 정렬되어 있는 기초적인 단백질, 즉 DNA의 분화와 복사와 변이의 힘이다. DNA는 유기체 안의 염색체 내부에 뻗어 있는 유전자로서, 하나하나의 효소로 연결되어 있다. 살아 있는 존재들의 목표—서식지에서 번성하고 재생산하는 것—는 이제 **하층의** 유전자 수준으로 이전되었다는 것이 일반적인 생각이다. 동물의 이기심은 이제 유전자들에게는 적합하다. "이기적 유전자"가 유기체들을 오래 살고 열매 맺고 번식하게 한다. 물론 전문적인 과학자들은 결정하거나 행동하거나 노력하는 힘인 작용주체(agency)가 단지 의식적인 존재들에게 만 해당한다는 사실을 인정한다. 단순히 화학적이거나 복합적인 것은 실제로 "이기적"일 수 없다. 그럼에도 유비의 영향은 여기서도 느껴진다. 자연선택이라는 인기 있는 설명, 그리고 그 안의 유전적 변형의 자리는 드물지 않게 "인격화"된다. 심지어 전적으로 자연주의적인 설명 안에서도 지적 설계자나 행위자의 개념은 완벽하게 거부될 수 없는 것처럼 보인다.

물론 기독교적 창조론은 다윈 이후의 자연선택 이론을 진지하게 다루어야 한다. 하지만 그 모든 것은 다윈보다 앞섰던 과학 혁명 앞에서 빛을 잃는다. 그것은 초기 현대 지질학자들이 제안했던 세계의 기원에 대한 자연주의적 설명이다. 다윈과 빅뱅이론은 종종 전통적인 창조론과 관련하여 기독교인들이 큰 염려를 갖도록 만들었다고 생각되고 있다. 그 두 이론은 오래되고 친숙하며 상식적인 "무로부터 창조 교리"에 실제로 고통스런 도전장을 제출하고 있다. 그러나 그 두 이론은 단지 현대의 초기에 있었던 최초 분출의 여진에 불과하다. 그 분출은 창세기의 시작 장에서 이야기되는 7일 동안의 창조라는 "모세의 우주론"에 대한 지질학자들의 도전이다. 현대 초기의 지질학자들은 화석기록과 암석층의 발굴, 그리고 지각 안의 여러 층의 측정으로부터 지구가 창세기가 제시하는 일련의 과정으로 형성되었을 수 없다고 주장했다. 그들은 창세기의 날들의 길이로는 (지구의 형성이) 불가능하며, 지구는 현대 초기의 대부분의 기독교인들이 생각했던 것만큼 젊을 수 없다고 역설했다. 갈릴레이와 코페르니쿠스의 초기의 과학적인 발견과는 달리 이 지질학자들의 우주론은 성서의 우월하고 완벽한 진술의 진실성, 정확성, 신뢰성을 문제 삼았다. 즉 창세기 1장에 있는 6일 동안의 창조(핵사메론, Hexameron)라는 영향력 있고 강력하며 기본적인 설명이 의문시 되었다. 찰스 하지와 같은 전통적인 신학자가 당연한 것으로 언급했던 (비록 그때도 거절되기는 했지만) 창세기 첫 장의 세계 창조에 대한 설명은 우리 시대에는 **신화** 또는 종교적 전설의 한 형식으로 간주되는 것이 일반적이다. 이반응이 너무나 일반적이어서 우리는 신화라는 범주가 모세적 우주론의 문제에 **답을 준다**기보다는 오히려 그 문제를 단지 **반복만 하고** 있음을 거의 인지하지 못한다. 전통적인 용어로 "신화"는 신들의 역사다. 신들이 우리의 세계 안에서 보일 수 있게 활동하는 것이다. 압축된 형식으로 말하자면, "신화"는 창세기의 전통적인 읽기와 초기의 현대과학 사이에 벌어졌던 냉전에 관한 이야기라고 할 수 있다.

다시 한 번 찰스 하지의 신학을 생각해보자. 폭 넓은 학식을 가진 학구적 신학자였던 하지는 완고하고 전통적인 개혁파 정통주의를 대표했다. 하지의 『조직신학』[13]은 역사가들이 "프린스턴 신학"이라고 부르는 것을 요약한다. 이것은 미국 복음주의자들 안에서 보다 오래된 가르침에 대한 엄격한 변호를 뜻한다. 그러나 그는 전통적이고 또한 고전적인 성향을 지녔음에도 놀랍게도 과거를 거의 돌아보지 않는다! 그의 『조직신학』을 살펴보면, 하지

---

13) Charles Hodge, *Systematic Theology*, 3권(1871-1873; 재판, Peabody, MA: Hendrickson, 2008).

가 그 시대의 유럽과 미국에서 가장 진보적인 지성인들의 철학, 자연과학, 역사를 깊이 있게 읽었음이 드러난다. 하지를 20세기 초의 토마스주의자인 가리구-라그랑주(Reginald Garrigou-Lagrange, 1877-1964)와 비교해보는 것이 유익하다. 가리구-라그랑주는 로마 가톨릭교인이고 하지는 장로교인으로서 교회 소속은 분명히 달랐지만, 하지는 기독교 교리가 지성적인 도전에 대처할 수 있고 또 과학적·회의론적인 현대의 시대적 요구에 충분히 응답할 수 있다고 확신했다. 이 점에서 하지는 가리구-라그랑주와 의견을 같이한다. 그는 이런 신선한 대담성을 자신의 창조론 안으로 옮긴다.

하지는 창세기에 대한 전통적이고 상식적인 읽기를 강력하게 옹호한다. 하지는 논쟁적으로 "속과 종은 영구적인 것이다. 물고기는 결코 새가 될 수 없고, 새는 네 발 짐승이 될 수 없다"라고 주장한다. 그러나 하지는 현대적인 바람이 불어 그런 고정된 확실성을 흔들고 있음을 인정한다. 그는 이렇게 말한다. "현대의 이론가들은 사실상 이런 사실들에 의문을 제기하고 있다. 하지만 이들(영구적으로 창조된 속과 종―역자 주)은 여전히 과학자들의 큰 조직에 의해 인정받고 있고, 그들이 선호하는 증거는 일반 사람들에게도 압도적이다."[14] 하나님이 종들을 직접 창조하셨다는 사실을 직설적으로 변호하는 데 만족하지 않고, 하지는 성서의 진정성에 대한 자신의 확신을 호소력 있는 문구로 요약한다. "성서는 하나님의 말씀이기 때문에, 성서의 가르침과 과학의 사실들 사이에는 어떤 갈등도 있을 수 없음이 확실하다."[15] 하지는 당시 예일 대학교의 과학자인 제임스 데이너(James Dana, 1813-1895)의 책을 제시한다. 데이너는 『지질학 교본』이라는 책에서 19세기 지질학의 발견들과 모세의 우주론을 조화시키는 순전하고 정교한 도식을 제안했다. 과학에 적용하려는 기독교의 길고 침침한 역사는 이런 "조화"의 작업과 더불어 시작된다. 창세기 1장의 "날"이 24시간의 하루를 의미할 수 없다

---

14) Ibid., 1:212.
15) Ibid., 573.

고 생각하면서도, 하지는 이미 낡아버린 19세기의 개념을 계속해서 반복한다. 창세기 1장의 "날"은 하지와 데이너의 설명에서 무생물 시대와 생물 시대로 느슨하게 조직된 "우주론적 사건"과 같은 어떤 것을 의미하는 것이 틀림없고, 무생물 시대와 생물 시대는 각각 세 개의 우주론적 "날들"로 구성되어 있다는 것이다. 하지는 이렇게 주장한다. 이런 조정이 이루어졌을 때, "신앙이 비록 처음에는 흔들렸다고 해도…모든 고대의 책들 가운데 성서만이 과학의 엄청나게 큰 계시와 완전한 조화를 이룬다는 것을 발견하고 즐거워하게 된다."[16]

그러나 『논문과 리뷰』의 저자들은 성서를 기뻐하지 않았고, 그것이 "과학의 엄청나게 큰 계시와 완전한 조화"를 이루는 것도 기뻐하지 않았다.[17] 『논문과 리뷰』는 하지의 『조직신학』이 나오기 한 세대 전인 1860년에 출간되었고, 그 해는 다윈의 『종의 기원』이 출간된 바로 다음 해였다. 그 성공회 성직자들은 "기독교인의 정직을 위한 학교"에 보다 급진적이고 훈계적인 지침을 제공했다. 『논문과 리뷰』의 저자들은 단순한 교구 목사들이 아니었다. 프레데릭 템플(Frederick Temple, 1821-1902)은 영국에서 탁월한 사립학교의 하나인 럭비(Rugby) 학교의 교장이었고, 나중에는 영국 교회의 최고 성직자인 캔터베리 대주교가 되었다. 베이든 파웰(Baden Powell)은 옥스퍼드 교수이자 성공회 신부였다. 벤자민 조웨트(Benjamin Jowett, 1817-1893)는 옥스퍼드의 유명한 고전연구가였고 저명한 플라톤 번역자였다. 마크 패티슨(Mark Pattison, 1813-1884)은 옥스퍼드 대학교 런던 칼리지의 교수이자 학장이었다. 한 사람을 제외하고 그들 모두는 영국 교회의 성직자들이었고, 영국 교회의 가장 진보적이고 영향력 있고 학술적인 인물을 대표했다. 이들이 함께 엮어 출간한 『논문과 리뷰』의 7개의 논문은 즉각 논쟁의 발화점이 되었다. 폄하하는 자들은 이 책을 "그리스도를 반대하는 7인"이라고 희화화

---

16) Ibid., 573-74.

17) F. Temple et al., *Essays and Reviews* (London: John W. Parker, 1860).

하기까지 했다. 지금은 별로 읽혀지지 않지만 그때는 곤경에 대담하게 맞섰기 때문에, 그 책은 영어권 대중을 사로잡았고, 기독교 창조론은 현대과학의 세계 안에서 새로운 발판을 발견해야 한다고 주장했다. 그들은 조화란 더 이상 믿을 만한 것이 못 된다고 주장했다. 또 그들은 데이너나 하지와 같은 성실한 기독교인들이 시도했던 것은 참으로 측은한 일이라고 말했다. 그 대신에 우주의 참된 구조와 창조자의 조용한 손에 의한 진화 또는 발전을 온 목소리로 포용하는 것이 필요하다고 했다. 무생물과 생물의 현실성인 자연세계는 발전하고 변화한다. 종들은 진화하고, 새로운 동물 종들이 출현한다. 종교 단체와 성서는 초기의 원시적인 통찰로부터 그리스도의 고양된 가르침으로 발전하고 진보한다. 인간들의 문화와 관습도 진화하여 점차 더욱 영적으로 되고 더 큰 통찰력을 갖게 되며, 더 훌륭한 질서와 숭고함을 갖추게 된다. 새로운 과학의 결과들을 두려워하기는커녕, 그 저자들은 현대 지질학과 생물학이 만물의 근저에 놓여 있는 신적인 패턴에 대해 기독교인들의 눈을 열어준다고 찬양했다. 이제 자연으로부터 영으로 자라고 변화하고 성장하는 것은 "그리스도의 장성한 분량"으로 진화하는 것을 뜻한다.

발전론과 진화론의 이런 결합은 너무나 강력한 것이었고, 논문의 저자 중 한명인 프레데릭 템플의 아들로서 그 자신도 나중에 유명한 캔터베리 대주교가 된 윌리엄 템플(William Temple, 1881-1944)은 자신의 우주에 대한 비전을 "세계 과정"(World Process)이라고 이름 붙였으며, 기포드 강연에서 과정신학의 아버지인 알프레드 화이트헤드(Alfred Whitehead, 1861-1947)에 대한 확대된 주석(Nature, Man and God)을 포함시켰다.[18] 볼프하르트 판넨베르크도 종교와 과학에 대한 최근 저술에서 영어권 세계가 완전한 과학적 창조론을 수용하고 인정하고 진전시키기 위한 길을 초기에 새롭고 열매 맺는 방식으로 마련하였다고 칭찬했다.[19]

---

18) William Temple, *Nature, Man and God*, Gifford Lectures, 1932-1934.
19) Wolfhart Pannenberg, *Toward a Theology of Nature* (Louisville: Westminster John Knox, 1993), 2장, 29-49.

이런 요소 즉 기원 이야기, 그리고 그것과 현대 우주론 및 진화론적 생물학과의 대면은 여전히 끝나지 않은 과제로 남아 있다. 심지어 오늘날에도 기독교인들은 그 설명에 여러 장들을 할애한다. 모든 탄탄한 창조론은 참된 세계가 바로 **이러하다**고 파악한다. 주 하나님께서 다스리고 무로부터 창조하신 것은 바로 **이러한** 세계이며, 이것은 흐릿한 허구적인 이야기가 아니라는 것이다. 기독교인들—그리고 다른 사람들—이 그것을 어떻게 이해하고 분석하고 발견하든지 관계없이, 그 세계는 만물의 기원에 관한 이론 안에서 모습을 드러내야 한다. 이 작업이 어떻게 믿을 만하고 확신할 수 있는 정직한 방식으로 행해질 수 있는가 하는 것은 오늘의 창조 신학자들에게 맡겨져 있다. 그것은 아주 힘이 들지만, 신나고 가치 있는 일이다.

우리는 이제 현대 창조론과 관련하여 우리의 두 번째와 세 번째의 폭 넓은 주제들을 다루려고 한다. 그것은 자연적인 것과 그것의 흔적으로서의 인공적인 것이다.

자연적인 것과 인공적인 것

독일의 관념론자 헤겔(G. W. F. Hegel, 1770-1831)은 독자들을 괴롭히기로 유명하다. 하지만 최소한 우리의 목적을 위해 헤겔은 씨름할 만한 가치가 충분하다. 헤겔은 『종교철학 강의』에서[20] 자신의 가장 특징적이고 혁신적인 생각들을 단번에 요약하는 자연철학을 전개한다. 그의 자연철학은 자연을 하나님의 사역으로 주장하는 폭넓은 현대적 토론을 대변하기도 한다. 여기서 헤겔이 어떻게—관례적인 난해함과 기술적인 모호함 안에서—자연적인 것을 "최고 종교"인 기독교 안에 있는 한 가지 개념으로 정리하는가 하

---

20) G. W. F. Hegel, *Lectures on the Philosophy of Religion*, ed. P. Hodgson (Berkeley: University of California Press, 1988).

는 것이 중요하다.

> (영원한 존재 내부에서의) 구별의 행위는 단지 그 자신과의 운동이고 사랑의
> 놀이인 것이다. 이것은 다른 존재의 심각성, 곧 그것과 분리되거나 파열되는
> 심각성에 도달하지 않는다.…타자성은 질서에 대한 필요조건이고, 그 결과 그
> 곳에는 구별이 있을 수 있다. 구별되는 것은 실체(entity)로서 타자여야 한다
> 는 것이 필수적이다.[21]

이 주목할 만한 본문은 세계를 하나님의 "타자"(betero)로 묘사하는데,
그 타자는 자신의 특징―본질―을 하나님이 아니라는 사실로부터 취하는
존재자다. 세계는 "한정적이고 제한되어 있고 부정적이다." 헤겔은 우리에
게 이렇게 말한다. 자연스럽다는 것은 한편으로는 독립적이고 자율적이고
구별되어서 존재하는 것이다. 하지만 다른 한편으로 자연은 바로 그 동일
한 이유에서 "분리되고", "타락하여", "파열된 채" 존재한다. 헤겔의 심원한
용어로 창조는 한때 "소원해졌거나" 또는 "소외되었지만"―그 분리와 죄를
사랑을 통해 "극복함"으로써―하나님과 "화해되었다." 자연은 "하나님이 아
닌 것"이기에 영(Geist)도 아니다. 오히려 자연은 "진리의 바깥"에 있다. "자
연은 영에 대해 아무것도 알지 못한다." 그럼에도 자연은 인간 지성에게 알
려지고 인식되기 때문에, 자신 안에 "오성과 이성"을 포함한다. 그래서 자연
은 하나님 바깥에 있을 수 없다. 하나님이 이성이고 진리 자체이시기 때문
이다. 자연은 그와 같은 가장 충만하고 변증법적인 실재 안에서 양면적이고
복잡하며 살아 있고 성장한다. 자연은 그 자체 안에 모순을 안고 있지만, 유
한한 동시에 무한하신 성령의 미덕에 의해 그 모순을 통일하고―그것을 **지
양하여**―통합하면서, 구별 그 자체를 유지하는 보다 더 고차원적인 합일로
건너간다. 자연은 영이 아니고, 실상 자연은 "비진리"다. 그럼에도 진리 그

---

21) Ibid., 434.

자체인 완전한 실재 안에서 자연은 영으로 "건너가고", 영과 화해하고, 그리고 영은 그 소외된 타자를 영 자체 안으로 취하여 받아들임으로써 절대자 즉 절대정신이 된다. 헤겔의 용어로는 이것이 우주의 역사이고, 헤겔이 이념(Idea)이라고 부르는 복잡하고 살아 있고 총체적인 현실성의 발전이다. 영원하신 아들이 아버지의 말씀 또는 이성(Reason, *logos*)인 것과 같이, 마찬가지로 세계 자체는 성령의 타자다. 양쪽 모두에서 양자는 구별되지만 하나다. (기독교 교의학의 다른 많은 영역에서와 마찬가지로 여기서도 헤겔은 다소 관례적인 신학적 동료들보다 훨씬 멀리 내다보고 있다. 그들은 그렇게 하지 못했지만, 헤겔은 기독론과 창조 사이의 심오한 내적 구조에 주목한다. 그리고 20세기 서구 기독론에 큰 동력을 공급했던 것은 바로 그 통찰이었다.) 헤겔의 관념론적 유산이 창조론을 위해 남겨놓은 것은 다음과 같다. 자연은 하나님이 없는—소외되고 흑암 가운데 놓여 있는—존재인 동시에 하나님의 진리로 가득 차 있고, 화해되었고, 빛이 나고, 매우 선하다.

이제 극히 적은 일부 저작 안에서 그 가르침은 자연적인 것에 대한 일종의 혐오감 또는 모순(ambivalence)으로 환원되는데, 우리는 우리의 세 번째 범주인 인공적인 것의 논의에서 다시 한 번 그 모순과 만날 것이다. 하지만 우리가 여기서 대면하는 자연적인 것의 비결정성이나 불확실성의 형식은 사실은 헤겔의 손에서 나온 것은 아니다. 헤겔은 지나치게 형이상학적이고 사물의 보다 고차원적인 실재에 너무도 깊이 사로잡혀 있어서 그런 내적이고 주관적인 상태의 문제를 해결할 수가 없다. 관념론자들은, 비록 "사고"가 "존재"에 대해 갖는 관계에 확실히 몰두하기는 하지만, "객관적 실재"를 말하는 것에 대한 우리의 작금의 주저함을 공유하지는 않는다. 나아가 그들의 바로 그 계획은 거시적 규모의 실재론에 헌신하는 것이다. 그 실재론 안에서는 존재하는 모든 것이 이해될 수 있는 것으로 제시되고 나타난다. 헤겔의 유명한 말로 하면, 현실적인 것은 이성적인 것이다. 형이상학과 인식론의 양쪽 모두에 대한 그런 신뢰는 현대적인 (즉 포스트모던은 아닌) 창조론에 풍부하고 수준 높은 개념성(conceptuality)을 부여했고, 그들이 자연적인 것을 하나님 없는 것인 동시에 바로 그 하나님의 현재의 피조적 중재자로 보고 대담하게 탐구하도록 허락해주었다.

20세기 오스트리아 예수회 소속의 신토마스주의자인 칼 라너(Karl Rahner, 1904-1984)는 위의 확장된 형이상학의 직접적인 상속자였고, 관념론자인 동시에 칸트주의자였다. 그에 따르면 자연은 모든 존재의 지평으로 밀고 나가고, 하나님의 빛나는 자기 현존 안에 있는 자연 자체의 목표를 향해 나아가며, 근본적인 이해가능성 안에서도 여전히 절대적 신비로 남아 있는 창조자에게로 나아간다. 『기독교 신앙의 토대』는[22] 비록 일반적인 의미에서 조직신학적인 저술은 아니지만, 라너의 자연 분석을 전체적으로 압축하여 제시한다. 라너는 이 책에서 베버(Max Weber, 1864-1920)의 운명론적인 문구를 빌려와 우리에게 이렇게 말한다. 우주 전체는 "비신성화되었다(denumized). 하나님께서 자신의 자유 안에서 지으신 세계는 정말로 하나님 안에 기원을 두고 있기는 하지만, 그것이 하나님이 자신을 소유하시는 방식과 같지 않다고 한다면, 세계는 하나님이 아닌 것이 분명하다. 그러므로 세계는 '거룩한 자연'이 아니라, 사람의 창조적인 능력을 위한 물질적 소재로 보는 것이 맞을 것이다."[23] 이와 같은 세계의 급진적 비신화화는 "기독교적인 실존 이해에 결정적인 것"이라고 라너는 말한다.[24] 하지만 우리는 자연을 격하하는 그런 설명에서 인간 존재가 세계에 대해 단지 청지기직과 통치권을 행사해야 한다는 요청만을 보아서는 안 된다. 훨씬 더 근본적인 어떤 것이 여기에 있다. 라너는 다음과 같이 대담하게 말한다. "형언할 수 없고 이해할 수 없는 전제이시고, 근거와 심연이시며, 형언할 수 없는 신비이신 하나님은 세계 안에서 발견될 수 없다."[25] 여기서 자연은 분리이고 파

---

22) Karl Rahner, *Foundations of Christian Faith*, trans. W. Dych (New York: Crossroad, 1978).

23) Ibid., 80.

24) Ibid.

25) Ibid., 81.

열이며, 나아가 소외다. "(하나님은) 우리가 관계하는 세계 안으로 들어올 수 없는 것으로 보인다. 왜냐하면 하나님은 그렇게 함으로써 자신이 아닌 것이 되시기 때문이다. 그 결과 하나님 아닌 타자들이 어떤 개별 존재자로서 존재한다.…분명히 하나님은 세계 안에 계실 수 없는 것으로 보인다. 만일 어떤 사람이 너무 성급하게 하나님은 세계 안에 계실 필요가 없고 그분은 항상 세계 이상의 존재로 생각되어야 한다고 말한다면, 아마도 그 사람은 정말로 근본적인 이런 난점을 느끼지 못했을 것이다."[26]

이 장의 이 단락에서 우리의 과제는 "바로 그 정말로 근본적인 난점"을 추구하는 것이다. 초기 기독교 신학에서 그런 이야기가 없었던 것은 아니지만, "하나님 없는"(godless) 자연에 대한 생생한 의미는 명백하게도 우리의 현대적 시대에 속한다. 대체로 현대 창조론은 두 가지 의미에서 자연을 "하나님이 없는 것"으로 발견하는데, 이 두 가지는 구별되지만 서로 전적으로 분리되지는 않는다. 한편으로 기독교인들은 자연을 법칙의 지배를 받는 통합적 전체로 보는 것에 점점 더 존경심을 가지게 되었다. 다른 한편으로 기독교인들은 자연에서 그리고 인간 본성에 의해 일어나는 고통, 악, 죽음의 부식으로 인하여 현대라는 시대 전체를 통해 상처를 입어왔다. 이 두 가지 모두는 창조 안에서의 창조자의 현존을 도덕적·교리적으로 정당화하거나 신뢰하기 어렵게 만든다. 잠시 헤겔적 용어로 말하자면, 우리는 자연이 한편으로는 하나님과 **구별되고** 다른 한편으로는 하나님으로부터 **소원해지고 소외되어** 있다고 말할 수 있다. 악의 문제는 분명히 우리 현대인들에게는 끔찍하게도 친숙한 것이고, 그것이 기독교적 가르침에 미치는 영향은 널리 알려져 있다. 그래서 우리는 둘 중 첫째 부분인 괴리―하나님과 구별되는 자연 세계―를 세심하게 주의를 기울여서 먼저 다루는 것이 좋을 것이다. 그다음에 우리는 하나님의 선하심으로부터 소외된 자연의 문제로 돌아갈 것이다.

이제 가장 먼저 눈에 띄는 것은 하나님과 떨어져 분리된 자연이다. 이

---

26) Ibid.

것은 라너와 막스 베버가 자신들의 문구인 자연의 "비신성화"(비신화화)[27] 를 통해 말하고자 했던 것이다. 라너가 지적하는 것처럼 이것은 세계에 대한 현대인의 경험에서 중심적인 것이다. 현대 서구인들은 대체로 세계 가 효과적인 인과법칙에 의해 지배되는 영역이라고 보며, 그 안에서 발 생하는 사건들을 설명하는 것은 세계 자체로 충분하다고 간주한다. 프 리드리히 슐라이어마허(Friedrich Schleiermacher, 1768-1834)는 그 세계 관을 거들고 나섰다. 『기독교 신앙』에서 그는 세계란 자연적 상호관련성 (Naturzusammenhängen), 즉 통합되어 있고 상대적으로 자율적인 "인과관 계의 그물망(nexus)"이라고 말했다.[28] (우리는 여기서 "상대적으로 자율적인" 이라고 말해야 한다. 왜냐하면 경건한 기독교인이었던 슐라이어마허는 세계가 원 초적 원인이신 하나님께 전적으로 또는 "절대적으로 의존"한다고 생각했기 때문이 다.) 스코틀랜드의 철학자인 데이비드 흄(David Hume, 1711-1776)은 동일 한 주제를 다른 어조로 언급했다. 그는 자신의 유명하고 운명적인 논문에서 기적을 "자연법칙의 위반"이라고 부르면서, 바로 그 이유에서 그것을 믿을 수 없다고 말했다.

이 모든 사람들은 상식적이라고 할 수 있는 한 가지 견해에 멋진 옷을 입혀서 펼쳐놓고 있다. 그것은 자연세계 안의 모든 것이 세계 내부의 물리 적 객체들과 힘들의 행동 및 상호작용에 의해 충분히 설명될 수 있다는 견 해다. 이것은 서구인들이 붉은 석양을 공기 가운데 있는 많은 양의 미립자 들로, 또는 자동차의 역효과를 불완전한 연료 주입 때문으로 설명한 뒤, 이 제 우리는 그런 문제와는 더 이상 관계가 없다는 식으로 말할 수 있는 단순 한 문제가 아니다. 물론 그런 설명들도 현대적 세계관의 사례들이기는 하 다. 그러나 위의 견해는 보다 심오한 측면을 갖는다. 그것은 물리 법칙이 우 리의 세계 내부의 모든 자연적인 사건을 **완전히** 또는 최소한 **충분히** 설명

---

27) Max Weber, *The Sociology of Religion*, trans. E. Fischoff (Boston: Beacon, 1993).
28) Friedrich Schleiermacher, *The Christian Faith*, trans. H. R. Mackintosh and J. S. Stewart (Philadelphia: Fortress, 1928), 46, 47.

할 수 있다는 확신이다.

강이나 음식물이 오염될 때, 태양이나 바람의 에너지를 이용해야만 할 때, 질병이 창궐하여 억제되어야 할 때, 지진이나 가뭄이 위협할 때, 새롭거나 설명할 수 없는 사건들이 펼쳐질 때, 또는 결혼이나 정치적 선거와 같은 일반적인 인간사의 실행이 불운한 운명에 처할 때, 이 모든 경우에 현대 서구인들은 과학이 그 사건들의 근원을 발견하거나 때로는 기자들, 역사가들, 어떤 종류의 관리들이 원인을 발견하여, 그런 사건들이 울타리 안에 모아지고, 설명되고, 마침내 인간의 통제 아래 있게 될 것이라고 기대한다. 그러나 우리는―신학자 루돌프 불트만(Rudolf Bultmann, 1884-1976)이 "과학적 세계관"이라고 불렀던―그런 기대들이 하나님의 활동이나 현존을 필연적으로 배제한다고 잘못 생각하지 않도록 유의해야 한다. 전혀 그렇지 않다! 실제로 현대의 많은 기독교인들은 육체의 치료나 전쟁의 종료와 같은 자연적이고 인간적인 사건들에 대해 말할 때, 특별 섭리나 기적 등의 교리를 언급하곤 한다. 통합적이고 자율적인 전체라는 "하나님 없는" 자연의 이해는 사실상 무신론을 요청하지는 않으며, 불트만도 그것을 매우 잘 알고 있었다. 오히려 그 이해는 원인과 결과, 문제와 해결, 필요와 처치 사이의 관계가 근본적으로 이 세상적으로 이해될 것을 요청하며, 그렇게 해서 완전하게 이해되지 않는 경우라면 다만 적절하게라도 이해될 것을 요청한다. 중세인들과 달리 기독교인들을 포함한 현대인들은 주변에서 일어나는 사건들을 이해하고 설명하기 위해 하나님의 이름을 말할 필요를 느끼지 않는다.

라너의 말을 다시 한 번 빌려온다면, 우리는 이렇게 말할 수 있다. 하나님은 우리의 자연세계 안에 있는 "하나의 존재자"가 아니시고, 하나님은 자연적인 실재의 전체 목록 안에서 계수되는 개별자들 가운데 하나가 아니시다. 그렇다면 하나님은 자연적인 것의 어떤 타당한 설명을 위해 요청되지 않으신다. 바로 이와 같이, 설명과 원인에 필수적인 요소들 안에 "하나님이 부재하신다는 것"이 콜린 건튼을 자극하였다. 그 결과 건튼은 현대라는 시대가 최소한 부분적으로는 "기계론적 인과율"의 시대라고 간주했고, 이 시대에는 "비인격적인 원인들"이 모든 사건의 배후에, 심지어 인간적·인격적 사건들의 배후에도 놓여 있는 것으로 이해된다고 생각했다. 우리는 "자연"과 "자연적인 것들"이 하나님으로부터 구별되어 분리되었고, 그것들에 대한 우리의 이해는 신학적 가르침으로부터 풀려나 자유롭게 돌아다니게 되었다고 말하게 되었다.

"괴리"의 둘째 부분 곧 "하나님 없는 것"으로서의 자연세계를 다룰 때, 우리는 친숙하지만 더욱 힘겨운 과제에 부딪친다. 자연세계 내부에 있는 자연스럽지 않은 것 때문에 세계는 하나님 없는 세계가 되었다. 여기서 우리는 현대 창조론이 "인공적인 것들"이라고 이름을 붙인 주제와 만난다. 현대 기독교인들은 세계 안에서 인공적인 것들의 폭발에 직면하고 있다. 확실히 모든 인간 세대는 문화, 예술, 의학, 그리고 가장 심각하게는 전쟁에서 사용하기 위해 새로운 기계, 새로운 무기, 새로운 공장과 화학품 등을 만들어냈다. 물론 아리스토텔레스도 자연에 대한 선구자적인 성찰에서 인공적인 것의 탁월한 자리를 발견하기는 했다. 하지만 현대 기독교인들은 바로 그 인공적인 것들의 시대에 살고 있고, 또는 몇몇 평론가들의 언어로 하자면, 기술의 시대를 살고 있다. 기술적인 발견은 기독교 창조론에 특별한 문제를 부과한다. 물론 한편으로 기계는 아무리 복잡한 것이라 해도 자연적인 것들로부터 분리되어 존재할 수 없다. 인공적인 것은 단지 인간의 손과 독창성 아래 있는 자연일 따름이다. 다른 한편으로 기계는 자연을 망치고 압도하고 훼손하려고 위협한다. 인간의 지성은 그 자체로는 자연적이지만, 그럼에도 자연 자체를 위협하는 공학적인 것들을 고안해내어 자연을 파괴하려는 것처럼 보인다. 헤겔의 변증법이 현대의 지성인들에게 아직도 그토록 강력한 힘을 갖고 말하는 것은 전혀 놀라운 일이 아니다.

앞에서 간략하게 다루기는 했지만, 인공적인 것의 능력, 복잡성, 그리고 위험 사례를 간략하게 살펴보기로 하자. 현대 공학은 광업을 혁신시켰다. 광부들은 현대의 만족할 줄 모르는 에너지에 대한 허기를 달래기 위해 더 이상 갱도 깊이 굴을 뚫고 내려가 채광할 필요가 없게 되었다. 오늘날 광산 기술자들과 그들의 기계는 광맥의 윗부분 전체를 제거할 수 있게 되었다. "산꼭대기 제거"를 통해 탄광의 맥은 바깥으로 드러나게 되었고, 노천굴에서 추출과 선적을 할 수 있게 되었다. 이 기계들은 한 무더기의 암석을 쌓아 새로운 덮개, 즉 인공적인 산을 형성시켰다. 이제 우리는 채광과 관련하여 한편으로는 어떤 것도 자연적이지 않다고 말해야 할 것이다. 채광은 석탄의 인공적인 연소를 통해 많은 다른 인공물을 작동시키는 인간의 인공적인 실행이다. 그렇지만 기독교인들은 점점 더 이런 기술적인 혁신의 **범위**와 **특성**에 대해 불만스러워하고 있다. 산등성이 전체를 파괴하고 상처를 입히고 새롭게 형성하는 것이 창조론과—특별히 창조 안의 선함과—일치하는가? 그런 일이 효율적인 것으로 증명되었다 하더라도, 그렇게 말할 수 있는가? 그런 놀랄 만하고 영구적인 환경파괴의 장기적 결과는 과연 무엇이 될 것인가? 그 파괴는 우리가 돌보아야 하는 종들, 즉 들판의 동물들, 날개 달린 새들, 그리고 땅위에 기어 다니는 것들에 어떤 영향을 미칠 것인가?

샐리 맥페이그(Sallie McFague, 1933-)와 같은 기독교 생태학자들은 우리가 바로 창조의 선함에 대해 죄를 짓고 있다고[29] 대답할 것이다. 맥페이그는 주장한다. 창조를 "사랑하는 눈"으로 보고 받아들이는 대신, 우리 현대인들은 자연을 다스리고 통제하려고 하며, 우리 자신의 목적을 위해 이용하고 소유하고 소비하려는 만족할 줄 모르는 욕구로 자연을 고갈시키고 있다. 이에 대해 물론 우리 기독교인들은 절제를 권고할 수 있다. 금욕과 자기훈련은 오랫동안 성화된 삶의 미덕이라고 주장되어왔다. 하지만 맥페이그와 다른 사람들은 단지 억제하고 없이 지내는 것은—개인적 규율에서는 가치 있는 것이기는 하지만—실제로는 현대 기술의 넓이와 능력과 범위에 효과적으로 대응할 수는 없다고 주장한다. 공학적인 파괴에 대한 전 지구적인 광범위한 분석을 가리켜 생태신학자들은 "지구행성의 의제"(planetary

---

29) 예를 들어 Sallie McFague, *The Body of God* (Minneapolis: Fortress, 1993)과 *Super, Natural Christians* (Minneapolis: Fortress, 1997)을 보라.

agenda)라고 부르는데, 이것은 종이를 재활용하거나 수도꼭지를 잠그는 것과 같은 작은 치료로는 수행될 수 없다. 오히려 현대의 기독교 창조론은 자연 자체를 다시 생각하고 그 자체로서 사랑해야 하며, 자연을 보호하고 유지하고 고양하고 파괴하지 않기 위해 인간의 삶과 인공물들을 정리해야 한다고 말한다. 그런 창조 신학자들에 따르면 이 혁명은 기독교인들을 창조에 더욱 깊이 헌신하게 만드는 신학, 즉 자연에 대한 새로운 이해를 제공하는 신학을 요청하게 될 것이다. 그들은 우리가 행동해야 한다고 조언한다. 그것은 단지 모든 생명이 지구와 지구의 건강에 의존하고 있기 때문만이 아니라, 자연 그 자체가 내적으로 고유한 그것의 현실성 안에서 선하기 때문이며, 창세기가 가르치는 대로 말하자면 매우 선하기 때문이다.

그렇다면 자연적인 것과 인공적인 것은 함께 선에도, 악에도 속할 수 있다. 모든 사회적 혁명이 가르치는 것처럼 "자연적인 것" 자체는 특별히 인간 사회에서 쉽게 발견될 수 없고, 너무나 손쉽게 자연적으로 주어진 것으로 착각하면서 모두가 지나치는 관습적이고 비관용적인 인공적인 것과 선뜻 구별되지도 않는다. 로마 가톨릭교회나 빅토리아 시대의 도덕론자들에게 자연적이라는 인상을 주었던 것, 그리고 하나님 자신의 "설계"라는 것에 대해 이제 현대의 기독교인들은 그것이 인공적이고 억압적이라고 공격할지도 모른다. 그럼에도 자연적인 것, 개방된 대지, 정착되지 않고 만들어지지 않고 손상되지 않고 근본적이고 태고적인 것 등, 이 모든 것에 대한 목마름은 자연의 요소들이다. 자연은 섭리의 하나님께서 주고 형성하고 유지하시는 것이기에, 우리 시대의 기독교인들은 세계에 대해 존재하라고 말씀하시는 주 하나님의 음성, 곧 가느다랗고 사라져가는 듯이 보이면서도 매우 웅장한 음성을 듣는다.

결론

윌리엄 블레이크는 현대 창조론을 위한 주제를 우리에게 소개해주었다. 그것은 산업화 시대에 주조된 인공물, 곧 밝게 불타오르는 근육질의 두려운 타이거와 자연이 젊었을 때 먼 정원에서 태어났던 무죄하고 온화한 어린 양이었다. 현대 창조론은 우리 시대의 사고 유형, 철학, 그리고 과학을 통한 복잡한 여행에서 그 두 가지 동물을 모두 대면했다. 기독교인들은 세계의 기초가 되는 구성요소들과 특성을 이해하려고 노력했고, 때때로 커다란 대가를 치르면서 자연의 법칙과 질서, 성장, 그리고 피조물 안에서 하나님의 현존, 설계, 의지 등을 발견하려고 애쓰고 있다. 기독교인들은 두 세기 동안 길고 종종 잔혹하기까지 했던 세계의 무신성을 목격했다. 세계는 전쟁과 기근과 약탈 가운데, 겉으로 보기에는 그 자체의 잔인한 자기파괴에 버려져 있는 것 같았다. 하지만 기독교인들은 창조론의 핵심적인 교리에 충실하게 머무르고 있다. 하나님은 존재하는 모든 것의 절대적인 기원이다. 하나님이 만드신 것은 경이롭게 만들어졌고, 신적인 은총 안에서 풍요롭다. 정돈된 것이든 다스리기 힘든 것이든 인간의 삶은 그런 자연세계로부터 은혜와 선물을 매일 아침마다 받고 있다. 우리가 지금 살아가는 현대에 그 교리에 대한 도전은 심각했다. 하지만 강인하고 유연하고 창조적인 기독교 신학자들은 교회의 선포를 위해 그 교리를 계속해서 유지하고 풍성하게 만들고 있다. 창조론의 위대한 과제는 하늘이 어떻게 하나님의 영광을 선포하고 있는지를 보여주는 것이다. 그리고 그 창조론은 이 시대 그리고 모든 시대의 교회가 그분의 영광에 대해 올려드리는 찬양의 노래다.

참고도서

Barth, Karl. *Church Dogmatics*. Vol. III, *The Doctrine of Creation*. Translated by G. W. Bromiley and T. F. Torrance. Edinburgh: T&T Clark, 1960-1961.

Bavinck, Herman. *Reformed Dogmatics*. Volume 2, *God and Creation*. Translated by J. Vriend. Grand Rapids: Baker Academic, 2004.

Gunton, Colin. *The Triune Creator*. Grand Rapids: Eerdmans, 1998.

Hegel, G. W. F. *Lectures on the Philosophy of Religion*. One-volume edition. Translated by R. F. Brown, P. C. Hanson, and J. M. Stewart. Berkeley: University of California Press, 1988.

Hodge, Charles. *Systematic Theology*. Volume 1. Peabody, MA: Hendrickson, 2008.

McFague, Sallie. *Super, Natural Christians*. Minneapolis: Fortress, 1997.

Polkinghorne, John. *Science and Theology*. Minneapolis: Augsburg Fortress, 1998.

Rahner, Karl. *Foundations of Christian Faith*. Translated by W. Dych. New York: Crossroad, 1978.

Schleiermacher, Friedrich. *The Christian Faith*. Translated by H. R. Mackintosh and J. S. Stewart. Philadelphia: Fortress, 1928.

Temple, William. *Nature, Man, and God*. The Gifford Lectures, 1932-1934. Whitefish, MT: Kessinger, 2003.

6

인간론

켈리 M. 케이픽

Kelly M. Kapic

카버넌트 대학

서론

시편 저자는 이렇게 외친다. "주님! 사람(אָדָם, 'adam)이 무엇이기에 주께
서 그를 알아주시며, 인생(אֱנוֹשׁ, 'enowsh)이 무엇이기에 그를 생각하시나이
까?"(시 144:3; 참조. 욥 7:17; 시 8:4; 히 2:6) 여기서 시편 저자는 하나님과 다른
모든 피조물 앞에서 인간으로서 존재한다는 것이 무엇인지를 묻는다. 여러
세대를 거치는 기도와 메아리를 통과하면서 이 질문은 쉽게 다른 질문들을
야기했다. 나는 누구인가? 내가 "남자"가 아니고 여자라면, 나는 무엇인가?
나는 어디서 왔으며, 인류는 어디로 가고 있는가? 나는 왜 생각하고, 내가
지금 하고 있는 일을 하는가? 만일 내가 삶의 변두리에 있어서 아무도, 심
지어 하나님도 나를 생각하지 않으신다면, 나는 무엇인가? 어떻게 나는 다
른 사람들과 관계하고 이 땅과 관계하는가? 인간됨(being)이 진정으로 의
미하는 것은 무엇인가?

기독교 신학은 인간됨에 대한 질문에서 내재된 긴장을 갖는다. 예를 들
어 폴 틸리히(Paul Tillich, 1886-1965)는 "인간 실존은 자기모순이나 소외
의 특징을 가지고 있다"라고 말한다. 그래서 신학과 인간의 인격에 대한 신
학적 탐구는 그 모순의 이중성을 설명해야 한다. "한편으로 인간을 본질적
인 (마땅히 그러해야 하는) 존재로 다루고, 다른 한편으로 인간을 그 자기소
외적인 (마땅히 그러하지 않아야 하는) 실존 안의 존재로 다루어야 한다."[1] 틸
리히의 논점은 인류를 신학적으로 이해하려면 우리가 필연적으로 "창조의
영역"과 "구원의 영역" 사이에서 움직여야 한다는 것이다. 라인홀드 니버

---

1) Paul Tillich, *Systematic Theology*, 3 vols. (Chicago: University of Chicago Press,
   1951), 1:66. Cf. Paul Tillich, *The Eternal Now* (New York: Scribner, 1963), 특별
   히 4장.

(Reinhold Niebuhr, 1892-1971)는 1958년 국영 TV에서 마이크 윌러스(Mike Wallace, 1918-2012)와의 인터뷰에서 다음과 같은 감상을 표현했다. "인간에 관한 진리는 그가 기이한 종류의 존엄성을 가지고 있고, 그리고 (기독교에 반대되는) 불가지론의 형태들은 도무지 이해할 수 없는 기이한 비참함도 가지고 있다는 사실이다."[2] 니버의 논점은 기독교 신앙이 특이한 자원을 가지고 있어서, 그것이 복잡한 인간적 인격이 피조되고 타락한 것이기는 하지만 그럼에도 그리스도 안에서 속량되었다는 사실을 이해하게 해준다는 것이다. 우리는 인간론의 개관에서 그 긴장을 반드시 마음에 간직해야 한다.

이 장은 현대의 신학적 인간론을 형성하기 위해 지금까지 예외적으로 중요했던 몇 가지 주요한 토론에 집중할 것이다. 첫째, 우리는 지난 2세기 동안 철학과 과학 안에서 유사한 관심과 함께 병행하면서 발전해온 인간에 대한 보다 전인적인(holistic) 이해로의 전환에 대해 논의할 것이다. 둘째, 우리는 인간론을 기독론과 삼위일체 안에 근거시키려는 최근의 시도들을 검토할 것이다.

전인적 인간의 탐구

인간의 인격에 대한 고전적인 논의는 종종 우리의 육체성(즉 체현)이 무시해도 좋을 정도의 중요성만 지니는 것으로 취급했다. "인격"을 실제로 결정했던 것은 우리를 자연의 다른 부분과 구별해주는 어떤 특별한 능력이었는데, 옛 논의는 흔히 이성에게 그 명예를 부여했다.[3] 그런 논의들은 너무나

---

2) Reinhold Niebuhr, *The Mike Wallace Interview*, April 27, 1958, Harry Ransom Center, The University of Texas at Austin, www.hrc.utexas.edu/multimedia/video/2008/wallace/niebuhr_reinhold.html. 이 기본적인 통찰은 Reinhold Niebuhr, *The Nature and Destiny of Man: A Christian Interpretation* (New York: Scribner, 1949)으로 출간이 된 1939년 기포드 강연에서 상세하게 설명된다.

3) 예를 들어 Aristotle's *De Anima* 2.3 (414b8-11)과 3.4 (429a10-18)는 이성적인 사고

자주 인간됨을 어떻게든 인간을 동물보다 더 높은 존재로 표시해주는 인지적 기술(cognitive skills)로 환원시켰다. 그러나 인간을 이런 식으로 생각하고 규정하는 것은 점차 의심스러운 것이 되어서, 20세기 말에 그런 생각은 소수 견해가 되었다. 이제 인간론의 토론은 다양한 능력의 상호작용, 인류와 땅위의 다른 존재 사이의 유기적인 관련, 그리고 "마음"과 "육체"의 복합성과 상호연관성을 일관되게 강조한다. "나"는 단순히 나의 마음(Mind)에 그치지 않는다. 이와 같은 전인적 인간성에 대한 이해로 전환하는 것은 몇 가지 중요한 논의의 개관을 요청한다.

칸트의 흔적 안에 살기: 마음과 인간의 특수성

많은 사람들이 여전히 우리의 인간성을 단순한 합리성으로 환원시킨 것에 대해 고대의 서구 기독교가 주요한 책임을 져야 한다고 믿고 있다. 하지만 이것은 복잡한 이야기를 거의 거짓으로 만들 정도로 단순화시킨 것이다. 그렇게 비판받는 신학자들(예를 들어 이레나이우스, 아우구스티누스, 아퀴나스, 칼뱅)의 저작을 전공한 학자의 글을 읽으면, 그런 종류의 일반화는 통상 틀린 것임이 드러난다. 연구자들은 위의 신학자들이 교과서에서 종종 이들의 인간적 인격에 대한 이해와 관련하여 묘사하는 것보다 훨씬 더 미묘하고 전인적인 견해를 가지고 있었음을 보여준다.[4] 교부 시대와 중세의 성직자들은 현대사에서 이토록 현저하게 된 인간의 인격에 대한 그런 환원주의적

능력을 다른 모든 동물과 인간을 구별하는 영혼의 한 "부분"이라고 말한다.

4) 보다 충분한 논의를 예를 들어 Gustaf Wingren, *Man and the Incarnation: A Study of the Biblical Theology of Irenaeus*, trans. Ross Mackenzie (London: Oliver & Boyd, 1959); Stephen J. Duffy, "Anthropology," in *Augustine through the Ages: An Encyclopedia*, ed. Allan Fitzgerald and John C. Cavadini (Grand Rapids: Eerdmans, 1999), 24-31; James Lehrberger, "The Anthropology of Aquinas's 'De Ente Et Essentia,'" *The Review of Metaphysics* 51 (1998): 829-47; T. F. Torrance, *Calvin's Doctrine of Man* (London: Lutterworth, 1997) 등에서 보라.

견해에 정말로 책임이 있는가? 이 신학자들이 지성에 우선성을 부여하는 일관된 경향을 가졌다는 사실은 분명하지만, 그래도 나는 그 대답에 의심을 갖고 있다. 물론 그 우선성은 과학적 진보와 철학적 질문을 위한 신학적 타당성과 자극을 제공하면서, 나는 누구인가라는 질문을 새로운 방식으로 탐구하게 해주었다. 하지만 현대성 안의 그런 진보는 "신학"을 "인간론"으로부터 분리시키는 환경을 조성하는 경향이 있었다.

많은 측면에서 인간됨에 대한 새로운 개념을 형성시킨 것은 데카르트, 로크, 흄, 칸트와 같은 다양한 철학자들의 작품이었다. 그 개념이 1600년대 초의 교회에 영향을 주어 이후 개신교회가 출발하도록 만든 사상들을 키워냈다. 그 후 인간됨은 근본적으로 회의하고, 사고하고, 의지(to will)할 수 있는 능력과 동일시되었다. 결과적으로 인간성은 주로 추론하고 의지를 행사할 수 있는 개인적인 능력이라는 용어로 이해되었고, 인간의 존엄성, 자유, 능력을 위한 이론적인 기초를 제공해주었다. 1784년 "계몽(Enlightenment)이란 무엇인가?"에 대한 칸트의 기념비적인 대답은 그가 활동했던 시대의 정신을 보여준다.

계몽은 인간이 자초한 미성숙으로부터의 탈출이다. 미성숙은 다른 사람의 지도 없이는 자신의 오성을 사용하지 못하는 무능력이다. 이러한 미성숙은, 만일 그 원인이 오성의 결여가 아니라 다른 사람의 지도 없이 그것을 사용할 수 있는 결단력과 용기가 부족하기 때문이라면, 스스로 초래한 것이다. 그러므로 계몽의 모토는 "알려고 하기를 감행하라!"(*Sapere aude!*)이다. 여러분 자신의 고유한 오성을 사용할 수 있는 용기를 가지라는 것이다.[5]

---

5) Immanuel Kant, "An Answer to the Question: 'What Is Enlightenment?'" in *Kant: Political Writings*, ed. H. S. Reiss, trans. H. B. Nisbet (Cambridge: Cambridge University Press, 1991), 54.

우리가 더 많이 "계몽"되면 될수록 그 만큼 더 인간적이 된다.[6] 자율적 이성의 용기 있는 사용을 강조하면서 칸트(Kant, 1724-1804)는 일찍이 데카르트(Descartes, 1596-1650), 로크 (Locke, 1632-1704), 흄(Hume, 1711-1776) 등이 서술했던 인간에 대한 완전히 개인적인 설명의 현대적인 수용을 한 단계 더 발전시킨다. 데카르트의 견고한 인식론적 토대의 탐구는 칸트로 하여금 유아론(唯我論, solipsism)도 한 번쯤 생각해보도록 했다. 데카르트는 자신이 생각한다는 한도에서 자신의 영혼(만)이 존재한다는 것을 확신할 수 있었다. 신학적 인간론의 발전 쪽으로는 암운을 드리우면서 데카르트는 자신의 마음/영혼의 존재를 확신하지만, 그러나 육체의 현실성에 대해서는 확신하지 못한다. 몸이 없는 유아론을 피하기 위해서는 약간의 작업이 더 필요하다. 데카르트가 발견하는 첫 **타자**는 하나님이다. 하지만 자신의 육체와 다른 사람들의 존재는 『제일 철학에 대한 명상』의 끝부분에 이르기까지 거의 언급되지 않은 채 남아 있다.[7] 로크의 『인간 오성론』(*Essay concerning Human Understanding*)과 흄의 『인간 본성론』(*Treatise concerning Human Nature*)은 인식론적 문제에 대한 경험론적 해결을 탐구한다. 하지만 데카르트와 마찬가지로 로크와 흄도 인간이 고독하게 생각하는 존재라는 확신으로부터 **출발한다**. 이런 계몽주의적 개인주의와 보조를 같이 하면서 칸트는 자율적인 인간상이라는 이미지를 가치 있는 것으로—심지어 숭고한 것으로—칭송한다. 왜냐하면 그것은 장엄한 소외 가운데서도 자발적으로 행동하기 때문이다. 이와 같이 칸트는 현대의 신학적 인간론의 중요한 배경이 되는 한 부분을 제공했다. 그것은 19세기 철학에서 고양되었지만 20세기에는 점점 더 의문시되고 있는 "개인"의 개념이다.[8]

---

6) 참조 G. E. Lessing의 *The Education of the Human Race* (1778), 여기서 인류는 역사를 통해 이성 안에서 성장하고 있는 한 개인으로 간주되며, 계몽을 통해 성숙에 도달한다.

7) René Descartes, *Meditations*. 몸이 없는 영혼으로서의 자아는 명상 2에, 신은 명상 3에 나타나는 반면에, 자신의 몸과 다른 사람의 지성은 명상 6에서 (겨우) 다시 언급된다.

8) 결과적으로 "자아"에 대한 이러한 강조는 실제로 한 사람의 인격이 의미하는 바가 무

칸트는 인간 실존을 데카르트적인 몸 없는 합리론을 통해 그리지는 않는다. 왜냐하면 경험이 인간 실존의 중요한 한 가지 부분을 구성하기 때문이다. 하지만 경험이 가능한 것은 수동적인 것이 아니라 능동적인 지성(mind)이 선험적인 직관과 범주를 경험으로 옮겨주기 때문이다.[9] (경험이 선험적 개념을 가능하게 한다기보다 선험적 개념이 경험을 가능하게 한다는) 칸트의 "코페르니쿠스적 혁명"은 신학자들에게 한 가지 가능한 진보(예를 들어 도덕법의 필연성을 보존하는 방법)를 제공했지만, 다른 새로운 문제들도 제기했다. 일종의 이중성이 칸트의 접근방법 안에 형성되었다. 칸트는 경험적 판단의 **객관성**을 중시하지만, 동시에 주관적인 개인적 지성의 필연적 기여도 강조한다.[10] 비록 후대의 신학자들이 종종 계몽주의 철학에 내재된 개인주의적 성향에 반대했지만, 칸트의 인식론은 다른 사람들이 인간의 주관성을 고전적인 신학적 인간론에서는 흔히 무시되었던 정도까지 인정하게 되는 길을 예비해주었다. 아마도 칸트 자신은, 만약에 자신의 작품이 다음 2세기 동안 주관성을 고양시키는 데 미쳤던 영향을 알았다면, 실망했었을 것 같다. 비록 그의 혁명적인 체계는 경험(현상계)의 구성에서 개인적인 지성의 역할을

엇인지를 이해하는 데 방해가 된다는 비판을 받게 되고, 이러한 주장은 19세기가 아니라 실제로는 단지 20세기 중반에만 전개되었다. 예를 들어 글래스고우 대학에서 1953-1954에 행하여진 John Macmurray의 중요한 Gifford Lectures는 *The Form of the Personal*, vol. 1, *The Self as Agent* (1957), 그리고 vol. 2, *Persons in Relation* (1961)로 출간되었다. 보다 최근에는 Charles Taylor, *Sources of the Self: The Making of the Modern Identity* (Cambridge, MA: Harvard University Press, 1989)를 보라.

9) 공간 또는 인과관계의 수동적 경험으로부터 **공간**이나 **인과적 필연성**과 같은 개념을 구성한다기보다, 칸트는 경험이 공간 또는 인과적 필연성과 같은 필연적 (선험적) 개념의 용어들로써 우리의 경험을 구성하기 위해 우리 존재와 강하게 결합된 것에 의존한다고 주장했다. 이성의 능력을 검토하는 칸트의 풍부한 진술을 Immanuel Kant, *Critique of Pure Reason*, ed. Paul Guyer and Allen W. Wood, in *The Cambridge Edition of the Works of Immanuel Kant* (Cambridge: Cambridge University Press, 1998)에서 보라. 이런 해석을 수행하는 선천적 범주나 직관은 시간과 공간으로부터 양, 질, 관계, 양상 등에 이르는 모든 것을 포함한다.

10) Macmurray, *Form of the Personal*, 1:51-61.

강조했지만, 칸트는 직관과 범주들의 형성 작용이 모든 성숙한 인간의 지성에서 발견된다고 주장했다. 자신의 『미래 형이상학 서문』에서 칸트는 현상계에 대한 우리의 지식이 **객관적**이라고 말한다. 왜냐하면 우리 모두가 동일한 현상들을 구성하기 때문이다. 칸트는 우리가 "객관적" 실재라고 말했던 모든 것이 실제로는 "공동적·주관적"(intersubjective) 실재라고 주장한다. 그것이 모든 성숙한 사람 안에 있는 동일한 주관적 과정에 의해 생산된 동일한 경험이기 때문이다. 하지만 칸트의 작업 이후 오래지 않아서, 다른 사람들은 모든 사람이 정확하게 동일한 방식으로 경험적 세계를 구성할 것이라는 기대를 포기했다. 많은 평론가들은 우리가 각각의 문화에 따라, 성에 따라, 또는 사회경제적인 계층에 따라 서로 다른 원칙을 사용하여 세계를 구성하거나 해석한다고 최종적으로 결론을 내렸다.

신학적 인간론에 대한 칸트의 영향은 객관성과 주관성에 대한 칸트의 접근방법에 국한되지 않는다. 또한 그의 작업은 고독한 인간 자아를 모든 담론의 중심에 위치시키는 계몽주의적 압박을 계속 행사했다. 존 맥머레이(John Macmurray, 1891-1976)는 1953년에 열린 중요한 기포드 강연에서 다음과 같이 주장했다. "현대 철학은 특징적으로 **자아중심적**이다. 이것은 바로 다음을 뜻한다. 첫째, 현대 철학은 하나님이나 세계나 공동체를 출발점으로 삼는 것이 아니라 자아(Self)를 출발점으로 삼는다. 둘째, 자아는 고립되어 있는 개인이고, 에고 또는 '나'(I)이며 결코 '너'(thou)는 아니다."[11] 이것이 중심 주제를 지나치게 단순화하고 있기는 해도, 칸트가 데카르트와 흄의 인도를 따라 인간론의 출발점을 하나님의 창조적 로고스와 창조를 유지하시는 영으로부터 인간적 지성으로 옮기는 전환을 촉진시켰다는 사실만큼은 틀림없다. 거울을 바라볼 때 우리는 하나님의 형상의 반영을 더 이상 기대하지 않고, 오히려 우리 자신에 대한 용감한 자화상을 기대한다. **내**(I)가 나의 경험을 해석하고, **내**가 세계를 이해한다. 그러므로 에고(ego)는

---

11) Ibid., 31; 강조는 원저자의 것임.

나라는 존재다. 우리의 정체성에 대한 이런 가정이 이후의 세기 동안 철학적 인간학을 지배했다. 칸트의 본래적인 제안을 크게 발전시키고 수정하면서(어떤 사람은 타락시키면서라고 주장할지도 모른다), 다양한 신학자들과 철학자들은 우리가 세계에 대한 이해를 형성할 때, 지성의 중심이 우리의 인간성을 더욱 우리의 "독특성"(distinctiveness)이라는 용어를 통해 생각할 것을 요청한다고 주장했다.

칸트가 인간론의 토대를 너무 많이 옮겨놓았기 때문에, 인간론의 중심적 질문은 다음과 같은 것이 되었다. "우리의 개인적인 지성들은 어떻게 지식과 삶을 결정하면서 세계에 대한 경험을 형성하는가? 그리고 만일 개인적인 지성이 우리의 경험과 정체성을 이해하는 데 독특하고 유일하다면, 유사성이 아닌 우리의 차별성은 타인의 개념뿐만 아니라 바로 자아 개념의 구성에 어떻게 작용하는가?" 아마도 후대의 평론가들은 "칸트가 지성이 경험을 구성하는 과제에 단순히 차이가 없는 범주들을 적용한다고 생각했던 것은 순진하지 않았는가?"라고 물을 것이다. 은폐된 편견이나 훌륭한 점 역시 중요한 역할을 하지 않는가? 칸트가 이런 구성 과정을 차갑고 비열정적이고 육체 없는 지성적 능력으로 만들어버린 것은 이상하지 않은가? 이 질문은 나중에 다루기로 하고, 우리는 우선 흔히 현대 개신교 신학의 아버지로 알려진 사람에게로 향한다.[12]

슐라이어마허와 절대의존의 감정

사람들은 프리드리히 슐라이어마허(Friedrich Schleiermacher, 1768-1834)가 칸트로부터는 어떻게 생각해야 하는지를, 그리고 그가 함께 자랐던 모라비아 형제단으로부터는 어떻게 느껴야 하는지를 배웠다고 말해왔다.[13] 슐

---

12) 나는 나의 동료이자 친구인 데이비스(William C. Davis)에게 위의 단락 가운데 특별히 칸트의 서술에 귀중한 도움을 준 것에 감사한다.

13) Thandeka, *The Embodied Self: Friedrich Schleiermacher's Solution to Kant's*

라이어마허는 칸트를 열심히 읽고 받아들였지만, 그것은 비판적인 수용이었고, 따라서 그는 인간의 육체성을 좀 더 진지하게 취급해야 할 필요성을 예견하기까지 했다. 탄데카(Thandeka)가 요약한 슐라이어마허의 칸트 평가에 따르면 "칸트는 우리가 생각하는 '존재'라는 사실을 간과했다." 왜냐하면 생각은 우리의 보다 온전한 "유기적인 본성"의 한 부분으로서 발생하기 때문이다.[14] 하지만 체현(embodiment)의 중요성에 대한 슐라이어마허적인 발전은 주로 "감정" 또는 "직관"(Gefühl)의 역할을 강조하는 것을 의미했다. 칸트가 이론적인 것을 실천적인 것으로부터 분리시키기를 원했던 반면에, 슐라이어마허는 그 둘을 결합시키기를 원했다. 칸트의 자아를 위한 "통각의 선험적 통일성"은 부적절했다는 것이다. 그래서 슐라이어마허는 아는 것, 행하는 것, 느끼는 것을 함께 결합시키려고 시도했다.[15] 이런 방식으로 슐라이어마허는 "경건"(piety)을 위한 공간을 창조했고, 경건이 적합하게 인식된 인간성의 중심에 놓여야 한다고 믿었다.

슐라이어마허의 초기 변증적 작품인 『종교론』(1799)에서 저자가 목표

Problem of the Empirical Self, SUNY Series in Philosophy (Albany: State University of New York Press, 1995), 15.

14) Ibid., 19. 탄데카는 "칸트는 인간 존재를 조직화된 사고 행위로 특징지었는데, 그 조직화된 행동이 우리의 유기적 본성에서 발생한다는 것을 그는 알지 못했다"라고 덧붙인다.

15) Friedrich Schleiermacher, The Christian Faith, ed. H. R. Mackintosh and J. S. Stewart (Edinburgh: T&T Clark, 1999), 예를 들어 5-18의 여러 곳을 보라. 슐라이어마허는 "아는 것과 존재는 서로에 대한 관계 안에서만 우리를 위해 존재한다. 존재는 알려지고, 앎은 존재하는 것을 안다"라고 말한다. Schleiermacher, Ethik, ed. Hans-Joachim Birkner (1812/13; 재판, Hamburg: Meiner, 1981), 192; Andreas Ardnt, "Schleiermacher: Dialectic and Transcendental Philosophy, Relationship to Hegel," in Schleiermacher, the Study of Religion, and the Future of Theology: A Transatlantic Dialogue, ed. Brent W. Sockness and Wilhelm Grab (Berlin: Walter de Gruyter, 2010), 359에 의해 인용됨. 또한 Frans Jozef van Beek, "Depth of Self-Awareness and Breadth of Vision: Joining Reflection and Interpretation," in Theology after Liberalism: A Reader, ed. J. B. Webster and George P. Schner (Malden, MA: Blackwell, 2000), 257-302, esp. 261-62를 보라.

로 삼았던 것 중 하나는 기독교를 "멸시하는 세련된 문화인들"과의 연결점을 찾는 것이었다. 왜냐하면 그들도 인류가 공통으로 지닌 인간성의 한 부분이기 때문이다. 슐라이어마허는 말한다. "종교의 본질은 사고나 행동이 아니라, 직관과 감정이다."[16] 슐라이어마허는 독자들과 공감할 수 있는 인간적인 경험의 그림을 그려낼 수 있으리라 믿었다. 독자들은 유한이 무한으로 취해지는 장소인 "우주의 직관"을 사고가 아니라 직관과 감정을 통해 계발해야 한다.[17] 후기 슐라이어마허의 보다 성숙한 작품인『기독교 신앙』(1830-1831)의 구절에 따르면, 사람들은 "절대의존의 감정"[18]을 알아야 한다. 여기서 우리는 자아와 우주, 그리고 개인과 하나님 사이에 상호관련되는 역동성을 만난다. 한 세기가 지난 후 볼프하르트 판넨베르크(Wolfhart Pannenberg, 1928-2014)는 슐라이어마허의 많은 잘못 가운데서도 그가 감정을 학문적으로 강조했던 것은 인간학에 여전히 적절하다고 결론짓는다. (판넨베르크에 따르면—역자 주) 슐라이어마허는 인간 경험의 큰 틀 안에서 종교적 감정들을 파편화하기보다는 "인간적 삶의 전체성이 감정 그 자체 안에 항상 현존"한다고 이해했고, 그래서 "(종교적 감정의) 특수한 성격은…감정들 안에 담긴 삶의 전체성"에 대해 주변적이 아니라 중심적인 것이라고 했다.[19] 그 결과 모든 교리는 "기독교인의 종교적 감정"에 가사를 붙

---

16) Friedrich Schleiermacher, *On Religion: Speeches to Its Cultured Despisers*, trans. Richard Crouter (New York: Cambridge University Press, 1993), 102.

17) 인간의 직관과 감정은 결코 분리되어서는 안 된다. Schleiermacher, *On Religion*, 104-13. 유명한 칸트의 격언을 변형하여 슐라이어마허는 다음 결론을 내린다. "감정이 없는 직관은 아무것도 아니며, 적합한 기원이나 적합한 힘을 가질 수 없다. 직관이 없는 감정 또한 아무것도 아니다. 그러므로 양자는 원래 하나이고 분리될 수 없는 어떤 것이다." Schleiermacher, *On Religion*, 112. 칸트의 격언은 다음과 같다. "내용 없는 사상은 공허하고, 개념 없는 직관은 맹목이다." *Critique of Pure Reason*, A51, Schleiermacher, *On Religion*, 112n20에서 크라우터(Crouter)가 인용한다.

18) Schleiermacher, *Christian Faith*, 12-18.

19) Wolfhart Pannenberg, *Anthropology in Theological Perspective*, 1st ed. (Philadelphia: Westminster, 1985), 251.

인 것이라고 설명될 수 있다.[20] 이런 급진적인 움직임은 인간론의 자리를 새롭게 정해주었다. 인간론은 더 이상 다른 것들 사이에 놓인 하나의 논제 (locus)가 아니라, 모든 논제들(loci)이 통과하면서 이해되는 바로 그 유일한 거리(avenue)다.

슐라이어마허는 자아에 집중할 때도 초월자(the transcendent)를 지시함으로써, 신학과 인간론을 종교적 "감정" 안에서 창조적으로 연결한다. 인간은 이 연결과 함께 창조되었는데, 신성에 대한 그런 감각은 단지 합리적인 것만은 아니다. 비록 슐라이어마허는 성서에 있는 창조 기사의 "역사적 묘사"를 위해 필요한 정보가 "부족하다"고 결론짓기는 하지만, 별로 걱정하지는 않는다. 그런 역사적인 상세한 정보는 인간 실존을 이해하는 데 별 관련이 없고, 고대의 이야기인 성서의 논점도 아니다.[21] 태고의 어떤 낙원에 대한 과학적인 설명을 구하기보다 우리는 인간이 "하나님 의식"을 가지고 살도록 설계되었다는 것을 발견해야 하고, 그 의식이 "우리의 물리적이고 육체적인 생명"에 근본적이고 또 인간들을 하나님의 나머지 피조물들과 연결시킨다는 사실을 알아야 한다.[22] 타락 이전에 "하나님 의식은 이미 존재하는 것으로서 밖으로 나타났고", 이미 주어진 어떤 것이지 계발해야 하는 어떤 것이 아니었다.[23] 불행하게도 다양한 이유에서 (슐라이어마허는 그 이유들을 "죄"와 "악"이라는 제목으로 분류한다) 일반적인 인간적 경험은 깨어지고 불안정하게 되었으며, 그래서 "은혜의 의식"을 필요로 한다. 죄는 "하나님으로부터의 소외" 가운데서 자신을 드러낸다. 죄의 근원은 부분적으로는 "우리

---

20) Schleiermacher, *Christian Faith*, 76.
21) Ibid., 150-51, 250.
22) Ibid., 252. Cf. "각 사람은 자신이 또한 우주의 한 부분이요 피조물임을 안다. 우주라는 신적 작품과 그 안의 생명도 또한 인간 안에서 그 자체를 드러낸다. 그러므로 그는 그 자신을 다른 사람들의 직관의 대상으로 본다.···인간적인 모든 것은 거룩하다. 왜냐하면 모든 것은 신적이기 때문이다." Schleiermacher, *On Religion*, 188.
23) Schleiermacher, *Christian Faith*, 249. 지성과 의지 아래에 "우리의 즉자적인 자의식" 이 존재한다. 거기서 우리는 하나님에 대한 절대의존의 감정을 경험하게 된다.

자신들 안에 있고", 부분적으로는 "우리의 존재 바깥에 있다." 하지만 하나님과의 교제가 알려진 곳에서, 그 교제를 가리켜 "우리는 은혜라고 부른다."[24]

온 인류가 절대의존의 감정을 가지고 살아야 하지만, 오직 예수만이 그것을 흔들림 없이 경험했고, 그래서 예수의 삶은 우리의 진정한 인간성을 드러낸다. 구속주로서의 예수 그리스도의 유일성은 우리가 "그 시점까지는 단지 잠정적인 상태로만 존재했던 인간적 본성의 창조가 **그분** 안에서 완성되었다고 생각해야" 한다는 사고와 관계된다.[25] 죄 없는 예수는 단지 다른 사람들과 같지 않을 뿐만 아니라, 그의 삶("인격")과 행동("사역")은 신적인 존엄성을 지닌 것이어서, 그분은 "믿는 자들을 그분 자신의 '하나님 의식'의 능력" 안으로 취하신다. 이것은 그분의 구속의 행위의 가장 위대한 현시다.[26] 인간성의 진리를 발견하기 위한 이런 기독론적인 정향성은 후대에 칼바르트가 취한 접근방법과 강한 방법론적 유사성을 지닌다. 비록 그 스위스 신학자가 자신의 신학을 슐라이어마허와는 매우 다른 방식으로 발전시키기는 했지만 말이다.

슐라이어마허적 체계의 천재성은 그가 인간론의 강조점을 취해 자신의 신학 전체를 그 기준의 그물망을 통해 전개했다는 데에 있다. 논쟁의 여지는 있지만 이것은 인간중심적 신학을 만들어낸다. 왜냐하면 슐라이어마허는 자신의 방법을 의식적으로 인간적 경험에 근거시키기 때문이다. 이것은 이해될 만하게도 많은 질문을 불러일으켰다. 예를 들어 한때 슐라이어마허의 학생이었던 루트비히 포이어바흐(Ludwig Feuerbach, 1804-1872)는 나중에 바로 그 전망을 거꾸로 뒤집었고, 이제는 **어떤 신학도 존재하지 않는다**라고 결론을 내렸다. 왜냐하면 모든 신학은 궁극적으로 인간학으로 환원되

---

24) 나는 여기서 Schleiermacher, *Christian Faith*, 262, 279; cf. 259-24에 나오는 문구와 이미지를 함께 섞어서 표현했다.

25) Schleiermacher, *Christian Faith*, 374.

26) 이것에 대해 더 살펴보려면 ibid., 361-65, 377-424, 425-75를 보라.

기 때문이다.[27] 하나님은 인간의 소원과 감정의 투사에 지나지 않고, 그 자체는 실재가 아니다. 후에 네덜란드 신학자 베르카우어(G. C. Berkouwer, 1903-96)는 턱을 들어 (모욕적으로−역자 주) 슐라이어마허를 가리키면서 말했다. "신학적 인간중심주의는 세속적인 인간중심주의보다 항상 더 심각한 위험이다. 왜냐하면 **신학**이라는 바로 그 의미로부터 우리는 인간이 **중심**이라고 오해해서는 안 된다고 기대하기 때문이다."[28] 칼 바르트는, 특별히 젊은 시절에, 유명한 경구로 슐라이어마허를 비판했다. "우리는 큰소리로 인간에 대해 말함으로써, 하나님에 대해 말할 수 없다." 왜냐하면 그렇게 할 때 여러분은 하나님과 인간 **모두**를 오해하게 될 것이기 때문이다.[29] 마지막으로 폴 틸리히는 "감정"에 대한 슐라이어마허의 언어와 강조점이 (그는 이것이 흔히 오해되어왔음을 인정하기는 하지만) 사람들로 하여금 독일교회로부터 출애굽 하도록 만드는 데에 기여했음을 걱정한다.[30] 이 모든 것은 내 생각에는 슐라이어마허에게 부당하게 책임을 묻는 것처럼 보이지만, 최소한 다음과 같이 말하는 것은 공정할 것이다. 모든 종교−결과적으로 신학의 진리도 포함하여−가 "감정"을 향하게 하라는 슐라이어마허의 제안은 신학적

---

27) Ludwig Feuerbach, *The Essence of Christianity* (1841; 재판, New York: Barnes & Noble, 2004). Van Austin Harvey는 자신의 *Feuerbach and the Interpretation of Religion*, Cambridge Studies in Religion and Critical Thought 1 (Cambridge: Cambridge University Press, 1995), 196에서 슐라이어마허와 포이어바흐 사이에 어느 정도 유사한 연결을 주장한다.

28) G. C. Berkouwer, *Man: The Image of God*, Studies in Dogmatics (Grand Rapids: Eerdmans, 1962), 355.

29) Karl Barth, "The Word of God and the Task of the Ministry," in *The Word of God and the Word of Man* (New York: Harper, 1957), 195-96. 바르트는 계속해서 말한다. "루터와 칼뱅, 키에르케고르와 예레미야 모두가 이해했던 것을 슐라이어마허는 결코 소유하지 못했다. 그것은 바로 인간이 하나님을 섬기도록 만들어졌지, 하나님이 인간을 섬기도록 만들어진 것이 아니라는 사실이다"(196).

30) Paul Tillich, *A History of Christian Thought: From Its Judaic and Hellenistic Origins to Existentialism*, ed. Carl E. Braaten (New York: Simon & Schuster, 1972), 393.

인간론이 그려져야 할 캔버스를 넓혀주었다. 그가 인간됨의 핵심 자리에 합리성과 의지 외에 그 이상의 것(감정—역자 주)을 포함시켰기 때문이다.

과학 그리고 인간의 형성: 다윈과 프로이트

비록 칸트와 같은 철학자들이 인간적 인격의 개념을 재구성하였지만, 그런 변화에 대한 훨씬 더 중요한 공헌은 다른 학문으로부터 왔다고 주장될 수 있다. 지면 관계상 우리의 토론은 두 명의 학자에게 제한될 것이지만, 이들의 영향은 엄청났다. 제롬 브루너(Jerome S. Bruner, 1915-?)는 이렇게 말한다. "다윈과 프로이트 두 사람은 우리 시대의 인간 개념의 설계자들로서 대단히 특출한 사람들이다."[31] 이들은 신학과 인간론 사이에 커져가는 균열을 만들어냈던 인간론 안의 변화를—의도적이든 그렇지 않든—더욱 진전시켰다.

　　19세기 초에 윌리엄 페일리(William Paley, 1743-1805)는 『자연신학』(1802)을 발간했다. 그 책에서 페일리는 과학이 관찰한 모든 것이 궁극적인 설계자에 대한 암시들을 펼쳐 보여준다고 주장했다. 완벽하게 조정이 된 물고기의 지느러미나 새들의 날개와 같은 이 세상의 모든 측면은 창조자 곧 하나님 자신을 뒤돌아(back) 가리키고 있다는 것이다.[32] 이런 사실의 가장 고상한 사례는 하나님의 형상을 반영하는 인간이다. 19세기 중엽에 찰스 다윈(Charles Darwin, 1809-1882)의 『종의 기원』(1859)은 우리가 자연 안에서 발견하는 놀라운 섬세함과 상호연관성에 대해 비슷한 관찰을 하였지만, 페일리와 다른 결론에 도달했다. 즉 우리가 우주에서 보는 분명한 "설계"의 모든 특징들은 **뒤편**(back)을(이것이 반드시 그 너머[beyond]를 뜻하지는 않으

---

31) Jerome S. Bruner, "The Freudian Conception of Man and the Continuity of Nature," *Daedalus* 87, no. 1 (1958): 78.

32) William Paley, *Natural Theology: Or, Evidence of the Existence and Attributes of the Deity, Collected from the Appearances of Nature*, ed. Matthew Eddy and David M. Knight (Oxford: Oxford University Press, 2006).

면서) 가리킨다. 그 "설계"라는 것은 실제로는 역사 **내부의** 느리지만 긴 유기적 과정을 드러내준다는 것이다.[33] "자연선택"을 통해 동물들은 진화하며, 인간은 그런 동물의 세계의 외부에 있는 것이 아니라 오히려 내부에서 적응하고 있다. 다윈의 가설은 대중의 상상력(때로는 분노)을 자극했지만, 그보다 더 중요한 것은 그 가설이 초자연적인 것에 대한 언급이 없이도 설명할 수 있는 이론적인 기초를 경험적인 과학에게 제공했다는 사실이다. 이것은 인간학을 완전히 새로운 궤도 위에 올려놓았다. 육체성(다시 말해 인간이 창조의 나머지 세계에 대해 갖는 유기적인 관계성)은 무시되기는커녕 가장 큰 관심을 끄는 인간성의 측면이 되었다. 후대의 사상가들에게 미친 다윈의 영향을 인식하면서, 모튼 레비트(Morton Levitt)는 이렇게 썼다. "다윈은 인간을 자연의 한 부분으로 만듦으로써 인간의 자기 자신에 대한 개념을 혁신시켰다고 확실하게 말할 수 있다. 이제 인간에 대한 연구는 자연주의적 노선을 따라 이루어질 수 있게 되었다."[34] 우리는 인간을 독특하게 만들어주는 것이 무엇인지 알기 위해 성서라는 거룩한 책을 더 이상 공부할 필요가 없다. 이제 우리는 단지 자연이라는 책만 공부하면 된다.

과학을 통해 우리는 이제 인간의 기원만이 아니라 인간의 본성도 배울수 있다. 다윈이 우리의 물질적인 기원에 관심을 기울였다면, 지그문트 프로이트(Sigmund Freud, 1856-1939)는 우리의 정신(psyche)의 복잡성을 관찰하면서 인간의 주관성을 강조했다. 프리델 와이너트(Friedel Weinert)가 바르게 말하듯이 "프로이트는 서구 전통에서 몇 안 되는 사상가에 속한다. 우리의 사고방식에 미친 프로이트의 영향은, 지금까지 중요하지 않다고 판

---

33) 페일리와 다윈의 관계, 그리고 이것이 함축하는 사회적인 그리고 신학적인 전환에 대한 보다 상세한 내용을 다음에서 보라. David N. Livingstone, *Darwin's Forgotten Defenders: The Encounter between Evangelicaé Theology and Evolutionary Thought* (Grand Rapids: Eerdmans, 1987), 3-7, 48-51을 보라. Cf. Taylor, *Sources of the Self*, 403-4.

34) Morton Levitt, *Freud and Dewey on the Nature of Man* (New York: Philosophical Library, 1960), 76.

단되어온 프로이트의 학문적 기여와 마찬가지로 대단히 중요하다."[35] 프로이트의 정신분석의 발전은 학문 분야뿐만 아니라 대중 매체 안에서도 논쟁적인 역사를 거쳐왔다. 프로이트가 정말로 기여한 것은 아마도, 새로운 언어로 말하자면, 상징의 역할과 정신적·감정적 복잡성에 대한 새로운 개방성이라고 보는 편이 나을 것이다.[36] 예를 들어 프로이트는 "에고는 자신의 집에서 주인이 아니다"라고 말한다. 왜냐하면 놀랍고 숨겨진 방식으로 우리를 움직이고 형성하는—무의식 또는 잠재의식의—힘이 있기 때문이다.[37] 잘 알려진 것처럼 프로이트는 인간의 성 문제를 탐구하면서, 이전에는 결코 받아들여진 적이 없는 결정적인 탁월성을 그것에 부여했다. 프로이트의 대답은 만족스럽지 못할지도 모른다. 하지만 그의 질문은 부정할 수 없을 정도로 흥미롭고 오늘날까지도 우리에게 남아 있다.

프로이트의 이름은 인간적 자아 개념의 깊은 변화를 상징하고, 우리의 본성이 실제로는 계몽주의 시대가 당연하게 전제했던 것과는 달리 훨씬 덜 "합리적"이라는 점증하는 의식을 보여준다. 프로이트는 우리를 움직여 앞으로 나아가게 만든다. 우리는 신학적 인간학의 토론에서 새로운 요소들(예를 들어 성, 인종, 사회경제학)을 포함하는 길로 나아가며, 그 결과 우리의 공통성보다 각 사람의 특수성을 강조하는 방향으로 나아가고 있다. 필립 리프(Phillip Rieff, 1922-2006)는 프로이트가 문화적 가정들(assumptions)에 너무 중대한 변화를 일으켜서, 이제 우리는 한 사람의 심리가 개성의 중심을 구성하는 것으로 생각하게 되었다고 주장한다. 그 결과 심리치료적인 관심이 인간의 인격에 대한 대중적인 태도를 지배하고 있으며, 이것이 신학적 인간학에 미친 결과는 죄와 전인성이 이제는 거의 전적으로 그런 병리학의 지

---

35) Friedel Weinert, *Copernicus, Darwin, and Freud: Revolutions in the History and Philosophy of Science* (Oxford: Wiley-Blackwell, 2009), 185.

36) Cf. Paul Ricoeur, Freud and Philosophy, trans. Denis Savage (New Haven: Yale University Press, 1970), 3-56.

37) Sigmund Freud, *Introductory Lectures on Psychoanalysis* (1916; 재판, New York: Penguin, 1991), 284-85, Weinert, *Copernicus, Darwin, and Freud*, 186에 인용됨.

시문 아래에서 취급된다는 사실이다.[38] 슐라이어마허와는 대조적으로 프로이트는 신적인 것을 바라보지 않았다. 왜냐하면 그는 인간 본성을 발견하기 위해서는 초월성으로부터 해방되는 것이 필요하다고 생각했기 때문이다. 프로이트의 접근방법은 다윈이 생존 본능, 무의식적 욕망, 그리고 자연주의적 과정이라는 용어로 설명했던 세계 안에서 번성할 수 있었다. 이 모든 것은 후대의 신학자들이 인간론의 기획 안에서 이루어내게 될 변화들의 필수적인 배경이 된다.

기독교적 인간론과 과학자들

하나님이 주신 두 권의 책(성서와 자연) 사이를 오가면서, 신학자들은 과학자들로부터 배우기도 했고 그들에 반대하기도 했다. 과학자들도 마찬가지다. 몇 가지 대표적인 사례가 그것의 다양한 결과를 드러내줄 것이다.

19세기에서 20세기로 건너가는 시기에 독일 개신교 신학자 에른스트 트뢸치(Ernst Troeltsch, 1865-1923)는 고전적인 신학적 자유주의를 지지했던 마지막 사람이었다. 그의 거대한 기획인 『기독교 신앙』[39]은 1912-1913년 하이델베르크 대학교에서 행한 강의에 기초한 것이었다. 과학적 인간학과 구별되는 "기독교적" 또는 "종교적 인간론"의 자리를 주장하며 트뢸치는 신학이 대화에 기여할 수 있기를 원했다. 종교적인 접근방법은 "영과 인격으로서의 영혼"에 초점을 맞추는데, 이것은 "엄밀한 자연과학"에 의해 다루어질 수 없는 것이다. 그렇기 때문에 신학이 기여할 수 있는 여지는 여전히 남아 있다. 신학은 인간론에 대해 사회학적 또는 심리학적 접근방법이 아니라 영혼의 인격성에 집중해야 한다. "영혼"은 여기서 우선적으로 **하나님과의 연합이라는 궁극적인 운명**의 의미로 이해된다. 결과적으로 "영혼의 종교

---

38) Philip Rieff, *The Triumph of the Therapeutic: Uses of Faith after Freud* (Chicago: University of Chicago Press, 1987).

39) 독일어로 *Glaubenslehre*이며, 슐라이어마허의 동일한 제목의 기획을 연상하게 한다.

적 개념은 과학적 인간학 그리고 실험 심리학과는 절대로 관계가 **없다**. 오히려 영혼은 신앙의 대상이다."[40] 바로 여기에 경험 과학이 제공하는 것을 넘어서는 포괄적 이해가 있다. 트뢸치가 나중에 말했듯이 "영혼은 단지 사고될 수 있을 뿐, 경험적으로 제시될 수는 없다! 삶이 도덕적인 자유와 힘을 합치는 장소인 그 인격적 통일성의 중심은 **관념**(idea)이다!"[41] 하지만 트뢸치의 인간학적인 구도는 인간됨에 대한 일반적·과학적 주장들이 종교적인 것보다 더 근본적이라는 사실을 인정한다. 그러므로 신앙적인 진술들은 "단지 종교적인 기초 위에서 (과학적-역자 주) 인간론을 수정할 수는 없다."[42] 이제 자연의 책이 성서를 이긴다. 이와 같이 트뢸치는 그 시대의 과학적인 노력에 계속 존경을 표하면서도, 다른 한편으로 인간론 안에 신학을 위한 공간을 만들었다. 트뢸치에 따르면 성서는 우리에게 인간의 기원이나 인격의 구성요소에 대한 통찰을 제공하지는 않는다. 이런 것들은 현대 과학이 담당해야 할 일이다. (과학에 의해-역자 주) 먼저 연역된 후에 그것들은 "영혼에 대한 종교적 해석과 가치평가에 의해 조명될 수 있다.[43] 트뢸치는 이것이 "현대" 신학에서 자라나온 상대적으로 새로운 접근방법이라는 것을 고백하면서, 이 주장이 명백하게도 "전통적인 스콜라주의적 교의학과의 결정적인 이별"을 의미한다는 점을 인정한다.[44] 하지만 트뢸치는 과학이 종교적인 진술과 일치해야 할 필요는 없지만, 인간론 안에 특별히 영혼과 관련하여 종교적인 자리를 남겨 두어야 할 필요는 있다고 주장한다.

트뢸치는 하나님의 형상의 기독교적인 이해가 인간의 "시작"이 아니라 인간의 "목적"을 표현해야 한다고 주장했다. 하나님의 형상은 오염되지 않

40) Ernst Troeltsch, *The Christian Faith*, ed. Gertrud Le Fort, trans. Garrett E. Paul, Fortress Texts in Modern Theology (Minneapolis: Fortress, 1991), 225. 강조는 원저자의 것임.
41) Ibid., 227. 강조는 원저자의 것임.
42) Ibid.
43) Ibid., 226.
44) Ibid.

은 태초에 있는 것이 아니라 "완성을 향한 투쟁, 되어감, 갈망과 동경을 나타낸다." 그렇다면 하나님의 형상은 필연적으로 발전의 중요성을 인식하게 된다.[45] 트뢸치는 계몽주의의 가장 위대한 성취는 "자율성"의 발견 또는 발명이었고, 이것은 현대 인간학과 윤리학에 엄청난 영향을 끼쳤다고 믿었다.[46] 기독교인들에게 "완전"은 과거에 대한 토론이어서는 안 되고, 우리가 도달하기 위해 애쓰는 목표 곧 미래를 향한 전망이어야 한다. "하나님의 형상"이라는 문구는 "기독교적인 인격성의 이상"을 가리키는데, "그것의 내용은 확고히 예수의 인격으로부터 유도된다."[47] 미래를 향한 트뢸치의 방향성은 죽음 이후의 삶에 대한 강한 확신과도 일치한다. 트뢸치는 그 확신이 현재의 종교적 의미의 근거들 가운데 하나라고 본다. 하지만 여기서 트뢸치가 드는 예는 예수가 아니라 괴테(Goethe, 1749-1832)다. 트뢸치는 불멸성을 확신하기 위해서는 위대한 용기가 필요한데, 그것만이 "위대한 영웅주의를 가능하게" 할 수 있다고 주장한다.[48] 그러므로 기독교적 인간론은 태초와 종말 사이에서 살아가는 긴장을 확증하며, 이 공간 안에서 살아가는 것은 윤리의 영역이 된다. 종교적 인간론은 하나님 나라의 가치로 영혼을 양육하기를 힘써야 한다.[49] 그 가치는 "사랑과 영, 또는 하나님을 향한 영혼의 자기 성화, 하나님 안에서 영혼이 함께 연결되는 것"이다. 우리는 미래로 나아갈 때, 용감하게 살아야 한다.

---

45) Ibid., 237.
46) Cf. Mark D. Chapman, *Ernst Troeltsch and Liberal Theology: Religion and Cultural Synthesis in Wilhelmine Germany*, Christian Theology in Context (New York: Oxford University Press, 2001), 156.
47) Troeltsch, *Christian Faith*, 237. 트뢸치의 기독론이 일반적으로 19세기 자유주의 개신교의 종말이라고 말해지기는 하지만, 새러 코클리(1951-)는 그 점에 관련하여 트뢸치를 보다 더 미묘하게 읽을 것을 주장한다. Sarah Coakley, *Christ without Absolutes: A Study of the Christology of Ernst Troeltsch* (New York: Oxford University Press, 1988).
48) Troeltsch, *Christian Faith*, 240.
49) Ibid.

과학이 신학적 인간학에 영향을 주어 지배하기 시작한 것에 모두가 열광했던 것은 아니었다. 1903년에서 1904년까지 제임스 오르(James Orr, 1844-1913)는 프린스턴 대학교에서 스톤 재단(L. P. Stone Foundation) 강좌를 행했다. 오르는 그런 현대주의적 사상을 받아들인 사람들이 또한 하나님, 인간, 죄에 대한 기독교적 견해를 상당히 개정할 것(그의 견해로는 결함이 있는 것으로 만들 것)을 요구받는다는 점에 대해 크게 염려했다. 오르는 인간과 죄 두 가지에 초점을 맞추면서, "현재의 인간론적인 이론들"을 받아들이는 것은 죄에 대한 기독교적 견해를 굽히는 것이라고 믿었다.[50] 오르는 그것이 대단히 파괴적이라고 추론했다. 왜냐하면 그것은 성서적인 인간론을 왜곡하기 때문이고, 속량에 대한 정통적인 견해의 상실을 뜻하기도 하기 때문이었다. 하지만 인간성에 대한 오해는 기독교 이야기 전체에 대한 오해를 뜻한다. 오르는 속죄 교리에 대해 교회가 점점 더 당혹스러워하고 그래서 그것을 무시하게 되는 것(또는 노골적으로 반대하는 것)이 인간론의 그런 변화의 증거라고 보았다. 오르는 그 시대의 진화론이 단지 인간 기원의 과정만 설명하는 것이 아니라, 인간 실존에 대한 새로운 신학을 제공하고 있다는 것을 인식했다. 19세기 말의 새로운 신앙은 인류가 상승하고, 개선되고, 존재의 사슬에서 위로 이동한다는 선언이었다. "인간의 타락의 신화는 인간의 고양이라는 과학적 이론으로 대체되고 있다."[51] 그렇게 주장하는 진화론적 견해들은 하나님을 "잉여"로 만드는 경향이 있고, 하나님의 형상을 담지한 인간의 독특성에 대한 성서적 교리를 의문시했다. 제2차 세계대전이 끝나고 나서야 인류에 대한 그런 낙관론적 견해는 다시 한 번 광범위한 의심을 받게 되었다.

오르의 반격은 진화론이 보수적인 신학계에 야기했던 불편한 심기를 잘 보여주는 사례다. 하지만 찰스 하지(Charles Hodge, 1797-1878)와 워필드(B.

---

50) James Orr, *God's Image in Man and Its Defacement in the Light of Modern Denials* (London: Hodder & Stoughton, 1905), 11.
51) Ibid., 14.

B. Warfield, 1851-1921)와 같은 저명한 프린스턴 신학자들은 놀랍게도 진화와 인간의 기원에 관한 점증하는 과학적 토론에 친숙했고 개방적이었다.[52] 하지가 신학적인 이유뿐만 아니라 과학적인 이유를 들어 진화를 거절했던 반면에, 워필드는 더 큰 수용성을 보여주었다. 워필드는 스코틀랜드의 제임스 오르와 의견을 같이하면서 진화의 과정이 비록 인간의 특수한 창조와 존엄성의 이해에는 문제로 보일지 모르지만, 하나님의 더 큰 창조를 설명하는 한 가지 방식이 될 수 있으리라고 믿었다.[53] 기저에 놓인 한 가지 염려는 인간에 대한 당대의 과학적 관찰이 검증되지 않은 자연주의적 철학의 전제들에 근거하는 것처럼 보인다는 점이었다. 워필드 및 오르와 같은 신학자들은 성서에서 어떤 형태의 생명 진화의 과정에 관한 설명을 틀림없이 읽을 수 있을 것으로 상상했다. 하지만 이들은 하나님께서 행하신 인간의 특별한 창조를 단순히 성서 데이터의 자연주의적 읽기로 대체하려는 환원주의적 시도는 받아들일 수 없었다.

20세기의 전반부 50년 동안 보수적인 복음주의자들은 특별히 미국에서 진화론과 그것이 인간론에 대해 갖는 의미에 대해 경직된 견해를 보여주었다. 그들이 생각했던 진화론의 의미는 1917년에 출간된 유명한 『근본 원리들』(Fundamentals)이 잘 보여주었다. 보수주의자들은 곧바로 진화론의 가르침이 정통주의에 반대된다고 인정하게 되었다. 다른 견해와 타협하는 것은 인간의 존엄성과 성서의 완전성을 (포기하며) 유보하는 것이다. 『근본 원리들』에서 창세기 1-2장을 서술하며 다이슨 헤이그(Dyson Hague, 1857-1935)는 이 그룹이 지녔던 정서의 단면을 다음과 같이 제시한다.

---

52) 특별히 Charles Hodge, *What Is Darwinism? And Other Writings on Science and Religion*, ed. Mark A. Noll and David N. Livingstone (Grand Rapids: Baker Books, 1994); Benjamin Breckinridge Warfield, *Evolution, Scripture, and Science: Selected Writings*, ed. Mark A. Noll and David N. Livingstone (Grand Rapids: Baker Books, 2000)을 보라.

53) Cf. Mark A. Noll, *The Scandal of the Evangelical Mind* (Grand Rapids: Eerdmans, 1994), 177-208.

인간은 진화된 것이 아니라 창조되었다.…여러분이 자칭 신앙적이라고 주장하는 몇몇 저술가들이 인간과 인간의 동물적 기원에 대해 쓴 것을 읽을 때, 여러분의 어깨는 무의식적으로 아래로 처지며, 여러분의 머리는 아래로 숙여지며, 여러분의 마음은 불편해진다. 여러분의 자존감은 타격을 입는다. (하지만) 창세기를 읽을 때 여러분의 어깨는 펴지며 여러분의 가슴은 부풀어오른다. 여러분은 인간이라 불리는 존재인 것에 자부심을 느낀다.[54]

성서가 인간 이외의 창조와 관련해서는 발전을 허용한다고 해도 인간이 진화했다는 생각에 대해서는 끝내 반대한다는 사실이 여기서 명확하게 말해진다. 아무튼 인간의 진화는 "도를 넘어선(garish) 이론"이다. 왜냐하면 그것은 하나님의 독특한 창조로서의 인간의 중요성을 약화시키기 때문이다.

이후에 근본주의적 복음주의자들은 훨씬 더 나아가 종종 젊은 (만 년보다 덜 된) 지구를 주장하며, 어떤 종류의 생명체 진화도 없다고 했다. 그들은 자연과학에 대한 점증하는 불신을 조장했다. 그 결과 그들의 인간론은 "창조설"(creationism)이라고 알려진 어떤 종류의 성서 해석에 거의 전적으로 지배되었다.[55] 이런 신학은 종종 창세기 1-3장의 문자적이고 상세한 역사성을 변호하는 데 너무나 몰두한 결과, 아이러니하게도, 이 본문이 지니는 **신학적**인 중요성을 상실하는 위험에 처했다.[56] 그런 접근방법은 현대 과학

---

54) Dyson Hague, "The Doctrinal Value of the First Chapter of Genesis," in *The Fundamentals: A Testimony of the Truth*, ed. R. A. Torrey (Grand Rapids: Baker Books, 2003), 1:280.

55) Ronald L. Numbers, *The Creationists: From Scientific Creationism to Intelligent Design*, expanded ed. (Cambridge, MA: Harvard University Press, 2006). 『창조론자들』(새물결플러스 역간).

56) 데이비드 켈시(1932-)는 신학적 인간론에 대한 30년에 걸친 연구의 정점이라고 할 수 있는 자신의 대작에서 우리는 "하나님 아닌 모든 것에 대해 상대적으로 관계하시는 하나님에 대한 [우리의] 생각"을 묘사할 때, 창 1-3장보다는 "정경의 지혜문학"에 특권을 주어야 한다고 결론짓는다. David H. Kelsey, *Eccentric Existence: A Theological Anthropology*, 2 vols. (Louisville: Westminster John Knox, 2009), 1:176-214. 그다

적 담론이 결과적으로 (그와 정반대로 진행되어야 함에도) 고대 본문을 통치하고 지배하도록 허용하는 위험에 처한다. 이것은 그런 근본주의자들이 자신들이 반대하는 사람들이 범하고 있다고 비난하는 바로 그것과 똑같은 결함이다.

하지만 다른 많은 신학자들은 진화론이 자신들의 인간론에 미치는 영향을 확실히 허용했다. 지질학과 고생물학을 공부했던 테이야르 드 샤르댕 (Pierre Teilhard de Chardin, 1881-1955) 신부는 (인간과 죄에 대한 아우구스티누스의 고전적인 교리와 타협하는 것처럼 보이는 방식으로) 우주의 이야기 안에 인류를 배치하려고 시도함으로써 가톨릭교회의 많은 사람을 혼란에 빠뜨렸다. 진화하는 우주 안에서 인간은 보다 복잡하고 고차원적인 수준의 의식으로 성장하는 결정적인 걸음을 내딛고 있다. 이 운동을 마음속에 간직한 채 테이야르는 약속된 "오메가"[57]와 "초생명"(superlife)을 향한 우주적 진화의 힘을 강조하며, 자신의 신학적 인간론에 신비적이고 종말론적인 경향을 더했다.[58] 그렇다면 진화의 관점에서 인간을 안다는 것은 뒤돌아보는 것만큼 또한 앞을 바라보는 것이며, 인간을 지엽적인 것이 아니라 큰 우주적 전진 운동의 한 부분으로 보는 것이다. 이런 견해는 낙관론적인 인간론을 장

음에 켈시는 자신의 제안을 서술하기 위해 지혜 문헌을 사용한다. 창 1-3장을 바르게 다루려는 관심, 특별히 오경 전체의 빛 안에서 이해하려는 켈시의 관심은 창세기에 대한 수많은 책을 펴낸 클라우스 베스터만(1909-2000)의 주장에 힘입은 바 크다. 예를 들어 Claus Westermann, *Genesis 1-11: A Commentary* (Minneapolis: Augsburg, 1984)와 *Creation* (London: SPCK, 1974)을 보라. 욥 10장에 근거하고 창 1:1-2:5을 배경으로 하면서 하나님의 인간적 피조물 창조에 대해 우리가 말할 수 있는 것이 무엇인지에 관해 켈시는 자신이 생각하는 유용한 목록을 제공한다(Kelsey, *Eccentric Existence*, 1:208을 보라).

57) "오메가"는 하나님 안에서, 더 특별하게는 그리스도 안에서의 만물의 통일과 관련이 있는 것처럼 보인다.

58) 참조. Pierre Teilhard de Chardin, *The Human Phenomenon*, trans. Sarah Appleton-Weber, new ed. (Brighton, UK: Sussex Academic, 2003). Pierre Teilhard de Chardin, *The Future of Man*, 1st American ed. (New York: Harper & Row, 1964).

려했고, 어떻게 죄가 우리에게 관계되고, 나아가 하나님, 타인, 우주와 우리와의 관계에 영향을 미쳤는지에 대한 고전적 개념을 경시하게 만들었다.

신학과 과학 사이의 율동, 그리고 어떻게 인간론이 이 두 원천으로부터 등장하는지에 대해서는 여전히 토론이 계속되고 있다. 위에서 암시했던 것과 같이 육체와 영혼에 대한 토론보다 그 긴장을 더 잘 제시하는 것은 없다. 영혼과 육체 사이의 어떤 형태의 이원론이 교회사 전체에 걸쳐 가정되었고, 여기서 영혼은 하나님의 창조의 정점으로서 인간을 구별해주는 것이었다. 그러나 지난 150년 동안 점점 더 많은 신학자들이 기독교적 인간론을 지배했던 이원론을 의문시하거나 최소한 재고하기 시작했다.[59] 칼 바르트가 기념비적으로 말하듯이 인간의 인격은 "없을 수도 있는 어떤 육체를 '가지고 있는' 영혼이 아니라, 오히려 그는 육체적으로 영혼이며, 다시 말해 그는 영혼이 있는 육체다."[60] 많은 사람들이 이전의 이원론을 거부했고, "비환원주의적 물리주의"나 "이중 측면의 일원론"(dual-aspect monism)과 같은 새로운 신학적 대안을 제시하고 있다. 이런 시도들은 전적으로 유물론적인 인간론에 빠져 신학을 포기하지 않으면서도 인간적 유기체의 복잡성을 인정하는 것에 목표를 둔다.[61] 그 시도들이 성공할지에 대해서는 토론의 여지가 있다. 하지만 고전적인 이원론의 어떤 형태를 확증하는 사람들마저도 이제는 현대 이전의 신학이 대부분 그렇게 하지 않았던 정도까지 육체성(embodiment)을 강조하게 되었다. 이 모든 것은 인간론에 영향을 미친 과학의 역사라는 빛 아래서 가장 잘 이해된다.

---

59) 간략한 형태로 다양한 접근방법을 열거해주는 목록을 Marc Cortez, *Theological Anthropology: A Guide for the Perplexed* (London: T&T Clark, 2010), 68-97에서 보라.

60) Karl Barth, *Church Dogmatics* III/2, 350.

61) 예를 들어 Warren S. Brown, Nancey C. Murphy, and H. Newton Malony, *Whatever Happened to the Soul? Scientific and Theological Portraits of Human Nature*, Theology and the Sciences (Minneapolis: Fortress, 1998).

상황과 맥락 안에 놓인 인간적 인격: 특수성의 중요성?

인간에 대한 전인적 견해를 제시하려는 노력이 낳은 또 다른 결과는 신학적 인간론에서 상황과 역사의 중요성(좋든 나쁘든)에 대한 점차 커지는 공감대다. 레이 앤더슨(Ray S. Anderson, 1925-2009)은 그런 근본적인 관심을 다음과 같이 바르게 파악했다. "인간의 본성은 하나님의 결정과 심판과 약속 아래서 인격적·사회적·성적, 그리고 영적인 삶으로 경험되는 피조적 삶이다." 그렇다면 죄는 "사회적·인격적·성적, 그리고 영적인 삶의 모든 영역에서 인간답게 살지 못하는 것"을 뜻한다.[62] "인간답게" 산다는 것은 관계 안에 있다는 것, 역사를 갖는다는 것, 몸으로 체현되는 인격이 되는 것을 의미한다. 그러므로 개인적 특수성(particularity)은 어떤 사람의 인간성의 정당한 부분이다. 왜냐하면 개인적으로 특수하지 않다면, 인간성도 없을 것이기 때문이다.

그러므로 인간론을 구성해보려는 시도들은 단지 모든 인간의 유사성만이 아니라 인간들의 차이점도 관찰해야 한다. 이것은 결국 우리로 하여금 혹시 전통적인 신학적 인간론이 너무 자주 잠재적 편견들과 사각지대를 반영해오지 않았는지를 질문하게 한다. 예를 들어 유대인이거나 그리스인, 종또는 자유인, 남자 또는 여자라는 것은 우리의 인간됨의 개념을 어떻게 형성하는가(또는 해야만 하는가)? 인간의 "본성"에 대해 의문시되지 않던 편견들이 예전에는 마치 신적·창조적 승인을 받기라도 한 것처럼 자명하게 가정되었는데, 신학은 실제로는 그렇지 않다는 사실에 관심을 갖는다. 이전의 그와 같은 인간론적인 주장들(예를 들어 이성의 우월성)이 이제 와서 규범적인 창조에 대해 덜 말하고 초기 신학의 공식적 문구들의 배후에 놓인 권력구조와 편견에 대해 더 많이 말할 수 있을까? 이 관심은 신학적 인간론이

---

62) Ray Sherman Anderson, "Theological Anthropology," in *The Blackwell Companion to Modern Theology*, ed. Gareth Jones (Malden, MA: Blackwell, 2004), 89.

비인간적인 질서와 차별을 만들어내는 가설들에 저항하면서 작업해야 한다는 것을 보여준다.

20세기 후반에 이르러서는 점점 커지는 목소리들이 합창을 이루고 있다. 그것은 기독교적 인간론이 지금까지 백인 남성으로서 교육받고 부유한 개인에게 무의식적으로 편향되어 있었고, 만일 신학자들이 자신들의 관찰을 그런 치우친 선택의 대상들을 넘어서까지 확대했더라면 발견될 수 있었을 인간 실존의 참된 통찰을 평가절하했다는 염려의 목소리들이다. 아마도 기독교적 인간론은 경험 또는 정서를 무시해왔고, 또 우리를 형성하며 인간 본성에 심오한 방식으로 기여해온 개인적 역사와 가족사의 중요성을 인식하지 못했다. 여성주의적 탈구조주의(feminist poststructuralism)를 전적으로 수용하는 것은 아니지만, 돈나 티반(Donna Teevan)은 예를 들어 그런 비판들이 우리로 하여금 언어, 주관성, 정치학이 상호관련을 맺는 방식에 주의를 기울이도록 이끈다는 점에서 가치가 있다고 믿는다. 이 긍정적 진단은 "신학적 인간론에 비역사적으로 접근하려는 방법론을 강력히 비판할 것"을 요청한다. 동시에 이 진단은 어떤 사람들이 "여성의 경험을 여성신학에 중심적인 것"으로 삼으려고 시도할 때 야기되는 도전적인 문제들을 강조한다.[63] 남성적인 편견의 자리를 단순히 여성적인 편견으로 대체하는 것은 문제를 모면하는 것이 아니라 오히려 영구화할 뿐이다. 그녀는 보다 더 "사회적으로 근거된 인간성의 의식"을 추구하고, "인간의 주관성이 전적으로 사회적인 것은 아니라고 해도 역사적 조건 아래서 형성된 것"으로 본다.[64] 현대신학에 관심을 갖는 많은 이들이 이 견해에 공감하고 있다.

다른 하나의 사례는 그중 몇 가지 관심사가 보다 일반적인 창조와 다시 연결된다는 점을 충분히 제시한다. 앤 클리포드(Anne M. Clifford)는 여성의 강조와 자연의 강조 사이에 상호연관이 있다고 주장한다. "생태여성

---

63) Donna Teevan, "Challenges to the Role of Theological Anthropology in Feminist Theologies," *Theological Studies* 64 (2003): 582-97.
64) Ibid., 596.

주의"(Ecofeminism)를 대표하여 클리포드는 현대라는 시기의 대부분에 걸쳐 신학자들이 인간론에서 인간의 실존과 역사에 집중하면서, 약속된 구원과 "사회적·정치적 해방"의 렌즈를 통해 인간론을 연구하려고 했던 것에 염려를 표한다. 그녀는 "여성들의 하나님 경험과 관계의 특수성"이 상실되었거나, 아니면 최소한 그와 관련된 남성지배적인 대화에 의해 폄하되었다고 염려한다. 나아가 자연 자체는 "무시간적이고 정적인 배경"이 되었으며, 자연과 여성 양자를 무시함으로써 신학적 인간론은 불가피하게 왜곡되었다.[65] 클리포드는 가부장적 역사 안에서 성장해온 위계질서, 곧 남성/여성 그리고 육체/영혼이라는 이원론적 형식의 위계질서가 여성과 자연 양자가 지니는 인간론적 중요성에 해를 끼쳤다고 염려한다.[66] 대신에 클리포드는 연대감(solidarity)으로부터 출발하는 기독교적 인간론을 지지한다. 이것은 "다양한 문화, 인종, 계급의 사람들 간의 차이점, 그리고 인간과 다른 생명체 사이의 차이점이 무엇이든지 상관없이 그 차이를 지워버리지 않으려고" 애쓰는 통합의 노력을 대변한다.[67] 인간(또는 지구인)은 지구로부터 왔고, 지구에 의존한다. "인간적"이라는 것은 더 이상 "남자"를 의미하지 않는다. 그래서 이런 접근법은 이전의 남성지배적 기독교 역사에서 만났던 인간론들보다 더 충만한 인간론을 제시한다고 생각된다.

다른 사람들도 이전에 행해졌던 것보다 더 상황 참여적인 방식으로 인간론을 구성할 것을 강조했다. 해방신학은, 넓게 이해하자면, 인간론이 단지 과거에 대한 질문이어서는 안 되고 미래의 가능성들을 질문해야 한다고 주장한다. 왜냐하면 "해방의 과정에 참여하는 사람들이 표방하는 목표는

---

65) Anne M. Clifford, "When Being Human Becomes Truly Earthy: An Ecofeminist Proposal for Solidarity," in *In the Embrace of God: Feminist Approaches to Theological Anthropology*, ed. Ann Elizabeth O'Hara Graff (Maryknoll, NY: Orbis, 1995), 177; cf. 173-89.

66) Ibid., 178-80.

67) Ibid., 185.

'새로운 인간성을 창조하는 것'이기 때문이다."[68] 해방신학자들은 단지 우리가 누구인가만을 묻지 않고, 우리가 누구이어야 하는지를 묻는다. 이것은 인간의 질문이다. 하지만 구스타보 구티에레즈(Gustavo Gutiérrez, 1928-)에게 이것은 단지 하나의 정치적 혁명에 그치지 않았다. 오히려 그것은 성육신하신 말씀 때문에 가능하게 된 주장이다. 왜냐하면 성육신에서 우리는 "우리와 함께하시는 하나님"이 새 창조이고, 그래서 진정한 희망의 예시인 것을 보기 때문이다. "하나님의 임재와 하나님과의 대면 이 두 가지 모두는 인류를 미래로 인도하지만, 우리는 종말론적인 기쁨 가운데 이미 현재에 이것들을 경축한다."[69] 이런 개방성, 가능성, 그리고 위험의 감각은 또한 이본 게바라(Ivone Gebara, 1944-, 브라질의 수녀로서 철학자이자 여성신학자-역자 주)와 마리아 클라라 빙게머(María Clara Bingemer, 브라질의 평신도 여성신학자-역자 주)와 같은 해방신학자들에게서 반사된다. 이들은 이렇게 쓴다. "인간 존재는 우선적으로 정의나 본질이 아니라, 공간과 시간으로 표시되는 역사다. 인간 존재는 처음에 선했다가 나중에 타락한 것이 아니고, 처음에 비뚤어졌다가 나중에 구원받은 것도 아니다. 인간은 그런 분리와 갈등으로 가득 찬 바로 지금의 복잡한(complex) 실재이고, 그 본성은 제한되어 있는 동시에 제한이 없다."[70] 과거와 현재, 개인성과 사회성, 희망과 절망, 투쟁과 인내 등의 복잡성이 인간론의 그런 구상을 지배한다. 인간 존재는 반드시 이런 복잡한(complex) 그물망 안에서 이해되어야 하고, 철학자들이나 고전적 사고의 신학자들이 제기하는 비역사적 또는 비상황적으로 정의된 의미에서 이해되어서는 안 된다. 인간됨이라는 것은 하나님 그리고 이웃 앞에 존엄성과 책임을 가지고 서는 것, 그리고 이웃들에게 연결되면서도 그들

68) Gustavo Gutiérrez, *A Theology of Liberation: History, Politics, and Salvation* (Maryknoll, NY: Orbis, 1988), 106.

69) Ibid.

70) Ivone Gebara and María Clara Bingemer, "Mary," in *Systematic Theology: Perspectives from Liberation Theology*, ed. Jon Sobrino and Ignacio Ellacuria (London: SCM, 1993), 165-66; cf. 165-77.

로부터 구별되는 것이고, 그 이상 다른 어떤 것도 아니다.

어떤 사람들은 경험 세계와 과학 또는 인간적 피조물의 특수성에 보다 많은 주의를 기울이면서 인간론을 발전시키기 위해 노력했다. 반면에 20세기의 또 다른 사람들은 그런 노력들이 막다른 길이라고 믿었고, 대신 전혀 다른 방향을 향하기로 결심했다.

인간론: 기독론과 삼위일체에 근거되어 있다?

칼 바르트: 기독론에 기초한 인간론

20세기에는 인간의 기원과 과학적인 통찰력에 대한 새로운 견해가 강조되었고 지배적인 영향력을 행사했다. 그 가운데 칼 바르트는 대단히 다른 방향으로 움직였던 신학자의 아마도 가장 탁월한 사례일 것이다. 바르트가 그렇게 했던 것은 인간의 기원에 관련된 과학적인 발견을 의심해서 괴로움을 당했기 때문이 아니라, 그 발견들이 기독교적 인간론의 발전에 대해 신학적으로 그다지 중요하지 않다고 생각했기 때문이었다. 그렇게 기초된 신학적 인간론에서 바르트의 방법론과 접근법은 둘 다 혁명적인 것이었다.

간단히 말해 바르트는 인간론의 담론이 첫 번째 아담이 아니라 두 번째 아담 곧 예수 그리스도로부터 시작해야 한다고 주장한다. 단지 예수 그리스도만이 "현실적 인간"(real man, 이것은 바르트의 용어다)을 계시하셨고, 그래서 인간과 인간 세상을 괴롭히는 죄의 모순을 드러내셨기 때문이다. 바르트의 언어에 따르면 우리가 인간을—신학적으로—알게 되는 것은 우리가 하나님을 알게 되는 것과 같다. 두 경우 모두에서 우리는 성육신하신 하나님의 말씀이신 예수를 바라봄으로써 앎에 이른다. 하나님은 인류에게 말씀(speak)하시고, 말씀(Word)은 하나님이 창조하신 우주 안에서 오직 인류에게만 "그분의 목적을 나타내신다." 인간은 오직 말씀을 통해서만 인간 자신을 알 수 있다.[71] 하나님이 만물의 창조자와 주님이신 것에는 의심의 여지가 없다. 하지만 오직 인간만이 야웨와의 독특한 교제로 소환되고, 인간에게만 말씀이 주어지며, 인간만이 응답하도록 부르심을 받고 있다.[72] 바르트는 "정확한 정보와 적합한 자료들"을 가지고 있는 과학을 반대하지는 않는다. 하지만 그런 과학적 결론들은 인간 실존과 현실성을 **상정**(assume)하며, 그래서 과학은 결국 인간적인 노력의 산물일 뿐이다.[73] 다른 한편으로 바르트의 신학적 인간론은 인간이 단지 우주에 의해 결정된 것으로—그런 유기체적인 결정성을 부정하지는 않지만—여기지 않고, 오히려 하나님과 인간 사이의 관계에 의해 결정되는 것으로 본다. "인간은 하나님과 인간 자신의 관계가 하나님의 말씀 안에서 계시되었다는 사실에 근거하여 신학적 지식의 대상이 된다."[74] 실제로 인류는 "부름을 받았기" 때문에, 말씀을 받는다. 바르트에게 이것은 "선택되었기 때문에 부름 받고 있음"을 의미하고, 그리고 오직 "부름을 받은" 인간(인류)만이 "현실적이다." 왜냐하면 여기서 인간성이 "깨워지고", "요청되기 때문이다."[75] 말씀에 대한 이런 강조는 바르트의 기독론에서 기원하며, 우리를 특별히 "예수의 인성"으로 인도한다. 우리는 여기서 바르트의 다층적이고 시사적인 인간론을 풀어헤칠 시간은 없지만, 몇 가지 요점을 적절히 조명할 필요는 있다.

---

71) Barth, *CD* III/2, 16-19.
72) 나중에 바르트가 말하는 것처럼 "사람은 하나님에 의해 소개되고 부르심을 받고 소환되는 피조된 존재다. 사람은 하나님이 직접적으로 하나님 자신을 그에게 알려주시고 하나님 자신과 그분의 뜻을 계시하시며, 그래서 인간 자신의 존재의 의미와 운명을 알려주신다는 것을 알고 있는 존재로서 다른 모든 타자들 가운데 있는 존재다"(Ibid., 149).
73) Ibid., 24. 많은 현대신학이 변증학적인 관점에서 접근했던, 인간의 본성에 대한 질문과 관련된 바르트의 후기 담론을 참조하라. 그 담론의 시작에서 바르트는 자연주의와 "자기인식"의 한계에 대해 특별한 관심을 제기한다(Ibid., 79-96, 200).
74) Ibid., 19. 다른 인간론들과 신학적 인간론 사이의 이런 역동적인 구별에 대해 III/2, 단락 43 전체를 보라.
75) Ibid., 150.

첫째, 바르트는 이렇게 주장한다. "신학적 인간론이란 기독론 위에 기초를 건설하는 것이며, 그 이상도 그 이하도 아니다."[76] 대니얼 프라이스(Daniel Price)가 관찰했듯이, 정통적인 신학자들과 성직자들은 우리가 예수 그리스도를 바라볼 때 하나님이 어떤 분이신지를 보게 된다고 주장하지만, 바르트는 이에 더하여 바로 그 예수 안에서 우리는 또한 "우리가 누구인지도 발견한다"고 주장한다.[77] 바르트의 말로 하자면 "예수는 하나님이 뜻하셨고 창조하셨던 그대로의 인간이다. 우리 안에 참된 인간적 본성을 구성하는 것은 그분 안에 있는 본성에 의존한다."[78] 바르트는 여기서 인간성의 구성요소가 다양한 재능의 조합이라고 설명하지 않는다. 오히려 인간성은 육신이 되신 말씀 안에 근거하는, 하나님에 대한 독특한 관계성 안에 존재한다. "하나님의 말씀에 의해 부르심을 받는 인간 존재보다 앞서는 것은 오로지 하나님과 그분의 말씀뿐이다. 그것은 인간 예수의 실존 안에 계신 하나님이다.…우리는 하나님을 우리의 창조자로 모시는 그런 인간이며, 그분의 말씀이신 저 한 사람과 더불어 그렇게 말씀하시는 분의 소유인 인간이다."[79] 바르트는 인간 실존을 고대의 조상이 아니라 육신이 되신 말씀의 현실성 안에 근거시킨다. 이런 방식으로 바르트는 인간중심적인 신학들에 저항하면서도 여전히 자신의 신학을 특별한 한 사람, 곧 하나님의 계시인 인간 예수 그리스도에게 집중시킨다. 바르트의 접근방법이 성공적인지에 대해 모든 사람이 동의하지는 않을 것이지만, 대부분의 신학자들은 인간론을 기독론에 근거시킴으로써 바르트가 무언가 새로운 과제를 수행해냈다는

---

76) Ibid., 44. 예를 들어 *CD* II/1, 155-56; III/2, 552-53, 571을 참조하라. 또한 Karl Barth et al., *Letters, 1961-1968* (Edinburgh: T&T Clark, 1981), 350-51에 있는 기독론과 인간론의 관계에 관련하여 바르트에게 응답하면서 판넨베르크가 보낸 편지(1965년 5월 9일)를 보라.

77) Daniel J. Price, *Karl Barth's Anthropology in Light of Modern Thought* (Grand Rapids: Eerdmans, 2001), 19.

78) *CD* III/2, 50.

79) Ibid., 151.

것에는 동의한다. 바르트의 작업은 과연 그것이 성공적인가 그렇지 않은가
의 분석과 함께 계속해서 진지한 고려의 대상이 될 만한 가치가 있다. 기독
론의 토대 위에 세워진 바르트의 인간론에 대한 가장 잘 알려진 비판자들
은 에밀 브룬너(Emil Brunner, 1889-1866)와 베르카우어(G. C. Berkouwer,
1903-1996)다. 다른 몇 사람 역시 바르트의 기여를 인정하면서도 이 두 사
람이 초기에 반대했던 주장 가운데 몇 가지를 계속 반복한다.[80]

둘째, 바르트는 인간론을 기독론으로부터 지나치게 단순하고 직접적이
고 조야한 방식으로 연역해내는 것을 경고한다.[81] 성육신하신 주님은 어떤
포괄적(generic)인 인간이 되신 것이 아니라, 바로 그 사람 예수, 곧 현실적
이고 개별적인 한 인간이 되셨다. 피상적인 외형과 잘못된 선험적 가정들
너머에 있는 "인간"(인류)을 알려면, 우리는 예수의 본성을 알아야 한다. 왜
냐하면 오직 예수만이 인류의 진정한 본성을 드러내기 때문이다. "이 사람
이 '인간'이다!"[82] 신학에 놓인 한 가지 위험은 예수의 참되고 완전한 인성
을 희생시켜 타협하려는 유혹이다. 그렇게 하는 것은 진정한 인성 그리고
예수와 우리와의 연결에 대한 이해를 희생시켜 타협하는 것이 된다. 예수는
한 사람의 **특수한**(particular) 인간이었고, 하나님은 바로 그 방식으로 인간
이 되셨는데, 바로 우리를 위한 인간이 되셨다. 그런 이유에서 바르트는 하
나님의 아들이 타락하지 않은 본성보다는 우리의 "타락한 본성"을 (비록 죄
를 범하지는 않으셨지만) 취하셨다고 말한다. 바르트는 심지어 타락하지 않은
본성은 존재하지 않는다고 생각한다. 예수는 인간, 곧 현실적인 인간이 되
심으로써 죄 있는 인간의 육신을 취하셨고, 그것을 죄로부터 구원하고 해방
시키신다.

---

80) 앙리 블로셰는 "인간론을 기독론 위에 근거시키려는 바르트의 결심은 바르트의 논의
    에서 가장 독창적인 특징을 나타낸다"라고 주장한다. Henri Blocher, "Karl Barth's
    Anthropology," in *Karl Barth and Evangelical Theology: Convergences and
    Divergences*, ed. Sung Wook Chung (Grand Rapids: Baker Academic, 2006), 101.
81) 예를 들어 *CD* I/1, 131; III/2, 71-72, 222.
82) *CD* III/2, 43.

셋째, 예수의 인성 안에서 우리는 인간성의 역설과 약속을 발견한다. 바르트는 인성에 대한 연구가 창조와 죄, 깨짐과 속량 사이의 모순을 포함해야 한다는 틸리히의 주장에 기본적으로는 동의한다. 그러나 바르트의 사상적 전개는 틸리히의 것과 매우 다르다. 예수의 인성은 심판과 희망을 동시에 제시한다. "예수의 인성은 우리에게서 우리 자신의 인성을 피하게 해주고 금지시킨다." 여기서 우리는 일종의 변증법을 만난다. 죄의 종말, 그리고 용서와 은혜의 현실이 예수 안에서 발견된다.[83] 오직 예수 안에서, 오직 그분의 인성 안에서 우리는 죄 없는 인성을 발견한다. 그것은 하나님과 평화 가운데 있고, 그래서 우리가 그토록 피하기를 갈망하는 "자기모순"과 "자기기만"이 없는 인성이다. "예수 안에 있는 인간 본성의 무죄성, 순결성, 자유는 그분이 바로 자신의 본성에는 낯선 죄를 짊어지고, 자기 자신을 우리와 함께 정죄되고 배척되도록 한다는 사실에 정확히 놓여 있다. 그러므로 우리의 인간적 본성 안의 죄는 예수에 의해 단지 덮어지는 것이 아니라 오히려 올바르게 제거되고 파괴된다."[84] 다른 곳에서 바르트는 이렇게 첨가한다. "하나님의 본성은 그분이 긍휼을 자유롭게 보이시는 분이기에 언제나 또 다시 긍휼을 보이실 것이라는 사실에 있고", 그 본성은 궁극적으로 "효력을 나타내고 볼 수 있도록 드러나게" 된다. 하나님께서는 "인간을 하나님 자신의 영광으로 옷 입히기 위해 그분 자신이 인간이 되셔서 인간의 짐을 취하고 제거하심으로써, 먼저 인간 예수를 긍휼히 여기셨고 그 안에서 모든 인간에게 긍휼을 보이셨다."[85] 하나님의 본성은 바로 그 사실에서 나타나고 가시적이 된다. 우리는 예수를 바라본다. 그분은 인간성을 하나님께서 창조하시고 구속하신 본래의 것으로 만들기 위하여 우리의 죄를 짊어지고 화해 사건을 성취하신 분, 곧 "사법적인 용서"를 가져오신 분이다.[86] 나아가 예수

---

83) Ibid., 47.
84) Ibid., 48,
85) *CD* II/2, 219.
86) *CD* III/2, 49.

는 참 인간일 뿐만 아니라 또한 참 하나님이시다. 그래서 인간이 누리는 하나님과의 교제는 항상 그리고 오직 예수 안에서 발생하는 것으로 이해되어야 한다. 오직 예수 안에서 우리는 존엄성과 우리에게 약속된 용서를 바라볼 수 있다. 왜냐하면 그분은 살아 계신 하나님이시고, 진정한 예언자, 제사장, 왕이시고, 위대한 대표자와 수여자이시며, 하나님과 인간 사이의 유일한 중보자이시기 때문이다. 바르트는 인간 본성에 대한 어떤 선험적·일반적·철학적인 추상으로부터가 아니라 개별적인 인간 예수로부터 인간론을 전개한다. 그때 그는 단지 예수의 "인성"만 살피는 것이 아니라 예수를 "한 인간"으로 검토하면서 작업한다.[87]

넷째, 예수의 인간성은 관계적이다. 즉 예수는 다른 사람을 위해 존재한다. 예수의 신성은 그분을 우리에게 단지 "하나님을 위한 인간"으로만 제시하는 것이 아니다. 오히려 "예수의 인성과 관련하여 예수는 인간을 위한 인간, 다른 사람을 위한 인간, 동료들을 위한 인간으로…묘사될 수 있고 묘사되어야 한다."[88] 예수는 부분적·우연적이 아니라 "본래적·배타적·총체적으로" 항상 타자를 위한 인간으로 이해된다.[89] 바르트는 여기서 예수의 인성이 시작부터 그리고 항상 동료 인간(인류)을 위한 것임을 강조한다. "다른 사람들을 향한 방향성과 그들과의 상호관계는 우연적·외재적·후속적이지 않고 우선적·내재적·필연적이다."[90] 예수의 (하나님 사랑과 이웃 사랑의) 두 가지 주요 계명의 체현은 우리의 현실적인 인간성을 드러내주고 확립해 준다. "인간됨"은 동료 인간들을 위하고 그들과 함께하는 존재가 되는 것이다. 그래서 바르트는 예를 들어 "나는 ~이다"라는 성서적·철학적 의미를 다분히 함축한 구절을 창조적으로 탐구한 뒤, 그것이 "나는 대면 가운데 있다"

---

87) Ibid.
88) Ibid., 208.
89) Ibid.
90) Ibid., 210.

라고 표현될 수 있다고 결론짓는다.[91] 이것은 소외에 앞서거나 또는 그것에 뒤따르는 우연적인 대면이 아니다. 오히려 "나의 존재의 바로 그 근저에서, 그리고 바로 그 시초로부터 나는 당신(Thou)의 존재와 대면하는 가운데 있다." 그리고 이것은 필연적으로 한 사람을 자신의 동료 인간에게로 인도한다. 바르트는 최종적 결과를 이렇게 말한다. "우리는 동료 인간을 배제한 인간성에 반대해야 한다."[92] 이 반대의 몇 가지 유형을 자세히 설명하면서 바르트는 소외, 옹졸한 관료주의, 다른 사람을 배려하지 않는 것, 다른 사람의 눈을 바라보지 않는 것, 그리고 상호간의 청취와 대화의 실패, 또는 어려움에 처한 타인을 돕는 일에 관여하지 못하는 실패 등의 비인간적인 결과를 논의한다. "인간은 타자를 위한 이런 존재를 포함하지 않는다면, 인간적일 수 없다."[93] 인간성, 곧 현실적 "인간"은 동료 인간들과의 사랑 가운데 있도록 하나님의 부르심을 받고 있다.[94]

바르트의 인간론에 대해 훨씬 더 많은 것을 말할 수도 있지만 우리는 인간론을 신학, 특별히 기독론 위에 구축하는 바르트의 작업을 살펴보았다. 그런데 그 작업은 그의 삼위일체 하나님의 교리와 분명한 관계가 있다. 많은 신학자들이 인간론을 삼위일체론과 연결시켰는데, 그들 가운데 다수가 바르트로부터 기본적인 통찰을 얻었다.

최근의 삼위일체론적인 강조점들

1894년에 일링워스(J. R. Illingworth, 1848-1915)는 "인간적 인격성과 신적

---

91) Ibid., 247.
92) Ibid.
93) Ibid., 260.
94) 콜린 건튼은 바르트의 선례에 따라 나에게 "인간"(man)이 독특한 신학적 단어이며, 어느 때도 회피되어서는 안 된다고 상기시켜주곤 했다. "인간"은 특수성과 보편성 양자를 전달할 수 있는 흔하지 않은 단어이다. 그러한 이중적 기능은 종종 바르트에 의해 채택되는데, 예를 들어 바르트가 인간론과 기독론 사이의 연결을 분명하게 드러낼 때 그렇다.

인격성"이라는 제목으로 뱀톤 강좌(Bampton Lectures)를 행했다.[95] 유니테리언(Unitarian)은 흔히 자신들의 신론적 구상이 신비주의적인 삼위일체론보다 단순하기 때문에 더 설득력이 있다고 믿는다. 일링워스는 이에 반대하는 논쟁을 벌이면서, 삼위일체는 "이해 가능한 방향으로 움직이고 있다"고 말한다. "이유는 단순하다. 삼위일체는 우리 자신의 인격성(personality)이 가리키는 바로 그것이기 때문이다. 바로 우리 자신의 인격성이 삼위일체적이다."[96] 여러 방식으로 아우구스티누스를 생각나게 하면서 일링워스는 인간의 인격성이 주체, 대상, 양자의 관계라는 삼중적 형식에 근거한다고 설명한다. 이런 형태의 설명은 "관계"를 특화하면서 고립된 단일 실체가 결코 실현할 수 없는 역동성을 부여한다. 한 인간이 온전해지려면, 그는 개인을 넘어서거나 그 바깥에 있는 것(예를 들어 가족과 같은 인간적인 관계)을 필요로 한다. 그러나 하나님께서는 그런 역동성을 실현하기 위해 어떤 외부적인 것을 필요로 하지 않으신다. 왜냐하면 하나님은 자신 안에 필요한 모든 조건을 갖고 계시기 때문이다. "단일성 가운데 계신 삼위, 인격적 존재의 모든 조건이 자기 자신에게 내재적인 사회적 하나님"[97]이신 삼위일체 하나님은 먼저 자기 자신 안에서, 그 다음에 타자들을 향해 인격적이다. 반면에 인간들은 단지 타자들과 관계할 때만 인격적이다. 다른 말로 하면 신적 인격성과 인간적 인격성 사이에는 모종의 유사성이 존재한다. 이것은 "하나님 그리고/또는 우리"라는 비교의 숙고를 탐구하는 문을 열어주는데, 그것은 깊이 조명할 수 있는 것으로 입증된 숙고다.

---

95) 크리스토프 슈뵈벨(Christoph Schwöbel)과 브라이언 혼(Brian L. Horne)이 처음으로 이 책에 대해 내 주의를 환기시켜주었다. 두 사람은 각각 Christoph Schwöbel and Colin E. Gunton, *Persons, Divine and Human: King's College Essays in Theological Anthropology* (Edinburgh: T&T Clark, 1991), 1-3과 65-67에서 유익한 방식으로 그것을 토론하고 요약해준다.

96) J. R. Illingworth, *Personality, Human and Divine* (London: Macmillan, 1894), 74. 또한 Schwöbel and Gunton, *Persons, Divine and Human*, 2에서 인용된다.

97) Illingworth, *Personality*, 75.

20세기가 끝나갈 즈음에 삼위일체론에 대한 강조는 사라지는 것이 아니라 오히려 더 커지는 중이었는데, 이것은 부분적으로는 칼 바르트의 엄청난 영향의 결과였다. 모든 사람이 바르트의 인간론에 동의한 것은 아니지만, 바르트는 어떤 신학자에게나 신론과 특별히 기독론을 인간론과 연결시키는 대화를 완전히 새로운 형태로 만들어주었다. 사실 20세기의 마지막 25년 동안 그 연결에 대한 연구는 정말로 번창했지만, 그러나 심각한 비판이 없었던 것은 아니었다. 인간론을 삼위일체와 연결하려는 시도는 공동저작인 『신적이고 인간적인 인격들』(1991)과 스탠리 그렌츠(Stanley Grenz, 1950-2005)의 『사회적인 하나님과 관계적 자아』(2001)와 같은 책들에서 계속되었다. 이와 비슷하게 레오나르두 보프(Leonardo Boff, 1938-)는 『삼위일체와 사회』(1988)라는 책에서 인간이 필연적으로 거주하지 않을 수 없는 개인적인 영역을 사회적 또는 정치적 영역과 연결하는 것을 검토한다. 보프는 하나님의 삼위일체가 인류의 "총체적 해방"을 위한 기초를 제공하는지를 탐구하면서, 가난한 자들에게 주어진 특별한 관심과 약속에 주목한다. 가난한 자들의 존엄성(어떤 사람들은 "인권"을 더할지도 모른다)은 종종 죄악된 사회 구조에 의해 침해당하고 있다는 것이다. 다시 말해 삼위일체는 인간의 사회적 실존을 현실적으로 이해하는 기초를 제공한다. 삼위일체를 인간론과 연결하는 작업은 점점 탄력이 붙고 있다. 그리고 이 작업은 심리학으로부터 사회학에 이르는 넓은 범위의 주제들을 포함하면서, 인간 존재에 대한 신학자들의 이해에 영향을 미치고 그것을 변혁시키고 있다.

존 지지울라스: 존재 – 신적인 측면과 인간적인 측면

그리스의 신학자 존 지지울라스(John D. Zizioulas, 1931-)만큼 인간론과 삼위일체의 관계 연구에서 시사적이고 영향력 있는 사람은 별로 없을 것이다. 그는 페르가몬(Pergamon)이라는 대도시의 주교다. 그의 연구는 초기 교회 교부들, 특별히 아타나시오스와 카파도키아 교부들(위대한 바실리오스, 나지안주스의 그레고리오스, 니사의 그레고리오스)로부터 영감을 받았다. 어떤 사람들은 이 교부들의 자료에 대한 그의 해석에 이의를 제기하지만, 우리의 개관에서 중요한 것은 역사적인 자료들을 다루는 그의 정확성 여부가 아니라 인간 실존에 대한 결과의 그림이다. 『교제로서의 존재』(1985)는 이 토론에서 여전히 지지울라스의 중요한 공헌으로 남아 있고, 그의 보다 최신 저서인 『교제와 타자성』(2006)은 그의 사상을 충실하게 하면서 불길에 연료를 더 공급하고 있다.[98]

지지울라스에게 존재론(존재, being)의 질문들은—특별히 그것이 인간론과 관계될 때—하나님에 관한 질문과 분리될 수 없다. "존재한다"(to be)는 것이 무엇을 의미하는지 이해하는 것은 우리가 어떤 개별적인 **사물**을 분리하고, 그 사물로부터 가능한 한 많은 것을 삭제한 뒤, 그 다음에 여러분이 어떤 숨겨진 본질을 발견할 것이라고 기대함으로써 대답할 수 있는 철학적 질문이어서는 안 된다. 오히려 존재론은 모든 존재의 근원이신 영원한 삼위일체 하나님과 함께 시작한다. 아버지·아들·영이신 하나님의 **존재**는—어떤 숨겨진 본질이 아니라—존재론적 논의를 위한 적절한 출발점이다. 이 방법론은 신학자들이 인간론을 창조자와 함께 시작하는 것이 아니라 고립된 창조와 더불어 시작할 때 야기되는 문제들을 고려한다. 하나님은 인격이시다. 이것은 어떤 추상적인 "실체" 때문이 아니라, 그분이 아버지이시고, 영원히 아들을 낳으시고, 성령을 산출하시는 분이기 때문이다.[99] 결과적

---

98) John D. Zizioulas, *Being as Communion: Studies in Personhood and the Church*, Contemporary Greek Theologians 4 (Crestwood, NY: St. Vladimir's Seminary Press, 1985); John D. Zizioulas, *Communion and Otherness: Further Studies in Personhood and the Church*, ed. Paul McPartland (London: T&T Clark, 2006). 그의 원저작의 핵심은 프랑스어 책 *L'Etre Ecclesial*, Perspective Orthodoxe 3 (Geneve: Labor et Fides, 1981)에 있는 그의 초기 논문들로부터 발전시킨 것이다. 지지울라스의 논문 "On Being a Person: Towards an Ontology of Personhood," in Schwöbel and Gunton, *Persons, Divine and Human*, 33-46을 보라.

99) 예를 들어 Zizioulas, *Being as Communion*, 44-49.

으로 하나님(아버지·아들·성령)에게는 **존재하는 것**(to be)이 곧 **교제 가운데 있다는 것**(in communion)이다. 하나님은 그런 삼위일체의 사랑과 자유 안에 존재하시며, 따라서 모든 피조물과 특별히 하나님의 형상으로 창조된 자들은 자신들의 존재론적인 기초를 그들 안에 심겨진 어떤 "존재"보다는 지속적이고 영원한 삼위일체의 사랑과 교제에 대한 관계 안에 두고 있다.

삼위일체론을 출발점으로 선택하는 것과 관계된 이런 기본적인 관찰은 인간론에 여러 가지 의미를 선사해준다. 지지울라스가 신학적 질문을 소개하고 연결하기 위해 선택하는 순서는 그의 인간론에 독특한 형식과 내용을 부여한다. 그는 하나님으로부터 시작하여 교회론으로 나아가고, 이어서 인간론을 다룬 후 다시 구원론으로 돌아간다. 인간은 자존적이 아니라 항상 의존적으로 남아 있다. "하나님의 존재와 인간의 존재 사이에는 피조성이라는 간격이 남아 있다. 피조성은 정확하게 인간의 모든 존재(being)가 그에게 **주어졌다**는 것을 의미한다."[100] 그러므로 우리의 존재는 "주어진"(given) 것이고 지속적으로 유지되지만, 그것은 우리가 독자적으로 소유할 수 있는 정적인 선물이 아니다. 특별히 우리는 하나님의 본래적인 "나는 존재한다"(I am)로부터 파생한 형상들로서 "존재한다"(we are).

물질주의 과학의 환원론적 방법론을 채택하는 대신 지지울라스는 인간을 동물의 왕국의 다른 구성원들과는 구별된다는 의미로 정의하면서, 인간 존재를 주로 교회적이고 구원론적 의미에서 다룬다.

> 어떤 인간 존재는 교회의 구성원이라는 사실로부터 "하나님의 형상"이 되고, 그는 하나님 자신이 존재하시듯이 존재하며, 그는 하나님의 "존재방식"을 취한다.…그것이 세계와 함께하고, 다른 사람들과 함께하고, 하나님과 함께하는 관계의 방식이며, 교제의 사건이다. 그래서 이것은 인간 존재가 왜 개인의 성취로

---

100) Ibid., 47.

는 실현될 수 없고 오직 교회적인 사실로서 실현될 수 있는가 하는 이유다.[101]

지지울라스가 이런 입장을 취한 것은 그가 개인주의적인 육체적 구성요소보다 **관계**에 보다 더 관심을 가졌기 때문이다. 여기서 관건은 인격성(*hypostasis*, personhood)이다.[102] "인격성"의 생존은 필연적으로 신성화(*theosis*, divinization)에 관계된다. 신성화는 "하나님의 본성이나 실체에 참여하는 것이 아니라 하나님의 인격적인 존재에 참여하는 것"을 의미한다.[103] 우리는 어떤 신적인 실체를 취하는 것이 아니라, 하나님과 인간의 관계 안으로 들어간다. 그러므로 "구원의 목표는 하나님 안에서 실현되는 인격적 생명(삶)이 인간의 실존적 수준에서 실현되는 것이다. 결과적으로 구원은 인간 안에 있는 인격성의 실현과 동일하게 된다."[104] 여기서 우리는 지지울라스가 삼위일체, 인간론, 교회론, 구원론을 4중적으로 연결하는 것에 유의해야 한다.

지지울라스는 "하나님의 형상"을 교회라는 용어로 정의하는 자신의 이론이 교회 밖에 있는 사람들의 인간성을 의문시할 수 있음을 인정한다. 지지울라스는 자신의 이론이 교회 밖에 있는 사람들은 하나님의 형상을 지니지 않았다는 것을 의미하는가라는 질문에, 초기 교회 교부들은 항상 두 가지 양식의 서로 다른 실존을 인정했다고 대답한다. 1) 생물학적 실존의 인격성, 2) 교회적 실존의 인격성이 그것이다. 전자는 우리 모두에게 공통적이다. 하지만 그것은 그것 자체를 넘어서는 곳을 지시한다. 왜냐하면 교회적인 실존이 없는 개인은 "비극적인 인물"이기 때문이다. 죄와 타락은 우

---

101) Ibid., 15. 다음을 참조하라. "교회 안에 있는 사람이 '하나님의 형상'이라는 사실은 거룩한 삼위일체의 **경륜**, 즉 그리스도와 성령의 **역사** 안에서 발생하는 신적 사역에 따른 것이다"(Ibid., 19).
102) 의심할 바 없이 지지울라스도 인간의 육체성에 대한 강한 확신을 가지고 있다. 이것을 지지울라스는 특별히 성만찬의 개념에 연결시킬 것이다.
103) Zizioulas, *Being as Communion*, 49-50.
104) Ibid., 50.

리의 "교제 의존적 존재"에 대한 인간적 저항을 뜻하고, 그래서 우리는 그리스도의 몸 안에서 드러나는 하나님의 진리와 교제를 필요로 한다.[105] 오직 교회 안에서 세례 그리고 그다음에 성만찬을 통해 구성원이 되면서 우리는 위로부터 태어난다. 이것은 우리를 위한 복된 소식이다. 여기에 현실적인 인격성이 존재한다. 생물학적인 실존은 오직 교회 안에서만 실현된다. 그렇기 때문에 초기 교회 교부들은 교회를 어머니로 보았다. 여기서 논의는 인간성의 생물학적인 측면을 부정하자는 것이 아니고, 다만 우리의 **존재**(being)가 비생물학적인 방식으로, 즉 교회 안에서의 영적 교제를 통해 온전함에 도달한다고 주장할 뿐이다. 그 교제는 "우리의 실존에 현실적 존재를 선사하며 참된 존재론, 즉 영원한 생명을 부여한다."[106] 그러므로 "인간적 인격에 대한 인격·실체적(hypostatic)인 표현"은 진정한 해방과 공동체를 연합시키는 유일한 길이다.

그렇기 때문에 인간의 인격성은 오직 종말론적으로만 완전하게 이해될 수 있다. 왜냐하면 교회적 인격의 일상적 실존은 사실상 생물학적인 것과 전혀 다른 것으로 보이는 것은 아니기 때문이다. 이것은 교회적인 것이 생물학적인 것을 폐기하는 것이 아니라, 인간 실존에 종말론적인 것을 소개한다는 것을 뜻한다. "인간은 교회적인 정체성 안에서 현재의 존재로서가 아니라 미래에 이루어질 모습으로서 존재하는 것처럼 보인다."[107] 이것은 우리를 지지울라스가 "성례전적 또는 성만찬적 인격성(*hypostasis*)"이라 부르는 것으로 인도한다. 다시 말해 성만찬 안에서 우리는 육신에 따른 가족적·생물학적 제약들을 상실한다. 왜냐하면 성만찬은 우리를 그리스도의 몸 전체에 연합시킴으로써 우리의 생물학적 범주의 배타성을 초월하기 때문이다. 결과적으로 "인격의 진리와 존재론은 미래에 속하는 동시에 미래의 형

---

105) Ibid., 102.
106) Ibid., 63.
107) Ibid., 59.

상들이다."[108]

이와 같은 교회론적 체계는 우리를 단지 하나님만이 아니라 다른 기독교인들과도 연결한다. "하나의 인격이 된다는 신비는 여기서 타자성과 영적 연합이 서로 모순되는 것이 아니라 하나로 일치된다는 사실에 있다."[109] 즉 우리의 연합은 획일성의 연합이 아니라 사랑의 관계 안에서 타자와 연합하는 것이다. 이것이 "교제로서의 진리"다. 그렇게 이해될 때 인간의 인격성은 타자성과 분리되는 것이 아니라, 오히려 타자성을 확증한다. 죄는 파편화와 소외 등을 초래하면서 분리시킨다. "자기 자신에게만 남겨진 인간 존재는 인격일 수 없다."[110]

인간론에 대한 삼위일체적 접근이 폭넓게 확증된다

1983년에서 1988년까지 영국 교회협의회의 연구위원회는 오늘날 삼위일체론의 중요성을 탐구하기 위한 모임을 가졌다. 그 그룹은 로마 가톨릭과 정교회, 침례교회와 퀘이커교도, 영국 국교회와 연합 개혁교회 등 다양한 교단의 구성원들로 이루어졌다. 보고서는 인간론을 삼위일체에 연결시켰고, 인간론이 교회와 사회에 대해 지니는 특별한 의미를 도출했다. 이것은 지난 2, 3백 년 동안 대중적인 사고방식을 지배했고 20세기 말에는 기독교적 인간론에 엄청난 도전을 가했던 몇 가지 성향에 주목했다. 예를 들어 계몽주의 이후의 개인주의는 인간을 (이를테면 지성이나 육체의) 능력이라는 의미로 정의하는 경향이 있었는데, 그것이 자율성을 제공한다고 주장했다. 그러나 실제로 그것은 인간 존재의 온전함을 허무는 고립과 갈등을 만들어내고 있다. 반면에 집단주의는 개인을 그룹에 종속시키고, 그래서 자유의 가치를 훼손하고 통일성을 성취하려는 노력 가운데 구성원들의 개성을 묵

108) Ibid., 62.
109) Ibid., 106.
110) Ibid., 107.

살한다.[111] 그러나 우리가 다른 사람을 진정으로 사랑하려고 한다면, 우리 자신의 자유와 개성을 필요로 한다.

그 연구위원회에 따르면 삼위일체 하나님이 인격적으로 존재하시는 방식을 제대로 아는 것은 사회와 그 특수한 구성원들의 관계에 대해 반문화적이지만 유망한 형식을 제공한다. "삼위일체이신 하나님은 비인격적인 집단도 아니고 개체들의 집합도 아니며, 단일하고 고립된 존재도 아니시다. 삼위일체의 세 인격은 자유와 사랑의 교제 관계 안에서 결합되어 있다."[112] 위원회는 삼위일체 신학으로부터 도출된 인간론이 두 가지 요점을 유지해야 한다고 주장한다. 1) 인간론은 "각자의 특수성과 독특성을 보존해야 한다." 2) 인간론은 사회적인 관계를 반대하거나 허무는 특수성을 허용해서는 안 되며, "어떻게 특수한 존재가 다른 특수한 존재들과의 관계로부터 도출되는지를 보여주어야 한다."[113] 이와 같은 인간론은 인격적 존재의 중심에서 관계성과 상호성을 본다. "인간의 인격성은 교회 안에서, 그리고 다른 형태들의 진정한 공동체 안에서, 성령의 현존을 통해 실현될 수 있다. 그러므로 우리는 참된 인격성이 하나님의 선물이라고 말할 수 있다."[114] 결론적으로 위원회는 그와 같은 인간론의 주요한 기여가 오직 삼위일체 하나님의 이해를 통해 우리 자신과 상대방을 이해할 수 있다는 생각, 그리고 "서로 함께할 수 있고 서로를 위할 수 있는 우리의 자유, 모든 사람의 타자성, 개별성, 독특성을 존중하는 우리의 관계, 우리가 맺는 자유롭고 특수한 관계

---

111) 보다 충분한 문화적 비판과 신학적 제안을 보려면 그 위원회의 한 구성원이었던 콜린 건튼의 책 *The One, the Three and the Many: God, Creation and the Culture of Modernity: The Bampton Lectures 1992* (Cambridge: Cambridge University Press, 1993)을 참조하라.

112) British Council of Churches, *The Forgotten Trinity: The Report of the BCC Study Commission on Trinitarian Doctrine Today* (London: British Council of Churches, 1989), 2:28-29.

113) Ibid., 1:21.

114) Ibid., 22.

를 통해 실현되는 교제" 등도 바르게 이해할 수 있다는 생각에서 온다고 믿는다.[115]

"관계성"을 인간의 "인격성" 이해의 핵심으로 삼는 것이 지닌 장점에도 불구하고, 그것에 가능한 단점에 대한 염려도 점점 더 커가고 있다.[116] 내재적 삼위일체(내면을 향한 하나님, [God *ad intra*])와 인간의 사회적 관계 사이에 그런 직접적인 유비가 정당할 수 있는지에 대한 토론은 최근 수십 년 동안에 신학적 인간론에 관한 대화를 크게 자극했다.[117] 신학자들은 우리가 삼위일체적 전망이나 전제들을 인간론에서 어떻게 사용해야 하는지에 대해 다양한 주장과 의견을 내놓고 있지만, 모든 신학적 인간론이 어떤 방식으로든 그 전망들과 전제들을 고려해야 한다는 데는 동의하고 있다.[118]

---

115) Ibid., 25.

116) 예를 들어 Edward Russell, "Reconsidering Relational Anthropology: A Critical Assessment of John Zizioulas's Theological Anthropology," *International Journal of Systematic Theology* 5, no. 2 (2003): 168-86; Harriet A. Harris, "Should We Say That Personhood Is Relational?" *Scottish Journal of Theology* 51, no. 2 (1998): 214-34; Julian N. Hartt, "The Situation of the Believer," in *Faith and Ethics: The Theology of H. Richard Niebuhr*, ed. Paul Ramsey (New York: Harper, 1957), 225-45; Alistair I. McFadyen, "The Trinity and Human Individuality: Conditions for Relevance," *Theology* 95 (1992): 10-18을 보라.

117) 예를 들어 개리 디도(Gary Deddo)의 최근의 논문 "Neighbors in Racial Reconciliation: The Contribution of a Trinitarian Theological Anthropology," *Cultural Encounters* 3, no. 2 (2007): 27-46.

118) 켈시(Kelsey)의 두 권으로 된 책인 *Eccentric Existence* 전체에 걸쳐 전개되는 이 주제에 대한 토론을 보라. Alistair I. McFadyen, *The Call to Personhood: A Christian Theory of the Individual in Social Relationships* (Cambridge: Cambridge University Press, 1990); Ian A. McFarland, *Difference and Identity: A Theological Anthropology* (Cleveland: Pilgrim, 2001); Tom Smail, *Like Father, Like Son: The Trinity Imaged in our Humanity* (Grand Rapids: Eerdmans, 2006); John Webster, "The Human Person," in *The Cambridge Companion to Postmodern Theology*, ed. Kevin J. Vanhoozer (Cambridge: Cambridge University Press, 2003), 219-34를 참조하라.

결론

이 논문은 상당히 포괄적인 범위를 다루었다.[119] 계몽주의와 그 이후의 다른 사조들에 반응하면서 신학자들은 인간론을 보다 통전적(holistic)으로 만듦으로써 더욱 정확하고 유용한 인간론을 제시하려고 노력하는 가운데, 점점 더 많은 다양한 자료들을 사용해왔다. 피조물로서 인간은 자신들의 창조자와 동료 피조물에 대한 관계에서 가장 잘 이해될 수 있는 물리적이고 심리적인 복합체다. "사람이 무엇이기에 주께서 그를 생각하시며"라는 시편 저자의 질문은 이 시대에 점점 더 많은 질문의 층들을 계속해서 열어주고 있고, 이것이 가까운 미래의 어느 때에 끝날 것 같은 조짐은 보이지 않는다.

---

119) 나는 이 논문의 초고를 유용하게 검토해준 캐머런 모란(Cameron Moran)과 윌리엄 데이비스(William C. Davis), 그리고 존 예이츠(John Yates)에게 감사한다.

참고도서

Barth, Karl. *Church Dogmatics* III/2. Edited by G. W. Bromiley and T. F. Torrance. Edinburgh: T&T Clark, 1960.

Berkouwer, G. C. *Man: The Image of God*. Studies in Dogmatics. Grand Rapids: Eerdmans, 1962.

Kelsey, David H. *Eccentric Existence: A Theological Anthropology*. 1st ed. 2 vols. Louisville: Westminster John Knox, 2009.

Macmurray, John. *The Form of the Personal*. Vol. 1, *The Self as Agent*. Vol. 2, *Persons in Relation*. Gifford Lectures, 1953–1954. London: Faber & Faber, 1957.

McFadyen, Alistair I. *The Call to Personhood: A Christian Theory of the Individual in Social Relationships*. Cambridge: Cambridge University Press, 1990.

Niebuhr, Reinhold. *The Nature and Destiny of Man: A Christian Interpretation*. New York: Scribner, 1949.

Pannenberg, Wolfhart. *Anthropology in Theological Perspective*. 1st ed. Philadelphia: Westminster, 1985.

Schwöbel, Christoph, and Colin E. Gunton. *Persons, Divine and Human: King's College Essays in Theological Anthropology*. Edinburgh: T&T Clark, 1991.

Taylor, Charles. *Sources of the Self: The Making of the Modern Identity*. Cambridge, MA: Harvard University Press, 1989.

Webster, John. "The Human Person." In *The Cambridge Companion to Postmodern Theology*, edited by Kevin J. Vanhoozer, 219–34. Cambridge: Cambridge University Press, 2003.

Zizioulas, John D. *Being as Communion: Studies in Personhood and the Church*. Contemporary Greek Theologians 4. Crestwood, NY: St. Vladimir's Seminary Press, 1985.

7

그리스도의
인격

브루스 L. 맥코맥

Bruce L. MacCormack

프린스턴 신학교

서론

고전적인 개신교 신학에서 그리스도의 "인격"이라는 표제 아래 다루어지는 주제는 중보자의 존재론적 구조(constitution)와 관련이 있다.[1] 그 존재론적 구조의 문제는 초기 교회에서 이미 관심의 초점이 되었을 정도로 매우 오래된 문제다. 이 문제의 적절한 해답을 찾는 과정에서 논쟁들이 종종 발생하여 서로 원한을 품게 만들었고, 그 해결은 5세기의 칼케돈 공의회(the Council of Chalcedon, 451)에서 제시되었다. 칼케돈 공의회로부터 개신교 종교개혁까지 천 년 동안 칼케돈 신조는 엄청난 분량의 해석학적 노력의 소재가 되었으며, 어느 때보다도 고백자 막시무스(Maximus the Confessor, c. 580-662)의 시대와 중세 중기에 그러했다. 이런 중재의 과정은 특별히 종교개혁의 개혁파 진영에 확실한 흔적을 남겼고, 그 가운데 루터주의자들이 가장 혁신적이었다.

칼케돈이 다룬 질문은 다음과 같았다. 어떻게 예수 그리스도는 완전한 하나님("그의 신성과 관련하여 아버지와 동일본질")이신 동시에 완전한 인간("그의 인성과 관련하여 우리와 동일본질")이신가? 이와 같은 **"어떻게"**의 질문—예수 그리스도는 어떻게 하나님이심과 동시에 인간이실 수 있었는가?—은 그분의 존재적 본성을 묻는다. 그 질문은 그것이 어떤 **종류**의 존재인지를 묻는 것이다. 이것은 존재론적 반성에서 물을 수 있는 가장 기본적

---

1) 내가 여기서 개신교 신학이라고 말하는 것은 **현대**신학이 가톨릭적인 형태가 등장하기 전에는 다만 개신교적이었기 때문이다. 이 장에서는 공간의 제약으로—그리고 교과서에서 관례적으로 다루는 것보다 인물 중심으로 심도 있게 탐구해야 할 필요 때문에—여기서 몇 명의 지도자 격의 개신교 신학자들에게 관심을 집중할 것이다. 하지만 가톨릭 현대주의도 그 자체로는 흥미로운 주제다.

인 질문 중 하나다. 결국 "존재론"은 존재의 질문, 곧 현실적인 것이 무엇이며 어떻게 그것이 현실적인지를 묻는다.

중보자의 존재론적 구조에 대한 질문이 제기되기 시작했던 것은 신약성서에서 발견되는 초기 기독교인들의 증언 때문이다. 바울은 예수 그리스도께서 "육신으로는 다윗의 혈통에서 나셨고 성결의 영으로는 죽은 자들 가운데서 부활하사 능력으로 하나님의 아들로 선포되었다"(롬 1:3-4)는 고백을 통해 그 질문의 고전적인 표현을 제공한다. 이 문구에는 최소한 초기 교회의 기독론적 숙고를 지배했던 "두 본성"의 **논리**(범주까지는 아니라고 해도)에 대한 암시가 들어 있다. 이 본문 그 자체만으로는 교회의 교리로 발전하기에 충분하지 않았을지도 모른다. 하지만 이 본문이 홀로 있었던 것은 아니었다. 칼케돈 이전의 기독론적 숙고에서 가장 중요했던 것은 요한복음 서문(1:1-18)으로부터 이끌어낸 로고스 개념이었다. 서문에서 제시된 로고스의 "선재" 개념은 신약성서 전체에 흩어져 있는 증언(특별히 마 10:40; 막 9:37; 눅 4:43; 9:48; 롬 8:3; 갈 4:4을 참조하라)인 하나님께서 자기 아들을 세상으로 "보내셨다"는 언어를 통해 지원을 받으며, 또 하나님의 아들이 창조에서 역할을 수행했다는 주장(요 1:3; 골 1:16; 히 1:2)에 의해 더 큰 지원을 받는다. 하지만 예수 그리스도께서는 단지 "선재하는" 아들의 자격만으로 그 당시에 오직 하나님께만 속한다고 생각되었던 기능들을 수행했던 것은 아니었다. 인간 예수도 "용서를 허락하는 능력"을 그분 스스로 주장했다.[2] 그런 확신은 확실히 이스라엘의 하나님의 **정체성**(identity)에 나사렛 예수가 참여하고 있다는 방향으로 발전했다.[3] 이것은 구약성서에서 야웨가 자기 자

---

2) Arthur M. Wainwright, *The Trinity in the New Testament* (London: SPCK, 1962), 162.

3) 여기서 채택된 언어는 Richard Bauckham, *Jesus and the God of Israel: "God Crucified" and Other Studies on the New Testament's Christology of Divine Identity* (Grand Rapids: Eerdmans, 2008)의 것이다. 또한 Larry W. Hurtado, *Lord Jesus Christ: Devotion to Jesus in Earliest Christianity* (Grand Rapids: Eerdmans, 2003); Larry W. Hurtado, *How on Earth Did Jesus Become a God? Historical*

신을 가리키며 행하는 진술의 대상이 예수라고 하는 여러 본문에 걸친 암시들에서 강조되는 논점이다(예를 들어 빌 2:10-11과 사 45:23을 참조하라). 이 모든 것이 결과적으로 칼케돈에서 발견되는 것과 같은 결론에 도달해야만 했다.

하지만 칼케돈이 채택한 용어들과 기초적 범주들이 중보자의 존재를 증언하기에 가장 적절한 것인가? 현대 기독론은 그 범주들 안에서 그리고 그것들을 통해 표현하고자 했던 신학적 가치들에 반작용하는 데 그치는 것이 아니라, 오롯이 그 범주들 자체에 반대하기 위해 태어난 듯했다. 만일 우리가 기독론을 단지 교회적 교리의 부정으로만 이해하려고 한다면, 그것은 시작부터 큰 실수를 범하는 것이다. 최소한 처음에는 사정이 그렇지 않았다.

현대 기독론에서 문제되는 것, 즉 주요한 주제들과 가장 중요한 질문이 무엇이었고 또 무엇인지를 이해하려고 할 때, 지난 200년 동안의 많은 연구 결과들을 개관하려는 시도는 크게 유익하지 못할 것이다. 필요한 것은 진정으로 기초를 뒤흔드는 작품들, 그리고 새로운 길을 열었던 신학자들과 철학자들에 집중하는 것인데, 다른 사람들은 나중에 가서야 자신들이 바로 그 길 위에 있었음을 발견한다.

우리의 이야기는 현대 기독론을 형성하는 데 가장 책임이 있는 두 사상가에게서 출발한다. 그들은 프리드리히 슐라이어마허(Friedrich Schleiermacher, 1768-1834)와 게오르크 빌헬름 프리드리히 헤겔(Georg Wilhelm Friedrich Hegel, 1770-1831)이다. 하지만 이 둘을 다루기 전에 교회의 기독론적 교리, 그리고 종교개혁 이전 천 년 동안 진행되었던 그것의 발전상에 대해 어느 정도 이해하는 것이 필요하다. 또한 우리는 종교개혁 시대의 정통적 기독론이 그 교리를 수용했던 것을 살펴보기 위해 잠시 멈추어야 한다. 왜냐하면 현대 기독론의 기초를 확고히 마련했던 사람들은, 심

Questions about Earliest Christian Devotion to Jesus (Grand Rapids: Eerdmans, 2005)를 보라.

지어 그들이 기독론의 기본적인 범주를 개정할 때에도 여전히 칼케돈의 논리 내부에서 작업하려고 애썼기 때문이다. 그때 그들은 자신들이 속한 개신교회의 고백에 눈길을 고정시킨 채 작업을 진행했다.

칼케돈부터 종교개혁까지: 정통주의 기독론의 발전

칼케돈과 제3차 콘스탄티노플의 관계

칼케돈 신경의 문구형식이 개신교 신앙고백서들에서 상당히 단순화되었기 때문에, 먼저 다소 확장된 원래의 형태를 이해하는 것이 중요하다.

> 그러므로 거룩한 교부들을 따라 우리 모두는 한 목소리로 한 분이시고 동일하신 아들 우리 주 예수 그리스도에 대한 고백을 가르친다. 그분은 신성에서도 완전하시고 동시에 인성에서도 동일하게 완전하시며, 참 하나님이신 동시에 이성적 영혼과 육체를 지닌 참 인간이시다. 신성과 관련하여 그분은 아버지와 동일본질[homoousion]이시고, 인성과 관련해서는 우리와 동일본질[homoousion]이시다. 그분은 죄를 제외하고는 모든 점에서 우리와 같으시고, 신성에 있어서는 아버지로부터 여러 시대 전에 나셨고, 인성에 있어서는 처녀로서 하나님을 잉태한 자[theotokou]인 마리아에게서 우리를 위하여, 그리고 우리의 구원을 위하여 마지막 때에 우리와 동일하게 나셨다. 그분은 어떤 혼동, 변화, 구별, 분리도 겪지 않는 두 본성[physein] 안에서 한분이고 동일하신 그리스도, 아들, 주님, 독생자로 인정되신다. 두 본성들 사이의 차이는 어떤 점에서도 연합을 통해 제거되지 않으며, 오히려 두 본성의 속성은 유지되고 단일한 인격[prosōpon] 및 단일한 실체[subsistent being, hypostasis] 안으로 함께 결합된다. 예언자들이 그분에 대해 처음부터 가르친 것과 같이, 주 예수 그리스도께서 직접 우리에게 가르치신 것과 같이, 그리고 교부들의

신앙고백이 우리에게 전해준 것과 같이, 그분은 두 인격으로 나누어지거나 분리되지 않으며, 한 분 동일한 독생자이시고, 하나님 곧 말씀이신 주님 예수 그리스도시다.[4]

여기서 우리의 목적을 위해 중요한 것은 채택된 용어들이다. 세 가지 용어가 특별히 언급될 가치가 있다. "본성"(nature, *physis*), "인격"(person), 그리고 "존재"(*hypostasis*, 실체)가 그것이다. "본성"은 가장 쉽게 정의될 수 있다. "본성"은 어떤 사물이나 인격이 무엇인지를 서술하는 일련의 속성들의 목록이다. 다른 말로 하면 본성은 "무엇인가"(what-ness)라는 질문의 대답이다. "인격"과 "존재"의 정의는 그보다 더 어렵다. 이 두 용어가 여기서는 사실상 동의어로 사용된다는 것이 우리의 이해에 도움이 된다. 한 용어는 다른 용어의 의미를 해석해준다. "존재"(*hypostasis*)에 대해 말하는 것은 일련의 속성들의 구체적 실현(또는 "예시화")을 말한다. 그것은 일련의 속성들의 특별한 사례들을 지시하는 것이며, "바로 저기에 하나가 있다"라고 말하거나 또는 (이 경우에 우리는 한 세트를 이루는 두 종류의 속성을 말하게 된다) "저기에 그(He)가 있다!"라고 말하는 것이다. 그러므로 이것은 "현존하는가?"(that-ness)라는 질문에 대한 대답이다. 반면에 "인격"이라는 말은 문자적으로 "얼굴"을 뜻하는 헬라어 프로소폰(*prosōpon*)에서 왔다. 이것은 어떤 사람이나 사물이 자신을 어떻게 드러내는가, 그것이 어떻게 나타나는가와 관련이 있다. 주교들은 "신-인" 안에 "단지 하나의 프로소폰이 있다"라고 말하면서, "신-인"이 우리에게 단일한 "얼굴"로 나타나신다고 했다. 그 이유는 양성의 단일한 구체화인 단일한 "존재"(*hypostasis*)가 있기 때문이라고 한다. 이후의 교부들은 이것을 "독생하신 아들, 하나님, 말씀, 주 예수 그리스도"와 분명히 동일시했다. (니케아-콘스탄티노플 신경이 말하는 것과 같이) "우

---

4) Norman P. Tanner, SJ, *Decrees of the Ecumenical Councils*, vol. 1, *Nicaea I to Lateran V* (Washington, DC: Sheed & Ward and Georgetown University Press, 1990), 85, 87 (86페이지에 그리스어와 라틴어 본문이 있다).

리 그리고 우리의 구원을 위해 하늘로부터 내려오신" 한 분은 양성이 "존재화된"(실체화된, 또는 구체적으로 실현된) 분이시다. 두 본성이 **그분 안에** 함께 있다. 이렇게 하여 대부분의 개신교 신앙고백서에서 발견되는 칼케돈 신경의 단순화된 형태 곧 "한 인격 안의 두 본성"이 명분을 갖추게 되었다.[5]

하지만 "신-인"이 어떻게 행동하고, 그 행위들을 수행하는 자는 누구인가에 대한 질문이 고려되기 시작하는 시점에 한 가지 문제가 등장한다. 그곳에는 선재하는 로고스와 직접 동일시되는 단지 한 "인격"만 있다. 그분은 인간의 본성을 취하신 분이다. 그분은 "인성을 취하신 후" 인성 안에서 인성을 통해 행동하시는 분이다. 좀 더 현대적인 용어로 말하자면, 여기에는 인간의 "본성"을 통해 그리고 그 본성에 근거하여 행동하는 진정으로 단일한 "주체"만이 있다. 알렉산드리아의 키릴로스(Cyril of Alexandria, 378-444)는 인간의 "본성"을 로고스의 "경륜적인 도구"로 이해했고, 칼케돈의 주교들은 그의 기독론의 가장 중요한 특징을 전부 확증했다.[6]

> 그러므로 인간의 본성은 독립적으로 행동하는 역동성(스스로 작동하는 구별된 인격)으로 이해되어서는 안 되며, 독립적인 전능자의 행동 방식 즉 로고스의 행동으로 이해되어야 한다. 그 모든 행동의 저작권(authorship)과 책임은 오직 로고스에게만 귀속된다. 이 마지막 원칙이 키릴로스의 전체 논증의 주력 함대다. 성육신하신 주님 안에는 오직 하나의 창조적 주체, 오직 하나의 인격적 실재만이 존재할 수 있다. 그리고 그 주체는 인간적 본성을 자신의 것으로 만드신 하나님의 로고스다.[7]

---

5) (루터파 진영에서는) *Solid Declaration*, 8.2, 그리고 (개혁파 진영에서는) Tetrapolitan Confession, 2장; First Confession of Basel, 4항; First Helvetic Confession, 11항; French Confession, 15항; Scots Confession, 8장; Belgic Confession, 19항; Second Helvetic Confession, 11장을 참조하라.

6) John McGuckin, *Saint Cyril of Alexandria and the Christological Controversy* (Crestwood, NY: St. Vladimir's Seminary Press, 2004), 184.

7) Ibid., 186.

그러므로 인간 예수에게 속하여 마음과 의지를 "작동시키는"(activate) 분은 로고스다. 여기서 다음과 같은 논리적 질문이 생긴다. 만일 예수의 인간적인 "본성"이 우리의 인성과 똑같은 기능을 수행하지 않는다면, 그리스도에게 돌려진 전적이고 완전한 인간적 본성이란 무슨 의미가 있는가? 좀더 정교하게 표현하자면, 통상적인 경우처럼(normally) 기능을 행사하지 않는다면 그 모든 올바른 "설비"를 갖고 있다는 것이 무슨 소용인가? "통상적인 경우처럼"이라는 말은 "죄를 지으면서"(sinfully)를 뜻하지는 않는다. 나는 단지 (피조된 "본성"에 부합하는) "자연스럽게"를 의미할 뿐이다. 만일 그리스도의 인간적인 본성이 **자연스럽게** 기능을 행하도록 허락되지 않았다면, 인간 본성은 억압되고 마침내 무시된 것은 아닌가? 하지만 죄 없으신 순종은 분명 스스로 (자연스럽게) 작동한 것이다. 그래서 우리가 다른 한편으로 죄 없으신 순종이 스스로 작동한 것이라고 말한다면, 인간 예수는 점점 더 로고스의 활동의 "도구"로 이해될 수 없게 된다. 그것에 따라 우리가 한 주체가 아니라 두 "주체"를 생각할 때, 그것은 점점 더 그렇게 보이게 된다. 그렇다면 우리는 어떻게 두 주체를 야기하지 않으면서 스스로 작동하는 인간 예수의 자연스러운 특성을 확신할 수 있는가?

칼케돈 신조가 보다 더욱 자세하게 검토되어야 했던 것은 거의 불가피한 일이었다. "행위가 존재에 속하여 단일한지, 아니면 (신적 그리고 인간적) 본성들에 속해 이중적인지"의 질문은 5세기 "교회 교부들에게는 아직 떠오르지 않았다."[8] 칼케돈을 수용하는 정통적인 신학자들 사이에서 이 질문에 대한 격렬한 논쟁은 7세기에 일어났다. 제6차 에큐메니칼 공의회(제3차 콘스탄티노플 공의회)는 681년에 이 질문에 대해 행위가 본성에 속한다는 쪽으로 결정했다. 예수 그리스도 안에는 "두 본성의 자유의지(volition) 또는 의지(will)가 있고…두 가지 자연적 행동의 원칙"이 있다.[9] 이런 두 가지 의지

---

8) Jaroslav Pelikan, *The Christian Tradition*, vol. 2, *The Spirit of Eastern Christendom (600-1700)* (Chicago: University of Chicago Press, 1974), 64.

9) Tanner, *Decrees of the Ecumenical Councils*, 1:128.

는 결코 "서로 반대"되지 않기 때문에, 인격의 단일성은 문제가 되지 않는다. 인간적 의지는 항상 그리고 모든 시점에서 (아버지 그리고 성령과 함께 공유하는) 예수 그리스도의 신적 의지에 종속된다. 인간적 의지는 신적 의지에 저항하거나 거역하지 않는다.[10]

분명히 인간의 본성은 이제 "자연스럽게" 기능을 행사하는 것으로 여겨지는데, 이것은 키릴로스가 옹호했던 "인간의 도구화"가 변경되었음을 의미한다. 예수 그리스도의 인간적 의지가 그분의 신적 의지에 종속되는 것은 "자기운동"(self-movement)의 문제다. 그러므로 "두 가지 자연적 의지와 행동의 원칙이 인류의 구원을 위해 서로 상응하여 만난다."[11] 하지만 신-인의 두 가지 본성 안에서 그리고 그 두 본성을 통해 수행된 일은 인간적인 것이 신적인 것에 종속된 결과로 하나다. "각각의 본성은 다른 본성과의 교제 안에서 상대에게 적절한 일들을 바라고 수행한다."[12] 그러므로 신-인적 행동의 결과는 항상 본성에 있어 단일하다. 한 분 신-인이 두 본성 안에서 그리고 두 본성을 통해 행하신 것은 두 가지 일이 아니라 오직 한 가지 일이다. 그 두 가지 의지의 일치가 항상 그리고 모든 곳에서 다툼 없이 발생하였는지의 여부가 현대 논쟁의 핵심이 될 것이다. 하지만 이것은 당시의 공의회를 결론으로 이끌기에는 충분히 분명했다. 그들이 만들어낸 것은 어느 정도 비판적인 수정이었지만, 그들의 의도는 칼케돈을 심화하고 명료화하는 것이었다.

제3차 콘스탄티노플 공의회의 논의를 마치기 전에, "인격"에 관련된 어떤 모호성이 도입되었다는 사실에 주목해야 한다. 앞에서 나는 칼케돈이 "인격"을 "존재"와 동의어로 만들었다는 것을 언급했다. 두 가지 모두는 선재하는 로고스와 동일시되었다. 본성들은 인격 안에서 존속한다. 그러나 이제 다른 방향으로 생각하려는 경향이 생겨났다. "인격"은 그분의 두 가지 본

---

10) Ibid.
11) Ibid., 129-30.
12) Ibid., 129.

성 안에서, 그리고 그 본성들을 통해 존속한다. "우리는 기적과 고난이 (두 가지 본성 가운데 이쪽 또는 저쪽에 따른) 하나의 동일한 [인격]의 것이라고 인정한다. 그분은 두 가지 본성으로부터 존재하며, 두 가지 본성 안에서 자신의 존재를 소유한다."[13] 이러한 모호성의 배후에 "복합적 존재"(*synthetos hypostasis*)에 대한 확증이 있다. 이 말은 아폴리나리우스(Apollinaris, d. 390)에게로 돌려지는 표현인데, 레온티우스(Leontius, d. 488)가 재생시켰고, 고백자 막시무스가 정통적인 것으로 만들었다.[14] 아무리 축소해서 말해도 그런 표현은 선재하는 로고스인 "존재"와 동일시된다기보다는 "인격"이 (신성과 인성으로 구성된) "전체 그리스도"(the whole Christ)가 되도록 만드는 것 같이 보인다. 이 모호성은 우리에게 약간의 당혹감을 안겨준다. 만일 양성이 로고스 안에서 존속한다면, 양성의 속성들(attributes)은 그분께 돌려지는 것이 바른가? 그렇지 않으면 전체 그리스도에게 돌려지는 것이 바른가? 이제 막 살펴볼 것이지만, 이 모호성은 종교개혁 시대에 펼쳐졌던 토론에서 중요한 역할을 담당하게 된다.

　이 논의를 상세하게 숙고하기 위해 다음 관찰이 중요하다. 비록 "도구화"의 문제가 해결되었다고 해도, 그 해결은 자체적인 결함을 가지고 있었다. 슐라이어마허가 그 점을 잘 지적했다. "그러나 만일 그리스도가 두 가지 의지를 가지고 있다면, 비록 우리가 그 두 가지 의지가 언제나 같은 것을 원

---

13) Ibid. (강조는 첨가된 것임). Thomas Aquinas, *Summa Theologiae* IIIa.2.4 (Cambridge: Cambridge University Press, 2006), 53을 참조하라. "그리스도의 인격 또는 존재는 두 가지 방식으로 생각될 수 있다. 그것은 그 자체 안에 있을 때, 말씀의 본성이 그런 것과 같이 완전히 단순하다. 그러나 인격 또는 존재의 측면 아래에서 고려된다면(이것은 어떤 본성 안에서 존속한다는 것을 뜻한다), 그리스도의 인격은 두 본성 안에서 존속한다. 그와 같이 비록 단일하게 존속하는 실재가 있다고 해도, 존속하는 방식은 이중적이다. 그래서 그분은 하나의 실재가 두 본성으로 존속한다는 의미에서 복합적으로 구성된(composite) 인격이라 불린다."

14) St. John of Damascus, "An Exact Exposition of the Orthodox Faith," in *Writings* (Washington, DC: Catholic University of America Press, 1958), 282를 참조하라. "그리고 전에 단순했던 말씀의 인격은 복합적으로 되었다."

한다고 말함으로써 인격적 통일성을 유지하려고 한다고 해도, 그 통일성은 더 이상 분명하지 않다. 왜냐하면 그에 따른 결과는 연합(unity)이 아니라 합의(agreement)에 불과하고, 그래서 사실상 그 문제에 대한 대답은 그리스도의 분리로 돌아갈 뿐이기 때문이다."[15] 이 주장이 최종적으로 설득력을 가졌다는 것은 "본성"이 실존하는 개인들로부터 추상화된 어떤 능력이라는 개념을 통해서는 더 이상 이해될 수 없었다는 사실과 관계가 있다. 현대 신학자들이 인간의 인격 개념에 첨가하려고 했던 것은 자의식, 그리고 그것이 가능하게 해준 인격성의 발달이다. 인간의 "인격" 됨은 애씀(striving)과 되어감(becoming)을 수반하는 성숙화의 문제로 보였다. 그와 같이 예수의 인간적 "본성"이 자연적인 의지와 자연적인 행동 원칙을 구비하고 있었다면 (제3차 콘스탄티노플 공의회가 그렇게 주장하였다), 그 인간적 "본성"은 초기 교회가 생각했던 것보다 훨씬 더 제2의 "주체"와 같이 보인다. 이런 이유에서 슐라이어마허의 반론은 19세기 전체와 20세기 초에 이르기까지 대단히 진지하게 취급되었다.

종교개혁 안에서 일어난 발전과 반응

관료들이 후원했던 종교개혁(the magisterial Reformation)의 주체였던 개혁파와 루터파는 처음에는 성만찬에 임재하시는 그리스도의 본성에 대한 의견차이로 인해 분열되었다. 개혁파 사람들은 그리스도의 임재가 본성에 있어 영적이라고 이해했다. 루터파는 떡과 포도주라는 요소의 "안에서, 곁에서, 그리고 아래에서" 그리스도의 몸과 피가 국지적이고 물질적인 방식으로 임재한다고 이해했다. (부활하시고 승천하셔서 아버지의 우편에 앉아 계시는) 그리스도의 몸이 하나 이상의 성만찬 예식에서 어떻게 동시에 많은 요

---

15) Friedrich Schleiermacher, *The Christian Faith*, trans. H. R. Mackintosh and J. S. Stewart (Philadelphia: Fortress, 1976), 394.

소들 안에 임재할 수 있는지를 설명하기 위해, 루터교인들은 실체적 연합 (hypostatic union)의 본성과 효과의 이해를 혁신적으로 진척시켰다. 그 결과 성만찬의 논증은 빠르게 기독론의 토론으로 퇴락하였고, 이것은 오늘날까지도 두 거대 교단을 계속해서 분리시키는 논쟁 가운데 하나다.

『일치 신앙고백서』(Book of Concord, 1580)에 있는 루터교의 공식적 입장은 실체적 연합의 가장 중요한 결과가 두 본성 상호 간의 친밀한 교제 (communion)라고 주장했다. 두 본성은 "마치 두 개의 판자가 함께 붙어 있는 것과 같이" 각자의 곁에서 나란히 존재하는 것이 아니다.[16] 전혀 그렇지 않다. 고대인들은 그 "말로 설명할 수 없는 교제"를 시뻘겋게 가열되어 달아오른 쇠막대기에 비유하였다. 그곳에서는 불이 모든 것을 삼켜버린다. 또 그들은 그 "교제를 인간 존재 안에 있는 영혼과 육체의 연합"에 의해 설명하기도 했다.[17]

루터파의 가르침은 다음과 같은 점에서는 새로운 것이었다. "본성의 교제"를 집중적으로 강조했던 것은 루터파로 하여금 (단순히 실체적 연합 그 자체에만 기초하기보다) 그 위에 직접적으로 기초하는 "속성들(attributes)의 교류"라는 새로운 하위분류를 설정하도록 인도했다. 루터파는 전능, 전지, 편재라는 신적 속성들이 인간 본성과 "교류가 되었다"(communicated)라고 주장했다. (16세기에 그렇게 말해졌던 것처럼) 이 "장엄의 속"(genus of majesty)은 (하늘에 위치해 있는) 그리스도의 물리적 육체가 (땅 위의) 성만찬 예식 가운데서 떡과 포도주의 요소들 안에 임재한다는 주장의 기초를 제공했다.

여기서 루터파는 매우 조심스럽게 본성들이 서로의 교제 안에서 본질적으로 변형되지는 않는다고 (부연하여) 주장했다. "하나의 본성이 다른 본성으로 변형되지는 않는다. 오히려 각각의 본성은 그 자신에게 고유한 본질

---

16) Epitome 8.5 in Robert Kolb and Timothy J. Wengert, eds., *The Book of Concord: The Confessions of the Evangelical Lutheran Church* (Minneapolis: Fortress, 2000), 510.

17) Ibid.

적인 특성들을 유지한다. 이 특성들은 결코 다른 본성의 특성들이 될 수 없다."[18] 그러므로 신적 특성들은 결코 그 자체로서―비록 인성이 신성의 특성들에 참여를 허락받는다 해도―인간 본성의 술어가 될 수는 없다.

　개혁파 사람들은 루터파의 그 모든 주장을 단지 본성의 불법적인 혼합으로 받아들였을 뿐이다(그런 혼합은 칼케돈 신경의 "혼동 없이", "변화 없이"의 문구를 통해 이미 기각된 것이었다). 또는 다른 방식으로 표현하자면, 개혁파 교인들은 여기서 제3차 콘스탄티노플의 "복합적인 실체"가 아니라 본성의 혼합을 듣게 되었다. 루터교인들은 개혁파의 그런 비판을 거부했고 문제가 되는 참여의 역동성을 주장했는데, 그것은 하나의 본성이 다른 본성으로 변형되는 것을 허락하지 않는 것이었다.

　개혁파 측에서는 (정확하게는 루터교인들의 그런 가르침에 논박하려고 노력하는 가운데) "두 본성들 사이의 차이는 어떤 점에서도 연합을 통해 사라지지 않고, 오히려 두 본성의 특성(property)은 존속한다"는 칼케돈의 문구를 강조했다.[19] 개혁파 교인들은 실체적 연합이 본성의 교제로 귀결되어야만 했다는 것을 부인하지는 않았지만, 그 교제에서 각각의 본성이 다른 본성에 의해 관통되고 침투되기까지 이르는 것처럼 보이는 모든 유비(가장 특별히 불 가운데 있는 철봉의 유비를 포함하여)를 거부했다. 그런 이유로 그들은 또한 교제 자체에 근거한 모든 "속성의 교류"도 거절했다(이것은 실제로는 "장엄의 속"에 대한 확실한 거절을 뜻한다). 그들은 "속성의 교류"를 "인격"과 관련된 속

---

18) *Epitome* 8.2 in ibid., 510.

19) 위의 각주 4를 보라. 비교를 위해 한 가지 사례가 충분할 것이다. 프랑스 신조(The French Confession)의 항목 15는 다음과 같다. "우리는 한 인격 안에…두 본성이 실제로 분리될 수 없게 연결되어 연합되어 있다고 믿는다. 하지만 각각의 본성은 고유한 특성을 간직하고 있다. 그러므로 이 연합에서 신성은 그 자체의 속성을 소유하고 있어서 창조되지 않고 무한하며 모든 곳에 스며들어 있다. 그리고 인성은 유한하고 그 자체의 형체와 척도와 속성들을 가지고 있다. 예수 그리스도께서 죽은 자들 가운데서 부활하심으로써 자신의 몸에 불멸성을 수여받기는 했지만, 그분이 부활로부터 비로소 그 본성의 진리를 취하신 것은 아니다. 그러므로 우리는 그의 신성을 고려해야 하지만, 그때 그분에게서 인성을 빼앗지는 않는다."

성의 "교류"로 제한했는데, 여기서 "인격"은 대부분의 경우 "전체 그리스도"를 의미했다. 이런 방식으로 표현되는 "교류"는 (한 부분에만 적절한 것을 전체에 적용하는) 제유법(提喩法)적으로 이해되었을 것이다. 루터교인들은 여기서 단지 칼케돈의 "구분 없이"와 "분리 없이"의 위반만을 들었을 뿐이었고, 그것은 인격의 통일성을 훼손하는 것이었다. 루터교인들도 양성의 속성들의 전체 인격에 대한 "교류"를 확증하기는 했다. 하지만 그것은 최종적으로는 (그들의 관점에서의) 추가적인 "장엄의 속"이었으며, 이것은 인격의 통일성의 적절한 이해를 확보해주었다.

한 걸음 뒤로 물러서서 보면 이 불일치에서 양쪽 모두가 어느 정도는 칼케돈을 정당하게 해석했다. 17세기의 논쟁과 마찬가지로 이 논쟁은 칼케돈 정통주의의 변증가들 사이에서 발생했다. 종교개혁자들이 반대자들에 대해 말할 때 "네스토리우스주의자들"과 "유티케스 추종자"와 같은 경멸적인 꼬리표를 사용한 것은 이 사실을 숨기는 경향을 보였으며, 그래서 어느 편에도 신뢰를 주지 못했다.

현대 기독론의 창시자: 슐라이어마허와 헤겔

우리는 지금까지 칼케돈 정통주의에 단일한 입장만 있는 것이 아니라, 기본 공식의 의미에 대해 많은 순열의 조합이 있음을 보았다. 칼케돈 신경이 불러일으킨 질문은 많았고, 심지어 가장 열렬한 칼케돈의 옹호자들이 내놓은 해답도 (동일하게 열렬한 다른 옹호자들에 의해) 논박되고 있었다. 현대는 칼케돈 공식이 표현했던 기본적 가치를 설명하기 위해 채택했던 범주들이 변혁되는 것을 보았지만, 그 가치를 버린 것은 아니었다. 우리는 슐라이어마허와 함께 시작한다.

프리드리히 슐라이어마허(1768-1834)

슐라이어마허는 종종 "현대신학의 아버지"라고 말해진다. 이것은 절반만 진실이다. 헤겔이 슐라이어마허보다 훨씬 더 철저히 현대적이다. 슐라이어마허는 과도기적 인물과 같았고, 단순하고 고난당할 수 없으며 정말로 형언할 수 없는 어떤 하나님에 대한 고대적 개념에 여전히 집착했다. 헤겔은 이런 각각의 개념들에 도전했고, 그렇게 하여 보다 더 분명하게 현대 세계 안으로 발을 들여놓았다. 또 슐라이어마허가 "만유재신론자"가 아니었던 것은, 그가 하나님의 "고난당할 수 없음"을 열정적으로 변호했기 때문이었다. 슐라이어마허는 하나님과 인간의 관계에서 (하나님과 세계의 관계는 말할 것도 없고) 어떤 상호관계도 있을 수 없다고 믿었다. 왜냐하면 상호관계란 슐라이어마허가 인간 존재 안에 있는 모든 종교적 의식에 기본적이라고 믿었던 "절대의존의 감정"을 결과적으로 무효로 만들기 때문이었다.[20]

슐라이어마허는 인간 존재가 우주 안에 있는 다른 모든 인간과 사물들에 대해 상대적으로 자유롭고 상대적으로 의존적이며, 그들이 공간적으로 얼마나 멀리 떨어져 있든지 상관없이 그렇다고 보았다. 그들은 오로지 하나님께만 **절대적으로** 의존적이다. 그러므로 하나님은 "절대의존의 감정"의 출처다. 하지만 이 주장은 하나님이 자신이 창조하신 세계 안으로 들어가실 수 없다는 의미도 내포한다. 세계 안으로 진입하여 "자연의 체계" 안에서 행동하는 것은[21] 타자들 사이에서 하나의 유한한 원인으로서 행동하는 것이 될 것이다. 하나님이 그렇게 하신다면, 우리는 다만 상대적으로 자유롭고 다만 상대적으로 그분에게 의존하는 셈이 될 것이다. 그렇게 되면 "절대의존의 감정"은 파괴되고 말 것이다. 그러므로 하나님은 그렇게 하시면서 여전히 하나님이실 수 없다. 슐라이어마허의 결론은 이것이다. 하나님은 세계

---

20) Schleiermacher, *Christian Faith*, 12-26.
21) Ibid., 138-39.

를 향해 그리고 세계 위에서 행동하시지만, 세계 안에서 행동하지는 않으신다. 하나님의 활동은 단일하며, 전체로서의 "자연의 체계"로 지속적으로 향한다. 그러므로 창조, 섭리, 구속은 단일한 행동이다. 구속은 만물의 섭리적 배열로부터 오고, 이 배열은 그 자체가 지속되고 영속하고 불변하는 신적 인과성의 결과다. 신적 인과성은 분명 세계 안에서 효과적이지만, 세계 "바깥"의 어떤 점, 곧 세계를 절대적으로 초월하시는 분으로부터 효과를 발한다. 은유적으로 표현하자면 하나님은 세계 안으로 들어오실 수 없지만, 세계와 "대면"하실 수는 있다. 하나님은 어떤 하나의 수학적인 점에서 "세계와 접촉하실 수" 있다. 그 점은 "초자연적인 것이 자연적인 것이 되는" 영점 (null point)이다(즉 신적 인과성이 인간 발전의 자연적인 법칙을 포함하는 자연적인 작동 법칙으로 바뀐다).[22]

하나님과 세계의 관계에 대한 슐라이어마허의 이런 이해는 기독론에 중요한 의미를 준다. 신적인 로고스가 이 세계의 바깥으로부터 세계 안으로 들어오신다는 전통적 의미의 성육신은 더 이상 유지될 수 없다. 하지만 이것이 슐라이어마허가 개인적인 삶에서 하나님의 성육신에 대해 아무런 설명도 하지 않는다는 뜻은 아니다. 전혀 그렇지 않다. 실제로 슐라이어마허는 정통주의 기독론이 표현하는 모든 신학적 가치들을 할 수 있는 한 정당하게 다루려고 한다.[23]

---

22) "자연적이 되는 초자연적인 것"이라는 문구는 『기독교 신앙』에서 여러 번 사용된다. 365, 430, 434, 492, 526, 537, 552와 553을 보라. 슐라이어마허는 또한 자신의 친구인 프리드리히 뤼케(Friedrich Lücke, 1791-1855)에 보내는 두 번째 공개편지에서 그 중요성을 언급한다. "내가 초자연적인 것에 대해 말할 때마다, 어떤 것이든 처음에 나오는 것은 그것을 지시하지만, 그다음에 둘째 단계에서 그것은 자연적인 어떤 것이 된다. 예를 들어 창조는 초자연적이지만, 나중에 그것은 자연적 질서가 된다. 마찬가지로 그리스도는 자신의 유래에서 초자연적이지만, 그는 또한 진정한 인간 존재로서 자연적으로 되었다. 성령과 기독교회도 같은 방식으로 취급될 수 있다." Friedrich D. E. Schleiermacher, *On the Glaubenslehre*, trans. James Duke and Francis Fiorenza (Atlanta: Scholars Press, 1981), 89를 보라.

23) Schleiermacher, *Christian Faith*, 374. 슐라이어마허는 이 가치들이 그리스도의 "배

슐라이어마허는 예수를 다음과 같이 이해한다. 그분 안에는 (모든 인격과 사물 안에서, 그리고 그 모든 것을 통해 작용하는) 신적 인과성에 대한 "활력적인(vital) 수용성"[24]이 존재하였다. 이 수용성은 너무도 순수하여 그리스도로 하여금 자신에게 그리고 자신 안에 하나님의 임재가 실현될 수 있게 한다. 이와 같이 하여 절대의존의 감정은 그분 안에서 강력하게 지속되는 "하나님 의식"이 되었고, 이 의식은 "그분 안에 계신 하나님의 현실적 존재"였다.[25] 더구나 그분 안에 그런 순수한 수용성이 존재한다는 사실 자체가 신적 인과성의 결과다. 하나님께서는 신적 인과성이 시간 안에 있는 한 개인과 완벽하게 연합(union)하는 것이 하나님의 창조 및 섭리의 활동 전체가 향하는 목적이 되도록, 그렇게 사물들을 배열하셨다. 그분 안에서 인간 본성의 창조가 완성되는 사건이 발생했다. 그리스도는 둘째 아담이고 창조의 완성이며, 오직 그런 분이기에 그분은 또한 구속자시다.

이것은 슐라이어마허의 비판자들이 종종 놓치는 부분이다. 그들은 그분 안에서 단지 수평적인 성찰의 체계만을 발견할 뿐인데, 그 성찰은 기독교인의 구속의 경험을 바로 그 구속자 안에 있는 근원으로 소급시키기는 한다. 하지만 진실은 슐라이어마허의 기독론이 두 선분의 교차점에서 살아 있다는 것이며, 거기서 수직 선분이 우선이고 수평 선분은 단지 그 다음이다. 수직 선분은 성육신의 슐라이어마허적 버전이다. 슐라이어마허는 신적 "본질"이 자신을 그리스도 안의 인성과 연합시킨다고 말한다.[26] 슐라이어마허의 기독론이 **거의 아폴리나리우스적**(하나님의 아들이 인간의 본성을 완전히 취

타적 고결함"(신성)과 "특이한 활동"(인성)에 있다고 이해한다. 슐라이어마허에 따르면 기독론의 목표는 "그리스도를 새로운 협력적인 삶 안에서 우리와 역동적으로 교제할 수 있는 방식으로, 그리고 동시에 그리스도 안에 있는 하나님의 존재가 가장 분명하게 표현될 수 있는 방식(우리와 동일본질인 형제)으로 묘사하는 것"(Ibid., 391)이다.

24) Ibid., 387.

25) Ibid., 385. 다음에 유의하라. 나는 여기서 슐라이어마허가 94장을 시작하는 도입단락에 있는 번역을 개정했다.

26) Ibid., 739.

하지는 않았다는 주장—역자 주)**으로 들릴** 수 있는 것은 바로 이 때문이다. "구속자 안에 있는 하나님의 존재는 그분 안의 가장 내적인 근본적 능력으로 상정된다. 그 근본적 능력으로부터 모든 활동이 나오고, 이 활동이 모든 요소를 함께 결합시킨다. (그분 안에 있는) 모든 인간적인 것은 단지 그 근본적 능력을 위한 유기체일 뿐이다."[27] 물론 슐라이어마허와 초기 교회 신학자인 아폴리나리우스 사이에는 중요한 차이가 있다. 이신론에 대한 강력한 거부와 신적 인과성(causality)이 계속해서 작용하고 있다는 (그래서 신적 인과성은 주어진 시간의 모든 계기에 현존한다는) 그의 믿음에 부합하여 슐라이어마허는 신적 "본질"이 예수 안의 인간적 본성과 연합하는 것을 점진적인 것으로, 나아가 단계적인 것으로 이해한다. 그 연합은 (구 정통주의가 주장했던 것처럼) 성령으로 잉태되는 것에서 완성되지 않는다. 그리고 이것은 슐라이어마허로 하여금 시간 안의 어떤 시점에서 예수 안에 인격성의 발전을 위한 여지가 있을 수 있도록 이미 허용했는데, 이것은 역사적 예수의 생애를 재구성하는 작업이 그것을 필수적인 것으로 만들기 **이전**의 일이었다! 그 연합의 활동이 구속의 능력을 산출할 수 있었던 것은 오직 예수의 "보다 높은 능력들"(이성과 의지)이 발전되었을 때였다. 구속적인 능력은 그 후에 예수로부터 나와서 이후의 사람들에게로 향할 것이다. 연합하는 활동이 모든 점에서 예수를 죄로부터 지켜주는 방식으로 현재했다는 것은 확실하지만, 그러나 그것은 언제나 예수의 인간적인 발달 단계와 일치하는 방식으로 현재했다.[28]

하나님의 연합하는 활동과 관련된 예수의 완전한 수동성은 그와 만나는 모든 사람과 사물에 대한 관계에서 순수한 활동이라는 결과를 낳는다. 이것은 예수 안에서 완전히 강력한 하나님 의식이 무엇을 의미하는지 보여준다. 예수는 자신의 분별 있는(sensible) 삶을 통해 자신에게 중재되었던

---

27) Ibid., 397.
28) Ibid., 383.

모든 자극을 결함이 없는 방식으로 자신의 하나님 의식과 연결할 수 있었다. 자신의 하나님 의식이 그 모든 자극들을 통제하고 자신에 대한 복종으로 인도했다는 점에서 예수는 죄로부터 자유로울 수 있었다. 그가 구속자인 것은 죄가 없기 때문이다. 인간의 죄성은 그분 안에서, 그분의 신-인적 존재 안에서 극복되었다. 이 극복의 힘은 자기교류적(self-communicating)이다. 자신을 타자들과 연합시키려고 애쓰는 것은 사랑의 힘이다. 이 힘은 자신을 넘어서면서, 그분을 따라오는 사람들을 그런 사랑의 능력 안으로 이끌고, 그 사람들이 하나님의 구속의 은혜를 경험하도록 그들 안에 잠재된 하나님 의식을 깨우고 북돋아준다. 이것이 슐라이어마허의 비판자들이 잘 이해하지 못하는 슐라이어마허적인 기독론의 측면이다. 슐라이어마허는 우리가 경험하는 구속을 설명하기 위해 필요로 하는 것보다 더 큰 어떤 존엄성을 구속자에게 귀속시키기를 거부하기 때문에[29], 사람들은 그리스도와 우리 자신 사이의 차이가 단지 정도의 차이일 뿐이고 종류의 차이는 아니라고 너무나 자주 가정한다. 이때 우리가 놓치는 것은 다음과 같은 사실이다. **그분이 하나님의 존재적인 순수 활동의 인간적 형태 안에서의 복제**, 다른 말로 하면 하나님의 성육신이신 것은 정확하게 그분의 구속의 활동 안에서다. 그리고 오직 그분만이 그런 존재일 수 있다. 인간 본성의 창조가 완성되는 것은 오직 그분 안에서―하나님에 대한 그분의 순수한 수용성 안에서―만 가능하다. 이것은 단지 한 번만 발생할 수 있는 것이다. 그래서 그리스도는 전적으로 특이하다. 그분 안에서 발생하는 것은 (반복될 수 없다는 의미에서) 최종적인 것이고 보편적 중요성을 갖는다.

이제 만일 (슐라이어마허의 정의에 따라) 우리가 자연의 체계 안에 있는 어떤 것에 절대적으로 의존할 수 없고, 그런 것에는 단지 상대적으로만 자유롭고 상대적으로만 의존할 수 있다는 이유로 슐라이어마허의 위와 같은 그리스도 이해가 반대를 받는다면, 그 대답은 변증법적이어야 할 것이다.

---

29) Ibid., 375.

우리는 그분 안에서 그리고 그분을 통해 작용하는 내적인 신적 능력과 관련하여 그분께 절대적으로 의존하지만, 그분의 인성과 관련해서는 그렇게 하지 않는다. 그 내적 능력은 (그것의 외부를 향한 사역에서는) 철저하게 자연화되고 자연적인 인간적 발전의 법칙을 통해 발생한다. 그러므로 절대의존의 감정은 우리가 예수께 절대적으로 의존한다고 해도 여전히 유지된다.

게오르크 빌헬름 프리드리히 헤겔(1770-1831)

헤겔은 생애 마지막 13년 동안 베를린 대학교에서 슐라이어마허의 동료였다. 그들은 종종 험악하고 논쟁적인 관계로 지냈다. 그 이야기는 많이 언급되었기에 우리까지 여기서 그것에 관심을 기울일 필요는 없을 것이고,[30] 다음 사실을 지적하는 것으로 충분할 것이다. 헤겔은 자신을 신학자가 아니라 철학자로 이해했지만, 그는 학생들을 위한 강의 시간에 바로 자기 자신을 그 시대의 신학자들이 오해하여 무시하거나 묵살했던 오랜 정통주의 신학의 지지자로 제시할 수 있었다.[31] 헤겔이 다소 농담조이기는 해도 그렇게

---

30) Richard Crouter, "Hegel and Schleiermacher at Berlin: A Many-Sided Debate," in *Friedrich Schleiermacher: Between Enlightenment and Romanticism* (Cambridge: Cambridge University Press, 2005)을 보라. 헤겔과 슐라이어마허의 갈등에서 관건이 되었던 것은 슐라이어마허에 대한 헤겔의 관점이었다. 헤겔은 슐라이어마허가 칸트의 인식론에 의해 만들어진 주관과 객관의 분리를 "신비적 직관과 감정"을 통해 극복하려고 시도한다고 보았다. Ibid., 91을 보라. 헤겔은 그 분리의 근거를 이성 자체 안에서 발견함으로써, 동일한 문제를 합리적으로 취급하기를 원했다. 슐라이어마허의 편에서 보면 헤겔의 합리주의 안에 있는 절대주의적 경향은 제국주의적이었고, 대학은 다양한 전망을 촉진해야 한다는 슐라이어마허 자신의 이상과 조화를 이루지 못하였다(Ibid., 88-89).

31) G. W. F. Hegel, *Lectures on the Philosophy of Religion*, 단행본, *The Lectures of 1827*, ed. Peter C. Hodgson (Oxford: Clarendon, 2006), 82, 85: "최근의 신학에서 초기 교회의 신앙고백 체계들 가운데 매우 적은 수의 교리들만 살아남았거나 최소한 그것들이 지녔던 중요성을 보유하고 있고, 다른 교의들은 제자리에 있지 못하다.…왜냐하면 비록 화해자와 구원자로서의 그리스도가 계속해서 초점이 되고 있기는 하지만,

말할 수 있었던 것은 다음과 같은 확신 때문이었다. "철학의 내용, 필요, 관심은 종교의 그것과 전적으로 같다. 철학의 목적과 마찬가지로 종교의 목적은 영원한 진리 곧 하나님이며, 하나님과 하나님에 대한 설명 외에 아무것도 아니다. 철학은 종교를 해명할 때 다만 **자기 자신**을 해명할 뿐이며, 철학이 자기 자신을 해명할 때 그것은 종교를 해명한다."[32]

헤겔 철학의 중심적인 목표 가운데 하나는 칸트의 인식론에 의해 만들어진 인간 주체와 인식의 대상 사이의 분리를 극복하는 것이었다. 헤겔은 양자의 동일성이 생성되는 지점인 양자의 근거를 하나님 안에서 발견함으로써 그 분리를 극복하려고 했다.

헤겔에게 세계사는 신적 자의식이 발현하는 역사다. 하나님의 존재가 완전하게 실현되기 위해서 하나님은 그 자신을 "타자" 안에서 알아야 한다. 그런데 그 타자는 자기 자신이다. 이것은 하나님께서 자기 자신을 자기 자신에 대립하여 "정립하신다"(posit)는 사실에서 발생하는데, 이것은 신적 존재 안의 제2의 "계기"다. 이것이 아들의 "영원한 나심"에 대한 헤겔 식의 해석이다. 우리는 다음을 주목해야 한다. 그와 같은 자기 정립의 행동이 헤겔의 견해에 필수적이었던 것은, 아들의 영원한 나심이 고대 기독교인들에게 꼭 필요했던 것과 마찬가지다. 헤겔과 고대 기독교인들이 다른 점은 헤겔의 "타자"가 원초적으로 "세계"라는 사실에 있고, 이것은 창조 행위를 하나님에게 필연적인 것으로 만든다. 그래서 헤겔은 "자기정립"의 행동을 하나님의 "본질적(essential) 결정"이라고 말한다.[33]

하지만 창조는 하나님께서 그(타자) 안에서 그리고 그를 통해 완전한 자

그럼에도 불구하고 이전의 정통주의 교의학에서 구원의 사역이라고 말해졌던 것은 너무나 강력하게 심리적이 되고 또 따분한 의미가 되어서, 고대 교회 교리의 단지 외관만 남게 되었다.⋯철학은 더 이상 교의를 깎아내린다는 비난에 직면하지 않아야 한다. 대신에 철학은 '우리 시대에 일반적으로 지배하는 신학보다' 그 자체 안에 너무나 많은 교회의 가르침을 포함하고 있다는 책망을 마땅히 받아야 한다."

32) Ibid., 78-79.
33) Ibid., 454.

의식에 도달하게 되는 "타자"로 봉사하기에 최종적으로는 적절하지 않다. 의식은 영적 활동이다. "타자"를 통해 하나님은 자기 자신을 알게 되시는데, 그 "타자" 자신도 자의식적 존재여야 한다. 그리고 그 타자는 실제로 유한한 주체여야 한다. 하나님은 무한하시다. 그러므로 그분 자신 외에 "타자"인 것은 단지 유한할 뿐이다. 그래서 하나님은 인간이 되신다. 이 지점에서 헤겔이 성취한 것은 고대 교회의 로고스 기독론에 대한 새로운 해석이다. 삼위일체의 두 번째 인격은 인간이다.

　　나사렛 예수는 단번에 그리고 동시에 하나님의 자기 계시이시고, 신적소외가 극복되는 일자(the One)이시다. 하나님이 자신의 밖으로 나가시는 행동에 의해 산출되는 소외가 그 일자 안에서 극복되고, 하나님은 자기 자신 안에서 그 자신과 화해된다. 왜 소외인가? "자기 정립"의 행동이 하나님이 자기 자신을 그 자신에 대해 유한한 존재로 놓으시는 행동이기 때문이다. 하나님은 유한하게 되실 때, 그 자신으로부터 "분리되신다." 하나님은 물론 그런 분리 가운데서도 여전히 하나님 자신이시다. 하지만 하나님과 하나님의 "타자" 사이를 연결하는 실체적인 연합은—그것이 타자 안에 있는 의식적인 사실이 되지 않는 한에서는—단지 "암시적"일 뿐이다. 그리고 이것은 하나님이 "타자성"을 완전하게 품으실 때까지는 발생할 수 없다. 바로 그 타자성은 근본적 부정인 죽음의 경험이며, 모든 유한한 사물에게 마땅한 것이다. 그래서 예수는 죽으셔야 했고, 하나님 자신의 생명 안에서 발생하는 하나의 사건으로서 그렇게 하셔야만 했다.

　　다시 말해 하나님은 유한성의 극단적인 한계에 도달하여 그 한계를 그자신의 생명 안으로 취하신 후에 자기 자신에게로 되돌아갈 수 있으셨다. 죽임을 당하신 예수께서 부활하셨다는 사실에서 하나님의 자기계시의 행동은 완전해졌다. 분리의 "무한한 고뇌" 안에서 그리고 그것을 통해[34] 하나님께서 자신을 예수와 (그리고 그분 안에서 모든 인류와) 연합시켰던 실체적

---

34) Ibid.

통일은 이제 "명시적인" 것이 되었다(완전히 드러났다). 예수를 죽은 자들 가운데서 다시 살리심으로써 자신을 십자가에 달리신 예수와 동일시하신 하나님은 자기희생의 사랑으로 알려지게 되었다. 이 사랑은 사랑의 대상과의 화해를 위해서라면 하나님께서 어떤 극단까지라도 가시는 사랑이다. 그리고 이 모든 것이 예수를 따르는 사람들에게 계시되어 있다는 점에서, 그들의 하나님 앎은 하나님께 고유한 자기지식의 도구가 된다. 하나님은 자신에 대한 사람들의 앎 안에서 그리고 그 앎을 통해 자기 자신을 아신다. 이것은 제3의 "계기"이며, 부활에 기초를 둔 교회에 활력을 불어넣으시는 교제와 사랑의 성령이다.

분명히 헤겔은 칼케돈의 "두 본성" 기독론을 잘 뛰어넘었다. 헤겔은 칼케돈이 "끔찍한 합성물"이라고 신랄하게 비판한다.[35] 하지만 헤겔은 정통주의적 기독론을 형성하려는 충동, 즉 그리스도의 "인격"을 신적 주체와 직접적으로 동일시하려는 어떤 본래적인 충동을 지니고 있었다. 헤겔이 그 신적 주체를 (최종적으로 완전하게) 인간이 되게 한 사실은 분명 신선했고, 또한 최소한 다음 이유에서는 추천할 만하다. 그것은 인간 예수 안에서 성장과 발전을 허용했다(이것은 제3차 콘스탄티노플 공의회가 부정하였던 것이다). 이런 방식으로 헤겔은 예수의 생애에 대한 역사비평적 연구가 등장하는 데 직접적으로 기여했다.

그러나 하나님이 죽음의 경험에까지 도달하는 것, 그리고 그 경험을 포함하는 인간적 삶의 주체가 되도록 하는 것은 변화 가능성을 하나님 개념 안에 도입하는 결과가 된다. 이것은 하나님과 세계를 상호-관계성으로 이해하는 20세기 "만유재신론"의 내용은 확실히 아니다. 그 관계에 상호성은 존재하지 않는다. 실제로 시간 안에서 하나님의 되어감(becoming)은 이미 "처음부터" 하나님의 존재 안에 "내장되어 있다." 하나님의 자기규정적인 활

---

35) Ibid., 457.

동이 그 자체로 하나님의 "본질적인 결정"의 결과라는 점에서 그렇다.[36] 우리는 이렇게 말할 수 있다. 하나님은 확실히 변화 가능성과 고난 가능성 가운데 계신 존재로서 불변적이시다. 왜냐하면 하나님의 존재는 결과를 미리 결정하기 때문이다.

헤겔의 죽음 이후 헤겔의 추종자들은 좌파와 우파로 나누어졌다.[37] 분열의 핵심은 하나님의 "타자"가 개인이어야 하는지, 아니면 인류를 집단적으로 하나님의 "타자"로 보는 것이 더 나은 것인지의 질문과 관련이 있었다. 좌파는 둘째 가능성을 확증하면서 다비트 프리드리히 슈트라우스(David Friedrich Strauss, 1808-1874)를 따랐다(그렇게 하면서 예수가 동료 인간들과 질적으로 구별된다는 의미인 예수의 유일무이성이나 궁극적 특성은 부정되었다). 필립 마르하이네케(Philip Marheineke, 1780-1846, 베를린 대학교 신학부에서 슐라이어마허의 동료였다)가 주도했던 우파는 헤겔에 대한 보다 더 엄격한 신학적 읽기를 주장했다. 이것은 오늘날까지도 많은 논란이 되는 질문으로 남아 있다. 나는 마르하이네케가 다음에서 최고의 논증을 폈다고 확신한다. 만일 "죽음"이 유한성의 극단적 한계이고 또 죽음이 개인의 경험이라면, 하나님은 한 인간이 되셔야 한다.

슐라이어마허와 헤겔을 마치기 전에, (아주 다른 이유에서이기는 하지만) 그들이 공유했던 신앙의 한 가지 항목을 지적할 필요가 있다. 두 사람 모두에게 하나님의 삼위일체는 그리스도 안에서 그리고 교회를 통해 세계와 관계하시는 하나님의 행동의 결과다. 삼위일체는 시원적이라기보다는 종말론적 현실성이다. 이것은 슐라이어마허가 표현하는 것처럼, 하나님이 그리스도와의 연합 그리고 교회와의 연합과는 독립적으로 하나님 자신 안에서

---

36) Ibid., 454. 또는 스피노자가 말하는 것처럼 "영원하고 무한한 존재는…그것이 존재하는 바의 필연성과 동일한 필연성에 의해 행동한다." Roger Mason, *The God of Spinoza: A Philosophical Study* (Cambridge: Cambridge University Press, 1997), 25를 보라.

37) Claude Welch, *Protestant Thought in the Nineteenth Century* (New Haven: Yale University Press, 1974), 1:104-5, 141-42를 보라.

는 구분되지 않는다는 것(not differentiated)을 의미한다.[38]

케노시스 기독론

"케노시스" 기독론은 1840년대 독일 에어랑엔 대학교의 보수적인 루터교 신학자들이 만들어낸 것이다. 주도적인 인물은 고트프리트 토마시우스 (Gottfried Thomasius, 1802-1875)였고, 동기는 "장엄의 속"에 관련된 루터교 신앙고백의 가르침을 가능한 한 유지하려는 것이었다. 1840년 무렵 예수의 생애에 대한 탐구는 나사렛 예수가 전능, 전지, 편재라는 신적 속성들을 소유했었다고 주장하는 것을 점점 더 어렵게 만들었다(일치신조[Formula of Concord, 1577]가 제안했던 역동적 방식에서도 마찬가지였다). 현실적인 난점은 "인격성의 발전"이라는 주제였다(이것은 단지 예수의 자기 이해뿐만 아니라 예수의 사명의 이해도 변화했다고 주장하며, 어떤 설명에서는 예수의 공적인 사역의 과정에도 변화가 있었다고 한다). 또한 아버지의 뜻에 순종하려는 예수의 격렬한 투쟁(특별히 겟세마네에서)과 관련된 새로운 실재론 역시 존재했다. 복음서 증언 안의 이런 특징들은 고대 교회, 그리고 특별히 루터교적 기독론이 가르쳤던 "신성화된" 인성의 특성과 어떻게 화해할 수 있는가?

이 문제에 대한 토마시우스의 해결책은, 성육신에서 하나님이 자신을 인간의 본성과 연합시키는 것에 대한 전제조건으로서 로고스는 인간적 지성과 의지의 정상적인 기능과 양립할 수 없는 것으로 보이는 신적 속성들(예를 들어 전능, 전지, 편재)을 벗어버렸다는 것이다. 토마시우스는 이 벗음을 "케노시스"(kenosis)라고 불렀다. 케노시스는 빌립보서 2:5-7에 있는 소위 "그리스도 찬송 시"의 전반부에 등장하는 그리스어 동사의 명사형이다. "너희 안에 이 마음을 품으라. 곧 그리스도 예수의 마음이니 그는 근본 하나

---

38) Schleiermacher, *Christian Faith*, 739.

님의 본체시나 하나님과 동등 됨을 취할 것으로 여기지 아니하시고, 오히려 자기를 비워[ekenōsen] 종의 형체를 가지사 사람들과 같이 되셨고…." 하지만 이 벗음은 일시적인 수단으로 이해되었다. 부활하시고 승천하셨을 때 로고스는 옆으로 밀어놓았던 속성들을 다시 한 번 취하셨고, 그 속성들을 온전하게 행사하셨다. 이것은 일치신조가 말하는 것과 같이 인간 예수가 신적인 속성들에 참여한 것이 오직 부활의 시점에서 시작되었다는 것을 의미했다.

토마시우스의 제안에 대해, 비판자들은 모든 신적 속성들이 본질적으로 하나님께 속한다는 것, 그리고 그 속성들 중 어떤 것을 박탈하는 것은 로고스 안에서 어떤 변화가 일으켜진 것을 의미한다는 점을 빠르게 지적했다. 그것은 로고스를 가변적인 것으로 만들 것이다. 그리고 이어서 그것은 아버지, 그리고 성령과 아들의 본질적인 연합을 파괴할 것이다. 그러나 토마시우스는 이 점에 대해서도 한 가지 대답을 가지고 있었다. 그것은 그때까지 수용되었던 하나님의 존재 이해에 대해 매우 엄청난 수정을 의미했던 대답이었다.

토마시우스는 하나님께 "본질적인" 속성들(이것들이 없다면 하나님은 하나님이 아니게 되는 속성들)과 "상대적인" 속성들(하나님이 단지 자유로이 세계를 창조하기로 결정하였기 때문에 "획득한" 속성들)을 구별했다.[39] 첫째 부류에는 진리, 거룩성, 사랑 등이 속한다. 둘째 부류에는 하나님의 전능, 전지, 편재 등이 속한다. 이 속성들은 하나님이 창조하셨던 세계에 관계하고 있는 결과로서 하나님 안에 생겨나기 때문에 "상대적"이다.

이 구별이 루터교의 "장엄의 속"과 관련된 문제를 모두 해결하였는가? 대답은 틀림없이 조심스러운 긍정일 것이다. 토마시우스는 본성들의 상호 침투를 "높여지심(exaltation)의 상태"로 미루었다. 그래서 토마시우스는 이

---

39) Gottfried Thomasius, "Christ's Person and Work," in *God and Incarnation in Mid-Nineteenth Century German Theology*, ed. Claude Welch (New York: Oxford University Press, 1965), 66-72.

제 예수의 생애를 재구성하는 데 역사학을 제한적으로 조심스럽게 사용할 수 있는 여지를 마련할 수 있었다. 그것은 분명 루터교의 칼케돈 수용에서 중심적인 난점을 다룬 것이었다. 하지만 그것은 칼케돈 신경 자체 안에 내재되어 있는 문제들을 다루는 데에는 실패했다.

칼케돈 신경에 의해 만들어진 진짜 문제는 이미 기독교 신앙의 주된 비판자였던 다비트 프리드리히 슈트라우스가 제기했다. 1840년과 1841년에 출판된 두 권짜리 책에서 슈트라우스는 두 본성 교리가 일관성을 상실했다고 주장했다. 나지안주스의 그레고리오스(Gregory of Nazianzus, 329-390)가 인간 본성은 완벽했다(인간 본성은 인간적 지성과 의지를 구비했다)고 (아폴리나리우스에 대항하여) 주장했던 시점에서 일관적이지 않게 되었다는 것이었다. 그 순간에 "두 본성"은 "두 인격성"이 되어버렸다. 슈트라우스가 주장하는 문제는 두 인격(하나는 무한하고 다른 하나는 유한한 인격)이 하나의 단일한 "인격"(또는 "주체")을 형성할 수 있다는 것은 이해하기가 불가능하다는 것이었다.[40] 한쪽은 항상 다른 쪽을 상쇄시킬 것이고, 남은 한쪽만 인격을 형성할 수 있게 되는데, 이것은 칼케돈의 주교들이 (신적 본성으로 옷 입은) 로고스만이 홀로 인격을 형성한다고 말했던 이유였다. 그러나 (슈트라우스의 주장은) 단지 그런 조건 아래에 있는 어떤 인간의 인격성이 억압되어 적절히 작용할 수 없다는 사실을 강조하는 데 도움을 줄 뿐이다. 예를 들어 만일 그리스도의 "인격"이 영원한 직관이라는 즉각적인 행동에 의해 모든 일을 아신다면("인격"과 영원한 로고스가 동일하다고 가정한다면, 반드시 그렇게 될 것이다), 그때 그 "인격"이 (발견의 과정을 통해) 산발적으로 다양한 일들을 배운다는 것은 불가능해진다.

분명 토마시우스는 이 논증이 지니는 힘을 느끼고 있었다. 이 주제를 다루려고 노력하는 가운데 토마시우스는 운명적인 발걸음을 내디뎠다. 토마

---

40) David Friedrich Strauss, *Die christliche Glaubenslehre in ihrer geschichtlichen Entwicklung und im Kampfe mit der modernen Wissenschaft* (Tübingen: C. F. Osiander/Stuttgart: F. H. Köhler, 1841), 2:105, cf. 112-13.

시우스는 신적인 "자의식" 역시 로고스가 성육신하면서 버려졌다고 제안했고[41], 그렇게 해서 동일한 "인격" 안에 공존하는 무한한 자의식과 유한한 자의식의 문제는 제거되었다. 이것이 문제가 되었던 이유는 신적 자의식이 토마시우스에게도 마찬가지로 하나님의 "본질적" 존재인 진리, 거룩, 사랑 등에 기본적인 것으로 간주되었다는 것이었는데, 이것은 신적 자의식을 너무도 "본질적"인 것으로 만들었다. 이자크 아우구스트 도르너(Isaak August Dorner, 1809-1884)는 이 문제를 다음과 같이 표현했다. 신적인 자의식이 없었다면, 인류를 향한 하나님의 사랑, 곧 나사렛 예수에게 생기를 불어넣어 세상 안에서 자기희생적으로 자기를 내어주는 그분의 존재방식은 어떻게 생각이라도 될 수 있었겠는가?[42] 문제는 토마시우스 자신도 어떤 일관성을 가지고 "본질적" 속성과 "관계적" 속성 사이를 지속적으로 구별할 수 없었다는 것이다. 그리고 또 도르너가 분명하게 드러낸 다른 문제들도 있었다. 신성에서 그것에 본질적인 어떤 것을 떼어낸다는 것은 신적인 본성을 인간적 본성으로 환원하는 것이고, 이것은 실체적 연합이 이제는 (사실상) 두 인간적인 본성의 연합이 되어버리는 결과를 가져오며, 이 결과는 "인격"의 통일성을 성취하지 못한다.[43] 나아가 신적인 속성의 일시적인 박탈은 아직 성육신은 아닌 어떤 불완전한 현현(theophany, 즉 하나님 자신 이외의 타자의 중재 안에서 하나님이 "나타나심"[appearing])을 산출하게 된다.[44]

도르너 자신의 기독론은 "케노시스" 기독론이 아니었지만, 그것 역시

---

41) Gottfried Thomasius, *Beiträge zur kirchlichen Christologie* (Erlangen: Verlag von Theodore Bläsing, 1845), 94-95.

42) I. A. Dorner, "Rezension von G. Thomasius, *Beiträge zur kirchlichen Christologie*," *Allgemeines Repertorium fur die theologische Literatur und kirchliche Statistik* 5 (1846): 42; Dorner, *Entwicklungsgeschichte der Lehre von der Person Christi von den altesten auf die neueste* (Berlin: Gustav Schlawitz, 1853), 2부.

43) Dorner, "Rezension von G. Thomasius," 44.

44) Dorner, *Entwicklungsgeschichte*, 1270.

(루터교 신앙고백의 중심적 목표를 주장하면서) 슈트라우스가 던졌던 도전에 대답하려고 했다. 그런 이유로 도르너의 기독론은 여기서 언급할 가치가 있다. 도르너의 해법은 신적이고 인간적인 것의 단계적인 연합이라는 슐라이어마허의 전략을 채택하는 것이었다. 그래서 그는 예수의 인간적 자의식에게 어린아이로부터 어른까지 자연적으로 발전하기 위한 충분한 여지를 주었다. 도르너는 하나님께 적절한 어떠한 것을 박탈할 필요를 느끼지 않았다. 오직 단계적인 자기교류가 발생했고, 이것은 그리스도의 부활로 높여지심에서 단일한 신인의 인격성으로 귀결되었다.

토마시우스와 도르너 모두는 큰 틀에서 칼케돈 신경 **안에서** 작업하려고 노력했다. 칼케돈의 논리뿐만 아니라 범주들까지도 여기서는 유지되고 있다. 두 사람 모두 현대성의 조건 아래서 그렇게 했다는 것 역시 분명하다. 하지만 그런 노력이 이루어질 수 있었던 날들은 그리 길지 않았다. 도르너가 자신의 조직신학 작업을 완료했을 때, 리츨 학파의 반형이상학적인 입장이 고전적인 기독론과 슐라이어마허 및 헤겔이 제공했던 대안들 모두를 일축해버렸다.

알브레히트 리츨(1822-1889)

알브레히트 리츨의 신학은 제1차 세계대전 속으로 사라져버린 세계에 속한다. 그런 이유로 리츨의 신학은 종종 가능한 최악의 맥락에서 해석되어왔으며, 오늘날까지 여전히 그런 맥락에서 그의 신학을 보기를 선택했던 사람들에게는 접근되지 못한 채로 남아 있다. 그런 식으로 읽는 사람은 어떻게 리츨의 신학이 그 시대에 독일뿐만 아니라 대영제국과 미합중국에서도 열렬한 환영을 받을 수 있었는지 쉽게 이해하지 못한다. 하지만 실제로 리츨의 신학은 방법론의 중심 노선에서 20세기 후반에 많은 정치신학과, 나아가 칼 바르트가 (서로 다른 방식이기는 해도) 만들어낼 변화를 미리 예견하고 있었다.

리츨은 신약 연구 분야에서 학문적 경력을 시작했다. 그 분야에서 바우어(F. C. Baur, 1792-1860)의 지도 아래 두 번째 박사논문을 쓴 후에, 리츨은 매우 자연스럽게 잠시 동안 바우어뿐만 아니라 헤겔(바우어의 주된 철학적인 영향)에게도 매료되었다. 이것은 실천적으로는 역사적 발전(헤겔의 절대정신이 진화하는 형식) 안에서 통일성을 발견하려는 욕구를 통해 정보를 획득하는 역사적 연구에 강력하게 헌신하는 것을 뜻했다. 그러나 1856년 리츨은 그 두 방향의 헌신을 모두 그만두었고, 바우어와의 관계는 항구적으로 결렬되었다.[45] 그렇게 된 한 가지 이유는 리츨이 철학적 헌신에 지배당하는 신학에 대해 점점 더 불편해졌기 때문이었는데, 이것은 철학의 분과 내부에서 일어나고 있었던 변화들과 관련이 있을지도 모르는 발전이었다. 1848년의 혁명이 수포로 돌아간 후에 (그때 독일의 많은 사람들은 견고한 정치적·사회적 관심사에 요청되었던 전체주의적 해석을 의심스럽게 바라보기 시작했다) 헤겔이라는 별은 극적인 방식으로 지기 시작했다. 리츨 자신은 1860년대에 보수적인 비스마르크(Bismarck, 1815-1898)의 지지자가 되기 이전에, "자유주의"의 단계를 통과했다.

어떻든 리츨의 구성적인 신학은 역사적인 작업에 기초하여 세워졌다. 리츨이 행한 것은 "아래로부터"의 기독론을 정교히 다듬은 것이었다. 다시 말해 리츨은 계시의 수용에 의해 형성된 공동체에 속했던 사람들이 수행했던 탐구, 곧 예수의 생애에 대한 역사적 탐구의 결과들을 자신의 출발점으로 삼았다. 계시의 수용은—그리고 그와 함께 칭의/화해의 경험은—그리스도 안에서 발생하는 하나님의 구원 사역을 이해할 수 있게 해주는 해석학적인 렌즈를 제공한다는 것이었다.

리츨은 하나님 나라 선포가 예수의 초기 사역의 핵심에 놓여 있었다고 보았다. 예수는 하나님 나라가 도래했다고 선언하는 것, 그리고 그렇

---

45) Philip Hefner, "Albrecht Ritschl: An Introduction," in Albrecht Ritschl, *Three Essays* (Philadelphia: Fortress, 1972), 6-8을 보라.

게 함으로써 이 세상에서 하나님 나라를 이루는 과정을 시작하는 것을 자신의 유일무이한 소명으로 이해했다. 리츨은 하나님 나라를 "사랑으로 고취된 행동을 통해 인간성을 실현하는 것"이라고 정의했다.[46] 달리 말하자면 이 세상에서 전개되는 하나님의 구속적 활동의 목표는 본성에 있어 도덕적이다. 인류는 어느 날 (즉 교회로서) "예배라는 공동적인 실행"을 통해서가 아니라[47] 이웃 사랑의 특징을 지닌 윤리적인 연합을 통해 통일될 것이다. 도래하는 하나님 나라의 이해 안에 내재된 기독교적 경건의 개념은 본성에 있어 세상적이다. 기독교인의 삶은 세상으로부터 분리되거나 세상으로부터 철수하는 것이 아니라, 세상 안에서 하나님을 의식하며 살아가는 것이다. 교회가 단지 자신의 일을 그만두기 위해 존재한다는 사실은 놀라운 일이 아니다. 세상이 하나님의 통치 아래 완전히 들어오게 될 때, 교회는 더 이상 존재할 필요가 없게 될 것이다. 왜냐하면 하나님 나라가 완전하게 실현될 것이기 때문이다.

　예수께서 말씀하신 하나님 나라의 시작에 대한 이런 이해의 토양에서 자라나는 기독론은 어떤 것인가? 그리스도의 인격을 바르게 이해하기 위해 우리는 예수께서 자신의 소명에 충실했다는 사실로부터 시작해야 한다. 예수는 하나님을 신뢰하고 확신했기 때문에, 자신을 온전히 아버지의 은혜로운 통치 아래 두었고, 그렇게 해서 이 세상 안에서 진행되는 하나님의 통치가 자기 자신 안에서 발생하도록 했다. 예수의 "신성"은 정확하게 다음과 같은 의미다. 즉 예수의 의지는 아버지의 의지와 완벽하게 일치되었다. 예수를 하나님의 유일무이하고 최종적인 계시가 되게 한 것은 바로 그 의지의 일치다.[48] 예수가 기독교라는 종교의 설립자인 것은 그가 새로운 율법을 가

---

46) Albrecht Ritschl, *Justification and Reconciliation*, vol. 3, trans. H. R. Mackintosh and A. B. Macaulay (Edinburgh: T&T Clark, 1900), 12.

47) Ibid.

48) Ibid., 389.

져왔기 때문이 아니고[49], 반드시 동의해야 하는 "교리들"을 자신의 가르침으로 삼았기 때문도 아니다.[50] 오히려 그것은 그분이 자신 안에서 하나님의 자기계시였고, 자유로운 인격들("하나님의 자녀들")의 도덕적 연합을 세우려는 하나님의 예정하신 목적이 시간 안에서 효력을 발하는 사건이 그분 안에서 발생했기 때문이다.[51]

예수의 "신성"에 대한 이런 설명은 타당한가? 일단 리츨에게 예수는 하나님의 존재에 속하는 모든 것, 또는 그렇다고 알려진 모든 것이라는 사실이 인정되어야 한다. 리츨은 사변적 형이상학에 매우 반대했다. 리츨에게 어떤 사물이 무엇인가 하는 것은 그 사물 배후 또는 근저에 놓인 어떤 것(어떤 "실체") 안에서 발견될 수 없다. 동일한 것이 인격들에도 적용된다. 사물과 인격 양자는 그들의 존재적 그물관계 안에서 우리에게 알려지며 현존한다. 이와 대조적으로 우리가 사물들을 분류하거나 서로 질서를 주기 위해 그것들에 대해 형성하는 일반적인 개념들은 현실(reality)이 아니다. 그것들은 단지 관념(ideas)이다.[52] 하나님에 대한 우리의 앎에 적용한다면 그것은 하나님이 그리스도 안에서 우리와 형성하신 관계 안에서만 현실적이라는 것을 뜻한다. 하나님은 자신이 우리에게 알려지도록 하기 위해 자기 자신을 선사하시는 행동 안에서 존재하신다. 그러므로 하나님의 존재는 "세상의 창조 이전에 선택하신 공동체"에게 하나님 자신을 선사하시려는 "사랑의 의지"라는 표현에서 바르게 이해된다.[53] 하나님은 본질적으로 사랑이시다. 이것은 예수도 마찬가지다. 예수의 의지가 하나님의 사랑의 의지와 완벽하게 일치했다는 점에서, 예수는 육신이 되신 하나님이시다. 이것을 설명하기 위해 우리는 형이상학을 필요로 하지 않는다. 우리는 아들의 선재나 삼위일

---

49) Ibid., 413.
50) Ibid., 393.
51) Ibid., 13.
52) Albrecht Ritschl, "Theology and Metaphysics," in *Three Essays*, 182-84.
53) Ibid., 164.

체, 또는 예수가 완벽한 하나님의 계시라는 것을 확증하려는 양성론과 같은 추상적인 교리를 필요로 하지 않는다. 예수가 누구이셨는가(예수의 존재가 하나님의 존재였기 때문에)에 대해 어떤 것을 첨가하는 것은 불필요하다. 그것은 아무런 의미가 없다. 리츨에 따르면 우리는 형이상학적 사변을 통해 생겨난 개념들에 어떤 현실성도 덧붙일 수 없다.

"탈형이상학적인"[54] 신학을 단호하게 주장했던 첫 번째 인물은 리츨이 아니다. 그런 영예는 아마도 빌헬름 헤르만(Wilhelm Herrmann, 1846-1922)에게 주어져야 할 것이다. 헤르만은 스스로 "리츨 학파"라고 칭했던 (당시) 학생 세대의 첫 번째 신학자였다. 그리고 리츨 자신도 헤르만에게서 많은

---

54) "형이상학적"이라는 말은 흔히 "존재론적"이라는 말과 동의어로 취급되었다. 하지만 이 논문에서는 그렇게 사용되고 있지 않다. "형이상학"은 초월적인 (초자연적인) 실재들에 대해 말하는 한 가지 방식이다. 이것은 특수한 구체적인 존재들보다는 일반적인 개념과 함께 시작한다. "세계"나 "인류"와 같은 그런 일반적인 개념(종종 전체를 구성하는 개별적인 존재들로부터 추상된 전체성)으로부터 어떤 것이 움직이기 시작한다. 문제는 전체성이라는 것이 단지 관념일 뿐이라는 사실이다. 이것은 우리가 알 수 있도록 직접 주어지지 않는다. 우리는 어느 곳에서도 그것과 대면하지 못한다. 그것은 단지 어떤 품목들의 집단의 통일성을 소개하고 설명하기 위해 요청될 뿐이다. 그 자체로 그것은 현실성을 결여하고 있다. 그러므로 현실적인 것을 궁극적으로 설명하려는 시도는 추론의 과정을 사용해야 하는데, 이 과정은 일반적인 개념들로부터 그 개념의 "현실적인" 근거로 추정되는 개념으로 나아간다. 이때 그 개념은 우리가 시작할 때 가졌던 개념과 마찬가지로 현실성이 아니다. 존재론(현실적인 것이 무엇인가, 그리고 우리가 만나는 사물들은 어떻게 서로 구별되면서 현실적인가 하는 것에 대한 설명)을 개인의 기초 위에 건축하는 것이 또한 가능하다는 것은 예수 그리스도가 성육신하신 하나님이라는 믿음에 의해 필연적으로 된 가능성이다. 그 안에서 "신성"과 "인성"이라는 것은 **한 개인 안에서** 구체적 현실이 된 "보편자들"이다. 그러므로 출발점을 단일한 개인 안에 기초시킨 다음 하나님의 본성과 인간의 본성에 대해 생각하려는 시도는 형이상학적이지 않다(왜냐하면 일반적인 개념으로부터 추론을 이끌어내지 않기 때문이다). 그러나 이것은 신적-인간적 존재에 대한 설명으로 귀결되고, 그 설명은 존재론적으로 된다. 나는 오직 그리고 엄격하게 기독론 안에 근거되는 그런 존재론을 "탈형이상학적"이라고 부른다. 왜냐하면 그것은 고전적인 형이상학과 현대 형이상학 모두의 실패가 분명해진 후에만 인정되는 선택사항이기 때문이다.

것을 배웠다.[55] 둘 가운데 특별히 독일 밖에서 더 큰 영향력을 행사한 사람은 리츨이었다. 물론 리츨은 나중에 바르트가 말하곤 했던 것, 즉 "하나님은 하나님이 행하시는 바의 것이다"라는 명제를 명시적으로 표현하지는 않았다. 하지만 리츨의 신학적 인식론이 바르트의 『교회교의학』의 나중 책들에서 분명하게 되는 신학적 존재론과 동일하다고 할 수 있는 방향으로 나아갔다고 말하는 것은 옳을 것이다.

기독론에 대한 리츨의 접근방법이 지니는 약점은 우리가 특별히 신약성서가 평가하는 타당성의 질문을 그것에게 제기할 때 분명해진다. 오늘날 리츨의 작품에 퍼져 있는 문화적 낙관론을 기꺼이 확신하는 사람은 거의 없을 것이다. 또한 사람들이 그리스도의 메시지와 인격에 대한 리츨의 묘사에 동의할지도 의심스럽다. 그럼에도 오늘날 많은 사람들이 정치적으로 추진되는 기독론을 수립하기 위해―십자가를 향한 예수의 길을 "역사적"으로 읽으면서―리츨과 비슷한 접근방법을 사용하고 있는데, 이것은 리츨의 "왕좌와 제단"의 보수주의와 강력한 대조를 이룬다. 오늘날 리츨의 신학적 내용은 남아 있지 않을지도 모르지만, 리츨은 상당히 많은 자유주의자들과 여성신학자들의 주해적/신학적 작업을 주도하는 초대 손님으로 남아 있다. 리츨의 방법론이 그처럼 극적으로 다른 결과를 야기할 수 있었다는 사실에 비추어 우리는 여기서 잠시 멈추어 설 필요가 있다. 우리가 리츨의 것보다 자유주의자들의 해석학적인 입장을 얼마나 선호하는지와 상관없이, 리츨 또는 자유주의자들 둘 다로 인도할 수 있는 어떤 방법은 궁극적으로는 우리가 서술적인 것으로부터 규범적인 것으로 움직이도록 도와줄 수 없다. 다시 말해 선호된 한쪽의 자리에서 "유용하다"고 여겨지는 것의 묘사로부터 다른 장소와 시대에 있는 사람들에게 필연적으로 전달될 수 있는 진리-질문에 관여하도록 우리를 움

---

55) 리츨의 사상과 그보다 젊었던 친구 빌헬름 헤르만의 사상의 관계가 지니는 복잡한 성격에 대해 Bruce L. McCormack, *Karl Barth's Critically Realistic Dialectical Theology: Its Genesis and Development, 1909-1936* (Oxford: Clarendon, 1995), 51-54를 보라.

직일 수 없다. 그래서 규범적인 것에 대해 조만간 신학적 존재론이 필요하게 될 것인데, 그것은 리츨이 제공할 수 있었던 것보다 더 크게 발전되어 그리스도의 완전한 현실성에 대한 신약성서의 증언과 더 많이 일치하게 될 것이다.

칼 바르트(1886-1968)

칼 바르트의 후기 기독론[56]은 칼케돈 신경의 상세한 개념적 구별에 몰두한 결과물이다. 하지만 바르트의 범주는 최종적으로는 칼케돈의 개념은 아니었다. 바르트는 "본성들"을 "현실화했다(actualize)."[57] 이것은 역사의 실제적인 범주가 사건 또는 인격이 공유하는 속성들에 대한 추상적 정의의 범주를 대체했음을 뜻한다. 그리고 바르트는 칼케돈이 채택했던 "인격"이라는 추상적이고 형이상학적인 개념(이것은 제3차 콘스탄티노플 공의회까지 여전히 지배적이었다)을, 하나님이 역사 안에서 하나님 자신을 인간 예수와 동일시하는 역사의 결과로 출현한 "인격"이라는 이해로 대체했다. 그것은 단일한 "복합적(composite) 인격"[58]을 형성하기 위해 하나님의 아들이 인간 예수와 (점진적으로가 아니라) 지속적으로 연합되는 것을 뜻한다. 아래에서 우리는 이 주장의 의미를 설명할 것이다.

---

56) 바르트도 또한 『교회교의학』 I/2에서 계시론의 관점에서 기독론의 주제를 취했다. 또 바르트는 자신의 신학적 발전이 전통적 예정론을 개정한 후 새로운 예정의 교리 안에서 기독론의 존재론적인 근거를 발견하는 시점에 이르렀을 때도, 마찬가지로 기독론의 주제를 취했다. 그러나 바르트는 『교회교의학』 IV권에서는 가장 완전하게 기독론의 주제로 돌아온다(이것이 바르트적 기독론의 가장 완전한 논의다). 내가 "후기" 기독론이라고 언급한 것은 바로 『교회교의학』 IV권의 기독론이다. 『교회교의학』 I/1은 바르트가 1920년대 중반 괴팅겐의 교의학 강의에서 처음으로 작업했던 "초기 기독론"을 계속해서 전개한다.

57) Karl Barth, *Church Dogmatics* IV/2, 105.

58) 바르트 자신은 이 구절을 채택하지 않았다. 하지만 이 표현은 그리스도의 인격에 대한 바르트의 이해의 결과를 묘사하기 위해 전적으로 적절하다.

우리가 우선 인정해야 할 것은 『교회교의학』 II/2에서 수행된 예정론의 개정이 바르트의 후기 기독론을 가능하게 했다는 사실이다. II/2에서 바르트가 정교하게 전개하기 시작했던 신학적 존재론의 아주 작은 부분이 앞선 『교회교의학』 I/1-II/1에서 예견되기는 했지만, 바르트가 자신의 존재론을 하나님의 "자기-결정"(즉 예정)이라는 영원한 신적 행동에 근거시키는 작업이 자리를 잡고 그 뒤를 이어 다루어질 교회교의학의 구성에 영향을 미치게 되었던 곳은 바로 그 지점이었다. 왜 바르트는 "**자기결정**"을 말하였는가? 하나님의 예정의 내용이 단지 하나님께서 그리스도 안에서 어떤 일을 하신다는 것뿐만 아니라, 하나님께서 그리스도 안에서 무엇인가로 **되시는 것**(be)이기 때문이다. 바르트가 이해하는 예정의 의미는 하나님이 "인간 예수로서의 하나님"이 되기로 선택하셨다는 것이다. 즉 하나님은 신적 심판을 수용하는 한 인간의 경험에 영원히 자신을 굴복시키기로 선택하셨다. 그 심판은 멸망 받아 마땅한 죄인들을 대신하여 당하는 고난과 죽음을 통해 그리스도에게 내려지는 심판이다. 하나님이 이렇게 하실 수 있었다는 것, 즉 하나님이 자신의 존재의 수준에서 어떤 변화를 겪지 않으면서 자신을 인간의 삶과 죽음의 주체가 되도록 하실 수 있었다는 것은, 바르트에 의하면 하나님의 자기결정(Self-determination)의 영원한 행동이 하나님의 "본질적인" 존재를 결정한다는 사실과 함수관계를 이룬 것이다.[59] 그 "결정" 자체가 그것의 내용이 하나님에게 "적합하거나" 또는 "본질적"이 되도록 만든다.[60] 어떻든 『교회교의학』 안의 이 지점으로부터 예정론은 바르트의 후기 기독론에 존재론적 근거를 제공하고, 바르트의 후기 기독론은 예정론의 인식론적 근거로 여겨진다. 그리고 기독론을 예정론의 인식론적인 근거로 삼으면서 바르트는 "행동-안에-있는" 신적 존재(being-in-act)라는 모든 형이상학적 개념에 확고히 작별을 고했다. 바르트의 기독론은 신약성서가 증언하는 나

---

59) 이 점에 대해 Barth, *CD* IV/2, 84-5를 보라.
60) Ibid., IV/1, 200-1.

사렛 예수의 이야기 역사에서 초점을 발견하며, 그곳으로부터 결코 눈길을 돌리지 않는 탈-형이상학적 기독론이다. 그곳에서 근거를 발견하지 못한다면, 그 어떤 것도 하나님에 대해 말해질 수 없다.

예정론과 그것이 기독론과 갖는 관계를 이렇게 이해함으로써, 우리는 이제 기독론 자체를 더 잘 이해할 수 있는 자리에 있다. 바르트는 영원한 아들의 활동을 존재적 수용성을 지닌 인간 예수와 관련시키는데, 영원한 아들은 인간 예수를 통해 바로 그(인간 예수)의 역사를 자신(영원한 아들)의 역사가 되도록 만듦으로써, 인간 예수와 지속적으로 동일화되는 행위 안에 놓인다. "주체이신 예수 그리스도가 바로 그 역사다."[61] 이 이해를 적용한다면 "복합적 인격"이라는 옛 용어는 새로운 의미를 얻는다. "인격"은 인간적인 것과 관계없이 그 자체로 완벽한 신적 존재에 어떤 것을 첨가해서 복합적인 것이 되는 것이 아니다. 그렇지 않다. 삼위일체의 두 번째 "인격"은 그 자체로 "복합적"이다. 그분은 예기의 방식으로 이미 자기 자신 안에서 (예정 안에 근거된 대로) 존재론적 수용성을 통해 시간 안에서 되어야 할 바로 그 존재다. 그러므로 (신성과 인성의 통일성 안에 계신 신-인이신) "예수 그리스도"는 시간 안에서뿐만 아니라 "그 자신 안에서도(아직 구속을 필요로 하는 어떤 창조도 없을 때도)" 삼위일체의 두 번째 "인격"의 정체성을 가지신다.

그리스도의 "인격"에 대한 형이상학적인 개념이 전혀 없다고 해도 우리가 기독론을 잘 전개할 수 있다는 것을 바르트는 분명히 보여주었다. "존속하는"(subsist) 형태로서의 두 본성 "아래" 머무는 "인격"이란 존재하지 않는다. 두 "본성"은—참으로 신적인 그리고 인간적인 존재는—단일한 인간의 역사 안에서 하나가 되었다.

기독론의 영역에서 바르트가 성취한 것은, 우리가 이미 다루었던 다른 모델들과 간략하게 비교할 때 제대로 평가되고 더 잘 이해될 수 있다. 도르너와 같이 바르트는 실체적 연합(union)을 실체적인 일치 과정(uniting)

---

61) Ibid., IV/2, 107.

으로 대체했다. 그러나 바르트는 도르너와 달리 단일한 신적·인간적 인격의 형성을 소위 부활로 높여지신 이후의 상태까지 연기하지 않았고, 오히려 그것을 진행되는 역사적 현실로 만들었다. 헤겔과 같이 바르트도 하나님을 인간적인 삶의 주체가 되도록 하는 모델을 만들었는데, 그 삶은 죄인의 파멸을 뜻하는 고난과 죽음의 삶이다. 하지만 바르트는 헤겔과는 달리 (헤겔은 바르트의 예정론을 모른다) 하나님이 이미 그 자신 안에서 (둘째 존재양식 안의 아들로서) "시간 안에서 그가 되어야 할 존재"라고 이해한다. 바르트에게 삼위일체는 역사적인 과정의 결과가 아니라 (영원한 신적 예정 안에서) 그 과정의 전제다. 리츨과 같이 바르트는 그리스도에 대한 (그리고 사실상 또한 하나님에 대한) 탈형이상학적 설명을 진전시켰다. 하지만 리츨과 달리 바르트는 아들의 "선재"(preexistence), 그리고 그것의 필연적 결과인 "원초적 (protological) 삼위일체"를 없애지 않았다. 바르트는 예수 그리스도가 하나의 인격 안에서 완전히 신적이고 완전히 인간적이었다고 확증했다.

결론: 바르트 이후의 기독론

"기독론"이 중보자의 존재론적인 구성에 관계된다면, 바르트 이후에 직간접적으로 예수 그리스도에 대해 저술된 것 가운데 "얼마나 많은 양이 진정으로 '기독론적'인가?" 하는 질문은 대단히 중요하다. 마치 존재론적 질문들을 취급하기만 하면 불가피하게 열매 없는 형이상학적 사변에 휩쓸리게 되는 것처럼 오해하면서, 많은 사람들은 그 질문을 괄호로 묶어 처리해버린 뒤예수의 메시지나 세계 내부에서의 예수의 존재 방식에만 관심을 집중시켰다. 만일 바르트가 우리에게 무언가를 가르쳐주었다면, 그것은 바로 이것이 잘못되었다는 것이다. 신학적 존재론은 형이상학의 도움 없이 나사렛 예수 이야기의 역사적 기초 위에 건설될 수 있다. "바르트 이후의" 최고의 신학자들은 이것을 이해하였고, 그들은 바르트를 기억하며 앞으로 나아갔으며

(많은 사람 가운데 피에트 쇼넨베르크[Piet Schoonenberg, 1911-99], 위르겐 몰트만[Jürgen Moltmann, 1926-], 그리고 한스 우어스 폰 발타자르[Hans Urs von Balthasar, 1905-1988]를 들 수 있다)[62], 또는 다양한 방법으로 형이상학을 개정하여 그 결과가 예수의 삶, 죽음, 나아가 부활에 대한 역사적 탐구와 상응하도록 애썼다(볼프하르트 판넨베르크[Wolfhart Pannenberg, 1928-2014], 발터 카스퍼[Walter Kasper, 1933-], 존 소브리노[Jon Sobrino, 1938-]를 들 수 있다).[63] 오늘날 많은 사람들이 아직도 존재론과 형이상학을 당연히 완전하게 동일시해야 하는 줄로 잘못 알고 있다. 그런 사람들은 그리스도의 인격론을 그분의 사역에 대한 설득력이 떨어지는 작업 정도로 격하시킨다. 그리스도의 인격론에는 신학적 존재론을 둘러싼 질문에 더 많이 집중하는 기독론들의 현실 관련적 특성이 결여되어 있다는 것이다. 어쨌든 그런 사람들의 작업은 이 책 안에 있는 그리스도의 사역에 관한 장에 아주 적절하게 포괄된다.

바르트 이후의 기독론은 이 장에서 다루어진 기본적인 접근방법에 변경이 가능함을 분명히 보여주었다. 하지만 그 변경은 기본적인 패러다임 위에서 가능한 변경이다. 그렇다면 그 패러다임들을 숙지한 학생들은 최근의 발전을 이해하기 위한 준비 작업을 잘 마친 것이다.

---

62) Piet Schoonenberg, *The Christ: A Study of the God-Man Relationship in the Whole of Creation and in Jesus Christ* (New York: Herder & Herder, 1971); Jürgen Moltmann, *The Crucified God: The Cross of Christ as the Foundation and Criticism of Christian Theology* (San Francisco: Harper & Row, 1974); Hans Urs von Balthasar, *Theo-Drama: Theological Dramatic Theory*, vol. 3, *Dramatis Personae: Persons in Christ* (San Francisco: Ignatius, 1992)를 보라.

63) Wolfhart Pannenberg, *Jesus—God and Man* (Philadelphia: Westminster, 1968); Walter Kasper, *Jesus the Christ* (New York: Paulist Press, 1974); Jon Sobrino, SJ, *Christology at the Crossroads: A Latin American Approach* (Maryknoll, NY: Orbis, 1978).

참고도서

Boff, Leonardo. *Jesus Christ Liberator: A Critical Christology for Our Times*. Maryknoll, NY: Orbis, 1978.

Crisp, Oliver. *Divinity and Humanity*. Cambridge: Cambridge University Press, 2007.

Davis, Stephen, Daniel Kendall, SJ, and Gerald O'Collins, SJ, eds. *The Incarnation: An Interdisciplinary Symposium on the Incarnation of the Son of God*. Oxford: Oxford University Press, 2002.

Evans, C. Stephen, ed. *Exploring Kenotic Christology: The Self-Emptying of God*. Vancouver: Regent College Publishing, 2009.

Hector, Kevin W. "Actualism and Incarnation: The High Christology of Friedrich Schleiermacher." *International Journal of Systematic Theology* 8 (2006): 307-22.

Hodgson, Peter C. *Hegel and Christian Theology: A Reading on the Lectures of the Philosophy of Religion*. Oxford: Oxford University Press, 2005.

Jenson, Robert W. *Systematic Theology*. Vol. 1, *The Triune God*. New York: Oxford University Press, 1997.

Johnson, Elizabeth A. *Consider Jesus: Waves of Renewal in Christology*. 2nd ed. New York: Crossroad, 2000.

Kärkkäinen, Veli-Matti. *Christology: A Global Introduction*. Grand Rapids: Baker Academic, 2003.

Marsh, Clive. "Christocentricity and Community as Norms for Biblical Theology." In *Ritschl in Retrospect: History, Community, and Science*, 51-72. Edited by Darrell Jodock. Philadelphia: Fortress, 1995.

McCormack, Bruce L. "Karl Barth's Christology as Resource for a Reformed Version of Kenoticism." *International Journal of Systematic Theology* 8 (2006): 243-51.

_____., "Karl Barth's Historicized Christology: Just How 'Chalcedonian' Is It?" In

Orthodox and Modern: Studies in the Theology of Karl Barth, 201–33. Grand Rapids: Baker Academic, 2008.

Norgate, Jonathan. *Isaak A. Dorner: The Triune God and the Gospel of Salvation*. London: T&T Clark, 2009.

Sanders, Fred, and Klaus Issler. *Jesus in Trinitarian Perspective: An Introductory Christology*. Nashville: B & H, 2007.

Tanner, Kathryn. *Christ the Key*. Cambridge: Cambridge University Press, 2010.

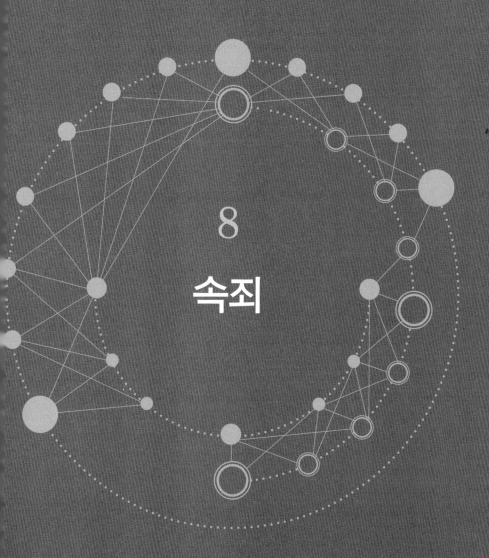

8

속죄

케빈 J. 밴후저

Kevin J. Vanhoozer

휘튼 대학

서론

속죄(atonement)라는 용어는 하나님과 인간들 사이의 관계의 핵심이며, 어떤 이유로 인해 떨어졌던 두 당사자들 간에 바른 관계를 회복하여 "하나로 만드는"(at-one-ment 하나가 되는) 과정을 말한다. 논란의 여지가 있기는 해도 십자가는 하나님께서 세상을 자신과 화해시키신 장소(고후 5:19)임이 분명하다. 구약성서의 예언자들은 그 지점을 내다보았고, 사도들은 그곳을 되돌아보았다. 속죄를 통한 용서는 "복음주의적 기독교의 핵심"이며, 세계사를 이끌고 성취하시는 하나님의 중심적이고 혁명적인 행동이다.[1] 복음서들을 "긴 서문을 가진 고난 이야기"라고 묘사한다면[2], 기독교 신학은 본질적으로 긴 교리적 서문을 가진 속죄론이라고 할 수 있을까? 20세기 초의 한 논문은 다음과 같이 확증했다. 십자가는 "계시의 초점이고, 우리는 그 지점에서 하나님의 진리의 가장 심오한 곳을 보며, 가장 완전하게 그 능력 아래에 서게 된다. 어떻게든 제대로 인식하는 사람에게 십자가는 기독교의 요약이다. 십자가는 무한한 잠재력의 보석과 같이 그 자체에 집중하며, 하나님의 지혜와 능력과 사랑이 죄악된 인간과 관계할 때 의미되는 모든 것이다."[3]

신약성서는 예수의 죽음이 지닌 구원론적 의미를 선포하기 위한 풍성한 언어 자료들을 담고 있다. 성전으로부터 끌어온 비유(예를 들어 희생제사), 전쟁터로부터 가져온 비유(승리), 상업으로부터 가져온 비유(속량), 법

---

1) P. T. Forsyth, *The Cruciality of the Cross* (Grand Rapids: Eerdmans, 1973), 1.

2) Martin Kähler, *The So-Called Historical Jesus and the Historic, Biblical Christ* (Philadelphia: Fortress, 1964), 80 각주 11.

3) James Denney, *The Atonement and the Modern Mind* (London: Hodder & Stoughton, 1903), 1-2.

정으로부터 가져온 비유(칭의) 등이 그 예다. 이것이 아마도 왜 속죄와 관련해서는 "교리"가 없는지를 설명해주는 한 가지 이유일 것이다. 즉 속죄에 대한 단일한 정통주의적인 고백형식은 존재하지 않는다. 로버트 젠슨(Robert Jenson, 1930-)은 이렇게 주장한다(아마도 과장한다). "만일 당신이 그리스도가 '아버지와 하나인 존재'라는 것이나 또는 아들과 예수가 오직 하나인 실체라는 사실을 거부한다면, 당신은 형식상 이단이다. 하지만 당신은 속죄가 어떻게 작용하는지에 대해 어떤 한 가지 설명을 부정한다고 해도, 또는 그런 설명들 전체를 한꺼번에 부정하거나 심지어 그 설명에 대한 가능성 자체를 부정한다고 해도, 여전히 완벽하게 정통주의적인 신앙일 수 있다."[4] 성서의 많은 비유들과 전통의 무간섭적인 태도는 특별히 현대에 이르러 결과적으로는 속죄론의 증식을 야기했다.

예수의 십자가는 구속사의 정점일 뿐만 아니라 다수의 중요한 기독교 교리들이 서로 마주치는 신학적 교차로에 서 있다. 문학과 지성의 바다에 신학이 일으키는 물결에 대해 다른 어떤 교리도 속죄론보다 더 나은 축소표본이나 지표일 수 없을 것이다. 속죄를 어떻게 이해하는가 하는 것이 "하나님, 인간, 역사, 나아가 자연에 대한 우리의 개념을 다른 어떤 것보다도 더 많이 결정하며",[5] 그 역도 사실이다. 십자가의 중요성은 1) 신론, 2) 복음, 3) 성서 해석과 연결되어 있다. 그러므로 속죄론은 "제일 신학"(즉 어떤 사람의 신학적 해석학에 영향을 미치는 신론)의 핵심에 영향을 미치고, 거꾸로 영향도 받는다. 이 점에서 교회적 전통은 사도 바울에 동의한다. "내가 받은 것을 먼저 너희에게 전하였노니, 이는 성서대로 그리스도께서 우리 죄를 위하여 죽으시고…"(고전 15:3). 속죄는 복음의 정수이고 "기독교 체계의 근본원

---

4) Robert Jenson, "On the Doctrine of the Atonement," *Princeton Seminary Bulletin* 27, no. 2 (2006): 100.
5) Denney, *Atonement*, 1.

리"[6]이며 "기독교 신학의 지성소"다.[7]

우리가 앞으로 전개할 내용은 예수의 십자가 죽음이 지닌 구원의 의미에 대한 현대적 토론 가운데 7가지의 주요한 범주를 제시한다. 그 이야기는 양극화(하나의 이론 대 다른 하나의 이론)로 시작하여 다원화(한꺼번에 작동하는 많은 유비들/모델들)로 끝난다. 7개의 범주는 7가지의 서로 구별되는 이론 "유형"을 대표하는 것이 아니라, 단지 서로 다른 대화임에 유의하라. 동시에 이 대화들 사이에는 어느 정도 중첩되는 부분도 있다. 어떤 신학자들(예를 들어 바르트와 몰트만)은 하나 이상의 표제 아래 여러 번 등장할 수도 있다. 속죄에 대한 다양한 대화의 경험은 일종의 통합에 대한 관심에서 오는 것이다. 그것은 예수의 죽으심을 **복음**으로―구원을 위한 하나님의 능력(롬 1:16)으로―다시 말해 "더 나은 그 어떤 것도 생각될 수 없는 위대한" 좋은 소식으로 최선을 다해 이해하려는 통합의 관심을 나타낸다.[8]

주제로의 전환(귀환): 영성과 예수의 사회정치학

그리스도도 너희를 위하여 고난을 받으사 너희에게 본을 끼쳐 그 자취를 따라오게 하려 하셨느니라(벧전 2:21).

---

6) B. B. Warfield, introduction to Junius B. Remensnyder, *The Atonement and Modern thought* (Philadelphia: Lutheran Publication Society, 1905), x.

7) Robert H. Culpepper, *Interpreting the Atonement* (Grand Rapids: Eerdmans, 1966), 11.

8) "더 나은 것을 생각할 수 없는 것"이라는 구절은 안셀무스의 하나님 존재 증명으로부터 가져온 것이다. 그것은 특수한 문맥에서 최상의 방식으로 우리의 복음 이해를 정교하게 할 수 있는 가치, 즉 피터 슈미켄(Peter Schmiechen)이 "복음적인 가치"(evangelical value)라고 부른 것을 가지고 있다(*Saving Power: Theories of Atonement and Forms of the Church* [Grand Rapids: Eerdmans, 2005], 7).

모든 속죄론에서 질문되어야 하는 가장 중요한 것들 가운데 다음 두 가지가 있다. 1) 누가 누구에게 화해될 필요가 있는가? 2) 어떻게 예수의 죽으심은 화해를 가져오는가? 이 두 질문의 관심은 사실상 속죄를 어디에 위치시킬 것인지에 놓여 있다. "구속이 극복해야 했던 어려움은 어디에 놓여 있었는가? 그것은 회개하는 자를 용서하는 것이었는가, 아니면 용서받을 수 있는 회개를 불러일으키는 것이었는가? 그것은 하나님 안에 있었는가, 아니면 인간 안에 있었는가? 신적인 의식 안에 있었는가, 아니면 인간의 의식 안에 있었는가?"[9] 안셀무스(Anselm, 1133-1209)와 아벨라르두스(Abelard, 1179-1242)는 12세기에 이 질문들에 대해 대조되는 두 가지로 대답했다. 그리고 그들의 대답은 거의 천 년 동안 이 논의를 주도했다. 구스타프 아울렌(Gustaf Aulén, 1879-1977)은 대조되는 두 이론에 각각 속죄에 대한 "객관적인" 모델과 "주관적인" 모델이라는 이름을 붙였다.[10] 안셀무스는 십자가가 하나님의 명예를 만족시켰다고 주장했다. 예수의 죽으심은 세계 질서를 객관적으로 바르게 세움으로써 하나님 안에 변화를 야기한 과거 사건이다. 아울렌에 따르면, 이와 대조적으로 아벨라르두스는 십자가가 죄인들을 회개로 이끄는 하나님의 사랑을 나타낸다고 주장했다. 예수의 죽으심은 현재에 미치는 영향력을 통해 구원한다. 이 문제와 관련한 아울렌 자신의 견해는, 안셀무스도 아벨라르두스도 교부들의 "고전적" 견해를 정당하게 다루지 못했다는 것이다. 그것은 십자가가 죄인들을 악한 능력으로부터 구원하는 하나님의 구출작전의 핵심 사건이라는 견해다.

뒤이은 신학자들은 다양한 상황적 감수성을 가지고 초기의 모델들을 광범위하게 재생하고 새롭게 꾸몄다. 종교개혁자들과 종교개혁 이후의 신학

---

9) P. T. Forsyth, in Frédéric Louis Godet, ed., *The Atonement in Modern Religious Thought: A Theological Symposium*, 2nd ed. (New York: Thomas Whitaker Bible House, 1902), 77.

10) Gustaf Aulen, *Christus Victor: An Historical Study of the Three Main Types of the Idea of the Atonement* (New York: Macmillan, 1969)을 보라.

자들은 예수의 죽으심이 하나님의 명예가 아니라 정의를 만족시켰다고 주장하면서, 안셀무스의 견해에 징벌적인 변형을 가했다. 이들의 견해는 예수의 죽음이 과거사건(성취된 구속)으로서 지니는 구원의 중요성을 강조하는 경향이 있었고, 여기서 주관적인 계기인 회개는 첨가물(적용된 구속)이었다. 현대에 와서 시계추는 다른 쪽으로 기울었고, 많은 속죄론은 주관적 목적—하나님에 대한 인간의 현재적인 반응—에서 시작했으며, 단지 그렇게 한 이후에야 객관적인 계기를 인간적 반응의 촉매제로 발견했다. 칸트가 철학에서 "주관으로의 전환"을 이루었듯이, 심리학과 역사(즉 인문학)의 발전은 신학자들로 하여금 관심을 인간의 주관성에 맞추도록 인도했다. 인간적 의식과 경험에 대한 19세기의 관심은 하나님의 보복하는 정의를 거부하고 하나님의 사랑을 확증하려는 경향과 맞물리면서, 사실상 아벨라르두스의 도덕 감화설의 재림을 초래했다.[11]

용서의 의식을 전달하기: 프리드리히 슐라이어마허와 아돌프 폰 하르낙

칸트의 이성 비판의 영향을 받으며 저술했던 "현대신학의 아버지" 슐라이어마허(1768-1834)는 기독교를 종교적 감정의 함수로 만들었으며, 또 교리를 종교적 감정이나 의식을 말로 전개하는 문제로 변형시켰다. 모든 인간은 본래적인(inherent) 하나님 의식(즉 절대의존의 감정)을 가지고 있다. 하지만 이 "영적"인 인식은 "육적"인 인식 곧 우리의 낮은 동물적 본성의 의식과 갈등을 일으킨다. 예수는 그의 "하나님 의식"이 너무나 강력하여 그것을 다른 사람들에게 전달할 수 있었기에 그리스도시다. "구속자는 믿는 자들을 구속자 자신의 하나님 의식의 능력으로 이끈다. 그것이 그분의 구속의 능력이다."[12]

---

11) 종교개혁자들의 형벌 대속적 이해에 반대하여 소키누스가 아벨라르두스에 호소한 것을 포함한다면, 그것은 아마도 세 번째 강림일 것이다.

12) Friedrich Schleiermacher, *The Christian Faith*, trans. H. R. Mackintosh and J. S.

슐라이어마허는 또 다음과 같이 말한다. "구속자는 믿는 자들을 자신의 흐려지지 않는 축복의 교제 안으로 이끈다. 이것이 그의 화해의 능력이다."[13] 논점은 예수가 자신의 효력이 있는 영성의 형성, 즉 사랑의 아버지 하나님께 대한 자신의 경험과 변함없는 의식을 다른 사람들에게 전달함으로써 그들을 구원한다는 것이다.[14] 괄목할 만한 것은 예수의 죽으심이 대속의 희생이라는 어떠한 언급도 없다는 사실이다. 대신에 슐라이어마허를 가장 감동시킨 것은 어떻게 심지어 고난과 죽음마저도 아들이 아버지와 이루는 영적 연합을 파괴하지 못했는가 하는 것이다. 나아가 예수께서 제자들에게 영향을 미쳤듯이, 공동체는 (삶의) 태도를 변경시키는 공동의 "하나님 의식"을 통해 예수의 영향을 계속해서 중재하고 있다. 어떤 비판자의 말을 들어보자. "그러므로 그리스도의 구속 사역은 신약성서가 가르치는 것처럼 죄로 인해 무력한 자를 위해 속죄를 이루는 것이라기보다는, 영적으로 쇠약해진 자들에게 강장제(tonic)를 복용시키는 것이다."[15]

아돌프 폰 하르낙(1851-1930)은 19세기 후반과 20세기 초반에 속죄라는 주제에 대한 개신교 자유주의적 사상을 대표했다. 그의 질문은 다음과 같다. 현대 심리학, 역사학, 철학의 관점에서 볼 때, 우리는 어떻게 1800년 전에 살았던 사람이 오늘의 구속자라고 생각할 수 있는가? "기독교의 본질"에 대한 하르낙의 유명한 "1900년 강연"은 예수 그리스도의 복된 소식이란 하나님의 보편적인 부성, 인간의 형제애, 그리고 영혼의 무한한 가치에 관한 것이라고 주장했다. 하나님은 사람들이 예수의 가르침과 모범을 통해 더 고차원적이고 거룩한 삶을 살도록 돕기 때문에 구속자이시다. 그리고 예수는

Stewart (Edinburgh: T&T Clark, 1928), 425.

13) Ibid., 431.

14) 슐라이어마허가 아벨라르두스의 주제를 현대적으로 변형하고 있다는 것은 슐라이어마허가 그리스도의 사역을 "인간 본성에 대해 인격을 형성하는 신적인 영향"(*Christian Faith*, 427)이라고 말하고 있는 것을 보면 분명하다.

15) H. D. McDonald, *The Atonement of the Death of Christ: In Faith, Revelation and History* (Grand Rapids: Baker, 1985), 214.

하나님의 말씀을 가르쳤을 뿐만 아니라 그 말씀대로 살았던 분명한 예언자였다. 하르낙에게 예수의 죽으심의 유일한 목적은 죄인들을 "용서하는 사랑이 그들을 두려워 떨게 하는 정의보다 더 강력하다"는 사실을 설득하는 것이었다.[16] 이것을 믿는 것이 화해이고, 심판보다 긍휼을 믿는 것이 속죄의 현실성이다. 십자가에서 흘리신 피에서 중요한 것은 "그 신적인 사실이 영혼에 미치는 거룩한 감명"이다.[17]

상호주관성으로의 전환: 알브레히트 리츨

알브레히트 리츨(1822-1889)에게서 우리는 "아벨라르두스적" 주제의 공동체적 변형을 말할 수 있는데, 이것은 개인으로부터 사회적인 도덕성으로의 이동, 말하자면 **상호주관성**(intersubjective)으로의 전환이다. 리츨은 "개인적인 신앙, 학문적인 역사, 그리고 윤리적 요청을 함께 결합하려는 19세기 후반의 노력을 구현해낸 그 시대의 '특징적인' 사람이었다."[18] 하나님은 그 자신 안에서가 아니라 화해시키시는 영향력 안에서 알려지시며, 화해의 사건은 개인적 양심이 아니라 신앙 공동체 안에서 발생한다. 리츨은 기독교를 타원에 비교했는데, 칭의와 화해가 한 초점이고 하나님 나라가 다른 초점이라고 했다. 예수는 도덕의 왕국인 교회 곧 화해 공동체의 설립자이시고, 그 다음에 교회의 사명은 사회를 하나님 나라로 변혁하는 것이다. 여기서 하나님 나라는 "사랑으로 고취된 행동을 통한 인간적 조직"이다.[19] 비록 죄가 하나의 가족을 형성하려는 하나님의 목적을 좌절시키고 있지만, 그럼에도 그리스도의 삶과 죽으심은 전해져서 아버지의 가족적인 사랑을 가능케 하고

---

16) Harnack in Godet, *Atonement in Modern Religious Thought*, 123.

17) Ibid., 124.

18) Claude Welch, *Protestant Thought in the Nineteenth Century* (New Haven: Yale University Press, 1985), 2:2.

19) Albrecht Ritschl, *The Christian Doctrine of Justification and Reconciliation*, ed. H. R. Mackintosh and A. B. Macaulay, 2nd ed. (New York: Scribner, 1902), 13.

있다. 칭의와 화해—곧 죄의 용서—는 죄책(이것은 죄에 대한 현실적인 처벌이다) 의식이 아들로부터 퍼져 나오는 하나님의 사랑 안에서 사라져버릴 때, 교회 안에서 발생한다. 희생은 죄책을 제거하는 수단이 아니라 관계를 유지하기 위해 주어지는 선물이다. 이와 같이 리츨은 그리스도의 사역을 법적인 범주로부터 도덕적인 또는 가족적인 교제의 범주로 개정했다. 속죄는 우리가 성도들의 교제 안에서, 그리고 그 교제를 통해 용서를 경험할 때 발생한다. 예수는 자신의 소명을 성취하기 위해 **죽으시고**, 자신의 소명을 다른 사람들과 소통하심으로써 그들을 **구원하신다**.

최근에 시어도어 제닝스는 십자가의 정치적 신학을 요청했다.[20] 슐라이어마허 및 리츨과 마찬가지로 제닝스는 신비적 또는 제의적(즉 희생적)이라는 닳아빠진 언어에 식상한 현대인의 귀에 십자가를 이해시켜줄 수 있는 언어를 찾고 있었다. 그래서 그는 십자가의 "신성-정치학적"(theopolitical) 중요성을 말하기로 선택한다. 속죄는 십자가가 인간 의식의 내면이 아니라 외부로 작용하여 공적인 영역에서 차이를 만들기 때문에 현실적이다. 공적 사건으로서의 십자가는 정의의 실패로 보일 수 있지만, 그것의 효력은 유대인과 이방인, 남자와 여자, 사용자와 노동자 사이의 장벽을 무너뜨리는 것이다. 하나님은 예수의 죽음을 원치 않으신다. 그 뜻과는 반대로 "(권력) 구조는 하나님이 자기들을 지지한다고 잘못 믿기 때문에 십자가형을 집행한다."[21] 제닝스의 (상호)주관성으로의 전환은, 여기서 언급하는 다른 신학자들과 마찬가지로, 십자가를 통해 극복되어야 할 문제가 "우리를 향한 하나님의 적대감"이 아니라 "하나님을 향한 우리의 적대감"이라고 상정한다. 그렇게 하면서 제닝스는 근저에 놓인 문제(하나님으로부터의 소외)를 그것의 외형적인 증상(깨어진 정치 구조)과 혼동한다. 속죄의 현실성은 본성적으로 사회적이다. 십자가는 "하나님을 향한 적대감"을 극복하는 한도에서 구속하

---

20) Theodore Jennings, *Transforming Atonement: A Political Theology of the Cross* (Minneapolis: Fortress, 2009)를 보라.

21) Ibid., 215.

며, 공동체를 형성하는 열매를 맺는다. 십자가는 삶의 대안적인 방식—새로운 정치학—그리고 그 비용 둘 다를 지시한다. 이상이 속죄에 대한 제닝스의 "비종교적" 또는 세속적 견해인데, 여기서 근본적으로 중요한 것은 그리스도의 죽음을 **해석하는 것**이 아니라, 예수의 사회정치학을 방해하는 독재권력과 대면하기 위해 그것을 **이용하는 것**이다.[22]

대리로부터 대표로: 속죄로서의 성육신

내가 진실로 네게 이르노니 오늘 네가 나와 함께 낙원에 있으리라(눅 23:43).

방금 숙고했던 신학자들은 "만족" 개념을 주제로 삼았다. 속죄 신학에서 두 번째 발전은 대리(substitution)의 개념과 그것에 수반되는 예수의 죽음에 배타적으로 집중하는 것에 반대하고, 그 대신 대표(representation)라는 더욱 포괄적인 개념과 함께 예수의 삶에 초점을 맞추는 것을 선호한다. 예수 그리스도의 이야기의 초점은 죽음으로 끝나는 "삶"에 있는가, 아니면 삶을 끝장내는 "죽음"에 있는가? 속죄에 대한 "좁은" 이해, 곧 속죄를 예수가 십자가에서 성취했던 것에 제한하는 이해를 단호히 지지하는 전통적인 이론들과는 대조적으로, 두 번째 궤적을 형성하는 신학자들은 속죄에 대한 보다 폭 넓은 이해, 곧 예수의 삶과 부활도 포함하는 이해를 지지한다. "우리는 대표하는(representative) 행동이라는 범주를 필요로 한다. 이것은 사람들을 위한 그리스도의 사역을 사람들이 스스로의 힘으로는 성취할 수 없었던 위대하고 포괄적인 것으로 묘사한다. 하지만 그리스도의 이런 사역이 사람

---

22) 다음을 참조하라. 스캇 맥나이트는 속죄의 "실천"(praxis)이 하나님의 뜻이 이루어지는 공동체를 형성하려는 하나님의 기획에 참여하는 문제라고 제안한다(Scot McKnight, *A Community Called Atonement* [Nashville: Abingdon, 2007], 4부, "Atonement as Praxis").

들이 하나님께 나아가는 데 핵심적인 요소인 것은 단지 그것이 사람들에게 외부적인 것이고 그래서 대리적(substitutional, 대속적)인 것이기 때문이 아니라, 사람들이 그 사역에 참여할 수 있기 때문이다."[23] 참여-예수의 삶, 죽음, 그리고 새로운 생명에 참여하는 것-는 효력을 발생시키는 개념이다.[24] 예수는 우리 대신 고난만 받은 것이 아니라, 우리 대신 행동했다. 그는 우리의 대표자이지 우리의 대리가 아니다. 구원에 있어 궁극적으로 중요한 것은 단지 예수의 죽음만이 아니라 그의 성육신의 삶 전체다.

대표하는 육신: 에드워드 어빙

19세기 스코틀랜드의 신학자 에드워드 어빙(1792-1834)은 죄인들을 위한 그리스도의 구속적 대표 됨이 일찍이 이미 잉태 시에, 다시 말해 그리스도께서 **타락한** 인간의 육신을 취했을 때 시작되었다고 주장했다. 이 주장에 맞서 스코틀랜드 교회는 어빙을 이단으로 정죄했다. 어빙은 예수가 인간의 죄의 빚을 지불한다는 것을 "증권거래 신성"(Stock-Exchange divinity)이라고 불렀고, 그의 목표는 그것에 대안을 제공하는 것이었다. 죄는 "사물이 아니고 피조물도 아니며, 그것은 피조물의 상태다."[25] 우리는 단지 도덕적 장부의 대차대조를 맞추는 것으로써 하나가 되도록 (at-one-ment, 속죄)할 수 없다. 반대로 콜린 건튼이 말하는 것처럼 "하나님의 아들은 우리가 있는 곳에 계시기 위해 자기 자신을 내어주셨고, 그 결과 우리는 그분이 계시

---

23) Vincent Taylor, *The Atonement in New Testament Teaching* (London: Epworth Press, 1954), 198. 문맥에서 테일러는 맥레오드 캠벨을 가리킨다(아래를 보라). 그러나 그의 언급은 또한 이 두 번째 범주에 속하는 다른 사람들에게도 넓게 적용할 수 있다.

24) 내가 이 단락의 목표로 제안하는 것처럼, "참여"는 서방 교회의 속죄신학을 동방의 "신성화"(*theosis*) 개념 가까이로 인도한다. 동방 신학의 강조점은 신적 본성에 참여하는 것에 있다.

25) Edward Irving, *The Collected Writings of Edward Irving* (London: Alexander Strahan, 1865), 5:218.

는 곳에 있게 되었으며, 하나님의 생명에 참여하는 사람들이 되었다."[26] 그러므로 그리스도의 "자기수여"는 타락한 육신을 취하려는 결정에서 시작한다. "비하는 육신이 되는…희생이었다."[27] 속죄는 성령이 죄의 육신을 그리스도 안에서 죽음에 처하게 할 때 실제로 발생하기 시작한다. 속죄는 아들이 아버지께 전적으로 순종하면서 성령의 능력을 통해 자기 생명을 수여할 때 발생한다. 속죄는 먼저 예수 자신의 몸에서 발생하고, 거기서 성령은 죄 많은 인간의 육신을 "벌하지" 않고 변형(transform)시키신다. 예수가 인간으로서 행하신 적극적인 순종은 죄인들에게 전가될 수 있다. 왜냐하면 아들은 제사장 곧 우리를 위해 행동하는 대표자이기 때문이다. 자기 생명을 주셨던 분은 부활에서 생명을 주시는 영이 되신다(고전 15:45). 성령이 그리스도로 하여금 죄를 물리칠 수 있게 하셨듯이, 그리스도는 죄 많은 인간들에게 성령을 주심으로써 그들이 그리스도 자신의 승리에 참여할 수 있게 하신다.

대표하는 회개: 맥레오드 캠벨

맥레오드 캠벨의 가르침은, 어빙이 그랬듯이, 스코틀랜드 교회에서 받아들여진 정통주의로부터 벗어나 있었고, 끝내 캠벨 자신의 목회 자격이 취소되기에 이르렀다. 그 후 캠벨은 독립적인 회중을 상대로 목회했고, 자신의 견해를 계속해서 발전시켜서 1856년 마침내 자신의 견해를 『속죄의 본질』이라는 책으로 출간했다.[28] 그의 사고에 동력을 제공했던 것은 목회적인 관심이었는데, 그것은 율법보다 사랑이 우선하는 복음의 하나님을 회중에게 이해시키려는 관심이었다. 아버지는 속죄 때문이 아니라, 다만 속죄에 **앞서**

---

26) Colin Gunton, *The Actuality of Atonement* (Grand Rapids: Eerdmans, 1989), 140.

27) Irving, *Collected Writings*, 5:270. 이 논의에 대한 개관과 그 중요성에 대해 Kelly M. Kapic, "The Son's Assumption of a Human Nature: A Call for Clarity," *International Journal of Systematic Theology* 3, no. 2 (2001): 154-66을 보라.

28) James B. Torrance의 서문이 있는 새로운 개정판(Eugene, OR: Wipf & Stock, 1996)을 보라.

죄인들을 용서하신다. 하나님은 먼저 심판자이고 그다음에 아버지이신 것이 아니라, 처음부터 그리고 영원히 아버지시다.

복음은 인간이 하나님과 바른 관계를 유지하기 위해 반드시 행해야 하는 어떤 요구가 아니다. 심지어 그 "행해야 하는 것"이 "회개하고 믿으라"(믿음을 행사하라)는 것일 때도 마찬가지다. 오히려 복음은 하나님께서 그리스도 안에서 먼저 우리를 위해 은혜 가운데 행하신 일에 관한 것이다. 바로 여기서 우리는 캠벨의 견해 가운데 특별한 요소와 접한다. "우리의 죄에 관하여 아들이 아버지에게 취하는 행동은 우리의 죄에 대한 완벽한 고백의 행태를 [취했다.] 이 고백은 **인간의 죄에 대한 하나님의 심판을 향해 인간성 안에서 완전한 '아멘'을 행한 것**[이었다.]"[29] 그리스도의 대제사장으로서의 "아멘"은 완전한 회개를 제공하여 신적 정의를 만족시킨다.[30] 더 핵심적으로 표현한다면 그리스도의 "아멘"이 속죄를 실현한다. "그러한 응답에서 죄는 정복되고 하나님은 만족하시며, 우리는 그리스도를 통해 영원한 생명에 참여하도록 부르심을 받는다."[31] 어떤 사람도 예수 그리스도의 대리적인 인성을 통하지 않고는 아버지께로 올 수 없다. 우리는 예수의 삶과 죽음 모두를 요약하는, 아버지께 대한 진정한 응답에 참여한다.[32]

"예수께서 눈물을 흘리시더라"(요 11:35). 그렇다. 하지만 맥레오드 캠벨

---

29) Campbell, *Nature of the Atonement*, 118-19. 강조는 원저자의 것임.

30) 예수는 여기서 처벌을 감당해서가 아니라 완전한 통회를 제공함으로써 하나님을 만족시킨다. 레안 반 다익은 전통적인 만족설에 대한 캠벨의 대안이 개혁파 신학이 앞으로 나갈 수 있는 유망한 길을 제공해준다고 주장한다. Leanne Van Dyk, "Toward a New Typology of Reformed Doctrines of Atonement," in *Towards the Future of Reformed Theology: Tasks, Topics, Traditions*, ed. David Willis and Michael Welker (Grand Rapids: Eerdmans, 1989), 225-38을 보라.

31) Van Dyk, "Toward a New Typology," 229.

32) James B. Torrance, introduction to Campbell, *Nature of the Atonement*, 11. 토랜스는 또한 말한다. "참여는…맥레오드 캠벨의 신학에서 열쇠가 되는 단어다. 하나님의 아들은 성령을 통해 우리가 그의 아들됨과 아버지와의 교제에 참여하도록 우리의 인성에 참여했다(14).

에게 이 눈물은 대리적인 회개의 눈물이 아니라, 대표하는 참회의 눈물이었다. 캠벨은 그리스도의 가장 극단적인 고난이 십자가가 아니라 겟세마네 동산에서 일어났다고 생각하는 경향이 있다.[33] 이것은 캠벨에 대한 정통주의적 비판자들의 눈에는 문제가 있는 주장이다. 왜냐하면 성서는 속죄의 효력을 예수의 고뇌에 찬 영혼(마 26:38)이 아니라 그가 흘린 피와 동일시하기(롬 3:25) 때문이다. 최종적으로 분석하자면, 캠벨에게는 예수가 고난을 받고 죽는 것이 왜 **필요하였는지가** 분명하지 않다.

대표하는 중보: 토마스 토랜스

토마스 토랜스(1913-2007)는 훨씬 더 나아가 성육신 자체가 지닌 속죄의 특성을 강조하면서, 자신이 "라틴 이단"이라고 이름 붙인 것을 논박한다. 라틴 이단이란 예수의 사역이 그의 인격과 분리된다거나 또 인격 밖에 있다는 주장을 가리킨다. 성육신은 속죄를 위한 죽음의 도구적 수단 이상이어야 한다. 아들이 아버지와 동일본질(homoousios, 동일한 존재)이라는 아타나시오스의 개념을 인용하여 토랜스는 성육신이 본질적으로 구속적이라고 주장한다. 아들이 정말로 현실적인 인간적 본성을 취했기 때문에, 아들의 인격 안에는 본성의 연합, 곧 실체적 연합이 있다. 화해는 하나님과 인류 사이의 어떤 사법적 또는 상업적 거래의 문제가 아니다. 오히려 화해는 인류가 아들의 바로 그 존재와 존재론적으로 포함되어 결합하는 것(incorporation)이다. 여기서도 대리가 아니라 대표가 강조된다. 예수 그리스도는 "현실적" 인간이며, 서로 다른 남자들과 여자들이 그분 안으로 포괄되어 결합된다. 토랜스에게 "놀랄 만한 교환"은 철저히 존재론적이다. 그리스도는 "우리가 그의 신분(what he is)을 취하도록 하기 위해, 우리의 신분을 취하셨다."[34]

---

33) 이 부분에 대한 상세한 설명을 Campbell, *Nature of the Atonement*, 11장에서 보라.

34) T. F. Torrance, *The Trinitarian Faith: The Evangelical Theology of the Ancient Catholic Church* (Edinburgh: T&T Clark, 1988), 179.

그렇다면 역사적인 십자가와 그리스도의 사역은 어떻게 되는가? 토랜스에 따르면 그리스도가 속죄의 화해를 성취하신 것은 자신의 죽음 자체에서가 아니라, 죽음과 부활 모두를 포함하는 존재와 삶 전체 **안에서다.** 그분 자신이 중보자시**다.** "그는 성육신한 자신의 고유한 인격 안에서 자신이 중재하는 대속적 구원의 현실성과 내용이시다."[35] 하나님은 아들 안에서 죄악된 인류의 죄책과 타락을 다루신다. 아들 안에서 우리의 죄악된 인성이 신적 본성과 연합되고 고양된다. 다른 말로 하면 죄악된 인성이 정확하게 예수 그리스도의 (역사를 포함한) 신적 존재에 연합됨으로써 성화된다. "탄생으로부터 죽음과 부활에 이르기까지 그는 성육신한 아들로서 아버지에 대한 '자기헌신'을 통해 취했던 것을 우리를 위해 거룩하게 했다."[36] 그러므로 실체적 연합(성육신)은 화해의 연합(속죄)이다. 토랜스의 말로 하면 "성육신과 속죄는 중보자의 신-인의 인격 안에서 본래적 정합성이라는 용어로 함께 생각되어야 [한다].…성육신은 본질적으로 구속적인 것으로 생각되며, 구속은 본래적으로 성육신적 또는 존재론적인 것으로 생각된다. 하나님과 하나이고 동일한 존재인 예수 그리스도 안에서, 그리고 그분을 통해 하나님과 연합하는 것은 속죄의 내적인 핵심에 속한다."[37] 요약하자면 성육신 또는 실체적 연합은 속죄의 현실성이**다.**[38]

---

35) Elmer M. Colyer, *How to Read T. F. Torrance: Understanding His Trinitarian and Scientific Theology* (Downers Grove, IL: InterVarsity, 2001), 89.

36) T. F. Torrance, *The Mediation of Christ* (Edinburgh: T&T Clark, 1992), 41.

37) Torrance, *Trinitarian Faith*, 159.

38) 또한 T. F. Torrance, *Atonement: The Person and Work of Christ*, ed. Robert Walker (Downers Grove, IL: InterVarsity, 2009), and "The Atonement: The Singularity of Christ and the Finality of the Cross," in *Universalism and the Doctrine of Hell*, ed. Nigel M. de S. Cameron (Grand Rapids: Baker, 1993), 225–56을 보라.

동일시에서 신성화로: 존재론적인 대표 없이는 참여도 없다?

토랜스는 우리가 다룬 처음 두 노선이 서로 얼마나 다른지를 우리에게 보여줄 뿐이다. 첫 번째 경우 속죄는 도덕적인 모범으로서 예수의 한 기능이다. 하지만 이런 윤리적인 "그리스도를 본받음"은 우리가 지금 다루고 있는 두 번째 범주인 존재론적 **참여의** 특징 앞에서는 무색해진다.[39] 실제로 토랜스는 예수의 성육신의 포괄적 본성을 너무나 강조하여(성육신 안에 인간 역사의 "회복"뿐만 아니라 인간 역사의 "총합"이 있다), 속죄라는 것이 우리를 그리스도의 인격적 존재 안으로 흡수시키는 기능이 되고 만다. 여기서 그리스도와 연합하고 교제하는 것은 그리스 정교회에서 신성화(theosis 또는 deification)라고 부르는 것과 유사한데, 이것은 "하나님이 되는 것"이 아니라 "사랑의 삼위일체로서 존재하시는 하나님과의 관계 안으로 훨씬 더 깊숙하게 이끌리는 것"이다.[40] 수많은 현대의 속죄론들―특별히 예수의 죽으심만이 아니라 성육신의 삶 전체를 강조하는 이론들―은 단지 죄의 면제만이 아니라 바른 관계의 회복을 포함하는 보다 폭넓은 속죄의 견해를 가지고 작업한다.

"신성화"라는 것은 가장 중요한 표어가 "화해"가 아니라 "참여"인 개념, 곧 구원에 대한 "비-거래적" 개념이다. 그러므로 그 개념은 성육신 자체를 속죄의 실현으로 보는 이론들을 자연스럽게 논파한다. 그 이론이 주장하려고 했던 주된 요소는 예수의 죽으심과 부활이 죄악된 인간성과의 동일성 안에서 살았던 삶의 정점이라는 생각이다. 또한 예수는 자신을 인간의 삶과

---

39) 나는 신성화를 독립적인 범주로 다루려고도 생각했지만 마지막에 실체적 연합의 구원론적 중요성, 즉 우리가 그리스도의 존재와 같이 될 수 있게 하기 위해 예수께서 우리와 같이 되신 사건의 구원론적 중요성을 강조하는 것이 속죄에 대한 토론의 최종 핵심이라고 결정했다.

40) Paul S. Fiddes, "Salvation," in *The Oxford Handbook of Systematic Theology*, ed. John Webster, Kathryn Tanner, and Iain Torrance (Oxford: Oxford University Press, 2007), 176.

동일시함으로써 (즉 그것과 하나가 됨으로써) 그 삶을 고치시고, 형벌적 보상이 아니라 존재론적인 수리를 하신다.[41] 신학에는 "동방과 서방이 없다"라고 말하는 것은 설익은 주장일지 모르지만, 최근의 "속죄로서의 성육신" 견해가 이전의 **신성화** 전통과 만나고 있다는 얼마간의 암시는 분명히 발견된다.

스캇 맥나이트(Scot McKnight)의 입장은 딱 들어맞는 흥미로운 경우다. 그가 보기에 속죄는 그리스도 안에서 인간 사회를, 곧 하나님의 뜻이 하늘에서와 같이 땅에서도 이루어지는 사회를 창조하시는 하나님의 사역을 가리킨다. 속죄는 인간을 "에이콘"(즉 아이콘 또는 형상)으로서 회복시키는데, 이들은 하나님의 통치를 활동적으로 이미지화할 수 있는 존재들이다. "속죄는 완전한 에이콘에 참여함을 통해 깨진 에이콘들을 영광을 드러내는 에이콘으로 회복시키기 위한 하나님의 계획(design)이다."[42] 예수는 우리를 자신의 인성에 참여시키기 위해 우리의 인성에 참여하신다. 여기서도 마찬가지로 속죄의 논리는 "흡수되는 결합(incorporation)을 위한 동일화"다.[43] 그런 이론들에 대한 탁월한 질문은 그 결합을 위한 조건과 관련이 있다. 만일 그런 조건이 있다면, 나는 참여하기 위해 무엇을 **해야** 하는가?

반드시 피가 있어야 하는가? 비폭력적인 속죄

빌라도가 이르되 "너희가 친히 데려다가 십자가에 못 박으라. 나는 그에게서 죄를 찾지 못하였노라!"(요 19:6)

---

41) 참조. Bruce R. Reichenbach, "Healing View," in *The Nature of the Atonement: Four Views*, ed. James Beilby and Paul R. Eddy (Downers Grove, IL: InterVarsity, 2006), 117-42.

42) McKnight, *Community Called Atonement*, 3.

43) Ibid., 109-10.

속죄 신학의 세 번째 발전은 예수의 피 흘리는 죽으심의 필연성을 의문시함으로써 앞의 두 가지 노선을 결합시킨다. 예수의 죽음은 인류를 하나님과 바른 관계로 세우기 위한 조건으로 생각되고, 이제 초점은 **만족과 대리**뿐만 아니라 **희생**을 거부하는 것에 놓인다. 희생이 종종 대리적인 만족으로 간주되기에, 세 가지 관념은 서로 관계가 있다. 그러므로 이 세 번째 범주는 첫 두 가지 범주와 같이 형벌 대속 개념에 이의를 제기한다. 그러나 첫 두 개의 범주와는 달리 셋째 노선은 뿌리를 확고하게 20세기에 두고 있고, 신학적 반성과 관련하여 사회적 맥락의 역할을 활용한다. 최우선적인 관심은 하나님을 구속적 폭력이라는 관념으로부터 분리시키는 것이다. 이에 따라 이 노선을 지지하는 사람들은 하나님이 우리를 구원하기 위해 피 흘리는 죽음을 요구하신다는 생각에 가장 강하게 반대한다. 우리가 보게 될 것처럼, 넷째 범주에 속하는 신학자들은 거기서 폭력을 인정하지 않으면서도 예수의 죽음이 지니는 자유하게 하는 영향력에 대한 긍정적인 설명을 계속 제공한다. 그렇지만 여기서 셋째 노선의 강조는 부정적이다(즉 희생이라는 부당한 성격에 대해 항의한다).

성과 인종 차별의 억압 안의 십자가

20세기 신학자들은 전통적인 속죄신학이 그리스도의 십자가를 해석하는 방식과 사회적·인종적 학대의 현대적 양식을 직접 연결할 수 있다는 사실을 간파했다. 여성신학, 흑인신학, 해방신학의 경우 각각의 연결고리는 하나님께서 희생적인 고난을 선하게 사용하신다는 개념이다.[44] 특별히 여성 신학자들은 "십자가를 높이 드는 것"이 희생자의 수동성과 폭력적인 억압에 신적인 재가를 부여함으로써 두 가지 모두를 부추겼다고 주장했다. 여성신

---

44) 특별히 Marit Trelstad, ed., *Cross Examinations: Readings on the Meaning of the Cross Today* (Minneapolis: Augsburg Fortress, 2006)의 1부에 있는 논문들을 보라.

학자들은 예수의 십자가 고난이 노예나 여성의 굴종을 정당화하는 데 사용되는 것을 원하지 않고, 그래서 십자가에서 어떤 신적 허가라는 의미를 부인한다. 조앤 칼슨 브라운과 레베카 파커는 자주 인용되는 그들의 논문인 "하나님이 세상을 이처럼 사랑하사"에서 "기독교는 고난을 영화롭게 하는 가학적인 신학이다.…우리는 인류 전체에게 적용되는 피 흘리는 죄라는 개념의 속죄를 제거해야 한다."[45] 이들은 나아가 (논쟁적으로) 하나님께서 아들을 보내어 고난 받고 죽게 만든다는 생각을 "신적인 아동 학대"로 특징짓는다.[46]

이와 같은 셋째 대화에 속하는 신학자들은 하나님이 구원의 목적을 위해 결코 폭력을 채택하지 않으신다고 주장한다. 하나님은 예수의 죽으심의 주도자가 아니다. 반대로 하나님은 사랑의 아버지이고, 다른 자녀들을 사랑할 수 있게 되기 전에 한 자녀를 처벌할 필요가 없으신 분이다. 문제는 개인적인 죄책으로서의 죄가 아니라, 구조적인(systematic) 악으로서의 죄(예를 들어 인종차별주의, 성차별주의, 제국주의)다. 십자가는 신적인 구원 계획의 요체(linchpin)가 아니라, 국가적인 고문의 도구다. 예수는 고난 받고 죽기 위해 오신 것이 아니라, 가난한 자들에게 복된 소식을, 그리고 억눌린 자들에게 자유를 선포하기 위해 오셨다. 예수의 죽으심은 당시의 지배 권력에 대한 이런 도전의 결과였다. 하나님이 아들의 죽음을 원하셨다고 제안하는 것은 "선한" 고통이 있을 수 있다는 생각을 정당화하는 것이다. "그런 생각이 사라질 때까지는 정당한 사회를 만든다는 것은 거의 불가능할 것이다."[47] 이와 같은 해방의 전망에서 본다면 예수의 대리적 희생의 죽음이 지니는 치명적인 결함은 현 체제의 불의한 구조에 도전하는 데 아무 일도 하지 않는다는 것이고, 그 구조를 바꾸려는 노력은 더더욱 하지 않는다는 것이다.[48]

45) Joanne Carlson Brown and Rebecca Parker, "For God So Loved the World," in *Christianity, Patriarchy and Abuse: A Feminist Critique*, ed. Joanne Carlson Brown and Carole R. Bohn (New York: Pilgrim, 1989), 26.

46) Ibid., 2.

47) Ibid., 8-9.

48) So Rita Nakashima Brock, *Journeys by Heart: A Christology of Erotic Power* (New

그러나 바로 그런 구조를 뒤집어엎는 것이 속죄양으로서의 예수를 정확하게 드러내는 일이다.

속죄양이 꼭 있어야 하는가? 르네 지라르

고대 이스라엘에서 대속죄일에는 두 염소가 등장한다. 하나는 희생으로 죽임을 당하고, 다른 하나는 이스라엘의 죄책을 짊어지고 광야로 보내진다(레 16:15-22). 문학비평가 르네 지라르(1923-)에 따르면 이것은 바로 문화와 종교의 기원에 놓여 있는 속죄양 현상의 원시적인 실례다.

지라르는 모든 인간의 상호작용이 "모방적 경쟁"(mimetic rivalry)을 포함하고 있다고 믿는다. 우리는 다른 사람이 가지고 있는 것(예를 들어 음식, 성적 파트너, 땅 등)을 원하고, 그것을 얻기 위해 기꺼이 투쟁한다. 그 결과 흔히 폭력이 발생하기도 한다. 뉴턴의 운동 법칙(작용-반작용의 법칙)은 인간적 영역에도 적용된다. 모든 폭력 행위에는 그와 동일한 (때로는 그보다 더 큰) 정반대의 반작용이 있다. 문화, 곧 인간들이 함께 모여 사는 것의 한 가지 문제는 어떻게 폭력이 사회를 파괴하는 지점까지 상승하지 못하도록 막는가 하는 것이다. "속죄양"으로 들어가보자. 지라르는 적대감을 그룹의 주변부에 있는 제3자에게 전이함으로써 희생이 평화를 회복시킨다고 믿는다. 이 제3자는 회복되는 평화를 위해 희생되는 (즉 죽임을 당하고 추방되고 처벌되는) 속죄양이 된다. "희생의 목적은 공동체에 조화를 회복하고 사회적 직물구조를 강화하는 것이다."[49] 잘못된 집단적 폭력의 해법은 "좋은" 폭력을 어떤 개인에게 행사하는 것이다. 그렇다면 지라르에게는 문화나 종교 모두 어두운 비밀을 갖고 있는데, 이 둘은 모두 스스로의 집단적 폭력을 부인될 수 없는 죄책을 지닌 어떤 희생자에게 행사하는 행위 위에 건설되어 있다

York: Crossroad, 1988), 57.
49) René Girard, in James G. Williams, ed., *The Girard Reader* (New York: Crossroad, 1996), 78.

는 것이다.⁵⁰

　속죄양 기제(mechanism)의 배후에 있는 권력은 신적인 것이 아니라 악마적이다. 어떤 좋은 폭력이 있다는 생각을 부추기고, 그것으로부터 이득을 얻는 존재는 바로 사탄—고발자—이다. 지라르의 견해에 따르면 기독교는 너무 자주 권세 또는 정사와 타협했는데, 특별히 그리스도의 십자가를 폭력의 구속적 효과에 대한 객관적 교훈으로 바꾸었을 때 그랬다. 하지만 복음서의 참된 의도(그리고 진정한 기독교의 독특성)는 속죄양 기제를 정당화하는 것이 아니라, 오히려 그것이 사탄적인 책략임을 **폭로하는** 것이다. 복음서 저자들은 거룩한 폭력이라는 생각을 정당화하려고 하지 않았고, 오히려 그 것을 단번에 영원히 끝내고자 하였으며, 그렇게 해서 폭력의 순환(즉 눈에는 눈)을 끊어버리고자 하였다. 하나님은 희생이 아니라 비폭력을 요구하신다. 이런 관점에서 본다면 예수의 죽음이 하나님을 만족시키기 위해 필요했다 는 생각은 십자가의 목적을 그릇 상정하게 하였다. 복음서는 예수가 자신에 게 전적으로 어울리지 않는 운명을 지닌 속죄양이 되신 것을 보여줌으로써, 속죄양 기제를 제거한다. 그렇게 함으로써 복음서는 거룩한 폭력이라는 환 상을 하나님께서 예수의 죽음을 원하셨다는 생각과 함께 흩어버린다. 지라 르에 따르면 예수는 희생제물로서 죽으신 것이 아니다. 오히려 그는 권세에 직면하여 진실을 말함으로써, 궁극적 대가를 지불했던 예언자로서 죽으셔 야 했다. "내가 입을 열어 비유로 말하고, 창세부터 감추인 것들을 드러내리 라"(마 13:35).⁵¹

　다수의 신학자들이 지라르의 생각을 열정적으로 수용했다. 레이문드 슈와거는 훨씬 더 나아가 성서는 결코 하나님께서 폭력을 옹호하거나 심

---

50) 지라르의 *Violence and the Sacred* (Baltimore: Johns Hopkins University Press, 1977)와 *The Scapegoat* (Baltimore: Johns Hopkins University Press, 1986)를 보라.
51) 더 나아가 Girard, *Things Hidden since the Foundation of the World: Research Undertaken in Collaboration with J.-M. Oughourlian and G. Lefort* (Stanford: Stanford University Press, 1987) and *I See Satan Fall like Lightning* (Maryknoll, NY: Orbis, 2001)을 보라.

지어 보복적 정의를 원하신 분이라고 묘사하지 않는다는 사실을 보여주었다.[52] "주 여호와의 말씀이니라. 내가 어찌 악인이 죽는 것을 조금인들 기뻐하랴"(겔 18:23). 십자가는 속죄양 기제를 폭로할 뿐만 아니라, 하나님께서 심지어 예수 안에 구현된 자신의 사랑이 폭력적으로 거절될 때조차도 계속해서 사랑하신다는 것을 드러내준다. "폭력의 완전한 폭로가 제의적 희생의 모든 의미를 제거한다."[53] 지라르의 이와 같은 생각을 루터의 "경이로운 교환"이라는 용어로 번역하면, 하나님은 폭력을 비폭력으로 갚으신다.

마크 하임은 지라르의 생각을 활용하여 북미에서 가장 중요한 전형이 되는 책을 썼는데, 그것이 바로 『희생으로부터 구원받음: 십자가 신학』이다.[54] 하임은 성서가 피 흘리는 희생을 명령하지 않는다고 주장하면서, 십자가는 모든 희생을 끝마치는 사건(즉 거룩한 폭력)이라고 해석한다. 하나님의 구원하시는 행위가 인간의 죄악된 행동 위에 덧입혀진다. 우리가 떨쳐버리고 해방되어야 할 생각은 바로 희생자에게 폭력을 가해서 평화를 성취한다는 생각이다. 그러므로 우리는 예수의 십자가 죽음에 대해 "당신들(유대인과 로마인들)은 십자가의 희생을 원했으나, 하나님께서는 그것을 선으로 바꾸셨다"(창 50:20 참조)라고 말할 수 있을 것이다. 십자가의 효력은 하나님을 달래는 것이 아니라, 우리가 더 큰 폭력을 행사해서 폭력을 해결할 수 있다는 신화를 버리도록 하는 데 있다. 십자가 자체가 정사와 권세에게서 "좋은" 폭력이라는 신화를 제거하는 것을 목표로 한다. 그렇게 할 때, 희생자들은 더 이상 속죄양이 아니라 정말로 희생자들인 것이 시야에 드러난다. 하임은 십자가가 단지 속죄양 기제를 폭로하기 위한 것이 아니라, 희생제물 없이 공동체적 삶을 살아가는 길을 지시하기 위해 필요하다고 확신한다. 그 점에

---

52) Raymund Schwager, *Must There Be Scapegoats? Violence and Redemption in the Bible* (San Francisco: Harper & Row, 1987).

53) Ibid., 202.

54) S. Mark Heim, *Saved from Sacrifice: A Theology of the Cross* (Grand Rapids: Eerdmans, 2006).

서 그는 지라르보다 더 나아간다.[55]

지라르의 비판자들은 지라르가 단지 부정적인 몸짓만 취한다고 생각한다. (지라르가 표현하는) 십자가는 적극적인 어떤 것(예를 들어 새로운 실천)을 제정하여 구원하는 것이 아니라, 단지 옛것(즉 속죄양으로 삼는 것)을 거절함으로써 구원한다는 것이다. 윌리엄 플래처는 이렇게 주장한다. "이 모든 것이 내게는 여전히 영지주의와 너무나 흡사한 것처럼 들린다. 지라르와 하임에 따르면 우리의 문제는 우리가 어떤 것을 이해하지 못했다는 것이다. 해결책은 진리를 인식하고, 그에 따라 다르게 사는 것이다."[56] 다른 비판자들은 과연 지라르의 피 흘림 없는 설명이 모든 속죄론의 진정한 척도, 즉 예수의 고난과 죽음의 **필연성**에 대한 설명(눅 9:22)이라는 척도를 통과할 수 있을지 의심스러워한다.[57]

명예를 회복하신 승리자 그리스도: "기독교 국가 이후"의 십자가

> 아버지 저들을 사하여 주옵소서. 자기들이 하는 것을 알지 못함이니이다(눅 23:24).

넷째 노선에 속하는 신학자들은 구속을 위한 폭력이라는 사고를 결정적으로 거부한다는 점에서 셋째 노선의 신학자들을 따른다. 넷째 그룹의 결정적인 특징은 십자가에서 하나님이 악에 대해 승리하신 것을 비폭력적인 용어로 묘사하려는 다소 역설적인 시도다. 따라서 넷째 노선은 십자가에서 패배

---

55) 또한 Robert Hamerton-Kelly, *Sacred Violence: Paul's Hermeneutics of the Cross* (Minneapolis: Fortress, 1992)를 보라.

56) William C. Placher, "Why the Cross?" *Christian Century*, December 12, 2006, 39.

57) 마이클 윈터(Michael Winter)의 다음 불평을 참조하라. 현대 신학자들은 (1) 성서가 희생이 어떻게 그것의 결과를 성취하는지 결코 설명하지 않는다는 사실에 동의하며, (2) 그들 자신도 대체로 예수의 고난과 죽음의 필연성을 설명하지 못한다.

한 정사와 권세를 우주적인 세력보다는 문화적인 힘으로 본다는 점에서 교부 시대의 승리 모티프를 "비신화화"한 재현이라고 말할 수 있다. 그리스도는 혈과 육에 대항하여 싸우신 것이 아니었고, 사회적이고 정치적인 권세, 즉 집단적이고(예를 들어 억압적인 로마 정부의) 이념적인(예를 들어 유대인 중심주의의) 권세와 대항하여 싸우셨다. 십자가는 억압적이고 사탄적인 세력들에 저항했던 예수의 일생에 걸친 폭넓은 투쟁의 마지막 단계다. 결과적으로 넷째 흐름에 속하는 신학자들은 예수의 삶 전체가 지니는 구원론적 중요성을 강조하는 경향이 있다. 예수는 하나님께서 원래 인류가 살아가기를 원하셨던 바로 그 삶을 사셨다. 그렇게 예수는 인간 역사를 바른 방식으로 새롭게 고치시면서, 모든 일을 바르게 만드시고 평화를 이룩하신다.

하나님의 승리로서의 십자가: 구스타프 아울렌

1931년 『승리자 그리스도』라는 책의 발간을 통해 자신이 속죄에 대한 "고전적" 또는 "극적인" 견해라고 불렀던 것을 처음으로 되살린 사람은 구스타프 아울렌(1879-1977)이었다. 아울렌이 보기에 구원은 죄책의 제거 이상을 포함한다. 죄인들은 무죄하다고 선언됨으로써 구원을 받는 것이 아니라, 악의 권세 그리고 나아가 죽음 자체에 대한 하나님의 승리를 공유함으로써 구원을 받는다. 구원의 하나님은 성육신하신 능력 많은 용사로서 악한 세력을 무찌르시고, 심판의 바로 그 원인을 제거하신다. 예수 그리스도의 승리가 속죄를 이룬다(즉 화해를 가져온다).

확대되고 진정된 "승리": 월터 윙크와 데니 위버

많은 현대 신학자들은 아울렌의 승리 모티프를 비판적으로 수용하면서 아울렌과 마찬가지로 이레나이우스의 총괄갱신의 견해—이에 따르면 그리스도는 순종의 삶과 죽음을 통해 승리를 얻으신다—를 가지고 작업을 하며,

다소 평화로운 방향으로 나가고 있다. 그 결과는 승리자 그리스도 주제에 대한 비폭력적인 변형이다. 앞의 노선들처럼 이것 역시 하나님께서 죄인을 용서하실 수 있기 전에 보복적인 정의를 요구하신다는 생각을 거부한다. 하나님께서는 속죄를 이루기 위해 폭력(즉 예수의 피 흘리는 죽음)을 사용하지 않으시며, 예수의 죽음은 단지 하나님께서 폭력을 다루시는 방법을 뜻한다는 것이다. 존 요더(1927-97)는 다음과 같이 표현한다. "신약성서의 모든 주요한 부분들은 각각의 방식으로 예수께서 수용하신 십자가의 폭력을 반역한 권세들에 대한 하나님의 승리의 필요충분조건으로 해석한다."[58]

월터 윙크(1935-)는 폭력을 하나님의 승리가 아니라 우리를 억압하여 하나님께서 해방시키고자 하셨던 "정사 및 권세"와 연결한다.[59] 윙크는 악한 세력들이 영적인 동시에 제도적이라고 생각한다. 그것들은 바로 하나님의 통치에 반대하는 성향의 사회정치적인 세력들이다. 인간의 역사는 세상을 통치하는 권세와 (예수 그리스도의 인격 안에서 결정적으로 구현되는) 오시는 하나님의 통치("뜻이 이루어지이다") 사이의 극적인 투쟁이다. 자신들의 통치에 대한 위협을 감지하고서 이 세상의 권세들은 예수와 그의 길을 분쇄하기 위해 일어섰다. 하지만 희생자 예수는 권세들이 지닌 본질적인 폭력성을 드러내심으로써 그 권세들의 정체를 폭로하셨다. "권세들의 권위에 굴복함으로써 예수는 그들의 필연성을 인정하셨지만, 그들의 가식적인 주장의 합법성은 거절하셨다. 예수는 자신을 처형하는 그들의 힘에 굴복하였지만, 그렇게 하심으로써 그들을 상대화, 비절대화, 비우상화 하셨다."[60] 예수

---

58) John Yoder, "Theological Critique of Violence," *New Conversations* 16 (1994): 6. 또한 Brad Jersak and Michael Hardin, eds., *Stricken by God? Nonviolent Identification and the Victory of Christ* (Grand Rapids: Eerdmans, 2007)의 논문들을 보라.

59) Walter Wink, *Engaging the Powers: Discernment and Resistance in a World of Domination* (Minneapolis: Fortress, 1992).

60) Ibid., 142. 벤 마이어의 다음 말을 참조하라. "예수는 거부당하고 죽임당할 것을 목표로 삼지 않으셨다. 그는 거부당하고 죽임당한 자신의 존재를 의미로 채우려는 목표를

는 자신의 길에 충실하게 머물러 있음을 통해—다시 말해 하나님의 통치와 사랑 가운데 살아가는 것을 통해—권세를 물리치고, 폭력과 타협하거나 죽음의 두려움으로부터 행동하는 것을 거부하신다. "욕을 당하시되 맞대어 욕하지 아니하시고, 고난을 당하시되 위협하지 아니하시고…"(벧전 2:23). 요약하자면 예수는 권세들에게 정확히 비폭력적으로 관여하심으로써, 권세를 파하신다. "우리는 우리를 노예화하는 것에 반격하는 것을 통해서가 아니라—반격은 여전히 그 폭력적 관습이 우리를 결정하고 있음을 드러낸다—그 폭력의 관할과 명령 아래 우리 자신을 철저히 소멸시킴을 통해 해방된다."[61]

데니 위버의 2001년 출판물인 『비폭력적 속죄』[62]는 승리자 그리스도의 개념에 "서사"(이야기, narrative)를 첨가하면서, 이 세상의 악한 권세에 대한 투쟁과 승리에서 예수의 죽음뿐만 아니라 삶의 역할도 강조한다.[63] 위버는 교회가 4세기에 콘스탄티누스 대제와 권력을 나눈 이후에 "승리자 그리스도" 모델에 대한 흥미를 상실했다고 주장한다. 교회가 영적이고 세속적인

가지셨다"(Ben F. Meyer, *The Aims of Jesus* [London: SCM, 1979], 218).

61) Ibid., 157. 그 책의 다른 곳(예를 들어 227)에서 윙크는 권세를 반대하기 위해 "비폭력적" 강요를 채택하는 것을 고려한다. 현재 토론 중에 있는 다른 주제들과 같이, 억압받는 사람들을 해방하는 비폭력적 속죄의 개념은 하나의 단일한 이론을 가리키는 것이 아니라 최근의 속죄 신학 안에서 반복적으로 등장하는 주제다. 여기서 언급된 신학자들에 더하여 몰트만은 (많은 해방신학자들과 함께) 개인적인 죄에 초점을 맞추어 자신들을 억압하는 사회정치적인 세력들에 비폭력적으로 저항하기보다 자신들의 십자가를 지라고(고난을 수동적으로 받아들이라고) 격려하는 전통적인 속죄의 견해에 반대한다. 해방신학적인 유형들은 예수의 역사 전체, 특별히 가난한 자와 버림받은 자들에 대한 예수의 관심이 지니는 속죄의 효능을 강조한다. 하지만 속죄에 관한 해방신학적인 유형을 승리자 그리스도의 견해와 구별되는 것으로 보는 견해도 있다. 이를 지지하는 논증을 *Cross Examinations*, 14-15에 있는 마릿 트렐스타드(Marit Trelstad)의 서론에서 보라.

62) *The Nonviolent Atonement* (Grand Rapids: Eerdmans, 2001).

63) 위버는 그 자신의 입장을 지라르의 입장과 구별한다. "승리자 그리스도라는 서사는 하나님의 통치를 볼 수 있게 만들려는 예수의 사명의 전체 범위를 보다 더 크게 강조한다"(*Nonviolent Atonement*, 49).

고삐를 모두 쥐고 있는 기독교 국가 안에서 기독교인이 어떤 권력에 반대할 수 있겠는가? 이것이 뜻하는 바는 두 개의 칼이 신적인 보복 그리고 구속적인 폭력의 자리로서의 십자가 개념과 손을 맞잡고 함께 간다는 것이다.

위버는 기독교가 주장하는 백인들의 가부장적 권력과 함께 불평등한 명에를 메는 것에 반대하여 여성주의와 여성신학 그리고 흑인신학을 지지한다. 예수의 죽음이 권세들—사회적 불의의 억압하는 체계—을 극복하는 것은 죽음 자체에 의해서가 아니라, 어떤 특정한 방식의 삶을 통해서다(그래서 예수의 이야기가 중요하다). 예수는 자신의 삶, 죽음, 그리고 부활을 통해 현재의 죄악된 시대에 대한 다가오는 시대의 승리를 보여준다. 구원받는 것은 그런 폭력적인 권세들과 관계된 어떤 것으로부터 해방되는 것이며, 예수 그리스도의 (서사적인) 길을 향해 해방되는 것이다. 그 길은 수동적 희생자의 길이 아니라 비폭력적 용서의 길이다. 그 길은 억압받는 사람들의 인간성을 확증하고 그 인간성을 이론적 또는 실천적으로 부정하는 구조와 체제를 폭로함으로써 하나님의 통치를 증언한다. 예수께서 폭력에 응답하기를 거부하신 것은 무기력한 항복이 아니라 선택된 행동이다.

그렇다면 죽음뿐만 아니라 예수의 삶 전체가 하나님의 통치가 악(사탄)의 통치와 대면하고 그것을 굴복시키는 것을 구체적인 형태로 이야기한다. 부활은 하나님의 승리이며, 예수의 길, 진리, 생명에 참여하라는 초대다. 위버는 요한계시록 안에서 이 형식이 계속되는 것을 발견하는데, 그곳에서 "교회와 제국의 반목은 상징적으로 비폭력적인 것으로 묘사된다."[64] 기독교인들은, 예수가 그렇게 하였듯이, 죄책을 만족시키는 "피값"의 지불을 통해서가 아니라 하나님께 대한 제의적 헌신과 자기포기를 통해 자신들의 몸을 하나님께 산 제사로 드린다(롬 12:1).[65] 요약하자면 십자가는 하나님의 정의의 만족이 아니라 평화를 창조하는 하나님의 원인에 봉사하는 징표다.[66] 이

---

64) Weaver, *Nonviolent Atonement*, 32.

65) Ibid., 59.

66) Brad Jersak, "Nonviolent Identification and the Victory of Christ," in *Stricken by*

견해에 대해 비판자들이 강하게 제기하는 한 가지 질문은 예수의 사역의 유일무이성과 관계가 있다. 자신에게 죄를 지었던 자들을 비슷하게 용서했던 다른 순교자들은 없었는가?

십자가: 하나님의 존재 안에서 발생한 사건

나의 하나님, 나의 하나님! 어찌하여 나를 버리셨나이까? (마 27:46 KJV)

하나님의 정의를 만족시키는 폭력적인 "대리-희생"으로서의 십자가에 대한 비판에 반응하는 보다 더 과격한 다른 방법이 있다. 앞에서 우리는 예수가 인류를 대리했다기보다는 대표하는 인간이라고 말했다. 이제 다섯 번째 노선에 속하는 신학자들은 십자가를 단지 예수의 역사 안에서가 아니라 바로 하나님의 역사(즉 아버지·아들·성령의 관계) 안에서 발생한 한 사건으로 본다. 예수의 죽음은 그 자체로 하나님 자신의 생명에 영향을 미친다. 다르게 말하자면, 속죄하는 행동의 효능은 하나님 자신의 존재에 외적인 것이 아니라 내적인 것이다. 이 표제 아래에서 다루어지는 여러 신학자들은 속죄가 하나님의 삼위일체 존재 안의 한 계기라는 사실에 동의하는 반면에, 신적인 존재론에 대한 이해, 특별히 1. 하나님과 세계의 관계, 그리고 2. 경륜적 삼위일체와 내재적 삼위일체의 관계에 대해서는 서로 의견을 달리 한다.

속죄와 하나님의 "죽음": 헤겔과 위르겐 몰트만

헤겔(1770-1831)은 속죄론의 개관에서 거의 등장하지 않는 인물이지만, 그

God? 18-53, 특별히 32-33에서 개요가 제시되는 브래드 저삭(Brad Jersak)의 "비폭력적 동일시" 접근방법을 보라.

는 (논쟁의 소지는 있다고 해도) 루터의 십자가 신학을 급진적으로 개혁한 첫 번째 사람이라고 할 수 있다. 헤겔은 성육신-십자가-부활을 하나의 역사적인 표현(representation)으로 다룬다. 그 다음에 헤겔은 그것을 절대정신("실체"가 아닌 주체)의 역사적 자기전개라는 복잡한 형이상학적 설명에 봉사하도록 만드는데, 그것은 자의식의 출현 그리고 그와 상반되는 것(즉 자아/타자) 사이의 화해를 뜻한다. 변증법적으로 간결하게 표현하자면 정신, 곧 신적 정신 또는 지성은 그 자신으로 돌아오기 위해(자의식을 성취하기 위해) 절대로서의 자기 자신 바깥으로 나가야(즉 죽어야) 한다.[67] 복음 이야기는 신적인 지성(로고스)이 궁극적으로는 그 자체로 돌아오기 위해 시간과 육체성의 세계로 진입하는 방식을 나타낸다.[68] 헤겔은 그 내용을 삼위일체적인 양식으로 전개한다. 다시 말해 성육신, 십자가, 부활은 하나님의 삼위일체적 생명 안에 있는 "일화들"(episodes)들이고, 삼위일체적 생명은 정신 또는 절대 정신이 유한한 인간 정신(즉 집합적 의식)의 중재를 통해 완전한 자기 자신의 의식(self-aware)에 도달하는 역사다. 건튼은 헤겔이 전통적인 속죄 신학의 언어─그 **형태**─를 유지하지만, 그 **내용**을 급진적으로 개정했다고 바르게 논평한다.[69]

헤겔의 복음(그리고 형이상학)의 핵심에는 소외의 극복이라는 주제가 있다. 소외는 정확하게 말하면 무한과 유한, 하나님과 세계 사이의 멀어짐이다. 하지만 (화해되어야 하는) 문제는 타락이 아니라 유한성임에 유의하라. 따라서 요구되는 해결책은 개인적 또는 인격적이라기보다 철학적이다. 어

---

67) "보편자는 개별자를 통해 현실성 안으로 건너가야 한다. 영은 역사 안에서 '대자적으로'(for itself) 그리고 '즉자 및 대자적으로' 나타나기 때문에, '즉자적으로'(in itself) 알려진다"(Welch, *Protestant Thought*, 93).

68) 헤겔의 사상과 그 신학적 중요성에 대한 입문적인 설명을 Cyril O'Regan, *The Heterodox Hegel* (Albany, NY: State University of New York Press, 1994)과 Merold Westphal, "Hegel," in *The Blackwell Companion to Modern Theology*, ed. Gareth Jones (Oxford: Blackwell, 1997), 293-310에서 보라.

69) Gunton, *Actuality of Atonement*, 19.

떻게 우리는 유한과 무한을 함께 생각할 수 있는가? 헤겔은 그 대답이 성육신의 상징적·논리적 형태 안에 있다고 본다. 그리스도 안에 무한한 신적 관념의 충만함이 유한한 인간적 형태로 거했다는 것이다. 그곳에 유한한 정신과 무한한 정신의 "절대적 동일성"이 있다. 이에 더하여 하나님이 인간이 된다는 것은 이미 화해의 효력이 발생하는 것이다. 절대자가 유한, 부정, 죽음을 신적인 존재로 흡수하기 위해 유한, 부정, 죽음 안으로 들어온다. 이것 안에 하나님의 존재인 사랑이 있다. 화해의 현실성, 곧 반대편(opposites)과 반대 자체(opposition)의 치유가 여기에 있다.

신적인 것과 인간적인 것의 합일이라는 복된 소식은 예수의 죽음과 부활을 통해 역사적으로 "증명되었다." 유한의 궁극적인 형태인 죽음은 하나님의 존재에 의해 흡수되며, 그래서 부정을 부정한다(즉 유한의 무한으로부터의 소외를 부정한다). 이 점에서 예수가 당하신 속죄의 죽음에 대한 헤겔의 개념이 절대정신의 출현에서 전환적 계기가 되는 "사변적인 성 금요일"이라고 묘사되는 것에는 충분한 이유가 있다.[70]

헤겔에 대한 미해결 질문은 예수의 죽음이 세계 과정 전체 안에 깊이 내재되어 있는 형이상학적 속죄에 대한 암호에 불과한지, 아니면 하나님과 인류 간에 발생한 구체적인 역사 안의 유일무이한 사건인지의 문제. 예수의 죽음은 실제로 새로운 어떤 것(즉 화해)을 불러일으키는가? 아니면 다만 유한과 무한이 이미 하나라는 사실을 드러내는 데 그치는가? 또는 후자를 통해 전자를 성취하는가?

---

70) 그리스도를 고백하는 사람들은 유한한 정신과 무한한 정신의 하나됨 또는 동일성도 고백한다. 헤겔에게 부활은 이제는 단 한 사람의 개인만이 아니라 공동체 전체가 하나님의 영을 소유한다는 것을 뜻한다. "'성령'이라는 이름은 무한한 고뇌로부터 나오는 신적인 사랑의 통일시키고 해방하는 힘을 지시한다. 그리스도의 십자가에서 객관적으로 나타났던 사랑은 이제는 내적 및 주관적으로 새로운 인간 공동체를 세우면서 역사하는 사랑과 동일하다"(Peter C. Hodgson, "Hegel," in *Nineteenth Century Religious Thought in the West*, ed. Ninian Smart et al. [Cambridge: Cambridge University Press, 1985], 1:106).

위르겐 몰트만(1930-)은 십자가를 삼위일체 하나님의 역사 안에 있는 하나의 계기로 제시한다. 그렇게 하기 위해 그가 채택하는 체계는 형이상학적이라기보다는 종말론적이다. 제2차 세계대전의 공포를 경험한 이후에 몰트만은 저술을 통해 그리스 철학이라는 유령, 특별히 고난에 면역이 된 어떤 하나님의 초월성이라는 생각을 축출하고자 시도한다. 그는 하나님이 고난 받으실 수 없고 무감각하다는 생각을 거부한다. 하나님은 세계 "위에" 계시지 않고 세계 "주위에"(around) 계신다. 하나님은 자신의 내부에 공간을 만드심으로써 세계를 창조하시고, 자신을 비우거나 수축시킴으로써 타자를 위한 여지(room)를 만드신다.[71] 삼위일체 하나님은 그 자신과의 관계에서나 인간 또는 비인간의 세계와의 관계에서나 비슷하게(alike) 존재하신다.

몰트만은 십자가를 하나님"의"("of" God) 죽음에 반대되는 하나님 "안에서의"("in" God) 죽음으로 이해한다. 이에 따라 십자가의 의미는 속죄에 대해서와 마찬가지로 신론에 대해서도 중요하다. 다시 말해 아들은 버림받음과 죽음을 경험하고, 이 경험은 하나님 자신의 경험 안으로 취해진다. 십자가 사건 안에서 아버지는 모든 버림받은 인격들과 자신의 연대를 보여주기 위해 아들을 버린다. 나아가 아들이 죽음의 고통을 겪는 동안 아버지는 자기 아들의 죽음의 고통을 겪으신다. 그래서 십자가는 삼위일체적 생명 안에서 발생하는 붕괴다. "십자가에서 하나님 자신의 존재 안의 관계성이 파괴된다."[72] 몰트만의 말로 하면 십자가 사건은 그 안에서 "하나님이 하나님을 버리신" 사건이다.[73] 십자가는 하나님의 화해하시는 사랑을 하나님이 기꺼이 고난받으시려고 하신다는 의미로 정의한다. 그 결과 "자기희생의 사랑이

---

71) 하나님과 세계의 관계에 대한 이런 그림에 대한 기술적인 용어는 "만유재신론"이다 (즉 세계["만유"]가 하나님 안에 있지만 하나님은 세계보다 크시다).

72) Paul S. Fiddes, *Past Event and Present Salvation: The Christian Idea of Atonement* (Louisville: Westminster John Knox, 1989), 218.

73) *Crucified God*, 244. 다음을 참조하라. 몰트만의 동료인 에버하르트 윙엘(Eberhard Jüngel)은 "하나님 자신은 예수의 하나님 버림과 죽음 안에서 발생하신다"(*God as the Mystery of the World* [Grand Rapids: Eerdmans, 1983], 370)라고 말한다.

하나님의 영원한 본성이 된다."[74] 폴 피디스의 다음 요약은 적절하다. "고난 당하시는 하나님의 초월성은 고난 너머의 어떤 초월성이 아니라, 오직 초월적인 고난으로 이해되어야 한다."[75]

몰트만에 의하면 십자가는 하나님의 본성을 창조된 역사 전체를 자체 안으로 취하는 고난당하는 사랑으로 정의한다. 십자가와 부활은 하나님의 삼위일체적 생명의 바깥에 있는 사건들이 아니라, 그 생명에 내적이고 본래적인 사건이다. 하나님의 역사 안에서의 (즉 바깥을 향한[ad extra]) 행동은 아버지·아들·성령으로서의 하나님 자신의 생명을 구성한다. 그러므로 십자가는 속죄를 실현하는 장소가 아니라, 하나님의 삼위일체적 존재가 실현되는 장소다. 아들의 죽음은 삼위일체 하나님을 세계에 대해 열려 있으면서 세계와 연대하시는 사랑의 교제로 정의한다. 아들의 죽음은 단지 그것이 하나님의 존재를 타인들을 위한 사랑으로부터 심지어 "하나님께로부터 버림받음"마저도 기꺼이 감당하시는 존재로 규정한다는 의미에서만 속죄와 관계가 있다.[76] 그런 의미에서 십자가에 대한 몰트만의 견해는 어쩌면 속죄론보다는 신정론으로 분류되는 것이 더 나을지도 모른다.

속죄와 하나님의 자기결정: 칼 바르트

속죄에 대한 모든 존재론적인 설명이 형이상학에 매여 있는 것은 아니다. 칼 바르트(1886-1968)는 하나님이 영원 안에서 인간적 피조물과 언약의 교

---

74) Jürgen Moltmann, *The Trinity and the Kingdom of God: The Doctrine of God* (London: SCM, 1981), 32.

75) Fiddes, *Creative Suffering of God*, 143.

76) 리처드 보컴(Richard Bauckham)은 죽음과 생명, 하나님의 부재와 임재, 그리고 세계의 현재 상태와 하나님이 만들어가시겠다고 약속하신 방식 사이의 변증법적 성격이 십자가와 부활에 대한 몰트만의 해석이 지닌 본성이라고 강조한다("Jürgen Moltmann," in *The Modern Theologians*, ed. David F. Ford and Rachel Muers, 3rd ed. [Oxford: Blackwell, 2005], 148-49).

제를 맺기로 결정하시는 때, 그것이 하나님 자신의 존재를 규정(determine)한다고 주장한다. 헤겔에 반대하여 바르트는 하나님의 "자기구별"(자신의 신적 생명을 인류와 나누겠다는 하나님의 결정)이 신적인 자기실현을 향한 필연적 단계가 아니라, 자유와 은혜의 행동이라고 주장한다. 헤겔이 하나님의 존재가 세계사의 과정을 통해 생성된다고 것으로 보는 반면에, 바르트는 개혁주의적인 주제를 새롭게 변형시키면서 하나님의 존재는 예정(predestination)의 영원한 행동 안에서 스스로 선택된다고 주장한다. 그러므로 하나님은 시간 안에서 우리를 위한 존재가 되시기로 이미 영원한 그 자신 안에서 결정하셨던 분이시다. 경륜적 삼위일체는 내재적 삼위일체를 실현한다(actualize). 다르게 표현하면 성육신과 속죄는 시간 안에서 "우리를 위한" 존재가 되시려는 하나님의 영원한 "자기규정"을 성취한다.

하나님의 영원한 예정―하나님 자신을 "우리를 위한" 존재로, 그리고 인류를 "그분 자신을 위한" 존재로 규정하는 결정―이 예수 그리스도의 역사 안에서 실행된다. 이것은 그리스도께서 단지 인류를 구원하는 어떤 일만 행하시는 것이 아니라, 육신이 되신 하나님의 은혜 자체이심을 뜻한다. 그리스도는 작정(decree, 법령)이다. 예수의 역사는 언약의 역사이고, 우리의 하나님이 되시려는 하나님의 결정을 시간 안에서 드러내어 형성한다. 예수는 "우리와 함께하시는 하나님", 화해의 행동 가운데 계신 하나님의 존재다. "하나님과 우리 인간을 연합시키는 것은 우리 없는 하나님이 되지 않으시려는 하나님의 의지다."[77] 그러므로 바르트에게 화해(그는 속죄보다 화해라는 표현을 선호했다)는 아들의 인격과 사역 둘 다를 포함한다. 왜냐하면 예수의 존재, 행함, 당하신 모든 고난 등은 하나님의 언약적 신실성, 곧 하나님의 존재 그 자체의 실행이기 때문이다. 실제로 바르트는 예수의 역사를 세 가지 방식으로 묘사한다. 예수는 자신을 낮추신 하나님의 아들이고, 예수는 아버

---

77) Karl Barth, *Church Dogmatics* IV/1, *The Doctrine of Reconciliation* (Edinburgh: T&T Clark, 1956), 7.

지께서 높이신 나사렛 출신의 사람이며, 예수는 그 안에서 하나님과 인류가 공통의 역사를 이루어가는 존재다. 그러므로 "속죄는 역사다." 그것은 하나님과 인류, 그리고 그들의 언약적 관계를 규정하는 유일무이한 역사다.[78]

바르트의 엄청난 분량의 화해론 연구 가운데 가장 흥미로운 부분은 제 59장 "하나님의 아들의 순종"이다. 하나님께서 자신을 "우리를 위한" 존재로 예정하실 때, 그 안에는 "고귀한 겸허"가 있다.[79] 주권적으로 하나님께서는 자신을 내어주시기로 선택하신다. 하지만 이 선택은 또한 하나님 자신의 생명과 일치하며, 그 생명 안에서 아들은 자유롭게 순종을 선택하신다.[80] 궁극적으로 아들은 자신을 선택하는 동시에 정죄하기로 결정한다. 그래서 성육신한 아들은 "우리의 자리에서 심판을 당하는 심판자"이다. 그러므로 하나님은 "하나님 자신에게 대한 반역의 죄책이 자신에게 있다고 선언하셨다. 그 죄책은 원래 인간의 것이었다."[81] 십자가의 죽음을 포함하는 예수 그리스도의 역사는 "우리를 위한" 하나님의 영원한 "자기결정"의 실현이고—우리의 죄악된 실존과 "옛 자아"(롬 6:6)를 스스로 짊어지셔서 그것들을 제거하심으로 발생하는 실현이며—이것은 동시에 잃어버린 인간 피조물을 향한 사랑 안에서 자신을 내어주시려는 하나님의 원초적 결심의 실현이다. 십자가는 우연적인 계획이 아니라, 우리의 하나님이 되셔서 인류를 언약의 상대자로 삼으시려는 하나님의 "자기결정"의 내용을 이루는 한 부분이다.

---

78) Ibid., 157. 로버트 젠슨은 예수 그리스도의 역사가 하나님의 예정의 목적을 실행하는 사건이 아니라 하나님의 삼위일체적인 정체성을 형성하는 사건이라고 봄으로써, 예수 그리스도의 역사를 급진적으로 개혁한다. 예수 그리스도의 복음의 역사 "그 자체가 하나님의 인격과 신분을 결정한다"(*Systematic Theology*, vol. 1, *The Triune God* [New York: Oxford University Press, 1997], 165).

79) Ibid., 159.

80) 이와 관련하여 한스 우어스 폰 발타자르의 사고를 참조하라. 속죄의 궁극적인 근거는 하나님의 내재적 삼위일체의 존재를 특징짓는 "원초적 케노시스"에 있다(Hans Urs von Balthasar, *Theo-Drama: Theological Dramatic Theory*, vol. 4, *The Action* [San Francisco: Ignatius, 1994], 324-32).

81) Barth, *CD* II/2, 164.

죄는 우리를 사랑하시려는 하나님의 결정, 그리고 우리를 하나님의 사랑 받는 존재로 삼으시려는 하나님의 결정을 거부하는 것이다. 예수의 십자가 죽음은 단지 죄인의 죄책에 대한 만족을 제공하는 것이 아니라 죄 자체를 파괴한다.[82] 하나님의 사랑의 정도—하나님 자신의 존재가 치르는 십자가의 대가—는 바르트가 서술한 예수의 지옥 강하를 살펴볼 때 가장 잘 이해될 수 있다. 발타자르도 이 주제를 자신의 성토요일(Holy Saturday, 성금요일과 부활절 사이의 토요일, 예수께서 무덤에 머물러 계셨던 날을 의미함—역자 주)의 신학에서 발전시킨다. 기본적인 생각은 예수가 하나님의 진노의 완전한 척도인 지옥을 경험함으로써 첫째 죽음만이 아니라 "둘째 죽음"(계 20:6; 21:8)을 죽으신다는 것이다.[83]

그러므로 예수 그리스도의 사건은 다름 아니라 바로 새로운 인류의 시작이다. "하나님과 새로운 관계 안에 있음으로써 그 자체로도 새로운 인간적 주체의 창조와 근거가 사실상 예수 그리스도 안에서 이루어진 속죄의 사건이다."[84] 부활은 예수의 죽음이 인류의 죄악의 인간성을 정말로 무력화시켰다는 아버지의 판결이다. 인간 존재는 단지 언약의 역사 안으로 붙들려 들어왔다는 한도에서만 **현실적으로 존재**한다. 속죄의 실현은 다름 아닌 바로 새로운 인류의 창조이며, 예수의 역사에 존재론적으로 참여하는 문제다.

---

82) 개리 윌리엄스의 다음 논평을 참조하라. 바르트는 예수의 죽음을 죄에 대한 하나님의 적대감을 만족시킨 것이 아니라, 오직 십자가에서 죄의 인간을 파멸시킴으로써만 만족되는 하나님의 사랑을 만족시킨 것이라고 확증했다(Garry J. Williams, "Karl Barth and the Doctrine of the Atonement," in *Engaging with Barth: Contemporary Evangelical Critiques*, ed. David Gibson and Daniel Strange [Nottingham, UK: Inter-Varsity, 2008], 246).

83) David Lauber, *Barth on the Descent into Hell: God, Atonement and the Christian Life* (Aldershot, UK: Ashgate, 2004)와 Alan E. Lewis, *Between Cross and Resurrection: A Theology of Holy Saturday* (Grand Rapids: Eerdmans, 2001)를 보라.

84) Barth, *CD* IV/1, 89.

"예수 그리스도가 속죄다."[85] 그러므로 화해는 우리를 예수 그리스도의 역사, 즉 아들이 성령 안에서 그리고 성령을 통하여 아버지와 나누는 교제 안으로 우리를 이끄시는 하나님의 자유롭고 은혜로운 행동이다.

비판자들은 다음과 같이 반대한다. 만일 화해가 예수 그리스도의 사건과 동일하다면, 그리고 만일 이 사건이 하나님의 존재와 인류의 존재를 동시에 결정한다면, 그때 1) 다른 모든 인간의 행동은 언약의 관점에서 무의미해지며, 2) 어떤 사람도 언약 바깥에 있지 않고 그래서 속죄(즉 구원)의 범위는 반드시 보편적이어야만 한다는 것이다. 이에 응답하여 바르트의 옹호자들은 주장한다. 우리가 언약의 인간적 상대자들로서 하나님의 결정에 따라 말하고 행동하는 모든 것에서 우리에게 그에 상응하는 응답이 요청되기 때문에, 하나님의 은혜는 인간의 행동과 자유의 중요성을 무효화하지 않고 오히려 확립한다는 것이다. 우리는 그리스도 안에서 이루어진 (객관적인) 존재를 능동적으로 (주관적으로) 실현하도록 부르심을 받고 있다.[86]

심판자가 반격하다: 멸시당하면서도 변호되는 형벌 대속론

다 이루었다(요 19:30).

여섯 번째 노선은 실제로 19세기 중엽 이후 현대 전체를 통해 "형벌 대속"(penal subsitution) 개념과 관련하여 밀물과 썰물처럼 밀려왔다가 밀려나가면서 정기적으로 발생하곤 했던 논의 그 이상이다. 그때는 찰스 하지

---

85) Ibid., 34.
86) 이에 더하여 Adam Neder, *Participation in Christ: An Entry into Karl Barth's "Church Dogmatics"* (Louisville: Westminster John Knox, 2009), 4장에서 특별히 그리스도 안에 원칙적으로(*de jure*) 참여된 것과 사실적으로(*de facto*) 참여하는 것 사이의 구별을 보라(46).

(1797-1878)와 다른 사람들이 죄는 "오직 법정적이고 형벌적인 만족에 근거하여" 용서될 수 있다고 주장했던 시기였다.[87] 형벌 대속론은 "왜 예수는 죽어야만 했는가?"라는 질문에 명료하고 간략하게 답할 수 있다는 한 가지 장점을 갖는다. 그 대답은 "우리의 자리에서(대리) 우리의 정죄(형벌)를 짊어지기 위해서"다. 형벌 대속론의 옹호자들은 신적인 정의와 인간의 죄책을 확증했던 반면에, 이 이론을 폄하하는 사람들(이들 가운데 일부는 앞의 첫 세 가지 노선에서 설명했던 사람들이다)은 하나님의 사랑과 인간의 회개를 강조했다. 이 논란의 "제1의 물결"은 형벌 대속과 예수의 피 흘리는 죽음의 필연성이 "궁극적으로 기독교의 해석자들을 복음주의와 비복음주의로 나누는" 지점이 되도록 만들었다.[88]

20세기 중반의 제2의 물결은 성서 주석의 전선에서 발생했다. 주도적인 영국의 신약학자이자 NEB(New English Bible) 발행위원회의 의장이었던 도드(C. H. Dodd, 1884-1973)는 어휘론적 근거에서 그리스어 힐라스테리온(*hilasterion*)이라는 단어 그룹(롬 3:25; 히 2:17; 요일 2:2; 4:10)을 전통적인 "화목"(propitiation, 화해) 개념으로 번역하는 것에 반대했다. 피가 진노하신 하나님을 달래는 것(마치 사랑의 하나님을 진정시킬 필요가 있는 것처럼)이 아니라, 하나님의 "진노"는 오히려 속죄(expiation)를 말하는 하나의 방식이고 죄가 제거되는 비인격적인 과정(즉 청결하게 하는)을 지시한다는 것이다. 도드에 따르면 "하나님의 진노는 악에 대한 하나님의 본성의 가혹한 반응"이라기보다 "비유의 언어"(a figure of speech)인데, 레온 모리스(1914-2006)는 도드의 그 견해를 반박하기 위한 반증들을 무기고에 모았다.[89]

제3의 물결의 저항은 형벌 대속론이 함축하는 신적인 보복과 하나님의 사랑 사이의 명백한 갈등을 목표로 삼았다. 그 저항은 소위 자유주의자들

---

87) Charles Hodge, *Systematic Theology* (New York: Scribner, 1872), 2:488.
88) Denney, *Atonement and the Modern Mind*, 82.
89) Leon Morris, *The Apostolic Preaching of the Cross*, 3rd ed. (Grand Rapids: Eerdmans, 1965), 150.

로부터 뿐만이 아니라 복음주의 진영 자체로부터도 나왔다. 대서양 양편의 일부 복음주의자들은 형벌 대속론이 성서적인 개념인지 아닌지에 의문을 제기했고, 그보다는 덜 과격하지만 과연 형벌 대속론이 예수의 죽음의 의미를 이해하는 데 주도적이고 통제적인 유형이어야 하는지에 대해 고민하고 있다.[90]

비판자들: 복음주의가 무시한 형벌 대속론

형벌 대속론의 비판자들은 방법론적이고 자료적인 반론 모두를 제기한다. 어떤 사람들은 신약성서에서 어떤 하나의 비유/유형이 다른 비유/유형들에 대해 우선권을 갖는 것에 의문을 제기한다. 또 다른 사람들은 형벌 대속론이 그것의 냉혹한 교환 경제관과 함께 성서 자체로부터라기보다는 현대 서구 문화로부터 나온 것이라고 주장하며, 전적으로 그렇지는 않다고 해도 성서쪽이 더 많지는 않다고 말한다. 내용 자체로 돌아가면 많은 사람들은 하나님을 샤일록(Shylock)처럼 죄를 용서하기 전에 죄인의 몸에서 살 1파운드를 요구하는 분으로 잘못 묘사하는 것을 불평한다.[91] 다른 사람들은 무죄한 아들을 처벌하는 아버지 하나님이라는 생각이 법률적인 오심(誤審)이거나, 심지어 하나님의 아동학대의 사례라고 불평한다. 또 다른 사람들은 이 유형이 하나님과 우리의 관계를 법적인 범주로 환원한다는 점을 염려한다. 이런 반론들은 새로운 것은 아니지만, 그럼에도 다른 어떤 사람에게 형벌의 대가를 치르게 한다는 생각은 후기 자본주의의 문화적 논리 안에서는 점점 타당성을 잃고 있다. 현대적인 언어로 "하나님은 사랑이시다"라는 말은 무조

---

90) 예를 들어 Joel B. Green and Mark D. Baker, *Recovering the Scandal of the Cross: Atonement in the New Testament and Contemporary Contexts* (Downers Grove, IL: InterVarsity, 2000); John Goldingay, ed., *Atonement Today* (London: SPCK, 1995); Derek Tidball, David Hilborn, and Justin Thacker, eds., *The Atonement Debate* (Grand Rapids: Zondervan, 2008)을 보라.

91) William Shakespeare, *The Merchant of Venice* 4.1.304-7을 보라.

건적인 용납을 의미한다. 폭력적인 보복은 문명화된 상태의 표식이 더 이상 아니고, 하물며 신성에는 더욱 어울리지 않는다. 그것은 야만일 따름이다.

영미의 복음주의

20세기의 후반의 수십 년 동안 제임스 패커(1926-)와 존 스토트(1921-2011)는 형벌 대속론에 관한 복음주의적 입장의 대표자들이었다. 패커가 1973년에 행한 의미 있는 "틴데일 성서 신학 강연"인 "십자가는 무엇을 성취하였는가? 형벌 대속론의 논리"는 그 입장을 대변하는 권위 있는 진술이다.[92] 패커는 형벌 대속론을 종교개혁 유산의 한 부분으로서 복음주의를 구별해주는 특징으로 제시한다. 패커는 다음 성서 구절에 근거하여 대속의 원리를 변호한다. 그리스도께서 "우리를 위해 죽으셨고"(롬 5:8), "우리를 위해" 저주를 받으셨다(갈 3:13). 그리스도의 대속이 형벌적이었다는 것―하나님의 법률적 진노를 없애는 화목제물―은 어떤 추상적인 법률 개념이 아니라, 우리의 자리에서 대신 보복을 당하고자 하시는 하나님 자신의 인격적이고 사랑하시는 의지의 결과다. 이와 비슷하게 스토트는 성서가 "모든 곳에서 인간의 죽음을 **자연스러운** 것이 아니라 **형벌적인** 사건으로 본다"고 주장한다.[93] 엄격하게 말하자면 우리는 아버지께서 아들을 처벌하신다고 말해서는 안 된다. "왜냐하면 하나님과 그리스도는 두 분 모두 객체(object)가 아니라 주체(subject)이시고, 죄인들을 구원하기 위한 주도권을 함께 가지고 계시기 때문이다."[94] 패커나 스토트는 신적인 보복과 구속적인 사랑 사이에 어떤 충돌도 있을 수 없다고 보았다.

몇몇 복음주의자들이 형벌 대속론을 비판하는 합창에 가담했다는 소식

---

92) *Tyndale Bulletin* 25 (1974): 3-45. 또한 J. I. Packer and Mark Dever, *In My Place Condemned He Stood* (Wheaton: Crossway, 2007)에 있는 논문들을 보라.
93) John R. W. Stott, *The Cross of Christ* (Downers Grove, IL: InterVarsity, 1986), 65.
94) Ibid., 151.

은 다른 복음주의자들로 하여금 형벌 대속론을 변호하는 목소리를 더욱 높이도록 만들었다. 자유주의를 반대하는 잔물결로 시작했던 작은 목소리는 20세기 후반과 21세기 초반에는 점점 커지는 파도가 되었고, 특별히 개혁주의 성향의 영미 복음주의자들 사이에서 그러했다. 지난 10년 동안 형벌 대속론의 다양한 측면들을 변호하는 최소한 세 가지 공동저술 서적이 등장했다. 그중 최근의 것은 소위 성서적인 증거들과 짐짓 주장되는 문화적인 조건들에 근거하여 하나님이 폭력 및 부정과 연관되어 있다고 전제하는 최소한 26가지의 반론에 응답한다.[95]

현재 영미 복음주의 안의 토론은 형벌 대속론의 상대적인 (또는 절대적인) 중심성에 관심을 둔다. 스티븐 홈즈에 따르면 영국의 복음주의자들은, 비록 몇몇은 형벌 대속이 가장 중요하다고 믿기는 했지만, 전통적으로는 그것이 속죄의 사고를 표현하기 위한 많은 유형 중의 하나라는 입장을 고수했다. 홈즈는 이미 19세기 후반에 조지 스미튼(George Smeaton, 1814-1889, 스코틀랜드 신학자)과 같은 신학자들이 "형벌 대속이 속죄를 바르게 말하는 유일한 방법"이라고 주장했다고 제안한다.[96] 이제 대서양 양안의 복음주의자들에게 중요한 질문은 단지 형벌 대속론의 정당성만이 아니라 그것의 중심성과 관련이 있다. 그것은 단지 가능한 많은 유형 가운데 하나에 지나지 않는가? 아니면 비슷한 것들 가운데 첫째인가? 아니면 유일한 참된 설명인가?

---

95) 예를 들어 David Peterson, ed., *Where Wrath and Mercy Meet: Proclaiming the Atonement Today; Papers from the Fourth Oak Hill College Annual School of Theology* (Carlisle, UK: Paternoster, 2001); Charles E. Hill and Frank A. James, eds., *The Glory of the Atonement: Biblical, Historical and Practical Perspectives* (Downers Grove, IL: InterVarsity, 2004); Steve Jeffery, Michael Ovey, and Andrew Sach, *Pierced for Our Transgressions: Rediscovering the Glory of Penal Substitution* (Wheaton: Crossway, 2007)을 보라.

96) Stephen R. Holmes, "Ransomed, Healed, Restored, Forgiven: Evangelical Accounts of the Atonement," in Tidball, Hilborn, and Thacker, *Atonement Debate*, 276을 보라.

"통합된" 속죄: 비환원주의적 십자가 중심주의

아버지 내 영혼을 아버지 손에 부탁하나이다(눅 23:46).

우리가 살펴볼 마지막 노선은 앞의 단락들에서 다루지 않고 넘어갔던 질문에 응답하는 것인데, 그것은 "우리를 위한" 예수의 죽음의 의미에 대한 다수의 타당한 통찰들을 정당하게 평가해야 할 필요성을 강조한다. 이 마지막 그룹의 신학자들은 성서와 전통에서 발견되는 많은 비유와 범주들에 유의하는 것이 중요하다고 주장한다. 하지만 어떤 한 가지 유형이 우위를 누리지 못하고 "다수"가 "하나"를 이기는 조엘 그린의 "만화경적인" 견해까지 나아가지는 않는다.[97] 대신에 이들은 예수의 사역에 초점을 맞추는 새로운 조화 또는 "통합"의 이론을 추구하며, 그 사역은 명시적으로 삼위일체론적인 체계 안에 있는 새로운 언약의 중보자로서의 사역이다.

삼위일체론적 접근

"뭉치면 살고 흩어지면 죽는다"라는 격언이 로버트 쉐어만의 표제어로 적당할 것 같다. 왜냐하면 쉐어만은 『왕, 제사장, 예언자』라는 책에서 다양한 속죄 이론이 서로 배타적인 것이 아니라 보완적이라고 주장하기 때문이다.[98] 쉐어만이 보기에 이전의 이론들의 문제는 환원주의적 충동이다. 다시 말해 각각의 이론은 하나님의 화해 사역 가운데 한 측면만 강조한다. 이에 대한 해답은 아들의 속죄하는 사역을 아버지 그리고 성령과의 관계 안에

---

97) Joel B. Green, "Kaleidoscopic View," in Beilby and Eddy, *Atonement: Four Views*, 157-85. 피터 슈미켄은 그리스도의 완전성에 대한 기독교적 증거의 넓이를 제시하는 최선의 방법은 열 가지의 서로 구별되는 속죄론을 개진하는 것이라고 믿는다. 그의 다음 책을 참조하라. Peter Schmiechen, *Saving Power*, 2.

98) Robert Sherman, *King, Priest, and Prophet: A Trinitarian Theology of Atonement* (New York: T&T Clark, 2004).

서 보는 것이다. "우리는 삼위일체를 떠나서는 그리스도의 화해의 다면적인 차원도…하나님의 은혜로운 행동인 화해의 근본적인 통일성도 제대로 이해할 수 없다."[99] 쉐어만의 건설적인 신학적 의견에 따르면 우리는 삼위일체의 세 인격, 그리스도의 세 가지 직분(예언자, 제사장, 왕으로 구성된 삼중직 *munus triplex*), 그리고 예수의 속죄 사역에 공통적으로 인정되고 있는 세 가지 유형(도덕적 모범, 대리적 희생, 승리자 그리스도) 사이의 "어떤 상응과 상호 지원"을 인정해야 한다. 특별히 쉐어만은 전능하신 아버지는 아들의 왕으로서의 사역과 승리 모티프에 부합하고, 대리적 속죄는 아들의 제사장적인 사역에 어울리며, 도덕적 모범은 그리스도의 예언자적 사역과 성령의 조명하시는 사역에 최고로 적합하다고 주장한다.

재현적 접근

한스 보어스마의 책 『폭력, 환대, 그리고 십자가: 속죄 전통에 대한 재고』[100]의 통합하는 중심사상은 삼위일체론이 아니라 이레나이우스의 총괄갱신 유형이다. 보어스마는 속죄 신학에 대한 "교회일치적 근거"를 제공하려는 희망 가운데 아울렌이 말하는 세 가지 유형을 그 유형 아래 포함시킨다. 회복(recapitulation)이 화해에 도달하게 되는 것은 아들이 이스라엘 역사 그리고 인류의 역사 전체를 개조하고, 굽은 것을 펴고, 말하자면 내부로부터 인간의 조건을 고치시는 때, 곧 하나님 형상이 그분의 예언자, 제사장, 왕으로서의 순종을 통해 성취되고 그 형상을 지닌 인간들이 창조될 때다. 이 관점에서 십자가의 폭력은 신적인 보복의 반영이라기보다는 창조를 위한 하나님의 목적의 진정성(integrity)을 유지하기 위해 필요한 수단이다. 창조세

---

99) Ibid., 9. 쉐어만은 예수의 세례에 삼위의 세 인격 모두가 관여하신 것으로 본다. 반면에 나는 십자가상의 예수의 마지막 말씀을 이 단락의 제목으로 인용하기로 선택했다.

100) Hans Boersma, *Violence, Hospitality, and the Cross: Reappropriating the Atonement Tradition* (Grand Rapids: Baker Academic, 2004).

계의 **샬롬**을 위한 하나님의 일은 하나님이 악(창조 질서에 반대되는 것)을 거절하시는 것을 포함한다. 예수의 속죄 사역—아담 그리고 이스라엘의 각각의 "포로생활"을 갱신하시는 사역—은 회복을 가능하게 하고, 궁극적으로는 죄인들을 향한 하나님의 환대의 표현이다.

중재적 접근

앨런 스펜스의 『평화의 약속: 통합된 속죄론』[101]은 신학계 안에서 물리학계에서 e=mc²에 해당하는 포괄적인 "통일"(unified) 이론이 되려는 열망을 가지고 있다. 스펜스는 하나님으로부터 우리의 소외를 극복하는 그리스도의 중재적 사역이라는 사고 안에서 그 이론을 발견했다고 믿는다. "**아들은 우리를 대신하여 하나님과 평화를 누리는 관계를 창조하기 위해 우리와 같이 되셨다.**"[102] 또 스펜스는 자신의 이론이 예언자, 제사장, 왕으로 봉사하기 위해 유일무이하게 성령으로 기름 부음을 받은 분이신 예수의 행동의 의미를 더 잘 설명한다고 주장한다. 비록 성서가 평화를 만드는 십자가를 말하기 위해 승리의 언어를 사용하지만, 스펜스는 승리자 그리스도보다는 중재자 이론이 우리의 하나님이 되시려는 언약의 약속을 하나님이 어떻게 성취하시는지에 대해 더 나은 설명을 제공한다고 주장한다.

전진을 위한 길? 삼위일체의 언약적 중재로서의 속죄

우리는 위에서 제시한 세 가지 견해의 통찰에 기초하여 미래의 비환원주의적 속죄론을 향한 몇 가지 언급과 함께 결론을 내리고자 한다. 쉐어만과 함

---

101) Alan Spence, *The Promise of Peace: A Unified Theory of Atonement* (New York: T&T Clark, 2006).

102) Spence, "A Unified Theory of the Atonement," *International Journal of Systematic Theology* 6 (2004): 420; 강조는 원저자의 것임.

께 우리는 삼위일체 신학의 중요성을 확증해야 하는데, 왜냐하면 화해하시는 하나님은 아버지·아들·성령이시기 때문이다. 나아가 하나님은 행하시는 모든 것 안에서 존재의 모든 것—모든 거룩함, 모든 사랑, 모든 정의, 모든 긍휼—이시다. 하나님의 지혜의 총합으로서의 십자가는 신적인 완전성 전부를 드러내준다. 스펜스와 함께 우리는 구속의 드라마 전체가 하나님이 우리의 하나님이 되시고 우리는 그의 백성이 되리라는 하나님의 언약과 함께 움직이기 시작했다는 사실을 확증해야 한다. 보어스마와 함께 우리는 성육신한 아들이 하나님의 언약의 목적을 실행하는 자라는 사실, 그리고 "그리스도"의 대단히 중요한 소명과 정체성을 구성하는 세 가지 직분이 그 자체로 언약적인 것이라는 사실을 확증해야 한다. 십자가는 언약을 중재하는 아들의 역사의 절정이고, 구속의 삼위일체적 경륜 전체의 정점이다. 흘려진 피는 하나님이 아브라함 언약(창17장)에 신실하다는 것을 증명하는 생생한(graphic) 표징이다. 언약의 불순종(신 28:15-68)에 대해서는 엄격하게 법적인 제재(즉 처형에 의한 죽음)와 관계적 제재(즉 포로로 잡혀감)가 가해진다. 예수는 우리를 위해 죽으심으로써, 새롭고 확장된 "법적" 관계를 가능하게 하고, 자신의 아들 되심의 분깃을 우리에게 부여하신다.[103]

기독교의 중심에 무죄한 자의 피 흘리는 죽음과 부활의 선언이 있다는 것이 어떻게 좋은 소식("복음")일 수 있는가? 유명한 찬송가의 한 절을 풀어 쓰자면 **"어떻게 그럴 수가 있는가?"** 우리가 개관했던 다양한 속죄론은 바로 그 물음에 대답하려고 시도하면서, 어떻게 예수의 죽음이 구속적일 수 있는지를 설명한다. 하지만 마지막 분석에서 분명해진 것은 어떤 단일한 교리적 서술형식도 속죄에 대해 반드시 말해져야 하는 모든 것을 담아낼 수 없고, 만일 그 모든 것이 모조리 기록된다면 이 세상이라도 그것을 두기에 부족할 것이라는 사실이다(참조. 요 21:25). 심지어 자신의 경력의 많은 부분을

---

103) 이 개념에 대한 보다 진전된 논의를 Kevin J. Vanhoozer, "The Atonement in Postmodernity: Guilt, Goats and Gifts," in Hill and James, *Glory of the Atonement*, 특별히 396-404에서 보라.

"속죄"라는 성서적 어휘를 명료하게 하는 데 사용한 레온 모리스마저도 다음을 인정한다. "그리스도의 속죄 사역은 너무나 복잡하고 우리의 지성은 너무나 작다. 우리의 지성은 그 모든 것을 담을 수가 없다. 우리는 모든 이론들 각각의 적극적인 공헌을 필요로 한다. 왜냐하면 각각의 이론은 그리스도께서 우리를 위해 이루신 일의 어떤 측면에 주의를 끌기 때문이다."[104]

우리는 결론을 내리기 위해 포사이스의 말을 인용하려 한다. 결론으로써 이보다 더 나은 것은 없을 것이다.

교회의 지성과 영혼은 이 항구적인 관심사로 되돌아온다. 교회는 항상 자신의 나침반을 십자가에 맞추어야 한다. 하지만 그렇게 십자가로 돌아가는 것이 단지 앞서 갔던 사람들의 발자국을 뒤따르거나 그들의 땅에 발을 내딛는 것만은 아니다. 이 점에서 인간적 사고의 심화된 발전이 있다. 그 신비의 핵심을 제거하려는 노력은 분별없는 완강한 용기로 난공불락의 요새를 공격해온 일련의 헛된 시도들 가운데 새로운 것은 아니다. 그런 공격자들은 몹시 힘든 조명과 혹독한 정복의 더딘 전투라는 긴 영적 운동의 무대를 형성한다.…하지만 그리스도의 십자가 안에 있는 하나님의 계시는 그 자체가 개혁하는 원리이고 스스로를 정화하는 빛이다.[105]

---

104) "Atonement," in *New Dictionary of Theology*, ed. Sinclair Ferguson, David F. Wright, and J. I. Packer (Downers Grove, IL: InterVarsity, 1988), 56.

105) P. T. Forsyth in Frédéric Louis Godet, ed., *The Atonement in Modern Religious Thought: A Theological Symposium*, 3판 (London: James Clarke, 1907), 52-3. 나는 특별히 나의 두 명의 박사과정 학생들의 도움에 감사한다. 아담 존슨(Adam Johnson)은 이 논문의 전체적인 구조에 대해 영감을 주고 초고의 비평을 담당해주었으며, 속죄론의 서방 전선에 대한 그의 독서 보고를 통해서도 도움을 주었다. 제레미 트리트(Jeremy Treat)는 철저한 편집과 비판적인 도전을 통해 도움을 주었다.

참고도서

Beilby, James, and Paul R. Eddy, eds. *The Nature of the Atonement: Four Views*. Downers Grove, IL: InterVarsity, 2006.

Blocher, Henri. "The Sacrifice of Jesus Christ: The Current Theological Situation." *European Journal of Theology* 8 (1999): 23-6.

Boersma, Hans. *Violence, Hospitality, and the Cross: Reappropriating the Atonement Tradition*. Grand Rapids: Baker Academic, 2004.

Cole, Graham A. *God the Peacemaker: How Atonement Brings Shalom*. Downers Grove, IL: InterVarsity, 2009.

Girard, Rene. *I See Satan Fall like Lightning*. Maryknoll, NY: Orbis, 2001.

Gunton, Colin E. *The Actuality of Atonement: A Study of Metaphor, Rationality, and the Christian Tradition*. Grand Rapids: Eerdmans, 1989.

Hill, Charles E., and Frank A. James, eds. *The Glory of the Atonement: Biblical, Historical and Practical Perspectives*. Downers Grove, IL: InterVarsity, 2004.

Jersak, Brad, and Michael Hardin, eds. *Stricken by God? Nonviolent Identification and the Victory of Christ*. Grand Rapids: Eerdmans, 2007.

Packer, J. I., and Mark Dever. *In My Place Condemned He Stood: Celebrating the Glory of the Atonement*. Wheaton: Crossway, 2007.

Torrance, T. F. *Atonement: The Person and Work of Christ*. Downers Grove, IL: InterVarsity, 2009.

9

섭리

존 웹스터
John Webster
애버딘 대학교

섭리: 현대신학의 한 가지 문제?

기독교 섭리론은 하나님께서 자신이 창조하신 세계와 계속해서 관계를 맺는다는 사실에 관심을 갖는다. 섭리의 사역 안에서 하나님은 각각의 개별 피조물 그리고 창조된 실재 전체에 대하여(on), 그것들과 함께(with), 그것들 안에서(in) 행동하신다. 그 행동 안에서 하나님은 창조의 현실성과 존재를 보존하고 그것의 질서를 유지하며, 그것들을 하나님 자신이 그것들을 위해 확립한 목적으로 인도하신다. 하나님의 섭리는 하나님 자신이 만드신 것에 대한 하나님의 지속적인 사랑을 펼쳐 보이며, 하나님이 신실한 창조자이심을 알린다.

현대신학에서 섭리는 일반적으로 (보편적은 아니라고 해도) 문제가 있는 이론으로, 때로는 나아가 위기에 처한 이론으로 취급되고 있다. 이 장의 많은 부분은 섭리에 대한 기독교적 가르침에서 문제로 인식되는 것과 그 문제들의 해결책을 개관하는 데 할애될 것이다. 하지만 초두에서는 많은 현대적인 논의에 만연해 있는 섭리론의 난점의 의미를 면밀히 조사하는 것이 중요하다. 다른 인간적인 삶의 영역에서와 마찬가지로 신학에서도 위기감이 항상 주어진 상황에 대한 올바른 인도자가 되는 것은 아니다. 왜냐하면 위기감은 외적인 딜레마와 현실적인 딜레마 사이의 구분을 흐리게 만들어서 가능한 해법을 시도하지 못하게 할 수도 있기 때문이다.

섭리론의 난점은 어떻게 이해되어야 하는가? 한 가지 설명은 그 난점을 외부로부터 섭리론에 압박으로 가해진 일군의 반대들에 이르기까지 추적해보라는 것이다. 이것은 섭리론의 곤경에 대한, 흔한 현대적 이해라 할 수 있다. 문제를 그렇게 설명할 경우 섭리론은 자신이 어느 정도 위기 가운데 있다는 것을 알게 된다. 왜냐하면 섭리론이 전개하는 주장들은 신학이 작동하는 영역인 넓은 문화 안의 공적(합리적·도덕적·정치적)인 규범들과 일치하지 않기 때문이다. 그 결과 섭리론은 타당성을 상실하였고, 수용되고 있는 섭리론의 형태는 자연과 인간적 현실에 대해 대중적으로 설득력 있는 해석을 더 이상 제공할 수 없게 되었다. 이제 섭리를 가르친다는 것은, 예를 들어 하나님이 세상 안에서 행동하시는 것을 도대체 알아볼 수 있는가에 대한 회의론 앞에서 뒷걸음치고 있다. 또는 억압적인 악에 직면해서도 안주하기를 조장한다는 두려움 앞에서, 고정된 사회적·정치적 질서를 명백하게 정당화한다는 의구심 앞에서, 나아가 대개의 경우 세계가 존재하는 방식에 대한 역사학자들이나 자연과학자들의 권위적인 설명 앞에서 섭리론의 사정은 더욱 악화되고 있다. 권위적인 설명은 섭리적 질서와 인도에 대한 기독교적 믿음을 배제하거나 또는 단순히 무시하는 설명을 내놓을 뿐이다.

섭리에 관한 신학적 사고가 외부에서 감지되는 문제들에 의해 형성될 때 보통 제안되는 해결책은 섭리론을 적응시키는 형식을 취한 다음에 섭리가 합리성의 공적 규범들과 잘 어울린다거나 최소한 모순되지 않는다는 점을 제시하는 것이다. 이런 적응은 폭 넓은 문화 또는 기독교의 전통적인 가르침에 헌신하는 각각의 수준에 따라 다소 급진적인 개정을 시도할지도 모른다. 그럼에도 많은 사람들에게 섭리론의 상황은 그런 몇 가지 수정을 불가피하게 만들 정도로 날카롭게 문제가 되는 상황이다. 그런 작업들이 수행될 때 섭리론에 도전하는 배경, 곧 신학을 둘러싼 문화적인 배경 자체가 섭리론의 재구성에 주요한 자료가 된다.

섭리론의 문제 상황에 대한 다소 다른 설명은 주요한 도전들을 외적인 것이 아니라 내부적인 것으로 생각한다. 내부적인 도전들은, 예를 들어 신적인 계시에 대한 인간의 저항과 같은 기독교 사상의 항목을 설명하는 데 수반되는 항구적인 난점일지도 모른다. 비록 그 사상들이 섭리론과 관련하여 하나님이 세계에 부여하시는 질서를 알고 그에 부합하게 행동하기 위한 선행조건으로 겸비와 신뢰가 필요하다는 식의 특수한 형태를 취한다고 해도, 그것은 여전히 난점으로 남는다. 다른 경우에 내부적인 도전들은 아마도 기독교 신학이 현대의 비판자들 앞에서 스스로를 어떻게 서술해 왔는가와 관계될지도 모른다. 섭리론을 문제가 있는 것으로 만든 것은 부분적으로는 진정한 기독교적 내용으로부터의 자기소외, 그리고 전통적인 섭리론의 내용을 약하고 불완전한 버전으로 대체했다는 사실일지도 모른다. 섭리론이 타당성의 위기에 봉착했다면, 그것은 현대 기독교 신학 내부에 있는 다음의 약점들 때문일 것이다. 비방자들에게 도전할 수 있을 정도의 실제적 교양과 지적이고 영적인 설득력을 갖춘 섭리론의 기독교적 가르침이 없다는 것, 섭리에 대한 형편없는 설명이 외부로부터 비판의 표적이 되면서 의문시되는 무력감, 지배적인 지적 관습이 부과하는 제약에 양보해야 하는 것 등이 그 약점들이다. 이와 같은 설명에 따르면 섭리론의 위기는, 정확하게 말하면 신학의 현대적 배경이 그 위기를 형성하고 나아가 신학이 말할 수 있는 것과 없는 것을 재정의한다는 생각을 순순히 따르는 데에서 온다. 실상이 그러하다면 해결책은 신학의 주변을 둘러싼 문화와 타협하여 섭리론을 개정하는 것이 아니라, 기독교적 주장을 더욱 강력하게 개진하는 데 있다.

그렇다면 기독교적 섭리론은 현대신학의 과제에 대한 다양한 판단의 예리한 목록과도 같다. 그 판단들은 섭리 신학에 적절한 자료와 과정을 결정할 뿐만 아니라, 다른 교리와의 관계에서 섭리론의 내용, 비율, 위치 등도 형성해준다. 하지만 현대신학 내에서 섭리론의 위치를 논하기 전에, 배경이 되는 두 가지를 살필 필요가 있다. 첫째, 섭리에 대한 기독교적 가르침의 고전적인(현대 이전의) 형식에 대한 다소간의 지식이 필요하다. 이것은 부분적으로는 얼마나 자주 현대의 비판자들과 옹호자들 모두가 섭리론에 대해 제한되고 왜곡된 견해를 가지고 작업해왔는지를 보여줄 것이다. 둘째, 17세기 초반 이후 섭리의 가르침이 재편성된 것에 대한 폭넓은 지식이 중요하다. 왜냐하면 섭리론의 최근 역사는 주로 19세기 중엽에 완성된 방향성 위에 세워져 있기 때문이다.

섭리에 대한 고전적인 접근방법들

우리는 섭리에 대한 기독교의 고전적인 가르침 가운데 몇 가지 요소를 확인하는 것으로써 시작하고자 한다.[1] 고전적인 기독교 신학에서 섭리의 가르침은 주로 하나님에 대한 가르침이었고, 단지 파생적 의미에서만 세상의 질서에 대한 가르침이었다. 그러므로 섭리에 대한 설명은 섭리의 돌봄과 통치라는 신적 행동에 주목하고, 그 행동의 작인(作因, agent)을 숙고함으로써 시작한다. 창조 질서에 대한 질문이 섭리론의 무게중심이 된 것은 현대 이후부터다.

　기독교 섭리론은 삼위일체적 창조자의 신론에 근거한다. 거룩한 삼위일체 하나님은 세 인격 상호 간의 기쁨 안에서, 그리고 세 인격의 질서 있는 관계 안에서 완전하고 전적으로 풍성한 생명을 누리신다. 다시 말해 아버지는 아들을 낳으시고, 아버지와 아들은 함께 성령을 내쉬신다. 이와 같은 상호 간의 사랑 안에서 하나님은 하나님 자신으로부터 그리고 하나님 자신 안에서 완전하시고, 하나님은 지복의 상태를 완전하게 하기 위해 자신 외의 다른 어떤 실재도 필요로 하지 않으신다. 하늘과 땅을 만드신 분은 바로 이 한 분 하나님이시다. 하나님은 자신 안에서 완전하시기 때문에, 하나님의 창조 행위는 순수한 자유의 행동이다. 창조하실 때, 하나님은 어떤 필연성 아래서가 아니라 오직 사랑 가운데서 행동하시면서 하나님 자신 외의 실재에게 생명, 형태, 역사를 부여하시는데, 그 실재는 하나님이 자신을 성취하기 위해 필요로 하시는 것이 아니다. 창조는 "무로부터"의 창조이고, 하나님 자신의 존재로부터의 유출이 아니다(그렇게 된다면 창조자와 창조세계가 구별될 수 없을 것이기 때문이다). 또 창조는 앞서 존재하던 원재료로부터 만들어진 것도 아니다(그렇다면 "창조"는 단지 "형성"에 불과하고 창조자는 장인에 그친

---

1) 그 역사에 대한 서론을 L. Scheffczyk, *Creation and Providence* (New York: Herder & Herder, 1970)에서 보라.

다). 그러므로 창조는 하나님이 하나님 아닌 것을 존재하게 하신 것이다.

하나님이 존재하게 하신 것은 살아 있으며, 비활동적이 아니라 운동하는 특성을 갖는다. 창조 안의 운동은 피조물에게 내재적이지만, 창조자로부터 독립적인 것은 아니다. 그 운동은 창조자 하나님과 분리된 것이 아니라 그분과의 관계 안에서 발생한다. 다른 말로 하자면 창조자와 창조 사이에는 계속되는 관계가 있다. 이 관계는 창조자가 피조된 실재에 대해, 그리고 그 실재 안에서 (피조된 실재가 자신에게 주어진 생명의 완전한 실현에 도달하게 하는 방식으로) 행동하시는 역사로 전개된다. 이렇게 전개되는 역사가 바로 섭리론의 주제다.

하나님은 단지 피조된 실재(reality)의 원초적인 원인이나 제작자에 불과한 것이 아니다. 하나님은 창조를 존재하게 하시고 그다음에 창조가 단지 그 자신의 길만을 가도록 버려두지 않으신다. 왜냐하면 하나님은 자신이 존재로 불러내신 것 안에 현존하시고 그것과 신실하신 관계 안에 머무시기 때문이다. 창조자와 창조된 것 사이에는 적절한 공존(coexistence)이 있다. 그 공존 가운데서 하나님은 창조의 유익을 위해 주권을 행사하시고, 피조물의 생명을 유지하고 인도하기 위해 창조에 대해 행동하신다. 세계의 기원이나 존속은 세계 자체 안에 내재되어 있지 않다. 그것은 스스로를 구성하거나 자신에게 명령할 수 없는 실재에게 주어진 하나님의 선물이다. 그러므로 창조와 섭리는 분리될 수 없다. 그럼에도 하나님의 창조와 섭리 사역은 적절하게 구분될 필요가 있다. 창조 행위는 반복될 수 없다. "무로부터의" 사역인 창조는 비존재로부터 존재로의 전환을 일으키고, 창조자와 피조물 사이의 관계를 형성한다. 섭리는 그와 다른 사역이고, 하나님께서 이미 생명을 주신 존재들을 향해 이루어진다. 섭리는 만든다기보다 유지하는 행위다. 그렇기 때문에 섭리는 계속적인 창조, 즉 세계를 존재하도록 만드는 행동의 끊임없이 반복되는 연장으로 생각되어서는 안 된다. 그것은 "존재하게 하는 것"과 "존재를 유지하는 것" 사이를 혼동할 뿐만 아니라, 피조된 실재의 통합성과 안정성을 허문다. 이것은 창조세계가 하나님과의 관계에서 의존적이기는 하지만 그 관계 안에서 현실적인 존재와 자유를 선사받는다는 사실을 파악하지 못하여, 하나님의 창조 행동을 오해하는 것이다.

섭리는 하나님의 의지의 실행이다. 창조 안에서 실행되는 하나님의 섭리 활동의 전제는 하나님의 "작정"(decree)의 "내재적" 현실성, 즉 섭리적 통치에 대한 하나님 자신의 "과도기적인" 또는 외부적인 사역으로 시행되는 창조 목적의 내재적 현실성이다. 섭리의 행동은 예정에 의존한다. 예정은 단순히 미리 아는 것이 아니라, 계획된 목적이다. 섭리의 "자리"는 만물이 한순간의 포괄적 인지 안에서 알려지는 어떤 신적인 지성이 아니라, 만물을 결정하시는 하나님의 의지다. 여기서 하나님의 의지는 사랑, 지혜, 거룩성과 분리된 어떤 무제약적이고 자의적인 힘으로 좁게 이해되어서는 안 된다. 하나님의 무한하고 강력한 의지라는 단순한 사실은 제1요인이라기보다는 목적을 지닌 내용이다. 하나님이 원하시는 것은 피조물의 선함이지, 단순한 굴복이 아니다. 그러므로 하나님이 섭리를 통해 실행하시는 것은 하나님 자신의 최고의 도덕적인 탁월함, 그리고 피조물의 존엄성 및 축복과 전적으로 일치한다. 섭리 안에서 실행되는 하나님의 작정(decree)에 대해 말하는 것은 하나님의 피조물들이 이름 없는 운명의 자비에 달려 있지 않다는 것을 확증한다. 왜냐하면 하나님은 자연과 역사에게 명령하시고, 그 명령을 통해 피조물에게 복주시고 그것들을 완전한 행복으로 인도하시기 때문이다.

하나님의 섭리적 활동의 양식(mode)은 흔히 보존, 동반, 통치로 설명되었다(세 가지 양식은 세 가지 분리된 신적 사역이 아니라 다양하게 파악되고 인식되는 섭리의 각기 한 가지 사역이다). **보존**(preservation)에서 하나님은 피조된 현실을 마주 대하시면서 그리고 그 안에서 행동하시면서, 그 현실이 존재하도록 붙드시기 위해 창조의 행동에서 자신이 확립하셨던 자연과 역사의 질서를 능력과 선함을 통해 유지하신다. **동반**(concurrence)은 보존의 활동을 특성화하는데, 하나님의 섭리 사역이 단지 외부로부터 창조에 가해지는 힘에 불과한 것이 아니라 어떻게 창조에 통합적이고 내적인지를 말해줌으로써 그렇게 한다. 이때 섭리는 피조물들의 활동을 통해 작동한다. **통치**

(government) 행동에서 하나님은 창조를 그것의 목적으로 인도하시면서, 자신이 창조에 두셨던 목적이 성취될 것임을 보증해주신다. 이 세 가지 행동에서 하나님은 중재적으로, 다시 말해 하나님 자신이 창조에 수여하신 능력을 통해 일하신다. 피조된 실재는 단지 수동적이지만은 않다. 왜냐하면 피조된 실재에게는 스스로를 유지하고 목적을 향해 움직여가는 자신만의 운동이 주어져 있기 때문이다. 섭리는 그런 피조물의 운동을 배제하는 것이 아니라 가능하게 한다. 섭리는 창조를 움직여 창조가 스스로 운동하도록 만들고, 창조가 외부로부터의 충격에 의해서가 아니라 "내적으로" 작동되도록 한다. 섭리는 단지 정적인 창조, 즉 불변하는 자연적·문화적 형태의 집합을 유지하는 것으로 생각되어서는 안 된다. 섭리는 창조의 목적론에 관심을 갖는다. 창조된 실재는 목적론적 또는 역사적이다. 따라서 섭리는 단지 과거로 거슬러 올라가 무로부터의 창조의 시원적 행동에만 관계되는 것만이 아니라 또한 앞으로도 향하며, 하나님의 구원하시는 사역 그리고 새 창조의 종말론적인 미래에 관계된다.

만물은 하나님의 섭리 질서에 포함된다. 어떤 것도 하나님의 의지가 도달하는 영역 바깥에 있지 않으며, 하나님의 돌봄과 통치는 보편적으로 작동하고 있다. 물론 타락한 피조물이 그것을 쉽게 분별하거나 신뢰할 수 있다고 생각해서는 안 된다. 섭리의 범위는 일반섭리와 특별섭리의 구별을 통해 개념화될 수 있다. 일반섭리는 창조 전체에 대해 행해지는 하나님의 돌봄이다. 특별섭리는 (선택된 자들과 같은) 특별한 수령자들을 향하거나 또는 정상적이지 않은(기적과 같은) 수단에 의해 수행되는 하나님의 활동이다.

이와 같은 큰 뼈대가 고전적·기독교적 신성 안에 놓이는 섭리론의 중요한 몇 가지 특징이었다(물론 보다 방대한 역사적인 취급은 공통점 안에서도 다양성을 드러내줄 것이다). 창조론과 함께 섭리에 대한 가르침은 피조된 현실에 대한 조직신학적 설명을 제공하는데, 현실의 그것은 자연적 형태와 시간을 통한 그 형태의 운동을 뜻한다. 섭리에 대한 가르침이 기독교 형이상학에 속한 하나의 요소이기는 해도, 또한 그것은 실천신학의 한 부분으로서 기능을 행사하면서 신자들에게 방향성과 위로를 제공한다. 다시 말해 섭리론은 세상을 제멋대로 읽는 것이 아니라 질서 잡힌 현실로 읽을 수 있는 방법을 가르쳐준다. 이 세상은 하나님의 영광과 피조물의 유익을 위해 하나님의 사랑으로부터 오는 질서를 부여받고 하나님의 능력에 의해 인도되고 있다. 그러므로 섭리의 지식은 우주를 붙들고 계신(히 1:3) 그리스도에 대한 믿음과 고백, 그리고 피조된 현실이 아버지의 목적에 상응하도록 인도하시는 성령에 대한 믿음과 고백에 연결되어 있다. 섭리는 단지 세계를 관찰만 해서는 알려지지 않는다. 섭리는 만물의 창조자와 구속자의 목적에 대한 즐거운 헌신과, 그분의 목적이 다가오는 미래에 성취될 것이라는 희망이 형성하는 자연과 역사의 과정에 주의를 기울일 것을 요청한다.

섭리를 다시 생각하기

17세기부터 계속해서 역사와 자연에 대한 연구를 지배했던 설명은 다음과 같았다. 그것은 세계를 향한 하나님의 의도와 하나님께서 세계에 대해 그리고 세계 내부에서 행하시는 현재적 활동에 관련된 담화를 주변화하거나 때로는 배제하는 설명이었고, 시원적인 신적 원인에 대해서는 단지 최소한도만 언급하며 자연과 역사를 주로 그 자체의 용어들 안에서 해명될 수 있는 것으로 다루는 설명이었다. 이 발전이 기독교 교리에 미쳤던 긴장을 살펴보기 전에 우리는 위대한 프리드리히 슐라이어마허(Friedrich Schleiermacher, 1768-1834)를 언급해야 한다. 19세기 초 슐라이어마허의 섭리 신학은 하나님이 세계에 대해 맺으시는 관계의 이해에서 현대적인 변화를 반영하고 재정립했다. 다시 말해 슐라이어마허는 『기독교 신앙』에서 (특별 섭리든지 아니면 기적적인 신적 개입이든지 관계없이) 개별적인 (particular) 신적 인과성이라는 개념을 거부했다. 하지만 그가 그렇게 했던 것은 어떤 "자연주의적" 근거에서가 아니라, 섭리에 대한 옛 교의학적 설명이 기회원인론적(機會原因論, occasionalist, 정신과 육체 사이의 모든 상호작용을 신이 매개한다고 본다―역자 주)이거나 원자론적(atomist, 만물을 개별 요소로 분리하여 분석할 수 있다고 본다―역자 주)이라고 미심쩍어 했기 때문이었다. 다시 말해 섭리에 대한 옛 설명들은 개별적인 발생 사건을 하나님의 활동과 동일시하기는 했지만, 창조된 현실성 전체가 단일하고 포괄적인 하나님의 작정(decree, 법령)에 굴복한다는 사실, 또 하나님의 우연한 행동에 의해 외부적으로가 아니라 본질적으로 실행된다는 사실, 그래서 하나님께서 모든 자연적인 인과성의 보편적 원인이시고 "자연체계의 보편성"을 결정하고 실행하는 분이라는 사실을 통찰하지는 못했다.[2] 슐라이어마허가 섭리론을 문화적인 상황에 적응시켰는지, 아니면 신적·자연적 작인(agency)을 연합시키는 초기 기독교의 모델을 다시 방문한 것인지의 질문은 열려 있다. 슐라이어마허가 재구성한 섭리론보다 고전적인 섭리론 사상에 대한 슐라이어마허의 비판이 많은 현대 신학자들에게 더 설득력이 있는 것으로 드러났다는 사실은 섭리론의 최근의 역사의 특성을 나타낸다. 이것이 우리가 다음에 살펴볼 주제다.

섭리론의 발전은 신학이 작동하는 광범위한 지성적·시민적 문화의 변화에 많은 영향을 받았다. 기독교 신학의 역사에서 신학이 환경의 영향을 받는다는 일반적인 규칙은 섭리론의 주제, 즉 (공적인 또는 개인적인) 자연과 역사 때문에 섭리 신학에 특별히 적용된다. 현대 초기로부터 "자연적인" 이성은 자연과 역사의 설명에서 점점 더 (그리고 마침내 배타적인) 우월성을 주장했고, 신성의 목적과 행위에는 최소한도의 언급만을 허용했다. 즉 섭리론은 기독교적인 신앙고백에는 전혀 개의치 않고 형이상학적이고 과학적인 사고와 설명의 영역을 끊임없이 확장하는 인과성이 되었다. 그러므로 기독교적 섭리 신학의 역사 전체는 단지 섭리론의 내적인 경로만을 고려하는 것이 아니

---

2) Friedrich Schleiermacher, *The Christian Faith*, trans. H. R. Mackintosh and J. S. Stewart (Edinburgh: T&T Clark, 1928), 173.

라, 자연, 역사, 인간적 제도 등에 관한 사고에 의해 깊은 영향을 받아 때때로 왜곡되어온 길까지도 고려해야 한다. 문화적인 역사와 교의적인 역사는 분리될 수 없다.[3]

다시 말해 섭리에 대한 기독교적인 가르침을 공적 영역에서 퇴조하게 만들었던 내적인 요인들에 유의하는 것이 중요하다. 우리는 신학자들이 옹호했던 섭리론의 변형들이 진정한 기독교적 내용으로부터 다소간의 소외를 드러내지는 않았는지, 그래서 퇴조의 과정을 촉진하지는 않았는지 질문할 필요가 있다. 예를 들어 종교개혁 이후의 신학자들은 하나님이 현재의 세상에서 활동하시는 것을 강조하는 "현실주의적" 섭리론을 영원한 신적인 협의에 과도한 무게를 두는 형이상학적 성향의 교리로 대체할 것을 계속해서 제안했다.[4] 그런 특별한 해석은 수행될 수도 있고 안 될 수도 있다. 그러나 만일 우리가 그 퇴조를 단순히 신학에 적대적인 자연과 역사의 형이상학이 계속해서 성공했기 때문이라고 말하는 데 그치지 않으려면, 섭리의 교의학적 개념에서 일어난 변화를 간과하지 않는 것이 중요하다.

섭리론의 현대적 역사에서 우리는 자연과 역사(인간적 피조물의 본성과 역사를 포함하여)에 대한 기독교적 형이상학이 변질되어가는 것을 볼 수 있다. 여기서 형이상학은 하나님이 창조와 맺으시는 관계에 대한 기독교적 믿음의 주장이란 잘해야 잉여이고 최악의 경우에는 파괴적인 것으로 취급된다. 이런 변화에 영향을 준 것은 두 가지인데, 하나는 기독교 신학 안의 내적 무질서의 요인들이고, 다른 하나는 자연, 역사, 인류에 대한 문화적 사고방식의 우월성이 증가했다는 점이다. 이런 소위 우월적·문화적 사고는 기

---

3) 여기서 몇 가지 대표적인 작품을 A. Funkenstein, *Theology and the Scientific Imagination from the Middle Ages to the Seventeenth Century* (Princeton: Princeton University Press, 1986); A. Walsham, *Providence in Early Modern England* (Oxford: Oxford University Press, 1999); G. Lloyd, *Providence Lost* (Cambridge, MA: Harvard University Press, 2008)에서 보라.

4) R. Bernhardt, *Was heisst "Handeln Gottes?" Eine Rekonstruktion der Lehre von der Vorsehung* (Gütersloh: Kaiser, 1999).

독교 섭리론에 비판적이거나 무관심하다. 신학에 "내재적인" 요인들 가운데 세 가지 요소가 언급되어야 한다. 첫째, 섭리가 점차 "익명화"되고 있다. 섭리의 주체(agency)가 누구인지에 대해 거의 의미가 부여되지 않으며, 그래서 섭리는 익명의 인과적 힘으로까지 해체될 수 있고, "섭리"라는 용어 자체가 종종 "하나님"의 대용어가 되고 있다. 둘째, 섭리는 "내재화"되고 있다. 하나님께서 세계를 유지하시는 효과는 그 자체로 독립적으로 숙고되며, (천상의) 신적 협의 안에 놓인 기원이나 신적 주체의 현재적·의도적 행위는 언급되지 않는다. 그때 섭리는 "세상 질서"만을 의미한다. 셋째, 섭리는 "일반화" 되고 있다. 섭리의 영역은 선택된 자들의 특별한 역사와 분리된 자연과 시간의 질서로 간주된다. 기독교 사상의 이런 내적인 변화는 자연 질서와 인간 역사에 대한 이해가 폭넓게 변화했다는 사실과 밀접하게 관계되어 있고, 창조자가 유지하고 인도하시는 피조적 실재로서의 자연과 역사의 개념을 사실상 약화시킨다.

17세기부터 자연과학과 자연철학은 하나님이 피조물을 움직이기 위해 개별적으로 행동하신다고 강조하는 기독교 우주론의 가르침을 점점 덜 인용하게 되었다. 두 가지의 특별한 발전이 주의를 요청한다. 하나는 완벽하게 자기규제적인 기계장치로서의 자연 개념이다. 이것은 하나님에 의해 움직이게 되었지만, 그 이후에는 더 이상의 어떤 계속적인 신적 활동도 필요로 하지 않는다. 이 견해는 라이프니츠(Leibniz, 1646-1716)에 의해, 그리고 뒤이어 볼프(Wolff)에 의해 발전되었다. 이것은 우주에 대한 신적 인과율을 작용의 인과관계에 제한함으로써 섭리론에 영향을 미쳤다. 이때 하나님이 창조와 맺으시는 관계와 관련해서 하나님이 만물을 존재하게 하셨다는 것 외에 더 이상 어떤 말도 필요가 없다. 하나님은 더 이상 창조의 "목적"인("final" cause), 즉 만물을 목적에 이르게 하기 위해 계속해서 활동하시는 원인이 아니다. 섭리적 활동은 제거된다. 왜냐하면 하나님은 단순히 자연의 최초의 운동만 제공할 따름이고, 자연에 대해 단지 순수하게 외적인 관계만을 맺으시기 때문이다. 자연의 과정에 대한 하나님의 관여를 그렇게 제한적으로 설명할 때, 이신론(deism)이 그 불가피한 결과물이 된다.

또 다른 발전은 범신론의 변형인데, 이는 특별히 스피노자와 관련이 있다. 범신론에서 "하나님"이라는 용어는 만물을 유지하는 초월적인 신적 행위자를 의미하지 않고, 자연의 내부에 있는 한 가지 원리인 자연의 내적 구조와 역동성을 가리킨다. 이와 함께 섭리의 고전적 이해에서 기본적인 구별이라 할 수 있는 피조되지 않은 존재와 피조된 존재 사이의 구별은 더 이상 작동하지 않는다. 섭리는 단지 자연에 내재하는 질서에 대해 말하는 방식에 그치고, 하나님의 목적과 실행을 말하지 않는다.

이신론과 범신론은 섭리의 가르침을 자연의 규칙성에 대한 가르침으로 변형시키는 결과를 초래했다. 두 가지 모두 인격적인 신의 통치라는 개념을 필요로 하지 않는다. 그럼에도 기계론적 철학이나 범신론이 본질적으로 세속적이라고 생각한다면, 그것은 잘못이다. 두 입장 모두 자연을 하나님으로부터 독립시키려 시도하지 않고, 둘 다 자연적인 질서를 신적 질서가 작동하는 양식으로 생각한다는 점에서 유신론적이다. 그럼에도 17세기 후반과 18세기의 자연신학은 세계의 섭리적 질서에 대한 불확실한 이해를 촉진시켰고, 그 이해는 폴 앙리 티리 바롱 돌바하(Paul Henri Thiry Baron d'Holbach, 1723-1789)와 같은 급진적인 계몽주의 사상사들에 의해 별다른 수고 없이 하나님의 모든 흔적을 추방해버린, 자연에 대한 유물론적이고 무신론적인 관념으로 바뀌었다.[5]

인간 역사를 인도하시는 하나님의 섭리는 어떻게 되는가? 아우구스티누스의 『하나님의 도성』과 같은 불후의 작품에서 시작된 고전적 역사신학들은 피조된 시간의 과정이 하나님의 계획, 즉 창조·타락·구속·완성이라는 정해진 질서의 역사가 외적으로 전개되는 것이라고 이해한다. 역사의 의미는 하나님의 사역에 주의할 때 도출되는데, 그 주의는 역사의 깊이도 분별할 수

---

5) 이에 대해 J. H. Brooke, *Science and Religion: Some Historical Perspectives* (Cambridge: Cambridge University Press, 1991)를 보라.

있다. 깊이는 섭리로 실행되는 하나님의 계획을 되돌아 가리킨다. 17세기 중엽부터 기독교적 교의학과 형이상학이 서구 문화에 대한 지배력을 상실하면서, 자연과 마찬가지로 역사도 점차 자족적인 내적 영역으로 간주되었다. 하나님 그리고 하나님의 행동에 대한 담론은 더 이상 역사의 현실성을 파악하기 위한 필수불가결한 조건이 아니다. 고전적인 기독교 신학에서 역사는 (하나님이 역사를 그것의 적합한 목적으로 움직이시기에) 목적인이 작용하는 신적인 영역이었는데, 이제는 역사의 주체가 창조자가 아니라 피조물이라고 생각하는 것이 흔한 일이 되었다. 역사는 만들어진다. 역사는 이전에 그랬듯이 인간이 (자신에게) 할당된 역할을 수행하도록 배치되고 소환되어 있는 계획된 영역이 아니라, 인간의 자발성의 행사를 위한 비어 있는 공간이다. 이제 역사는 자유의 영역이다.

나아가 역사의 제일 원동력이 된 인류에게 집중하는 것은 역사의 새로움과 상대성에 대한 강조와 연결되어 있다. 형태상으로 역사의 특성은 본질적인 안정성이 아니라 변화이고, 항구성이 아니라 무상함이 역사의 본질이다. 시간 안에서 산다는 것은 주어진 구조에 순응하는 것이 아니라 해방과 변혁의 과정에 참여하는 것이다. 이런 의미에서 섭리론에는 상당한 재작업이 분명히 요청된다. 자연에서와 같이 역사도 마찬가지다. 섭리는 역사에 내재하는 방향을 가리키는 용어가 되기 위해 상당 부분 "자연화되었다." 『새로운 과학』(New Science)에서 지암바티스타 비코(Giambattista Vico, 1668-1744)도 역사를 설명할 때 그와 같은 섭리 개념을 유지하기는 하지만, 그 내용은 역사 안에 하나님이 내재하는 것을 뜻한다. 얼마의 시간이 흐른 뒤에 헤겔(Hegel, 1770-1831)은 역사에 대해 절대 정신이 자신을 구성하는 과정이라는 설명을 제시한다.

요약하자면 17세기부터 계속된 자연과 역사의 연구는 세계에 대한, 그리고 세계 내부에 현재하시는 하나님의 활동과 의도에 대한 담론을 주변화하고 때때로 배제하는 설명으로 점철되었다. 자연과 역사는 주로 그 자체의 용어로 설명될 수 있는 것으로 다루어졌고, 근원적인 신적 원인은 최소한도로만 언급되었다. 그런 설명은 기독교 섭리론에 상당한 긴장을 불러일으켰다. 이 긴장은 19세기에도 그리고 그 이후에도 계속해서 느껴졌고, 섭리론의 최근 역사를 결정하는 데 많은 기여를 했다.

섭리에 대한 다양한 현대적 접근방법들

현대 신학자들은 섭리론의 과제가 무엇이라고 생각하였는가? 이 질문은 신학자들이 단지 기독교적 가르침의 내용이라고 생각하는 것에서만이 아니라, 신학의 본성 자체에 대한 판단에서 의견을 달리하기에 중요하다. 신학자들의 판단은 신학의 자료들과 규범, 신학이 수행되는 상황, 신학이 자신을 소개하는 대상인 청중들, 설득력을 갖춘 논증의 종류, 그리고 신학적 기획의 전반적인 목표와 같은 문제들과 관련이 있다. 이런 문제들에 대해 약간의 이해를 얻는 한 가지 방법은 내적인 방향성을 가진 현대신학과 외적인 방향성을 가진 현대신학 사이를 구별하는 것이다. 모든 유형화에서 마찬가지겠지만 그 구별은 단지 이해를 돕기 위한 것(heuristic)이다. 어떤 신학자도 정확하게 그 유형에 맞지는 않으며, 유형론의 가치는 단지 공통적인 특성이나 대조되는 요점에 주의를 환기시키는 것에 그친다.

내적인 방향성을 지닌 현대신학은 그 자료와 규범을 성서에서 발견하며, 고전적인 기독교 전통의 존경받는 흐름을 동반한다. 성서와 전통 모두는 하나님의 "자기알림" 그리고 그것을 수용하는 매개로 이해된다. 성서와 전통은 매우 중요한 자료이며, 보다 최근의 자료 또는 기독교 전통에 외부적인 (철학, 문화, 또는 인간의 경험과 같은) 자료들보다 훨씬 중요하다. 교리는 기독교적인 현실성 주장의 개념적 조항이고, 완벽하지는 않지만 신뢰할 만한 방식으로 신적인 현실성과 일치하거나 그것을 증거하는 것으로 이해된다. 따라서 신학의 현재적인 상황은 순수하게 주어진 어떤 것이 아니며, 신학이 주어진 상황 안에서 자신을 새롭게 개발하거나 그것에 적응을 해야만 하는 것이 아니다. 신학은 자신의 배경에 대해 비판적인 자세를 취할 수 있고, 그렇게 하는 가운데 기독교적 가르침의 유산이 문제가 되는 것이 아니라 오히려 자원임을 발견한다. 이 자원은 신학을 둘러싼 문화가 제공하는 제약된 범위를 넘어서는 "의미 창고"를 제공한다. 신학이 자신의 상황 안에 완전히 포괄되지 않는다는 의미는, 교회 안의 단체가 신학의 우선적인 청중이라는 의미와 짝을 이룬다. 즉 신앙 공동체의 수용이라는 것은 어떤 신학적 논지에 대한 중요한 인정을 뜻한다. 그러나 이것이 신학을 필연적으로 교회 내부적인 작업으로 환원하지는 않는다. 왜냐하면 그 작업은 신학의 선교적·변증적 과제에 대한 중요한 헌신과 공존할 수 있기 때문이다. 또 신앙 공동체의 수용 문제는 어떤 신학적 교리를 수립하려고 할 때 교회와 세상의 경계를 고려해야 한다는 것, 그리고 신학의 방향이 교회로부터 세상으로 향하고 그 반대는 성립되지 않는다는 것을 의미한다. 교회는 복음을 알기 위해 세상의 가르침을 필요로 하지 않는다. 설득력 있는 논증은 신앙 공동체를 어떤 수준에서 설득할 수 있는 논증이며, 신앙이 없다면 신학적 논증은 수행될 수 없다는 것은 필연적인 결과다. 그러므로 신학의 목적은—명상적 신학이든지 교리문답적 신학이든지 관계없이—기독교신앙의 대상들에 대한 사고와 묘사를 통해 교회를 교화하고, 오직 그렇게 함으로써 기독교적 주장을 추천하거나 변호하는 것이다.

이와 같은 설명에 비추어볼 때, 섭리론의 과제는 어떻게 이해될 수 있는가? 우리가 이미 살펴본 것처럼 고전적 기독교 섭리론은 현대 문화 안에서는 주변적인 것이 되었지만, 다른 한편으로 방법론과 내용 모두에서 그러한 문화적 발전에 선행하는 신학과도 연속성을 갖는 섭리 신학적 작업도 계속되어 왔다. 때때로 이 흐름은 대체로 전통의 이런저런 견해를 반복하는 신학교의 교의학 장르 안에서 이어졌고, 매우 폐쇄적인 교회적·신학적 집단 외부와는 많이 관계하지 않았으며, 현대 사상과는 단지 논쟁만 했다. 그런 작업을 무시하고 그것이 더 이상 존재하지 않는 청중에게 강연하는, 매우 시대에 뒤떨어지고 고립주의적인 행태라고 말하기는 쉽다. 그러나 잘만 하면 그 작업은 명상적인 지성과 사랑의 훈련이 될 수 있다.[6] 또 다른 사람들은 단지 전통을 반복하기보다는 그것을 수정하고 재고하고 새롭게 표현하면서 앞으로 더 나아가려고 시도했다. 19세기에서 20세기로 넘어가는 전환기에 네덜란드의 위대한 교의학자였던 헤르만 바빙크(Herman Bavinck, 1854-1921)는 『개혁파 교의학』에서 성서적·고전적 기독교 섭리론의 내적 구조를 상당히 정교하고 예리하게 설명했다.[7] 바빙크의 설명은 현대적인 상황을 충분히 인식하고 있었고 상당한 공간을 현대 초기로부터 계속되어 온 철학적·과학적 동향과의 세부적인 상호작용에 할애했지만, 그러면서도 그는 교회의 가르침이 반대자들을 앞지를 수 있다는 의식을 가지고 있었다. 개혁파 사상가들의 다음 세대에 이르러 칼 바르트(Karl Barth, 1886-1968)는 섭리에 대한 성서적·전통적 가르침이 지닌 내적 일관성과 심오함에 대해 비슷한 의식을 가지고 있었고, 그것을 비범한 설득력을 가지고 제시하였다.[8] 바르트의 경우 그 의식은 신학에게 전통을 개정할 책임이 있다는 확신을 동반했으며, 개정이란 전통을 현대적인 규범과 어울리게 하려는 것이 아니라 성서적인 증언에서 복음의 내용에 보다 더 충실하기 위한 것이었다.

"외부로 향한" 방향성을 지닌 현대신학은 어떤가? 이 신학들은 기독교 교리가 문화(들)와의 협상 과정 안에서 형성되는 것이라고 생각하는 경향이 있다. 교회는 문화 안에 놓이고 문화의 한 부분을 형성하기 때문이다. 성서와 전통이라는 수용된 가르침은 건설적인 과제에 분명히 본질적이지만, 그럼에도 성서와 전통은 하나님의 "자기전달"의 단지 간접적인 수단, 즉 앞서 주어진 결론이라기보다는 출발점일 뿐이다. 그러므로 성서와 전통을 기초로 하는 신학 작업은 이들 자료들 안에 (종종 부적절하게) 표현된 것을 분

---

6) 견실한 사례로 Charles Hodge, *Systematic Theology* (New York: Scribner, 1877), 1:575-616; L. Berkhof, *Systematic Theology* (London: Banner of Truth, 1958), 165-78을 들 수 있다.

7) H. Bavinck, *Reformed Dogmatics* (Grand Rapids: Baker Academic, 2004), 2:591-619. 『개혁파 교의학』(새물결플러스 역간).

8) Karl Barth, *Church Dogmatics* III/3 (Edinburgh: T&T Clark, 1961).

별해야 하며, 이 자료들을 비판적인 평가에 맡길 수 있을 만큼 개방적이어야 하고, 이러한 자료들을 필수적인 규범으로가 아니라 자료들로 다룰 수 있어야 한다. 고전적인 기독교의 가르침은 어떤 항구적인 가치도 없다. 그것은 그것이 산출된 배경과 연관되어 있고, 현대 문화 안에서 기독교 메시지를 명료화하는 과제에는 불충분한 것으로 입증될지도 모른다. 문화는 기독교적 가르침을 형성하는 데 자료인 동시에 규범이며, 그래서 기독교 교리는 신앙과 "상황" 또는 "맥락"(context) 사이의 대화라는 과정을 통해 세워진다. 신학적 해석은 복원만큼이나 개정도 필요로 한다. 신학적 해석의 결과가 제시되는 청중에는 교회뿐만 아니라 폭넓은 문화도 포함된다. 왜냐하면 교회는 단지 자신만의 안정적이고 독자적인 문화 형태를 갖는 닫힌 실체가 아니고, 교회와 문화 사이의 경계는 투과적이기 때문이다. 이 청중을 향할 때, 신학은 기독교적 주장의 적절성, 가치, 진리라고 여겨지는 다른 어떤 것과의 그 정합성을 제시하기 위해 그 주장의 상상력 넘치는 해석을 목표로 한다.

이와 같은 신학의 유형은 먼저 19세기 독일 교의학의 자유주의 학파에서, 그 다음 20세기 초 영국의 철학적 신학에서 위력을 떨쳤다. 후자는 진화론적 관념론을 통해 협상하는 길을 모색했다(윌리엄 템플[William Temple, 1881-1944]의 작업이 좋은 예가 된다).[9] 비록 이 신학들이 1920년대부터 1950년대까지 바르트의 대항적인 연구에 의해 어느 정도 빛을 잃기는 했지만, 그 이후 북미의 신학, 특별히 "상관의 방법" 신학 전통에서 상당히 유명해졌다. 사람들은 흔히 독일인 이민 신학자인 폴 틸리히(Paul Tillich, 1886-1965)의 작품을 현대 문화에 신학적으로 관여한 모범적인 사례로 본다. 이 관점에서 섭리를 가장 인상적으로 다룬 것은 랭던 길키(Langdon Gilkey, 1919-2004)의 『회오리바람을 수확함』이라는 영향력 있는 책이다. 이 책은 기독교

---

9) 예를 들어 William Temple, *Christus Veritas* (London: Macmillan, 1924)와 *Nature, Man and God* (London: Macmillan, 1934)을 보라.

섭리론을 길키 자신이 현대적 의식의 현저한 특징이라고 생각한 것에 비추어 재구성한 것이었고, 상당 기간 동안 섭리에 대한 신학적 토론의 한계를 설정해주었다. 현대적 의식의 특징은 인간의 역사성과 상대성, 반드시 진보는 아닌 변화의 편재, 인간이 주체가 되는 영역으로서의 역사, 현대의 경험을 명료화하기에는 오래된 종교적 상징체계가 부적절하다는 것, 그리고 고전 문화와 현대 문화 사이의 대조 등이다. 기독교 섭리론의 과제는 인간적 경험과 그것의 모호성에 대한 반대 설명을 통해 현대 문화에 맞서는 것이 아니라, 세속적인 현대성 안에 있는 "궁극성과 성례성(ultimacy and of sacrality)의 차원"에 관심을 기울이는 것이다.[10] 그러므로 "신학적 과제의 한 부분은…전통적인 상징들을 삶의 경험에 관계시키고, 신학적 개념의 경험론적 의미를 우리의 생활 세계의 용어로 드러내는 것이다."[11] 섭리론은 상징들이다. 이 상징들은 단지 그것들이 가리키는 것뿐만 아니라 그것들이 출현하게 되는 상황과도 잘 통합되어 있고, 그 상징들 자체는 개방되어 있어서 현대적 존재론의 역사의 틀 안으로 비판적으로 개정되거나 번역될 수 있다.

"내적" 그리고 "외적" 방향성 사이의 대조와 "회복" 그리고 "개정"의 과제 사이의 대조에는 너무 분명하게 선이 그어져서는 안 된다. 하지만 이 대조는 우리가 과거의 교리적 토론에서 현저했던 몇 가지 주제를 다루려고 할 때 계속해서 명심해야 할 측면, 곧 현대적 섭리 사상의 역사적인 한 가지 측면이다. 우리가 다루게 될 남은 몇 가지 주제는 섭리를 깨달아 아는 것, 섭리의 하나님, 섭리와 자연의 질서, 그리고 섭리와 역사 등이다.

---

10) Langdon Gilkey, *Reaping the Whirlwind: A Christian Interpretation of History* (New York: Seabury, 1976), 46.
11) Ibid., 144.

섭리를 깨달아 아는 것

만물을 향한 하나님의 섭리적 목적과 통치는 어떻게 알려지는가? 섭리가 내재화 또는 자연화되면서 섭리를 알고 깨닫게 되는 방식에도 그에 상응하는 변화가 일어나고 있다. 현대 이전의 신학에서 섭리를 깨닫는다는 것은 주로 "적극적"(positive) 또는 "계시적" 앎으로 이해되었다. 이것은 하나님의 구원의 "자기전달" 과정에서 피조물에게 주어지고, 그래서 하나님의 임재에 피조물이 바르게 반응하는 신앙과 연계되어 있는 앎이다. 어떤 사람들은 실제로 섭리론을 하나님의 계시에 대한 믿음에 의해서만이 아니라 어느 정도는 이성에 의해서도 알려지는 "혼합된" 항목으로 간주한다. 하지만 여기서 이성은 신적인 은혜에 의해 아무런 도움도 받지 않는 "순수" 이성이 아니라 "피조된" 이성, 즉 비록 타락에 의해 훼손되기는 했지만 이미 바로 그 본성에 의해 하나님에 대한 앎을 향하게 된 이성이다. 나아가 그 이성의 부적절성은 하나님의 선물에 의해 극복되고 완성되어 계시에 종속된다. 왜냐하면 하나님이 세계에 관여하시는 방법이 적절하게 알려지는 것은 오직 하나님의 행동을 통해서만 가능하기 때문이다.

현대신학의 몇 가지 주요한 흐름 안에서 계시는 섭리를 깨닫는 일에 더 이상 관여하지 않거나 단지 드물게만 관여한다. 섭리를 가르칠 때, 신학자들은 그런 흐름으로부터 섭리를 자연종교의 영역에 위치시키고, 섭리의 식별에 신앙고백적인 확신은 요청되지 않는 것으로 생각한다. 섭리를 깨닫는 것은 인간이 자연과 역사를 관찰하고 해석하여 얻는 것과 같은 종류의 "하나님에 대한 지식"으로서, "자연"신학의 문제가 되었다. 이때 섭리를 깨달아 안다는 것은 하나님의 직접적인 알림의 기초 위에 세워져 있지 않으며, 오히려 세계에 대한 상상의 그림이자 세상이 그렇게 존재하도록 되어 있는 방식에 대한 "독법"이다. 계시의 범주가 유지될 때조차도 계시는 간접적으로만 작용하는 경향이 있는데, 왜냐하면 계시는 세계에 대한 경험과 반성을 통해 중재되기 때문이고, 섭리를 깨닫는 것은 "종교적 상징이라는 용어로

이해되고 조명되고 취급되어야 하는 경험 안에 놓인 궁극적 차원"에 근거하기 때문이다.[12]

이와 더불어 오래된 전통은 베르카우어(G. C. Berkouwer, 1903-1996)[13]나 바르트와 같은 강력한 현대의 지지자들과 마주한다. 베르카우어와 바르트는 섭리를 신앙고백 이전의 자연신학과 관련시키는 것을 거부한다. 바르트는 역사에 대한 하나님의 섭리적 의지는 분명하다고 제안한다. 하지만 "그것은…우리가 이 역사의 덮개를 들추고 그것의 비밀을 발견하려고 할 때는 분명하지 않다. 그것은 우리 스스로 그것을 인식하거나 계획하거나 결정하려고 할 때도 분명하지 않다. 그것이 분명해지는 것은 하나님께서 자신의 말씀으로 그것을 우리에게 계시하실 때다. 하나님은 자신을 계시하실 때와 마찬가지의 단순한 방식으로 그것을 계시하셨다.…즉 하나님은 우리 위에 계신 아버지, 우리를 위한 아들, 그리고 양자의 연합 안에 계신 성령, 곧 우리의 생명을 그분 아래 그리고 그분을 위해 창조하시는 성령이라는 삼위일체 하나님으로서 자신을 계시하셨다."[14] 그러므로 섭리를 깨달아 아는 것은 하나님을 아는 것이며, 하나님이 하나님에 의해 계시되시는 방식을 아는 것이다.

바르트가 섭리를 깨달아 아는 것과 하나님 아래서 그리고 하나님을 위해 사는 것 사이의 연결을 언급한 것은 우리를 섭리의 깨달음의 진전된 측면 즉 실천적인 측면으로 인도한다. 고전적인 기독교 신학에서 섭리를 깨달아 아는 것은 실천적 지식이다. 그것은 세계의 상황이나 세계 안에 있는 인류에 대한 이론적 견해가 아니라, 어떤 방향으로든 살아가야 하는 삶을 위해 요청되고 또 그 삶에 의해 강화되는 한 가지 기술(skill)이다. 섭리를 깨달아 안다는 것은 (삶의) 태도 및 행동과 분리될 수 없다. 그 깨달음은 부분

---

12) Ibid., 37.

13) G. C. Berkouwer, *The Providence of God* (Grand Rapids: Eerdmans, 1952), 31-49.

14) Barth, *CD* III/3, 34.

적으로는 그것이 인생의 시련기에 위안과 인도를 제공한다는 것, 그리고 그 깨달음 자체를 실행하고 적용하는 것으로부터 온다. 섭리를 깨달아 아는 것은 그런 위로와 방향제시의 기능을 수행할 수 있다. 왜냐하면 그 깨달음은 우리에게 하나님의 앞선 목표, 현재의 적극적 돌봄, 그리고 미래에 대한 약속이라는 객관적 현실성을 지시해주기 때문이다. 섭리에 대한 믿음의 실천적·주관적 측면에 주의를 기울이는 것은 현대신학에서 널리 행해지는 것이지만, 객관적인 근거에 대한 성찰의 결과는 상당히 변경되고 있다.

옛 신학들이 섭리에 대한 신앙을 기독교적인 성향(disposition)을 산출하는 하나님의 객관적 행동에 동의하는 것이라고 생각했던 반면에, 현대신학은 특징적이게도 어떤 객관적 지식의 접촉에 대해 덜 확신한다(덜 현실적이다). 그 결과 현대의 접근방법은 믿는 자들의 역량과 상황이 하나님의 섭리적인 임재와 활동을 판단하는 데 어떤 영향을 미치는지 토론하는 일에 더 많은 관심을 쏟는다. 20세기 초엽의 자유주의 개신교의 역사신학자인 에른스트 트뢸치(Ernst Troeltsch, 1865-1923)가 그 경향을 잘 보여준다. 트뢸치는 "세계에 대한 학문적인 설명"과 섭리 신앙 사이에 날카로운 대조를 이끌어낸다. 섭리 신앙은 "순수하게 종교적인" 신앙이고, 그래서 세상이 어떻게 존재하는가에 대한 객관적 지식에 근거해 있지 않다.[15] "신앙이 세계에 대해 갖는 절대적 목적론은 자연과학의 목적론적 개념과 아무런 관계가 없다."[16] 섭리 신앙을 (주관적) "태도"로 환원시키는 것은 기독교 교리를 명료하게 표현하기 위해 실존주의 철학을 원용했던 지난 세기 중엽의 기독교 신학에서는 흔한 추세였다. 예를 들어 불트만은 기독교 신앙이 "보편사"(불트만은 이것을 순전히 추상적이라고 생각했다)에 관심을 갖는 것이 아니라, 믿는 자들이 책임지도록 부르심을 받는 현재 순간의 의미에 관심을 갖는 것

---

15) Ernst Troeltsch, *The Christian Faith* (Minneapolis: Augsburg Fortress, 1991), 205.
16) Ibid., 206.

이 정당하다고 주장했다.[17] 마찬가지로 하나님에 대한 앎이 어떻게 사회정치적인 행동의 과정에서 획득되는가를 강조하는 여러 가지 "해방"신학은 역사 안에서의 하나님의 활동이 "어떤 형태의 변혁적이고 해방적인 실천의 참여를 통해" 식별된다고 제안한다.[18] 섭리를 깨달아 아는 것은 세계 질서를 묵상하는 것이 아니라 세상에 질서를 부여하는 과정을 본질적인 요소로 경험하고 행동하는 것이다. 섭리를 아는 것에 대한 현대적인 설명은, 짧게 말해, 하나님의 길을 파악하는 데 놓이는 인간적 조건들과 한계를 명료하게 밝히는 것에 관심을 갖는다는 점에서 흔히 "관념론적"이다.

이 관념론은 섭리의 모호성과 은폐성에 응답하는 고전신학과 현대신학 사이의 차이점으로 인도한다. 옛 신학은, 예를 들어 하나님의 길이 갖는 모호성을 유한하고 시간적인 피조물이 하나님의 의지를 측량할 수 없다는 사실을 언급함으로써 설명했다. 피조물의 만물에 대한 지식은 시간의 경과를 통해 획득되며, 피조물은 자신의 삶의 총체성을 관장하지 못한다. 또 옛 신학은 섭리에 대한 우리의 앎에 미치는 죄의 영향을 말함으로써 하나님의 길의 모호성을 설명했다. 우리의 깨달음에 대한 그런 장애는 신적 계시에 의해 극복되는 과정 가운데 있게 되는데, 계시는 성령의 조명하는 능력에 의해 분별된다. 이와 대조적으로 현대신학은 무한한 하나님과 유한하고 타락한 피조물 사이의 간격을 잇는 계시에 별로 호소하지 않는다. 나아가 현대신학은 인간의 이성이 섭리의 사고에서 신적인 도움 없이 작동해야 한다는 가정 쪽으로 치우친다. 그 결과 현대신학은 세계에 대한 하나님의 목적이나 세상 안에서의 하나님의 활동을 말할 때, 더욱 잠정적인 입장을 취한다.

---

17) R. Bultmann, *History and Eschatology* (Edinburgh: Edinburgh University Press, 1951), 154를 보라.
18) C. Hodgson, *God in History: Shapes of Freedom* (Nashville: Abingdon, 1989), 41.

섭리의 하나님

창조된 실재의 과정에 대해 목적을 가지시며 그 목적을 실행하기 위해 행동하시는 하나님은 누구인가?

우리는 이미 17세기부터 섭리가 흔히 비인격적인 방식으로 생각되었다는 것, 다시 말해 세계 질서의 창조자는 인과적인 힘을 행사하는 최고 존재라는 특별한 기독교적 내용과는 분리되어 생각되었다는 사실을 살펴보았다. 하지만 이런 (최선의 경우) 유신론적이고 (최악의 경우에는) 이신론적인 섭리 이해는 상당한 내구성을 가진 것으로 입증되었다. 그 이해는 현대의 몇몇 분석적 종교철학 안에서 주요한 요소로 남아 있는데, 그 철학들은 기독교인들이 하나님께 돌려드리는 특별한 특성들에 거의 흥미를 갖지 않는다. 이것은 토론을 위한 주된 주제들─예를 들어 신적인 전지, 하나님의 세계 안에서의 행동의 본성, 섭리와 인간적 자유 또는 섭리와 악의 관계 등─이 토론되는 신이 어떤 신이든지 관계없이 동일한 형태를 갖기 때문이며, 또 긍정적 교리에 대한 호소가 철학의 진퇴양난을 드러낸다고 생각되지 않기 때문이다. 이와 비슷하게 "메시지"와 "상황"을 관련시키는 데 관심이 있는 교리 신학자들은 기독교적 신론의 개별적인 사항에는 상대적으로 적은 관심만 기울이는 경향이 있다. 왜냐하면 타당한 기독교 교리를 출현시킬 수 있는 문화와의 관련성을 저해한다고 생각되는 것이 바로 그런 개별성이기 때문이다. 예를 들어 길키의 『회오리바람을 수확함』이나 하지슨(Peter E. Hodgson, 1928-2008)의 『역사 안의 하나님』과 같은 섭리와 역사에 대한 기독교 교리의 주요한 설명 가운데 삼위일체와 성육신 교리는 거의 나타나지 않으며, 그 교리는 하나님의 역사적 임재와 활동의 인식에 어떤 중요한 역할도 수행하지 않는다. 왜냐하면 삼위일체와 성육신은 하나님의 섭리라는 깨어진 "고전적" 모델에 속한, 더 이상 사용될 수 없는 구성요소이기 때문이다. 고전적 모델을 회복 불가능하게 만드는 이유의 한 부분은 그것이 하나님의 "통치"라는 개념에 지나치게 투자하기 때문이다. 이 개념은 인간의 자유 또는 역사의 개방성이라는 사고를 지지할 수 없다. 예를 들어 하지슨은 하나의 대안으로 내재적인 하나님 담론을 제안하는데, 그가 "하나님이 형성하는 현재"라고 부르는 것이 바로 그것이다.[19] 이것의 상세한 전개에 삼위일체론과 성육신론은 거의 기여하지 못한다.

섭리론에 대한 다른 설명들은 섭리의 하나님을 사고할 때 다른 전략을 택했다. 즉 그 설명들은 최근 수 십 년 동안 조직신학의 현저한 특징이 되어온 삼위일체 신학에 새로운 관심을 기울였다. 여기서 삼위일체론의 갱신과 관련하여 두 가지 측면이 중요하다. 첫째, 이것은 신학자들로 하여금 하나님의 정체성에 대한 기독교적 주장의 독특한 특징에 주의하도록 압력을 가했다. 아버지·아들·성령으로서의 하나님에 대한 담론은 단지 "하나님" 또는 "신"(god)에 대한 한 가지 유형의 설명이 아니다. 둘째, 삼위일체론은 기독교 교리들 가운데 고립된 한 조각이 아니라 교의학 전체를 결정하는 교리다. 삼위일체 교리가 제자리에 놓이면, 섭리론을 포함한 모든 교리가 다르게 보인다. 그리고 섭리에 대한 가르침의 추진력은 하나님에 대한 타당한 또는 타당하지 않은 주장을 결정하는 자연과 역사의 관념이 아니라, 하나님의 삼위일체적 정체성에 대한 주장이다.

최근의 삼위일체적 섭리 신학의 대표적인 예로 찰스 우드(Charles Wood)의 『섭리의 질문』을 들 수 있다.[20] 이 책은 (논쟁의 여지가 없지는 않지만) 섭리에 대한 현대적 설명에서 사용되는 유신론적 관용어들은 부분적으로는 초기 기독교 시대에 섭리론과 삼위일체론이 분리된 결과이며, 그 결과 섭리는 기독교적 신론보다는 이교적인 원천에서 취해진 자료에 의해 형성되었다고 주장한다. 이것의 한 가지 결과는 하나님과 창조세계 사이의 섭리적인 관계를 서술할 때 단지 아버지 하나님만 섭리를 전유(appropriation)하고, 그리스도론과 성령론은 그것을 무시하게 된 것이었다. 이와 대조적으

---

19) Hodgson, *God in History*, 235.
20) Charles Wood, *The Question of Providence* (Louisville: Westminster John Knox, 2008).

로 우드는 "하나님은 사물들에 '삼위일체적으로' 관계하신다"라고 제안한다.[21] 우드가 섭리에 대한 유니테리언(unitarian, 삼위일체론을 부정하고 신격의 단일성을 주장하는 기독교의 이단—역자 주)적인 설명을 거절한 것은 단지 섭리의 최고 존재라고 하는 이신론적인 사고를 반대한 것일 뿐만 아니라, 세상 안에서 일어나는 하나님의 (삼위일체적) 사역은 분리될 수 없음을 강조했던 기독교 전통의 흐름을 수정하는 것이었다. 우드가 믿기에 그 강조는 섭리의 목적론적인 측면을 희생시키고 섭리적 통치를 지나치게 강조하여 단지 사물이 있는 그대로 유지되는 것이 섭리라고 생각하게 만드는, 섭리에 대한 정적인 그림을 고정시킨다. 그렇다면 결과적으로 인간의 상황을 읽으려는 섭리론의 능력은 기독교 삼위일체론의 내적인 논리에 호소하려는 열린 마음에 달려 있게 된다.

이렇게 새로워진 삼위일체론 논의의 다른 두 가지 측면을 언급할 필요가 있다. 첫째, 삼위일체론이 역사에 대한 하나님의 섭리적인 관계에 집중해서 자연에 대한 하나님의 섭리적인 관계에 대해서는 별로 할 말이 없는 경향을 보인다는 사실이다. 둘째, 그와 같은 구원사적인 강조는 다시 삼위일체론의 "내재적" 차원보다는 "경륜적" 차원, 즉 하나님 자신의 내적 생명보다는 하나님의 외재적인 사역에 초점을 두는 것과 관계가 있다. 섭리론의 용어로 이것은 하나님의 활동을 실현하는 신적 의지 또는 계획보다는 창조 안에서의 하나님의 활동 자체에 대해 훨씬 더 많이 말한다는 것을 뜻한다. 그리고 이것은 다시 독특한 기독교적 신론에 가장 많이 집중하는 신학자들조차도 (자신들이 갈망하는 것처럼) 문화적 관습에 영향을 받지 않을 수 없다는 사실을 보여준다.

하나님은 세상 안에서 어떻게 행동하시는가? 이 질문은 현대신학에서 두 가지 방식으로 답변되어왔다. 한 가지 탐구노선은 하나님의 행동에 대한 상상가능성(conceivability)에 관심을 가졌고, 주로 철학적 관심, 곧 배타적

---

21) Ibid., 69.

인 것은 아니지만 특별히 분석철학적인 전통에 서 있는 사람들에 의해 주도되었다. 다른 사람들은 하나님의 섭리적 행동 양식의 표현에 교리적 자료들을 보다 더 직접적으로 배치하는 데 관심을 가져왔다.

현대 영미철학 또는 종교철학에서의 섭리 탐구는 섭리에 관한 담론의 이해가능성(intelligibility)에 관한 질문에 상당한 관심을 기울였다.[22] 그 탐구에 이어지는 과정은 특징적이게도 세상사에 대한 하나님의 행동에 대한 담론이 세상 안의 사건들 그 자체에 대해 무엇을 더해줄 수 있는지 분별하기 위한 분석 과정, 또는 세상 안에서 발생하는 일들이 하나님의 의도를 실현한다고 말하는 것이 무엇을 뜻하는지 설명하기 위한 개념적·논리적인 분석 과정이다. 이와 같은 이해가능성의 탐구는 다음과 같은 더 큰 철학적 주제에 접근하는 기초를 형성한다. 하나님은 과연 이 세상 안에서 행동하시는가? 하나님의 행동과 인간의 행동은 어떤 관계인가? 신적인 결정은 피조물의 자유와 양립할 수 있는가? 몇몇 교리 신학자들은 그런 분석철학적인 작업에 당혹스러워하고 있다. 왜냐하면 한편으로는 너무나 많은 것이 개념과 논증을 명료화하는 데 매달려 있기 때문이고, 다른 한편으로는 그들이 기독교 교리 내용에 대해 단순화된 지식만 갖고 있고 충분한 역사적 정보를 갖추지 못한 채 작업하는 것으로 보이기 때문이다. 그러나 분석철학의 가치를 보다 기꺼이 인정하려고 하는 다른 사람들도 있다. 이들은, 예를 들어 행위에 대한 분석 이론들이 기독교 신앙을 통한 섭리의 사고에 자료를 제공해준다고 믿으며, 그것이 바로 플라톤적·아리스토텔레스적인 형이상학의 차별적인 사용이 고전적 기독교 신학자들로 하여금 일정부분의 기독교 신학을 수립하게 만들었던 것과 동일한 방식이라고 주장한다.

---

22) Vincent Brümmer, *Speaking of a Personal God* (Cambridge: Cambridge University Press, 1992); Mats J. Hansson, *Understanding an Act of God: An Essay in Philosophical Theology* (Uppsala: Uppsala University Press, 1991); Thomas F. Tracy, ed., *The God Who Acts: Philosophical and Theological Explorations* (University Park: Pennsylvania State University Press, 1994)을 보라.

보다 직접적으로 말하자면, 하나님의 섭리적 행동에 대한 교리적 토론은 신적 인과율의 본성에 대단히 몰두해왔다. 우리는 현대에 와서 섭리론이 쇠락한 주 요인이 세상에 대한 하나님의 행동을 "작용인으로서의 기능"(efficient causality)에 제한시킨 것이었음을 이미 살펴보았다. 그 결과 하나님은 자연과 역사의 과정에 단지 외재적으로만 관계되면서 시원의 운동력만 공급하는, 멀리 있는 제1운동자(prime mover)가 되어버렸다. 부분적으로 이것은 스스로 움직이면서 스스로를 규제하는 기계적인 자연과 역사의 모델에 의해 추진되었다. 하지만 이것은 또한 인간의 완전성과 자유가 오직 하나님에 의해 결정되지 않을 때만 유지될 수 있다는 어떤 뿌리 깊은 현대적 본능과도 관련이 있다. 피조물의 자기책임성이라는 이상은 현대 기독교 사상을 계속해서 사로잡고 있고, 예를 들어 신적인 통치의 담론이 피조적 존엄성과 자유를 본래적으로 억압하거나 잠식한다고 두려워하는 신학들 안에서 출몰한다.

몇몇 사람들은 피조물의 완전성이 어떤 이해할 만한 신적 행동과 양립할 수 없다는 현대적 공리의 이러저러한 다른 버전을 수용함으로써 이 주제를 취급한다. 그러나 그들은 막상 진정한 기독교적 섭리론에서는 하나님의 행동이 결정론적이지도 않고 억압적이지도 않다고 주장한다. 역사적이고 신학적인 주요한 섭리 연구에서, 예를 들어 베른하르트(Bernhardt)는 하나님이 창조와 함께 고난을 겪으실 때 하나님의 섭리적 능력은 연약함 가운데서 완전해진다고 제안한다. 즉 섭리는 "비움 안에서"(kenotically) 발생한다는 것이다.[23] 이와 비슷하게 "열린 유신론"(open theism)과 연관된 사람들은 하나님과 창조의 관계 안에 신적 위험의 요소가 포함된다는 펠라기우스적이고 아르미니우스적인 전통을 부활시켰다.[24] 하나님은 하나님 자신을 받아들일 수도 있고 거절할 수도 있는 존재를 창조하신다. 그래서 피조물

---

23) Bernhardt, *Was heisst "Handeln Gottes?"*를 보라.
24) 대표적인 설명은 John Sanders, *The God Who Risks: A Theology of Divine Providence* (Downers Grove, IL: InterVarsity, 2007)에서 발견할 수 있다.

에 대한 하나님의 어떤 행동은 피조적 반응에 따른 우연적인 것이 된다. 나아가 하나님은 무시간적이라기보다는 시간적이고, 모든 것을 남김없이 다 아시는 것이 아니다. 왜냐하면 미래의 측면들은 아직 실현되지 않은 인간의 선택을 기다려야 하기 때문이다. 섭리에 대한 이 두 가지 설명은 모두 동일한 기초적 변화를 일으킨다. 그것은 신적 행동과 인간적 행동 사이의 명백한 경쟁을 일종의 자발적인 신적 자기제한 또는 자기구속을 통해 극복한다. 이와 같은 하나님의 자기제한을 통해 피조물의 완전함을 위한 공간이 열려진 채 유지되는데, 이것은 신적인 목적과 그것의 실현에 관한 고전적인 교리는 그럴 수 없다고 생각했던 것이다.

다른 신학자들은 신적 자유와 인간적 자유가 양립할 수 없다는 현대적 공리를 거절하면서, 하나님의 행동과 피조물의 행동을 대립시키지 않는 설명을 주장한다. 이 설명에서 신적인 운동과 피조물의 운동은 반비례하는 것이 아니라 정비례한다.[25] 하나님의 섭리적 행동은 피조물의 자유를 보존하기 위해 억제될 필요가 없다. 왜냐하면 하나님은 피조물에 대항해서 행동하지 않으시고, 피조물의 자유와 완전함 안에서 피조물을 통해 그리고 피조물 안에서 행동하시기 때문이다. 여기서 핵심 요점은 하나님의 행동이 어떻게 피조물의 행동에 동조하는가에 대한 담론에 제1원인과 제2원인이라는 개념을 회복시키는 것이다. 이 개념들은 섭리에 대한 중세신학과 종교개혁 이후의 스콜라 신학에서는 표준적이었지만, 신적 인과율이 원래적이고 외부적인 것으로 제한됨과 동시에 시야에서 사라졌다. 그런 제한이 없다면 다음과 같이 말할 수 있다. 하나님은 만물의 제1원인이시고, 피조물은 다만 하나님이 만물을 존재하게 하고 끊임없이 유지하도록 행동하시

---

25) 예를 들어 Kathryn Tanner, *God and Creation in Christian Theology* (Oxford: Blackwell, 1988); Robert Sokolowski, *The God of Faith and Reason* (Notre Dame, IN: University of Notre Dame Press, 1982); David B. Burrell, *Freedom and Creation in Three Traditions* (Notre Dame, IN: University of Notre Dame Press, 1993)을 보라.

는 덕분에 행동할 수 있을 따름이다. 그러나 하나님이 피조물의 행동을 산출하고 인도하고 유지하신다는 사실은 피조물이 전적으로 수동적이고 하나님만이 유일한 행위자라는 것을 의미하지 않는다. 왜냐하면 "전(全)인과성"(omnicausality 하나님이 만물의 원인이라는 생각―역자 주)이 유일한 인과성은 아니기 때문이다. 이것은 단지 피조물이 특별한 종류의 원인이라는 것을 뜻한다. 그것은 "제2의 원인" 또는 "원인이 있는 원인"인데, 하나님의 인과성을 중재하지만 그렇다고 해서 원인이 되기에는 덜 현실적인 능동태인 것도 아니다. 이와 같이 하나님의 섭리적인 행동은 피조물을 억압하지 않고 오히려 승인한다. 자유에 대한 현대적인 이상이 오직 순수하게 자발적이고 자기원인적인 행동만 자유롭다고 가정하는 곳에서, 제2의 인과성이라는 특별한 신학적 개념은 하나님이 피조물을 섭리적으로 움직이시는 것이 피조물의 본성의 성취에 반대되는 것이 아니라, 오히려 그 본성을 성취하게 만들고 그것 자체의 고유한 운동을 하도록 한다고 주장한다. 섭리는 피조물을 내부로부터 인도하고 내적인 운동을 공급하고 이끌어서, 피조물로 하여금 그 운동에 의지해서 창조자의 손에 있는 바로 자신의 생명을 살아가도록 한다.

지금까지 섭리의 신적인 주체성과 하나님이 행동하시는 방식에 대해 신학자들이 어떻게 생각하는지를 살펴보았다. 이제 우리는 섭리가 작동하는 두 가지 영역으로 나아간다. 자연과 역사가 그것이다.

섭리와 자연의 질서

현대 초기로부터 자연철학과 자연과학이 확장되면서, 그것은 자연에 대한 "자연화된" 개념의 성장을 촉진했다. 그 개념 안에서 자연은 그것의 운동이 창조자의 임재와 활동에 의해 지속되고 섭리적으로 유지되는 창조질서가 아니라, 최고 원인에 의해 움직여졌지만 이제는 독립적으로 움직이는 자기 유지 체계다. 섭리론을 자연에 관한 설명 안으로 축소시키는 것은 19세기 중엽부터 두 가지 요인에 의해 강화되었다. 첫째, 다윈의 『종의 기원』(1859)의 결과로 자연에 대한 진화론적 모델의 설득력이 상당한 탄력을 받았으며, 그것은 흔히 자연 질서 안에서 발생한다는 신적 섭리에 대한 담화의 기반을 허물어버린 것으로 판단된다(물론 진화론이 특별히 영국에서 19세기 후반에 일단의 수준 높은 자연신학을 촉발시켰다는 사실을 잊어서는 안 된다). 그것은 자연의 변화에 대해 순수하게 자연주의적이거나 물리적인 설명을 하는 가운데 진화가 신적 목적과 최종목표 또는 현재의 신적 행동에 대한 이전의 생각들을 제거하는 것 같이 보였기 때문이었다. 둘째, 현대 산업사회에서 자연의 기술화는 자연을 단지 제작이나 조작이라는 인간적 기획을 위한 원재료로 가정했다. 그 결과 기술화는 자연적 질서와 형태를 신적 설계의 지시라기보다는 기술적 이성의 행사를 통해 극복해야 할 속박으로 취급했다. 자연과학의 탐구와 기술의 괄목할 만한 문화적인 솜씨, 그리고 그에 따른 자연에 대한 태도 변화에 직면하여 섭리론은 어떻게 명맥을 유지해야 하는가?

한 가지 접근방법은 자연을 자연과학에 내줘버린 뒤 신적인 섭리를 물리학, 생물학, 또는 우주론의 질문과 관계시키려는 시도로부터 철수하는 것이었고, 그다음에 섭리의 영역을 역사에―사회적 또는 개별적 차원의 전체 역사든지 또는 구원사든지 관계없이―제한하는 것이었다. 바르트의 섭리론은 그런 움직임의 진정한 사례다. 바르트에게 섭리의 주제는 하나님이 인류 역사 전체에 예수 그리스도 안에서 수립된 인류와의 언약을 향하도록 질서를 부여하시는 것이다. 그러므로 섭리론의 배경은 피조된 자연에 관한 신학이라기보다는 구원론이고, 자연의 형태와 과정에 대한 질문은 바르트의 설명 안에서는 아주 주변적인 것이다. 섭리를 이렇게 역사적인 것에 제한하는 것이 종교개혁과 철학적 관념론이 종교적 주관성으로 전환하는 것에 이르기까지 소급될 수 있는가 하는 것은 여전히 열려 있는 질문이다. 하지만 그것이 섭리론의 영역을 축소한다는 사실은 부인하기 어렵다.

섭리의 신적 행동에 대한 담론을 자연의 형태와 과정에 대한 궁극적인

(잠정적인 것이 아닌) 설명 안에 배치하려는 매우 다른 전략적 시도가 최소한 지난 40년에 걸쳐 발견되었다. 여기서 많은 작업은 교리 신학자들에 의해서가 아니라, 관심과 역량이 신학과 자연과학 모두에 걸쳐 있었던 사람들에 의해 이루어졌다. 최근의 논의는 많은 가능성들을 탐구하는 중이다. "창발적"(emergentist) 진화론은 환원적 물리주의를 넘어서면서 자연적인 과정이 의식 또는 도덕적인 문화의 출현에 열려 있다는(아마도 그것을 향해 인도되고 있다는) 가능성을 제기한다는 점에서 신학적으로 시사하는 바가 크다. 유사한 방식으로, "미세 조정된" 우주(생명을 출현시키기 위한 정확한 상수와 물리 법칙을 소유하고 있는 우주)에 대한 설명[26]은 창조 신학 및 섭리적 통치의 신학과 병합될 수 있는데, 특별히 그런 상수가 어떤 최고 존재에 의해 "지적으로 설계"되었다는 생각과 연계될 때 그렇다.[27] 이런 논증의 성공은 대부분 신적인 행동이 자연의 형태들과 과정 안에서, 그것들과 함께, 또 그것들 아래서 어떻게 작동하는가에 대한 설명의 생존 능력에 달려 있다. 몇몇 사람들은 어떤 사건이 신적인 동인과 자연적인 운동 모두에 의존한다는 "이중 작인"을 설명한다. 다른 사람들은 세계를 초월하기는 하지만 그럼에도 세계의 과정을 통해 행동하시는 하나님 "안에서" 세계가 자신의 존재를 갖는다는 다양한 형태의 "만유재신론"을 채택한다.[28] 같은 방향의 어느 지점에서, 판넨베르크는 신적인 로고스의 우주적인 현재라는 기독교적 가르침을 제공한다. 신적인 "말씀"은 자연의 질서를 역사적으로 펼치는 "원리"이며, 자연의 과정은 하나님이 만물을 유지하고 인도하시는 일을 대리하는 기능을 갖는다.[29]

---

26) A. McGrath, *A Fine-Tuned Universe: The Quest for God in Science and Theology* (Louisville: Westminster John Knox, 2009).

27) W. Dembski, *Intelligent Design* (Downers Grove, IL: InterVarsity, 1999).

28) Philip Clayton and Arthur Peacocke, eds., *In Whom We Live and Move and Have Our Being* (Grand Rapids: Eerdmans, 2004); Philip Clayton, *Adventures in the Spirit: God, World, Divine Action* (Minneapolis: Fortress, 2008)을 보라.

29) Wolfhart Pannenberg, *Systematic Theology*, trans. Geoffrey W. Bromiley (Grand

섭리론에 대한 이와 같은 접근방법들은 아마도 초자연적인 신적 계시에 호소하는 것 없이 어느 정도 신앙의 진리에 대한 동의를 자극하거나 확증하는 자연신학, 곧 신학 이전의 관찰로서 봉사하는 "자연신학"(natural theology)의 한 부분을 형성할지도 모른다. 그런 자연신학적 방법들은 긍정적 신론을 경유하는 것 외에 별다른 것을 요청하지는 않는다. 그것들의 의도는 고백적이라기보다는 일차적으로 변증적이다. 하지만 그 방법들이 "자연의 신학"(theology of nature)의 하나로 이해될 때, 그것은 자연의 형태와 과정에 대한 교리적인 설명의 일부가 되어 하나님과 창조에 대한 이전의 가르침을 적용하고 확대할 수 있을 것이다. 그런 경우 기독교 신앙의 긍정적인 내용은 이후의 설명을 위해 남겨져 있다기보다는 미리 전제된다.

섭리와 역사

하나님께서 역사 속에서 행하시는 섭리적 행동에 대한 현대적인 설명의 문화적 배경은 시간의 역사화와 세속화라는 이중적 과정이다. 시간이 "역사화"된다는 것은 시간적인 변화가 주요한 형이상학적 범주이고, 시간성이 이전의 어떤 비시간적인 실재 위에 세워진 것이 아니라 기초적이라고 말하는 것이다. 시간이 "세속화"된다는 것은 시간이 측정기준이 되는 사건과 행위들이 자율적이거나 자발적이고, 그것들의 의미를 신적인 질서의 증표로 본다거나, 그것들을 피조물이 신적인 목적을 향해 태어났다고 생각하게 하는 수단으로 추론되어서는 안 된다고 말하는 것이다. 섭리론은 이런 배경에 대해 자신을 어떻게 소개해왔는가?

어떤 사람들—바르트가 다시 가장 설득력 있고 상상력이 풍부한 사례다—은 신학에게는 그 배경이 제기하는 질문을 수용할 자유가 없다고 생각

Rapids: Eerdmans, 1994), 2:35-136.

한다. 왜냐하면 신학의 책임성은 상황보다는 계시에 의해 주어지기 때문이다. 바르트는 섭리에 대한 고전적인 설명 가운데 많은 주장을 수용하여 유지한다. 역사는 삼위일체 하나님의 영원한 논의로부터 정합성과 확장이 주어지는 통합된 전체이고, 또 역사는 그분의 목적의 실현이다. 시간 안에서 발생하는 것은 단순히 피조물이 고안한 행위가 아니라, 하나님이 뜻하신 승리가 피조물의 사건들 안에서 그리고 그것들을 통해 집행되는 것이다. 그러므로 역사는 하나님으로부터 파생한 것인 동시에 하나님을 향한 분명한 목적을 갖는다. 그럼에도 바르트는 섭리에 대한 옛 신학에서 자신이 부적절하다고 생각했던 것을 바로 잡기 위한 폭넓은 범위의 수정을 제안했다. 바르트는 기독론적으로 부적절하다고 생각했던 것을 들추어냈다. 그것은 "아버지의 지혜, 의지, 능력의 완벽한 전형"이 바로 성육신하신 아들이라는 사실을 파악하지 못한 채 하나님의 섭리적 질서를 서술하는 것이다.[30] 그 결과 역사를 섭리의 영역으로 말하는 것은 추상화되어버렸고, 또 일반 세계사와 언약의 특별한 구원사적 현실성 사이의 연관성도 결여되었다. 바르트는 섭리에 대한 우리의 이해를 언약의 역사 주변에서 형성되는 어떤 것으로 만듦으로써 이것을 극복하고자 했다. 다시 말해 언약의 역사는 기독론, 예정, 그리고 구원론을 자신의 핵심에 두고, 창조와 섭리의 넓은 역사를 밝히 조명한다는 것이다. 바르트가 믿기에는 오직 이것만이 "자유롭고 세속적인 피조물의 발생"이라는 현대적인 관념을 막을 수 있으며[31], 신학으로 하여금 피조물의 역사가 어떻게 은혜의 언약과 예수 그리스도의 나라의 전개를 위한 시간, 공간, 기회를 공급할 수 있는지를 말할 수 있다.

결과적으로 바르트는 역사를 섭리적 질서를 지닌 하나님의 권능의 일(*magnalia Dei*)로 보는 역사 개념을 자신의 특별한 기독론적 강조로 물들이면서 갱신했다. 많은 사람들은 바르트가 고전적 섭리론의 특징들을 고쳐

---

30) Barth, *CD* III/3, 35.
31) Ibid., 41.

서 작업한 것이 불충분한 개정이라고 판단하며, 그 개정이 역사에 대한 무결점의 견해가 현대의 문화적 환경 안에서 더 이상 회복될 수 없게 만들었다고 말한다. 역사를 "고전적" 섭리의 관점에서 읽을 때 생기는, 아마도 가장 큰 문제는 "과잉 결정"의 문제일 것이다. 그것은 역사를 고정된 형태 및 방향의 경계선이 설치된 현실성으로 가정하는데, 이때 역사에게는 하나님의 예정이 주어지고, 하나님의 시간 안의 행동이 실행되며, 하나님의 자기 계시의 기초 위에서―최소한 원칙적으로는―그것에 대한 포괄적인 설명이 주어질 수 있다. 우리는 그와 같은 비판의 두 가지 측면을 지적해야 한다. 첫째 측면은 완결되지 않은 역사 과정의 내부에 있는 우연적인 관찰자 또는 참여자에게 그 역사에 대한 포괄적인 견해라는 것은 전혀 타당하지 않다는 사실이다. 이 견해의 강력한 형태는, 급진적인 역사적 다원주의 쪽으로 치우쳐서 지배적인 역사적 설명을 거부하는 "포스트모더니즘"에서 발견된다. 역사적 다원주의는 역사를 개정 가능한 전망들의 무작위적 집합으로 해소시킨다. 둘째 측면은 역사에 대한 섭리적 계획이 이데올로기적인 기능을 행사할 수도 있다는 사실이다. 이때 섭리는 권력 관계를 소위 더 큰 신적 질서의 양식 안에 은폐시키는데, 이것은 확립된 정치적·경제적 질서를 정당화해주고, 그 결과 불의에 대한 인식과 저항 행위를 억제하게 된다. 짧게 말해 섭리론은 너무 많이 아는 체하거나 또는 단지 너무 적게 행동한다.

다양한 전략이 신학적 응답으로써 시도되고 있다. 한 가지―급진적인―해결책은 모든 섭리 신학을 내버리고 역사를 단순히 무정부적인 것으로 생각하는 것이다.[32] 이것은 기독교 교리의 개정이라기보다는 절망적인 조언이다. 다른 가능성은 조금 누그러진 어조로 또 다른 섭리 신학을 시작하는 것인데, 그것은 설명의 범위에서 덜 전체적이고 더 잠정적인 섭리를 말하는 신학이다.[33] 신학은 우리 자신에 대해 우리가 알고 있는 특성을 시간적으로

---

32) Mark C. Taylor, *Erring: A Postmodern A/theology* (Chicago: University of Chicago Press, 1984).

33) Ben Quash, *Theology and the Drama of History*, Cambridge Studies in Christian

전개하는 것을 단순히 능가한다고 가정되는 어떤 섭리의 담론보다는 세계와 관계하시는 하나님의 방식에 대한 증가하는 지식의 성격을 수용하고 그것을 따라야 할 것이다. 이때 세계와 하나님의 관계에 대한 우리의 지식은 인식의 어떤 순간에 단번에 파악되는 것이 아니라 통시적인(diachronically) 전체 시간을 통해 파악되며, 어떤 경우에도 최종적 방식으로 파악되지는 않는다. 그런 섭리 신학은, 예를 들어 모든 우연한 개별적 재현들을 능가하는 하나님의 무한성과 같은 기독교 교리에 호소하거나, 또는 역사적 과정의 에너지로서의 성령론에 호소할 수 있다. 또 다른 사람들은 섭리 신학을 해방의 역사적 행동의 우월성 주변에 맞춘다. 이 설명에 따르면 고전적인 섭리 신학은 다음과 같은 세계관, 즉 사회정치적 질서를 건설되는(constructed) 것으로 여기기보다는 그것들을 하나님이 부여하신 자연스러운 것으로 여겨서 변화에 개방적이지 않은 세계관에 연루되어 있다. 이때 섭리에 대한 믿음은 사회적인 수동성과 순응성을 강화시킨다. 하지만 기독교적 상징들은 우리로 하여금 하나님을 다시 생각할 수 있게 한다. 하나님은 단지 사물의 고정된 질서를 원하고 유지하시는 분이 아니라, 그분의 섭리가 피조물에게 능력을 주어 스스로 역사를 만들어가도록(즉 재창조하도록) 하시는 분이시다. 그때 섭리의 신학은 "역사의 끝이 개방되어 있는 신학을 만들어내려고 시도하는 정치적 해방의 신학"이 될 수 있다.

결론

기독교 교리 가운데 하나 또는 다른 요소를 상세히 설명하는 여러 방법을 한꺼번에 개관하는 것에는 다음과 같은 오해의 소지가 있다. 그것은 가능한 모든 대안이 항상 열려 있고, 한 가지 교리적 전략은 다른 전략에 의해 언제

Doctrine (Cambridge: Cambridge University Press, 2005).

나 반박될 수 있다는 잘못된 인상을 줄 위험이 있다는 것이다. 그와 같은 비결정론적 다원주의는 미결정성, 역설, 또는 회의론 등을 만들어낸다. 적절하게 말하자면 신학자들에게 열려 있는 다양한 가능성들을 검토하는 것은 판단의 실행을 위한 예비 작업이며, 그 판단을 대체한다거나 또는 회피하는 방식이 아니다. 고대든 현대든 가장 풍성하고 강력한 섭리론은 그 판단을 실행하는 섭리론, 나아가 다양한 특성들을 증거로 제시하는 섭리론이었다. 그 특성들에는 하나님의 섭리적 사역을 가르쳐온 신학사와 문화사에 대한 학문적 인식, 섭리론의 내적인 내용과 여타의 기독교 교리와의 관계에 관한 깊게 각인된 본능, 섭리론의 범위를 자연과 역사 전체로 의식하고 섭리론을 어떤 특정한 주제나 적용으로 환원하는 것에 저항하여 섭리론을 자연과 역사 전체의 신학으로서 정립하는 것, 기독교 신앙을 자연철학과 역사철학이 제공하는 것 이상의 문제와 관계 짓는 자료들에 대한 확신, 인간들의 자연적·사회적·영적 삶의 이해에서 섭리론의 (적법한 또는 틀린) 활용에 깊은 주의를 기울이는 것 등이 있다. 섭리에 대한 한 가지 신학적 설명 안에 이 모든 특성이 모두 존재하는 경우는 드물다. 그럼에도 이 특성들은 함께 일련의 기준을 형성하며, 그 기준에 의해 우리는 창조 질서에 대해 계속되는 하나님의 관계, 그리고 하나님의 그 질서 내부에서의 활동에 대한 신학적 사고가 타당한지를 검증할 수 있다. 그 질서는 하나님께서 사랑 안에서 유지하고 지배하시는 질서이며, 하나님께서는 그 질서가 완성에 이를 때까지 인도하실 것이다.

참고도서

Barth, Karl. *Church Dogmatics* III/3. Edinburgh: T&T Clark, 1961.

Berkouwer, G. C. *The Providence of God*. Grand Rapids: Eerdmans, 1952.

Clayton, Philip. *Adventures in the Spirit: God, World, Divine Action*. Minneapolis: Fortress, 2008.

Gilkey, L. *Reaping the Whirlwind: A Christian Interpretation of History*. New York: Seabury, 1976.

Gorringe, Timothy. *God's Theatre: A Theology of Providence*. London: SCM, 1991.

Pannenberg, Wolfhart. *Systematic Theology*. Vol. 2. Translated by Geoffrey W. Bromiley. Grand Rapids: Eerdmans, 1994.

Sanders, J. *The God Who Risks: A Theology of Divine Providence*. Downers Grove, IL: InterVarsity, 2007.

Scheffczyk, L. *Creation and Providence*. New York: Herder & Herder, 1970.

Tracy, T. F. *The God Who Acts: Philosophical and Theological Explorations*. University Park: Pennsylvania State University Press, 1994.

Wood, C. M. *The Question of Providence*. Louisville: Westminster John Knox, 2008.

10

성령론

텔포드 워크

Telford Work

웨스트몬트 대학

서론: 후기 현대 세계의 성령론 개관

현대 신학자들은 성령의 신성에 대한 교부 시대의 전통, 성령이 교회 안에서 교회에 대해 임재하시는 것에 대한 중세기적 전통, 그리고 성령의 칭의와 성화의 사역에 대한 종교개혁 시대의 전통을 이어받았다. 모든 고전적 교리는 기독교 신학을 지배해왔고, 현 시대에도 계속해서 지배하고 있다. 하지만 계몽주의는 인간으로 존재한다는 것의 의미를, 그리고 과학 혁명은 우주를 이해하는 방법을 각각 급진적으로 재고하도록 강요했다. 현대 성령론의 "역사 이야기"(saga)는 대체로 신학이 그와 같은 변화들을 어떻게 설명하고 보완해야 하는가에 대한 이야기라고 할 수 있다. 성령론을 통해 우리는 오랫동안 경직되어 있는 다양한 신학적 전통들의 상호작용을 보게 된다. 그중 몇 개는 새로운 전통들이며, 우리는 교회의 지역적인 풍경을 계속해서 새롭게 형성하는 광범위한 문화적 변천 과정도 볼 수 있게 된다.[1]

---

1) 그 힘든 변천 과정은 이 책이 관심을 갖는 시대(대략 지난 150-200년)에 이미 진행되고 있었다. 그 과정에서 이미 많은 근본적인 결론이 내려졌다. 물론 모든 신학적 단체가 그 결론에 만족한 것은 아니었지만, 그것은 현대 초기의 대변자들의 확신을 이어받은 다양한 진영을 만족시켰다. 그들은 경험된 칭의와 성화라는 발전된 교리를 가지고 있는 웨슬리주의자들과 슐라이어마허의 경험적인 범주 안에서 신학적인 주장을 해석하는 자유주의자들, 그리고 그 밖의 다른 그룹들 등이었다. 기독교 신앙이 유래가 없는 범위와 속도로 전 세계적으로 확산됨에 따라 이 학파들은 과거의 전성기 때보다 현재 더 영향력이 있다.

　　다른 역동적인 변천들도 현대에 전개되는 중이었고, 이것들이 현대신학에 미친 영향은 엄격하게 말하자면 보다 최근의 것이다. 변화무쌍한 산업혁명은 서로를 향한, 가깝고 먼 사람들에 대한, 지구에 대한, 그리고 우리 자신의 몸에 대한 우리의 물질적 및 경제적 관계를 변화시켰다. 이데올로기가 생겨나 온 세상을 휩쓸었고, 신학적 상상력뿐만 아니라 세계사를 변경시켰다. 과학적인 사고는 점점 더 인간이 지배하는 영역으로 침투했고, 이전에, 예를 들어 1850년경에는 전혀 존재하지도 않았던 사회학과 심리학과 같은 학문이 논문은 현대 성령론의 실제 지도를 그리면서 최근에 현대 세계의 모든 곳에서 일어나고 있는 기획들(projects)을 정리한다. 핵심은 성령론적 숙고의 규범적인 자리를 결정하는 것이 아니라, 숙고의 대상인 성령에 대한 현대의 다양하고 광범위한 신학적 반성들의 정보를 제공하는 것이다. 한 나라의 지도는 어느 지방 또는 도시가 최고인지를 말해주지는 않는다. 지도는 단지 우리가 살고 있는 곳을 보여주고, 우리의 이웃이 누구인지를 말해주고, 우리가 어디서 자랐는지 상기시켜주며, 우리가 왜 지금 있는 방식으로 존재하는지를 설명해준다.

이제 그와 같은 지도는 어떻게 힘과 전통을 나타낼 수 있는가? 어떻게 제작된 신학적 지도가 최근의 성령론을 보다 쉽게 개괄하도록 도와주는가? 우리는 어떤 주나 지역을―넓게 펼쳐진 가톨릭의 텍사스, 과정신학의 버몬트, 오순절 계통의 퀘벡과 같이―색칠하여 표시하고, 그다음에 그 지역의 특성, 영웅들, 이주 패턴 등을 기술할 수 있을 것이다. 하지만 우리가 묘사하려는 성령론처럼 복잡한 광경의 개관은 점점 지루해질 것이고, 상호관계의 도표는 절망적으로 복잡해질 것이며, 우리가 경계선을 그린다면 그것은 우리의 시야를 막아 넓은 지역의 공통성을 볼 수 없게 할 것이다. 다른 대안은 주제별 지도를 그리는 것인데, 이것은 성령의 정의, 회복, 생명의 선물, 능력, 계시, 친밀한 임재와 같은 공통적인 관심사들을 한 무리로 묶어 변천 중인 생태학적 구역을 지도 표면에 회반죽 칠 하듯이 그리는 것이다. 하지만 그런 관심사들 가운데 다수는 단지 한 지역에서가 아니라 모든 영역에 걸쳐 생성되고 있다. 교회나 전통은 말할 것도 없고, 신학자들 가운데도 단지 하나의 주제나 하나의 고정된 주제군에만 관심을 두는 사람은 없다. 오순절주의자들이 질서를 추구하듯이 칼뱅주의자들도 성령의 변혁을 원한다.

분야 전체를 생성시키고 있다. 대중들의 삶의 양식은 변화했고, 그들의 습관과 사고도 그에 따라 변화했다. 이와 같은 힘들은 강력하거나 또는 미묘한 방식으로 성령에 대한 최근의 사고를 형성했다. 비록 그것이 오래된 옛 확신에 대한 새로운 배경을 만들어내는 것에 그쳤다고 해도 말이다.

그 대신 우리는 기술, 문화, 철학, 특별히 교회론과 같이 현대 성령론을 형성했던 다양한 사회적인 힘들[2]을 확인하는 광범위한 개관성 지도를 그릴 것이다. 그런 엄청난 변화의 시대에 우리가 취하는 넓은 초점은 안정된 영역보다는 국경 인접지역의 지도를 제안한다. 이 지도는 친근한 지형지물, 울퉁불퉁한 시골, 머나먼 땅, 복잡한 상호작용, 끝없는 유동, 수많은 미지의 것 등을 담게 된다. 그리고 그 모든 것 안에서, 또 그것을 통해 하나의 사명 (mission)이 우리 앞에 놓인다. 그것은 성령이 예수께서 지명하셨던 증인들 (눅 24:48-49)을 방대한 로마 세계로 내몰았던 바로 그 사명이다.

그렇게 그려진 지도는 다른 종류의 지도가 드러내줄지도 모르는 많은 것을 감춘 채 남겨둘 수도 있다. 그럼에도 그 지도는 지난 150년 동안 복잡했던 신학적 세계의 많은 중요한 특징을 드러내 준다.[3]

---

2) 지성적인 힘들에 초점을 맞추면서 르론 슐츠는 현대 성령론과 물질, 인격, 힘에 관련하여 발전 중인 철학적 개념들 사이에서 서로 교차하는 깨우침의 지도를 제공한다. F. LeRon Shults, "Current Trends in Pneumatology," in *Spirit and Spirituality* (Copenhagen: University of Copenhagen Press, 2007), 20-38.

3) 이 도표는 리처드 니버의 "그리스도와 문화"의 유명한 지형 스펙트럼과 어떤 점에서는 비슷하다고 할 수 있다(*Christ and Culture* [New York: Harper, 1956]). 그러나 이 도표는 양쪽 영역에서 작용하는 역동적인 힘을 더 잘 표현한다. 19세기와 20세기는 기독교가 우세한 사회에서 각성과 격변을 모두 경험했다. 동시에 기독교 신앙은 전 세계의 새로운 지역으로 진출했고—이국적 문명들뿐만 아니라 산업적인 풍경을 헤쳐 나가면서—외부로부터의 문화적인 영향뿐만 아니라 내부에서의 지성적인 동요도 기독교적 상상력을 형성했다(만일 니버의 도표가 "교회와 세계"를 관련시키는 종말론의 유형들이었다면, 더 잘 작동했을 것이다). 이 격자 도표는 또한 프라이의 기독교 신학의 유형과도 유사하다(*Types of Christian Theology* [New Haven: Yale University Press, 1994]). 그러나 프라이의 유형은 이 도표 위에 위치되기는 어렵고, 말끔하게 선이 그어지지도 않는다. 프라이의 1유형과 3유형은 3유형을 오른쪽에 두고 이 도표의 바닥에 놓이는 것처럼 보인다. 5유형은 논쟁의 여지는 있지만 꼭대기에서 오른쪽으로 기울어지는 경향이 있다. 2유형과 4유형은 정확한 지점에 해당하기보다는 대각선으로 국경을 따라 흩어져 있는 것처럼 보인다. 훨씬 많은 일들이 최근의 신학에서 단지 신학과 철학(또는 다른 어떤 영역)의 대면 이상으로 진행되고 있고, 그 결과는 너무 다채로워서 프라이의 스펙트럼에 일치하지 않는 불일치가 발생한다. 전체 세계가 그 안에 있는 무수히 많은 작은 세계와 함께 변화하고 있다.

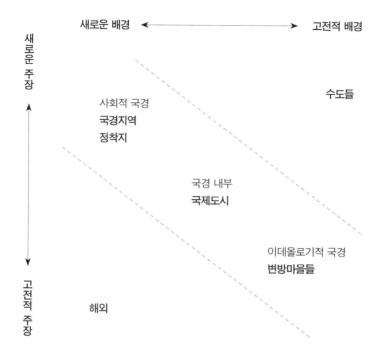

새로운 배경 ←——————————————→ 고전적 배경

새로운 주장 ↑

고전적 주장 ↓

수도들

사회적 국경
**국경지역
정착지**

국경 내부
국제도시

이데올로기적 국경
변방마을들

해외

이 지도는 5가지 종류의 현대 성령론을 배치하는 데 도움을 준다.

1. 우리는 복음의 "**수도들**"에서 시작한다. 그곳은 오랜 세월 동안 확고한
   교회적 배경을 가졌고 고전적 주장이 지배했다.
2. 그다음 우리는 사회적이고 이데올로기적인 새로운 배경을 갖는 "**해
   외**"로 여행한다. 그곳에서 성령은 정통주의적 기독교 전통과는 다른
   의미로 이해된다.
3. 그다음 우리는 복음의 **사회적 국경**이라고 할 수 있는 "**국경지역 정착
   지**"로 돌아간다. 그곳은 전통적인 기독교적 삶과 신앙이 뿌리를 내리
   고 있는 현대의 새로운 사회적 배경이다.
4. 우리는 또 다른 국경, 곧 **이데올로기적** 국경으로 넘어간다. 그곳의
   "**변방마을들**"은 그들 자신의 신학적인 유산만큼이나 성령에 대한 현

대의 새로운 주장에 대한 거류민들의 반응에 의해 형성된다.

5. 마지막으로 우리는 **국경 내부**라는 이 지도의 중앙을 방문한다. 그곳에서는 새로운 세계와 오래된 세계가 상호작용하면서 서로 뒤섞여 **"국제도시"**(cosmopolis)를 형성한다. 이들의 신앙과 신학적인 상상력은 고전적인 삶과 현대적 삶 모두의 특징을 통합하고 그것에 반응한다.

각 사분면에서 우리는 1) 그 지역에서 이루어진 성령론을 특징짓는 앞선 **선구자**의 영향을 확인할 것이다. 또 우리는 2) 그곳에서 저명하고 영향력 있는 **사상의 대표자들과 학파들**을 언급할 것이며, 3) **일반화**를 시도하여 **한 사람의 대표적 인물**을 선정한 후, 마지막으로 4) 그곳에서 제시되는 **성령이 누구신지**를 질문할 것이다. 그다음 우리는 전체 그림이 중요한 성령론적 의미를 가지는지 여부를 간략하게 살피면서 결론을 내릴 것이다.

1. 수도들에서의 성령론

역사신학은 흔히 새로운 발전들에 관해서는 편향된 자세를 보이면서 그것들을 강조한다. 그러나 그것은 혁신이 되어 마침내 한 시대를 특징짓기도 한다. 그런 편향된 자세는 우리로 하여금 최근의 성령론에서 가장 중요한 몇 가지 운동을 간과하도록 유혹한다. 그것은 **다른 어떤 곳으로** 가지 말라거나 또는 이전 시대의 신학적인 이정표로 되돌아가라는 유혹이다.

18세기와 19세기의 기독교 세계는 서로 다른 교단적 전통들로 화해될 수 없이 분열되어 있었다. 그래서 우리는 교회의 다양한 신학적 수도들 전체에 걸쳐서 전통적인 성령론에 영감을 불어넣었던 한 명의 공통된 선구자를 지적할 수가 없다. 각각의 전통은 그 자신의 선구자를 가지고 있었다. 후대의 미국 기독교에 비교할 바 없이 영향을 미쳤던 대표적인 선구자는 조나단 에드워즈(Jonathan Edwards, 1703-1758)였다. 미국의 제1차 대각성 운동의 지도자였던 에드워즈는 영국 청교도 칼뱅주의의 웨스트민스터 전통으로부터 시작하였고 그 전통에 확고히 머물러 있으면서, 미국적 기독교 사상과 영성이라는 내구성 있는 직물을 짜는 데 도움을 주었다. 성령론과 관련하여 우리는 에드워즈의 "하나님의 영의 사역에서 특징적인 표징"에 대한 설명이, 많은 사람들 가운데 젊은 존 웨슬리(John Wesley, 1703-1791)에게 영향을 미쳤다는 사실을 추가할 수 있을 것이다. 존 웨슬리는 1738년에 개인적이고 교회적인 부흥에 대한 자신의 성령론적 이해를 발전시키는 중이었다.[4] 하지만 19세기에는 미국 신학의 수도들마저도 옛 세계(유럽)에 비하면 산간 벽지였다. 그래서 우리의 분석은 유럽에 집중한다.

현대주의의 도전에 대응하면서 19세기 가톨릭의 신스콜라주의는 중세 스콜라 신학자들, 그 가운데서도 특별히 토마스 아퀴나스(Thomas Aquinas, 1225-1274)가 수립한 입장과 방법에 의존했다. 아퀴나스의 신학적 유형은 로마 가톨릭교도들에게는 대단히 표준적인 것이었다. 교황 레오 13세(Pope Leo XIII, 1810-1903)는 1879년 회칙인 「영원한 아버지」(Aeterni Patris)에서 신 스콜라주의 방법을 추천했다. 이것은 로마 가톨릭교회의 성령 이해에 아우구스티누스-토마스주의적인 고전적 서방 성령론의 풍부한 자료들을 제공했다.[5]

다수의 가톨릭 신학자들이 신스콜라주의의 형식주의가 진부하고 불만족스러운 것을 발견했을 때, 그들은 훨씬 더 멀리 소급해서 교부시대의 거인들에게로 돌아갔다. 이들의 "근원으로의 복귀"는 "원천으로 돌아가기"(ressourcement) 운동으로 알려졌다. 한스 우어스 폰 발타자르, 이브 콩

---

4) Albert Outler, *John Wesley* (New York: Oxford University Press, 1964), 15, Winfield H. Bevins, "The Historical Development of Wesley's Doctrine of the Spirit," *Wesleyan Theological Journal* 41, no. 2 (Fall 2006): 161-81에 인용되어 있다.

5) 유용한 논증을 위해 Ralph del Colle, *Christ and the Spirit: Spirit-Christology in Trinitarian Perspective* (New York: Oxford University Press, 1994), 특별히 2장, "Christ and the Spirit: Spirit-Christology in the Neo-Scholastic Tradition," 34-63을 보라.

가르, 장 다니엘루, 그리고 앙리 드 뤼박과 같은 지도자들은 오리게네스, 카이사레아의 바실리오스, 나지안주스의 그레고리오스, 그리고 아우구스티누스 등의 개척자적인 성령론적 작품에 대한 서구적인 이해를 회복시키는 데 도움을 주었다. 이것은 20세기의 삼위일체론 르네상스에 기초를 놓은 것이다. 그들이 일으킨 성령론적 부흥의 결과는 현재 기독교 신학 전체를 통해 계속 울려퍼지고 있다.

동방의 수도들도 마찬가지로 분주했다. 동방 기독교는 항상 교부들의 유산을 자랑했고, 견줄 수 없이 헌신적으로 그 기억을 잘 발전시켰다. 정교회 신학은 밖에서 생각하는 것처럼 항상 보수적이었던 것만은 아니다. 러시아 정교회 신학은 한편으로는 특별히 비잔틴과 슬라브 전통 사이에서 지속되었던 대화를 계속 수행했고, 다른 한편으로는 현대성과도 대화했다. 카파도키아 교부들로부터 그레고리오스 팔라마스(Gregory Palamas, 1296-1359)와 다마스쿠스의 요한(John of Damascus, c. 676-749)에 이르는 앞선 이들의 확신을 발전시키고 변호했던 정교회 신학자들의 열정은 20세기 정통주의 안에서도 이 목소리들이 활기차게 들리도록 해주었고, 동시에 그 신학자들은 자신들의 대화에 이끌려 들어온 서방의 기독교인들과도 강하게 소통했다.

성령론과 관계되는 곳에서 이 유산은 성령의 발현(procession)에 대한 아우구스티누스의 견해와 카파도키아 교부들의 견해 사이의 단층선을 따라 지속적으로 느껴졌다. 블라디미르 로스키(Vlardimir Lossky, 1903-1958)와 다른 많은 정교회 신학자들은 서방의 일반적인 스콜라주의가 아버지와 아들이 공유하는 본성이 성령의 기원이 된다는 식의 잘못된 (삼위일체적) 관계를 구성해서 성령을 비인격화했다고 비판했고, 오직 아버지로부터만 성령이 나오신다는 동방의 고전적 성령론을 재천명했다. 이들의 비판은 점차 늘어나고 있는 서방의 공감하는 신학자 청중들에게 들려지고 있고, 서방의 몇몇 그룹 안에서는 필리오케(*filioque*)의 질문을 효과적으로 재개하고 있다.

전통적인 정통주의 성령론에 미친 또 하나의 현대적인 영향은 전통 자체와 관련이 있다. 동서방 교회의 분열(1054) 이후 권위의 문제가 서방 신학을 지배했다. 그 시대에는 실제로 로마 주교 및 교황청의 권위와 시민 통치자의 권위, 이성의 권위, 성서의 권위, 개인적인 양심의 권위, 그리고 공동체의 권위 등이 지배했고, 이에 따라 그 시대는 그런 권위들에 대한 투쟁이라는 의미로 이름 지어질 수 있다.[6] 각각의 권위의 옹호자들은 흔히 그 힘을 성령론적인 용어를 사용하여 설명했다. 교도권은 가르치는 직분을 성령의 은사로서 행사해야 하며, 성서는 영감으로 기록되어 권위가 있다는 식으로 설명되었다. 여기서 동방의 공헌은 무엇보다도 거룩한 전통 전체가 성령의 사역이고 유산이라는 오랜 확신을 재천명한 것이었다. 드미트루 스타니로에(Dumitru Staniloae, 1903-1993, 루마니아의 정교회 신부―역자 주)는 그것을 이렇게 간결하게 표현했다. "교회, 전통, 성서는 하나인 전체로 짜여 있고, 성령의 사역은 이 통합적 일치의 영혼(soul)이다."[7] 권위는 하나의 장소 또는 교황, 성서, 지역 공동체 등을 정점으로 하는 단순한 위계질서에 귀속되지 않는다. 오히려 권위는 교회의 몸과 삶 전체를 통한 예수의 성례전적 임재를 묘사한다. 이때 그 교회의 성인들, 예전, 지도자들, 성서, 공의회, 그리고 성례전 등의 모든 것은 삼위일체 하나님의 빛과 은혜를 나타낸다. 이 전망은 오랜 불일치에 싫증이 난 많은 서방 기독교인들, 특별히 복음주의자들에게 매력적인 것으로 드러났다.[8]

몇몇 개신교인들도 자신들의 원천으로 돌아갔다. 장 칼뱅(John Calvin, 1509-1564)은 개신교적 수도들에서 항상 인기 있는 저자였다. 체계적 사상

---

6) William F. Abraham, *Canon and Criterion in Christian Theology: From the Fathers to Feminism* (New York: Oxford University Press, 2002)을 보라.

7) Dumitru Staniloae, *The Experience of God*, trans. Ioan Ionita and Robert Barringer (Brookline, MA: Holy Cross Orthodox Press, 1994), 55.

8) 이 논증에 대한 보다 진전된 발전을 1999년 미국 종교 아카데미의 연례 컨퍼런스에서 복음주의 신학과 동방 신학의 합동 발표시간에 발표되었던 Telford Work, "Gusty Winds, or a Jet Stream? Charismatics and Orthodox on the Spirit of Tradition"에서 보라. http://www.westmont.edu/~work/lectures/GustyWinds.html.

가로서의 칼뱅의 능력은 찰스 하지, 헤르만 바빙크, 루이스 벌코프, 박형룡 (1897-1978)과 같은 후계자들의 수로를 통해 전달되었고, 개혁파 사상을 신학적인 중력의 중심으로 만들어 복음주의자들이 폭넓은 신앙고백의 스펙트럼 가운데 어느 곳에 있든지 그곳을 중심으로 하는 궤도를 갖도록 했다. 개혁신학은 종종 저평가되기는 하지만, 그래도 강력한 성령론을 가지고 있다. 개혁신학은 성령을 세계 안에서 하나님이 진행하시는 사역을 성취하는 대행자(agent)로 이해한다.[9] 성령은 사도들과 예언자들에게 영감을 불어넣고, 그들의 메시지를 듣는 사람들의 마음을 밝혀준다. 성령은 복음의 진리를 확증하시는데, 이것은 오직 하나님의 내적 증거만이 할 수 있는 일이다. 성령의 말씀과 성례전은 믿는 자들 안에 불을 밝히고 그리스도의 은혜를 적용하는데, 오직 이것만이 하나님께서 선택하신 자들을 하나님의 거룩한 자들로 변화시킬 수 있다. 사랑과 희락과 평화라는 성령의 열매는 교회의 예배에 생기를 부여하고, 성령의 법은 품위 있고 질서 잡힌 공동체를 훈련시킨다.

경건주의(여기서 이것은 하나님과의 진정한 관계가 형식적인 것에 그쳐서는 안 되고 반드시 역동적이고 실제적이어야 한다고 강조하는 운동의 포괄적 용어를 뜻한다)는 현대 개신교의 갱신을 위한 또 다른 믿을 만한 세력이었다. 신학적으로 강조되는 경건주의는 그 중심에서 성령론적이었고, 인격적인 성령이 단지 법정적 의에 대한 형식적 신앙만을 부여하는 것이 아니라 예수 그리스도 안에서 하나님과의 진정한 인격적 관계로 거듭나게 하신다고 주장한다. 기도, 찬송, 모임, 부흥, 교리문답, 경건한 인도 등을 통해 예배자의 심정과 회중의 삶 안으로 스며들어간 현대 경건주의는 17세기의 필립 슈페너(Philipp Spener, 1635-1707)와 18세기의 웨슬리 형제단이 이미 말했던 것이 아닌 다른 것은 거의 주장하지 않았다. 현대 경건주의는 성령에 대한 앎을 가능하게 해주었고, 성령의 주권적인 훈육의 존중을 강조했는데, 이것은 루

---

9) Philip Walker Butin, *Revelation, Redemption, and Response: Calvin's Trinitarian Understanding of the Divine-Human Relationship* (New York: Oxford University Press, 1995)을 보라.

터교인들, 성공회 신자들, 개혁교회 신자들, 침례교인들, 감리교인들, 그리고 재림교회 신자들의 세대들을 새롭게 하였다(때로는 분열시켰다). 경건주의는 전 세계적인 복음주의의 핵심은 아니라고 해도 그것의 중요한 분과들 가운데 하나인 것은 분명하다.

이 모든 전통주의적인 신앙인들의 성령론적 확신들은 미국의 보수적인 가톨릭, 정교회, 그리고 개신교인들 가운데서 여전히 큰 영향을 미치고 있다. 보수적인 성령론자들은 남반구의 성장하는 교회들에게 큰 영향력을 행사하고 있으며, 전 세계적인 영성 단체를 이끌면서 그들의 의제를 세워주기 시작했다. 세계의 은사주의적 또는 오순절적 웨슬리주의자들과 같은 몇몇 큰 예외가 있기는 하지만, 대부분의 21세기의 기독교인들은 성령을 17세기 이전에 마련된 노선을 따라 이해하려고 할 것이다.

근원으로 돌아가자는 또 다른 한 가지 운동도 언급되어야 한다. 성서 연구가 바로 그것이다. "문법적·역사적 주해"와 많은 역사비평적 주해는 성서 본문의 의미를 본래적인 역사적 맥락에서 탐구한다. 역사학자들과 성서학자들은 1세기 유대교와 그것을 둘러싼 그리스-로마 세계에 대한 지식을 오직 그리스-로마 시대 사람들만 뛰어넘을 수 있는 수준으로까지 회복시켰다. 그런 재발견들은 흔히 고정되어 있었던 전통을 의문시하였다. 우리는 이 분석의 다른 항목에서 성서적 성령론을 다루게 될 것이다. 하지만 대체로 지나치게 회의적이었던 역사비평의 두 세기가 지난 후에, 책임 있는 학문적 역사편찬이 대중적이긴 했지만 조잡했던 많은 개정을 다시 뒤집으면서 이전의 전통적인 입장을 재확인하고 다시 강화시켰다. 그 결과 지난 150-200년 동안의 성서적 성령론의 한 가지 중요한 기능은 과거의 많은 고전적 주장을 보다 학문적으로 정확하고 세련되게 재천명하는 것이었다. 예수와 사도들에게까지 소급되는 시기의 유대교적 성령론은 성령에 대한 신약성서의 다양한 묘사들을 해석하는 데 특별히 중요한 배경이 되었다.[10] 리

---

10) 로버트 멘지스(Robert Menzies, 1894-1978)는 누가복음과 사도행전을 초기 유대

처드 보컴(Richard Bauckham, 1946-)은 유대인들이 천사들과 같이 하나님을 중재하는 형체들을 하나님 자신과 동일시하지 않았다고 주장하면서, 유대교 신론과 성령론을 회복할 것을 호소한다. 그렇다면 신약성서의 교회가 그리스도를 하나님과 동일시한 것은 다름 아니라 바로 예수의 온전한 신성을 주장하는 것이었다.[11] 그러므로 니케아 공의회의 삼위일체론은 때때로 주장되는 것과 같이 사도적 기독론으로부터 벗어나는 발전이 아니라, 원래 유대 교회의 가르침을 본질과 인격성에 대한 헬레니즘적인 범주로 번역한 것임이 확실해진다.

성령의 발현(procession)이라는 완강한 신학적 주제는 동방과 서방을 양극화시키는 것 이상의 일을 했다. 이 주제와 관련하여 20세기에 교회일치를 염두에 둔 신학자들과 기관들은 나누어진 양쪽 진영의 입장을 존중하는 방식으로 성령의 인격성을 새롭게 인식했고, 공통의 "위대한 전통"에 의지하려고 노력했다.[12] "영-기독론"(Spirit-Christology)은 구원의 경륜 안에서 각 위격이 서로의 사역에 대해 담당하는 역할을 살펴보면서 아들에 대한 성령의 관계를 훨씬 야심차게 재고한 결과, 그리스도의 구속 사역 안에서 명확한 성령론적 차원을 확인했고, 나아가 아들과 성령 사이의 필연적

교 성령론의 예언자적 흐름 안에 확고하게 위치시킨다. 그 흐름 안에서는 주의 성령이 하나님의 기름 부음을 받은 천사에게 비전을 주고 말씀의 영감을 전한다. *The Development of Early Christian Pneumatology with Special Reference to Luke-Acts*, Journal for the Study of the New Testament Supplement 54 (Sheffield: JSOT Press, 1991). 고든 피(Gordon Fee, 1934-)는 바울의 보다 명확한 사회학적 성령론을 하나님의 백성 가운데 성령이 선물로서 임재하신다는 구약성서의 종말론적 약속 안에 위치시킨다. *God's Empowering Presence: The Holy Spirit in the Letters of Paul* (Peabody, MA: Hendrickson, 1994)를 보라. 『성령: 하나님의 능력 주시는 임재』(새물결플러스 역간).

11) Richard Bauckham, *God Crucified: Monotheism and Christology in the New Testament* (Grand Rapids: Eerdmans, 1998).

12) 가톨릭 교회일치론자들은 1995년에 "성령의 발현에 대한 그리스와 라틴 전통"과 같은 연구를 발표하면서 "성령의 발현"과 같은 주제는 흔히 인식되는 것보다 교회일치를 위한 더 큰 공통적인 기반이라고 주장했다.

인 상호성도 발견했다.[13] 이 학자들과 지도자들은 때때로 전통 바깥의 목소리들을 채택하기도 했지만,[14] 근본적인 추진력의 원천은 대체로 전통 자체 안에 있었고, 이것은 마르틴 루터와 많은 다른 사람들의 노선과 마찬가지였다. 이것이 성서 신학자 제임스 던(James D. G. Dunn, 1939-)이 초기 교회의 그리스도와 영의 경험을 추적했던 작업에 해당한다.[15] 그러나 보수적 성서주의가 보여주는 간헐적인 급진적 격렬함은 수도들에서의 신학이 단지 과거를 유지하는 것만이 아닐 수도 있음을 보여준다.

우리는 옥스퍼드 운동의 지도자였던 존 헨리 뉴먼(John Henry Newman, 1801-1890)이라는 인물 안에서 전통적인 성령론 학파를 인격화할 수 있을지도 모른다. 어린 시절 뉴먼은 성서 및 개혁파 정통주의와 대면했고, 1840년경 아우구스티누스와 대면했다. 이것은 성령이 그리스도의 교회를 사도적인 유아기로부터 성숙한 상태까지 발전시키고 있다는 가톨릭적인 비전을 그에게 심어주었다.[16] 뉴먼은 영국의 가톨릭주의를 크게 강화시켰으며, 이것은 혁신적인 신학, 자유주의에 대한 양보, 19세기 시대정신

---

13) Del Colle, *Christ and the Spirit*, 3-4.

14) 아리스토텔레스, 헤겔, 그리고 다른 사람들은 로버트 젠슨과 같은 교회일치와 관련 있는 복음적 가톨릭주의자에게 놀라운 삼위일체적 틀을 제공했다. 젠슨의 *Systematic Theology*, 2 vols. (New York: Oxford University Press, 1997 and 2001), 특별히 1:146-61을 보라. 몰트만의 "영-기독론"도 여기에 대단히 적절하게 속한다. 그것은 아래의 "국제도시의 성령론"에서 등장할 것이다.

15) James D. G. Dunn, *Christology in the Making: A New Testament Inquiry into the Origins of the Doctrine of the Incarnation*, 2nd ed. (Grand Rapids: Eerdmans, 1994) and *The Christ and the Spirit*, 2 vols. (Grand Rapids: Eerdmans, 1997-1998).

16) 거룩한 전통의 발전에서 성령론의 역할은 *Essay on the Development of Doctrine*에서 과소평가되지만, 다른 곳에서는 명확하고 뚜렷하게 평가된다. 예를 들어 뉴먼이 *On Consulting the Faithful in Matters of Doctrine*에서 "신실한 자들의 의견일치"의 신뢰성을 옹호하는 자료들에서 그러하다. 두 논문은 John Henry Newman, *Conscience, Consensus, and the Development of Doctrine* (New York: Doubleday, 1992)에 있다.

에 대한 민감성 등을 통한 것이 아니라, 처음 5세기 동안 교회가 얻은 신학적 지혜를 신중하게 회복시킨 결과였다. 그의 작업은 반대자들에 직면해서도 흔들리지 않았다. 각각의 기독교 전통 안에서 뉴먼에 해당되는 사람들은 다른 어떤 일이 발생하더라도 미래 신학에서 가장 강력한 한 가지의 역동성은 "과거와 현재의 연속성"이 될 것이라고 확신했다.

이 단락에서 고려해야 할 마지막 문제가 하나 있다. 여기 복음의 수도들에서 나타나는 이 모든 사상들은 성령을 어떤 존재로 제시하는가? 이 발전들은 성령을 정의할 수는 없지만 **드러내줄 수는 있다**. 성령은 살아 있는 교회 안에서 살아 계신 주님이시다. 신학의 수도들에서 우리는 사람의 아들이 붙들고 계시다가 온 세상으로 보내시는 하나님의 보좌 앞의 일곱 영을 본다(계 1:4; 3:1; 5:6). 그것은 제자들의 몸에 거하시는 아들의 영(요일 4:13)이며, 그분이 제자들에게 가르치셨던 모든 것을 생각나게 하신다(요 14:26).

2. 해외의 성령론

제국주의 영국의 엘리트들은 뉴먼 시대의 가톨릭교도들을 용납할 수가 없었다. 소비에트 연방이나 인문주의적 서유럽 모두 정교회와 가톨릭교회의 근원으로 돌아가는 운동에 적대적이었다. 방어적이었던 미국의 전통주의자들은 현대적인 지성의 침략에 대해 신앙의 "근본적인 것들"을 재천명함으로써 반응했다. 이런 기독교성의 중심에 몰아닥쳤던 것은 흔히 "저편의 세계"(a beyond), 곧 교회로부터 벗어나 이미 세속주의 안으로 이주했거나 또는 복음에 아직 도달하지 못했다고 할 수 있는 저편의 세계였다.[17] 그러나 현대적 성령론은 그곳에서도, 심지어 기독교의 핵심적 전제들을 부정하

---

17) 성령론으로 인식될 수 있고 이 분석에 적절한 신학은 최소한 기독교 전통과 다소간의 상호작용을 필요로 하는 것처럼 보인다. 그 이유에서 **복음화되지 않은** "저편의 세계"는 이 항목의 서술 범위를 벗어난다.

는 세속적인 상상력들 안에서도 생성되는 중이었다.

많은 선구자들이 성령론의 조건을 설정하면서 우리 지도의 사분면을 조망하고 있다. 효율적인 분석을 위해 우리는 한 사람에게 초점을 맞출 것이다. 그는 헤겔(Georg W. F. Hegel, 1770-1831)이다. 기독교적 헌신과 철학적인 야망으로 미루어본다면, 헤겔 자신은 우리 지도의 중앙에 있는 넓은 도시 또는 국제도시에 속한다. 하지만 그의 철학은 "해외"의 세속성 안에 있는 현대 서구의 상상력을 위해 매우 중요하다. 헤겔의 영향력이 확대되면서 전체화 하는 특성과 발전적 성령론을 지닌 헤겔의 체계는 심지어 기독교와 상반되는 비전을 형성하는 데까지 이르게 되었다. 많은 사람들은 삼위일체 하나님에 대한 헤겔의 신학을 생성 과정에 있는 하나님으로 바꾸었고, 헤겔의 우주론을 거의 거꾸로 뒤집힌 플라톤주의와 흡사한 것으로 바꾸기도 했다. 다시 말해 물질세계는 선험적이고 우월한 영적 질서**로부터** 유출되지 않으며, "지성" 또는 "영"이라고 불릴 수 있는 정신(Geist)의 완전성을 획득하기 위해 자기실현의 역사적 과정을 **통해서** 진보한다.[18]

공산주의, 초월주의, 사회적 과학주의, 그리고 자유 민주주의는 바로 정신이 (철학자 헤겔에 의존하여) 자신을 나타내는 네 가지 방식이다. 칼 마르크스(Karl Marx, 1818-1883)는 역사의 자기실현을 사회적 모순이 해결된 노동자들의 낙원에서 완성되도록 했다. 이것은 하나님 없는 하나님 나라이고, 이때 정신은 사회 그 자체다. 랄프 왈도 에머슨(Ralph Waldo Emerson, 1803-1882)은 헤겔의 "진보하는(progressive) 하나님" 안에서 인간의 과거의 진화를 수용하고 인류가 "승리주의적이고 오류가 없는 인종"이 될 수 있도록 만드는 근거를 찾았다.[19] 에밀 뒤르켕(Emile Durkheim, 1857-1917)은 헤겔주의를 활용하여 인간의 지식이 보편적인 그리고 전 세계적인 진리에서

---

18) David F. Ford, *The Modern Theologians*, 2nd ed. (Malden, MA: Blackwell, 1997), 9-10.
19) William H. Gilman et al., eds., *The Journals and Miscellaneous Notebooks of Ralph Waldo Emerson* (Cambridge: Harvard University Press, 1960), 11:263.

정점에 도달한다고 상상했는데, 그 진리는 실재에 대한 인류의 다양한 집단적 표상들의 통합에서 온다고 했다.[20] 왜냐하면 뒤르켐에게 어떤 사회의 신들은 그것의 집단적인 자기표상들이고, 그것들의 전 세계적인 통합은 자기-실현된 사회적 영인 정신 그 자체이기 때문이다.[21] 소비에트 연방이 무너졌을 때 경제학자인 프란시스 후쿠야마(Francis Fukuyama, 1952-)는 헤겔적인 "역사의 종말"을 선언했으며, 그것에 따르면 헤겔의 절대 이념은 자유 민주주의와 전 세계적인 자본주의를 통해 실행되는 인간의 자유로 판명난다.[22]

그러므로 인간성에 대단히 확고히 닻을 내린 헤겔의 "정신"은 현대의 진보적인 서구 의식 사이를 배회하고 있다. 세속주의자들은 헤겔의 정신을 이스라엘의 하나님으로부터 절단하며, 그때 그것은 승리주의적인 (또는 비극적인) 인간 정신이 된다. 정치적 좌파와 우파에 걸친 많은 기독교 진보주의자들은 그 정신을 하나님의 영과 동일시하며, 그 하나님은 자유와 번영의 신 또는 억압받고 있는 사람들과 연대하는 신이다.

헤겔이 "해외" 성령론의 유일한 목소리는 아니다. 헤겔의 역사신학과 성령론은 근본적으로 목적론적이지만, 모든 헤겔적 도식에 대한 끊임없는 반

---

20) Peter Knapp, "The Question of Hegelian Influence on Durkheim's Sociology," *Sociological Inquiry* 55 (1985): 1-15, cited in Deniz Tekiner, "German Idealist Foundations of Durkheim's Sociology and Teleology of Knowledge," *Theory and Science* (2002), International Consortium for the Advancement of Academic Publication, http://theoryandscience.icaap.org/content/vol003.001/tekiner.html.

21) 죄의 특성을 지닌 세계에서 그와 같은 전 세계적인 자기 표상은 성령이 아니라 요한이 "이 세상 통치자"라고 부른 대적자(예를 들어 요 12:31; 14:30; 16:11)일 것이라는 사실을 지적할 수 있다.

22) Francis Fukuyama, *The End of History and the Last Man* (New York: Free Press, 1992). 후쿠야마의 직접적인 영향력은 주로 그가 촉발했던 반대논증을 통해 행사되었다. 하지만 후쿠야마는 전 세계적인 민주주의적 자본주의와 복지국가주의의 진화에서 진보 그리고 더 나아가 일종의 역사적 종국을 보는 많은 사람들을 대표하여 말하고 있다. 냉전 이래로 서구의 정치적 정당들 대부분은 그와 같은 공통적인 비전의 여러 변종들을 촉진시켰다.

대는 **무목적적인**(dysteleological) 환상가들로부터 나왔다. 이들은 역사 안에서 어떤 중요한 지점도 보지 못하였고, 어떤 불가피하거나 혹은 가능한 진보도 볼 수 없었으며, 우주의 복잡성과 모순에 대한 어떤 초월적 해결 또는 중요한 의미의 선함이나 악함도 찾지 못했다. 여기서 "영"은 단일하고 보편적인 것일 수 없다. 무목적적인 우주에 있는 "영들"은 우연적이고 여럿이다. 그러므로 그들은 불가피하게 충돌한다.

니체(Nietzsche, 1844-1900)에게서 그 영들은 권력을 잡으려고 경쟁하는 개인적인 의지들이다. 프로이트(Freud, 1856-1939)는 그 영들이 개별적인 마음들과 문명 전체를 이끌어가는 어두운 심리학적인 힘들이라고 보았다. 인류의 무수한 집단과 하부 집단 가운데 이 영들은 바울이 세상의 "초등학문"(stoicheia)이라고 부른 무수한 인간적인 구조들이며, 월터 윙크(Walter Wink, 1935-2012)는 그것들을 신약성서의 정사 및 권세와 연계시켰다.[23] 변화와 적응의 세계 안에서 결코 끝나지 않는 생물학적인 흐름을 단정하는 신 다윈주의자들에게 그 영들은 단명하는 종들 자체이고 그들의 생태계이며, 진화하는 생물 전체의 영역, 유전자, 또는 개별적인 표본들이다.

그러므로 세상의 영들은 서로에 대한 영원한 투쟁, 그리고 그들을 창조하고 파괴하는 세계와의 영원한 투쟁 가운데 깊이 파묻혀 있다. 무목적적인 현대성의 우주론은 다원적이고 이교적이며, 궁극적으로는 허무주의적이다.[24] 야망, 수치, 시기심이 개인들, 가정, 제국들, 억눌린 사람들, 문화들, 갱들, 정당들, 사업들 등을 지배한다. 이것은 원죄 때문이 아니며, 원죄가 손쓸 수 없이 고삐가 풀려버렸기 때문이 아니다.[25] 단지 사물들의 본성이 그렇기

---

23) 가장 간결하게 Walter Wink, *The Powers That Be: Theology for a New Millennium* (New York: Doubleday, 1998)을 보라.

24) Lesslie Newbigin, *The Gospel in a Pluralist Society* (Grand Rapids: Eerdmans, 1989), 220; Robert W. Jenson, "Much Ado about Nothingness," in *Sin, Death, and the Devil*, ed. Carl E. Braaten and Robert W. Jenson (Grand Rapids: Eerdmans, 2000), 1-6.

25) Alan Jacobs, *Original Sin: A Cultural History* (San Francisco: Harper, 2008).

때문이다. 이와 같은 환상의 능력은 너무도 거대해서 그것의 변종들은 셀수 없이 무수하다. 그 가운데 몇 가지 두드러진 것이 언급될 필요가 있다. 사회적 다원주의는 "적자생존"을 사회적 규범으로 만들어, 제국에게 그 규범을 부과하여 약자들을 전멸시키는 지점까지 몰아가고 있다. 국가 사회주의(National Socialism)는 한 민족(국민 또는 인종)의 명예를 인간의 보편적 품격보다 우위에 놓았다. 협동조합주의(Corporatism)는 통치 정파와 사업, 노동, 지지자 그룹 사이의 연대를 날조해낸다. 환경보전주의는 진짜 문제가 인류 자체라는 의심에 반대하여 생태계 파괴가 인류를 푸대접한다는 확신을 더 중시하고 있다. 편견은 몇몇 사람에게 특권을 부여하기 위해 그룹 전체를 하찮게 만든다. 능력주의는 권력에 오르려는 경쟁에서 야심가들을 서로에게 대항시켜 배치함으로써 긴장을 완화시키려고 시도한다. 차별 철폐 조치와 그 이후의 다문화주의는 정의라는 이름으로 옛 승자들의 탁자를 뒤엎어버렸다.

해외의 현대 성령론은 성령에 대한 기독교적 명상과 분석의 "바깥"에 놓여 있다.[26] 하지만 양쪽이 다른 쪽으로부터 멀리 떨어져 있는 장소라고 생각하는 것은 잘못이다(요일 4:1-6). 신학적 수도들과 해외 지역들은 분리된 세계가 아니라 종종 겹치기도 한다. 내부자들은 언제나 외부자들을 시야에 두면서, 때로는 그들의 경멸하는 시선을 받으면서(또는 그 시대의 권력자에게 의존하며 그들의 머리 위에서) 함께 작업한다. 해외의 많은 사람들이 교회 안에서 양육되었던 것과 마찬가지로, 많은 전통주의자들은 회의주의자들로서 여러 해를 보낸 후에야 내부로 들어왔다. 현대 서구 기독교를 새롭게 하였던 경건주의는 또한 오늘날 "무신론적 경건주의"를 산출했는데, 이것은

---

26) **건너편 세계**(*beyond*)라는 용어는 한때 확고하게 기독교적이었던 사회들, 즉 대학들, 주요 도시들, 대중매체, 교육 시스템, 그리고 공공 기구들 등을 점점 더 지배하고 있는 사고방식을 묘사할 때는 이상하게 보인다. 하지만 그것은 그 사회들 자체를 중심적인 것으로 취하는 것이지 그 사회들보다 오래 지속되는 어떤 새로운 창조가 아니다.

도덕적이기는 하지만 세속적인 사회들을 특징짓는다.[27]

마르틴 하이데거(Martin Heidegger, 1889-1976)는 아마도 그런 갈등에 찬 문화적 풍경을 구체적으로 보여주는 최고의 인물일 것이다. 하이데거는 우주 역사의 영을 건립하고 그것으로부터 도피하는 것, 그리고 덧없고 그림자와도 같은 이 세상의 영들을 신성시하는 것 사이에서 방황했다. 그것은 대단한 여행이었다! 자크 데리다(Jacques Derrida, 1930-2004)는 헤겔의 "정신"의 범주에 대한 하이데거의 변화하는 관심을 추적함으로써 하이데거의 철학적 발전을 이해하기 위한 창을 찾았다.[28] 데리다는 하이데거의 초기 저술에서 하이데거가 웅장한 신적 통일성이라는 헤겔적 함축을 지닌 그 용어를 회피하고 의심했던 것을 발견한다. 그 후 국가 사회주의 정당에 가입하였던 1933년에서 1935년까지 하이데거는 정신(Geist)이라는 용어를 결단과 앎의 의지로, 그리고 땅과 피로 양육된 한 민족의 영적 세계로 받아들인다. 정신의 목표는 더 이상 헤겔이 말하는 우주의 완성이 아니며, 하나의 특별한 민족의 정체성과 문화에 속한다. 데리다는 하이데거가 그 용어를 회피하였을 때나 사용하였을 때나 다른 어떤 초월적인 정신이 하이데거의 작업을 따라다녔다고 주장한다. 하이데거는 그것을 세계를 통일시키는, **그리고** 사람들을 모으는 신적 임재의 **영**(*pneuma*)이라고 묘사했다. 마침내 1950년대에 이르러 하이데거는 "정신"을 초기 헤겔의 방식이나 영(*pnuema* 또는 그가 벗어나기를 원했던 "플라톤-기독교적 시대"의 어떤 다른 것)으로 번역하지 않고, 불길(Flamme), 희생제사의 불, 자신-밖의-존재 등으로 번역했다.[29]

그러므로 하이데거는 헤겔의 거부로부터 출발하여 그것을 악마적인 아

---

27) 이 용어는 *Atheism and the Value of Life: Five Studies in Contemporary Literature* (London: Bentley, 1884), 160에서 말록(W. H. Mallock)에 의해 만들어진 것으로 보인다.

28) Jacques Derrida, *Of Spirit: Heidegger and the Question* (Chicago: University of Chicago Press, 1991).

29) David Ferrell Krell, *Daimon Life: Heidegger and Life-Philosophy* (Bloomington, IN: Indiana University Press, 1992), 265-87을 보라.

리아 민족주의의 사회학적 대안을 교체하는 쪽으로 움직였고, 계속해서 잠정적으로 목적론적인 성령론을 포용했으며, 마지막에는 사물들을 끝장내고 다른 사물들을 시작하는 소모적 초월성의 묘사(데리다는 이것이 히브리 예언자들의 불붙은 영의 반향이라고 묘사한다)로 나아갔다. 데리다가 독자를 미치게 하는 애매한 전문용어들을 통해 추적했던 한때의 성령론(Sometime pneumatology)에 관한 하이데거의 소란은 "해외"의 혼돈을 묘사한다.[30]

"해외"의 영은 누구인가? 물론 그 영도 마찬가지로 성령이시다. 어떤 신학이나 우주론도 이 사실을 변경할 수는 없다. 그리고 그 영도 지혜의 영(사 11:2)이시고, 온 세상은 그 영의 세속적인 진리를 인식하고 인정할 수 있다(왕상 4:29-34). 하지만 하나님의 진리가 억압받고 있는 곳(롬 1:18-19)에서 성령은 내주한다기보다는 세상이 알 수도 볼 수도 받아들일 수도 없는 진리의 영으로서(요 14:17) 배회하신다. 다른 이야기와 범주들도 영의 임재와 능력을 감지한 외부인들의 상상력을 이끈다. 이때 영은 종종 자신의 특성을 드러내곤 하지만, 그러나 아들의 영으로서의 완전한 정체성은 감추신다. 영은 심지어 빛을 향해 우리를 은혜롭게 인도할 때조차도 다른 한편으로는 우리를 어둠 속에 버려두신다.

이런 상호작용은 기독교 성령론의 수도들과 해외 영토들 사이에 국경을 설정한다. 우리는 이제 그 만남의 장소를 그릴 준비가 되어 있다.

3. 국경지역 정착지의 성령론

복음을 새로운 장소와 사람들에게 전했던 메신저들 가운데 몇몇 사람은 "지상명령"에 순종했던 선교사들이었다. 다른 사람들은 우연히 그리고 심지어 의식하지도 못한 채 복음전도자가 되었다. 그들은 친척들, 이웃들, 동료

---

30) 이것은 우리 도표의 다른 부분에는 그런 혼돈이 없다는 뜻은 아니다.

노동자들, 여행자들, 또는 피난민들이었다. 그들은 기독교 신앙의 고전적 표현이 이식되었거나 그대로 반복된 사회적 전선을 만들면서 하나님 나라의 소식을 새로운 배경으로 옮겼다. 이때 그들은 새로운 형식을 택할 수 있었고 새로운 방식으로 공명할 수도 있었다.

헤겔이 "해외" 성령론에서 우뚝 솟아 있는 것처럼, 성령의 현대적·사회적 전선은 존 웨슬리 안에서 초기의 영향력 있는 정착자를 발견했다. 웨슬리는 부흥사였지 선교사는 아니었다. 웨슬리는 이 국경보다는 수도에서 더 편안함을 느끼는 18세기 성공회 경건주의자였다. 하지만 웨슬리의 신앙은 특별히 복음을 새로운 사회적 환경 안으로 전달하는 데 적합한 것으로 입증되었다. 웨슬리의 신앙적인 열정은 믿을 수 없을 만큼의 에너지가 복음의 확산과 교회의 갱신으로 흘러갈 수 있게 해 주었다. 웨슬리적 신앙의 교회론적 실용주의는 예전, 교회 구조, 개인적 실천 등을 급속하게 변화하는 상황에 적응시켰을 뿐만 아니라 그것들이 그 상황 안에서 확산되도록 했다. 영국의 새롭게 산업화된 도시들과 미국 이민자들의 문화에서 융성할 수 있었던 것은 전원에서 발전한 성공회의 교구문화가 아니라 웨슬리의 경건이었다. 웨슬리의 감수성은 심지어 제임스 화이트(James F. White)가 미국 예배에서 "개척자 전통"이라고 부르는 예전적 유형까지 만들어냈다.[31] 웨슬리 신앙의 아르미니우스주의적인 구원론과 개인과 사회의 거룩성 모두의 강조는 잃어버린 사람들과 괴롭힘을 당하는 사람들, 그리고 그들을 변화시키는 성령에 대한 지속적인 관심을 격려했다. 19세기 중엽까지 이러한 웨슬리적 영성의 특성은 이미 다른 개신교 전통들 안으로 확산되었고, 기독교적 증거로 하여금 그것의 중심으로부터 벗어나 오랫동안 미치지 못했고 새롭게 출현했으며 세계 전역에 걸쳐 거의 잊혀져 있었던 지역으로 나아가게 만들었으며, 우리 시대에 상당한 양의 추수를 가능하게 했다.

---

31) James F. White, *A Brief History of Christian Worship* (Nashville: Abingdon, 1993), 146.

우리는 어떠한 새로운 배경에서 고전적인 주장들이 번역되고 반복되고 구체적 상황에 놓이고, 그리고 새롭게 적용되는 것을 발견하는가?

첫째, 가장 분명한 일련의 대답은 사하라 이남의 아프리카, 남아시아와 동아시아, 그리고 다른 많은 지역들을 포함한다. 새로워진 기독교 선교는 그곳에 (때로는 평화롭고 우애롭게, 때로는 삐걱거리는 식민주의적 개척을 통해) 씨를 뿌렸는데, 오늘날 훌륭한 교회들이 성장했다.[32] 이 교회들은 단지 서구 교회를 그대로 이식한 것이 아니었다. 이 교회들은 기독교적 삶과 신앙을 자신들의 토착적 문화 그리고 새롭게 출현하는 전 세계적인 "제3의 문화"[33] 모두 안에서 성장시키고 있고, "제3의 문화"는 점차 세계의 모든 도시와 교외에 어떤 공통적인 느낌을 확산시키고 있다. 그 교회들의 생각의 어떤 부분은 우리가 아래에서 살펴볼 전 지구적인(cosmopolitan) 신학으로 분류되는 것이 더 나은 반면에, 그들의 생각의 대부분은 강한 전통주의적인 성향을 보인다. 그것은 예전적 형식에 대한 충성, 자신들의 신앙고백에 대한 신학적 확신, 흔히 성서의 문자주의적 해석, 그리고 보수적인 도덕 등이다. 그들은 기본적으로 고전적인 신앙을 새로운 문화적 용어로 만들어내고 있으며, 심지어 무시되었던 성서적 주제들을 회복하고, 처음 수 세기 동안의 기독교적 주제들, 위기들, 그리고 발전들을 새롭게 다루기도 한다.

예를 들어 아프리카와 중국의 교회들은 조상 숭배 관습의 긍정이나 적응 또는 비판을 통합시켰고, 오스트레일리아와 미국의 원주민 기독교인들은 오늘의 시들어버린 서구교회의 성령론들을 훨씬 더 넘어서는 정도까지 천사론과 창조자로서의 성령론을 발전시켰다. 조상들의 역할에 대한 교회

---

32) 탄자니아의 마사이족을 위한 상황화된 가톨릭적 선교가 Vincent Donovan, *Christianity Rediscovered* (Maryknoll, NY: Orbis, 2003)에서 매혹적으로 설명된다.
33) 사회학자 루스 힐 우심(Ruth Hill Useem, 1915-2003)의 용어인 "제3의 문화의 아이"(Third Culture Kid)는 외국으로 이주하여 일하는 부모들 때문에 외국 문화 안에서 자라나는 어린이를 가리킨다. 현재의 기독교적인 용법에 대해 Dave Gibbons, *The Monkey and the Fish: Liquid Leadership for a Third-Culture Church* (Grand Rapids: Zondervan, 2009)를 보라.

의 토론은 가문의 신과 조상 신에 대한 고대의 성서적 투쟁을 환기시키고 있다. 기술의 패권에 대해 창조자 성령의 우위를 확언하는 것은 영지주의자들에 대항했던 이레나이우스(Irenaeus, ?-c. 202)를 연상케 한다. 한국의 민중신학은 가난한 자들에 대한 정의를 호소하는데, 이것은 예언자들과 초기 교회 목소리의 반향이다. 민중신학의 교회들은 성령의 치료하는 능력과 임재를 확고히 강조하고 공언하면서, 흔히 성령의 능력이 세례와 다른 성례전적인 예식들을 통해 중재된다고 주장한다. 그들의 이와 같은 세례 신학은 현대 서구적 교회들의 신학보다는 첫 몇 세기에 속하는 기독교의 북아프리카, 그리스, 로마의 신학과 비슷하다.[34]

이렇게 상황화된(contextualized) 교회들 안에서 제시되는 친숙한 주제와 자세들은 그들의 작업이 그들의 문화를 넘어서는 곳에서도 반향을 얻도록 만들었다. 니투어셩(Ni Tuosheng, 1903-1972, 워치만 니) 그리고 가정교회 지도자 왕밍다오(Wang Mingdao, 1900-1991)[35]와 같은 20세기 초의 선구자들은 미국에서, 특별히 이들과 영적 관심사가 같다고 생각했던 전통주의자들 가운데서 추종자들을 발견했다. 서구의 은사주의적 기도 사역은 길선주(1869-1935)에게서 시작된 한국의 새벽기도 운동에 감탄하며 그것을 모방하고 있다.[36]

전 세계적으로 반복해서 등장하는 유형은 각각의 국경지역 정착지가 한 장소나 문화에 제한되는 것이 아니라 현재 전 세계적인 문화로서 출현하고 있음을 보여준다. 미국의 백인 복음주의자들과 자유주의자들은 종종 서로에 대한 공통점보다 남반구에 있는 복음주의와 자유주의 교회들과 더 많은 공통점을 공유한다.

34) Veli-Matti Kärkkäinen, "Pneumatology," in *Global Dictionary of Theology*, ed. William A. Dyrness et al. (Downers Grove, IL: InterVarsity, 2008), 667.

35) 예를 들어 Thomas Harvey, *Acquainted with Grief: Wang Mingdao's Stand for the Persecuted Church in China* (Grand Rapids: Brazos, 2002)를 보라.

36) Moonjang Lee, "Asian Theology," in Dyrness et al., *Global Dictionary of Theology*, 74, and S. W. Chung, "Korean Theology," in ibid., 461.

이와 같은 전 세계적인 문화 안에는 고전적인 주장이 거의 들리지 않는 보다 더 작은 새로운 환경들이 많이 존재한다. 그들 가운데 하나는 현대적인 연구중심 대학이다. 19세기 베를린에서 시작된, 대학의 설계자들은 신학과가 존재해야 하는 설득력 있는 이유를 분명히 제시하려고 노력했지만[37], 결국 실패했다. 신학과들은—종종 호위를 받으면서—캠퍼스의 주변부로 밀려났다. 대부분의 신학과는 과학적이거나 역사적인 학과 또는 그 밖의 비교연구분야의 종교학과로 탈바꿈함으로써 기관으로서 생존했다. 이런 일이 일어났을 때 솔직하게 고백하는 기독교인들은 학문적인 고아가 되었고, 심지어 이제는 규범적으로 세속적인 학문적 환경 안에서 조롱받는 소수자들이 되었다. 이에 대응하여 기독학생회(IVF), 세계기독학생연합, 그리고 대학생선교회(CCC)와 같은 학원사역이 출현하여 캠퍼스 내에서 기독교 신앙을 지지하고 재확인했다. 이 사역들은 단지 영혼을 구원하고 교회를 성장시키는 것 이상의 일을 하고 있다. 그들은 전 세계적인 기술 문화 그 자체의 주요한 건설자들인 엘리트들, 곧 세속적인 능력을 중시하는 엘리트들을 복음화하고 있다. 그와 같이 그들은 또 다른 상황화된 기독교의 창조를 준비한다.

대학 캠퍼스에 대한 파견선교는 예술계, 첨단 기술계, 정치, 사업, 군대, 무역, 전문직 등에 대한 기독교적 파견선교와 연계되며, 교회와 선교단체들과 종단들은 이들 가운데 상당수를 후원하고 있다. 아울러 믿는 자들 자신의 비공식적인 사회적 집단에 대한 개인적인 동기에서 비롯되는 파견선교 역시 급속하게 증가하고 있다.[38] 미국에서 시작하여 중국과 인도네시아에 이르기까지 믿는 자들은 기성교회 조직을 통한 사역에 염증을 느끼고 그들 자신의 사역을 과감하게 시도하고 있다. 그들은 일터와 이웃 모임 가운데서 성서 공부, 기도 모임, 셀 교회, 자원봉사 등의 노력을 시작했다. 이와

---

37) David Kelsey, *Between Athens and Berlin: The Theological Education Debate* (Grand Rapids: Eerdmans, 1993)를 보라.
38) 조지 바나(George Barna)는 *Revolution* (Carol Stream, IL: Tyndale, 2005)에서 미국에서의 이런 경향을 연대기순으로 소개하고 있다.

같은 "공동체에 기반한 사역" 방법은 16세기 자유교회의 교회론에 기반을 둔 선교적인 성령론인데, 그 교회론은 하나님께서 "두세 사람이 모인 곳"(마 18:20)인 모든 지역교회에서 회중의 필요를 채우기 위해 영적 은사를 제공하신다고 믿는다. 그 공동체는 선교에서 그리스도의 인도하심을 중재하기 위해 성령에 분명히 의존한다.

복음은 매번 그와 같은 사회적 모임 중 하나에 뿌리를 내린다. 복된 소식은 추가적인 관용구 안에서 표현을 발견하며, 세상을 비판하고 새롭게 하며, 성령의 능력 가운데 새로운 창조로 안내한다. 현대 학문세계의 전선은 새로운 신학적인 장르의 생성을 자극했다. 그 교차로에서 제자들이 건설한 학제 간 신학이 바로 그것이다. 이들 가운데 보다 전통적인 사례는 신학과 문학에서 활동했고 복음주의자들의 수호성인이었던 루이스(C. S. Lewis, 1898-1963)다. 교황 요한 바오로 2세(Pope John Paul II, 1920-2005)는 냉전의 종결 지점에서 신학과 정치경제학을 이론화했다. 또 기라성 같은 과학자 겸 신학자들은 신앙을 물리학, 심리학, 생물학, 그리고 과학의 다른 분야와 관련시킨다.[39] 또 다른 사람들은 신학과 다양한 예술 사이에서 상호 검증하는 작업을 진행한다. 예를 들어 신학자 로버트 배런(Robert Barron, 1959-)은 기본적으로 전통적인 가톨릭신학을 정교화하고 상황화하며 새롭게 하기 위해 단테 알리기에리(Dante Alighieri, 1265-1321), 윌리엄 포크너 (William Faulkner, 1897-1962), 플래너리 오코너(Flannery O'Connor, 1925-1964), 그리고 다른 몇 사람들의 문학을 활용한다.[40] (이들 목소리에 보다 혁신적으로 반응하는 사람들은 이들의 작품을 종합하는 경향을 보이는데, 우리는 아래

---

39) 정보가 풍부하고 접근가능한 입문서로서 Larry Witham, *The Measure of God: Our Century-Long Struggle to Reconcile Science and Religion* (San Francisco: Harper, 2006)을 보라. 이것은 자연신학이 자연과학, 행동과학, 사회과학과 만나는 여행길을 제시하는 기포드 강연의 역사를 담고 있다.

40) Robert Barron, *And Now I See: A Theology of Transformation* (New York: Crossroad, 1998) and *The Strangest Way: Walking the Christian Path* (Maryknoll, NY: Orbis, 2002).

에서 우리 지도의 두 가지 다른 국경에서 그들의 작품을 살펴볼 것이다.)

창조, 생명, 섭리, 구속, 소통, 그리고 종말에 관련된 성령의 역할 때문에 위와 같은 학제 간 기획은 현대 성령론과 직결되고 있다. 제레미 벡비(Jeremy Begbie, 1957-)는 바흐의 음악에 대한 데이비드 벤틀리 하트(David Bentley Hart, 1965-)의 주장을 긍정한다. 바흐의 음악이 "세상에 역사하는 성령의 다 담을 수 없는 무한한 '창의성'(inventiveness)"을 드러내준다는 것이다.[41] 벡비와 배런의 다른 분야에 대한 그와 같은 호소는 단지 교육적인 목적만을 위한 사례가 아니다. 그 분야들은 신학적 주장으로 번역하기 위한 재료가 된다. 그것들은 영적 분별력이 있는 사람이 보고 신뢰할 수 있는 하나님 나라의 표적이나 비유들이다.

이와 같은 담론은 그들이 현대 세계의 학문분야들을 복음의 심판과 구원에 종속시킬 때, 예언자적인 날카로움을 가질 수도 있다. 학제 간 신학의 예언자적 어조는 다른 어떤 곳보다도 급진적 정통주의라 불리는, 주로 영국 신학자들의 운동의 내부에서 보다 분명하게 표명된다. 그 운동의 주동자들(그 가운데 누구보다 존 밀뱅크[John Milbank, 1952-]가 있다)은 성공회와 가톨릭의 주요 "수도들"로부터 자료들을 활용하여 신학을 그 자체의 신학적 용어로 회복시키고, 대학의 지성적 탐구의 중심 자리로 되돌리며, 그렇게 하여 특별히 사회과학을 "정보를 제공하고 변형시키는" 원래 영역으로 옮겼다.[42] 이것이 현대 이전의 대학을 회복하는 것이 아니라 포스트모던적인 대학을 그 자체의 투박한 학문적 관용구로 말함으로써 복음화하는 것이기 때문에, 밀뱅크의 기획은 아우구스티누스의 성령론을 포함하여 고전적인 신학적 주장들을 새로운 배경하에서 대담하게 재번역했다는 의미를 갖는다.[43]

---

41) Jeremy Begbie, *Resounding Truth: Christian Wisdom in the World of Music* (Grand Rapids: Baker, 2007), 137.

42) John Milbank, *Theology and Social Theory* (Malden, MA: Blackwell, 1993).

43) 밀뱅크의 포스트모던적인 성령론은 *The Word Made Strange: Theology, Language, Culture* (Malden, MA: Blackwell, 1997), 171-218에서 전개된다. 급진적 정통주의의 전체적인 기획의 진정성에 대한 비판을 R. R. Reno, "The Radical Orthodoxy

테레사 수녀는 성령의 국경지역 정착지를 구현해서 보여준 강력한 인물이다. 1946년 자선 선교회를 이끌라는 성령의 부르심과 은사를 받고 테레사는 수도원을 떠나 캘커타의 가난한 사람들과 함께 살기 시작했다. 테레사 수녀의 사역은 이전의 가톨릭적 실천으로부터 급진적으로 이탈한 것은 아니었다. 그녀의 신학은 복음의 어떤 대담한 새로운 비전이 아니었고 자신이 속한 교회의 거룩한 전통을 반영한 것이었다. 그녀 자신의 사역 그리고 동역자들의 삶을 통해 성령이 관여하신다는 테레사의 설명은 전통적인 것이었다.[44] 심지어 그녀에게는 실패도 일상적인 것이었다. 하지만 그녀의 삶은 기독교 신앙을 기독교인들의 모임 훨씬 너머까지 전달했으며 또 구체적으로 제시했다. 내부자와 외부자 그리고 국경지역 정착자들이 모두 함께 자선 선교회에서 교단, 종교, 언어, 이념의 장벽을 넘어 예수를 보았고, 그분을 예수로 인식했다.

그와 같은 국경지역 정착지에서 움직이고 계시는 것으로 우리가 인식하는 성령은 누구신가? 성령은 세상을 죄에 대해, 의에 대해, 심판에 대해 정죄하는 분(요 16:8)이시다. 성령은 부활하신 주님이 제자들을 그 사명의 길로 보내면서 그들을 향해 숨을 내쉬셨을 때, 그들에게 찾아오셨다(요 20:21-23). 그 제자들이 가는 곳마다 성령은 오신다.

Project," in *In the Ruins of the Church: Sustaining Faith in an Age of Diminished Christianity* (Grand Rapids: Brazos, 2002), 63-81에서 보라.

44) 자선 선교회의 규약은 말한다. "우리의 종교적 가족은 우리의 설립자인 테레사 보 가치우 수녀가 1946년 10월 10일 특별한 은사로 성령의 영감을 받았을 때 시작되었다. 영감은…성령이 하나님의 뜻을 테레사 수녀에게 전달했다는 것을 뜻한다"(Eileen Egan, "Polar Opposites? Remembering the Kindred Spirits of Dorothy Day and Mother Teresa," *Catholic Peace Voice*, Fall 1997, http://www.catholicworker.org/roundtable/essaytext.cfm?Number=36).

4. 변방마을의 성령론

국경지역 정착지는 사람들이 초기에 서로의 영역으로 옮겨가거나 옮겨오는 곳이다. 시간이 지나면서 새롭게 익숙해진 사람들은 서로를 알게 되고, 서로를 이해하기 시작한다. 문화적인 교환이 더욱 정상적이고 양방향적인 것이 되면서, 어떤 국경지역 정착지는 확립된 "변방마을들"(border towns)에 자리를 내준다. 멕시코의 시우다드 후아레즈와 미국 텍사스 주의 엘파소가 리오그란데 강의 반대편에서 서로를 마주보는 것처럼, 상대를 잘 아는 하나님 나라의 내부자와 외부자들은 오래도록 동일한 신학적 문제를 사이에 두고 서로 대면하고 있다. 그들은 상대방으로부터 자신을 구별했지만, 또한 서로의 감수성을 흡수했다.

여기서 진행되는 신학은 오랫동안 기독교적 지성의 역사가들이 좋아해 온 것이었다. 이것은 아마도 기독교적 학문기관이 세속의 학문기관에 지속적으로 노출되는 부담이 처음에는 경계선을 넘어 전자로 하여금 자신의 삶의 양식에 대해 민감하게 하지만, 그다음에는 둔감해지도록 만들기 때문일 것이다. 기독교 학문기관은 그 자체로서 교회와 대학 양자의 언어에 유창한, 일종의 변방마을이다. 교회 밖 지성인들에게는 한때 충격적이었던 방식에 이제는 익숙해져가면서, 기독교 학문기관의 성과물들은 단일 언어만 사용하는 교회 안의 사람들을 경멸하고 세상의 언어를 부러워하도록 유혹하고 있다.

이 지역의 전형적인 선구자는 19세기가 동터올 무렵에 출현한 자유주의 신학의 아버지인 프리드리히 슐라이어마허(Friedrich Schleiermacher, 1768-1834)다. 기독교에 대한 "교양 있는 멸시자들"을 다시 둥지 안으로 끌어들이려는 슐라이어마허의 시도는 수도들이나 국경지역 정착지로부터 파견된 특사의 존재를 시사한다. 하지만 슐라이어마허의 접근은 급진적이었다. 슐라이어마허는 자기 가정의 모라비아 경건주의를 자신의 합리주의적 신념 때문에 거절했고, 대학 시절 신앙을 잃은 후 기독교적 실천으로 돌아왔을 때, 오직 임마누엘 칸트(Immanuel Kant, 1724-1804)와 다른 현대인들의 인식론적 전제라는 용어를 통해서만 기독교 신앙을 재구성했다. 19세기 중엽에 자유주의적인 변방마을의 신학은 서구 기독교 전통에 대한 주요한 침입이 되었다. 자유주의 신학은 가톨릭, 근본주의자들, 그리고 탈자유주의자들의 단호한 도전에도, 유럽과 미국의 기독교를 20세기 초까지 지배했다.

만약 서구 기독교의 성령론이 이미 성령의 인격과 사역에 대해 약화된 평가를 내리고 있었다면, 현대성은 단지 그 문제를 강화시켰을 뿐이다. 과학적 탐구와 비판적 역사라는 르네상스의 기획은 현대 자연주의, 역사주의, 그리고 회의론으로 경직되었다. 창조를 폐쇄된 인과율 체계로 보는 그 시대의 뉴턴적 패러다임의 내부적 한계에서부터 자연의 물질적이고 사회적인 과정들에 대한 지식의 모든 진보는 성령의 사역에 대해 더 이상의 여지를 남겨두지 않는 것처럼 보였다. 그 결과는 "틈새의 성령"(Spirit of the gaps)이었는데, 이 영의 활동은 학문적 지식이 아직 도달하지 못한 영역으로 축소되고 제한되었다.

이에 대한 반응으로 자유주의자들은 그 지식, 그리고 그 지식을 해석했던 뉴턴(그리고 칸트)의 전제를 모두 받아들여서 자신들의 조상들이 한때 서 있었던 근거지를 양도해버리는 경향이 있었다. 이어진 결과는 다만 성령론적으로 적절히 개정되어야 할 견본을 추출하는 것뿐이었다. 교회사, 성서 전승의 역사, 성서적 사건들 등에 대한 역사적 비판자들은 거룩한 전통에 대한 가톨릭적 감각과 함께 직접적인 성서 영감에 대한 가톨릭 및 개신교적 교리들 전부를 허물었다. 에른스트 트뢸치와 루돌프 불트만은 한때 본질적으로 공적이었던 신앙을 개인화했고, 영적인 새 창조를 믿는 자들의 내면세계에 한정시켰으며, 보이는 교회를 성령의 살아 있는 성전이라기보다는 단지 인간적인 기관으로 취급하였다.[45] 이신론자들의 세대는 현 시대에 기적이란 없다고 부정했고, 기독교의 결정적인 기적들 곧 성령을 통한 동정녀

---

45) Robert Morgan, "Rudolf Bultmann," in Ford, *The Modern Theologians*, 74-5.

탄생과 예수의 부활마저도 지나간 것으로 설명해버렸다. 20세기의 가장 위대한 미국의 자유주의 설교가로 불리는 해리 에머슨 포스딕(Harry Emerson Fosdick, 1878-1969)은 그런 전통적인 교리들을 거부했을 뿐만 아니라, 대리적 속죄(히 9:14은 이것을 성령에 의해 중재된 제사라고 설명한다)를 구속받지 못한 사고의 가공물로 간주했다. 아돌프 폰 하르낙(Adolf von Harnack, 1865-1923)은 성례전적 신학을 이교적 첨가로 간주했고,[46] 보다 정통주의적인 신학자였던 에드워드 스킬레벡스(Edward Schillebeeckx, 1914-2009)는 성례전을 그리스도와의 인격적인 대면으로서 신자들에게 미치는 주관적 효과라는 용어로 표현했다.[47] 사회복음 운동의 지도자였던 월터 라우셴부시(Walter Rauschenbusch, 1861-1918)는 진화론적인 인간론을 수용한 후, 죄는 인류를 노예로 구속하고 성령의 새롭게 하는 은혜로부터 분리시켜 죽은 상태에 처하게 하는 조건이 아니라 단지 과거의 죄들의 축적된 무게일 뿐이고, 믿는 자들은 반드시 그것에 대항해서 싸워야 한다고 주장했다.[48] 이들은 정통주의적인 기독교 신앙에 대대적인―그리고 종종 의심스럽게 삼위일체적인―개정을 가했는데, 그 결과 성령의 사역에 대해 극단적으로 다른 시야를 제시하기도 했다. 폴 틸리히는 그런 비전의 체계적 형식을 예시한다. 슐라이어마허의 인도를 따라 하나님의 삼위일체를 자신의 조직신학의 부록에 할당하는 틸리히에게, 성령은 어떤 정통주의적 의미에서의 인격이 아니라 "영적인 임재"(the Spiritual Presence)이며, 이것은 신적인 생명에 대한 상징, 곧 우리에게 의미를 부여하는 상징이다.[49]

---

46) Adolf von Harnack, *Outlines of the History of Dogma* (London: Hodder & Stoughton, 1901), 195.

47) Robert J. Schreiter, "Edward Schillebeeckx," in Ford, *The Modern Theologians*, 153.

48) Christopher H. Evans, *The Kingdom Is Always but Coming: A Life of Walter Rauschenbusch* (Grand Rapids: Eerdmans, 2004), 107-8.

49) 성령론은 또 다른 변방마을 운동인 20세기의 과정신학에서도 마찬가지로 그다지 중요하지 않은 주제다. 예를 들어 성령론은 John B. Cobb and David Ray Griffin, *Process*

틸리히와 같이 급진적이든지 아니면 다양한 자유주의적인 가톨릭교인과 개신교인들과 같이 다소 온건하든지[50] 관계없이 현대적인 패러다임과 전제들의 힘은 사상가들로 하여금 신학을 새롭게 구상하도록 했는데, 그들이 기독교적 어휘와 예전적 형식을 유지하려는 성향을 보일 때도 그러했다. 자유주의는 많은 반응을 불러일으켰다. 우리는 세 가지를 강조하고자 한다.

보수주의자들은 자연주의적 방법론이 빼앗으려고 덤비는 것처럼 보이는 주장들을 어떤 희생을 치르더라도 변호할 것처럼 전형적으로 반응했다. 그들은 물리 법칙을 "위반"한 과거의 기적들의 역사성을 주장했다. 그들은 말씀과 성례전의 초자연적이고 신적인 능력과 특징을 변호했다. 그들은 교회가 그리스도의 구원과 성령의 대속하는 사역의 지상적인 장소임을 변호했다. 그들은 성서 저작의 인간적인 역사에 대한 자료들과 외부 증거를 거절하고 성서의 명제적 무오성을 주장했다. 그들은 자신들의 거룩한 전통 안에 있는 초기의 인종차별적·성차별적·식민주의적 불의를 합리화하거나 무시했다. 그리고 그들은 종의 진화에 대한 축적된 증거도 부인했다. 이런 접근방식 가운데 하나가 실패로 끝났을 때, 보수주의자들은 자연/초자연의 이분법 중 다른 쪽으로 도망하여 자연적이고 역사적인 것을 **영적인 것과** 동일시했다. 그렇게 해서 성령을 환경보호의 요정이나 자유와 번영을 향한 우리의 열망의 후원자, 또는 정신 치료 요법의 시행자로 바꾸었다.

위와 같은 신학적 반응의 정점은 미국의 근본주의였다. 근본주의자들은

Theology: An Introductory Exposition (Philadelphia: Westminster John Knox, 1976)에서 거의 언급되지 않는다. 하지만 과정신학자 노만 피턴저(Norman Pittenger)는 *The Holy Spirit* (Philadelphia: United Church Press, 1974)에서 틸리히의 성령론과 매우 유사한 성령의 설명을 제공한다. 이것은 자유주의적 개신교주의와 과정신학과 같은 더욱 급진적인 신학이 공통적인 생성 환경 그리고 전통적인 기독교 용어들의 의미를 기꺼이 급진적으로 개정하려는 자세를 공유했음을 제시한다. 그러나 이것이 그 용어들 자체나 그 용어들이 사용되는 예전적인 형식을 없애는 것을 필연적으로 의미하지는 않는다.

50) 프라이는 자신의 저서 *Types of Christian Theology* (28-38)의 처음 3가지 유형에서 많은 사람들의 목록을 제시한다.

자신들에 대한 현대주의자들의 반론에도 불구하고 위의 근본적인 것들 가운데 다섯 가지를 회복시키려고 시도했다. 보수주의자들은 그 다섯 가지 주장이—때로는 피상적으로, 때로는 깊게—수도들과 국경 정착지의 고전적인 주장들과 일치한다고 분명하게 말할 수 있었다. 하지만 일치한다고 가정하더라도 그 다섯 가지 주장은 항상 국경의 다른 편에 있는 도시에 대한 반응을 형성하는 비전이었고, 그래서 여전히 변방마을의 비전이었다. 이 비전은 그 마을 경계선의 내부에 거주하는 동조자들의 의심 또는 부러움을 사고 있다. 근본주의의 성령은 고전적인 개신교 신앙의 많은 특징을 가지고 있지만, 분리주의적인 경계선에 서 있다. "우리는 하나님께 속하였으니, 하나님을 아는 자는 우리의 말을 듣고, 하나님께 속하지 아니한 자는 우리의 말을 듣지 아니하나니, 진리의 영과 미혹의 영을 이로써 아느니라"(요일 4:6).

자유주의에 대한 두 번째 중요한 반응은 칼 바르트에게서 시작되었고, 탈자유주의(postliberalism)로 발전했다. 바르트 신학의 여러 부분들 중 한 부분은 자유주의 이후 복음주의 신학을 재정립하기 위해 종교개혁 신학의 거장들에게로 돌아간다는 점에서 회복(ressourcement)이고, 다른 한 부분은 서구의 오래된 인식론의 강박증을 계시론에 우선순위를 부여함으로써 용인하는 것이며, 또 다른 한 부분은 바르트가 오직 믿음을 통한 은혜라는 복음에 적대적이라고 보았던 가톨릭주의, 경건주의, 신개신교주의, 근본주의 등의 일반적인 접근방법의 거부이고, 그리고 마지막 한 부분은 현대성의 예언자적 비판, 그리고 **오직 그리스도**의 원리에 대한 흔들림 없는 충성을 통해 복음의 모든 변질된 타협에 대한 예언자적인 비판이다. 이것은 바르트와 바르트를 따르는 탈자유주의자들을 이미 살펴본 대부분의 변방마을 신학들보다는 우리 지도의 오른쪽 중간에 가깝게 배치한다. 하지만 바르트 신학은 변방마을의 성격과 의제를 가지고 있다. 바르트 신학의 현대성에 대한 집착(바르트 자신의 역사와 탈자유주의의 후대의 맥락을 고려한다면 이해할 만하다), 칸트의 인식론적인 속박으로부터 벗어난 자유로운 교의학을 향한 불만에 찬 노력, 그리고 20세기의 시대정신(특별히 20세기의 정치와 보편주의의 취약성에서 선언되는 시대정신)을 용인하는 것 등, 이 모든 것은 세상에 의해 괴롭힘을 당하는 교회를 위한 신학을 묘사한다.

바르트 신학은 인간의 주관성에 사로잡힌 성령을 해방시킨다. 하지만 어떤 사람들은 바르트의 성령론이 그런 시도에서 창조와 다른 모든 영역에서 발생하는 성령의 사역을 구원론에 종속시켜버렸다고 판단한다.[51] 나아가 신학을 예수 그리스도께 고정시키기 위해 바르트는 논쟁의 여지를 남기면서도 성령을 아들의 구원 사역의 보조자 또는 능력으로 취급한다.[52] 결과적으로 바르트의 성령론은 루터나 칼뱅의 성령론보다 협소한 것으로 결론지어진다. 자유주의나 보수주의의 "틈새의 성령"(Spirit of gaps)보다 바르트는 성령의 간격(gaps of the Spirit, "그리고 아들로부터"라는 엄격한 서방 성령론과 "아버지로부터"를 고수하는 동방 성령론 사이의 간격)을 남긴 셈이 되었고, 이제는 우호적이고 경쟁적인 성령론들이 그 간격을 메우려고 애쓰고 있다.[53]

자유주의에 대한 제3의 반응은 해방신학의 흐름이었다. 이것은 19세기의 기독교와 세속적인 사회적 행동주의에서 발현하여 사회복음 운동으로 확대되었고, 제2차 바티칸 공의회의 「사목헌장」(Gaudium et Spes) 그리고 가톨릭의 광범위한 현대화(Aggiornamento) 운동에 활력을 불어넣었으며, 해방신학으로 극단화되었다. 우리가 다루는 세 가지 흐름의 응답 가운데 이것이 가장 자유주의와 공명한다. 왜냐하면 그것은 자유주의와 일련의 깊은 전제들과 습관들을 공유하기 때문이다. 해방신학은 나그네, 힘없는 사람들, 약자들, 억압받는 사람들에 대한 하나님의 관심을 제시하는 성서 전체에 걸친 많은 인상적인 본문들과 후대의 전통에 호소한다. 하지만 성령의 불에 대한 분석을 위한 원칙과 그것을 통한 그리스도의 치료는 정경적인 전통이

---

51) Eugene F. Rogers Jr., *After the Spirit: A Constructive Pneumatology from Resources outside the Modern West* (Grand Rapids: Eerdmans, 2005), 19-20.

52) Robert Jenson, "You Wonder Where the Spirit Went," *Pro Ecclesia* 2 (1993): 296-304.

53) 젠슨은 *Systematic Theology*에서 바로 그 작업을 행하며, 로저스도 *After the Spirit*의 남은 부분에서 그렇게 한다. 다른 많은 사람들은 인간론으로 다시 돌아가고 있다.

아니라 칼 마르크스의 사회과학적 분석과 그와 유사한 것으로부터 온다. 해방신학의 인식론에서 억눌린 자들은 특권적인 인식론적 지위를 획득하며, 그들의 억압과 해방의 경험은 구원과 교회적 선교의 범위에 결정적인 요소가 된다.[54] 전통적인 기독교의 가르침은 그와 같은 틀에 얼마나 잘 어울리는가에 따라 취사선택되며, 실체적인 신학적 자료라기보다는 예시적인 증빙 본문이 되고 만다.

변방마을 신학은 포용하려는 열망만큼이나 포기하려는 열망으로부터도 동기를 부여받을 수 있다. 기독론에 대한 인간론의 신학적 우선성에 관한 자유주의자들과 탈자유주의자들 사이의 전투에서 필리오케(*filioque*) 논쟁은 새로운 중요성을 획득했다. 필리오케가 자유주의자들 사이에서 인기가 없게 만드는 요인들 가운데 하나는, 바르트가 지적하듯이, 성령론을 기독론과 통합하라는 요청이다. 성령이 하나님의 진리의 계시자이심을 감안한다면, 그때 필리오케는 우리가 아버지를 오직 아들을 통해서만 안다는 고전적인 교의(마 11:27)를 강화한다. 이것은 하나님이 다양한 종교적인 전통을 통해 진정으로 그리고 구속적으로 알려질 수 있다고 주장하는 종교 다원주의의 자유로운 옹호자들에게는 장애물이다.[55] 종교 다원주의자들은 예수를 기독교인들에게 하나님을 계시하는 대리자(agent)로, 그리고 성령은 다른 종교에서 하나님을 계시하는 대리자로 다루기를 선호한다. 1968년 이래로 심지어 세계교회협의회(WCC)도 그런 전략을 추구했고, WCC 사무총장이었던 콘라드 레이저(Konrad Raiser, 1938-)는 그 전략에다 WCC가 초

---

54) 해방신학의 하부구조에 대한 날카롭고 간결한 분석은 Joseph Cardinal Ratzinger, "Instruction on Certain Aspects of the 'Theology of Liberation,'" Congregation for the Doctrine of the Faith, http://www.vatican.va/roman_curia/congregations/cfaith/documents/rc_con_cfaith_doc_19840806_theology-liberation_en.html에서 제시된다.

55) 많은 다른 사람들 가운데 Paul F. Knitter, *No Other Name? A Critical Survey of Christian Attitudes toward the World Religions* (Maryknoll, NY: Orbis, 1985)를 보라.

기에 많은 노력을 기울였던 교회일치와 선교의 기독론적인 패러다임에 대항하여 "삼위일체론적" 패러다임이라는 잘못된 이름을 붙였다.[56] 그렇다면 성령은 세계의 모든 영성 안에 임재해 있는 신이 되고, 그런 어떤 성령의 신적인 사역은 예수 그리스도의 사역과 일치할 필요가 없다. 여기서 발생하는 위험은 이미 오래 전에, 예를 들어 디트리히 본회퍼(Dietrich Bonhoeffer, 1906-1945)가 작성한 1933년의 베델 선언(1934년 바르멘 선언의 초고에 해당하는 선언-역자 주)에서 지적되었다.[57] 본회퍼와 바르트 그리고 다른 사람들은 나치 독일의 "독일 기독교인들"이라는 공공연한 이교 숭배에 저항하면서 필리오케를 주장했다. 성령은 "아버지 그리고 아들의 영"이다.

진정한 교리는 현실적으로 유용해야 한다. 하지만 우리는 어떤 특수한 상황에서 인지된 유용성에 정말로 충성해야만 하는가? "필리오케"는 하나님의 내적 관계성에 대한 주장이다. 만일 그리스도의 중심성 또는 종교적 공존과 같은 숙고들이 우리로 하여금 그것을 확증하거나 부정하도록 유혹한다면, 만일 우리가 사도적 신앙의 순수한 힘보다 어떤 결과에만 순복한다면, 우리는 변방마을의 삶에 부담을 느끼고 있는 것이다.

아마도 변방마을에 거주하는 대표적인 신학자의 최선의 선택은 틸리히와 같은 자유주의적 우상, 워필드(B. B. Warfield, 1851-1921)와 같은 근본주의적 우상, 또는 바르트와 같은 탈자유주의적 우상이 아니라, 여성신학일 것이다. 여성신학은 우리 지도의 경계선으로부터 일련의 위협적인 사고들을 만지작거리고 있다. 여성주의 운동 자체는 기독교 전통과 세속적 진보주의 둘 다에 뿌리를 두고 있다. 성서적 전통과 거룩한 전통 모두는 여성과 남

---

56) Lesslie Newbigin, "The Trinity as Public Truth," in *The Trinity in a Pluralistic Age: Theological Essays on Culture and Religion*, ed. Kevin J. Vanhoozer (Grand Rapids: Eerdmans, 1997), 7.

57) Dietrich Bonhoeffer, *Dietrich Bonhoeffer Works*, ed. Wayne Whitson Floyd Jr. (Minneapolis: Fortress, 1998-2009), 12:399 and 13:48, cited in Benjamin Myers, "Why I (Still) Confess the *Filioque*," Faith and Theology, October 25, 2009, http://faith-theology.blogspot.com/2009/10 /why-i-still-confess-filioque.html.

성 공히 하나님께 온전히 중요하다는 사실을 보여주는 생생한 자료들을 제공한다. 하지만 그 전통들은 또한 그 사실을 왜곡했던, 역사로 주어진 억압적 가부장적 구조를 구체적으로 보여주기도 한다. 사회적 정의를 약속하는 해방신학적 패러다임은―일반적으로 해방신학자들도 인정하듯이―국경 건너편의 "의심의 대가들"(마르크스, 니체, 프로이트, 뒤르켐 등)로부터 와서 현대 사회학을 통과하여 특별히 서구의 정치적 좌파의 현대적 사회의식에 도달한다. 여성주의자들은 다양한 인간론―합리적 인간론, 초월적 인간론, 개인주의적 인간론, 집단주의적 인간론 등―으로부터 그것들이 얼마나 여성해방과 양성평등의 대의에 봉사하는지에 따라 실용적으로 그리고 비변증적으로 자료를 끌어오는 경향을 보인다. 기독교인들에게 성 문제는 또한 피조적 인간의 삶을 넘어서 하나님의 언어로까지 확대된다. 다시 말해 억압의 역사와 위협, 그리고 정의의 역사와 약속은 교회의 예전, 기도, 상상력, 교의, 성서, 성도들, 지도자들, 외국인들, 그리고 무엇보다도 그 약속의 신성에서 나타난다.[58] 만일 어떤 "변방마을 신학"이란 것이 있다고 한다면, 기독교 여성신학이야말로 그 자격이 있다.

엘리자베스 존슨(Elizabeth Johnson, 1941-)이 그 운동의 적절한 대표자라고 할 수 있다. 존슨은 위의 성가신 요인들을, 인간의 경험에 우선순위를 두는 칸트와 슐라이어마허의 자유주의적 전통 안에서 솜씨 있고 확고하게 잘 다룬다.[59] 존슨은 영-소피아, 예수-소피아, 어머니-소피아의 삼위일체를 묘사하는데, 이것은 기독교 전통으로부터 발췌한 용어이기는 하지만 여성주의적인 심상을 표현하기 위해 재배열되었다. 이런 선별과 치환의 원리는 여성신학에 표준적이다. 그것은 여성의 관점에서 해석된 해방의 경험이 특권

---

58) 성별 구분의 용어들은 많은 언어에서 하나님 명칭의 대명사로, 삼위일체의 인격에 대한 이름으로, 그리고 성서의 증언과 뒤이은 전통에 스며 있는 하나님의 양성적 이미지의 표현으로 사용된다. 동시에 성별 구분의 언어는 심지어 이스라엘의 하나님을 어떤 피조된 존재로 만들어버리는 금지된 우상을 생생하게 묘사하기도 한다.

59) Elizabeth A. Johnson, *She Who Is: The Mystery of God in Feminist Theological Discourse* (New York: Crossroad, 1994), 76.

과 같이 지니는 인식론적 지위를 뜻한다.[60] 이제까지 주로 아들과 연관되었던 지혜가 이제는 삼위일체의 세 인격들 사이에 공유되는 신적 본질과 동일시된다. 이 전환은 로고스(이것은 요 1장에서 실제로 소피아-지혜와 동등하다)를 아들로부터 구별하여 신성을 영-말씀, 예수-말씀, 아버지-말씀으로 묘사할 정도로 급진적이다.[61] 그 결과 예수에 대한 영의 관계는 모든 인류에 대한 영의 관계 안으로 포괄된다.[62] 이것은 자유주의 신학에서 자주 출몰하는 양태론적 방향으로의 이동을 암시한다. 존슨은 내재적 삼위일체성의 관계에 대한 서술의 대부분을 고전적인 신학적 전통에 대한 자신의 비판적 검토로 좌천시켰고, 인간의 경험 안에는 삼위일체성에 관한 존슨의 사색 작업을 위한 증거 능력을 지닌 기초로는 건질 것이 별로 없다. 성령에 대해 건설적으로 말해야 할 때가 되었을 때, 존슨은 그녀를(성령을 여성대명사로 지칭하고 있다-역자 주) "영-소피아, 친구, 자매, 어머니, 그리고 **세계의** 할머니"라고 묘사한다.[63] 존슨이 나중에 "삼위일체"라는 단어 자체를 하나의 직유로 강등시키고,[64] 인간의 사회적 정의를 가장 잘 격려하는 유형의 모델을 선호하며,[65] 나아가 창조 **안에서** 계시되는 삼위일체 각 인격의 서로에 대한 관계보다 그 인격들의 창조**에 대한** 관계성으로써 결론을 내리는 것은 놀라운

---

60) 성서와 전통을 인용하는 존슨의 해석학적 원칙은 "성차별주의로부터 해방을 위한 투쟁"이라는 공통 경험으로 구성된 공동체 안의 "해방의 추동력에 의해 인도되는 해석"이다(Ibid., 77). 그러므로 목표는 명확하다.

61) 일관되게 여성학적인 또 다른 용어인 아가페(*agape*, 히브리어 아하바, 라틴어 카리타스)는 그것을 신성과 동일시하는 성서적 보증(요일 4장)과 전통적 보증이 인정된다면, 왜 실체(*hypostasis*)로부터 본질로 이주하는 일 없이 그와 비슷하게 분석될 수 없겠는가? 분명히 아가페도 여성의 해방 경험에 비추어본다면 지혜라는 범주보다 더 깊은 역사를 가지고 있다. 그렇게 된 이유는 아마도 아가페가 이어지는 라틴 전통에서 남성적인 용어인 아모르(*amor*)로 변화했기 때문일 것이다. 어쨌든 존슨은 그 용어의 잠재력에 대해 대단히 신중하다(Ibid., 143).

62) Ibid., 140, 133-46의 맥락에서 그러하다.

63) Ibid., 146, 강조는 첨가된 것임.

64) Ibid., 205.

65) Ibid., 209.

일이 아니다.[66] 존슨은 영-지혜와 그녀(영 지혜)의 두 가지의 신적 보완(통상 적으로는 다른 두 인격에 해당함)을 "**여성의 형상**(*imago faminae*)으로서의 삼 위일체의 거룩한 지혜의 신비"라고 부르면서, "우리는 단지 사람에 대해"— 또는 여성에 대해—"큰 목소리로 말함으로써 하나님에 대해 말할 수는 없 다"라는 반대편 도시의 경쟁자인 바르트의 경고를 비웃는다.[67] 존슨은 변방 마을의 의식을 예시하는데, 그것은 해방이라는 현대 자유주의적 범주에 대 한 비판적인 존중과 함께 수행한 가톨릭적 전통을 끈질기게 탐구한 결과다. 하지만 가톨릭 전통에 대한 존슨의 가끔은 은밀하면서도 급진적인 재작업 은 여타지역으로 이주한 사람이나 국외로 추방된 사람으로서가 아니라, 일 종의 변호인으로서 탐구한 것이다.[68]

이제 그와 같이 긴장되고 기운을 북돋아주는 변방마을의 성령은 누구인 가? 그 또는 그녀로서의 성령은 자신이 불고 싶은 쪽으로 부는 신비로운 분 이고(요 3:8), 혼동되고 반대되는 증거들로써 세상의 불협화음을 만드는, 다 른 영들로 인한 소동의 한가운데 계신다(요일 4:1-3). 성령의 기원과 목표는 성령이 불어 거듭난 사람에게는 신비로울지 모른다(요 3:8). 그런 증인들은 성령이 그리스도의 교회 안에서 듣는 사람들에게 증언하시는 분으로 인식 하기를 배우는데, 그 증언이 항상 공손하거나 기쁜 것은 아니다(요일 4:2-6; 계 3:6). 여기서 드러나는 성령은 인내심이 강한 지도자이고, 토라와 지혜를 수여하는 분이며, 이스라엘이라 불리는 고대의 국경 민족의 예언자적 배심

---

66) Ibid., 211-15.
67) Karl Barth, *The Word of God and the Word of Man* (New York: Harper, 1957), 195-96.
68) 존슨의 성령론에 대한 유용한 비교 분석을 위해 Helen Bergin, "Feminist Voices on the Spirit of God," *Journal of Women Scholars of Religion and Theology* 5 (December 2005), http://wsrt.asn.au/web_images/bergin.pdf을 보라. 여성주의적 성령론의 개관을 Nicola Slee, "The Holy Spirit and Spirituality," in *The Cambridge Companion to Feminist Theology*, ed. Susan Frank Parsons (New York: Cambridge, 2002), 171-89에서 보라.

원이다.

우리는 현대 성령론을 그려내는 지도의 사분면을 각각 가로질러왔다. 이제 한 지역이 남았는데, 바로 중앙이다.

5. 국제도시의 성령

엄격히 말하면 지도에서 가장자리를 제외한 모든 지역은 중앙이다. 우리가 설명했던 네 영역은 분명히 **모든** 주장이 고전적이거나 또는 새로운 모서리는 아니고, **모든** 배경이 교회이거나 또는 세계인 것도 아니다. 그럼에도 우리는 현대 성령론과 관련된 주어진 각 장소의 중요한 특성들을 그것이 네 모서리 가운데 어느 쪽에 가까운가를 측정해서 묘사할 수 있었다.

이 지도의 어떤 장소는 어떤 한 모서리로부터 떨어져 있는 거리에 의해 더 잘 묘사될 수 있다.[69] 국제도시(cosmopolis)는 우리의 도표에서 정중앙에 위치한다. 현실 세계 안에서 그것에 대응하는 장소는, 논란의 여지가 있겠지만 전 세계에 걸쳐 출현하고 있는 대단히 중요한 사회적 상황(social setting)이라고 할 수 있다.[70] 전 세계에 걸쳐 도시들은 시골과 해외로부터 온 이민자들로 넘쳐난다. 자신들을 지탱해주던 종족과 가족관계로부터 분리된 거주자들은 일련의 새로운 기술을 요구하는 경제 제도와 생활환경에

---

69) 그 장소들 중 몇몇은 도시 계획자들이 "변천 지대"(zones of transition)라고 부르는 것인데, 이 영역들은 하나의 도시 풍경으로부터 다른 풍경으로 바뀌는 곳이다. 어제의 국경 정착지가 내일의 변방마을이나 수도가 될 수도 있고, 만일 국경이 변화한다면 그것은 다른 나라로 흡수될지도 모른다. 한 장소에서 살았지만 다른 지역에 영향을 미쳤거나 이주했던 사람들을 우리는 반복적으로 만났다.

70) 국제도시는 새로운 현상이 아니다. 고대 로마도 아마도 국제도시의 자격이 있을 것이다. 하지만 우리 시대의 국제도시에 새로운 것이 있다면 그것은 산업혁명이 교통, 통신, 국제무역을 혁신한 이래로 출현하고 있는 전 지구적인 문화의 통일성이다. 이런 "제3의 문화"는 우리로 하여금 세계의 커다란 대도시들을 **바로 그** 국제도시(the cosmopolis)라고 부르게 하는 충분한 공통성을 갖는다.

직면한다. 또한 그들은 어리둥절해 하고 있는 각종 계층 출신의 이웃들과도 마주치는데, 그들을 이해하는 것도 마찬가지로 어렵다. 그들의 국경선은 내부에 있다.

현대 성령론과 관련하여 중요한 국제도시적인 선구자는 존 로크(John Locke, 1632-1704)다. 로크가 이신론의 행로에 미친 엄청난 영향은, 우리가 그린 도표 밖에 그를 위한 자리를 따로 마련하라고 제안할지도 모른다. 하지만 기적과 초자연적인 계시, 그리고 특별히 성서에 대한 그의 믿음은 그를 이신론자들과 구별한다. 나아가 리처드 후커(Richard Hooker, 1554-1600)와 성서는 각각 로크의 신학적인 상상력에 비판적인 영향을 미쳤다. 동시에 로크의 경험론, 자연신학, 그리고 아리우스적 기독론과 성령론[71]은 전통으로부터 떠나 있었다.[72] 그 결과는 성령에 관한 개신교의 관습적인 주장을 역사적 정통주의의 거부와 놀라울 정도로 잘 혼합한 것이다. 그런 별개의 것을 함께 묶어준 것은 **통제적 실용주의와 절충주의**였는데, 이것들은 종합적이고(누구는 비일관적이라고 말할지도 모른다) 국제도시적인 상상을 부분적으로는 전제화하는 계몽주의적 사고방식으로부터, 그리고 또한 변방 마을의 반응하는 패러다임으로부터 구별해주었다.

로크의 특이한 성령론이 유일하게 가능한 현대적인 혼합물은 아니었다. 최근에 다른 몇몇 종합적인 비전들도 오늘날 전 세계의 기독교를 실천적으로 지배하고 있다.

첫째는 오순절주의다. 신학적으로 오순절주의는 개혁파 전통의 강력한 성령론과 19세기의 성령론에 의존하며, 후자는 웨슬리의 성화의 목록에 점점 더 많이 수렴하고, 제2의 축복, 나아가 제3의 축복을 확신한다. 철학적으로 현대의 명제주의는 제7일안식일교회의 재림주의나 근본주의의 해석학

---

71) Victor Nuovo, ed., *John Locke: Writings on Religion* (New York: Oxford University Press, 2002), 25-8을 보라.
72) John Orr, *English Deism: Its Roots and Its Fruits* (Grand Rapids: Eerdmans, 1934), 108.

과 같은 문자주의적인 오순절적 성서 해석학을 배양했다.

오순절주의자들은 1906년의 아주사 거리(Azusa Street) 부흥회에서 방언을 말했다. 그 경험에 대한 해석이 몇 가지 놀라운 인상을 주는 성령론을 산출했다. 성령은 특별한 실존적 형태(방언을 통해 표현되는 친밀감)와 소명의 결과(능력 있는 사역을 향한 기름부음)를 낳는 구원의 관계성을 원하고 허락하시는 분이다.[73] 오순절 신학은 많은 전통적인 특징을 갖고 있지만, 성령론은 보수적인 웨슬리 파나 개혁파 신학과 구별되는 동시에 더 단호하다. 오순절 신학은 근본주의와 함께 현대의 명제주의와 그 위에 세워진 전천년설적 종말론에 의존한다.[74] 하지만 성령의 부어짐은 전천년설적 체계를 옆으로 밀어내었고, 은사주의적 공동체의 중심을 다른 곳에 설정했다. 아주사 거리의 부흥은 단지 또 다른 부흥이 아니라 회복이었다. 오순절주의의 "순복음"은 현 세대의 마지막 날을 위한 분명한 선교 윤리를 형성했고, 이것은 변방마

---

73) 그 논리는 다음과 같다. 성서의 통일된 증언에 따르면 사도행전의 방언은 고린도전서의 방언과 동일한 예언적이고 경건한 방언이 틀림없기에, 사도행전의 방언은 하나님과의 규범적인 관계를 의미하는 독특한 영적 은사를 대표한다. 이 은사는 하나님의 약속된 "늦은 비"이고, 이 비는 그리스도께서 구원자, 치유자, 거룩하게 하는 자, 그리고 곧 오실 왕으로서 인류와 맺기를 원하시는 관계를 중재하시는 성령과의 특별한 관계를 제공한다. 이전 시대에 방언이 분명히 부재했다는 것은 1906년의 사건이, 우려할 만하게도, 사도시대 이래로 잠들어 있었던 교회의 회복을 시작한 새로운 오순절임을 뜻한다. 그리고 사도행전 안의 여기저기에서 이 은사가 현저한 것은 방언이 성령 충만의 필수적인 증거임을 말해준다고 하며, 성령 충만은 많은 사람들이 구원을 받고 하나님 나라를 위한 신실한 봉사로 임명되는 것의 한 구성요소로 간주하는 관계라고 한다. Donald Dayton, *Theological Roots of Pentecostalism* (Peabody, MA: Hendrickson, 1987), cited in D. William Faupel, "The Restoration Vision in Pentecostalism," *Christian Century* 107, no. 29 (October 17, 1990): 938-41을 보라. 초기 오순절주의 역사에 대한 많은 이야기 중 하나를 Samuel Escobar, *The New Global Mission: The Gospel from Everywhere to Everyone* (Downers Grove, IL: InterVarsity, 2003), 113-16에서 보라.

74) Robert Anderson, *Vision of the Disinherited: The Making of American Pentecostalism* (Malden, MA: Hendrickson, 1979), cited in Faupel, "Restoration Vision in Pentecostalism," 938을 보라.

을의 근본주의보다는 덜 방어적이라고 할 수 있다. 그리고 오순절주의의 성령은 단지 하나의 인격(person)이 아니라, 인물(personality)이 되었다.

이 성령론의 다양한 영향은 오순절주의의 예전, 조직, 선교 전략 등에서 비슷한, 전 세계적인 실용주의에 필적하는 (로크의?) 절충주의를 증언해준다. 이 특징들은 오순절주의 신앙에 문화적 적응성을 부여했고, 교회의 실천이 지역적인 감수성과 공명하는 토착적인 교회로부터 비오순절주의 기독교 전통들(1960년대의 은사주의적인 부흥과 함께)에 이르기까지 그 신앙이 심겨졌던 모든 곳에서 뿌리를 내리고 융성할 수 있도록 도움을 주었다. 그 신앙이 공식적으로 탄생한 이후 1세기가 지난 지금, 전 세계 기독교인의 3분의 1이 오순절주의 또는 은사주의 신앙인들이다.

적응성은 오순절주의 성령론에 우연적인 것이 아니다. 이 운동의 신학적 수준이 명백히 낮다는 사실은 다른 전통의 조직신학자들에게는 당혹스러울 수 있다. 하지만 신학의 문제는 다른 곳, 즉 그런 실천의 배후에 놓인 성령론에 있다. 오순절주의자들은 자신들의 유연성과 다양성을 성령의 새로운 창조에 따른 새로움이라고 생각한다. 에이모스 용(Amos Yong, 1965-)은 오순절주의 성령론이 자신들의 증언을 기만적인 "획일 신학"으로 만든다기보다 새로운 세계적인 맥락에서 교회의 지역적 특수성을 존중하는 데 아주 적합하다고 주장한다.[75]

두 번째 영향력 있는 국제도시의 성령론들은 다른 방식으로 절충적이다. 많은 서구 기독교인들은 자신들의 비전 가운데 어떤 측면들(흔히 죄론, 구원론, 교회론)을 복음에 기초시키지만, 그러나 다른 측면들(흔히 창조론, 인간론, 윤리학)은 "자연법"에 기초시키곤 한다. 칼뱅주의자들은 이 분열을 일반은총과 특별은총 사이의 필수적인 구별로 취급하는 오류를 범할지도 모른다. 루터주의자들은 그것을 복음/율법의 이분법이나 그리스도의 "두 왕

---

75) Amos Yong, *The Spirit Poured Out on All Flesh: Pentecostalism and the Possibility of Global Theology* (Grand Rapids: Baker Academic, 2005), 18.

국론"으로 취급할지도 모르고, 가톨릭주의자들은 계시신학이 자연신학과 대조되고 있다고 생각할지도 모른다.[76] 그러나 로크의 것이 이에 대한 진짜 유형이다. 서구의 시민종교와 민속신학은 기독교와 세속적 전통 양쪽 모두를 존중하는 방식으로 합병하지만, 그것은 단지 부분적일 뿐이다. 공적인 영역에서는 자연신학과 경험론이 여전히 지배적이다. 기독교적 특수성은 이념적인 게토에 갇히는 반면에, 경험론과 모호한 자연신학이 자신들의 성벽 뒤편으로부터 나와 국제도시를 지배한다. "하나님"이라는 단어는 심지어 대통령이 공식 담화에서도 사용할 수 있는 공공 용어가 되었다. "예수"라는 이름도 국회의 연설에 속하지만, "성령"이라는 용어는 가장 좋게는 개인적으로 속삭여지거나 아니면 작은 촛불 집회에서만 말해진다. 이런 충동은 미국인들에게는 너무나 자연스럽게 일어나기 때문에 우리는 그것을 조심스럽게 지적해야 하고, 나아가 그런 이해가 신약성서 안으로 투사되지 못하도록 하려는 보다 엄격한 노력을 필요로 한다. 이 분열된 질서(복음과 자연법─역자 주) 사이를 중재할 수 있는 것은 실용주의가 아니다. 그것은 훨씬 더 유해한 아우구스티누스의 삼위일체론도 아니다. 역사 공부를 깊이 한다면, 우리는 영지주의자들의 영성과 급진적 종교개혁의 영성주의자들 사이에서 동일한 원칙이 작용하는 것을 보게 될 것이다. 이들의 성령은 영적 존재의 영적 측면을 다른 일련의 규칙들과 어쩌면 다른 어떤 신이 지배하는 물질세계의 속박으로부터 해방시키기 위해 일하신다. 이러한 성령은 우리의 몸보다는 영혼에 관계되며, 여전히 유별난 성명서(communiqués)를 읊조리는 작은 목소리이고, 단지 신비주의자들만 접근할 수 있는 신비이며, 거룩하게 하는 자이지만 창조자는 아니다.

셋째로 많은 신학자들은 단순히 자신들이 영향력을 행사하는 범위 안에서만 국제도시적이다. 그들은 전통의 안과 밖을 파헤쳐서 많은 자료들

---

76) 물론 이 각각의 학파들에 충실한 자들은 영지주의에서 갈라진 한 지류인 신앙을 채택하는데, 그들은 그 신앙에 근거하여 자신들이 종교개혁 전통의 진정한 후예라고 오해한다.

을 캐어내며, 두 가지 모두에 대한 습관적인 존중으로부터 그렇게 한다. 이것은 결과적으로 한쪽 또는 양쪽 모두를 해치는 것일 수도 있지만, 볼프하르트 판넨베르크(Wolfhart Pannenberg, 1928-2014)처럼 현대적 사료편찬을 활용하여 우아한 종합을 산출할 수도 있다.[77] 북미 복음주의 안에서 우리는 클라크 피녹(Clark Pinnock, 1937-2010)의 성령론[78]과 신학이 보다 일반적으로 국제도시와 수도 사이를 오가고 있음을 확인할 수 있고, 이머징(Emergent) 교회[79]가 국제도시와 변방마을들 사이에서 성령론적 탐구를 행하는 것도 알 수 있다.

마지막으로 우리가 국경 정착지에 위치시켰던 일단의 학제 간 신학자들이 여기서 상대편과 마주치게 된다. 양쪽은 각각 자신의 학문분야의 논리와 신앙의 논리에 충실하고, 양쪽이 충돌하는 것처럼 보일 때도 다른 한쪽의 목소리를 입막음하려고 시도하지 않는다. 토마스 아퀴나스가 이슬람화된 아리스토텔레스 철학을 진정한 비판과 함께 중세기 아우구스티누스 신학과 교환했듯이, 물리학자에서 성직자로 변신한 존 폴킹혼(John Polkinghorne, 1930-)은 현대 물리학과 성공회적 기독교 양쪽의 자원을 신적 행위(divine action)라는 주제로 변신시키고 있다. 폴킹혼은 양자역학이 결정론적 인과관계의 이신론적 세계를 보는 것이 아니라 구조적으로 "자기-원인-없는"(un-self-caused) 양자 사건에 대해 열려 있는 우주를 발견하기 위한 적절한 보증임을 설득했다. 창조론, 성육신론, 그리고 부활과 같은

---

77) 판넨베르크의 신학적 비전은 *Systematic Theology*, trans. Geoffrey Bromiley, 3 vols. (Grand Rapids: Eerdmans, 1988-1993)에서 대단히 광범위하게 발전된다. 판넨베르크에게 "하나님의 영의 역동성은 시간과 공간에 연결되어 작용하는 장(field)이다. 성령은 피조물에게 현재성과 지속성을 부여하는 미래적 능력으로서 시간과 연결되며, 지속되는 피조물들의 동시성에 의해 공간과 연결된다"(2:104).

78) Clark Pinnock, *Flame of Love: A Theology of the Holy Spirit* (Downers Grove, IL: InterVarsity, 1996).

79) 예를 들어 Patrick Oden, "An Emerging Pneumatology: Jürgen Moltmann and the Emerging Church in Conversation," *Journal of Pentecostal Theology* 18, no. 2 (2009): 263-84.

전통적인 교의들은 하나님께서 그런 구조적 개방성을 가지고 일하시는 것에 대한 신학적 언어를 제공한다. (사도적 전통과 현대 물리학에 대한) 두 가지 증거는 함께 창조가 성령에 의해 그리고 성령을 위해 성례전적으로 설계되었고, 그래서 성령의 성품과 사역을 지시한다고 제안한다.[80] 폴킹혼의 설명이 사도적 전통과 현대 물리학 모두를 정말로 정당하게 취급했다고 말하는 것은 아마도 지나친 낙관일지 모르지만, 폴킹혼이 하나를 다른 하나에 단순히 예속시켰다고 말하는 것은 너무 지나친 비판일 것이다.

국제도시 신학의 대표자들 가운데 어느 누구도 존 폴킹혼과 길거리 상가교회의 오순절주의 목사 부부를 함께 마음속에 떠올리지는 않을 것이다. 하지만 국제도시적인 성령론을 전개하는 많은 학문적이고 자극적인 인물들은 그 두 가지 유형 그리고 더 많은 것에 끌리고 있다. 그 가운데 한 사람이 위르겐 몰트만(Jürgen Moltmann, 1926-)이다. 그는 계시보다는 종말론을 자신의 신학의 지배적 범주로 만들었던 칼 바르트의 제자다. 종말론은 창조에 대한 하나님의 묵시적인 갱신을 묘사하기 때문에, 가장 직접적으로 갱신되어야 하는 창조의 측면들과 관계된 주제들, 분야들, 실천들이 그의 신학적인 반성의 중심이다. 역사, 사회학, 심리학, 자연과학 등은 몰트만의 과제에 없어서는 안 될 조직신학의 학문적 파트너들이다. 이렇게 이해된 성령은 "생명의 신적 원천이다. 성령은 피조된 생명, 유지된 생명, 그리고 매일 새롭게 되는 생명의 근원이며, 최종적으로 모든 피조된 존재의 근원이다."[81]

몰트만의 결과물은 많은 역사가들, 사회학자들, 과학자들을 기쁘게 해주려는 신학적 범주들에 의해 과도하게 구성되어 있으며, 많은 국제도시의

---

80) John C. Polkinghorne, *Science and Providence: God's Interaction with the World* (West Conshohocken, PA: Templeton, 2005), 38, 45, 106. 평가와 비판을 Telford Work, "The Science Division: Pneumatological Relations and Christian Disunity in Theology," *Zygon: Journal of Religion and Science* 43, no. 4 (December 2008): 897-908에서 보라.

81) Jürgen Moltmann, *The Spirit of Life: A Universal Affirmation* (Minneapolis: Fortress, 1991), 82.

신학자들과 마찬가지로 몰트만의 작업도 단지 믿는 자들에게만 진지한 관심의 대상이 되고 있다. 그리고 몰트만의 제안이 중요한 신학적인 (그리고 여기서는 성령론적인) 규칙을 위반한다고 불평하는 신학자들을 만족시켜주는 사실은, 그가 종종 다른 학문분야의 형이상학에 과도한 빚을 지고 있다는 것이다. 예를 들어 성령을 의식의 세 가지 중심 가운데 하나로서 해석하는 몰트만의 사회적 삼위일체론은, 논쟁의 소지가 있기는 하지만 널리 알려진 자아에 대한 심리학적 개념에 과도하게 의존하고 있다. 몰트만의 역사주의는 신적 본성을 설명하는 이단 사상인 성부수난설의 회복을 암시하면서 그리스도의 고난을 삼위일체 하나님의 영원한 생명 안으로 "옮기며", 그래서 성령도 고난에 종속된다.[82] 몰트만은 창조에 대한 하나님의 관심과 그것에 대한 성령의 관계성(어떤 사람은 정치적인 유사성이나 그 반동으로부터 지나친 동기부여를 받았다는 의혹을 갖고 있다)을 승인하는데,[83] 이 승인은 신약성서에 편만한 묵시적 종말론보다는 오래도록 (때로는 부당한) 비판을 받아온 철학적 만유재신론에 더 가깝다.[84] 그밖에도 이런 식으로 지적할 점은 많다. 그래서 몰트만의 성령은 국제도시에게는, 그리고 국제도시의 눈을 통해 본 하나님에 대해서는 친밀함과 낯섦의 느낌을 동시에 주고 있다.

국제도시의 신학이 성령에 대해 제안하는 것은 무엇인가? 그것이 성령

---

82) Michael Ward, "Theopaschitism: Is Jesus Christ Able or Unable to Suffer in His Divine Nature?" in *Heresies and How to Avoid Them: Why It Matters What Christians Believe*, ed. Ben Quash and Michael Ward (Peabody, MA: Hendrickson, 2007), 59-72를 보라. 보다 만족스러운 설명은 Hans Urs von Balthasar, *Mysterium Paschale: The Mystery of Easter* (San Francisco: Ignatius, 2005)에서 볼 수 있다.

83) *The Coming of God: Christian Eschatology* (Minneapolis: Fortress, 2004)에서 몰트만이 다양한 "천년왕국적인" 종말론적 비전들에 깊이 관여한다는 것과 그 결과 "묵시적인 종말론"의 많은 정통주의적인 특징을 거부한다는 것은 그가 교회의 성서적이고 전통적인 증거보다는 현대적인 상황에 더 큰 관심을 가졌다는 것을 보여준다. 실제로 사람들은 몰트만이 국제도시의 변방에 있는 마을에 살고 있다고 제안한다.

84) Jürgen Moltmann, *In the End―The Beginning: The Life of Hope* (Minneapolis: Fortress, 2004).

과 관련짓는 것은 무엇인가? 성령은 신부와 함께 "오라!"라고 외치신다. 단지 예수께서 오셔서 폭력과 우상숭배로 가득 찬 이 세상을 회복하라고 간구하는 것이 아니라, 폭력적이고 우상숭배 하는 사람들에게 와서 이미 생명수를 마시고 외치는 자들(계 22:17)에게 가담하라고 초대하는 것이다. 성령은, 심지어 성서 전체에서 가장 적은 국제도시적인 비전을 가진 것처럼 보이는 요한계시록의 저자 사도 요한마저도 자신의 시대에 새 땅이 동터온다고 인지하게 하시는 분이다.[85] 그때 모든 나라가 예물을 가지고 오며, 땅의 나라의 왕들이 영광과 영예를 가지고 그곳으로 들어가게 될 것이다(계 21:24-26). 새 예루살렘의 문이 있는 성벽은 다문화적인 환경을 수용하는 개방된 국경이고, 국경의 마을들은 종말론적인 국제도시가 되어간다. 그곳으로 오라는 개방된 초대는 예수께서 예루살렘이라는 멸망할 운명의 옛 국제도시를 비밀스럽게 방문하여 예배자들을 소환하시고, 자신을 믿는 자들에게 성령의 생수의 원천(요 7:37-39)이 되신 이후로 계속되어왔다.

결론: 지도에 그린 성령론

우리는 이 모든 것을 어떻게 이해해야 하는가? 어떤 사람들은 어느 구역이 성령론을 위한 유일하게 바른 장소인지, 그렇지 않으면 어느 구역이 저자들

---

85) 계 21장의 "새 하늘과 새 땅"이라는 말은 부활 이전의 질서를 묘사하는 사 65장을 인용한다(사 65:20). 새 예루살렘도 마찬가지로 담, 문, 그리고 죄인들과 부정한 사람들이 살고 있는(21:27) 바깥을 가지고 있다(21:12-21). 이것은 존속하는 교회가 열국을 초대하여 치유하는 현재 시대를 묘사하는 것으로 보인다(22:2, 14-15). 그것은 계 20:11-15이 묘사하는 최후의 심판 **이전의** 시대다. 그러므로 계 21:1-22:5의 "현재 시대"는 자연스럽게 계 22:6-21의 후기와 간곡한 권유로 인도된다. 계시록의 많은 시간적인 순환과 이어지는 뒤편으로의 변화에 대한 유용한 입문서로 Craig R. Koester, *Revelation and the End of All Things* (Grand Rapids: Eerdmans, 2001)를 보라.

의 개인적인 취향인지 알아낼 수 있는 단서를 찾을 것이다.[86] 그러나 그것
은 논점을 놓치는 것이다.[87] 신학적인 변방마을과 국경 정착지들, 수도들과
성장하는 국제도시, 그리고 기독교 전통 너머의 장소들은 어쨌든 **존재한다.**
그리고 그곳의 거주자들 모두는 자신이 있는 곳으로부터 하나님을 **생각할**
것이다.

그러므로 우리에게 성령이 누구인지를 보여주는 것은 이 장소들 가운데
어느 한 곳이 아니다. 성령은 모든 곳에서 성령이시다. 성령은 눈먼 사람들
이 더듬을 수 있는 매우 작은 부분만을 해석해서 단지 부분적으로만 알려
지게 되는 코끼리와 같은 것이 아니라, 주어진 맥락에서 분명히 나타날 수
있는 분으로 우리에게 알려지신다. 이 점을 주장하기 위해 우리는 한 분 성
령을 다섯 분야에서 설명하는 신약성서의 요한 문헌들을 활용했다.

또한 우리는 어떤 사람들이 성령론의 도입을 위해 "성령행전"이라고도
부르는 사도행전을 활용했다. 사도행전의 특징들은 우리가 그린 지도의 각
사분면, 그리고 중앙에 잘 어울린다.

베드로가 예루살렘을 떠난 후 사도적 전통의 관리자였고 구약성서의 유
산을 염두에 두고 그것에 충성했던 야고보(행 15:19-29)는 자신의 젊은 전
통의 수도에서 성령론 작업을 했다. 상당히 초기에 속하는 한 사람과 한 그

---

86) 잘 이해가 안 되어 혼동에 빠질지도 모르는 독자들을 위해 내 입장을 밝히고자 한다.
나는 각각의 장소에 속한 신학자들을 존경하지만, 나 자신의 공감대와 충성심은 꼭대
기의 모서리를 따라 어느 정도 중앙으로 내려온다. 나는 개신교 자유주의로부터 복음
주의로, 그리고 특별히 오순절주의로 이동한 이주자이고, 로스엘젤레스에 있는 다소 절
제된 선교적 오순절교회에서 행복하게 예배를 드린다.
87) 공정하게 그려진 지도는 지도 제작자의 의견을 반영하기는 하겠지만 어떤 선호를 제안
하거나 표현할 필요는 없다. 물론 지도에서 중심 자리를 차지하는 것과 경계 지역에 위
치하는 것은 독자들의 인지에 영향을 미칠 것이며, 지도 제작자의 편견의 단서가 될 수
도 있다. 1976년 3월 29일, 잡지 *The New Yorker*는 사울 스타인버그(Saul Steinberg)
의 "9번가로부터의 세계관"(View of the World from 9th Avenue)이라는 제목의 유
명한 표지를 내보냈는데, 그것은 지도 제작이 결코 객관적이지 않다는 포스트모던적인
논점을 확인시켜주었다.

룹이 바깥의 성령론을 예시한다. 사마리아의 마술사였던 시몬은 성령을 자신이 심취해 있었던 마술의 범주에 포함시켰다(8:9-24). 반면에 에베소에 있었던 요한의 제자들은 성령에 대해 들어보지도 못했다(19:1-4).

베드로는 사도행전의 성령에 대한 주도적인 국경 신학자였다. 오순절에 대한 권위 있는 그 해석자(2:14-40)는 처음부터(1:13-22) 바로 전통적인 수도의 거주자였지만, 그럼에도 베드로는 사도행전이 전개하는 것처럼 복음을 모든 새로운 장소로 옮겼다.[88] 스데반과 바리새파는 둘 다 변방마을의 성령론을 대표한다. 성령 충만한 헬라파 유대인인 스데반은 교회에서 무시되었던 영역의 유능한 종(그리고 예루살렘의 제사장들 사이에서 신앙의 고무자, 행 6:7)이었던 동시에, 예루살렘 교구의 둔감한 지배자들에 대해서는 통렬한 비판자였다(6:8-8:1). 대조적으로 바리새파는 오직 영감된 토라만을 통해 성령을 알았기 때문에, 그들은 처음에는 성령이 이방인 가운데서나 심지어 자기 동족들 가운데서 행하신 일이 무엇인지 이해할 수 없었다(15:4-12). 사도행전과 신약성서 전체에서 가장 국제도시적인 사상가는 바울이었다. 랍비적 바리새주의, 그리스적 서간문, 그리스-로마식 비판 등의 대가였던, 이방인들을 향한 메시아의 사도는 회의적이거나 수용적인 유대인들과 이방인들, 의심 많은 아테네의 철학자들, 어리벙벙한 통치자들 등의 형식과 범주를 통해 예수의 전승을 솜씨 있게 전달하였고, 성령이 이방인들 가운데 부어진다는 것이 구원사에서 무엇을 의미하는지를 대담무쌍하게 이론화했다.

누가와 제4복음서 저자는 후대의 교회가 그들로부터 수용했고 기억했던 그것을 잘 알고 있었다. 성령은 전 세계의 그리고 모든 시대의 주님이시

---

88) 그 가운데 유대인 국외 추방자들(2:14-40)이 있다. 그다음에 예루살렘의 소외된 사람들(3:1-10), 군중, 통치자, 그리고 거기에서의 모든 다른 사람(3:1-4:20; 5:28); 그다음에 문젯거리가 된 사마리아 믿는 자들(8:14-23)과 주변의 유대 시골(9:32-35)이 있다. 그다음에 베드로는 이방인들을 교회 안으로 통합시키는 문화적 혁명의 예언자와 선봉자가 되었고(10:1-11:18), 자신의 선교신학을 혁신시키는 경험을 했다(15:7-1). 베드로가 안디옥(갈 2:11-14)과 로마(벧전 15:13)에 갔다는 것은 사도행전에서는 언급되지 않고 다만 전제된다.

며, 우리의 도표는 그 자체로서 하나님이 새 창조를 통해 전개하시는 선교적 사역의 산물이고 영역이다. 우리가 요한의 구절들이나 그에 대한 사도행전의 증언들을 지도로 그릴 수 있다는 것은 아마도 현대 성령론의 지형도를 위한 가장 중요한 한 가지 연습을 예시할 것이다. 무엇보다도 단순하게 말해서, 그 모든 **성령론**의 대상은 예전과 마찬가지로 언제나 동일할 뿐이다.

참고도서

Del Colle, Ralph. *Christ and the Spirit: Spirit-Christology in Trinitarian Perspective*. New York: Oxford University Press, 1994.

Heron, Alasdair. *The Holy Spirit*. Philadelphia: Westminster, 1996.

Jenson, Robert W. *Systematic Theology*. 2 vols. New York: Oxford University Press, 1997 and 2001.

Johnson, Elizabeth A. *She Who Is: The Mystery of God in Feminist Theological Discourse*. New York: Crossroad, 1994.

Moltmann, Jürgen. *The Spirit of Life: A Universal Affirmation*. Minneapolis: Fortress, 1991.

Pannenberg, Wolfhart. *Systematic Theology*. Translated by Geoffrey Bromiley. 3 vols. Grand Rapids: Eerdmans, 1988-1993.

Pinnock, Clark. *Flame of Love: A Theology of the Holy Spirit*. Downers Grove, IL: InterVarsity, 1996.

Shults, F. LeRon. "Current Trends in Pneumatology." In *Spirit and Spirituality*, 20-38. Copenhagen: University of Copenhagen Press, 2007.

Witham, Larry. *The Measure of God: Our Century-Long Struggle to Reconcile Science and Religion*. San Francisco: Harper, 2006.

Yong, Amos. *The Spirit Poured Out on All Flesh: Pentecostalism and the Possibility of Global Theology*. Grand Rapids: Baker Academic, 2005.

11

구원론

리처드 린츠
Richard Lints
고든-콘웰 신학교

예비적 고찰

현대신학 지형도는 모든 주요한 신학적 주제들을 연결하는 한 가지 상호
관련성을 상기시킨다. 구원에 대해 말한다는 것은 이 논문의 논지와 같이
대체로 기독교적인 전통 안에서 구원하시는 하나님에 대해 말하는 것이며,
그때 하나님의 본성과 성품에 관한 앞선 모든 논의들은 구원론적 논의 전
체 안으로 들어와 작용하게 된다. 기독교적 전통이 말하는 구원의 특징적인
형태는 의심할 바 없이 예수 그리스도와 관계가 있으며, 그분의 삶, 죽음,
그리고 부활은 구원론에서 중심 역할을 담당한다. 다시 말해 기독교 신학에
서 기독론은 결코 구원론의 논의에서 멀어질 수 없다. 성령의 능력과 임재
는 세상 안에서 인류를 구원하시는 하나님의 사역에 대해 논의할 때 불가
피한 배경을 형성한다. 그래서 창조와 구속에 관련된 성령의 사역은, 만일
구원에 대한 이해가 마땅히 지녀야 하는 깊이와 신학적 풍성함을 갖추고자
한다면, 필수적으로 연관되어야 한다. 그리고 구원론이 무엇을 말하든지 간
에, 인간의 정체성과 목적은 구원론이 그 주변에서 회전하는 중심적 자리를
제공한다. 구원론에 대한 보다 최근의 논의는, 옛 토론도 그랬던 것처럼, 구
원이 교회의 본성(교회론)과 결합되어 있고 또 모든 시대를 가로질러 이루
어진다(종말론)는 사실을 상기시킨다. 요약하자면 모든 주요한 신학적 주제
들이 이런저런 방식으로 구원론에 연결된다.[1]

---

1) 구원론의 신학적 형태에 대해 오래되기는 했지만 여전히 유용한 서론은 H. D. Mac-
Donald, *Salvation* (Westchester, IL: Crossway, 1982)이다. 베르카우어(G. C.
Berkouwer)의 교의학 시리즈 가운데 구원에 관한 다음 두 권을 보라. *Faith and
Justification*, trans. Lewis B. Smedes (Grand Rapids: Eerdmans, 1954), *Faith and
Sanctification*, trans. John Vriend (Grand Rapids: Eerdmans, 1952).

사정이 이렇다면 세 가지 대안이 우리에게 가능하다. 먼저, 우리는 구원론을 바르게 수행하기 위해 다른 모든 신학적 주제를 포함해야 하기 때문에, 일종의 겸손함을 가지고 구원에 대한 모든 이해 가능한 논의를 포기해 버릴 수도 있다. 이와는 대조적으로, 우리는 (어느 정도 오만하게) 모든 신학적 주제가 구원에 대한 우리의 논의 안에서 비로소 적절하게 다루어질 것이라고 생각할 수도 있다. 그렇지 않다면 마지막으로, 여기서 채택된 노선처럼, 다소간의 잘못된 겸손과 과도한 자신감을 함께 섞는 것을 선택할 수도 있다. 한편으로 우리는 말로 표현할 수 없어 불가피하게 남겨두어야만 하는 엄청난 분량이 있음을 인정하는 동시에, 다른 한편으로 비록 우리가 모든 것을 말할 수는 없다고 해도 믿음이 우리에게 무언가를 말하도록 요청한다는 확신을 가지고 할 수 있는 과제를 단순히 최선을 다해 다룰 것이다.[2]

구원론에 대한 우리의 논의의 배경에는 우리가 물려받은 전통, 곧 신학의 현대적인 지형도를 형성해준 전통에 대한 담론이 위치할 자리가 있어야 한다.[3] 개신교인들은 칭의와 성화라는 범주를 통해 생각하는 경향이 있다. 로마 가톨릭 전통은 구원을 흔히 변혁과 갱신이라는 렌즈를 통해 보아왔다. 동방 정교회 전통은 참여와 신성화를 강조했다. 이 세 가지 전통이 각각의 노선에 관련되었던 시대를 거치면서 내부의 격렬한 토론과 불일치를 겪지 않았다고 생각하는 것은 세 가지 전통 모두에 공정하지 않을 것이다. 나아가, 마치 우리가 21세기의 시작점에서 이 각각의 전통들과는 대조적으로

---

2) 칼 바르트는 이렇게 썼다. "계시의 관계적 현실성 안에서 예수 그리스도께서 한쪽에서 계시고, 다른 한쪽에 우리의 믿음과 순종이 있다. 이 현실성은 그 관계 안에서 우리가 얻는 하나님에 대한 지식이란 하나님의 신비, 하나님이 우리의 지식에 설정한 한계, 하나님을 질문해야 할 필요성 등에 대한 지식이라는 사실과 같다"(*The Göttingen Dogmatics*, ed. Hannelotte Reiffen, trans. Geoffrey Bromiley [Grand Rapids: Eerdmans, 1990], 1:332).
3) 다양한 기독교적 전통과 신학의 관계성에 대해 David Buschart, *Exploring Protestant Traditions: An Invitation to Theological Hospitality* (Downers Grove, IL: InterVarsity, 2006)을 보라.

그것들의 세 가지 강조점을 하나의 말끔한 작은 꾸러미로 간단하게 묶을 수 있는 특권적인 위치에 있는 것처럼 생각하는 것도 마찬가지로 공정하지 않을 것이다. 세 가지 전통들 내부에서, 그리고 그것들 사이에서 이루어졌던 역사적인 논쟁들은 단지 포괄이라는 "너무-손쉬운" 신학적 패러다임으로는 처리될 수 없다.[4]

마지막으로 한 가지 중요한 신학적·목회적 주의사항을 짚고 넘어갈 필요가 있다. 구원에 대해 말하는 것은 구원 자체와는 동일하지 않다. 하나님에 관해 아는 것은 하나님을 아는 것과 동일하지 않다. 하나님이 구원에 대해 말씀하시는 개념적인 범주들을 이해하는 것은 하나님에 의해 새로워지고 화해되고 구속함을 받는 것과 같지 않다. 그럼에도 구원은 그것에 대한 우리의 모든 이해와 표현을 단지 초월할 뿐인 것은 아니며, 그래서 그것을 오해하지 않도록 지키려는 우리의 모든 시도가 불가능할 만큼 신비롭기만 한 것은 아니다.

서론

구원은 모든 타락한 인류를 새롭게 하고 구속하고 화해시킴으로써 모든 창조질서에 영향을 미치는 하나님의 사역을 묘사하는, 성서에 있는 많은 용어 중 하나다. 구원의 언어는 구원론과 구별되어야 한다. 고대의 맥락에서 "구원"이라는 용어는 행복한 상태로의 치유 또는 회복을 가리키는 의학적인 용어였다(참조. 행 28:27-28). 구원론은 인류의 문제가 하나님의 행동에 의해

---

4) 이 점에 대해 Geoffrey Wainwright, "Schisms, Heresies and the Gospel: Wesleyan Reflections on Evangelical Truth and Ecclesial Unity," in *Ancient and Postmodern Christianity: Paleo-Orthodoxy in the 21st Century: Essays in Honor of Thomas C. Oden*, ed. Christopher Hall and Kenneth Tanner (Downers Grove, IL: InterVarsity, 2002), 183-97을 보라.

해결된다고 이해하는 다양한 개념적인 틀 전체를 가리킨다. 성서의 한 특수한 용어로서의 "구원"은 병든 몸의 육체적인 치유와, 타락한 인간 본성의 영적인 치유를 유비의 방식으로 함께 연결한다.[5] 이러한 협소한 의미의 영역에서 성서의 "구원"이라는 용어는 죄인들에게 미치는 하나님의 은혜의 회복적인 차원에 주의를 요청한다.

신학적 담론에서 "구원론"은 타락한 인류를 새롭게 하고 구속하고 화해시키시는 하나님의 행동의 넓이를 다루는 것으로서, 의학적인 은유에 국한되지 않는다. 구원하시는 분은 하나님이시고 구원받는 것은 인간과 피조적 질서다. 신학적 담론의 그물망 안에서 하나님의 행동을 묘사하는 용어들의 폭넓은 의미와 그것들의 깊은 의미가 이 논문의 범위를 확정해준다. 구원론은 그 신적인 행동이 정경 전체에 걸쳐 묘사되는 다양한 방식을 하나의 범주 아래로 모은다. 또한 그것은 정경이 그 행동에 대해 말하는 다양한 방식들 사이의 연결과 긴장에 주의를 기울인다.[6]

신학자들은 구원의 수단(그리스도의 삶, 죽음, 부활)과 구원 자체(피조물 및 피조된 질서가 화해되고 구속되고 새로워지는 것)를 구별해왔다. 속죄와 구원은 각각 그러한 차이를 나타내는 신학적 범주들이다. 그리스도의 죽음과 부활은 어떤 의미에서 죄인들의 구원에 영향을 미치고 있다. 그분의 죽음과 부활은 구원의 수단으로 봉사한다. 또한 그리스도의 죽음과 부활은 죽음의 패배와 생명의 선물을 각각 말하기도 한다. 우리는 지금 만물이 최종적으로 새로워지는 새 창조를 단지 "희미한 거울을 통해" 이해할 뿐이다. 바로 그

---

5) 엘렌 채리(Ellen Charry)는 *By the Renewing of Your Minds: The Pastoral Function of Christian Doctrine* (New York: Oxford University Press, 1997)에서 자신의 신학적 패러다임 전체를 교훈적으로 제시하기 위해 바로 그 의학적인 은유를 사용한다.
6) 신약성서가 구원을 묘사하기 위해 사용하는 용어에 대한 유용한 단어 연구를 John Murray, *Redemption: Accomplished and Applied* (Grand Rapids: Eerdmans, 1955)에서 보라. 동일한 주제에 대해 더 전문적이지만 조금은 덜 신학적인 책은 다음이다. Jan van der Watt, ed., *Salvation in the New Testament: Perspectives on Soteriology* (Leiden: Brill, 2005).

새 창조가 도래하도록 만드는 시대적 전환을 특징짓는 것은 그리스도의 죽음과 부활, 그리고 성령의 은사다. 구원은 그리스도의 삶과 죽음, 그리고 뒤이은 부활이라는 수단을 통해 성취된다. 부활 안에서 죽음 자체가 패배하고 생명이 선사된다. 이런 위대한 구속의 역사적인 사건들이 구원의 특별한 형태를 형성한다. 사도 바울은 이렇게 말했다. "만일 우리가 그의 죽으심과 같은 모양으로 연합한 자가 되었으면, 또한 그의 부활과 같은 모양으로 연합한 자가 되리라"(롬 6:5). 죽음의 패배와 생명의 선물은 창조질서를 위한 "구원"이 된다.

복음과 구원

"그리스도 안에서의 구원"은 종종 예수 그리스도의 복음의 완전한 넓이에 대한 약칭이다. 성서에서 복음은 하나님이 예수를 통해 인간을 구속하셨다는 좋은 소식이다. 정경 전체에 걸쳐서 좋은 소식은 창조의 알파부터 오메가까지 지속된다.[7] 좋은 소식은 단지 우리의 회심 이야기를 담는 것이 아니라, 창조 전체를 포함하는 이야기다. 의심할 바 없이 복음 안에는 무덤 이후의 삶에 대한 함축이 있지만, 그럼에도 구원은 단지 "하늘에 도달하는 것"이거나 "지옥을 피하는 것"이 아니다. 역사 안의 모든 것은 복음이라는 더 큰 현실성 안으로 포괄된다.

복음은 창세기 1장에서 시작하여 요한계시록 22장까지 이어지는 이야기라고 말해진다. 창세기로부터 요한계시록까지의 이야기 중 어떤 한 부분이 생략될 때, 복음의 중요한 차원들이 상실된다. 누가가 "이에 모세와 모든

---

7) 구원의 정경적 형태에 대해 Michael S. Horton, *Covenant and Salvation: Union with Christ* (Louisville: Westminster John Knox, 2007)와 Christopher J. H. Wright, *Salvation Belongs to Our God: Celebrating the Bible's Central Story* (Downers Grove, IL: InterVarsity, 2007)을 보라.

예언자의 글로 시작하여 모든 성경에 쓴 바 자기에 관한 것을 자세히 설명하시니라"(눅 24:27)라고 기록하였을 때, 이것은 예수의 이야기가 성경 전체의 이야기라고 주장하는 것이다.[8] 그리고 성경 전체가 완전한 복음이다. 예수께서 전체 이야기를 함께 묶어주는 접착제인 것과 같이, 복음은 성경 자체를 함께 묶는 접착제다.[9]

이것은 "이야기"(story)가 단순히 이야기가 아니고, 어떤 짧은 요약만으로는 전체성을 주장할 수 없다는 사실을 강력하게 제안한다.[10] 복음은 우리에게 복잡한 내러티브를 받아들일 것을 호소하고, 그 결과 듣는 사람들을 대안적인 실재에게로 인도하는데, 이것은 본질을 쉽고도 간단하게 파악하려는 환원주의적 시도들에 저항하는 실재다. 그 실재는 복음의 본성과 특성에 대한 표현들 위로 "흘러넘친다." 그러나 신약성서는 복음의 단순성과 그것을 받아들이는 것의 가치를 묘사하기 위해 1세기 유대교의 토착어로 말하고 있다.[11]

복음의 넓이와 깊이를 표현하기 위해 성서는 서로 다른 그림 언어들을 사용하면서 다양한 색깔의 장식을 선사한다. 법률적인 언어(칭의, 처형, 심판)는 대속이 지닌 근본적으로 도덕적인 특징을 예시하고 있다. 성전 언어(속죄, 희생, 성화)는 창조자 하나님의 보편적인 현재가 구원자 하나님의 지

---

8) 기독론적인 성서 읽기에 대해 Royce Gordon Gruenler, "Old Testament Gospel as Prologue to New Testament Gospel," in *Creator, Redeemer, Consummator: A Festschrift for Meredith G. Kline*, ed. Howard Griffith and John R. Muether (Jackson, MS: Reformed Academic Press, 2000), 95-104를 보라.

9) Craig G. Bartholomew and Michael Goheen, *The Drama of Scripture: Finding Our Place in the Biblical Story* (Grand Rapids: Baker Academic, 2004)를 보라.

10) 성서 해석의 기획에서 이야기와 내러티브의 중요성에 대해 Craig Bartholomew and Mike Goheen, "Story and Biblical Theology," in *Out of Egypt: Biblical Theology and Biblical Interpretation*, ed. Craig Bartholomew (Milton Keynes, UK: Paternoster, 2004), 144-71을 보라.

11) 라이트(N. T. Wright)의 방대한 세 권의 연구 *Christian Origins and the Question of God* (Minneapolis: Fortress, 1992)는 신약성서 저자들이 예수 그리스도를 이해했던 구체적이고 역사적인 상황에 대한 최고의 현대적 서술이다.

역적인 임재와 엮어지는 신비를 강조한다. 가정의 언어(입양, 신부와 신랑, 화해)는 하나님이 자신의 피조물을 다루는 관계의 중심적인 특질을 탐구한다. 시장과 관련된 용어들(대속과 소유)은 삶의 영역 전체에서 자기 백성을 소유하시는 하나님의 소유권의 역동성을 파악한다.[12] 이와 같은, 그리고 그 밖의 많은 그림 언어들은 우리가 전체를 포괄하는 복음의 특징을 이해하는 데 도움을 준다.[13]

모든 다양한 흐름 속에서 교회는 역사적으로 삼위일체 하나님이 구원에 완전하게 참여하셨다고 확신했다. 복음은 아버지의 사랑에 근거를 두고, 아들의 죽음과 부활을 통해 실행되며, 성령을 통해 적용된다. 삼위일체적 관계는 구원의 묘사에 부수적이지 않으며, 그 관계가 성서 자체에 중심적인 것과 같이 구원의 논의에서도 중심점을 차지한다.[14] 시작부터 구원론의 삼

---

12) 법적인 이미지에 대해 Henri Blocher, "Justification of the Ungodly (*Sola Fide*): Theological Reflections," in *Justification and Variegated Nomism*, vol. 2, *The Paradoxes of Paul*, ed. D. A. Carson, Peter T. O'Brien, and Mark A. Seifrid (Grand Rapids: Baker Academic, 2004), 465-500을 보라. 성전 이미지에 대해 G. K. Beale, *The Temple and the Church's Mission: A Biblical Theology of the Temple* (Downers Grove, IL: InterVarsity, 2004)을 보라. 『성전 신학』(새물결플러스 역간). 가족적이고 관계적인 이미지에 대해 C. F. D. Moule, *Forgiveness and Reconciliation: And Other New Testament Themes* (London: SPCK, 1998)을 보라. Scott Hahn, *A Father Who Keeps His Promises: God's Covenant Love in Scripture* (Ann Arbor, MI: Servant Publications, 1998)는 가족적인 주제를 언약의 언어와 연결한다. 시장의 이미지에 대해 Dale Martin, *Slavery as Salvation: The Metaphor of Slavery in Pauline Christianity* (New Haven: Yale University Press, 1990)을 보라.
13) 다양한 구원의 모델들의 서로에 대한 관계를 이해하려는 제한적이지만 유용한 시도를 John McIntrye, *Models of Soteriology* (Edinburgh: T&T Clark, 1992)에서 보라. 구원에 대한 신약성서의 은유를 하나의 정합적인 전체로 발전시키려고 하는 유익한 시도를 Gordon Fee, "Paul and the Metaphors for Salvation: Some Reflections on Pauline Soteriology," in *Redemption: An Interdisciplinary Symposium on Christ as Redeemer*, ed. Stephen T. Davis, Daniel Kendall, and Gerald O'Collins (Oxford: Oxford University Press, 2004), 43-67에서 보라.
14) 삼위일체론과 구원론의 관계에 대한 흥미로운 논증을 John Webster, "The Place of the Doctrine of Justification," in *What Is Justification About?* ed. Michael

위일체적 형태를 확인하는 것은 구원을 개인적 사건이나 어떤 객관적인 집단적 사건으로 환원시키는 것에 반대하려는 것이다. 구원은 우리 자신과 하나님 사이에서 단지 주관적으로 경험된 관계로 해소되지도 않는다. 또한 구원은 엄격하게 비슷한 마음을 가진 사람들의 교회에 소속되는 것도 아니다. 구원은 "공동체-안에-있는-개인들"과 관계된다. 성서 전체에 걸친 언약의 언어는, 하나님의 구원 행동 안에 내재되어 있는 그런 긴장을 강조한다. 우리를 하나님과의 언약의 관계 안에 다시 세우시는 하나님의 행동은, 또한 우리가 하나님과 화해된 다른 모든 사람들에 대해 다른 질서(즉 언약의 질서)의 관계를 맺도록 하신다.[15]

20세기의 구원론

19세기 말 유럽과 북미에서 구원의 패러다임은 불가피하게 두 진영으로 나뉘었다. **변화의 구원론**과 **관계적인 구원론**이 그것이다.[16] 이것은 구원에 대한 총괄적인 설명이라기보다는 각각의 경향성을 나타낸다. 구원론에서 변화의 개념은 예수가 자신을 따르던 사람들을 변화시켰던 방식에 주의를 기울인다. 이 개념은 사람들이 신적인 은혜에 의해 변화되어 창조세계 질서 전체의 변화에 그들 스스로가 참여하는 방식에 집중한다. 관계적인 구원의 개념들은 예수에 대한 믿음이 자신의 제자들을 하나님과의 다른 관계 안으

Weinrich and John Burgess (Grand Rapids: Eerdmans, 2009), 35-55에서 보라.

15) 구원의 공동체적인 차원에 대한 강조를 Joel B. Green, *Salvation* (St. Louis: Chalice, 2003)에서 보라. 언약적 표징과 회원자격에 대한 특이한 신학적인 설명에 대해 Meredith Kline, *By Oath Consigned* (Grand Rapids: Eerdmans, 1968)를 보라.

16) Paul Fiddes, "Salvation," in *The Oxford Handbook of Systematic Theology*, ed. John Webster, Kathryn Tanner, and Iain Torrance (New York: Oxford University Press, 2007), 176-96는 그 구분을 분명하게 제시한다. 하지만 그다음 관계적 구원론을 주로 변혁적인 구원론으로 환원시킨다.

로 이끌어 들이는 방법을 강조한다. 그 개념들은 하나님과 인간 사이의 관계가 화해되고 새로워지는 방식을 가리킨다. 하나님과 인간의 그런 관계는 성서에서 언약의 방식으로도 묘사된다. 그렇다면 구원은 하나님과의 언약을 위반한 사람들이 언약 당사자의 자격을 회복하는 것으로도 묘사될 수 있을 것이다.

더 멀리 나아가면 이런 일반화는 붕괴한다. 19세기의 변화의 구원론은 복음에 의한 개인들의 변화가 하나님에 대한 그들의 관계에 분명히 영향을 미쳤다고 생각했던 반면에, 동일한 시기의 관계적 구원론은 복음을 믿었던 사람들의 성품에 대한 기독교적 함축이 무엇인지를 불가피하게 토론했다. 하지만 중심에서의 분리는 여전히 지속되었다. 그리스도의 죽음과 부활의 주된 영향은 1) 개인들과 하나님 사이의 관계에 대한 것인가, 아니면 원칙적으로 2) 그 개인들의 성품의 내적인 변화에 있는가?[17] 이어지는 항목에서 이 두 가지 구원론적인 전통은 연대기적으로 19세기와 20세기에 걸쳐 추적될 것이다. 결론의 항목은 대부분 동방 정교회와 관계되어 있는, 고대의 참여적인 구원론에 대한 최근의 관심을 연대순으로 기록하여 묘사할 것이다.

변화의 구원론과 독일 자유주의

변화의 구원론은 프리드리히 슐라이어마허와 알브레히트 리츨이 각각 19세기 초엽과 말미에 대변했다. 슐라이어마허의 『기독교 신앙』(*The Christian Faith*, 1822)[18]과 리츨의 『칭의와 화해에 대한 기독교 교리』(*The Christian*

---

17) 관계적인 구원론이 속죄의 형벌 개념과 연결되는 것처럼, 변화의 구원론은 속죄의 모범적 이론이라고 불리는 것과 밀접하게 연결되어 있다.

18) Friedrich Schleiermacher, *The Christian Faith*, 2 vols., ed. H. R. Macintosh and J. S. Stewart (New York: Harper Torchbooks, 1963).

Doctrine of Justification and Reconciliation, 1874)[19]는 그 시기의 개신교 신학서적 가운데서 가장 큰 영향력이 있는 책이었고, 유럽 기독교 안의 구원론적 논의의 많은 부분을 재형성했다. 서로 다르지만 유비적인 방식으로 슐라이어마허와 리츨 모두는 19세기에 유행했던 개정된 기독론에 깊은 영향을 받았으며, 변화의 구원론의 모범적인 대표자들이 되었다. 위대한 전통의 기독론적인 신조들은 점점 더 많은 부분에서 의심의 눈빛으로 조망되었는데, 특별히 예수의 정체성에 대한 온전한 두 본성의 이해에 보내졌던 전적인 신뢰가 회의적으로 변하고 있었다. 신학적으로 "완전한 인간/완전한 하나님"이라는 공식은 그 시대의 점증하는 역사주의적 감수성의 관점에서는 더 이상 가능할 것 같지 않았다. 많은 그룹에서 역사적 발전에 대한 강조는 예수의 인성을 새롭게 검토하도록 인도했고, 어떤 의미에서 예수의 신성에 대한 관심은 줄어들고 있었다. 당시의 유럽 문화에 만연했고 많은 학문적 분야에 스며들기 시작했던 자연주의는 그 시대 독일 대학의 종교 연구 집단을 향해 균형 잡히지 않은 영향력을 행사했다. 슐라이어마허와 리츨은 그 당시 증가하는 역사주의의 학문성에 깊은 영향을 받았기 때문에, 이 분야에도 영향을 미쳤다.[20]

슐라이어마허는 "교양 있는 멸시자들"이 행하는 기독교 비판을 날카롭게 의식하고 있었으며, 그런 불필요한 공격을 피하는 방식으로 기독교를 재

---

19) Albrecht Ritschl, *The Christian Doctrine of Justification and Reconciliation: The Positive Development of the Doctrine*, English translation, ed. H. R. Macintosh and A. B. Macaulay (Eugene, OR: Wipf & Stock, 2004).

20) 19세기 자유주의 신학에 공감하는 개관은 Peter Hodgson, *Liberal Theology: A Radical Vision* (Minneapolis: Fortress, 2007)에서 볼 수 있다. 19세기와 20세기의 자유주의 신학에 대한 비판적이면서도 여전히 통찰력 있는 반복은 Hendrikus Berkhof, *Two Hundred Years of Theology: Report of a Personal Journey* (Grand Rapids: Eerdmans, 1989)에서 발견된다. 독일 대학의 맥락에서 생겨난 자유주의 신학의 특별한 형태에 대해 Thomas A. Howard, *Protestant Theology and the Making of the Modern German University* (New York: Oxford University Press, 2006)을 보라.

형성하거나 맥락화할 수 있다고 생각했다.[21] 이런 이유에서 슐라이어마허는 기독교 신앙이 인간적 경험을 변화시키는 것을 가장 심오한 목표로 삼는 종교로 표현되어야 한다고 생각했다.[22] 신적 의식과 공통된 의식을 통해 모든 인간은 필연적으로 자신의 신성에(또는 최소한 신성에 대한 자신의 인식에) 본래적으로 의존한다는 사실을 보다 더 온전하게 설명하고 평가하는 쪽으로 힘써 나간다. 하나님 의식에 의해 인간 안에서 추진되는 그것은 영원하다. 그러나 각 사람은 이성 때문에 영원한 것을 물리칠 수 있다. 그런 거부에 의해 영원한 실재들은 사라지며, 인간성은 미덕을 상실한다. 슐라이어마허에게는 예수의 하나님 의식보다 더 분명하고 완전하게 드러난 하나님 의식은 존재하지 않는다. 예수 안에서 하나님의 경험적 실재 전체가 완전하게 드러나고 생동했다.[23] 인류의 희망이 놓인 곳은 바로 예수이며, 그가 공감의 문명을 향한 길을 지시한다. 각 사람은 믿음을 통해 예수와 영적으로 교류하면서 자신의 잠재력 안으로 더욱 완전하게 진입한다. 여기에 슐라이어마허의 구원이 있다. 그것은 죄에 대한 영원한 형벌로부터의 구원이 아니라, 오히려 신적인 연민과 사랑의 완전함으로 들어가는 구원이다.[24] 이것은 주로 "무덤 너머"를 향한 관심이라기보다는 지상의 현실 주변에 초점을 두는 구원이다.

리츨에게서, 구원과 관계된 그와 같은 지상의 현실들은 하나님 나라와 동일시될 수 있었다. 하나님 나라의 본성과 특징은 예수 그리스도의 인격

---

21) 이 점에 관련된 슐라이어마허의 고전적인 작업은 『종교론』(On Religion: Speeches to Its Cultured Despisers, trans. and ed. Richard Crouter, 2nd ed. [1799; repr., New York: Cambridge University Press, 1996])이다.

22) 슐라이어마허는 이렇게 말한다. "만일 인간 본성 안에 이미 존재하는 하나님 의식이 비록 연약하고 억압되어 있기는 해도 그리스도의 살아 있는 영향력의 진입으로 자극을 받아 지배적으로 되는 것이 구속의 본질이라면, 그 영향력이 행사되는 개인은 이전에는 그의 것이 아니었던 종교적인 인격성을 얻게 된다"(Christian Faith, 2:476).

23) Christian Faith, vol. 2, 93-4.

24) Ibid., 109-10.

과 삶 안에서 가장 완전하게 실현되었다. 죄는 하나님 나라가 지상으로 뚫고 들어오는 것에 적극적으로 반대하는 것이다. 죄는 조직적이며, "악의 연대성"에 참여하는 인간들의 맥락 안에서 야기된다.[25] 아담의 죄(원죄)와 현대적 맥락에서의 인간의 죄 사이에는 아무런 본래적인 관련성이 없다. 죄의 결과는 천상의 신적인 법정에서 행위에 대해 내려지는 정죄라기보다는 "죄의식"이다. 그것은 하나님 나라의 예절과 성향을 "다시 학습해야" 한다. 그런 습관을 다시 배우는 것이 바로 리츨이 구원을 통해 말하고자 했던 것이다. 하나님 나라를 자신의 삶 속에서 온전하게 드러내는 것이 하나님에 의해 구원받은 사람들의 목표다.

리츨에게 그리스도의 죽음은 어떤 개인이 의롭게 된다는 전제 아래서 신적인 진노가 처벌을 통해 충족되는 것이 아니다. 오히려 그리스도의 죽음은 인류를 향한 하나님의 사랑의 온전한 계시이며, 이런 의미에서 칭의와 화해의 기초가 되어 봉사한다. 리츨은 칭의를 "믿음으로" 받는 것이라고 말했지만, 그것은 전통적인 개신교 신학자들이 말했던 의미와는 날카롭게 대조된다. 리츨의 틀 안에서 칭의는 하나님의 사랑에 대한 신뢰로부터 일으켜진다.[26] 하나님의 사랑에 대한 신뢰에 기초해서 원칙적으로 죄의 불편한 감정에 의해 인식되는 하나님으로부터의 소외가 마침내 제거된다. 하나님을 믿는 것은 자신의 고유한 죄의식에 의한 소외의 해결(즉 구원)이다. 하나님이 죄인들로부터 소외되었던 것이 아니라, 죄인들이 자신들의 죄의식 때문에 하나님으로부터 소외되어 있었다.

마지막으로 우리는 리츨이 개신교 정통주의의 개인주의적 구원론의 성향에 대해 매우 비판적이었음을 인정해야 한다. 리츨은 많은 개신교 신학 안에 포함된 개인주의적 구원 개념을 매도했다. 왜냐하면 그 개념은 불가피하게 기독교 신앙의 최고선인 사랑의 공동적 차원에 주목하지 못하게 만

---

25) Ritschl, *Justification and Reconciliation*, 335-40.
26) 리츨은 "화해가 야기하는 하나님을 향한 의지의 새로운 방향성이 믿음"이라고 말한다 (Ibid., 100).

들기 때문이다.[27] "기독교 공동체는 세상 가운데서 하나님의 최고의 목적이다."[28] 사랑은 항상 다른 사람을 향하고, 이것은 사랑의 실천을 위해 공동체가 요구된다는 사실을 수반한다. 구원을 주로 하늘이나 지옥으로 가는 것으로 이해하는 것은 사랑의 공동체적인 본성과 교회 안에서의 주요한 맥락을 약화시킨다. 리츨에게 칭의와 화해가 지닌, 본질적으로 사회적인 본성을 회복하는 것은 현대 교회를 위해 엄청난 중요성을 지닌 일이었다.[29]

관계적 구원론과 개신교 정통주의

관계적 구원론은 19세기 개신교 정통주의의 다양한 목소리를 통해 솜씨 있게 대변되었다. 우리는 그 시기 중 두 사람의 대표자만 선택하기로 한다. 그들은 찰스 하지(Charles Hodge, 1797-1878)와 존 윌리엄슨 네빈(John Williamson Nevin, 1803-1886)인데, 이들은 개신교 정통주의의 다양한 흐름의 내부에, 그리고 그 시기 독일 신학의 주류 학문세계의 외부에 위치했다. 하지는 프린스턴 신학교에서 괄목할 만하게도 50년 동안(1822-1872)이나 가르쳤으며, 거의 3천 명에 이르는 학생들을 훈련시켰고, 19세기 미국에서 가장 영향력 있는 목소리 중 하나였다.[30] 하지의 『조직신학』은 1878년 그

---

27) 리츨은 이렇게 말한다. "개인을 교회와의 관계로부터 완전히 고립시키는 구원 도식의 신비적 개념은 루터교뿐만 아니라 개혁교회의 영역에서도 한자리를 차지해왔다"(Ibid., 112).

28) Ibid., 464.

29) 리츨의 작업의 폭과 영향력을 전체적으로 묘사하는 유용한 논문집은 Darrell Jodock, ed., *Ritschl in Retrospect: History, Community, and Science* (Minneapolis: Fortress, 1995)이다.

30) 하지의 삶과 경력에 대한 훌륭한 개관은 David F. Wells, "Charles Hodge," in *Reformed Theology in America: A History of Its Modern Development*, ed. David F. Wells (Grand Rapids: Eerdmans, 1985), 36-59에서 볼 수 있다. 그의 아들인 아치볼트 알렉산더 하지(Archibald Alexander Hodge)가 쓴 매우 개인적인 다음 전기도 많

가 세상을 떠난 이후 반세기 이상 동안 많은 미국 신학교에서 표준적인 신학교재로 사용되었다.[31] 하지의 책은 개신교 역사의 많은 부분을 요약했고, 구원론을 특징짓는 표준적인 구분을 사용했으며, 제3부는 구원론을 중생, 칭의, 성화의 범주 아래 깔끔하게 분류했다.[32] 중생은 인간의 심정을 깨우는 성령의 사역을 가리키는데, 그것 때문에 개인은 믿음을 행사하게 된다.[33] 믿음은 개인이 그리스도를 부여잡는 도구다. 믿음의 결과는 믿는 자의 법적인 지위가 하나님 앞에서 유죄로부터 무죄로 변화되는 것이다. 칭의는 죄인들이 그리스도께서 완성하신 사역의 기초 위에서 더 이상 영원한 심판의 자리에 서 있지 않다는 법정적인 선언이다.[34] 칭의의 도구적인 원인인 믿음은 성화의 과정 안에서 성령에 의해 확실하게 유지된다.[35] 하지의 접근방법은 19세기의 상당 부분과 20세기 초까지 보수적인 개신교의 구원론적인 모델 역할을 했다.

네빈도 하지와 마찬가지로 개신교 정통주의에 깊이 뿌리 내리고 있다. 네빈은 19세기 중엽의 수십 년 동안 펜실베이니아의 머서스버그(Mercersburg)에 있는 작은 독일 개혁파 신학교의 교수였다.[36] 하지와 달리 네빈은 그리스도와 믿는 자 사이의 살아 있는 영적 연합을 구원론의 중심적인 틀로서

은 도움이 된다. *The Life of Charles Hodge* (New York: Scribner, 1880).

31) 19세기 구 프린스턴 신학과 하지의 관계에 대해 마크 놀의 멋진 소개 논문 Mark Noll, ed., *The Princeton Theology: 1812-1921* (Grand Rapids: Baker Books, 1983), 9-47을 보라.

32) Charles Hodge, *Systematic Theology* (1872-1873; repr., Grand Rapids: Eerdmans, 1981).

33) Ibid., 15장, 단락 1과 3.

34) Ibid., 17장, 단락 2-5.

35) Ibid., 16장, 단락 2, 7-8.

36) 네빈에 대한 훌륭한 사회문화적 전기는 D. G. Hart, *John Williamson Nevin: High Church Calvinist* (Phillipsburg, NJ: P&R, 2005)이다. 네빈에 대한 훌륭한 지적 전기는 Richard E. Wentz, *John Williamson Nevin: American Theologian* (Oxford: Oxford University Press, 1997)이다.

강조했다.[37] 네빈은 미국의 부흥주의가 회심에서 인간적 의지의 주관적인 성향을 부당하리만큼 강조했다고 생각했다. 그 시대의 부흥주의자들은 의지에 영향을 미친다고 생각했던 한 가지 원칙적인 기준을 갖고 있었는데, 그것은 효율(efficiency)이었다.[38] 부흥주의의 유산에 따르면, 의지의 변화를 촉진하는 수단이라면 그 어떤 것이든지 구원의 목적을 위해 활용될 수 있고 또 활용되어야만 한다. 이와 대조적으로 네빈은 그런 체계 안에 내재된 개인주의를 비난했고, 교회가 죄인들이 그리스도 안에 있는 구원에 도달하기 위한 정규적인 수단으로 지정되었다고 주장했다.[39] 슐라이어마허를 읽으면서 네빈은 구원을 그와 마찬가지로 개인적이라기보다는 공동체적인 용어로 생각했다. 하나님의 예정은 하나님의 언약 백성의 공동체와 관계된다. 나아가 네빈은 성령의 은사가 인간 본성에 내재되어 있다기보다는 그리스도와 그의 교회 사이의 거룩한 연합을 산출하는 수단이라고 주장했다.[40] 칭의를 법정적인 용어로 다루는 하지의 전통을 따라 네빈은 "연합"(union)이라는 용어를 채택했는데, 이것은 구원을 훨씬 더 지배적인 주요동기로 이해할 수 있게 만든다.[41] 그리고 교회야말로 그 연합을 성령의 능력 안에서 일으키는 정규적인 수단이기 때문에, 네빈은 교회의 권세를 성례전적으로

---

37) "우리는 예수와 동일한 생명을 누린다고 말하는 곳에서…예수와 함께 연합하여 단지 아담의 본성에 참여한다는 것이 아니라, 보다 높은 삶의 질서인 예수 자신 본성에 참여하게 된다." Nevin, *The Mystical Presence: The Reformed or Calvinistic Doctrine of the Holy Eucharist* (Philadelphia: J. B. Lippincott, 1846), 54.

38) 19세기 미국의 부흥주의의 전통에 대해 Charles E. Hambrick-Stowe, *Charles G. Finney and the Spirit of American Evangelicalism* (Grand Rapids: Eerdmans, 1996)을 보라.

39) Nevin, "The Anxious Bench—A Tract for the Times" (1843), reprinted in *Anxious Bench, AntiChrist, and the Sermon on Catholic Unity*, ed. Augustine Thompson (Eugene, OR: Wipf & Stock, 2000)을 보라.

40) Nevin, "The Natural and Supernatural," *Mercersberg Review* 11 (1850): 176-210 을 보라.

41) 이것은 특별히 성만찬에서 그리스도의 임재에 대해 네빈이 하지와 벌였던 논쟁에서 분명히 드러났다. Nevin, *The Mystical Presence*을 보라.

이해하기에 이르렀다.[42] 우리 시대에 머서스버그 신학에 대한 흥미가 새롭게 일어난 이유 중에서 네빈의 성례전적 구원론이 결코 적지 않은 역할을 차지했다.[43] 네빈은 이 점에서 자신이 칼뱅의 전통에 서 있다고 생각했으며, 하지의 순전한 법정적 구원론의 이해에 깊은 우려를 표현했다. 우리가 그 사실을 잊어서는 안 될 것이다.

칼 바르트와 구원론

20세기 초에 칼 바르트의 굳건한 존재감은 많은 개신교주의 지역에서 감지되기 시작했다. 그의 특별한 천재성이 구원론 분야에만 국한된 것은 아니지만, 바르트 이후의 많은 개신교 신학이 그러하듯이 현대적 구원론의 상당한 분량은 이 분야에 대한 바르트의 작업의 그늘에 놓여 있다.[44] 글자 그대로 대륙 전체를 황폐화시켰던 두 번의 세계대전으로 말미암아 전 유럽의

---

42) 네빈은 "Christ and the Church," in *The Mercersburg Theology*, ed. James Hastings Nichols (New York: Oxford University Press, 1966), 89에서 이렇게 말한다. "그리스도는 교회라는 그리스도의 신비로운 몸 안에서 그리고 그 몸을 통해 세상에 임재하신다. 그 임재는 자체 안에 인류 일반을 위한 새로운 생명의 능력을 전달한다. 그 임재는 단지 어떤 추상이나 사고의 대상도 아니고, 영광 가운데 살아 있는 현실이며, 유기적 역사의 방식으로 세계의 건설 가운데 계속 작용하고 있다."

43) Jonathan Bonomo, *Incarnation and Sacrament: The Eucharistic Controversy between Charles Hodge and John Williamson Nevin* (Eugene, OR: Wipf & Stock, 2010), and Adam Bornemann, *The Man of Faith and the Perfection of Nature: The Sociopolitical Dimensions of John Williamson Nevin's Theology of Incarnation* (Eugene, OR: Wipf & Stock, forthcoming)을 보라.

44) 바르트의 『교회교의학』 IV권 전체는 화해론에 할애되어 있다. 화해론은 다른 주제들 가운데의 하나가 아니라, 삼위일체에 대한 바르트의 초기 논의의 완전한 정점으로서 다루어진다. 이 점에 대해 John Webster, *Karl Barth* (New York: Continuum, 2000) 6장, "Reconciliation"을 보라.

지성적인 집단들의 분위기에 심각한 변화가 일어났다.[45] 바르트는 그런 분위기를 배경으로 하면서 황폐화의 배후에 있는 도발적인 진리를 인식했던 유럽 신학자들 가운데서 가장 멀리 앞을 내다보는 사람이었다.[46] 인간 본성은 더 이상 전체적으로 낙관론적인 용어로 해석될 수 없었다. 인간의 타락의 깊이와 실재는 신중하게 취급되어야 했고, 하나님과 인류 사이의 화해라는 보다 더 심오한 교리에 길을 내주어야 했다. 바르트는 변화의 구원론(transformationist soteriologies)으로 기울어지는 독일 신학계의 만연한 경향을 거부하고, 그대신 우리가 구원을 부여잡는 데 적절하고 가치가 있는 유일한 조건은 오직 하나님 자신이 설정하신 조건이라고 주장했다.

바르트에 따르면—시간 안에서만이 아니라—이미 영원부터 타락한 인류는 예수 그리스도와는 대조적으로 자신의 정체성의 중심에서 교만, 태만, 무질서를 지니고 하나님께 반역하며 서 있었다.[47] 이 상태에서 인류는 하나님의 심판, 즉 신적인 "아니오" 아래 서 있다.[48] 인간은 자신을 이 심판으로부터 구원할 수 없다. 구원은 오직 주권적인 삼위일체 하나님의 사역으로부터 유래해야만 한다. 그리고 신적인 심판은—만일 하나님이 하나님으로서 계속 머물러 계신다면—완전하게 집행되어야 한다. 바르트에게 있어 정죄

---

45) 20세기 초 유럽의 역사신학적 맥락은 A. I. C. Heron, *A Century of Protestant Thought* (Philadelphia: Westminster, 1980); Jaroslav Pelikan, *The Christian Tradition: A History of the Development of Doctrine*, vol. 5, *Christian Doctrine and Modern Culture (since 1700)* (Chicago: University of Chicago Press, 1991); and Stanley Grenz and Roger Olson, *20th-Century Theology: God and the World in a Transitional Age* (Downers Grove, IL: InterVarsity, 1992)가 잘 묘사한다.

46) 독일 자유주의 신학의 전통을 끊는 바르트의 역할은 Gary J. Dorrien, *The Barthian Revolt in Modern Theology* (Louisville: Westminster John Knox, 2000)에 잘 요약되어 있다.

47) 이 대조는 *Church Dogmatics* IV/2, 378-402에 강력하게 진술된다.

48) "죄로 인해 인간은 자신을 하나님과의 잘못된 관계에 둔다. 인간이 스스로 하나님의 피조물과 언약의 상대자가 되는 것은 불가능하다. 인간은 자신의 실존을 타협한다. 왜냐하면 죄인인 인간은 아무런 권리도 갖고 있지 않기 때문이다. 인간은 오직 잘못 가운데 있을 따름이다"(*CD* IV/1, 528).

받은 인류의 자리에 서신 분은 그리스도이고, 이제 사랑의 하나님께서 사랑하신 아들의 자리에 서 있는 것은 인류다.

교부들과 마찬가지로 바르트도 그리스도의 성육신에는 신성과 인성 사이의 존재론적인 관계성이 있다고 보았다. 인간으로서 그리스도는 진정으로 인류를 대신하여 하나님의 진노를 당했다. 인성에서 그리스도는 존재론적으로 모든 인류와 연결된다. 하나님으로서 그리스도는 부활을 통해 인류에게 진정으로 하나님의 바로 그 생명을 주신다. 죄악된 인류를 살아 계신 하나님과 효과적으로 화해시키는 것은 신인(God/Man)의 연합이다. 예수 그리스도의 이야기에서 발생하는 것은, 비록 신적인 예수와 나머지 인류 사이에는 아무런 존재론적인 연합도 존재하지 않지만, 그럼에도 실제 인류의 이야기로 간주된다.[49] 많은 교부들과 마찬가지로 바르트에게도 인간이 신성화된다는 그 어떤 암시조차 있을 수 없다. 또한 하나님 안에서도 변화는 일어나지 않았다. 다만 인간에 대한 하나님의 관계가 변화되었을 뿐이다. 하나님께서 영원부터 그리스도 안에서 인류를 구원하기로 작정하셨기 때문에, 하나님은 언제나 인류를 향해 호의적인 마음을 가지신다. 구원에서 발생한 관계의 변화는 인류의 하나님에 대한 화해이지, 하나님의 인류에 대한 화해가 아니다.

바르트의 "화해론"은 낮아지심(성육신과 죽음)과 높여지심(부활과 승천)이라는 이야기의 구성을 따라 움직이는데, 바르트가 깊은 의미에서 그 이야기를 하나님의 영원한 존재 안에 위치시키기 때문에 복잡하다.[50] 바르트는 예수를 십자가로 인도했던 그리스도의 순종이라는 표준적인 개신교 언어

---

49) 이것은 다음 논문에 있는 브루스 맥코맥의 주장이다. "Participation in God, Yes, Deification, No: Two Modern Protestant Responses to an Ancient Question," in *Denkwurdiges Geheimnis: Beitrage zur Gotteslehre*, ed. Ingolf Dalferth, Johannes Fischer, and Hans-Peter Groshans (Tubingen: Mohr Siebeck, 2004), 347-74.

50) 바르트의 구원론의 분명한 요약은 Colin Gunton, "Salvation," in *Cambridge Companion to Karl Barth*, ed. John Webster (Cambridge: Cambridge University Press, 2000), 143-58에서 볼 수 있다.

를 사용한다. 그 순종에 근거하여 하나님께서는 예수를 의롭다고 여기시고, 그 다음 그 의로움을 죄인들에게 돌리신다. 하지만 "의를 돌리시는 것"은 화해를 보는 렌즈가 아니라, 오히려 화해의 장엄함이 더욱 완전하게 이해될 수 있게 하는 많은 굴절렌즈 중의 하나다. 강조는 화해의 역동성 자체에 있지 않고 화해의 대리자이신 예수 그리스도께 있다. 예수 그리스도 안에서 진리는 죄의 기만성을 폭로한다. 그분의 자비는 죄의 오만을 폭로한다. 그리스도의 죽음에 대한 승리는 죄의 태만과 냉소를 폭로한다. 예수 그리스도는 화해가 있는 복음이시다.[51] 반대로 표현하자면, 복음은 만물을 그리스도 안에서 자신과 화해시키시는 하나님의 사역이다.[52]

해방으로서의 구원

이제 20세기의 변화의 구원론을 살펴볼 텐데, 여기서 가장 중요한 것은 우리가 해방신학이라고 부르는 것이라고 말하는 것이 안전할 것이다. 특별히 라틴아메리카의 해방신학, 흑인신학, 그리고 여성신학의 흐름이 그것이다. 다수의 해방신학은 격동의 10년이었던 1960년대의 여파로 힘을 획득했다.[53] 라틴아메리카에서 해방신학의 영향력이 시작된 것은 제2차 바티칸 공회(1961-1964)에서였다. 흑인신학은 미합중국에서 시민 평등권 운동의 여파로 등장했다. 해방신학의 여성신학적인 흐름은 1960년대 초반에 제2차

---

51) "우리는 이제 그분 안에서 옛것이 된 것과 이미 그분 안에 현재하는 새것 사이의 날카로운 구분선을 간과해서는 안 된다. 이 선은 그가 우리와 함께하며 우리를 위한다는 사실에 의해 그려진 것이다"(CD IV/2, 266).

52) 구원론에 관련하여 바르트를 보다 길게 다루는 것은 Donald G. Bloesch, *Jesus Is Victor! Karl Barth's Doctrine of Salvation* (Nashville: Abingdon, 1978)이다.

53) 1960년대의 역사적·신학적 배경은 Richard Lints, *Progressive and Conservative Religious Ideologies: The Tumultuous Decade of the 1960s* (Aldershot, UK: Ashgate, 2010)에서 볼 수 있다.

여성주의 운동의 출현으로 명성을 얻었다. 이 운동들 각각은 그 자체로 특별한 주목을 받을 가치가 있다.[54] 이 운동들이 출현하게 된 특수한 역사적인 배경은 그것들이 지니는 고유한 정체성에 대단히 중요하며, 그들의 핵심적인 비전을 형성했던 목소리들은 단순한 추상으로 환원될 수 없다. 이 운동들의 "삶을 거쳐 간" 본성은 그 신학들의 기본구조의 한 부분이고, 그 신학들의 구원론의 중심에 가장 확실하게 놓인다. 이 다양한 운동들 사이에는 "가족적인 유사성"이 있다. 이어지는 논의에서 우리는 구원론 안의 몇 가지 중요한 가족적인 유사성을 추적할 것이다. 그런 과정 전체를 통해 우리는 각각의 운동의 다양한 흐름과 목소리의 유일하고 특이한 공헌을 민감하게 인지하려고 노력할 것이다.

이 운동들은 그 자체의 역사적·지정학적인 자리에서 독특한 방식으로 굳게 확립된 억압의 인식으로부터 열기를 얻었다. 라틴아메리카의 해방신학의 직접적인 추진력은 교회가 역사적으로 통치자 편에 섰던 방대한 지역의 충격적인 빈곤이었다. 교회는 일반시민들과 연대하지 않았고, 특별히 경제적인 사다리의 바닥 층에 있는 사람들과 함께하지 않았다.[55] 이 운동의 신학자들은 자유주의 경제의 항구성과 결합된 소위 발전의 범주들을 거부했으며, 그 대신 가난과 부에 대한 마르스크주의적인 분석을 채택했다.[56] 마르크스주의적 이론에서 핵심은 생산수단을 소유한 사람들이 부가 소수의 손에 집중되도록 하는 정치구조를 형성할 것이라는 확신이다. 이 이론은 발전을 신봉하는 주류 신학의 실패와 그들의 잘 알려진 주장, 곧 경제적

---

54) 해방신학의 모든 전통들에 대한 유용한 개관을 Paul E. Sigmund, *Liberation Theology at the Crossroads: Democracy or Revolution?* (New York: Oxford University Press, 1990)에서 보라.

55) 라틴아메리카 해방신학에 대한 가장 영향력 있는 초기 작품은 Gustavo Gutiérrez, *A Theology of Liberation: History, Politics, and Salvation* (Maryknoll, NY: Orbis, 1973)이다.

56) 구티에레즈의 경제적 발전주의에 대한 광범위한 비판은 ibid., 6장, 82-8에서 볼 수 있다.

인 사다리의 꼭대기에 집중된 커다란 부가 결국에는 충분한 인내심을 지닌 아래 계층의 사람들에게도 흘러가게 된다는 허구적 주장을 폭로할 수 있는 도구를 제공한다. 1960년대에 라틴계 남아메리카에서 가난한 자들에 반대하고 부유한 자들을 변호하는 다양한 형태의 정치적 쿠데타가 발생한 결과, 커다란 환멸이 빈곤 계층 가운데 편만했다. 다양한 해방운동에 대한 조직적인 억압과 함께, 이런 환경은 완전히 새로운 개념으로 그 상황을 규정하도록 만들었다. 라틴아메리카의 해방신학자들은 가난이 소수에 의해 야기되며, 역사는 불가피하게 억압하는 자들에 대한 억압받는 자들의 투쟁을 드러낸다고 확신했다.[57] 그러한 많은 해방신학자들은 그 지역에 있는 가톨릭교회를 지지하면서 바티칸과 오래도록 연계되어 있었던 많은 독재 정권을 비판하는 한편, 자신들은 사회적인 회칙(로마 교황이 주교들에게 보내는 회칙―역자 주), 특별히 「민족들의 발전」(Populorum Progessio)과 「사목헌장」(Gaudium et Spes)에서 표현된 것과 같은 제2차 바티칸 공의회의 일을 진척시키는 중이라고 보았다. 로마 가톨릭교회에 대한 그런 변증법적인 관계는 이 운동들 전체를 통한 구원론적인 주제의 발전에 대해 매우 중요하다.[58]

흑인신학은 제임스 콘(James Cone, 1938-)이라는 한 사람의 저술들에 거의 전적으로 관계되어 있기는 하지만, 라틴아메리카의 해방신학과 마찬가지로 한 인종 전체에 걸쳐 고착화된 경제적 불평등의 현실로부터 출현했다.[59] 아프리칸 아메리칸들(미국 거주 흑인들의 공식 명칭―역자 주) 사이에 불러일으켜진 억압에 대한 깊은 감정이 1950년대와 60년대의 인권운동에 활

57) Leonardo Boff and Clodovis Boff, *Introducing Liberation Theology*, trans. Paul Burns (Maryknoll, NY: Orbis, 1987)을 보라.

58) Harvey Cox, *The Silencing of Leonardo Boff: The Vatican and the Future of World Christianity* (Oak Park, IL: Meyerstone Books, 1988)는 바티칸이 레오나르두 보프를 강력하게 권징했던 맥락에서 바티칸과 해방신학 사이의 관계의 역사를 추적한다.

59) James Cone, *A Black Theology of Liberation* (Philadelphia: Lippincott, 1970; Maryknoll, NY: Orbis, 1986).

력을 불어넣었다. 베트남 전쟁과 그것에 동반된 항거의 정치학 이전의 시대에는, 인권운동과 연계되어 있다는 것 외에 별도의 주요한 문화적 격변은 없었다.[60] 비록 그 운동 자체도 일차적으로는 각자의 노력으로 물질적인 번영을 성취할 수 있는 자유로운 개인들의 국가를 강하게 요구하는 현대적 세속성이 동인이 되어 급작스럽게 출현하게 되기는 했지만, 그러나 그 운동은 모든 국가적인 문제가 기술과 조직에 보다 큰 주의를 기울임으로써 해결될 수 있다고 생각하는 동일한 현대 세속성의 낙관론을 뒤집었다. 인권운동은 그와 함께 "정체성의 정치학"을 시작했다. 그 정치학 안에서 인종(그리고 다소 낮은 정도로 계급)은 어떤 사람의 세상 안에서의 정향성과 사회의 나머지 부분과 맺는 관계에 결정적인 요소가 된다. 또한 인권에 대한 지속적인 투쟁은 모든 사람을 위해 말하고 모든 시민을 대표한다는 미국의 "객관적 전망"의 개념에 심각한 의문을 제기했다. 미국이 그 투쟁을 통해 고통스럽게 배워야 했던 것은 모든 미국적인 전망이 평등한 것이 아니었고, 모든 미국인들이 평등한 삶을 경험하고 있지 않다는 사실이었다.

여성신학은 1960년대 초에 자그마한 토양에서 흑인신학과 함께 자라났다. 제2의 여성운동의 많은 중요한 활동가들은 인권운동에 적극적으로 참여했으며, 또한 1960년대 미국의 반전 운동의 중심에 서 있었다.[61] 1830년대라는 이른 시기에 시작되었던 첫 번째 여성운동(원래 알려진 것은 "여성의 권리 운동"이다)은 노예제도 폐지 투쟁과 연계되었고, 1878년에 의회에 제출되었던 수정헌법 제19조를 제안하기에 이르렀다. 이 수정제안은 거의 50년 동안 논쟁의 주제가 되었고, 그 기간 동안 여성의 권리 운동은 점점 전투적

---

60) 인권운동에 대한 최고의 일반적인 서론은 Robert Wiesbrot, *Freedom Bound: A History of America's Civil Rights Movement* (New York: Norton, 1990)이고, 최고의 신학적 설명은 Charles Marsh, *God's Long Summer: Stories of Faith and Civil Rights* (Princeton: Princeton University Press, 1997)이다.

61) 여성운동의 기원에 대한 훌륭한 역사적인 설명은 Sara Evans, *Personal Politics: The Roots of Women's Liberation in the Civil Rights Movement and the New Left* (New York: Random House, 1979)이다.

인 성향을 띠게 되어 수정안의 의회 통과를 위한 각종 캠페인과 데모를 감행하였으며, 그것은 마침내 주 의회에 의해 승인되었다. 베티 프리던(Betty Friedan, 1921-2006)의 유명한 "여성의 신비로움"이라는 제목의 비판으로 촉발된 동일한 정신이 1960년대 초에 다시 등장했다. 프리던의 이 용어는 아내와 어머니의 역할과 여성됨을 동일시한다.[62] 점차 더 많은 교육을 받은 여성들이 가정에서 자신들의 할 일이 점점 더 적어진다는 사실을 발견했다. 베이비붐에도 불구하고 그들의 가정은 그들의 할머니의 가정보다 크기가 작았다. 기술이 육체적인 가사노동을 줄여주었지만, 반면에 소비재 항목이 복잡해져서 결과적으로 그 일은 다시 확대되었다. 세탁은 자동기계에 의해 이루어질 수 있게 되었지만, 변화하는 청결함의 표준에 맞추기 위해 적절한 세제와 표백제와 린스가 요구되었다. 아이들은 낮 시간은 학교에서, 오후 시간은 놀이터에서 보내지만, 모범적인 어머니는 육체적으로 끊임없이 차를 운전하고 스카우트단을 인도하며, 피로에 지친 아이들을 즐겁게 해주고 아이들이 감정적으로 회복 불가능한 심리적인 충격을 입지 않도록 항상 만반의 준비를 갖추고 있어야 한다. 이와 같은 소명에는 금전적인 보상이 없으며, 권태감은 점점 더 쌓여간다. 바로 여기에 제2차 여성운동이 고발하는 진정한 억압이 있었다. 아내의 존엄성은 현대적 가정의 허드렛일에서는 존재하지 않는 듯했고, 남편의 사회적이고 경제적인 지위에 전적으로 기생해야 하는 것처럼 보였다.[63] 여성신학자들이 자신들의 신학적 포격의 대상으로 삼았던 주요한 목표는 바로 그러한 "침묵의 억압"이었다.

각각의 운동들에서 "해방"이라는 용어가 "구원"이라는 오래된 신학적 언어를 대체하는 개념으로 자리매김하면서 전면에 나서게 되었다. 여성, 흑인, 또는 가난한 사람의 경험이 신학의 근본적인 시금석이 되었다. 구원은 그와

---

62) Betty Friedan, *The Feminine Mystique* (New York: Dell, 1963)을 보라.
63) 초기 여성주의의 기원에 작용했던 문화적인 영향에 대한 사려 깊은 설명은 Christopher Lasch, *Women and the Common Life: Love, Marriage and Feminism* (New York: Norton, 1997)이다.

같은 억압의 특수한 형식으로부터 해방된다는 의미로 정의되었다. 비록 세부사항에서는 불일치하지만 라틴아메리카의 해방신학자들, 흑인신학자들, 여성신학자들은 몇 가지 구원론적인 성향을 공유하고 있었다. 이 "가족적인 유사성"은 왜 세 가지 운동이 마지막에는 하나의 해방신학으로 분류되는지를 말해준다. 우리는 각각의 운동이 개별적 특징을 이루는 나름의 세부사항을 가지고 있음에도 불구하고, 해방신학이라는 용어를 계속해서 사용할 것이다.

"억압으로부터의 자유"가 해방 개념의 중심에 놓여 있었다. 억압은 성차별, 인종차별, 그리고 경제적 차별의 의미로 정의되었다. 긍정적인 용어로 말하자면 해방은 "인간화"라고 정의할 수 있을 것이다. 인간화의 과정을 통해 사람들은 인간성을 융성케 하는 공동체적 삶의 형태를 발견하고 실현하게 된다.[64] 모든 진정한 해방의 목표는 사람들이 조작의 대상이 아니라, 주체로 다루어지는 것이다. 해방은 인간화의 과정을 독려하는 공동체의 형성에 기여한다. 그곳에서 사람들은 자신들이 진정으로 되기를 갈망하는 그 존재가 된다. 이것은 심리학자들이 자기실현이라고 말하는 것과 유사하다. 해방된 사람들이 공동체로부터 분리된다는 것은 불가능하며, 이 점에서 하나님의 일은 급진적으로 이 세상적이다. 하나님의 사명은 사람들이 자신들의 근본적인 정체성과 존엄성을 발견하게 해주는 일련의 인간적인 선택들과 공존한다.[65]

이와 같은 해방 개념은 철저하게 사회적·공동체적인 특징을 갖는다. 현대 사회에서 지속적으로 존재하는 타락한 개인주의에 좌절한 해방신학자들은 현대 세계와 특별히 현대 서구의 사회정치적 질서의 기초를 의문시했

---

64) 이것은 여성신학에서 특별히 분명하다. Letty M. Russell, *Human Liberation in a Feminist Perspective: A Theology* (Philadelphia: Westminster, 1974)를 보라.
65) 구티에레즈는 이렇게 말한다. "구원이란 저 세상적인 어떤 것이 아니다.…하나님의 구원계획은 죽음과 부활을 통해 우주를 변혁하시고 인간이 인간 존재로서의 온전함에 도달하도록 해주시는 예수 그리스도시다"(*Theology of Liberation*, 151).

다. 그들의 이념적인 비판은 서구 개인주의가 비인간적이라는 확신에 근거하고 있었다. 왜냐하면 서구 개인주의는 사람들을 그들의 자연적인 사회 구조로부터 고립시키기 때문이다. 개인주의는 억압을 허용하고 심지어 조장하기까지 했다. 왜냐하면 개인주의는 개인들이 최고의 존재로서 모든 것 위에, 나아가 다른 개인들 위에까지 군림하는 체제를 만들었기 때문이다.[66] 사회 구성원들 모두는 승진의 사다리를 계속해서 올라가려면 필연적으로 다른 사람들을 밟고 올라서야 한다. 모든 사람이 자신의 것을 주장하려는 세상에서 그런 목표의 성취는 예외 없이 다른 사람들에 대한 억압을 전제로 한다. 이 억압은 전형적으로 사회적(즉 인종적·성적·민족적)이거나 경제적(즉 계급)인 노선을 따라 발생한다.

이와 같은 구원론들은 현 시대를 위한 성경의 메시지가 모든 사람의 해방을 요청한다고 확신한다. 우리는 더 이상 교회의 안과 밖을 가르는 선을 그어서는 안 되고, 이제는 억압받는 자들과 압제자들 사이를 구분하는 선을 그어야만 한다. 명확한 악으로서의 성차별, 인종차별, 또는 경제적 차별은 불가피하게 해방이라는 변화의 구원 개념으로 인도한다. 신학적 기획의 한 부분으로서 다른 이념 비판의 형식들은 심각한 억압의 구조를 드러내 주는 서술적 도구의 기능을 행사했다. 해방은 결코 단지 개인적인 자유로 축소되어서는 안 되고, 체제의 변화와 새로운 방향정립의 요소를 반드시 포함해야 한다.[67] 사회체제에 대한 이와 같은 분석은 신학의 도구들을 통해 제공되는 것이 아니라, 오히려 탈식민주의적인 정치이론, 해체주의적인 문학이론, 그리고 다른 비판적 이념들에 의해 이루어지고, 이것들은 서구의 확고한 사회정치적 질서를 드러내어 보여줄 수 있는 수단을 제공한다. 그때 신학은 그

---

66) 여성신학은 특별히 개인들이 다른 개인들에게 권력을 행사하는 권위적인 위계체제에 대해 비판적이었다. Letty M. Russell, *Household of Freedom: Authority in Feminist Theology* (Philadelphia: Westminster, 1987).

67) 이것은 특별히 라틴아메리카의 해방신학에서 분명하다. Jon Sobrino, *Spirituality of Liberation: Toward Political Holiness* (Maryknoll, NY: Orbis, 1988)를 보라.

분석이 작동할 수 있는 과정을 설명하는 수단이 된다.

관계적 구원론과 칭의

많은 해방신학자들이 변화의 구원론을 강하게 변호했던 반면에, 20세기 후반의 칭의 논쟁을 지배했던 것은 관계론적 구원론이었다. 주로 20세기 이전에 벌어졌던 칭의에 대한 신학적 토론의 역사에서 발견되는 다양한 해석의 궤적들이 그 토론을 구성했다. 다른 신학적 주제들 가운데 다소 독특하다고 할 수 있는 칭의론의 현대적인 발전은 주로 오래된 전통적 해석들에 찬성하거나 반대하는 대화 안에서 확립되고 있다.[68]

　　루터와 후기 루터주의는 구원에 관련된 폭넓은 성서적 자료들을 바르게 파악하였는가? 믿음에 의한 칭의라는 설명은 종교개혁 시대의 논의에 독특한 것이었는가 아니면 이미 그 이전의 위대한 전통의 한 부분이었는가? 공로 신학은 칭의에 대한 종교개혁 시대의 토론에서 어떤 역할을 하였는가? 칭의는 중심적인 교리와 중심적인 이론이었는가? 그래서 개신교 역사 안에서 구원론의 중요한 주제였는가? 현재 칭의에 대한 개신교와 로마 가톨릭 사이의 토론은 구교와 신교 사이의 역사적 충돌을 어떻게 해석하거나 재해석하는가? 재세례파와 웨슬리 전통이 20세기 전반에 걸친 구원에 대한 복음주의적 의견일치에 기여할 수 있는 점은 어떤 부분인가? 칭의론에 대한 동방 정교회의 (상대적인) 침묵은 칭의에 대한 개신교와 가톨릭 사이의 대화와 논쟁에 어떻게 관계될 수 있는가?[69]

---

68) 칭의론의 발전하는 역사를 두 권으로 된 맥그래스의 책 Alister E. McGrath, *Iustitia Dei: A History of the Christian Doctrine of Justification* (Cambridge: Cambridge University Press, 2005)에서 보라.

69) 다양한 기독교적 전통 전체에 있는 구원론에 대한 유용한 서론을 Rienk Lanooy, ed., *For Us and For Our Salvation: Seven Perspectives on Christian Soteriology* (Utrecht: Interuniversitair Instituut voor Missiologie en Oecumenica, 1994)에서

이와 같은 질문들이 칭의에 대한 현대의 신학적 토론의 틀을 형성하는데 도움을 주었다. 루터는 칭의론이 바로 그것에 의해 교회가 서고 무너지는 교리라고 주장했다.[70] 잘 알려진 개신교 신학의 이야기에 따르면, 루터는 거룩하고 의로우신 하나님의 면전에서 두려움에 사로잡혀 쇠약해졌다. 루터 자신에 따르면 그가 로마서 1:17의 정확한 의미를 파악하려고 몸부림칠 때, 그 두려움의 감정은 절정에 달했다. "복음에는 하나님의 의가 나타나서 믿음으로 믿음에 이르게 하나니 기록된 바 오직 의인은 믿음으로 말미암아 살리라 함과 같으니라." 이 본문과의 정서적인 대면과 궁극적으로 하나님 자신과의 대면에서, 루터는 죄인이 믿음만으로 의롭게 된다고 결론을 내리게 되었다. 하나님의 의는 그리스도의 십자가 때문에 더 이상 적이 아니라 아군이 되었다. "하나님의 의는 의인이 하나님의 은혜, 즉 믿음으로 살아가도록 만드는 바로 그것이다."[71] 루터는 칭의가 낯선 의, 즉 그리스도의 의의 기초 위에서 **전가된다**(우리의 것으로 간주된다)고 주장했다. 칭의는 인간이 여전히 죄인으로 남아 있지만, 그들은 이미 의롭게 된 죄인들이라는 하나님의 선언이다. "놀라운 교환에 의해 우리의 죄는 더 이상 우리의 것이 아니라 그리스도의 것이며, 그리스도의 의는 그리스도의 것이 아니라 우리의 의다. 그리스도는 우리에게 자신의 의를 입혀주시기 위해 자신에게서 그것을 비우셨다."[72]

우리가 알고 있는 것처럼, 루터의 이신칭의의 "발견"은 서구 기독교의 공식적인 진영에서 즐겁게 받아들여지지 않았다. 루터와 그의 교리는 트리엔트 공의회(1545-1563)에서 거부되었다. 다른 공의회보다 트리엔트 공의회는 개신교회와 가톨릭교회의 논쟁점이 무엇인지를 잘 규정해주었고, 신

보라.

70) 루터가 정확하게 이와 같은 방식으로 이 주제를 형성하였는지에 대한 흥미로운 학문적인 논쟁이 있다. 가장 훌륭한 설명을 McGrath, *Iustitia Dei*, 1:vii에서 보라.

71) Martin Luther, *Works* (St. Louis: Concordia, 1955-1986), 34:336.

72) Ibid., 5:608.

학자들이 아직도 그 논쟁을 말할 때 사용하는 용어는 트리엔트 공의회의 법령으로부터 계속해서 꽤 많이 인용되고 있다. 44번의 특수 회합과 61번의 일반 회합이 칭의 문제의 심리에 바쳐졌다. 그 심리의 결과인 최종 판결은 세 번의 연속적인 수정을 거듭했다. 토론이 이렇게 오래 걸린 이유에 대해서는, 부분적으로는 종교개혁 이전의 시대에 칭의 교리에 대한 가톨릭교회의 입장이 불확실했기 때문이라고 설명할 수 있을 것이다. 공의회는 칭의가 "불의한 사람을 의롭게 만드는 하나님의 은혜"라고 결론을 내렸다. "그것은 단지 죄의 용서만이 아니라 불의한 사람이 의롭게 되고 원수를 친구로 만드는 은혜와 은사의 자발적인 수용을 통한 속사람의 성화와 갱신이다."[73] 트리엔트 공의회는 의가 단지 전가되기보다는 반드시 그 개인 안에 **내재해야** 한다고 주장했다. 다른 어떤 사람의(즉 예수의) 의를 기반으로 하나님께서 불의한 자를 의롭다고 선언하시는 것은 단지 "법률적인 허구"에 불과하며, 그런 칭의란 존재하지 않는다는 것이었다.

토론의 틀이 이런 방식으로 형성되는 과정은 20세기까지 이어졌고, 그 틀은 대부분의 현대적인 토론을 위한 시금석이 되었다. 하지만 앞선 4세기 동안의 신학적 토론이 단지 종교개혁 시대의 토론으로 되돌아가려는 것에 불과했다고 생각하는 것은 공정하지 못하다. 칭의와 관련된 한 무리의 주제에 대한 풍부하고 섬세한 신학 저서들이 16세기 이후에 넘쳐났지만, 불행하게도 그 논의들은 20세기의 많은 신학 그룹 내에서는 상실되었다. 새로운 관점들은 이전 세기에 갈등을 일으켰던 토론을 잘 알지 못했던 사람들에게만 새로웠다. 이런 혼동에 더하여 신학적 전통에 대한 복음주의의 저항이 있었지만 그것은 단지 피상적일 뿐이었고, 반대로 초기의 개신교 전통으로부터 자유로워지려는 개신교 자유주의의 강화된 경향도 있었다.

칭의에 관한 이전의 신학적 의견일치를 무너뜨리기 시작했던 20세기의

---

73) Sixth Session, sec. 7, *The Canons and Decrees of the Sacred and Oecumenical Council of Trent*, trans. J. Waterworth (London: Dolman, 1848).

특수한 에피소드를 제쳐놓는다면, 그것은 어느 정도 자의적인 일이 될 것이다. 확실히 제2차 바티칸 공의회(1961-1964)는 로마와 개신교 주요 교단들 사이의 교회일치의 토론에서 새로운 시대를 예고했다.[74] 이어지는 40년 동안 공식적인 교회일치의 대화는 로마와 개별적인 개신교단들 또는 연합교단 사이에서 이루어진 여러 번에 걸친 획기적인 일치로 귀결되었다.[75] 1999년 루터교 세계 연합과 로마 가톨릭교회가 발표한 「칭의 교리에 대한 공동선언」은 칭의를 토론할 때 특별한 관심을 요청한다.[76] 이것은 일상적인 유형의 고백서가 아니며, 공식적인 파문보다는 상호 간의 이해를 바탕으로 칭의에 대한 논의의 윤곽을 그려주는 일련의 진술들이다.[77] 서론은 다음과 같이 암시적으로 말한다.

아래에 서명한 루터교회와 로마 가톨릭교회는 이제 그리스도를 믿음으로써 하나님의 은혜 안에서 우리가 얻는 칭의에 대한 공동의 이해를 공표할 수 있게 되었다. 이것은 양쪽 교회가 칭의에 대해 가르치는 모든 것을 다루지는 않는다. 이것은 칭의 교리의 근본적인 진리에 대한 일치된 의견을 포함하며, 상세한 해설에서 남아 있는 차이점이 더 이상 교리적인 비난의 대상이 되지 않는다는 사실을 보여준다(서론, 단락 5).

---

74) 제2차 바티칸 공의회에 대한 초기의 통찰력 있는 연구는 G. C. Berkouwer, *The Second Vatican Council and the New Catholicism*, trans. Lewis B. Smedes (Grand Rapids: Eerdmans, 1965)이다.

75) 개신교적 관점에서 본 이 토론들에 대한 유용한 개관은 Mark Noll and Carolyn Nystrom, *Is the Reformation Over? An Evangelical Assessment of Contemporary Roman Catholicism* (Grand Rapids: Baker Academic, 2005)이다.

76) *Joint Declaration on the Doctrine of Justification: The Lutheran World Federation and the Roman Catholic Church* (Grand Rapids: Eerdmans, 2000).

77) 역사적 관점에서 본 공동선언에 대한 최고의 논문은 Anthony N. S. Lane, *Justification by Faith in Catholic-Protestant Dialogue* (New York: T&T Clark, 2006)이다.

「공동선언」이 다음과 같이 확증할 수 있었던 것은 놀라운 일이다. "오직 은혜에 의해, 그리고 우리 편에서의 공로 때문이 아니라 그리스도의 구원하는 사역에 대한 믿음 안에서 우리는 하나님께로 받아들여진다. 의롭다고 칭함을 받은 자 안에서 믿음의 자유로운 선물보다 앞서거나 또는 뒤따르는 것은 그 어떤 것이든지 관계없이 칭의의 기초가 아니며, 칭의를 얻을 공로가 되는 것도 아니다."[78] 이것은 칭의가 중세기의 공로 사상이라는 정박지로부터 풀려나왔다는 사실을 분명히 밝히고 있다. 칭의가 무엇이든지 간에 그것은 죄인의 편에서의 어떤 공로의 결과는 아니었다. 마찬가지로 놀랄 만한 일은 루터교 신학자들이 칭의의 정확한 의미에 대해 침묵했다는 사실이다. 그 문서에는 "오직 믿음"이나 전가에 대한 논쟁이 거의 언급되지 않는다. 칭의는 "오직 믿음으로"였는가, 그렇지 않았는가? 의는 "죄인들을 위해 간주될 수 있는 것"이라고 말할 수 있는 성격의 어떤 것인가? 이런 질문들에 대한 대답은 여전히 모호하게 남아 있다.

역사적인 분열을 가져왔던 칭의라는 주제에 대한 의견일치가 「공동선언」에서 이루어진 것처럼 보였다. 양쪽 모두 구원과 관련하여 그리스도 중심적인 표현을 허락했기 때문이었다. 전체적으로 강조점은 의의 수령자나 의의 수단이 아니라 "우리의 의가 되시는 그리스도"에게 놓였다. 그와 같은 그리스도 중심적인 경향은 가톨릭교도들로 하여금 "의롭게 하는 은혜는 결코 우리가 하나님에 대해 호소할 수 있는 인간적인 소유물이 될 수 없다"라고 확증할 수 있게 했지만, 반면에 그들은 믿는 자들 안에 거주하시는 그리스도의 내재적인 의를 여전히 주장하고 있다.[79] 의는 믿는 자들의 소유물이 아니라, 항상 그리고 오직 하나님의 소유다. 그러므로 의가 믿는 자들 안에

---

78) *Joint Declaration*, 3.15.
79) *Joint Declaration*, 4.3.27. 참조. Henri Blocher, "The Lutheran-Catholic Declaration on Justification," in *Justification in Perspective: Historical Developments and Contemporary Challenges*, ed. Bruce McCormack (Grand Rapids: Baker Academic, 2006), 197-217.

내재한다고 해도, 그 의가 믿는 자들에게 속하는 것이 전혀 아니다.

그리스도 중심적인 성향은 루터교인들로 하여금 칭의를 부분적으로는 "의롭게 만들어진다"라고 정의하도록 하였고, 그 결과 칭의에 대한 초기 루터교의 신조에 담긴 법정적인 성격을 경시하도록 만들었다. 칭의는 죄의 용서와 생명의 선물이지, 죄인의 언약적인 상태에 대한 하나님의 명확한 법률적 선언이 아니라는 것이다. 우리의 주의력은 바로 그 죄 용서의 선포를 가능하게 하신 그리스도에게로 집중된다. 그러므로 "오직 그리스도와의 연합 안에서 우리의 생명은 새로워진다."[80]

돌이켜 생각해보면 「공동선언」에는 많은 사람들이 원래 생각했던 것보다, 그리고 문서의 표면에 나타났던 것보다 훨씬 더 많은 갈등의 소지가 있었다. 「공동선언」의 공식적인 서명을 단 한 달 앞두고 가톨릭교회의 공식적인 반응이 도착했을 때, 그것은 합의 전체를 거의 탈선시킬 뻔했다.[81] 그것은 가톨릭교회가 「공동선언」에서 공식적으로 표명된, 칭의에 대한 루터교회의 입장을 공인하는 것인지에 대해 심각한 의문을 제기했다. 그리고 만일 그 입장이 공인될 수 없는 것이라면, 파문(루터에 대한 옛날 로마 가톨릭교회의 파문—역자 주)은 취소될 수 없을 것이었다. 하지만 이상하게도 로마 가톨릭교회 당국은 『공동선언』이 진행되도록 허락했고, 그 이유에 대해서는 상당한 추측이 난무했다. 아마도 애버리 덜레스(Avery Dulles, 1918-2008)의 말이 교리적인 합의에 대한 교황청의 주저와, 그럼에도 불구하고 교황청이 합의 선언의 문서를 승인했던 것을 이해하는 데 가장 근접해 있을 것이다. 추기경 덜레스의 다음과 같은 답변은 잘 알려져 있다.

[세상을 향한 공동의 증언에 관련된] 이러한 숙고는 가톨릭교회가 지향하는

80) *Joint Declaration*, 4.2.23.
81) 공식적인 가톨릭의 응답을 포함한 가톨릭교회 내부의 토론에 대한 통찰력 있는 논평에 대해 Avery Dulles, "Two Languages of Salvation: The Lutheran-Catholic Joint Declaration," in *First Things*, no. 98 (December 1999): 25-30을 보라.

최고 수준의 열망에는 미치지 못하는 것이어서 내 생각에는 그 공동선언에 서명하는 것은 어렵다. 비록 어떻게 또는 어느 정도까지 루터교의 어떤 입장들이 공식적인 가톨릭의 가르침과 조화될 수 있는지 신학자들이 아직은 확정할 수 없다는 사실을 그 공동선언이 인식하고 있다고 해도 그렇다. 그러나 우리가 대화의 다른 틀을 갖고 있다고 말하는 것만으로는 충분하지 않다. 루터교회의 선언과 가톨릭의 의견이 둘 다 동일한 복음에서 파생된 합법적인 것이기에, 양립할 수 있음을 확인하는 것은 꼭 필요하다.[82]

제2차 바티칸 공의회 이후 10여 년 동안 로마 교회와 다른 개신교단 사이에 대화가 이루어졌다. 복음주의와 가톨릭 사이의 대화(ECT I과 II)뿐만 아니라 성공회와 가톨릭 사이의 대화(ARCIC I과 II)도 칭의의 주제를 상세하게 소개했지만, 「공동선언」과 같은 구속력 있는 결론에 이르지는 못했고, 「공동선언」이 일으켰던 역동적인 긴장도 없었다.[83] 가톨릭교회와 정교회 사이의 대화는 칭의라는 주제를 거의 다루지 않았다. 의심할 바 없이 구원론에서 가장 중요한 것은 루터교회와 로마 가톨릭교회 사이의 대화였다.

제2차 바티칸 공회 이전, 곧 칭의에 관련된 이와 같은 교회일치의 대화 이전에 중심적 관심의 초점은 한스 큉(Hans Küng, 1928-)의 영향력 있는 책 『칭의』였다.[84] 그 책의 부제인 "칼 바르트의 교리와 가톨릭교회의 숙고"는, 로마 가톨릭주의가 20세기의 중심에 선 개신교 신학자와 대화했다는 사실

---

82) Ibid., 29.

83) 성공회와 로마 가톨릭교회 사이의 대화에 관련된 문헌은 *Rome and Canterbury: The Final ARCIC Report* (Oxford: Latimer House, 1982)에서 볼 수 있다. 복음주의와 가톨릭교회의 대화에 관련된 문헌은 ECT I, "The Christian Mission in the Third Millenium," *First Things* (May 1994): 15-1; ECT II, "The Gift of Salvation," *Christianity Today*, December 8, 1997, 35-7에서 볼 수 있다.

84) Hans Küng, *Justification: The Doctrine of Karl Barth and a Catholic Reflection*, trans. Thomas Collins, Edmund Tolk, and David Granskou (1957; repr., Philadelphia: Westminster, 1981).

을 시사한다. 큉은 칭의 교리에 대한 역사적 분열이 주로 변증법적인 측면
에서 반대되지만, 본질적으로는 양립할 수 있는 두 가지 형식의 담론으로부
터 비롯되었다고 주장했다. 두 가지 신학적인 전통의 특징을 비교한 후 큉
은 이렇게 말했다. "어떤 특별한 경향(전통)도 절대적인 권위를 주장해서는
안 된다. 물은 서로 다른 많은 경로를 통해 계곡으로 쏟아질 수 있다."[85] 큉
의 해석에 의하면, 오직 성서만이 "모든 것을 포괄하면서 살아 있지만 그럼
에도 불구하고 평온한 바다"이다. 그 후 40년 동안 교회일치의 대화는 불가
피하게 다양한 신학들이 주장하는 이 성가신 문제와 씨름해야 했는데, 모든
신학들은 하나같이 자신이 성서에서 기원했다고 주장했다.

　그와 같은 구원의 "언어"의 문제는 신약성서 연구에서 특별한 경로를 통
해 강력한 토론 주제로 부상했는데, 우리는 그것을 이제는 친숙하게 (하지
만 부당하게) "새 관점"(New Perspective)이라고 부르고 있다. 오직 성서 본
문에만 헌신한다고 주장하는 신약성서 주석가들이 실제로 칭의에 대한 몇
몇 개신교적 주장과는 일치하지 않는 성서신학의 방대한 종합의견을 제공
했다는 점에서 새 관점은 특별하다. 1950년대 루터교 칭의론의 대중적인
고정관념에 반대하면서, 크리스터 스텐달(Krister Stendahl, 1921-2008)은 신
약성서 자료들을 이해하는 관건으로 여겨졌던 루터의 죄의식이라는 주관
적 개념을 반박했다.[86] 스텐달은 루터가 서구 기독교의 "내향적인 전환"을
견고하게 만들었으며, 그 결과 기독교 신앙은 과도하게 개인주의화되고 주
관적인 해석으로 치우치게 되었다고 주장했다. 아마도 스텐달은 루터와 불
트만을 혼동했을지도 모른다. 그럼에도 스텐달은 많은 이로 하여금 이전의
문화적인 편견 때문에 개신교 전통이 칭의에 관한 신약성서의 언어를 잘못
이해하지는 않았는지에 대해 뒤돌아보게 만들었다.

　새 관점의 이야기는 이미 많이 논의되었기에 여기서는 간략히 반복하는

85) Ibid., 278.
86) Cf. Krister Stendahl, "The Apostle Paul and the Introspective Conscience of the
　　West," in *Harvard Theological Review* 56, no. 3 (1963): 199-215.

것에 그친다.[87] 샌더스(E. P. Sanders, 1937-)의 책인 『바울과 팔레스타인 유대교』가 1세기(즉 제2성전기) 유대교를 새롭게 평가하면서 이 운동을 시작했다.[88] 샌더스의 주장은 예수 시대의 유대인들 사이에서 발견되는 종교의 유형이 근본적으로 야웨가 시내 산에서 유대인들과 맺었던 역사적인 언약에 관심을 가졌다는 것이었다. 샌더스는 그 종교 유형을 서술하기 위해 "언약적 율법주의"(covenantal nomism)라는 용어를 사용했는데, 이 종교에서 이스라엘의 주된 관심사는 루터가 생각했던 것처럼 의로운 행위가 아니라, 하나님께서 이스라엘에게 지속적으로 보이시는 신실하심에 근거하여 언약의 규정들에 충실하는 것이었다. 하나님과 맺은 언약에 대한 한 가지 표현으로서, 율법은 주로 언약에 대한 적절한 행동이 무엇인지를 분명하게 설명해준다. 하나님이 율법에 대한 순종을 요구하시는 이유는 그것이 언약적 관계로 들어가는 가입조건이기 때문이 아니라, 언약 안에 계속해서 머물기 위한 기준이기 때문이다. 유대인들은 오직 하나님의 은혜로 언약적 관계 안으로 들어갔다. 하지만 언약 안에 머무는 것은 순종의 문제였다. 이 점에서 유대인들에게 구원의 소망은 하나님의 언약 백성의 일원이라는 신분에 달려 있었다. 또한 샌더스는 수 세기에 걸쳐 서구 기독교의 많은 사람들이 주장했던 사도 바울과 바울 시대 유대인들 사이의 날카로운 분리가 사실이라기보다는 겉보기에 불과했다고 확신했다. 대부분의 1세기 유대인들과 같이 바울은 언약에 충실했으며 단지 메시아에 대한 질문에서만 달랐다. 예수는

---

87) 새 관점에 대한 두 가지의 뛰어난 개관은 Francis Watson, *Paul, Judaism and the Gentiles: Beyond the New Perspective* (Grand Rapids: Eerdmans, 2007), and Seyoon Kim, *Paul and the New Perspective: Second Thoughts on the Origin of Paul's Gospel* (Grand Rapids: Eerdmans, 2001)이다. 새 관점에 대한 충분한 참고문헌은 Michael Bird, *The Saving Righteousness of God: Studies on Paul, Justification and the New Perspective* (Milton Keynes, UK: Paternoster, 2007)에서 볼 수 있다.

88) E. P. Sanders, *Paul and Palestinian Judaism: A Comparison of Patterns of Religion* (London: SCM, 1977).

유대인과 이방인의 구원자인가 아닌가? 바로 이것이 바울과 유대인들 사이를 갈라놓았던 질문이었다. 바울과 유대인들은 "은혜에 의해 언약 관계 안으로 들어가며, 순종에 의해 그 안에 머문다"는 것에 대해서는 의견 차이가 없었다.

제임스 던(James Dunn, 1939-)과 톰 라이트(N. T. Wright, 1948-)가 아마도 새 관점의 주창자들 가운데 가장 영향력이 있는 인물들일 것이다. 이들은 제2성전기 유대교에 대한 샌더스의 재평가를 매우 특징적인 방식으로 확대시켰다.[89] 던은 신약성서에 나타나는 "하나님의 의"라는 구절이 하나님의 신실하심에 대한 이정표, 즉 구체적으로는 유대인들과 맺은 언약에 대한 하나님의 신실하심으로 이해되어야 한다고 주장한다.[90] 이 관점에서 본다면 개신교회와 가톨릭교회 사이에서 벌어졌던 칭의에 대한 오랜 논쟁은 다소 논점을 빗나간 것이다. 칭의는 사람들을 의롭다고 여기는 것(개신교)도 아니고, 사람들을 의롭게 만드는 것(가톨릭)도 아니다. 하나님의 의/신실하심은 하나님이 자기 백성에게 성실하시다는 현실성이고, 백성은 그 현실성 안으로 들어갈 때 그것에 의해 변화될 수밖에 없다. 던에 따르면 하나님의 의는 법률적 또는 법정적 의미가 아니다. 그래서 사람이 하나님의 심판의 법정 앞에 섰을 때 충분한 의를 가지고 있는지 아니면 부족한지 묻는 것은 바울에 대한 오해에 불과하다.

새 관점에 대한 라이트의 공헌은 길고도 복잡하다. 던 및 샌더스와 마찬가지로, 라이트도 예수를 바르게 이해하기 위해서는 구약성서적 배경이 필수라고 주장한다. 제2성전기 유대교는 예수를 이해하기 위한 직접적인 역

---

89) 새 관점의 발전 전체에 관련된 던의 논문들은 다음에 수집되어 있다. James D. G. Dunn, *The New Perspective on Paul* (Grand Rapids: Eerdmans, 2008). 새 관점에 대한 라이트의 훌륭한 요약을 N. T. Wright, *What St. Paul Really Said: Was Paul of Tarsus the Real Founder of Christianity?* (Grand Rapids: Eerdmans, 1997)에서 보라.

90) James D. G. Dunn, *Jesus, Paul, and the Law: Studies in Mark and Galatians* (Louisville: Westminster John Knox, 1990)를 보라.

사적 맥락이지만, 라이트는 예수 시대의 대다수 유대인들뿐 아니라 모든 사도들도 1세기의 사건들을 토라를 배경으로 하여 해석했다고 설득력 있게 주장한다. 성서의 처음 다섯 권은 동시대의 사건을 해석하기 위한 신학적인 틀을 제공했고, 그래서 예수의 사도들이 그분의 메시아적 사명을 제2의 출애굽으로 해석했던 것은 우연이 아니었다. 예수는 하나님의 언약 백성을 유배지로부터 하나님의 직접적인 임재 앞으로 인도하는 중이었다. 1세기 유대인들에게 진정한 문제는 도덕적인 올바름을 통해 하나님의 호의를 얻어낼 수 있다는 흔히 주장되었던 확신이 아니라, 그들이 왜곡된 민족주의에 사로잡혀 있다는 사실이었다. 잘못된 민족주의는 유대인들로 하여금 오래도록 기다렸던 출애굽이 자신들에게만 적용된다고 생각하도록 만들었다. 유대인들과 사도들은 모두 언약 관계 안으로 들어가는 것이 오직 은혜를 통해서라고 믿었다. 논란이 되었던 것은 하나님과의 언약 관계에 있는 당사자가 누구인가라는 문제였다. 사도들은 예수를 메시아로 믿는 모든 사람이 구원받는다고 주장했다. 그들은 예수의 완전한 순종이 자신들의 순종으로 여겨지고 그로 인해 구원을 얻을 수 있다는 사고체계를 마음속에 가지고 있지 않았다.

> 만일 우리가 법정의 언어를 사용해 말한다면, 판사가 원고나 피고에게 판사 자신의 의를 전가한다거나, 주입한다거나, 전달한다거나, 전해준다거나, 또는 양도한다고 어떤 식으로 말하든지 그것은 아무런 의미가 없다. 의는 법정의 공간을 가로질러 전해질 수 있는 물체나 실체 또는 가스와 같은 것이 아니다.[91]

라이트에 따르면 예수는 이스라엘을 대표하는 메시아로서 죽으셨다. 예수는 부활을 통해 정당성을 입증 받았고 의롭다 하심을 얻었다. 예수는 죽음의 순간에도 순종하셨기 때문에 아버지에 의해 무덤에 버림받지 않았고

---

91) Wright, *What St. Paul Really Said*, 98.

오히려 생명을 얻었다. 또한 예수는 다시 생명을 얻음으로써 자신을 믿는 사람들을 유배지로부터 인도해낸다. 중심적인 메시지는 예수께서 그 자체로 율법의 저주를 당하셨다는 것이 아니고, 그분의 의가 우리에게 전가되어 우리가 하나님 앞에서 무죄하고 거룩한 자로 인정받을 수 있다는 것도 아니다. 오히려 복된 소식은 예수께서 자기 백성을 유배지로부터 구출하셨다는 것이며, 그래서 그들이 살아 계신 하나님의 임재 안에 거하게 되었다는 것이다.

이와 같이 라이트는 구성원 모두가 단순하고 빠르고 쉽게 소화하고 요약할 수 있는 어떤 균일화된 새 관점 운동이라는 개념이 미심쩍다는 사실을 바르게 보여주었다.[92] 샌더스, 던, 라이트의 작업은 거대하고 복잡하고 매우 다양하다. 이 학자들은 역사적·신학적으로 중요한 질문을 새롭게 던지고, 정경으로서의 성서를 단지 역사적 탐구의 쓰레기통에 버려두는 것을 허용하지 않았다는 점에서 기독교 공동체에 크게 공헌하고 있다. 그들은 우리에게 역사와 신학이 손을 잡고 함께 가야 한다는 사실을 상기시켜주었고, 우리가 1세기 유대교의 실제적이고 역사적인 맥락에 보다 더 공감할 수 있게 해준 반면에, 수세기에 걸친 해석사의 이해에서는 그다지 성공적이었다고 할 수 없으며, 때로는 교회사의 대표적인 신학자들을 오해하거나 잘못 전달해왔다.[93] 그들은 바울이 천명한 구원론의 정확한 윤곽에 대해 일치된

---

92) 라이트의 최근의 책 *Justification: God's Plan and Paul's Vision* (Downers Grove, IL: InterVarsity, 2009)에서 일관성 있고 응집력 있는 운동을 말하는 것이 적절하지 않다는 사실을 라이트 자신이 분명히 밝히고 있으며, 새 관점에 대한 그와 같은 자전적인 설명을 포함하고 있다. 1장을 보라.

93) 라이트는 종종 마치 기독교 전통 전체가 복음을 오해했고 자신만이 바르게 파악하고 있는 것처럼 말한다. "서구 전통에서 가톨릭과 개신교, 루터교인들과 칼뱅주의자들, 그리고 성공회 신자들도 마찬가지로 흔히 성서가 광범위하고 능력 있는 이야기로 구성되어 있음을 인식하는 데 실패했다. 성서는 진정한 창조자 하나님의 유일한 아들이 세상으로 오신 것과 무엇보다도 죄를 위한 그의 죽음 그리고 죽음으로부터의 육체적 부활이 정점을 차지하는 이야기다." *Justification*, 250. 라이트가 바로 이 주제를 중심으로 삼았던 역사적 토론을 포괄적이고 심도 있게 다루지 않은 것은 불행한 일이다.

견해를 제시하지 못했고, 그렇게 했다고 주장하지도 않았다. 다만 그들은 바울의 구원론의 정경적인 형태와 더불어 그 구원론의 직접적·역사적 맥락에 대해 옛 시대로부터 이어져온 논의를 소생시켰다고 말할 수 있다.

구원론 그리고 그리스도와의 연합

오늘날 신약성서가 "그리스도와의 연합"이라는 우산을 펼치고 구원론을 그 아래 위치시킨다는 주장은 더 이상 이상한 것이 아니다. 그리스도와 연합된다는 것은 구원이 펼쳐지는 방식을 이해하는 관건이 된다. 그 "연합"은 다양한 방식으로 이해될 수 있다. 1) 믿음을 통한 연합(믿음을 통해 신자들은 그리스도와 연합한다), 2) 관계적 연합(그리스도와 인격적인 관계를 갖는 것), 3) 신비적 연합(신자들은 영 안에서 그리스도와 연합된다), 4) 존재론적 연합(신자들은 신의 본성에 참여한다), 5) 어둠의 세력에 대한 우주적인 승리로서의 신자들의 그리스도와의 연합, 6) 그리스도와의 법적인 연합(이것을 위해 그리스도는 죄인들로 인해 형벌을 받았고 반대로 죄인들은 법적으로 무죄하다고 인정된다), 7) 가정적인 연합(하나님의 가족으로 입양됨), 8) 언약적인 연합(신자들은 하나님과의 언약 관계 안으로 들어간다) 등이 그것이다.[94] 다른 말로 하자면 신약성서가 "그리스도 안에" 있다고 말할 때, 거기에는 다수의 맥락이 존재하고 있다. 마이클 호튼(1964-)은 다음과 같은 유익한 설명을 제공한다.

> 그리스도와의 연합이라는 주제는 구원의 시제—과거, 현재, 미래—를 언약과 결합시키며, 이에 더하여 객관적인 것과 주관적인 것, 역사적인 것과 실존적인 것, 공동체적인 것과 개인적인 것, 법정적인 것과 변혁적인 것, 또한 신실하

---

94) 연합의 언어가 갖는 기능의 다양한 방식에 대한 유용한 토론을 Veli-Matti Kärkkäinen, *One with God: Salvation as Deification and Justification* (Collegeville, MN: Liturgical Press, 2004)에서 보라.

게 말하고 대답하는 상호관계를 확립하는 일방적인 선물 등을 우주적 갱신의 핵심인 언약과 결합시킨다.[95]

"그리스도 안에"라는 짧은 구절은 신약성서에서 약 90번 정도 등장하며, 그리스도가 구원에 이르는 열쇠가 되신다는 현실성, 그리고 이 "열쇠"가 조명되어야 할 많은 다양한 국면들을 요구할 만큼 충분히 부요하고 심오한 것이라는 현실성을 가리키는 것으로 보인다. 하지만 현대신학의 지형도를 그릴 때, 그리스도와의 연합에 대한 강조는 종종 전가와 주입에 찬성하거나 반대하는 담론 쪽으로 틀이 짜여왔다. 그리스도와의 연합이 관계적인 구원론 또는 변화의 구원론과 구별되어 이해될 때, 그에 따른 구원의 개념은 참여적인 것으로 말해진다. 현대의 참여적 구원론의 영향력 있는 대표자는 "새로운 핀란드 학파"다. 이 학파의 중심적인 목소리인 투오모 마네르마(Tuomo Mannermaa, 1937-2015)는 루터 자신이 "그리스도와의 연합"을 중심으로 삼는 참여적인 구원론에 대해 사람들이 이전에 생각했던 것보다 훨씬 더 많은 관심을 가졌다는 사실을 대단히 상세하게 논증한다.[96] 그것이 사실이라면, 이제 루터는 구원론과 관련하여 루터교인들 가운데 한 사람으로 분류되어서는 안 된다고 말해야 할지도 모른다. 칼뱅도 마찬가지로 면밀한 조사를 받았고, 토랜스는 최근 수십 년에 걸쳐 칼뱅이 구원의 중심에 "신비적 연합"을 두었던 것이 칭의에 대한 그의 법정적인 그림보다 훨씬 더 비중이 컸다고 주장해왔다.[97] 그러나 루터와 칼뱅에게서 "연합"과 "칭의" 간의 양자택일을 읽어내는 것은 아마도 잘못된 딜레마가 될 것이다. 어떻든 "연합"이라는 용어에 대한 토론이 현대신학에서 이상한 새로운 동맹을 만들어

---

95) Michael Horton, *Covenant and Salvation* (Louisville: Westminster John Knox, 2007), 131.

96) 특별히 Tuomo Mannermaa, *Christ Present in Faith: Luther's View of Justification* (Minneapolis: Fortress, 2005)을 보라.

97) T. F. Torrance, *The Mediation of Christ* (Grand Rapids: Eerdmans, 1983)를 보라.

냈던 방식을 청산하는 것이 매우 중요하다. 그런 방식에서 루터는 어떤 집단에서는 개신교 정통주의보다 동방 정교회에 더 가까운 것으로 간주되고, 칼뱅은 유감스럽게도 개혁파 전통과 싸우고 있는 셈이 된다. 개신교 종교개혁자들에 대한 그런 해석은, 오직 개혁자들이 현대적인 맥락에서 구원론의 지도를 조명해준다는 점에서만 우리에게 관계가 있다.[98]

그리스도께서 죄인들을 위해 그 밖의 다른 어떤 일을 하시든지 상관없이, 그리스도의 삶과 죽음과 부활의 유익이 우리에게 전달되는 것(pass on)은 오직 우리가 그리스도와의 연합 안으로 들어갈 때뿐이다. 그 유익이 믿는 자들에게 어떻게 "전달되는가"(pass on)라는 질문은 끈질기게 계속된다. 구원에 대한 참여론적 설명과 법정적인 설명 모두는 오직 하나님으로부터 구원이 시작되고 구원의 본래적인 의도는 하나님의 성품과 관련된다는 전제와 함께 시작한다. 따라서 이런 전제는 구원을 인간의 죄와 타락이라는 분명한 "실수" 이후에 마련된 "플랜 B"로 이해하는 것과는 반대된다. 다시말해 구원의 교리들을 내부에서 조화롭게 연결시키는 틀로서 (참여적 구원론이) 신적인 생명을, (법정적인 구원론이) 신적인 공의를 강조하는 것은 현대 구원론에서 정기적으로 되풀이되는 주제다. 단순하게 표현하면, 영원한 하나님이 구원을 위한 출발점이다. 구원하시는 분은 하나님이시고, 구원받는 자는 피조물이다. 구원의 본성과 특징을 우선적으로 하나님 안에 위치시키는 것은, 구원이 시작부터 인간적인 기획이 되어서 하나님은 그 안에 참여할 수도 (또는 하지 않을 수도) 있는 어떤 것이 되어버리는 것을 막아준다. 이어지는 논의에서 우리는 동방 정교회와 수정주의 루터교 학자인 투오모

---

98) 대부분의 설명에 의하면 그와 같은 해석은 루터파 학자들과 개혁파 학자들 가운데 소수의 의견에 불과하다. 루터와 칼뱅에 대한 수정주의적인 해석은 역사학자들 사이에서보다는 신학자들의 모임에서 훨씬 더 큰 영향력을 행사하고 있다. 루터주의자로서의 루터에 대한 고전적인 변호를 Robert Kolb, *Martin Luther: Confessor of the Faith* (New York: Oxford University Press, 2009)에서 보라. 칼뱅에 대해서는 Richard A. Muller, *The Unaccommodated Calvin: Studies in the Foundation of a Theological Tradition* (New York: Oxford University Press, 2000)에서 볼 수 있다.

마네르마(핀란드 학파)에게서 뚜렷이 드러나는 참여론적 설명에 주의를 기울일 것이다. 마지막으로 우리는 존 밀뱅크와 급진적 정통주의라고 불리는 운동을 간략히 요약하면서 마무리할 것이다.

동방 정교회

동방 정교회 신학의 가장 **특징적인** 교리가 "신성화"(theosis)라고 생각하는 것은 드문 일이 아니다. 간략히 말해 신성화는 믿는 자들이 구원의 결과로서 신적인 본성에 참여하거나 신성을 공유한다는 주장이다. 우리는 신성화가 동방 정교회 내에서 중심적인 교의의 기능을 갖도록 만드는 과도한 관념은 반드시 경계해야 하겠지만, 그럼에도 동방 정교회 구원론의 중심적인 주장은 인간이 문자적인 의미에서 신적인 생명에 참여한다는 것임을 확인하는 것은 중요하다. 인간은, 물론 한정된 의미에서, 신적인 존재가 된다. 인간이 신적 속성의 전체 범위를 취하는 것은 아니고, 다만 삼위일체 하나님의 실제적인 생명을 공유하게 된다. 이것이 종종 신성화라고 말해진다. 아타나시오스(Athanasius, c. 296-373)의 다음과 같은 유명한 말은 그 교리의 시금석으로 통한다. "그분[하나님의 말씀]은 우리가 하나님이 되도록 하기 위해 인간이 되셨다."[99] 그리스도 안에서 완전한 신적 생명이 완전하게 구성된 인간 본성과 엮여 짜였다. 성육신에서 신적인 생명은 인류와 함께 "공유된다." 이런 의미에서 성육신은 동방 정교회의 중심을 이루는 구속사적 사건이다. 하지만 최근에 존 지지울라스(John Zizioulas, 1931-)와 두미트루 스타니로에(Dumitru Staniloae, 1903-1993)와 같은 동방 정교회 사상가들은, 신성화가 단지 시간 안에서 성육신의 직접적인 장소에만 머문다거나 그것이 단지 인류 구원을 위한 일차적인 행동에 지나지 않는다는 식으로 이해

---

99) Athanasius, *On the Incarnation of the Word*, in *The Christology of the Later Fathers*, ed. Edward Hardy (Louisville: Westminster John Knox, 1995), 54.

하지 않는다. 오히려 그들이 이해하는 신성화는 하나님의 창조 행위의 영원한 의도이며, 인류의 본래적인 창조의 완성이다.[100] 신성화는 인류의 타락의 문제에 대한 해결책이라기보다는 바로 태초로부터 창조의 목표였다. 하나님은 세상을 자신과 연합시키기 위해 세상을 창조하셨다.

동방 정교회는 종종 신성화가 존재론적이고 형이상학적인 변화라고 말한다. 인간은 신적인 존재 자체를 공유하는데, 이것은 신적인 법정에서 인간이 단순히 방면되는 것과는 다르다. 인간은 하나님께 본질적인 어떤 것, 즉 그분의 생명을 취한다. 이 지점에서 동방과 서방의 중심적인 논쟁이 매우 자주 발생한다. 신성화에 대한 존재론적인 주장(즉 신성에 참여함)은 종종 신플라톤주의적인 경향을 가지며, 그래서 피조물이 창조자의 실제적인 특징을 취하고 피조물과 창조자 사이의 구별은 최소화된다. 피조물이 신적인 생명에 참여하는 것에는 다양한 "수준"이 있다. 피조물과 창조자 사이에 본질적인 존재론적 간격은 없다. 이 표현으로 말미암아 서방 교회(개신교와 가톨릭)는 동방 정교회와 관계를 끊었다. 서방 교회는 피조물이 하나님에 대해 갖는 관계를 일종의 존재론적인 연합으로 생각하는 것에 동의하지 않는다. 개신교인들은 보다 자주 "그리스도와의 연합"을 언약적(포괄), 법적(방면), 또는 가정적(입양) 연합으로 분석해왔다. 로마 가톨릭은 연합의 언어가 도덕적 연합(의로움)을 가리킨다고 생각하는 경향이 있다. 동방 정교회가 이 점에서 로마 가톨릭과 공유하는 것은 인간의 실제적인(전자는 존재론적인, 후자는 도덕적인) 변화인데, 이것은 그리스도 안에서 인간들이 하나님과 연합될 수 있는 근거가 된다. 개신교인들은 그리스도 안에 있는 구원의

---

100) John Zizioulas, *Being as Communion* (Crestwood, NY: St. Vladimir's Seminary Press, 1985); and *Lectures in Christian Dogmatics* (Edinburgh: T&T Clark, 2008); Dumitru Staniloae, "Image, Likeness and Deification in the Human Person," *Communio* 13, no. 1 (Spring 1986): 64-83; and *The World, Creation and Deification*, vol. 2, *The Experience of God: Orthodox Dogmatic Theology*, trans. and ed. Ioan Ionita and Robert Barringer (Brookline, MA: Holy Cross Orthodox Press, 1994)를 보라.

실재를 표현하는 그와 같은 존재론적이고 인과론적인 어법들에 대해 조심스런 입장을 취해왔다. 믿는 자들의 실제적인 변화는 그들과 그리스도 간의 연합에 선행하는가, 아니면 뒤따라오는가? 연합의 근거는 신자들의 변화에서 발견되어야 하는가, 아니면 하나님의 선언에서 발견되어야 하는가?

창조자/피조물 사이의 구분을 보호하기 위해 최근에 블라디미르 로스키(Vladimir Lossky, 1903-1958)와 존 메옌도르프(John Meyendorff, 1926-1992)와 같은 동방 정교회 저술가들은 그레고리오스 팔라마스(1296-1359)가 시도했던 신적인 에너지와 신적인 본질 사이의 더 오래된 구분을 되살리고 변호했다.[101] 신적인 본질은 하나님의 불변하는 특성들이고, 어떤 방식으로도 피조물과 공유되지 않는다. 신적인 에너지는 세상 안에서의 하나님의 활동을 가리킨다. 물론 신적인 에너지도 하나님과 분리되어 존재하는 어떤 것은 아니다. 신적인 에너지는 하나님께서 자신을 우리에게 계시하실 때의 하나님 자신이다. 피조물은 신적인 본질 안에 계신 하나님을 알 수는 없고, 하나님의 행동 때문에 하나님을 알 수 있다. 이 행동들은 창조와의 직접적인 관계 안에서 드러나는 하나님의 자기현시다. 사람들이 "구원을 받을" 때, 그들은 하나님 자신에 대한 직접적인 경험에 의해 구원을 받는다. 사람들은 하나님 자신과 완전하게 접촉하며, 하나님의 생명이 그들의 생명이 된다. 물론 사람들이 하나님의 본질을 취한다는 의미에서 신성화되는 것은 아니다. 신적인 본질은 언제나 인간들에게는 은폐되어 있고 접근할 수 없는 것으로 남는다. 오히려 사람들은 신적인 에너지를 취하며, 그런 의미에서 신성화된다. 하나님의 생명은 진정으로 그리고 문자적으로 그들의 생명이 된다. 팔라마스의 전통에서는 하나님이 구원의 경륜을 통해 자신을 계시하시는 모든 것(신적인 에너지)은 그리스도의 성육신 안에서 밝혀지며, 모든 진정한 기독교인들은 그것을 상속한다. 예수의 인간적 본성 안에 충만

---

101) Vladimir Lossky, *The Mystical Theology of the Eastern Church* (London: James Clark, 1957); John Meyendorff, *A Study of Gregory Palamas* (London: Faith Press, 1964); *Byzantine Theology* (New York: Fordham University Press, 1974).

한, 완전한 하나님의 생명은 모든 진정한 기독교인들이 공유하는 바로 그 동일한 생명이다. 이것이 베드로후서 1:4의 의미이며, 이 말씀은 믿는 자들이 "신성한 성품에 참여하는 자"가 된다는 사실을 확증해준다.

동방 정교회의 이와 같은 구원 개념과 서방 기독교의 3원 개념 사이에서 관건이 되는 차이점은 무엇인가? 동방 정교회는 구원의 은혜를 창조 안에서 확장되는 하나님의 임재로 보려고 한다. 서방 기독교(개신교와 가톨릭 모두)는 구원의 은혜가 하나님의 세계 창조의 행동과는 구별되는 하나님의 사역이라고 생각한다. 동방 전통은 구원을 창조와 연속되는 것으로 생각하는 반면에, 서방 전통은 구원이 창조와는 확연하게 구별되는 다른 종류의 신적 행동이라고 생각하는 경향이 있다. 개신교 정통주의와 동방의 전통이 일치하는 것은, 구원의 경륜이 일차적으로는 믿는 자들의 변화에 관한 것이 아니라 오히려 그들의 하나님께 대한 관계의 문제라고 생각하는 경향이다. 가톨릭교회와 동방 전통이 일치하는 것은, 가톨릭이 하나님과 교회 사이의 관계를 선언적·법적인 양식보다는 존재론적·형이상학적인 양식으로 생각해왔다는 사실이다. 서방 기독교는 구원의 결정적인 행동이 그리스도의 죽음과 부활이라고 생각하는 반면에, 동방 교회는 그리스도의 성육신이 그러한 행동이라고 생각한다. 동방 정교회 주교인 칼리스토스 웨어(Kallistos Ware, 1934-)는 다음과 같이 요약한다.

십자가는 중심적이지만 그 이전에 일어났던 사건, 곧 그리스도께서 탄생 시에 우리의 인간적 본성 전체를 자신 안으로 취하셨다는 사실의 빛 안에서만 이해될 수 있고, 또한 마찬가지로 십자가는 이후에 올 것, 즉 부활과 승천과 재림의 빛 안에서만 바르게 이해될 수 있다. 부활을 희생시켜 십자가에만 편협하게 집중하는 구원의 신학은 동방 정교회에게는 균형을 잃은 것으로 보인다.[102]

---

102) Kallistos Ware, "Salvation in the Orthodox Tradition," in *For Us and for Our Salvation*, ed. Rienk Lanooy (Utrecht: Interuniversitair Instituut voor Missiologie en Oecumenica, 1994), 121.

돌아온 루터: 핀란드의 영향

현대 구원론에서 신성화의 의미에 대한 우리의 설명에 중요한 보충적 언급
이 필요하다. 지난 25년 동안에 루터의 칭의론에 대해 중요하고도 논쟁적
인 재해석이 일어났다. 핀란드와 미국의 몇몇 학자들은 (후기 루터교 신학자
들과는 반대로) 루터가 신성화의 교리를 강력하게 확증한 것으로 보아야 한
다고 제안했다. 이들은 신성화라는 신학적인 틀이 칭의에 관한 루터의 중
요한 저술을 포괄하고 있다고 믿는다. 이와 같은 급진적인 "루터 다시 읽
기"에서 가장 중요한 목소리를 낸 사람은 핀란드 신학자인 투오모 마네르
마다.[103] 마네르마와는 약간 다르지만, 루터의 구원론을 개정하는 데 미국
의 루터교 신학자인 칼 브라텐(Carl Braaten, 1929-)과 로버트 젠슨(Robert
Jenson, 1930-)이 기여한 부분 역시 언급되어야 한다.[104] 마네르마가 주장했
던 것은 20세기 초 독일의 지배적인 루터 해석자들(가장 특별하게 칼 홀[Karl
Holl, 1866-1926])[105]이 루터를 신칸트주의적인 렌즈를 통해 읽었다는 것인
데, 이것이 루터를 부당하게도 형이상학이나 존재론에 아무런 관심이 없는
사람으로 만들었다는 것이다. 이와 같은 지배적인 독일식 해석에서 루터는
신적인 존재, 그리스도의 현실적인 임재, 또는 신자 안에 계신 하나님에 대
해 아무것도 말할 수가 없었다. 기껏해야 루터는 단지 칭의에 대한 법정적
인 이해를 주장한 사람으로 남아 있었다. 그러나 마네르마와 헬싱키 학파에
따르면, 루터는 자신이 속한 중세 후기의 역사적 맥락이 제공했던 강력한

---

103) Tuomo Mannermaa, *Christ Present in Faith: Luther's View of Justification*
(Minneapolis: Fortress, 2005)을 보라.

104) Carl Braaten and Robert Jenson, eds., *Union with Christ: The New Finnish
Interpretation of Luther* (Grand Rapids: Eerdmans, 1998). Jenson의 참여
(participation)의 이해에 대한 결정적인 진술을 그의 *Systematic Theology* (New
York: Oxford University Press, 1997-1999), 특별히 2:250-69에서 보라.

105) 참조. Karl Holl, *The Distinctive Elements in Christianity*, trans. Norman V.
Hope (Edinburgh: T&T Clark, 1937).

존재론을 가지고 있었다. 루터에 대한 이러한 개정된 해석에 따르면 종교개혁자 루터는 "그리스도께서 실제로 (즉 존재론적으로) 믿는 자 안에 현재하신다"고 확신했다. "믿음 자체 안에 그리스도 자신이 현재하신다."[106] 본래 루터에게는 칭의의 법정적인 측면과 성화의 변혁적인 차원 사이에 아무런 이분법도 존재하지 않았다. 마네르마의 신학에서 이러한 분리의 양 측면은 루터가 이해했던 그리스도와 신자 사이의 신비적인 연합을 통해 재통합된다. 신자 안에 그리스도께서 현실적으로 현재하시기 때문에, 죄인들을 의롭다고 선언하게 하시는 하나님의 행동과 그 선언이 죄인의 현실적 존재를 구성하게 하는 하나님의 행동 사이에는 어떤 긴장도 있을 수 없다. 죄인들은 자신들 안에 계신 그리스도께 힘입어 자신들에게 선언된 존재가 된다. 그리스도는 믿는 자 안에 존재론적 변화를 일으키는 방식으로 신자의 믿음 안에 진정으로 현재하신다. 이러한 존재론적인 변화가 쌓일 때 신자는 생명, 사랑, 의라는 신적인 속성을 공유하게 된다. "그리스도 자신은 그의 인격과 그의 사역 모두에서 하나님 앞에 선 인간의 의로움이시다. 믿음은 그 자체 안에 현존하시는 그리스도의 인격에 기초할 때 칭의를 의미한다."[107]

그리스도의 인격과 사역 사이에 어떤 현실적인 분리도 없는 것처럼, 칭의의 근거(믿는 자의 믿음을 통해 현실적으로 현재하는 그리스도의 의)와 성화의 근거(믿는 자 안에 직접 현실적으로 현재하는 그리스도의 의) 사이에도 아무런 현실적인 분리가 없다. 그리스도의 내주하는 현재 없이는 어떤 칭의도 있을 수 없고, 마찬가지로 그리스도의 내주하는 현재 없이는 어떤 성화도 있을 수 없다. 고전적인 루터주의에서는 칭의가 성화보다 앞선다. 왜냐하면 칭의의 근거(그리스도의 성취된 사역)가 성화의 근거(믿는 자 안에 진행되는 성령의 사역)보다 앞서기 때문이다. 마네르마의 루터에게 있어서 신자의 의는 그리스도의 의의 전가에 의해 이루어지는 것이 아니라, 신자가 그리스도의 의에

---

106) Mannermaa, *Christ Present in Faith*, 5.
107) Mannermaa, "Theosis as a Subject of Finnish Luther Research," in *Pro Ecclesia* 4, no. 1 (1995), 46.

실제로 존재론적으로 참여함으로써 이루어진다. 젠슨은 구원에 대한 이와 같은 새로운 루터교적 접근방법을 다음과 같이 요약한다.

> 믿음은 의롭게 만든다. 1) 왜냐하면 하나님이 말씀하신 것을 믿는 것은 위대한 제1계명을 성취하기 때문이다. 2) 말씀에 귀를 기울이는 영혼은 그 말씀의 존재와 같이 거룩하고 바른 존재가 되기 때문이다. 그리고 3) 믿음 안에 있는 영혼은 신부가 신랑과 "한몸"이 되듯이 그리스도와 연합되어 신랑의 의를 소유하기 때문이다.[108]

위의 요약에서 의의 전가에 대한 언급은 없으며, 법정적이거나 법률적인 이미지도 없다. 구원은 믿는 자 안에 있는 그리스도의 존재다. 이와 같은 "새로운 루터"에서 교회 일치를 위한 가능성, 특별히 동방 정교회의 어떤 교의적인 선언과의 일치의 가능성을 보는 것은 매우 쉬운 일이다.[109] 이에 더하여 그리스도의 의는 "새로운 루터"에서는 이제는 법정적인 의미라기보다는 존재론적 의미에서 칭의의 근거가 된다. 이 점에서 "새로운 루터"는 우리의 칭의의 도덕적 근거에 대해 의문을 제기하며, 바로 그런 중요한 의미에서 그것은 개신교적이다. 그러나 "옛 루터"와는 달리 "새로운 루터"는 전가/주입의 분리라는 질문에서는 로마 가톨릭적이기도 하다. 그리스도의 실제적인 현재는 정말로 "우리 안에" 있으며, 단지 "우리를 위한" 것만이 아니다. 비록 마네르마가 현대의 일부 루터교회와 동방 정교회 사이에 교회일치를 위한 문을 열어주었다고 해도, 그 문은 하나님의 존재에 대한 질문에서는 아직도 부분적으로 닫혀 있다. 동방 정교회는 여전히 완전한 신적 본질이 믿는 자들과 "공유된다"라고는 생각하지 못한다. 단지 신적인 에너지(행

---

108) Jenson, "Response" (to Tuomo Mannermaa, "Why Is Luther So Fascinating?"), in *Union with Christ*, 21.

109) 마네르마의 작업이 핀란드의 복음주의 루터교회와 러시아 정교회 사이에서 계속되는 교회일치적 대화의 맥락에서 생겨난 첫 번째 사례로서 등장했다는 점이 중요하다.

위들)만이 믿는 자들과 "공유될" 뿐이다. 그 이상의 논의는 창조자와 피조물 사이의 현실적인 동일시로 나아갈 위험이 있다. 하지만 마네르마와 젠슨이 도발적으로 주장한 것은 "그리스도 안"에서의 바로 그 동일성이다. 그리고 그 동일성은 마네르마와 젠슨에게는 현대의 교회일치를 위해 구원론적인 분리라는 장벽을 허무는 관건이 된다.

급진적 정통주의: 간략하게 살펴보기

현재, 급진적 정통주의라고 말해지는 신학적 전통을 간략하게 살펴볼 필요가 있다.[110] 급진적 정통주의의 대표자로는 많은 이들 중에서 존 밀뱅크 (1952-), 캐서린 픽스톡, 그리고 그레이엄 워드(1955-)를 들 수 있다.[111] 급진적 정통주의는 교회일치를 위한 열망(물론 이것도 없지는 않지만)보다는 현대성에 대한 철학적 비판과 그것을 떠받치는 형이상학적인 틀에 의해 수행된다. 현대성 비판의 주된 표적은 "자연"이 하나님의 존재와는 매우 독립적인, 그 자체의 존재론적 공간을 가지고 있다는 주장이다. 밀뱅크에 따르면 이것은 자연에 대한 찬양으로 이어지며 그곳에는 하나님이 없기 때문에 아무런 의미나 목적도 없으므로 결국 허무주의에 이르게 된다. 급진적 정통주의가 취하는 허무주의에 대한 유일한 대안은, 모든 존재가 신적인 존재에 참여하고 그 참여의 정도에 따라서만 어떤 존재가 있을 수 있다는 신플라톤주의적 확신을 전적으로 채택하는 것이다. 보다 일반적이고 복잡한 신학적 관점을 잠시 옆으로 미루어 놓고, 여기서는 신플라톤주의적인 참여에 대한 강력한 확신이 매우 자연스럽게 급진적 정통주의로 하여금 구원론을 참

---

110) 급진 정통주의에 대한 유익한 소개를 James K. A. Smith, *Introducing Radical Orthodoxy: Mapping a Post-Secular Theology* (Grand Rapids: Baker Academic, 2004)에서 보라.

111) John Milbank, Catherine Pickstock, and Graham Ward, eds., *Radical Orthodoxy: A New Theology* (London: Routledge, 1999)를 보라.

여의 렌즈를 통해 바라보게 했다는 사실만을 언급하고자 한다. 그리스도께서 해결하셔야 하는 "문제"는 하나님을 향한 우리의 눈을 상실했다는 문제, 즉 우리의 존재에 생기를 불어넣는 하나님의 비전을 상실했다는 문제다. 구속은 우리의 인간성을 회복시켜서 신적 존재에 대한 본래적인 참여로 인도하는 하나님의 비전을 다시 얻는 것이다. 은혜의 선물은 그와 같은 하나님의 비전을 회복하는 것이고, 이 비전은 하나님의 존재를 있는 그대로 바라보려는 열망을 회복시킨다. 구속은 상대적으로 추상적이고 철학적인 상태에 머물러 있지만, 그럼에도 그것은 모든 피조된 실재에게 주어지는 하나님의 주권적인 선물이다. 선물과 선물을 주는 자는 어떤 의미에서 동일하다. 왜냐하면 비전을 회복하시는 분은 하나님이시며, 회복된 비전도 하나님이기 때문이다. 급진적 정통주의는 일련의 복합적인 논평을 받았다. 몇몇 사람들은 이들이 신학적 자연주의의 중심적인 교의를 내던진 용기를 칭찬했다. 다른 사람들은 그들이 신플라톤주의를 유일하고 참되고 진정한 기독교적 형이상학으로 포용한 것에 대해 불만스러워 했다.

결론

현대 구원론의 지형도는 20세기 초와 비교할 때 21세기 초에는 훨씬 더 흥미롭고 복잡하다고 말해야 할 것 같다. 중요한 긴장은 지속되고 있지만, 건설적인 과제들이 다양한 교회 전통들을 통해 나타났다. 칭의 그리고 그리스도와의 연합이라는 질문과 관련된 새로운 교회일치적인 추진력이 어디에 이르게 될 것인지는 아직 확실하지 않다. 마찬가지로 다양한 전통들이 어떻게 교회사적인 논의와 정경 자체에 계속해서 관련될 수 있을 것인지의 문제도 분명하지 않다.

반세기 이전에 신학자 집단은 기독교가 현대 세계 안에서 살아남으려면 "구원"에 관한 논의 전체를 포기해야 할지도 모른다고 생각했었다. 폴 틸리히는 다음과 같은 유명한 말을 남겼다.

> 현대인으로 하여금 그것[칭의론]을 이해할 수 있도록 해주는 것이 거의 존재
> 하지 않는다는 사실은 정말 너무도 이상하다. 우리는 여기서 유사한 사례가
> 거의 없는 전통의 붕괴를 경험한다. 우리는 이 간격을 단순한 방법으로 쉽게
> 뛰어넘어 우리와 종교개혁 사이의 연결을 다시 회복시킬 수 있을 것이라고 상
> 상해서는 안 된다.[112]

반세기가 지난 후에 우리가 무슨 말을 하게 될지는 알 수 없지만, 칭의
에 대한 옛 논의는 다시 살아 돌아왔을 뿐만 아니라 또한 다른 모든 구원론
적 용어들도 재현되었다. 하나님의 존재에 대해 새로운 관심을 갖게 된 사
람들은 구원이 하나님의 분명한 행위라는 중요한 사실을 재고하기 시작했
다. 이것은 다시 예수 그리스도의 복음의 정수를 이루는 신적인 행동을 적
절하게 진술하는 방식에 대해 건설적이고 비판적으로 사고하는 문을 열어
주었다. 하나님의 바로 이 위대한 행동에 대한 오랜 갈등을 다시 다루려는
순간에 생기는 새로운 긴장의 출현은 불가피하다. 최소한 우리는 그리스도
안에서 우리의 것이 되는 구원을 고려할 때, 우리의 눈이 단지 내면을 향하
는 것이 아니라 이제는 높이 쳐다볼 수 있게 된 것에 대해 감사해야 할 것
이다.

---

112) Paul Tillich, *The Protestant Era* (Chicago: University of Chicago Press, 1957),
157. Dawn DeVries, "Justification," in *The Oxford Handbook of Systematic
Theology*, ed. John Webster, Kathryn Tanner, and Iain Torrance (Oxford: Oxford
University Press, 2007), 198에서 재인용.

참고도서

Braaten, Carl E., and Robert W. Jenson, eds. *Union with Christ: The New Finnish Interpretation of Luther*. Grand Rapids: Eerdmans, 1998.

Burgess, Joseph, and Marc Kolden, eds. *By Faith Alone: Essays on Justification in Honor of Gerhard O. Forde*. Grand Rapids: Eerdmans, 2004.

Christensen, Michael J., and Jeffery A. Wittung. *Partakers of the Divine Nature: The History and Development of Deification in the Christian Traditions*. Grand Rapids: Baker Academic, 2008.

Horton, Michael S. *Covenant and Salvation: Union with Christ*. Louisville: Westminster John Knox, 2007.

Kärkkäinen, Veli-Matti. *One with God: Salvation as Deification and Justification*. Collegeville, MN: Liturgical Press, 2004.

Lanooy, Rienk, ed. *For Us and for Our Salvation: Seven Perspectives on Christian Soteriology*. Utrecht: Interuniversitair Instituut voor Missiologie en Oecumenica, 1994.

McGrath, Alister E. *Iustitia Dei: A History of the Christian Doctrine of Justification*. 3rd ed. Cambridge: Cambridge University Press, 2005.

Milbank, John. *Being Reconciled: Ontology and Pardon*. London: Routledge, 2003.

Rusch, William G., ed. *Justification and the Future of the Ecumenical Movement: The Joint Declaration on the Doctrine of Justification*. Collegeville, MN: Liturgical Press, 2003.

Staniloae, Dumitru. *The Experience of God: Orthodox Dogmatic Theology*. Vol. 2., *The World: Creation and Deification*. Brookline, MA: Holy Cross Orthodox Press, 2000.

Wright, N. T. *Justification: God's Plan and Paul's Vision*. Downers Grove, IL: Inter Varsity, 2008.

12

기독교
윤리학

브라이언 브록

Brian Brock

애버딘 대학교

기독교 윤리학이 없었을 때: 무대 배경

현대 기독교 신학의 고유한 특성을 제시하려면, 먼저 현대 신학자들이 신학과 윤리학의 관계를 이해하는 특이한 방식을 밝히는 것이 중요하다. 이때 우리가 알아야 할 것은 현대의 조직신학자들이 (특별히 이전 세대들의 기독교인들과 비교하였을 때) 윤리적인 문제들에 대단히 드물게 주의를 기울였다는 것, 그리고 역으로 기독교 윤리학자들이 기독교 신학을 직접 인용하는 것도 마찬가지로 대단히 드물었다는 사실이다. 이 장에서 나는 이런 사태에 대해 기독교 윤리학의 관점에서 설명하고자 한다. 최소한 미국에서 현역으로 활동하는 기독교 윤리학자들은 명확하고 조직적으로, 전통적인 기독교 교리로부터 멀어지고 있는 중이다. 조직신학과 기독교 윤리학이 어떻게 이렇게 소원해질 수 있었는지를 이해하려면, 우리는 수세기에 걸쳐 도덕적 성찰의 기독교적 관점을 변경시켰던 몇 가지 중심적인 변화를 폭넓게 개관해야 한다. 이 개관은 기독교 윤리학 과목의 현대적인 윤곽과 관련된 독특한 특성을 지적하기 위한 것이며, 기독교 윤리학의 기초를 놓은 세 명의 인물들에 대한 설명으로 전개될 것이다. 월터 라우쉔부시(1861-1918), 리처드 니버(1894-1962), 그리고 그의 형제인 라인홀드 니버(1892-1971)가 그들이다. 나는 기독교 윤리학의 가장 영향력 있는 대표자 중 한 사람인 스탠리 하우어워스(Stanley Hauerwas, 1940-)가 제기한 이 과목에 대한 비판을 요약함으로써 결론을 내릴 것이지만, 그의 사상은 이 장을 시작하는 큰 틀의 밖이 아닌 안에 놓일 것이다.

기독교는 강력한 이교적 제국 안에서 일종의 소수 분파로서 시작되었다. 관료적이고 군국주의적인 제국의 뒤편에는 고대 그리스인들의 문화적인 기억과 다채로운 실천을 간직한 철학파들이 그림자처럼 따라다녔다. 이 학파들은 종종 지적으로는 교양 있고 도덕적으로는 모범적인 사람들로 이상화되고 존경을 받았다. 알렉산드리아의 클레멘스(153-217)와 같이 도덕적인 질문을 다루었던 몇몇 초기 기독교 저술가들은 철학자들의 역할이 이교 사회 안에서 도덕적이고 지적인 귀감이 된다고 전제하면서, 자신들이 더 나은 철학의 공급자들이라고 자칭했다. 테르툴리아누스(145-220)와 같은 다른 신학자는 군국주의적인 다수 문화와 그리스 철학이라는 내적인 그림자 모두를 거절했고, 기독교와 이교 간에 모든 형태의 도덕성을 분명히 구분할 것을 제안했다. 두 가지 양식의 사상가들이 모두 가정했던 것은 이교 사상이 지배하는 현실이었다. 그들 모두는 자신들이 소수의 입장에서 기독교를 변호하고 있다고 느꼈고, 그 입장에서 기독교인의 삶을 설명했다.

서방에서는 적어도 아우구스티누스(354-430)와 함께 이 모든 것이 결정적으로 바뀌었다. 그의 강력한 신학적인 비전은 곧 서구 사상의 지형도를 지배하게 되었다. 로마 제국의 붕괴 그리고 제국의 쇠퇴와 함께 이어졌던 황제들의 회심 또한 철학 유파들이 의존해왔던 후원의 기반을 약화시켰다. 그 결과 오래된 이교 세계는 종말을 고하게 되었으며, 기독교 신학이 일어나 현실에 대한 지배적인 설명을 제시하게 되었다. 고대 세계에 폭넓게 분포되었던 종교들은 신전의 많은 신들이 북적대는 우주에 대한 지배적인 신념에 근거하고 있었다. 하지만 아우구스티누스의 저술의 확산과 소위 중세기라고 특징지어지는 문화적인 변천이 협력하여 그런 이교 사상을 극복했다. 새로운 "상식"에 따르면 구약과 신약성서의 삼위일체 하나님, 곧 오직 한 분이신 하나님만 계시고, 오직 하나의 교회만 있다. 이와 같은 새로운 시대에 수도원은 철학 유파라는 도덕적이고 지성적인 엘리트들이 개방해놓았던 문화적 공간 안에 여전히 머물면서, 그 공간을 재구성해야 하는 처지에 놓이게 되었다.

수세기가 지난 후 철학이 이번에는 기독교 세계 내에서 소수자의 목소리로서 수도원으로 돌아왔다. 철학의 귀환은 중세 중엽(1200-1300년)에 도시의 수도원에서 임계점에 도달했는데, 그 수도원들은 부유했고 정치권력과도 잘 연결되어 있었다. 이때까지만 해도 오늘날 우리가 알고 있는 "기독교 윤리학"

이라는 것이 존재하지 않았음에 유의하라. 기독교의 첫 시대(대략 400년까지)에 기독교인들이 어떻게 살아야 하는지에 관한 숙고는 신약성서의 경우와 마찬가지로 기독교인이 저술한 모든 분야에서 필수적인 것으로 생각되었다. 기독교의 두 번째 단계(대략 400-1400년)—흔히 모든 사람이 기독교인인 것으로 전제되는 콘스탄티누스 시대—에서는 "기독교적"이라는 용어가 포괄적인 서술어, 곧 삶의 모든 형태를 포함하는 커다란 우산이 되었다. 기독교적 도덕성은 "상식"으로 취급되었으며, 이 시대에 도덕적인 삶에 대한 유일한 명시적인 토론은 수도원과 고해성사 규정서에서만 발견될 수 있었다. 종교개혁은 대체로 이런 형태들에 도전하지 않았고, 오히려 수도원적 삶이라는 "고차원적인 미덕"을 모든 기독교인들에게 확대하려고 시도했다.

비록 르네상스와 종교개혁이 야기한 변화가 문화적·신학적으로 심오하기는 했지만, 성서 주석과 교리 신학으로부터 분리된 독립적인 학문 분과와 연구 주제로서의 "기독교 윤리학"이 출현하기 위한 필수조건들은 여전히 마련되지 않은 상태였다. 그 조건을 위해 최종적인 변화가 발생해야만 했는데, 그것은 비신학적인 사상의 지적이고 문화적인 지배 아래로 되돌아가는 것이었다. 하지만 비기독교 사상은 이제 더 이상 이교 철학에 근거하지 않았고, 수도원으로부터 출현하는 새로운 명칭의 철학을 가리켰다. 역설적이게도 수도원적인 배경에서 자연적 이성에 대한 보다 강한 호소를 허용하는 특성들이 공고해졌는데, 그것은 하나님이나 계시를 직접 언급하지 않았다. 중세 중엽에 시작된 바로 이런 사상적 궤적으로부터, 현대로 변화하는 순간을 표시해주는 계몽주의라는 운동이 출현한다. 계몽주의 운동의 결정적인 특징은, 하나님을 언급하지 않고서도 지식을 획득할 수 있는 어떤 실체로 이해되는 이성을 무차별적으로 수용했다는 것이 아니다. (수백 년 동안 일부 기독교 수도사들이 그렇게 주장해왔다.)[1] 오히려 그 특징은 계몽주의 철학자들

---

1) Alasdair MacIntyre, *God, Philosophy, Universities: A Selective History of the Catholic Philosophical Tradition* (Lanham, MD: Rowman & Littlefield, 2009).

이 수도사들이 아니었고, 계시된 진리를 단지 형식적으로만 승인했다는 사실에 있다. 계몽주의 철학에서 하나님은 주로 인간적 지각의 진실성을 보장하기 위해 요청되는 방관자로 머문다. 교회로부터 해방된 것, 그리고 계시된 진리의 속박이 느슨해진 것은 궁극적으로 철학으로 하여금 하나님에 대한 모든 언급으로부터의 해방을 요구하도록 만들었다. 최악의 경우에 하나님과 기독교는 이성의 적으로 간주되기도 했다. "기독교-이후"의 그런 합리성의 가능성은 서구의 세 번째 시대의 결정적인 특징이다. 오늘날에 와서야 우리는 이교적이지도 기독교적이지도 않은 세속인을 보통 사람으로 대할 수 있게 되었다. 오늘날에 와서야 겨우 신앙과 기독교 윤리는 사람들이 일반적으로 합리적이기에 도덕적이라고 간주하는 것을 넘어서서, 그 배후에서 선택되어야 하는 어떤 것으로 여겨지게 되었다.

그렇다면 많은 세기가 지난 후 기독교인들이 비기독교적 전제들이 지배적인 것이 되어버린 지적인 세상 안에서 자신들이 다시 한 번 소수자의 입장에 놓이게 된 것을 발견하는 것은 아이러니하다. 기독교의 제2국면에서 서구 철학자들이 수도원에 있는 수도사들이나 성직자들이었다면, 계몽주의는 서구의 신학자들이 대부분 대학과 같은 세속적인 연구 기관들 안에서 발견되는 시대를 열어주었다. 이제 신학자들은 신학교에 자리 잡고 있다고 해도 대부분의 경우 일반대학에서 훈련을 받은 사람들이다. 오직 이런 발전 안에서 "기독교 윤리학"은 오늘날 개신교적인 서구에서 대학의 독자적인 학문 분과로 성립될 수 있었다.

현대성과 신학

현대신학의 전체적인 윤곽이 세속적인 이성의 솟아오르는 물결에 대한 오래된 반응이라고 말하는 것은 결코 과장이 아니다. "세속적인 도덕성"이 자명한 것으로 가정될 때, 기독교인들은 교리나 주석을 언급하지 않고서도 자신들의 윤리적인 주장을 정당화해야 할 필요를 느낀다. 고대와 중세의 맥락에서는 서로 다른 방식이기는 해도 모든 도덕적인 주장이 신학적 주장을 함축한다는 것은 명확했다. 고대 세계에서 어떤 사람의 삶의 방식은 그것을 설명하는 철학적 혹은 신학적인 언어와 본질적으로 관계되어 있다고 생각되었다. 나아가 형이상학적인 주장은 흔히 어떤 윤리를 지탱해주는 개념적인 신념으로 이해되었다. 예를 들어 스토아 철학자들은 생의 도전들에 굴하지 않는 자신들의 윤리를 설명해주는 우주론을 가지고 있었으며, 반면에 에피쿠로스 철학자들은 우주가 그와 다르게 구성된 것으로 보고 감각에 몰두하며 보내는 삶을 지지했다. 형이상학과 윤리학의 연결이 중세 초기까지 그와 같이 전제되고 계속해서 유지되었던 것은, 기독교인들이 어떻게 바르게 살 수 있는가에 대한 담론이 예수 그리스도의 주권성이 지니는 형이상학적인 현실성의 함축으로 생각되었던 것과 마찬가지다. 하지만 이런 대단히 중요한 일치의 내부에서 다른 한 가지 고대적 특성이 중세 중엽에 새롭게 두드러지게 되었다. 그것은 일상적인 삶의 질문으로부터 분리되고 그 질문보다 뛰어난 것으로 생각되었던 "이론적인 이성"이라는 꼬리표가 붙은 사상, 그리고 심지어 학식 없는 이들도 유용하게 사용했던 추론의 형식들 사이에 있었던 "실천 이성"이었다. "실천 이성"은 변화하는 세상에서 살아가기 위해 필요한 모든 잔여 지식에 관련된 것으로 이해되었다. 그것은 씨를 뿌리고 거두는 시기, 송사에 대한 판결 방법, 또는 자녀 양육법 등에 대한 지식이었다.

현대성은 단지 세속적인 이성의 시대로만 이해되어서는 안 되며, 이론과 실천 사이의 간격이 지속적으로 존재하는 시대로 이해되어야 한다. 임마누엘 칸트(1724-1804)는 윤리적 의무의 전제들에 대한 자신의 이론(지금은 메타 윤리학이라 불리는 것)을 그 의무의 규칙들이 작동하는 맥락에 대한 질문들(지금은 특수 윤리학 또는 실천적인 추론이라 불리는 것)로부터 구분함으로써, 윤리학에서 그 특성을 법전과 같이 모범적으로 서술했다.[2] 세계에 대한

---

2) 칸트의 메타 윤리학적인 토론에 대해 Immanuel Kant, *Groundwork for the*

인간적인 이론화로부터 실천적인 삶을 이런 식으로 새롭게 분리함으로써, 우리가 어떻게 살아야 하는가에 대한 설명인 윤리학을 우리가 "아는" 것 즉 우리의 마음에 믿고 있는 것으로부터 **연역**된 것이라고, 또는 그 아는 것에 의존하는 것이라고 생각하는 것이 가능하게 되었다. 윤리학의 "문제"는 어떻게 "자연적" 이성(계시의 도움을 받지 않은 인간의 이성)이 알고 있는 것을 일상적인 삶의 정교한 구조 및 상황과 연결시키는가 하는 것이 되었다. 고대인들의 질문은 "실재와 관련하여 어떤 설명이 참이며 더 나아가 인간의 삶을 가장 잘 인도하는가?"라는 것이었던 반면에, 현대의 질문은 "어떻게 나는 내가 믿는 것을 내가 어떻게 살아야 하는지와 관련시키는가?"이다.[3] 현대에 기독교인이 된다는 것은 생각하고 고백하는 것과 사는 것 사이의 괴리, 즉 기독교 신학과 윤리학의 소외가 만들어내는 구체적인 괴리를 경험하는 것이다.

그렇다면 신학적인 관점에서 볼 때 "현대성"은 기독교인들이 세속적인 도덕성에 대해 적절한 응답을 발견해야 하는 문제와 직면하는 시대를 가리키며, 이것은 기독교인들이 예수 그리스도의 사역의 현실성에 대한 교리적인 확증으로부터 분리될 수 있는 "도덕성"을 소유한다고 주장하려는 유혹을 받고 있음을 뜻한다. 지난 150-200년 동안 기독교 윤리학의 이야기가 대체로 그와 같은 유혹에 굴복했던 역사라는 사실은 통탄할 일이다.[4] 내가 곧바로 제시할 것처럼 자칭 현대 기독교 윤리학의 실행가들은 점점 더 세

Metaphysics of Morals, trans. and ed. Mary Gregor (1785; Cambridge: Cambridge University Press, 1998)을 보라. 윤리학에서 실천적인 추론에 대한 칸트의 접근을 *The Metaphysics of Morals*, trans. and ed. Mary Gregor (1798; Cambridge: Cambridge University Press, 1996)에서 보라.

3) Pierre Hadot, *Philosophy as a Way of Life: Spiritual Exercises from Socrates to Foucault*, ed. and introduced by Arnold Davidson, trans. Michael Chase (Oxford: Blackwell, 1995).

4) 이 단락과 이어지는 두 개의 단락은 Stanley Hauerwas and Samuel Wells, "Why Christian Ethics Was Invented," 3장 in *The Blackwell Companion to Christian Ethics*, ed. Stanley Hauerwas and Samuel Wells (Oxford: Blackwell, 2004)을 활용한다.

속적인 이성에 의존해왔으며, 그에 따라 하나님의 말씀하심, 성서, 교리, 그리고 교회적 실천의 영역으로부터 도피하려는 관심에 이끌렸다. 칸트는 만일 인류가 성숙해지려고 한다면 인간성은 "자율적이고" 자유롭고 합리적이며 하나님 외에 어느 누구에게도 순종하지 말아야 한다고 기독교인들을 설득했고, 그렇게 함으로써 그런 유혹의 상황이 가능하게 만들었다. 이때 칸트에게 하나님은 엄격한 개인적 이성과 양심 안에서 작동하는 경건주의적 용어로 정의된다.[5] 예를 들어 우리가 미국의 기독교 윤리학의 기초를 놓은 인물들의 저작을 읽을 때 받는 압도적인 인상은, 몇몇 주변적인 예외[6]가 있다고 해도, 그들이 교리적인 용어로는 전혀 사고하지 않으려고 한 것처럼 보인다는 것이다. 그들의 관심은 기독교마저도 계몽주의적 신념과 함께 살아가기를 기대하는 세상 앞에서, 바로 그 기독교를 존경받을 만하게 만드는 것이었다. 오직 기독교가 계몽주의적 규칙들을 준수하면서 경기할 때만 "기독교 윤리학"도 하나의 문명화 세력으로서 자신의 가치를 드러낼 수 있다는 것이다.

이런 쇠퇴의 이야기로 시작함으로써 나는 기독교 윤리학이라는 현대적인 학과의 기초를 놓았던 이야기를 전도시키려고 한다. 시초부터 기독교 윤리학은 기독교 교리가 현대의 기독교인들에게는 문제를 일으킬 뿐이라고 생각하는 현대 자유주의 신학의 전제에 근거한 학과였다. 자유주의 신학은 정의로운 교회란 고착화되어 있는 잘못된 신념을 벗겨내는 것을 통해서만 생성될 수 있다고 생각했다. 에른스트 트뢸치(1865-1923)는 기독교 윤리학을 자율적인 이성의 원칙에 의해 조직되는 대학의 학과로 설정하는 전제들을 마련했다. 그에게 수십 세기 동안의 기독교 사상은 보편적 윤리의 건설에 봉사하기 위해 단지 보충되어야 할 뿐인 낡아빠진 개념의 목록으로 취

---

5) Immanuel Kant, *Religion within the Bounds of Mere Reason*, ed. and trans. Allen Wood and George di Giovanni (1793; Cambridge: Cambridge University Press, 1999).

6) 예를 들어 Paul Lehmann (1906-1994), *Ethics in a Christian Context* (New York: Harper and Row, 1963)를 보라.

급되었다.[7] 하지만 자유주의자들도 전통적인 자료들에 몰두하는 학과에서 교육을 받은 사람들이었고, 그들도 발췌된 전통적인 자료집을 사용하였으며, 전통적인 교리들이 유산으로 남겼다고 믿는 문제들을 극복하려는 목적으로 그 자료들을 취급했다. 만일 그들에게 배운 학생들이 이미 세속적인 합리성의 대안적 윤리학의 틀을 수용한 상태가 아니었다면, 그런 방식으로 전통적인 신학적 사고와의 접촉을 단절했던 것은 심각한 마비증세를 일으켰을 것이다.

이와 같이 고전적인 기독교 언어 및 교리와 더 이상 친숙하지 않게 된 것은 두 가지 광범위한 결과를 불러왔다. 첫째, 그것은 신학을 윤리적 문제와 개념에 일차적인 관심을 갖도록 재정립한 것이었다. 이것은 "윤리학"의 개념을 다양한 맥락에 놓인 기독교인들의 일상의 삶으로부터 분리시켜 추상화함으로써 나타난 불가피한 결과였다. 둘째, 전통적인 자료들에 대한 그와 같은 조각난 접근방법은 현대라는 시대가 기독교의 도덕적인 주장은 언제나 교리적인 확증의 결과로 이해했는지 여부를 더 이상 알 수 없게 만들고 말았다. 이에 따라 현대의 기독교 윤리학자들은 자신들의 신학적 원천을 그저 오해만 하면서 잘못 읽는 경향을 보였다. 많은 예 가운데 하나를 들자면 아우구스티누스가 『하나님의 도성』 14권에서 전개하는 "타락에서 성의 역할"에 대한 설명은 거의 언제나 아우구스티누스의 가망 없이 역행하는 인간론, 가부장적인 형이상학, 그리고 그와 비슷한 것들만을 입증하기 위해 인용된다. 현대 기독교 윤리학이라는 분야는 타락에 대한 아우구스티누스의 교리적·주석적 연구가 근본적으로 시대에 뒤떨어진 것이라고 가정함으로써, 그가 제기하는 다음과 같은 중요한 질문들을 직시하기를 전형적으로 거부한다. 어떻게 타락은 우리의 몸과 갈망에 혼돈을 초래하는가? 몸의 구속으로부터 우리는 무엇을 기대할 수 있는가? 미덕은 "몸의 습관"일 수 있

---

7) Ernst Troeltsch, *The Social Teaching of the Christian Churches*, trans. Olive Wyon (1912; repr., Louisville: Westminster John Knox, 1992)의 2권 "History of the Christian Ethos"의 결론을 보라.

는가? 이와 같은 거리감에 유의한다면, 우리는 수세기에 걸쳐 신학과 도덕적인 삶 사이에 분리를 만들어낸 것이 재앙과도 같은 영향을 미치고 있다는 사실을 기독교적 관점에서 볼 수 있게 된다.

　이 논문의 목적은 그 갈라진 균열을 극복하는 것이 아니라 그것을 드러내려는 것이다. 이 목적을 위해 우리는 미국 대학 내의 학과 중 하나로서의 기독교 윤리학의 발전에 대해 보다 상세히 설명할 것이다. 또한 우리가 말해야할지도 모르는 다른 이야기가 있다. 예를 들어 영국에서는 이론적 이성과 실천적 이성 사이의 분리가 너무나 확고하게 되었고 신학은 이론적 이성과 너무 깊이 연계되었기 때문에, 신학은 실천적인 추론에는 별다른 관심도 없고 관련도 없는 사변적인 학문이 되고 말았다. 도덕적인 생각은 "목회 신학"으로 이관되었고, 성공회와 스코틀랜드 교회의 신학교에서만 수행되고 있다. 케네스 커크(Kenneth Kirk)의 『하나님의 비전』(The Vision of God)은 그와 같은 전통의 한 사례이며, 아래에서 상론하게 될 자유주의 개신교 신학의 시대적 추세와 영향 아래서 일어난 발전을 대표하는 모리스[8]와 윌리엄 템플[9]의 작품도 마찬가지다. 칸트, 피히테,[10] 헤겔[11]과 같은 전형적인 계몽주의 사상가

---

8) 모리스(Fredrick Denison Maurice, 1805-72)는 영국에서 기독교 사회주의의 설립자로 간주된다. 그의 두 가지 주요 저술은 *The Kingdom of Christ, or Hints to a Quaker Respecting the Principles, Constitution and Ordinances of the Catholic Church*, 2 vols. (London: Darton and Clark, 1838)와 *Mediaeval Philosophy; or A Treatise of Moral and Metaphysical Philosophy from the Fifth to the Fourteenth Century* (London: Macmillan, 1870)이다. 모리스의 본문에 대한 탁월한 선집과 서론에 대해 *Reconstructing Christian Ethics*, ed. Ellen K. Wondra (Louisville: Westminster John Knox, 1995)를 보라.

9) William Temple (1881-1944), *Christianity and the State* (London: Macmillan, 1928); *Christian Faith and Life* (1931; London: SCM, 1954), and *Christianity and Social Order* (London: SCM, 1942).

10) Johann Gottlieb Fichte (1762-1814), *The System of Ethics: According to the Principles of the Wissenschaftslehre*, ed. and trans. Daniel Breazeale and Gunter Zoller (1798; Cambridge: Cambridge University Press, 2005).

11) Georg Wilhelm Friedrich Hegel (1770-1831), *Phenomenology of Spirit*, trans. A. V.

들의 윤리학에 강한 흥미를 느꼈던 대륙의 이야기도 그와 다르지 않다. 이와 같은 독일 관념론의 전통에서는 윤리학이 철학에 통합되는 것으로 간주되었는데, 왜냐하면 윤리 없이는 어떤 사고 "체계"가 완결될 수 없기 때문이었다. 이론 이성은 여전히 우위를 점하고 있었지만, 이제는 통합하고 통제하는 방식으로 실천 이성을 필연적으로 포괄해야 한다고 생각되었다. 이와 같은 독일 전통이 미약하게 기독교화된 변형(이자크 도르너)[12]이 있었고, 나중에 보다 강력한 신학적인 변형도 있었다(칼 바르트[13], 에밀 브룬너[14], 헬무트 틸리케[15]). 저지대 나라들에서 이와 관련된 접근방법들이 발전되었으며, 덴마크의 닐스 쇠에(Niels Hansen Søe)[16]와 문화적으로 영향력 있는 네덜란드 칼뱅주의자들의 작품들이 있었고, 그 가운데서 가장 유명한 것은 아브라함 카이퍼[17]의 저술이다.

네덜란드 칼뱅주의자들이 이전 세대의 스콜라주의적인 가톨릭교인들과의 대화에서 자신들의 윤리적 설명을 명문화했다는 것은 여기서 자세하게 설명할 수 없지만, 로마 가톨릭의 도덕 신학이라는 다른 이야기도 있다

Miller (1807; Oxford: Oxford University Press, 1979); *Elements of the Philosophy of Right*, ed. and trans. Allen Wood and H. B. Nisbet (1821; Cambridge: Cambridge University Press, 1991).

12) Isaak August Dorner (1809-1884), *System of Christian Ethics* (New York: Scribner and Welford, 1881).

13) Karl Barth (1886-1968), *Ethics*, trans. Geoffrey W. Bromiley (1931; New York: Seabury, 1981); *Church Dogmatics* II/2, sec. 36, and III/4; and *The Christian Life* (1968; Grand Rapids: Eerdmans, 1981).

14) Emil Brunner (1889-1966), *The Divine Imperative* (Philadelphia: Westminster, 1932).

15) Helmut Thielicke (1908-1986), *Theological Ethics*, 3 vols. (Minneapolis: Fortress, 1958-1959).

16) Niels Hansen Søe (1895-1978), *Kristelig Etik* (Munich: Kaiser, 1957).

17) Abraham Kuyper (1837-1920), *Lectures on Calvinism* (1899; Grand Rapids: Eerdmans, 1943). Cf. James D. Bratt, ed., *Abraham Kuyper: A Centennial Reader* (Grand Rapids: Eerdmans, 1998).

는 사실을 우리에게 상기시킨다. 나의 논의는 "기독교 윤리학"의 영어권 전
문용어의 모판이자 그것의 제도적 발전의 본고장인 서구 개신교의 이야기
다. 가톨릭의 이야기는 훨씬 더 길고 복잡하며, 거기에는 중세 중엽의 질문
들과 토마스 아퀴나스[18]의 사상이 구성적인 역할을 했다. 도덕 신학에 대한
가톨릭의 주장은 자연법 개념의 주위를 선회하는 것처럼 보인다. 아퀴나스
는 기독교 교리를 윤리학, 교회법, 고해성사 규정(고해실에서 사제들이 어떻게
각각의 죄의 무게를 달아 고행을 할당할 것인지를 가르치기 위한 규정—역자 주)
과 함께 엮기 위해 자연법 개념을 발전시켰다. 로마 가톨릭이 도덕 신학이
라고 부르는 것에 대한 고전적·스콜라주의적인 접근방법의 현대적 사례를
보려면, 저메인 그리세츠의 『주 예수의 길』을 보라.[19] 실질적으로는 여전히
가톨릭적인 것으로 남아 있기는 하지만, 개신교 신학의 영향을 받은 도덕적
질문들에 대한 로마 가톨릭적인 접근방법을 위해서는 교황 요한 바오로 2세
의 『생명의 복음』을 보라.[20]

미국의 기독교 윤리

이제 나는 지난 150년 동안에 기독교 윤리학의 발전에 뚜렷한 특징을 부여
해준 사람들에게 보다 밀착하여 집중하려고 한다. 윤리학은 자율적인 이성
의 전제들 아래 형성된 교육기관들 안에서 정확하게 어떤 환경에 놓이게
되었는가? 그리고 기독교인들은 그런 풍경 안에서 기독교적 행위의 자리를
무엇이라고 생각하게 되었는가?

---

18) Thomas Aquinas (1225-1274), *Summa Theologiae* IIaIIae; *Commentary on Aristotle's Nicomachean Ethics* (1268-1273).
19) Germain Grisez, *The Way of the Lord Jesus*, 3 vols. (Chicago: Franciscan Herald Press, 1983-1997).
20) *Evangelium Vitae* (London: Catholic Truth Society, 1995).

기독교 윤리학이 미국에서 하나의 학과로 발전하는 과정에서 나타난 한 가지 현저한 문화적 요소는 기독교 윤리학의 기초를 놓았던 사람들이 1세대 독일계 미국인들이었다는 사실이다. 이 사실은 왜 윤리적 담론이 자유주의 신학의 전제에 의해 거의 전적으로 지배당하게 되었는지에 대해 많은 부분을 설명해준다. 월터 라우셴부시, 리처드 니버, 그리고 라인홀드 니버는 모두 문자적·상징적으로 독일 자유주의 개신교의 후손들이었다. 이것이 미국 기독교 윤리학의 이야기에 대한 첫 번째 역설이다. 윤리학의 형식과 내용은 철저하게 개신교적 유럽에서 생겨난 매우 특수한 일련의 문화적이고 이론적인 전제들에 의해 형성되었다. 두 번째는 이 세 명의 사상가들이 모두 균형 잡힌 신학교 교육에 깊이 젖어 있었기는 했지만, 그들은 전체적으로 독일 경건주의 전통의 훌륭한 대표자들이었기에, 원칙적인 근거에서 그들은 그런 신학교육을 학생들에게 전달하기를 원하지 않았다.

월터 라우셴부시: 하나님 나라와 사회 복음

이 세 명의 사상가들이 독일 경건주의의 대표자들이라고 말하는 것은 이들이 그리스도의 인격적인 경험을 생기 넘치도록 확증했으며, 다양한 정도로 실제 그렇게 경험하기도 했다는 사실을 말해준다. 월터 라우셴부시는 이 점에서 특별히 주목할 만하다. 그는 따뜻한 신앙을 가졌고 기도와 예배를 향한 강한 열망을 보였다. 하지만 전통적인 경건주의자들의 신학과는 달리, 그의 신학은 사회적인 연대를 창조하는 사랑의 힘에 날카롭게 집중되어 있었다. 라우셴부시는 예수를 인간의 선함이 환원 불가능할 정도로 사회적인 것으로 제시되는 구약성서적 감수성의 정점으로 생각했다.[21] 라우셴부시의 견해에 따르면 그 시대의 기독교인들은 산업화된 현대적 삶이 사회에 촉발

---

21) 이러한 주장은 월터 라우셴부시의 가장 영향력 있는 책 *Christianity and the Social Crisis* (New York: Macmillan, 1919)의 2장에서 나온다.

했던 파괴적인 힘을 무시하고 있었다. 그의 대응책은 사회에 정의와 물질적인 평등을 가져오기 위해 사회적인 연대를 창조하고 또 모든 인간을 평등하게 만드는 기독교적 사랑의 회복을 요청하는 것이었다. 찬송과 기도는 무엇보다도 그와 같은 정서들의 통일성을 추구하는 운동의 중심이 되었으며, 이 운동은 사회복음 운동이라고 불리게 되었다.[22]

물론 라우셴부시는 고대의 기독교적 감수성도 회복시키는 중이었는데, 그것은 사회에서 가장 가난한 자들의 복지에 대한 불타는 열정이었다. 이 열정은 구원이란 사회복음을 산출하는 공동체적 현상이라는 그의 이해에 의해 뒷받침되었고, 그의 사회복음은 가난한 자들을 돌보는 것이 예수의 메시지의 바른 방향이라고 말했다. 기독교 윤리학의 과제는 1912년에 출간된 그의 책 제목이 말하는 것처럼 "사회적 질서의 기독교화"다. 기독교 윤리학이라는 좁은 학문 분야에서 "하나님 나라"를 주도적인 중심 주제로 확립했던 사람은 라우셴부시였다. 또한 "하나님 나라"의 개념은 후일 미국의 모든 성향의 사회 활동가들에게 접근 가능한 용어를 만들어주었다. 그 나라는 부르주아 개신교의 자기만족적인 기독교와 라우셴부시가 수도원적인 내세성이라고 불렀던 금욕적 은둔을 거부하는 것으로써 특징지어졌다. 라우셴부시는 "인류는 용감하게 세상을 악하다고 말하고 그런 세상을 변화시킬 수 있는 혁명적인 기독교를 기다리고 있다"라고 결론지었다.[23] 이런 역할의 교회가 미국의 구원에 있어 핵심적인 실행 기관이어야 했다.

라우셴부시는 신학의 과제에 대해 고전적인 "칸트-이후"의 설명을 했다. 설명의 목표는 역사적 예수의 가르침의 핵심에 도달하기 위해 수세기 동안 쌓여온 기독교의 성서적·교리적 오해의 껍질들을 제거하는 것이었다. 그에 따라 라우셴부시는 역사비평의 방법이 윤리적인 문제에 관여하는 교회를 든든하게 만들어줄 것으로 생각하고 그것을 무비판적으로 받아들였

---

22) Walter Rauschenbusch, *For God and the People: Prayers of the Social Awakening* (Boston: Pilgrim, 1910)을 보라.
23) Rauschenbusch, *Christianity and the Social Crisis*, 91.

다. 라우셴부시에게 예수 그리스도는 구약성서의 예언자적 정신의 체현이며, 사회적인 주제들에 대한 거리낌 없는 관심과 구약성서의 방대한 본문에서 그토록 분명히 제시되는 제의적인 주제에 대한 무관심을 드러내어 보여주신 분이다. 이에 더하여 예수는 아버지와 친밀한 교제 안에 있었고, 그 교제가 그분의 사회적 행동에 동기를 부여하는 원천이었다. 예수는 단지 유대인들만이 아니라 모든 사람에게 열려 있는 하나님 나라를 구현하려고 애쓰셨다. 그곳에서는 강압이 아니라 설득이 행동 양식이며, 구약성서의 군주적이고 제의적인 함축성은 청결하게 세척된다. 하나님 나라는 묵시적인 심판의 불과 지옥불로 도달하는 곳이 아니라, 상호 간의 사랑과 평등의 세포들의 점진적인 성장 안에 존재하는 것이었다.

라우셴부시는 이와 같은 기본적인 기독론을 넘어서지 않았으며, 그리스도의 본성에 대한 고전적인 교리에 관심을 두지 않았다.[24] 라우셴부시의 예수는 설교를 통해 하나님 나라의 도래를 선포했던 구약성서의 예언자적 전통의 최고 정점이었다. 정의를 위한 예수의 사역의 한 가지 중요한 측면은, 보다 민주적인 의미로 이해될 수 있는 삼위일체 하나님을 위해 구약성서의 군주적인 아버지 개념에 항거했던 것이다. 하지만 전체적으로 라우셴부시는 삼위일체의 언어를 거부했고, 성령을 단지 예수와 예언자들이 대변했던 정신과 부합하는 해방의 힘으로만 말했다. 성령에 대한 그와 같은 이해는 결과적으로 계시를 현존하는 사물의 질서에 대한 하나님의 적대감을 표현하는 예언자적 정신을 일깨워주는 것으로 정의했다. 라우셴부시는 슐라이어마허(1768-1834)의 영향을 명시적으로 드러내지는 않으면서도 죄를 정의할 때 인간론적으로 초점이 맞추어진 슐라이어마허적 용어인 "죄 의식"이라는 표현을 채택했다. 이 견해에 따르면 속죄는 그리스도께서 개인적인 죄를 짊어지셨다는 것에 달려 있지 않고, 그분이 설교를 통해 반대했던 사회

---

24) Ibid., 2장. 또한 *The Social Principles of Jesus* (New York: Association Press, 1923)를 보라.

적인 죄의 예봉을 짊어지신 것에 있다. 예수를 십자가에 못 박았던 것은 그분이 설교를 통해 저항했던 세력, 곧 개인적인 경건과 비민주적이고 약탈적인 상태에 빠져 있었던 불의한 회당의 망령이었다.[25]

이와 같은 틀 안에서 라우센부시의 하나님 나라에 대한 설명은 교회가 하나님 나라의 구속의 성장에 장애가 된다고 보고 교회를 내던져버리는 경향을 보였다. 이런 의심의 한 가지 결과는 사회복음 운동을 통해 YMCA와 같은 교회와 유사한 기관들이 출현한 것이었다. 그런 기관들은 기독교인 됨이 무엇을 의미하는지를 배울 수 있는 "기독교화된 사회"의 복음을 정당하고 민주적인 방식으로 증언한다고 여겨졌다. 그와 같이 교회와 유사한 기관들을 통해 교회를 배제해버린 것은, 기독교 윤리학이 라우센부시와는 달리 삶이 결정적으로 교회나 신학교를 통해 형성되지 않았던 사람들이 추구하는 "대학의 학문"으로 진화하는 데 기여했다. "사회복음주의자들"의 새로운 세대는 개인적으로는 라우센부시와 마찬가지로 종교적이었을지 모르지만, 그들의 신앙은 그들의 학문적인 작업에서 대단히 미약한 방법론적인 역할만을 수행하게 되었고, 그 결과 그들은 사회 참여에 방해가 된다고 가르침 받았던 기독교적 전통을 점점 더 무시하게 되었다.

이와 같은 손실은 라우센부시의 기독론에 직접적인 영향을 주었고, 그것은 민주주의를 신론에 이르기까지 끌어올렸다. 아버지와 예수 사이의 친밀함은 삼위일체의 민주화를 의미하는 것으로 여겨졌고, 이것은 교회를 민주주의라는 복음의 담지자가 되도록 만들었다. 라우센부시는 이 주장을 이스라엘의 최고의 통찰력의 연장으로 이해했으며, 그 통찰력을 사회적인 신분제도와 생산수단의 부당한 분배에 대한 예언자들의 철저한 반박 안에서 발견했다. 아래 글에서 라우센부시는 자신에게 영감을 주었던 신학적 감수성에 대해 명확한 견해를 밝힌다.

---

25) 이와 같은 신학적 주제들에 대한 성숙한 종합을 위해 Walter Rauschenbusch, *A Theology for the Social Gospel* (New York: Macmillan, 1917)을 보라.

지금까지 우리는 거룩한 풍경을 바라볼 때 노란색 유리병 파편을 통해 보는 것처럼 비유적인 해석을 통해 보아왔다. 그것은 대단히 훌륭한 황금빛 풍경이었지만, 현대의 일상적인 삶과는 매우 동떨어진 것이었다. 하지만 지금부터 성서는 새로운 의미에서 "사람들의 책"이 될 것이다. 종교사에서 처음으로 우리는 사회적 삶을 하나님의 이름 아래서 포괄적이고 지속적으로 재구성하는 일이 인간적 가능성의 한계 안에 있다는 학문적인 지식을 갖게 되었으며, 그 지식에 의해 종교적인 에너지를 이끌어올 수 있는 가능성도 갖게 되었다.[26]

여기서 우리는 사회과학에 대한 높은 평가와 결합된 민주주의의 근본적인 가치에 대한 믿음이 어떻게 성서 주석의 전통을 낡고 오래된 것으로 취급해버리게 만들고 기독교를 단지 사회적 진보의 과제만을 위해 활용하는 결과를 낳게 되는지 분명히 볼 수 있다. 제1차 세계대전은 이와 같은 청명한 그림에 먹구름이 끼게 만들었다. 그것은 라우셴부시를 그렇게 형성시켰던 독일에 대한 전쟁이었기 때문만은 아니었다. 라우셴부시는 그토록 깊이 지적인 자양분을 섭취했던 자신의 문화적인 고국(독일—역자 주)과 미국에 대한 자신의 충성 사이에서 긴장을 화해시킬 수 있는 좋은 방법을 발견할 수가 없었다. 라우셴부시는 제1차 세계대전이 끝나기 전에 세상을 떠났다. 하지만 그는 마지막까지 하나님께서 세계사를 진전시키기 위해 기독교 국가인 미국을 사용하신다는 자신의 확신을 재확인하기를 잊지 않았다.[27]

---

26) Rauschenbusch, *Christianity and the Social Crisis*, 209.

27) 마지막 세 단락은 Stanley Hauerwas, *A Better Hope: Resources for a Church Confronting Capitalism, Democracy and Postmodernity* (Grand Rapids: Brazos, 2000), 5장 그리고 *Dispatches from the Front: Theological Engagements with the Secular* (Durham, NC: Duke University Press, 1994), 4장에 있는 스탠리 하우어워스의 라우셴부시에 대한 비판적인 분석을 활용했다.

리처드 니버: 미국이 이해하는 계시와 신앙

라우쉔부시의 저술에서 발견되는 많은 주제들은 니버 형제 가운데 동생이 자 덜 유명한 리처드 니버의 저술 안에서 계속된다. 나는 리처드 니버를 라 인홀드 니버보다 앞서 다룬다. 왜냐하면 리처드는 기독교 윤리학자의 중심 적 사역으로서의 사랑의 공동체의 건립에 대한 라우쉔부시의 강조, 그리고 공공 정책과 정치 이론에 대한 보다 명시적인 관심으로 인한 라인홀드 니 버의 그 주제에 대한 침묵 사이에서 중간 입장을 취했기 때문이다. 리처드 의 저술에서 우리는 다시 한 번 신학적 이단(heterodoxy)과 개인적 경건, 즉 "하나님에게 도취된 사람"이 강력하게 혼합된 것을 보게 된다.[28] 리처드 니버는 1930년부터 1962년까지 예일 대학교에서 기독교 윤리학을 강의하 면서 가르치는 자로서의 특별한 영향력을 행사했다. 거기서 리처드는 기독 교 윤리학이 20세기 후반에 취하게 될 주요한 궤도를 형성할 수 있었고, 그 의 가장 중요한 학생들은 폴 램지(Paul Ramsey, 1913-1988)와 제임스 거스 탑슨(James Gustafson, 1925-)이었다.

리처드 니버의 저술은 라우쉔부시의 기본적인 강조점들에 대한 보다 정 교한 이론적 설명이라는 것이 최선의 이해일 것이다. 리처드는 1929년에 세상에 대한 교회의 적응을 강하게 비판한 책인 『교단주의의 사회적인 자 원』(The Social Sources of Denominationalism)으로 저술을 시작했다. 이 제 목은 트뢸치의 역사적 방법의 지속적인 영향을 지적하고 있으며, 이번에는 교단적인 파벌주의의 모든 부착물을 제거하여 진정한 기독교 행동주의의 "세포들"을 드러내는 일에 적용되었다. 이와 같은 순수한 교회의 이야기는 기독교인들에게

---

28) 이 구절은 Stanley Hauerwas, "H. Richard Niebuhr," in *The Modern Theologians: An Introduction to Christian Theology since 1918*, ed. David Ford (Oxford: Blackwell, 2005), 195에서 온 것이다.

다음과 같은 방향을 제시해주려는 의도를 가졌다. 그들은 각 나라에서 자신들을 민족주의와 자본주의의 프로그램으로부터 분리시키고, 민족적이고 계급적인 분리선을 넘어서서 고도의 충성심으로 연합하여 미래를 준비하는 사람들의 셀 조직을 형성해야 한다는 것이었다. 급진적인 기독교가 아직도 하나의 프로그램에 도달하지 못했고 철학사에 등장하지도 않았기에, 그와 같은 국제적인 기독교인은 오늘날 존재하지 않는다. 그러한 셀 조직들은 형성 중이다.[29]

1935년에 처음 출간된 그의 성숙한 작품 『아메리카의 하나님 나라』(*The Kingdom of God in America*)에서 리처드 니버는 사회복음 자체에게 이와 같은 역사적인 폭로의 방법을 사용해보도록 권고했으며, 하나님 나라의 개념에 대한 사회복음의 지나친 강조를 비판하기 위해 점점 더 계시에 대한 설명을 요청하게 되었다. 리처드 니버는 지나치게 역사주의적인 방법론을 끝장내는 아킬레스건을 점점 더 많이 의식하게 되었다. 그것은 우리 자신의 관점 역시 역사적으로 파생된 것이어서 문제가 있다는 사실을 우리가 비판하지 않을 수 없다는 점이었다. 자유주의 신학에 대한 이런 의문제기는 하나님의 계시적 사역, 곧 시간에 제한되지 않는 하나님의 말씀의 우선성에 대한 주장과 함께 그를 바르트의 "신정통주의"와 결합시키는 것으로 보인다. 『계시의 의미』(1941)에서 리처드 니버는 자유주의 신학에 대한 바르트의 비판을 의식하는 미묘한 뉘앙스에도 불구하고 자신은 트뢸치 쪽으로 기울어져 있고, 역사학적인 분석을 보다 더 강조한다고 결론을 내렸다. 그 결과는 일종의 변형된 현대적 자유주의 신학이었다. 이제 계시는 신적으로 승인된 이미지나 상징의 원천으로 읽혀진다. 이 원천을 통해 개인이나 단체는 세속적인 합리성의 내부에 확고히 가정된 유리한 입장으로부터 자신에 대한 이해될 수 있는 설명을 구성하게 된다.

---

29) H. Richard Niebuhr, "The Grace of Doing Nothing." Hauerwas, "H. Richard Niebuhr," 196에서 재인용.

『책임성 있는 자아: 기독교 도덕철학 에세이』(1962)는 리처드 니버가 가장 야심차게 기획한 기독교 윤리학 저서다. 이 책에서 니버는 "응답자 인간"(man the responder)에 대한 해설을 전개했다. 니버는 기독교 윤리학이란 우선적으로 특별한 도덕적 명령법을 발전시키는 작업이 아니며, 다른 역사적인 대리자들 그리고 우리의 행동이 타인들에게 어떤 영향을 미치는지에 대한 인간적 의식을 강화시키는 것과 관계된다고 주장한다. 응답한다는 것은 옳거나 잘못된 것을 행하는 것이 아니라 적절한 것(what is fitting)을 행하는 것이다. 적절한 것은 우리가 우리 자신이 포함된 것으로 발견되는 이야기에 의해 결정된다. 이런 방식으로 책임지는 자아는 기독교 윤리학의 핵심적인 용어가 된다. "자아가 된다는 것은 하나의 신을 갖는다는 것이다. 신을 갖는다는 것은 하나의 역사 즉 의미 있는 패턴과 연계된 사건들을 갖는다는 것이다. 하나님과 공동체 안의 자아들의 역사는 이와 같이 분리될 수 없이 연합되어 있다."[30] 책임성(Responsibility)은 역사적 사건들에 대한 인간적인 반응(respond)으로 정의되는데, 이때 그 사건들은 마치 행위자에 대한 하나님의 행동인 것처럼 생각된다. 이런 유리한 위치로부터 리처드 니버는 교회를 위한 강력한 역할을 확증할 수 있었다. 이때 교회는 회중의 책임성(response-ability, 반응-능력), 곧 하나님 사랑과 이웃 사랑의 능력을 증가시키기 위해 직접적인 관심을 "현재 진행 중인 것"에 쏟는 책임성의 이미지를 전달하는 기관이다. 니버의 가장 유명한 책인 『그리스도와 문화』(1951)는 바로 그런 사랑을 해치는 교회의 역사적인 형태를 트뢸치 식으로 폭로하는 것으로 읽혀질 수 있다.

리처드의 설명이 갖는 강점은 인간들의 상호작용을 깊게 형성하는 여러 맥락의 힘에 기독교인들을 적응시킴으로써 타인들을 향해 기독교인들을 개방시키려는 그의 관심에 있다. 하지만 니버의 급진적인 일신론[31]은 몇 가

---

30) *The Meaning of Revelation*, 80.
31) H. Richard Niebuhr, *Radical Monotheism and Western Civilization* (Lincoln, NE: University of Nebraska Press, 1960).

지 신학적 난점을 제기하며, 그중 하나는 역사적 기독교가 현대적인 수용을 통해 반드시 수정·보완해야 하는 이미지 자원들로 구성되어 있다는 그의 주장이다.[32] 교의학적으로 니버는 양태론자였고, 삼위일체가 세 인격의 이름이 아니라 하나님의 사역 곧 창조, 통치, 구속의 세 가지 계기들의 명칭이라고 주장했다. 이런 양태론적 성향은 그리스도를 슐라이어마허적인 하나님 의식에 특별히 강한 감각을 지닌 모범적인 한 인간으로 강등시켰다. 그가 하나님의 절대적인 주권성과 초월성을 강조했던 것은 역설적이게도 신앙의 주관적이고 인간중심적인 개념이 그것의 객관적인 지시대상인 하나님보다 더 결정적인 요소가 되게 하는 결과를 낳았다. 인간적 행위자의 모습에 대해 말하려는 이와 같은 신학적 환원주의를 통해 리처드 니버는 왜 신앙의 어떤 형식이 인간적으로 그리고 보편적으로 불가피한지를 세속적인 이성의 용어로 설명하는 것을 기독교 윤리학의 첫째 과제로 삼았다.[33]

라인홀드 니버: 인간의 죄성에 대한 인식의 회복

기독교 윤리학의 담론에 대한 기본적인 전제들을 다시 한 번 언급함으로써 전체 논의의 자기규정적인 한계를 상기할 필요가 있다. 이번에는 라인홀드 니버가 그 전제들을 표현한다.

하나님은 유한한 능력 안으로 들어가셨을 때…그리고 결정론과 필연성의 영역 안으로 입장하셨을 때, 그것들에 의해 제한되셨다. 여기 그 인간의 의식 안에서 결정론은 최소치에 머문다. 달리 말해 다른 어떤 기적이 가능하든지 간

32) H. Richard Niebuhr, *The Responsible Self: An Essay in Christian Moral Philosophy*, 제임스 거스탑슨의 서문이 붙어 있음(New York: Harper & Row, 1963), 부록 A.

33) Cf. H. Richard Niebuhr, *Faith on Earth: An Inquiry into the Structure of Human Faith* (New Haven: Yale University Press, 1989).

에(우리는 결코 이 초월성의 정확한 한계를 설정할 수 없다) 계시, 즉 하나님과
의 의식적인 연합의 기적은 가능한 가장 확실한 것이다.[34]

라인홀드 니버의 신학에서 우리는 기독교 신학이 반드시 자신을 세속
적인 이성이 수용할 수 있는 것으로 만들어야 한다는 전통적인 가정의 최
종적인 만개를 본다. 그래서 라인홀드 니버는 대학과 세속적 이성 안에 확
고하게 머물면서 신학을 "단일한 종교적인 전통과 연계되어 있는 다양하고
때로는 모순적인 신화들로부터 삶에 대한 합리적이고 체계적인 견해를 구
축하려는 노력"이라고 정의할 수 있었다.[35]

그와 같은 의미에서 신학을 수행하는 라인홀드 니버 자신의 방법은 계
시 개념과 죄 개념을 결합시켜 죄악된 인간성이라는 사상을 많이 사용하는
것이었다. 라인홀드 니버에게는 시대와 장소를 가리지 않고 일으켜지는 유
한한 인간에 대한 염려가 죄에 대한 보편적인 표식과 신학적인 관여를 위
한 접촉점이 되었다. 자신의 유한성에 대한 염려에서 인간들은 다른 유한한
존재들, 사회적인 운동들, 통치자들, 그리고 유한성의 해소를 약속하는 인
간적인 사랑에 충성한다. 예수, 또는 보다 적절하게는 종교적인 삶은 인간
들에게 "역사의 가능성 너머로의 영혼의 비상"을 허용함으로써 그와 같은
염려와 그것이 산출하는 불의에서 벗어나는 길을 제공한다.[36]

이런 도식 안에서 그리스도는 인간적 행위자들의 일이라고 인식되는,
역사가 제기하는 질문에 대한 대답이라는 의미에서 구속의 역할을 감당하
신다. 그러므로 라인홀드 니버의 그리스도는 역사를 넘어서 있지만, 그렇

---

34) 라인홀드 니버의 미간행 논문 "The Validity and Certainty of Religious Knowledge."
   Stanley Hauerwas, *With the Grain of the Universe: The Church's Witness and
   Natural Theology* (London: SCM, 2002), 103에서 재인용.
35) Reinhold Niebuhr, *An Interpretation of Christian Ethics* (New York: Harper &
   Row, 1935), 13.
36) Reinhold Niebuhr, *Moral Man and Immoral Society: A Study in Ethics and
   Politics* (New York: Scribner, 1932), 82.

게 존재하심으로써 인간을 역사적 한계성의 문제로부터 해방시키는 약속을 제공한다. 십자가는 역사를 정의하는 현실 사건이 아니라, 역사 안에서 항해하는 인간을 돕는 북극성으로서 역사 너머에 서 있는 영원한 가능성의 상징이다. 하우어워스는 이와 같은 기독론이 표현하는 윤리적인 구도와 그것이 만들어내는 문화적인 해석학을 간결하게 요약하는데, 그것은 스토아 철학과 우연한 유사성 그 이상을 지닌 설명이다.

> 니버의 많은 사례들을 관통하는 것은 계속 반복되는 동일한 원칙들이다. 그것은 유한한 인간 존재가 자신의 욕구가 지시하는 것 이상을 게걸스럽게 획득하려고 한다는 사실이며, 이것은 집단이 될 때 무한히 악화되는 경향이 있다. 그러므로 우리가 소망할 수 있는 최선의 것은 개인이나 그룹이 상대적인 통제 아래 유지될 수 있는 방식으로 그룹들, 사회들, 국제 관계들의 구조를 짜는 것이다. 비록 그 이상의 온전한 실현은 역사 안에서는 불가능하지만, 종교는 이와 같은 상태를 드러내 보여주며, 우리가 그 과제를 보다 더 잘 수행할 수 있도록 약간의 영감을 제공한다.[37]

비록 라인홀드 니버가 예수의 가르침과 사역이 기독교인들에 대해 규범적이라고 생각하기는 했지만, 위의 마지막 논점은 그 역시 십자가에서 제시된 사랑이 정치적인 삶과는 양립할 수 없다고 믿었다는 것을 보여준다.[38] 예수는 그 영원한 순수성에서 사랑의 상징이지만, 역사적인 사건들 안에 사

---

37) Stanley Hauerwas and Michael Broadway, "The Irony of Reinhold Niebuhr: The Ideological Character of 'Christian Realism,'" in *Wilderness Wanderings: Probing Twentieth-Century Theology and Philosophy* (Boulder, CO: Westview, 1997), 51. 또한 "History as Fate" in *Wilderness Wanderings* and *With the Grain of the Universe*, 4-5장에서 라인홀드 니버의 저술에 대한 그의 비판적 분석을 보라.

38) 그의 영향력 있는 *The Nature and Destiny of Man: A Christian Interpretation*, 2 vols. (1941, 1943; repr., Louisville: Westminster John Knox, 1996), 2권, 3장의 논의를 보라.

로잡혀 있는 인간들은 그의 모범을 직접 흉내 낼 수도 없고 흉내 내서도 안 된다. 라인홀드 니버는 자신의 교구 안의 공장지대의 노동자들이 벌인, 자신이 비효율적이라고 간주했던 비폭력적인 항의를 관찰하면서 그 "교훈"을 배웠다. 예수의 초월적인 정의를 따르는 사람들이 추구하는 것은 모든 상황에서 독재와 무정부 사이의 중도 노선이다. 라인홀드는 예수가 윤리학에 대해 직접적인 적실성이 있다는 주장을 거부하고 로마 가톨릭의 윤리학과 관계된 결의론적·자연법적 접근방법도 믿지 않으면서, 정의가 경쟁하는 이익들의 균형이라는 수단을 통해 역사 안에서 도달된다는 윤리학에 대한 순전히 점진적인 설명을 선호한다. 라인홀드는 그와 같은 균형의 과정을 각각의 그룹들이 갖는 죄악의 역동성과 일치하는 "현실주의적"인 접근방법이라고 불렀다. 예언자들의 선포는 언제나 어떤 그룹에 반대하는 것으로 정의되었고, 어떤 한 그룹의 행동을 변호하거나 정당화하기보다는 비판적인 기능을 수행했다. 교회 역시 자기이익을 추구하는 정치적인 압력단체로서의 기능을 행사하는 데서 자유롭지 못하기 때문에, 교회도 또한 다른 이익 집단에 필적하는 힘에 의해 제한될 필요가 있다.

이와 같은 정치적인 주제는 『빛의 자녀와 어둠의 자녀: 민주주의의 정당성과 그 전통적인 변호에 대한 비판』에 간략하게 요약되어 있다.[39] 이 책의 부제는 민주주의가 사회적인 조직과 정부의 **유일한** 기독교적 존재방식이라는 라우셴부시와 라인홀드 니버의 일치된 견해를 지시한다. 하지만 라인홀드 니버는 제2차 세계대전을 겪은 후에는 모든 이상 안에 은밀하게 잠복해 있는 사리사욕을 가장 잘 다룰 수 있는 정부와 사회적 조직으로서의 민주주의에 대한 신학적 변론을 보다 암울하게 채색했다. 왜냐하면 "과도한 자기 사랑의 타락이 없는 인간적인 도덕이나 사회적인 성취의 어떤 수준이

---

39) Reinhold Niebuhr, *The Children of Light and the Children of Darkness: A Vindication of Democracy and a Critique of Its Traditional Defense* (New York: Scribner, 1945).

란 존재하지 않기 때문이다."⁴⁰ 이것은 전후 세대의 이익집단이었던 자유주의와 완벽하게 맞물렸던 설명이었다. 라우셴부시의 설명을 사회주의적·경제학적 가정과 대조시키는 것도 보다 분명해졌다. 라인홀드 니버에게 경제적인 정의는 생산수단의 공정한 분배가 아니라, 재산을 소유한 사람들의 권력을 민주적인 절차를 통해 표현되는 국민의 대리적인 권력에 의해 제한하는 것이었다.

기독교 윤리학과 기독교 신앙에 대한 이와 같은 설명의 전체적인 체계는 죄에 대한 설명으로부터 성장했다. 기독교적 사랑에 대한 라인홀드 니버의 설명은 자유주의 사회가 자유와 평등의 균형을 성취하도록 돕는 끝없는 과제로 번역되었다. "따라서 종교적 신앙은 겸손의 끊임없는 원천이어야만 한다. 왜냐하면 그것은 사람들로 하여금 자신들의 자연적인 교만을 완화시키고 가장 궁극적인 진리에 대한 각자의 진술의 상대성을 품위 있게 의식하도록 격려해야 하기 때문이다. 종교적 신앙은 종교가 가장 고상한 진리의 진술들 안에도 몰래 숨어들어오는 실수, 죄, 유한성, 우연성의 요소를 인식할 때 비로소 가장 확실하게 참된 종교가 된다고 사람들에게 가르쳐야 한다."⁴¹ 하나님은 자연법칙이 지배하는 세상에 직접 개입하시는 것이 아니라, 도덕적 이상주의와 강력한 자기비판적 추진력을 만들어냄으로써 정의로운 사태를 일으키신다. 이와 같은 자기 비판적인 입장은 궁극적으로는 다른 어떤 기독론보다도 라인홀드 니버에게 구성적인 원리의 기능을 행사했다. 라인홀드 니버의 목표는 경쟁적인 이익집단이 반드시 서로를 지속적으로 견제하도록 만드는 책임성 있는 행위 주체들을 양성함으로써 정의를 성취하는 것이었다.

---

40) Ibid., 135.
41) Ibid.

내부자 한 사람의 분노: 스탠리 하우어워스

스탠리 하우어워스는 비록 논란의 여지가 있기는 하지만 최소한 미국에서
는 분명히 기독교 윤리학계에서 가장 잘 알려진 생존하는 대표자라고 할
수 있다. 하우어워스를 집중적으로 살펴보는 것은 우리의 목적에 유용하
다. 왜냐하면 그는 자신의 경력 전체를 통해 기독교 윤리학 분야의 주요한
동시대인들과 선배들과의 관계 안에서 조심스럽지만 분명하게 자신의 입
장을 밝혔기 때문이다. 동시에 하우어워스는 기독교 윤리학이 세속적인 합
리성을 만족시키기 위해 타협하고 있는 지점을 조사하고 찾아내면서 기독
교 윤리학을 요란하게 비판해왔다. 나는 이제 하우어워스의 신학의 주된 전
제들이 어떻게 미국의 기독교 윤리학의 전통 및 그것의 자유주의 신학적인
전제와 맞섰던 일련의 반응을 통해 정제되었는지를 보여주려고 한다.[42]

하우어워스는 도중에 중단된 한 저술 프로젝트에 대해 논평하는 중에,
기독교 윤리학에 대한 자신의 호감과 그것에 대해 증가하는 거부감이라는
양면을 우리에게 어렴풋이 드러내준다.

> [미국 기독교 윤리학의 역사에 대해 쓰려고 준비하는 중에] 더 많이 읽으면
> 읽을수록 나는 점점 더 그 책을 써야 한다는 열정을 잃게 되었다. 내 생각에
> 그렇게 머뭇거리게 된 이유 중 한 가지는, 내가 그토록 깊이 존경했던 사람들
> 을 비판하는 글을 쓰기를 원하지 않는다는 것이었다. 내가 그 책을 쓰려는 생
> 각을 시작했을 때, 그것은 기억을 되살려 연습시키려는 것이었다. 하지만 점
> 점 더 나는 망각을 위한 논증으로 그 이야기를 진행하고 있었다. 물론 모든 기
> 억은 망각이기도 하다. 하지만 점점 더 그 이야기를 어쩔 수 없이 그렇게 말해
> 야 한다고 내가 생각하게 되었던 방식에 함축된 종류의 망각은 너무나 슬픈

---

42) 하우어워스는 정기적으로 그리고 공개적으로 그와 같은 반대 의견을 공언한다. "나의
적은 항상 개신교 자유주의다." *The State of the University: Academic Knowledges
and the Knowledge of God* (Malden, MA: Blackwell, 2007), 38 각주 14.

것이었다. 달리 말하자면 나는, 내가 이미 끝장이 났다고 믿는 역사에 관한 책을 쓴다는 것이 어려운 일이라고 생각했다.[43]

이와 같은 것이 전통에 대한 깊은 이해와 평가를 통해 내려진 판단이었고, 이것은 라우션부시의 사회복음에서 시작되었다. 여기서 하우어워스는 사회복음이 삶의 조건들에 대한 관심사를 사회과학적인 방법론과 가설을 통해 정의한다는 점에서 결함이 있으며, 그 결과 기독교 윤리학자를 종교라는 주제에 흥미가 있는 사회과학자로 만든다고 생각했다.[44] 리처드 니버는 사회복음 노선을 이어가면서 인간적인 통찰에 세례를 베풀거나 타당성을 부여하려는 그 노선의 경향을 따르지 않고서 그것의 주요한 강조점을 표명하려는 보다 나은 방법을 찾았다. 하지만 리처드 니버는 트뢸치의 역사주의의 영향을 강하게 받았기 때문에 기독교 윤리학이 교리적인 전통을 1차 질서의 언어로 삼고 그 안에 거주하는 것을 허락할 수 없었고, 기독교 윤리학은 그런 1차질서로 표현된 확신들 안에 함축된 윤리적 의미를 해석하기 위한 올바른 개념적 수단을 발견하려는 2차질서의 작업에 몰두해야 한다고 주장했다(여기서 그는 그토록 강력하게 기독교 윤리학을 분석철학과 결합시키고 있다). 간결하게 말하자면 우리는 여기서 명백히 신앙고백적인 도덕언어로부터 새로운 기독교 언어로의 전환을 보고 있는데, 새로운 언어는 전통적인 기독교 언어의 추측된 의미를 정의, 권리, 평등 등과 같은 세속적인 관용구로 번역한 것이다. 라인홀드 니버는 이 전환이 초래할 수도 있는 몇 가지 문제를 포착했으며, 기독교 윤리학이라는 학과가 당시에 가정하고 있었던 것을 위반하지 않은 채 기독교의 전통적인 언어를 그대로 유지해야 하는 보다 실질적인 이유를 제공하려고 시도했다. 그것은 자연법이라는 세속화된

---

43) Hauerwas, *A Better Hope*, 67.

44) 이 단락은 주로 Stanley Hauerwas, *Against the Nations: War and Survival in a Liberal Society* (Minneapolis: Winston, 1985)에 있는 "On Keeping Theological Ethics Theological," 2장을 활용한다.

언어로 구성된 칸트적 도덕 체계였다. 라인홀드 니버가 그 운동의 낙관론에
반대하는 반작용으로써 기독교 윤리학에 도입했던 신학적인 진지함은 현
대화된 원죄 교리라는 형식을 취했다. 하지만 1차질서를 서술하는 전통적
기독교의 그런 몇 가지 언어의 복원조차도 사회복음 주장자들의 기본적인
주장을 의심 없이 수용하는 영역 안에 확고하게 머물러 있었다. 다시 말해
기독교 윤리학의 주제는 미국의 시민 사회다.

　기독교 윤리학의 주요한 책임성은 보다 더 도덕적인 미국 대중을 만들
어내는 것이라는 공유된 추정은 자유주의 개신교의 가정으로부터 나온 것
이었고, 그것은 기독교가 자기유익에 대한 단순한 호소를 초월할 수 있는
방식으로 세속적인 대중에게 부여하려고 하는 세속적인 현대 사회에서만
유용하다는 가정이었다. 의료윤리라는 하부 학문 분과는 대중을 도덕화하
는 과제가 효과적으로 성취되었다고 가정함으로써 그 추정을 논리적 결론
으로 밀어붙였고, 그렇게 하여 개업의들이 1차질서의 기독교 언어로 표현
된 당혹스럽게 전근대적이거나 "신비적인" 내용을 더 이상 언급하지 않아
도 되게 해 주었다.[45] 이와 같은 넓은 추세의 결과로 당대의 기독교 윤리학
자들은 공적으로 자신들의 일차적인 언어로부터 출현하는 통찰력을, (아마
도 잘못된) 자신들의 생각으로는 그 언어를 인식하지 못하여 그 언어의 타

---

45) 리처드 니버의 학생들 가운데 한 명인 폴 램지는 종종 오늘날 교회에 다니는 사람들에
　게 가장 친숙한 기독교 윤리학 분야인 의료 윤리학의 설립자로 불린다. 램지는 또한 사
　회복음의 마지막 대표자라고도 말해진다. 이것은 그가 사회적 질서의 기독교화를 요청
　했기 때문에 아니라, 최소한 미국에서는 그것이 이미 성취되었다고 가정했기 때문이
　다. 다른 모든 고려에 앞서 램지는 환자의 몸과 영혼을 돌보는 의사의 헌신 안에서 현
　대 의술을 베푸는 세속적인 기관들에서 수행되는 그리스도의 사랑의 흔적을 발견했다.
　하나님 나라에 대한 예수의 예언을 비신화화하면서 램지는 칸트의 사심이 없는 사랑
　과 같은 어떤 것을 발견하는데, 이것은 본래의 기독교적 기원과는 무관한 기능을 행사
　할 수 있는 원칙이다. 의료 윤리라는 미국적인 학문 분과의 문화적인 자리와 신학적인
　방향성에 대한 매우 유익한 연구를 John H. Evans, *Playing God? Human Genetic
　Engineering and the Rationalization of Public Bioethical Debate* (Chicago:
　University of Chicago Press, 2002)에서 보라.

당성을 거부하거나 그것을 우스운 것으로 여기는 청중에게 설명해야 하는 역설적인 과제를 가지고 씨름하는 사람들로 보이게 되었다.

제임스 거스탑슨은 1차질서의 기독교 언어로부터 총체적으로 멀어지는 것에 저항하면서 기독교 윤리학의 큰 궤적과 투쟁했던 사려 깊은 논문에서 그와 같은 입장을 요약한다. 거스탑슨은 교회가 기독교 윤리학자들의 핵심적인 청중이라고 제안한다. 그렇다고 해서 이것이 공적인 포럼에서 기독교인이 불신자들과 소통하지 않아도 된다는 것을 뜻하지는 않는다.

사실상 기독교 신학자는 특수한 기독교 신앙으로부터 그들(불신자들—역자 주)이 수용할 수 있는 도덕에 대한 보다 보편적인 언어의 진술 쪽으로 움직이고 있다. 이런 진술이 비종교적인 사람들에게도 설득력을 갖게 되는 것은, 오직 그 논증이 [기독교 신앙의] "역사적 특수성"은 다른 진지한 도덕적인 사람들도 마찬가지로 인식하고 또 마땅히 몰두해야 하는 원칙들과 가치들에 빛을 비추어 준다는 사실을 보여줄 수 있을 때뿐이다. 기독교 신학자도 세속적인 사람들의 일반적인 도덕적 경험을 공유하기 때문에, 그리고 신학적으로 정당성이 보증되는 그런 작업의 한 가지 양상이 일상적인 경험으로부터 원칙과 가치들을 추론하는 것이기 때문에, 모든 신학자는 각자의 실천적인 상황에서 공식적으로 표명되는 것을 특별히 신학적으로 입증할 필요가 없다. 하지만 신학자는 그렇게 하라는 도전을 받을 때는 마땅히 기독교 신학의 정당성을 입증할 수 있어야 한다.[46]

이와 같은 확언은, 기독교 윤리학자들이 교회와 관련된 역사적 자료나 신학적 언어를 갖고 있지 못해서 교회를 그 자체의 고유한 신조나 신앙고백의 의미로는 더 이상 다룰 수 없다고 말하지는 않는다. 오히려 그 확언은

---

46) James Gustafson, *Can Ethics Be Christian?* (Chicago: University of Chicago Press, 1975), 163.

최소한 기독교 윤리학자들이 그렇게 해야 할 책임을 지니고 있다는 사실을 분명히 제안했다.

이 고찰은 미국에서 기독교 윤리학에 종사하고 있는 대다수 사람들이 왜 자신들의 과제가 기독교 전통으로부터 배운 것을 비신학적인 이야기로 바꾸는 것이라고 보는지에 대한 이유를 제시해준다. 하지만 기독교 윤리학을 (1차질서의 기독교 언어를 분석하고 번역하는) 2차질서의 학문 분과로 설정함으로써 기독교 윤리학의 기초를 놓은 사람들은 어떻게 그리고 왜 미래의 기독교 윤리학자들도 교회의 전통을 공부해야 하는지의 문제에 변화를 일으켰고, 이 변화에 따라 그들은 전통적인 교리 신학에 덜 친숙해졌고 덜 흥미를 갖게 되었다. 그 결과 기독교 윤리학은 교회와 신앙인들의 주장을 분석하고 평가하는 작업으로 재형성되었으며, 최종적으로는 그것 전체가 세속적인 이성의 범위 안에서 작동한다고 여겨졌다. 제임스 거스탑슨이 한때 "윤리학자"라는 명칭이 어떻게 생겨났는가라는 질문에 대답하며 말했던 것처럼, "윤리학자는 도덕 철학자의 전문가 자격증을 갖지 못한, 전직이 신학자였던 사람이다."[47]

이와 같은 관찰은 우리가 현 시대의 기독교 윤리학의 풍경을 적절하게 음미하고자 할 때, 하우어워스의 다음과 같은 관찰이 지니는 온전한 함축성을 주의 깊게 고려하는 것이 왜 중요한지를 보여준다.

나의 세대는, 만일 신학이나 기독교 윤리학 분야에서 박사학위를 취득하기를 원한다면 당신은 먼저 신학교에 가야 한다고 생각했던 마지막 세대였다. 신학교에서의 훈련은 최소한 우리로 하여금 성서, 역사 신학, 그리고—윤리학 분야에 있는 우리와 같은 사람들에게 특별히 중요한—19세기 신학에 대해 무언가를 배우도록 강요했다. 하지만 이제 사람들은 이런 신학교란 배경 없이도

---

47) James Gustafson, "Theology Confronts Technology and the Life Sciences," *Commonweal* 105, 1978년 6월 16일, 386.

윤리학 "분야"로 갈 수 있게 되었다.[48]

이와 같이 현대의 기독교 윤리학자들은 딜레마에 빠져 있다. 기독교 윤리학자들은 자신이 윤리적으로 몰두하는 문구들을 설명하기 위해 철학적 개념을 찾는 중에, 점차 윤리학에 대한 철학적 토론에다 어떻게 기독교 윤리학의 독특한 내용을 더할 수 있을지 설명하기가 어렵다는 것을 느끼고 있다. 기독교 윤리학 분야에 대한 하우어워스의 기념비적인 공헌은, 친근했던 기독교적 언어의 상실이 어떤 독특한 기독교적 생활 양식의 상실과 함께 엮여 있다는 당연한 귀결을 다음과 같이 도식화했다는 것이다. "기독교적 확신이 기독교인 혹은 비기독교인 모두에 대해 능력을 상실하게 된 이유는 많은 기독교인들, 특별히 대부분의 기독교 신학자들이 교회가 세상에 문화적으로 적응하는 것에 대해 도전하고 명확하게 반대하지 못했기 때문이다."[49] 우리가 하우어워스가 제시한 사상의 개념적인 틀을 어떻게 판단하든지 간에(이 문제는 마지막 단락에서 다룰 것이다), 그의 증언이 기독교 윤리학의 역사적이고 신학적인 궤적에 대한 생생한 통찰을 실시간적으로 제공했다는 것만큼은 부정할 수 없다.

기독교 윤리학의 주장을 세속적인 관용구로 번역하는 기획은 시민사회에 제공할 수 있는 어떤 독특한 것을 기독교 윤리학으로부터 제거해버렸다. 이것은 결과적으로 시민사회가 대학에 기반을 둔 신학자들의 교회가 되었음을 뜻한다.[50] 물론 거스탑슨이 그런 식으로 표현하지는 않았지만, 그의 논문은 혼탁해진 통찰을 기독교 윤리라는 학과 안으로 삽입해 넣은 것으로 이해될 수 있다. 자신의 기획을 입증하기 위해 하나님의 이름을 이용하면서, 기독교 윤리학은 사회에 대해 삼위일체 하나님의 주장을 전달해야 하

48) Hauerwas, *A Better Hope*, 56.
49) Hauerwas, *With the Grain of the Universe*, 216.
50) 하우어워스가 세속화 시대의 교회를 숙고하는 이유에 대한 분명한 설명을 *The State of the University*, 11장에서 보라.

는 교회에 속한 한 지체로서의 사명을 아마도 망각했던 것 같고, 그 결과 비판적인 목소리가 되는 일도 중단했다. 이런 사실을 받아들일 때 더욱 비극적인 것은 그때 신학자들이 윤리적 통찰의 생성을 위해 철학자들에게 전적으로 의존했다는 사실이 드러난 것이다. 신학자들이 지배적인 세속적 합리성과 도덕성에 대해 실제로 제공했던 비판은 신학적으로 분명하게 표현된 "도덕 신학"—만일 그런 것이 있다고 가정한다면—에 의해 제공되어야 했다. 이에 대해 하우어워스는 다음과 같은 결론을 내린다.

> 무엇보다도 기독교 사상가들은 도덕적인 삶을 주로 율법의 유비를 따라서 영위하고자 하는 시도를 제일 먼저 비판했어야 했다. 하지만 기독교 사상가들은 그렇게 하는 대신에 동료 철학자들과 같이 도덕적인 무정부상태를 두려워하여 다음과 같이 가정했다. 즉 기독교 사상가들은 1) "옳음"의 문제가 선의 문제보다 우선하며, 2) 원칙이 미덕보다 근본적이며, 3) 도덕적 정합성에는 다른 모든 원칙들이 도출되거나 검증될 수 있는 어떤 유일한 원칙이 요구되며, 4) 도덕적인 반성의 중심 과제는 우리로 하여금 진퇴양난에 대해 바르게 사고하도록 돕는 것이며, 5) 우리는 세계를 많은 가치 판단의 가능성들(그중 몇몇은 곧잘 갈등을 일으키기 마련인 가능성들)로 가득 차 있는 존재로 생각하기보다는, 사실과 가치로 깔끔하게 나누어진 것으로 보아야 한다고 생각했다. 아마도 가장 아이러니한 것은 기독교 신학이 우리의 "윤리학"이 보편적인 설득력을 가지게 될지도 모른다는 희망 안에서 우리의 도덕적 확신에 대해 본질적인 본성, 곧 역사적이고 공동체 의존적인 본성을 부정하려고 시도했다는 사실이다.[51]

그의 경력이 전개되어갈수록 하우어워스도 위에서 후자의 강조점을 대변했다. 하지만 하우어워스는 다른 한편으로 윤리학이 가장 직접적으로 교회와 연결되어 있다고 이해하는 사회복음의 어법 안에 머물렀고, 교회를 다

---

51) Hauerwas, *Against the Nations*, 41.

음과 같이 자아실현과 사회적 창의성의 공동체로 정의했다.

> 만일 신학자들이 우리의 특정한 상황에서 도덕적인 삶의 반성에 기여하고자
> 한다면, 정확히 기독교 윤리적 숙고의 본성과 내용의 결정에 대한 교회의 중
> 요성을 파악할 수 있는 정도까지 그렇게 할 수 있을 것이다.…초기 기독교인
> 들에게 본래적이었던 것은 그들의 신앙, 곧 예수에 대한 신앙의 특수성이 아
> 니라 공동체를 만들어낸 그들의 사회적인 창의성이었다. 그와 같은 것은 이전
> 에는 볼 수 없었던 것이다.…우리는 보다 선하게 된 사람들에게 주의를 기울
> 여 주고 그 사람들로 하여금 살아가게 해주는 공동체를 필요로 한다.[52]

이와 같이 재형성된 기독교 윤리학의 과제는 내부적으로 기독교 윤리학
의 역사적인 전통을 재평가하라고 촉구하는 데 매우 큰 영향을 주었다. 그
것은 기독교가 일련의 공리적인 신념의 체계가 아니라 제자도의 삶이요, 삶
의 방식이라는 하우어워스의 강조를 통해 주어지는 초대다. 예배, 습관, 미
덕을 상호 관련짓는 비트겐슈타인적인 (그리고 예일 학파의 영향을 받은) 감
수성에 의존하면서 하우어워스는 많은 사람들이 "주여, 주여!"라고 말하지
만 우리는 그 고백이 의미하는 바를 오직 교회로서의 그들의 삶의 방식을
평가함으로써 알게 된다고 주장한다.

외부자 한 사람의 매력: 존 하워드 요더

자신의 학문분야에 대해 그처럼 철저한 내부적 비판을 발전시킨 후에 하우
어워스는 새로운 시작의 때가 무르익었음을 발견했고, 그것은 존 하워드 요
더(1927-1997)라는 인물에게서 실제로 예시되었다. 요더는 메노파 교단의

---

52) Ibid., 42-3.

윤리학자이자 신학자였다. 그의 지적이고 교회적인 삶의 형성 과정은 방금 우리가 개관했던 (하우어워스를 포함한) 사상가들의 환경인 아이비리그의 훨씬 바깥에서 이루어졌다. 하우어워스는 비록 자신이 자유주의의 선생들에게서 전해 받은 질문들에 도전하기는 했지만, 그들의 질문을 재형성하는 것이 일군의 다른 개념적 기술을 요구했을 뿐만 아니라 사회적인 질서 안에서 다른 입장도 요청했다고 종종 언급했다.[53] 나는 이제 하우어워스가 요더에게 매료되었던 것이 왜 이해될 만한 일인지를 제시하려고 한다. 우리는 하우어워스가 자신의 분야에 대해 탄식하는 목록이 어떻게 그를 사회적 질서 내부에서 그런 전혀 다른 입장을 지녔던 증언자인 요더에게로 이끌었는지를 파악하고자 한다. 요더는 농촌의 목가적이며 사역 중심적인 전통 교회의 형태를 몸소 보여주었는데, 하우어워스는 그것을 기독교 윤리학이라는 학과의 최상의 측면들로 이해하게 되었다.[54]

만년에 이르러 하우어워스는 자신이 몸담았던 기독교 윤리학과로부터 소원하게 된 것이 요더에게서 받았던 깊은 영향 때문이라는 사실을 명확하게 인정했다.

너무나 많은 것이 당신이 출발하는 지점에 의존한다. 요더와 달리, 나는 주변부에서 시작하지 않았다. 최소한 교회적으로 나는 주변부로부터 시작하지 않았다. 나는 주류 개신교에서 외부인으로서 시작했다. 하지만 "외부인"이라고 해도 나는 여전히 주류 교단의 개신교인이다. 이와 같은 "교회"(즉 주류 개신 교단의 교회)는 우선적으로 미국에 기여할 것이라고 오랫동안 이해되어왔고 그렇게 정당화되어왔다. 그 이해에 따르면, 교회를 세상의 폭력에 도전하기에 충분한 정치적 구조로서 지탱해갈 수 있는 근본적인 실천과 확신은 존재하지 않았거나 혹은 종교로 격하되어 있었다.[55]

53) Hauerwas, *Wilderness Wanderings*, 45.
54) Hauerwas, *A Better Hope*, 67.
55) Stanley Hauerwas, in Stanley Hauerwas and Romand Coles, *Christianity,*

요더의 메노파적인 하부문화는 제도화된 자유주의 개신교와는 매우 다른 윤곽을 구체적으로 나타내어주었다. 이것은 단지 교회가 국가를 구원하기 위한 책임을 거절한다는 점에서만 그런 것이 아니다. 기독교 윤리학의 지배적인 가정들에 대한 하우어워스 자신의 반작용은, 그로 하여금 요더라는 인물 안에서 제시되는 기독교 윤리의 독특한 입장을 인식하고 수용하도록 준비시켜주었다. 동시에 하우어워스가 요더의 신학과 윤리를 평가하는 방식은 하우어워스가 훈련 받았던 주류 학문 분과의 어휘와 강조점에 의해 형성되지 않을 수 없었다.

내가 읽어본 바로는, 하우어워스가 요더를 수용할 때 하우어워스의 질문의 틀이 그가 받았던 자유주의적 개신교 방식의 훈련을 통해 형성되었다는 사실을 간과하는 것은 잘못이다. 또 하우어워스가 바르트에 친숙했다는 점이 요더에 대한 그의 평가에 영향을 끼쳤다는 추정도 역사적 근거를 갖고 있다. 하지만 하우어워스는 바르트를 만난 적이 없으며, 그에게는 요더만이 기독교 윤리학 분야 종사자들의 사회적인 입장에 대한 살아 있는 구체적인 (그리고 미국적인) 대안이었다. 하우어워스는 그 만남이 "계시적이었다"라고는 감히 스스로 말할 수 없었다. 하지만 그는 요더의 인격 안에서 살아 계신 하나님과 구체적·역사적으로 대면하게 되었고, 그래서 은혜가 충만한 가운데 그의 눈이 열리게 되었다. 나는 최종 단락에서 그가 직접 그렇게 말하기를 의도적으로 거절했던 이유를 설명할 것이다.

요더는 하우어워스가 기독교 윤리학을 비판적으로 평가하며 기대했던 기독교 신학자의 모든 특징들을 보여주면서, 자유주의 개신교 그리고 특별히 기독교 윤리학이 끝장났다는 하우어워스의 감각이 절정에 도달하도록 만들었다.[56] 그가 보았던 것처럼 최소한 요더와의 교제의 초기에는 『예수

Democracy and the Radical Ordinary: Conversations between a Radical Democrat and a Christian (Eugene, OR: Cascade, 2008), 29-30.

56) 이 단락은 Hauerwas, *A Better Hope*의 8장 "Why *The Politics of Jesus* Is Not a Classic"을 활용한다.

524 | 525

의 정치학』이 기독교 윤리학을 위한 새로운 시작점을 표시해주었다. 그 책 안에서 신조들과 성서 주석의 1차질서의 언어는 다시 기독교 윤리학의 중심 영역이 되었다. 내 관점에서 그와 같은 새로운 시작의 인식은 약속의 땅을 바라보았던 모세의 유비에 의해 조명될 수 있다. 모세는 그 땅을 갈망했지만 들어갈 수는 없었다. 모세는 자기 백성들이 오래도록 추방되어 있었던 그 약속의 땅의 경계를 바라보았을 뿐이었다. 하우어워스의 증언들은, 기독교 윤리학의 전통 안에서 훈련을 받은 전체 세대에게 기독교의 교리적인 전통의 1차질서 언어와 대화하는 풍요로움을 재고해보라고 분명하게 초대한다는 점에서 생산적이다.

기독교 윤리학의 주제가 미국적인 전제를 드러내어 비판했던 하우어워스마저도 요더가 주변부의 배제된 기독교 전통을 대변한다는 인식에서 벗어날 수 없었다. 그 판단은 미국 기독교의 지형도 내부에서 내려진 것이므로 의심할 바 없이 사실이다. 하지만 요더의 배후에는 칼 바르트라고 하는 방대한 신학적인 본체가 버티고 있다. 요더는 스위스 바젤에서 바르트와 함께 공부했고, 바르트는 요더가 기독교의 역사적인 전통을 평가하는 데 결정적인 역할을 했다. 바르트는 신학적 자유주의에 대해 현대에 아마도 가장 반향이 큰 도전장을 던졌으며, 시간을 초월한 성도들의 교제라는 풍요한 대화로 다시 돌아오라는 대단히 매력적인 권유를 했다.[57] 바르트의 신학은 유럽 신학의 풍경 안에서 결코 주변부라고 불릴 수 없다. 요더가 하우어워스에게 "기독교 윤리학"으로부터 보편적인 교회로 입장하는 문을 제시했다면, 바르트는 요더의 배후에서 기독교적 삶을 사는 것에 흥미를 가진 사람들에게 시간을 초월하는 성도들의 교제의 풍요함 안으로 다시 한 번 입장하도록 권유하는 사람으로서 흐릿하게 모습을 드러내고 있다.

나는 다음 질문으로 결론을 내리고자 한다. 기독교 윤리라고 불리는 학

---

57) John Howard Yoder, *Karl Barth and the Problem of War* (Nashville: Abingdon, 1970)를 보라.

과의 중심에서 요더에 대한 하우어워스의 평가가 이루어졌다는 점이 혹시 바르트가 대변했던 권위 있는 종교개혁적 전통과 요더 사이의 상호관계를 파악하는 것을 어렵게 만들지는 않는가? 자유주의 신학의 흐름 속에서 바르트가 출현했던 이야기가 이 책의 다른 장들에서는 일관된 주제인 반면에, 자유주의적 이성에 사로잡힌 포로 상태의 기독교 윤리학이 미국에서 모습을 드러내는 이야기는 아직 거의 시작되지도 않았다고 할 수 있다.

퇴조와 도래

하우어워스는 기독교적 담론을 1차질서의 언어로 다시 회복시키는 데 관심을 가졌다. 이 관심은 그로 하여금 교회론과 기독론에 주요한 강조점을 두면서 기독교 신학의 많은 고전적인 교리들의 진가를 점점 더 인정하도록 인도했다. 이 결론적인 단락에서 나는 자유주의 개신교에서 교육을 받았을 때 하우어워스에게 남겨진 한 가지 흔적을 간략하게 지적하고자 한다. 그것은 하나님의 행동에 관심을 집중하려는 하우어워스의 신경과민이다. 보다 더 정확하게 말하자면, 하우어워스를 바르트 그리고 많은 기독교의 신학적 전통들로부터 계속해서 구분하게 만드는 요인은 그가 계시개념을 자신의 신학 안으로 수용하기를 거부한다는 사실이다. 교회 변혁에 대한 하우어워스의 가장 활동적인 설명은 교회가 자신의 적절한 이야기를 기억하는가에 달려 있다. 하우어워스는 하나님께서 인간들에게 임재하실 때 교회의 특수한 중재적 역할을 강조하지만, 그 중재를 하나님의 자기계시의 사역이라고 말하지는 않는다.[58] 이런 이유에서 하우어워스는 바르트를 계시 신학자

---

58) 그와 같은 비판에 응답하려는 하우어워스의 가장 직접적인 시도는 *The Doctrine of God and Theological Ethics*, ed. Alan Torrance and Michael Banner (London: T&T Clark, 2006)에 있는 7장 "The Truth about God: The Decalogue as Condition for Truthful Speech"에서 발견된다.

로서가 아니라 기독교적 언어의 모범적 교사로 해석한다. 그에 따르면 바르트 읽기를 배우는 이유는 우리가 사용하는 언어에 도전함으로써 세상을 바라보는 세속적인 방식에 도전하기 위함이다. 그리고 "지성적이고 도덕적인 표현 형식 모두를 요구하는 그 훈련은 기독교인들로 하여금 세상을 보이는 현상으로서가 아니라 있는 그대로의 실체로 보게 한다."[59] 하지만 그런 형식으로 말하는 것은 인간적 주체성의 관점 안에 확고히 머무는 것이며, 결과적으로 자유주의적 개신교주의의 감수성 안에 머무는 것이다. 하우어워스는 다음과 같은 진술 이상으로 나아가지 않으려고 한다. "우리는 말한다. 그리고 말하는 가운데 우리는 우리의 진술의 대상과 함께 형이상학적이라고 묘사되어야 하는 수고 안에 함께 사로잡혀 있음을 발견한다."[60]

이와 대조적으로 바르트는 인간들이 다른 주체자들과 맺는 모든 상호작용은 **자신을** 계시하시는 하나님의 사역에 비추어져 투명해져야 한다고 주장하며, 나아가 믿음이란 다름이 아니라 인간의 거룩한 혹은 세속적인 활동들을 향한 하나님의 그와 같은 "뚫고 들어오심"에 대한 구체적인 인간적 반응이라고 더욱 강하게 주장한다. "선택되었기에 부르심을 받고 있으며, 여기서 우리는 현실적 인간에 대한 첫째 정의를 갖게 된다.…부르심을 받는다는 것은 들었다는 것, 깨워졌다는 것, 자신의 자아를 각성시켜야 한다는 것, (하나님의) 요청을 받고 있다는 것을 뜻한다."[61] 하우어워스와 바르트는 예수 그리스도의 사역이 다음과 같은 사실을 요청한다는 것에 동의한다. 기독교적 사고는 보편적인 것이 아니라 특수한 것으로 시작해야 하며, 부활의 역사성이 근본적인 것으로 수용되지 않는다면 모든 시간과 장소에서 도덕적인 숙고는 진행될 수 없다는 사실에 대한 요청 말이다. 하지만 하우어워스에게 이 통찰은 하나님의 진리의 가시성을 보증해야 하는 교회의 책임

---

59) Hauerwas, *With the Grain of the Universe*, 183.
60) Ibid., 189.
61) Karl Barth, *Church Dogmatics* III/2, 150.

성에 대한 강조로 이어지는 반면에,[62] 바르트에게 그것은 모든 사람이 반드시 하나님의 음성을 들어야만 한다는 주장이 된다. "구속받은 인류는 예수 그리스도와 함께하는 역사 외에 다른 아무런 역사도 가지고 있지 않다. 이 것은 인간이란 오직 살아 계신 하나님과의 구체적이고 역사적인 대면 안에서만 흥미로운 존재, 보다 정확하게는 현실적인 존재라는 것을 의미한다."[63] 비록 이 목소리가 교회와 교회적 증언들에 한정되기는 했지만, 바르트는 그 목소리가 그런 증언들에 제한되어야 하는 것이 결코 아니라고 주장한다.

계몽주의가 세운 조건들 아래서 기독교 윤리학의 중심적 문제는 우리가 마땅히 행해야 하는 것을 우리가 어떻게 **알** 수 있는가 하는 것이다. 이런 방식으로 질문을 던지면서 칸트는 우리가 모든 시간과 장소에서 합리적으로 그리고 영원히 진리인 일을 행해야 한다고 대답했다. 지식은 합리적 사유에 의해 얻어져서 삶에 **적용**된다. 하지만 하우어워스는 이 과정을 뒤집는다. 우리가 무엇을 행해야 할지 알게 되는 것은 교회의 실천과 교회가 우리에게 물려준 관습이 우리의 상상력과 지각을 열어주었기 때문이다. 여기서 안다는 것은 세상에서 살아가기 위한 상상력 넘치는 열린 대안으로 나아가게 해주는 육체적 지식(a bodily Knowledge)으로 이해된다.[64] 바르트는 칸트와 하우어워스의 인식론이 모두 현대성이라는 인간중심적인 논리 안에 머물러 있다고 제안한다. 두 사람 모두의 사고의 틀에서 하나님이 행위 주체로서 등장하지 않는다는 점에서 그렇다는 것이다. 바르트는 하우어워스와 마

---

62) "만일 기독교인들이 자기 스스로를 이해할 수 있고 나아가 기독교인이 아닌 사람들에게 소망을 줄 수 있으려면, 증인들은 반드시 존재해야 한다. 이것은 과학의 이해가 능성이 궁극적으로 실험의 성공에 의존하는 것과 마찬가지다"(*With the Grain of the Universe*, 212).

63) Karl Barth, *The Christian Life*, 19-21. 이 점에서 바르트와 요더는 하우어워스의 반대편에 함께 선다. 하우어워스가 기독교 정치학의 유지를 위해 성령의 언급과 하나님과의 인격적인 의사소통의 필요성을 강조하는 요더를 인용한다는 것, 하지만 신적인 작인에 대한 언급 없이 요더의 주장의 의미를 변형시켜 해설하고 있음에 유의하라(Hauerwas, *The State of the University*, 157 각주 47).

64) Hauerwas, *With the Grain of the Universe*, 183.

찬가지로 우리가 하나님의 말씀을 듣도록 돕는 언어, 이야기, 실천들을 우리에게 가르치는 일에서 교회가 결정적이라고 말하지만, 그럼에도 최종적인 분석에서는 바로 그 하나님이 나타나셔서 개인들을 개별적으로 제자와 종으로 삼으셔야 한다고 주장한다.

오늘날 기독교 윤리학이 직면하는 도전은 그것이 우리 시대의 인간론이 점하고 있는 승리주의적인 우위의 관점과 타협하고 있다는 사실이다. 비록 바르트와 하우어워스가 기독교 신학의 관습과 미덕의 언어의 유용성에 대해서는 다른 견해를 가지고 있지만, 이것이 그들 사이의 가장 중요한 차이는 아니다. 신학적으로 결정적인 갈등은 기독교인들이 자신들의 관습을 재구성하는 것을 **어떻게** 적절하게 시도하고 서술할 수 있는가 하는 것이다. 하우어워스는 주로 교회의 예전을 통해 몸체를 형성할 때 나쁜 관습이 좋은 관습에 의해 대체되어야 한다고 제안하며, 그렇게 함으로써 교회를 기독교 윤리학의 초점으로 확증한다. 바르트는 두 가지 이유에서 이것이 적절하지 않다고 생각한다. 첫째, 하우어워스가 언급은 하지만 인정하기는 거부하는 것은 다음과 같다.

> 린드벡은 십자군이 이교도들의 두개골을 쪼개면서 "그리스도는 주님이시다"라고 외친 것은 바로 그 선언 자체를 거짓으로 만든다고 주장했는데, 바르트는 그 주장에 동의하지 않으려고 했다.…바르트는 왜 십자군이 말하는 것의 의미(진리—역자 주)가 십자군이 그 말을 사용하는 어법(진리에의 자기참여)에 의해 결정되어야만 하는지 아무런 이유도 발견하지 못했다. 바르트는 틀림없이 "자기참여"가 진리에 의존하는 것이지, 진리가 자신에 대한 "자기참여"적인 특징에 의존하는 것이 아니라고 생각할 것이다.[65]

이처럼 바르트는 예배나 증언을 명확하고 적절하게 실천하는 것이 복음

---

65) Ibid., 176 각주 6.

서가 바리새주의라는 현상으로 묘사하는 자기기만과 양립할 수 있다고 주장할 것인데, 이것은 하우어워스가 결코 받아들일 수 없는 주장이다. 하우어워스의 증언 이해와 신학적 언어에 대한 강조는 기독교인들이 예배와 신학적 언어의 사용으로부터 상당한 거리를 유지하는 것을 어렵게 만든다.

둘째, 앞의 논점과 관련이 있는데, 바르트는 하나님께서 자신의 목적을 위해 인간의 삶을 요구하려고 나타나시는 사건의 놀랍고도 예측할 수 없는 특징을 강조했다. 인간은 자신들의 나쁜 습관이 야기한 눈멂 안으로 하나님께서 처음부터 그리고 계속해서 뚫고 들어오지 않으신다면, 그렇게 해서 인간이 자신의 고유한 존재조차 결정하지 못한다는 것을 인간들에게 보여주지 않으신다면, 나쁜 습관을 좋은 것으로 대체해줄 공동체를 건설할 능력을 갖지 못한다. 그러므로 자신을 나타내시는 하나님의 신실하심이 기독교 윤리학에 대해 어떤 다른 것으로 환원된다는 것은 불가능하다. 하우어워스는 기독교의 언어를 듣고 싶어 하는 모든 사람에게 열어두고 접근가능하게 하기 위해 공공의 언어에 몰두하는 현대 기독교 윤리학의 내부에 머물기를 선호하며, 그 결과 계시에 대한 위와 같은 강조를 거부한다. 하지만 바르트는 기독교적인 언어 자체가 스스로 어떤 일을 할 수는 없다고 주장한다. 단지 한 사람의 목소리만이 우리를 눈멀게 하는 습관의 힘을 부술 수 있는데, 바로 그분은 타자를 위한 한 인간이었던 예수 그리스도시다. 예수 그리스도는 어떤 이념이나 원칙이 아니라, 다른 사람들과 하나님 나라를 향해 우리의 눈을 열어주기 위해 반드시 나타나셔야 하는 분이시다. 그때 하나님 나라는 우리가 현실로 여기는 것보다 훨씬 더 현실적이다.[66] 그것은 윤리적인 함축성 전체를 포괄하는 각성이다.[67]

---

66) Cf. Yoder, *Preface to Theology: Christology and Theological Method* (Grand Rapids: Brazos, 2002), 276, and Barth, *Church Dogmatics* III/2, sec. 47.1.

67) 나는 이 논문의 역사적인 내용에 관한 많은 토론과 친절하고 비판적인 상호작용에 대해 스탠리 하우어워스에게 깊이 감사한다.

참고도서

Banner, Michael. *Christian Ethics: A Brief History*. Chichester, UK: Wiley-Blackwell, 2009.

Beckley, Harlan. *Passion for Justice: Retrieving the Legacies of Walter Rauschenbusch, John A. Ryan, and Reinhold Niebuhr*. Louisville: Westminster John Knox, 1992.

Diefenthaler, Jon. H. *Richard Niebuhr: A Lifetime of Reflections on the Church and the World*. Macon, GA: Mercer University Press, 1986.

Dorrien, Gary. *Social Ethics in the Making: Interpreting an American Tradition*. Chichester, UK: Wiley-Blackwell, 2008.

_____., *Soul in Society: The Making and Renewal of Social Christianity*. Minneapolis: Fortress, 1995.

Gustafson, James. *Protestant and Roman Catholic Ethics: Prospects for Rapprochement*. Chicago: University of Chicago Press, 1978.

Long, D. Stephen. *Tragedy, Tradition, and Transformation: The Ethics of Paul Ramsey*. Boulder, CO: Westview, 1993.

Werpehowski, William. *American Protestant Ethics and the Legacy of H. Richard Niebuhr*. Washington, DC: Georgetown University Press, 2002.

13

실천신학

리처드 R. 아스머
Richard R. Osmer
프린스턴 신학교

실천신학의 주제와 범위

실천신학은 기독교 공동체의 지체들에게 특별한 사회적 맥락 안에서 어떤 실천을 수행하는 방법과 교회의 사명을 구현하는 법을 가르치는 기독교 신학의 한 분과다. 실천신학의 주제는 "어떻게"와 "왜"라는 두 가지 중심적인 문제에 관련된다. 실천신학은 기독교적인 실행과 사명에 관여하는 방법에 실천적인 도움을 줄 수 있는 구체적인 가이드라인과 모델을 제공한다. 하지만 실천신학은 왜 그런 행동들이 중요한지, 왜 그런 행동들이 하나님을 섬기고 영화롭게 하는 것인지, 그리고 왜 그런 행동들이 특별한 사회적 맥락에서 어떤 특정한 노선을 따를 때 가장 잘 수행될 수 있는지의 이유 역시 제공한다. "어떻게"와 "왜"라는 실천신학의 이중적인 초점은 흔히 실천신학자들로 하여금 자기분야를 기술(art)인 동시에 학문(science)이라고 설명하게 했다. 우리는 기도의 실천을 예로 들 수 있다.

기도가 실천신학의 중심적인 주제가 될 때, 어떻게 기도하는가에 대한 특별한 지침이 주어진다. 그 지침은 현재의 경험에 대한 숙고로부터, 그리고 성서에 기초한 기독교 전통에서 발전된 기도에 대한 접근방법으로부터 배운 것에 근거한다. 예를 들어 기도는 의사소통이며, 어떤 사람은 하나님과의 영적 교제라고 말할지도 모른다. 어떤 관계성과 마찬가지로, 기도도 시간과 훈련을 요구한다. 많은 사람은 기도의 실천을 위해 특정한 시간, 장소, 형식을 정해 놓는 것이 도움이 된다고 말한다. 기도의 형식에는 시편으로 기도하기, 성서를 경건하게 읽기, 그리고 하나님께 말씀드리기 등이 포함될 수 있을 것이다. 기도에서 하나님께 말하는 것도 좋지만, 하나님의 음성을 듣는 것이 그보다 더 중요하다. 또 기도의 관계를 배타적으로 하나님께 무엇인가를 요청하는 측면(애원)으로만 생각하지 않고, 하나님께 감사하거나 찬양하는 것, 또는 단지 하나님의 임재 안에 거주하는 것으로 생각하는 것이 중요하다.

이와 같은 지침을 제공한다는 점에서 실천신학은 하나의 기술이다. 사려 깊은 기도 교사 또는 영적 지도자라면 누구라도 어떤 일반적인 지침과 유형이 모든 사람에게 적용되지는 않는다는 것을 알 것이다. "경건의 시간"(QT)은 어떤 사람에게는 도움이 될 것이지만, 다른 이들은 자연에 둘러싸여 산책을 하고 있을 때 하나님과 가장 잘 교제할 수 있다. 기술로서의 실천신학은 구체적인 상황에서 반성적인 판단을 요구하는 제약 없이 개방적인 지침을 제공한다. 또한 실천신학은 사례 연구들과 축어적 보고(목회적인 대화를 재구성한 설명), 그리고 연구 보고 등을 제공하여, 사람들이 구체적 상황의 특수성 그리고 연관된 인격성과 문화적 차이에 예민하게 반응할 수 있게 한다.

"왜"에 집중할 때 실천신학은 "학문"이 된다. 신학의 다른 학문 분과들과 마찬가지로 실천신학은 연구를 수행하고 이론을 수립하며, 실천과 사명의 공동체로서의 교회의 현재적인 삶을 이해하고 인도하는 데 특별한 관심을 기울인다. 우리는 실천신학의 "학문적인" 공헌을 기도에 대한 논의를 계속함으로써 명확하게 밝힐 수 있다.

인지과학의 연구는 미취학 시기에 형성된 인지적인 유형이 성인이 되어서도 지속적인 영향을 미친다는 사실을 알려준다. 하워드 가드너(1943-)는 이것을 "학교 교육을 받지 않은 지성"의 능력이라고 부르는데, 이것은 세상을 착한 사람과 나쁜 사람으로 구분하기 위해 간단한 "스타워즈" 대본을 사용한다거나 정부당국을 전지전능한 부모와 같은 인물과 관련짓는 성향을 가리킨다.[1] 이와 같은 이론적인 견해에 영향을 받은 실천신학자들은 성인들의 기도에 대한 이해가 그들이 어린 시절에 각각 획득한 인지적인 유형

---

1) Howard Gardner, *The Unschooled Mind: How Children Think and How Schools Should Teach* (New York: Basic Books, 1991).

에 의해 어느 정도까지 결정적으로 형성되는지에 대한 경험적인 연구를 수행할지도 모른다. 또한 그들은 그런 유형들을 분류하고 각 유형을 형성하는 데 영향을 끼친 것으로 보이는 문화적 요인들을 설명하려고 시도할지도 모른다. 왜 어떤 사람들은 자신들의 모든 행동을 보고 계신 "하늘에 있는 (심판자의) 눈"으로서의 하나님께 기도하는가? 왜 다른 사람들은 자신들의 가장 깊은 욕구에 관심을 기울이는 사랑의 아버지 하나님께 기도하는가? 왜 어떤 사람들은 하나님과의 긴밀한 대화에서 여성적인 이미지를 자연스럽게 사용하는가? 이와 같은 질문들을 제기하면서 실천신학자들은 사회과학과의 대화를 시작하며, 그들 자신의 고유한 경험적 연구도 수행한다. 또한 그들은 자신들이 설명적인 체계 안에서 발견한 것을 해석하려고 시도한다.

위와 같은 질문들은 불가피하게 규범적인 문제들을 제기한다. 이것들 역시 실천신학의 "왜"에 속하는 한 부분이다. 그 부분은 특별히 신앙 공동체의 현재적인 실천과 사명을 비판하고 지도할 수 있는 신학적이고 윤리적인 규범을 발전시키는 것에 관심을 갖는다. 신학적인 규범을 발전시킬 때 실천신학은 성서 연구, 교의학, 그리고 기독교 윤리학과 같은 신학의 다른 분야와 대화하기 시작한다. 하지만 실천신학도 큰 신학적인 대화 영역에 자신만의 건설적인 기여를 한다. 실천신학은 특수한 사회적 맥락 안에 위치한 기독교 공동체에 대한 자신만의 연구를 활용하여 믿음에 충실하면서도 적절한 규범과 지침을 발전시키려고 노력한다. 실천신학은 기독교 신학의 권위 있는 원천들에 충실하려고 애쓴다. 하지만 실천신학은 또한 특수한 사회역사적(sociohistorical) 맥락과 연관된 규범적인 제안을 계발하려고 애쓰는데, 그런 제안은 그 맥락 안에 있는 교회의 실천과 사명을 인도할 수 있는 것이어야 한다. 우리는 그것의 포괄적인 함축성을 기도에 대한 지속적인 탐구를 통해 밝힐 수 있을 것이다.

한 팀의 실천신학자들이 기도의 인지적 유형에 대한 경험적인 연구를 통해, 무수히 많은 기독교인들이 고도로 개인주의적인 기도 유형을 채택하고 있음을 발견했다고 가정해보자. 기도는 내가 원하고 필요로 하는 것과 관련된다. 기도는 때때로 내 가족과 친구들이 특별한 위기의 시간에 원하고 필요로 하는 것에 관련된다. 미국적인 상황에서 실천신학자들은 그 결과물을, 왜 그런 패턴이 이 나라에서는 그토록 강력한지를 설명해주는 문화적 개인주의의 관점에서 해석할지도 모른다. 그 결과물은 중요한 규범적인 질문을 제기하게 될 것이다. 기도는 사람들을 세상에 대한 하나님의 사랑의 염려에 대해, 그리고 특별히 주변으로 밀려난 약하고 상처 입은 이웃들을 향해 개방시키는 것이어야 하지 않는가? 이것은 기독교적 영성의 부활에 대한 관심에 사로잡혀 있는 회중에게는 어떤 의미를 갖는가? 기도와 영성 형성을 강조할 때, 그들은 미국적인 개인주의에 순응하기를 감행하고 있지 않은가? 개인주의적이고 내향적인 강조는 그리스도의 죽음의 목표였던 세상의 구속과 화해의 사명, 곧 하나님의 사명 안에서 자신들의 사명을 분별해야 하는 회중의 분별력을 약화시키지는 않는가?

이와 같은 질문들에 대답하면서 미국의 실천신학자들은 영적 성장을 목표로 회중 모임을 조직해나가는 것과, 회중을 예배, 증언, 사회적인 변혁 가운데로 보내는 두 가지를 함께 결합할 수 있는 기도와 영성의 이해를 발전시키는 것에 대단히 민감해야 한다. 그들의 규범적인 제안은 고도로 상황적(contextual)이다. 다른 어떤 문화적인 배경에서는 같은 주제라 해도 매우 달랐을 것이다. 예를 들어 강력한 신 유교적인 윤리에 근거한 아시아의 맥락에서는 의무나 가족 간의 신의가 보다 두드러질 것이다. 아마도 실천신학자들은 개인들에게 심리적 공간을 부여해주는 기도와 영성의 개인적인 차원을 강조함으로써, 공동체적인 정체성과 의무가 주는 압력의 한가운데서 개인들이 자신의 자아와 소명을 발견할 수 있도록 해야 할 것이다.

내 논지를 밝히는 데는 이 정도 설명으로 충분할 것이다. "왜"의 주제에 집중하면서 실천신학은 믿음에 충실하면서도 적절한 규범적 제안들을 발전시킨다. 논쟁의 소지가 있다고 해도, 실천신학은 신학의 모든 분과들 가운데서 가장 상황(context)에 민감하다고 주장할 수 있다. 최소한 부분적으로는, 신학의 대규모 기획에 대한 실천신학의 구성적인 기여는 특별한 사회

역사적 맥락에 위치한 현대적인 신앙 공동체에 대한 연구로부터 생성되는 규범적인 질문과 제안을 행하는 것이다. 실천신학은 신학의 다른 분과들을 향해 빈 공간에서 작업하는 것이 아니라, 그들의 작업이 소개되는 청중과 맥락을 매우 진지하게 취급하라고 권유한다.

지금까지 실천신학의 중심적인 문제는 "어떻게"와 "왜"라는 주제에 대한 이 분야의 집중에 의해 형성된다고 설명했다. 기도의 실천에 대한 우리의 논의에서 이 분야의 핵심 과제가, 비록 이 지점까지는 암시적이기는 하지만 점차적으로 드러났다. 이제 그 과제를 명시적으로 확인하는 것이 도움이 될 것이다. 실천신학에서 "어떻게"와 "왜"의 주제는 네 가지 노선에 따라 탐구된다.[2]

- **묘사적-경험적 과제**: 무엇이 특수한 사회역사적(sociohistorical) 맥락에 위치한 현대 신앙 공동체의 실천과 사명에서 이루어지고 있는가?
- **해석의 과제**: 왜 이것은 그 특수한 공동체들 안에서 이루어지고, 어떻게 그것은 가장 잘 해석되고 설명되는가?
- **규범적 과제**: 그 공동체들이 믿음에 신실하고 적절한 것이 되기 위해 무엇이 마땅히 진행되어야 하는가?
- **실용적 과제**: 어떤 실천적인 모델과 원칙이 공동체들로 하여금 자신의 원천과 환경의 관점에서 하나님의 백성으로 부르심을 받은 자신의 소명을 보다 잘 구현할 수 있게 해주는가?

이 네 가지 과제가 현대 실천신학의 중심에 놓여 있다. 우리는 이 과제들을 후에 보다 상세히 다룰 것이다.

실천신학의 중심 주제를 "어떻게"와 "왜"의 문제로 묘사하는 것은 다소

---

2) 이 과제들에 대한 보다 심도 있는 논의를 Richard Osmer, *Practical Theology: An Introduction* (Grand Rapids: Eerdmans, 2008)에서 보라.

모호할 수 있다. 이 점은 특별히 신학의 다른 분야와 비교할 때 분명히 드러
난다. 예를 들어 교의신학의 주제는 교회의 교리이고, 성서 연구의 주제는
기독교 공동체의 거룩한 문서들이다. 이와 비교되는 실천신학의 초점은 무
엇인가? 이 질문은 오늘에 이르기까지 개방된 채로 남아 있는데, 왜냐하면
실천신학의 초점이 현대에 이르러 변화했기 때문이다. 그 초점은 서로 다른
실천신학자들이 이 분야의 범위를 개념화하는 방식에 의해 결정되었다.

어떤 실천신학자들은 실천신학의 범위를 성직자의 기능으로 보았다. 그
들은 교회의 안수 받은 목회자들의 설교, 목회적 돌봄, 교육, 전도, 그 밖에
지도력과 관련된 다른 과제에 초점을 맞추었다. 이것은 보통 실천신학에 대
한 **성직자적 패러다임**이라고 말해진다.[3]

다른 사람들은 회중과 회중이 속한 전통에 초점을 맞추면서 실천신학의
영역을 다르게 개념화했다. 이것은 종종 실천신학에 대한 **교회적 패러다임**
이라고 언급된다.[4] 이때 안수 받은 목회자의 사역은 단지 교회적 리더십의
한 가지 형태에 불과한 것으로 여겨지며, 그 리더십은 기독교 교육학자들과
평신도 리더들과 같은 안수 받지 않은 전문인들의 것도 포함한다. 나아가
이 패러다임의 초점은 단지 리더들에게만 맞추어져 있지도 않다. 그것은 회
중 일반의 삶과 특별한 상황에서의 그들의 사명에 초점을 맞춘다. 최근 수
십 년 동안 이 패러다임은 회중의 삶의 실천에 특별한 관심을 기울여왔고,
실제 교회에서의 실천을 탐구하기 위해 흔히 회중을 연구하는 방법을 사용

---

3) 한 가지 실례는 Alexandre Vinet, *Pastoral Theology, or, the Theory of the
   Evangelical Ministry*, ed. and trans. T. Skinner (New York: Harper & Bros., 1853)
   이다. 이 패러다임에 대한 비판적인 논의를 Edward Farley, "Theology and Practice
   Outside the Clerical Paradigm," in *Practical Theology: The Emerging Field in
   Theology, Church, and World*, ed. D. Browning (San Francisco: Harper & Row,
   1983)에서 보라.
4) 초기 미국의 실례는 George Crooks and John Hurst, *Theological Encyclopediaand
   Methodology on the Basis of Hagenbach* (New York: Phillips & Hunt, 1884)이다.

해왔다.[5] 또한 그것은 선교적 교회에 대한 논의의 영향도 받고 있다. 이 논의
는 회중들을 자극하여 선교적 공동체로서의 자신들의 사도적 소명을 새롭
게 하고 하나님의 선교 안에서 자신들의 특수한 사명을 발견하도록 돕는다.[6]

다른 사람들은 실천신학의 범위가 이 두 가지 전망을 넘어서 교회의 맥
락을 형성하고 교회적 사명에 영향을 미치는 사회적·정치적·경제적 체계
를 포함하는 것으로 보았다. 주된 관심은 공공의 삶, 즉 지역적·국가적·국
제적 공동체의 공동이익에 대한 교회의 기여에 주어졌다. 그에 따라 이것
은 실천신학의 **공교회 패러다임**이라고 말해진다.[7] 이것은 서로 다른 지적인
전통을 반영하는 두 가지 요소를 갖고 있다. 한 가지 요소는 해방신학과 여
성신학, 그리고 유럽의 정치신학에 의해 깊이 영향을 받았다. 그 지지자들
은 비판적 사회 이론을 가지고 작업을 하면서 권력과 경제적/문화적 자원
들이 지배적인 사회 체계에 의해 불공평하게 분배되는 방식을 검토하고, 나
아가 사회적 변혁을 추구한다. 두 번째 요소는 윌리엄 제임스, 존 듀이, 그
리고 보다 최근에는 제프리 스타우트, 코르넬 웨스트, 그리고 리처드 로티

---

5) 이 실천에 관한 논의로 인도하는 최고의 두 가지 입문서는 Dorothy C. Bass, ed.,
   Practicing Our Faith: A Guide For Conservation, Learning, and Growth (San
   Francisco: Jossey-Bass, 1997)와 Diana Butler Bass, *The Practicing Congregation:
   Imagining a New Old Church* (Herndon, VA: Alban Institute, 2004)이다. 회중에 대
   한 연구의 표준적인 자료는 Nancy T. Ammerman, ed., *Studying Congregations: A
   New Handbook* (Nashville: Abingdon, 1998)이다.
6) 선교적 교회에 대한 토론의 원천은 레슬리 뉴비긴(1909-1998)이었는데, 그는 인도에
   서 많은 해를 선교사로 보낸 다음 인생의 말년에 영국으로 돌아와 고국이 이제 선교현
   장임을 발견했다. 영국에서 많은 사람은 교회에 더 이상 흥미를 보이고 있지 않았다.
   뉴비긴의 사상에 대한 탁월한 개관은 Paul Weston, ed., *Lesslie Newbigin: Missionary
   Theologian—A Reader* (Grand Rapids: Eerdmans, 2006)이다. 선교적 교회의 논의
   를 위한 최고의 입문서는 Darrell L. Guder, ed., *Missional Church: A Vision for the
   Sending of the Church in North America* (Grand Rapids: Eerdmans, 1998)이다.
7) 공적 교회에 대한 논의의 배경을 Martin E. Marty, *The Public Church: Mainline,
   Evangelical, Catholic* (New York: Crossroad, 1981)과 Cynthia D. Moe-Lobeda, *The
   Public Church: For the Life of the World* (Minneapolis: Augsburg Fortress, 2004)에
   서 보라.

(Richard Rorty, 1931-2007)의 저술에서 발견되는 철학적 실용주의의 전통을 활용한다. 그것은 현대 세계 안에서 고도로 다원화된 공적인 삶에 교회가 참여할 것을 강조한다. 그러므로 실천신학이 직면하고 있는 도전들 가운데 한 가지는 많은 다양한 관점들을 포함하는 대화에서 공공의 주제에 대한 기독교적 확신을 표현하는 것이다. 민주주의의 맥락에서 다양한 관점으로부터 공적인 주제들을 논쟁하고 토론하는 능력은 그 중요한 문제를 해결할 수 있는 대중의 능력을 향상시키는 것으로 여겨진다. 정말로 현실적인 문제들을 해결할 때 생각이 얼마나 기여하는가 하는 것이 그 생각의 가치를 결정하는데, 실용주의는 이것을 생각의 도구적 기능이라고 부른다.

이 세 가지 패러다임은 위에서 묘사된 것보다 더 유동적이다. 예를 들어 공교회 패러다임의 지지자들은 그들이 공적인 삶의 폭넓은 전망 안에 과제를 위치시킬 때도 때로 안수 받은 성직자의 과제에 초점을 맞춘다. 마찬가지로 교회론적 패러다임의 지지자들도 특별히 그들이 선교적 교회에 대한 논의에 영향을 받을 때면 흔히 문화적인 형태와 공적인 삶의 사회체계에 일련의 관심을 부여한다. 그렇다면 여기서 사용된 패러다임이라는 용어는 단지 그 분야에 대한 입문적인 지도만을 제공하는 셈이 된다. 하지만 지도 제작자들이 종종 지적하듯이 지도가 실제 지역인 것은 아니다. 지도는 땅의 지형에 대한 일반적인 그림을 제공하지만 실제 지역은 그보다 복잡하다. 현대 실천신학의 다양한 패러다임에 대한 소개도 그와 마찬가지다. 개별 실천신학자의 실제 작업은 종종 분명하게 정의된 네모 칸(지도-역자 주)보다 복잡하다. 하지만 그 복잡성을 이해하기 위해 실천신학의 지형에 대한 개관을 숙지하는 것은 많은 도움이 될 것이다.

역사적인 전망에서 본 실천신학

먼저 실천신학을 역사적인 관점에서 바라보는 것이 유익하다. 이 장의 초점이 현대 실천신학이기는 하지만, 역사적인 전망은 우리로 하여금 이 분야를 기독교 공동체의 보다 긴 신학적 반성의 전통에 위치시키도록 인도한다. 실천신학은 현대에 이르기까지 신학의 분명한 한 분과로서 등장하지 못했다. 왜 그랬을까? 그 기간 동안 등장했던 실천신학은 어떤 모습이었는가? 오늘날 실천신학이라는 분야가 포스트모던의 사회적 맥락 안으로 움직여갈 때 재발견될 필요가 있는 어떤 신학적 반성의 오래된 전통이 그 기간에 존재했는가? 이런 질문들이 역사적인 전망을 매우 중요하게 만든다.

실천신학이라는 분야가 현대 이전까지는 등장하지 못했다고 해도, 그 주제는 교회가 시작되었던 바로 그 시점부터 신학적 반성의 한 부분이었다. 바울 서신과 같은 이른 시기에도 우리는 그 사도가 회중에게 어떻게 그들의 실천과 사명을 수행할 것인지에 대해 교훈을 주고("어떻게"), 왜 그렇게 해야 하는지에 대한 신학적 이유("왜")를 제시하고 있음을 발견한다. 고린도전서는 훌륭한 사례다. 서신이 전개되는 가운데 바울은 그 기독교 공동체가 직면했던 많은 문제들을 언급한다. 죽은 아버지의 아내와 근친상간의 관계 가운데 살아가는 사람(고전 5장), 다른 믿는 자들을 법정으로 끌고 가는 기독교인들(고전 6장), 성적인 행동 방식(고전 7장), 우상에게 제사로 바쳐졌던 고기를 먹는 문제(고전 8-10장), 주의 만찬에 수반되는 교제의 식사(고전 11장), 예배의 맥락 안에서 영적인 은사, 특별히 방언을 표현하는 문제(고전 12-14장) 등이 그것이다. 각각의 경우에 바울은 공동체에게 행동 지침을 제공한다. 바울이 자신의 사도적 권위에 근거해서 명령하는 경우는 드물다. 오히려 바울은 설득하려고 시도한다.[8] 바울은 고린도 교인들이 하나님의 백성으로서의 자신들의 정체성을 보다 더 잘 구현하는 방식으로 행동하라고 확신을 주는 신학적인 이유를 제시한다.

신약성서 시대를 넘어서서 우리는 기독교 전통 안에서도 실천신학적 주

---

8) 독자들을 설득하기 위해 고안된 바울의 수사학적인 전략에 대한 논의를 위해 Charles B. Cousar, *The Letters of Paul* (Nashville: Abingdon, 1996), 2장을 보라.

제를 다루는 다른 많은 저술들을 발견한다. 아우구스티누스의 『기독교 교리에 관하여』는 훌륭한 사례다.[9] 전직 수사학 교사로서 아우구스티누스는 제4권에서 기독교적인 설교의 목적으로 그 분야에서 무엇을 배울 것인지에 대해 숙고한다. 수사학의 목표는 공적인 진술로 가르치고 기쁨을 주고 설득하는 것이다. 교회 안에서 이 목표는 기독교적 설교라는 유일한 목적에 의해 형성된다고 아우구스티누스는 주장한다. 이때 가르침도 중요한데, 설교의 목적이 성서와 복음에 대한 기독교 공동체의 이해를 심화하는 것이기 때문이다. 하지만 분명히 설교자는 성서적 가르침의 진리를 듣는 자들에게 설득시키려고 해야 하며, 그렇게 해서 그 진리가 그들의 삶에 뿌리를 내리도록 노력해야 한다. 때때로 그리스와 로마의 수사학을 특징지어주었던 화려한 유창함은 없지만, 기독교적인 설교 역시 듣는 자들을 즐겁게 해줄 수 있을 것이다. 여기서 성서는 설교자에게 모델로서 봉사한다. 잘 교육 받은 로마의 귀족(아우구스티누스—역자 주)에게 성서는 서투르게 기록되고 심지어 통속적인 것으로 보였을지도 모른다. 하지만 아우구스티누스는 성서의 단순한 언어, 그것의 이야기, 비유들, 잠언들이 인간의 필요에 하나님이 적응하신 강력한 형식이라고 믿는다. 성서는 심정과 마음으로 하나님을 찾는 일반적인 독자를 기쁘게 한다. 그래서 기독교 설교는 엘리트적인 유창함과 고상한 취향의 표준에 호소하는 것이 아니라, 복음의 진리가 일반적인 남자와 여자의 삶 속에 빛을 비추도록 함으로써 청중을 기쁘게 해야 한다.

그 밖에도 실천신학의 주제가 들어 있는 많은 저술들을 기독교 전통 안에서 발견할 수 있다. 그 가운데 몇몇은 주교들, 목회자들, 또는 영적 지도자들의 과제에 초점을 모으고 있는 반면, 다른 것들은 기독교 회중이나 개인들의 경건하고 도덕적인 삶을 강화해주기 위해 저술되었다.[10] 이런 내용

---

9) St. Augustine, *On Christian Doctrine*, trans. D. W. Robertson (New York: Macmillan, 1958).

10) 이것은 St. Gregory the Great, *The Book of Pastoral Rule*, trans. G. Demacopoulos (Crestwood, NY: St. Vladimir's Seminary Press, 2007); *The Letters of Catherine*

의 저자들이 자신의 저술을 실천신학이라고 언급하지는 않지만, 분명 그들은 이 분야의 선구자들이라고 할 수 있다.

실천신학은 여러 세기에 걸쳐 점차적으로 하나의 구별된 분야로서 등장했다. 이것은 3단계로 간략하게 요약될 수 있다.[11] 첫째 단계는 사변 신학으로부터 도덕 신학의 분리, 또는 개신교인들이 교의신학으로부터 기독교 윤리학의 분리라고 묘사하는 단계다. 처음에 이것은 로마 가톨릭에서 발생했으며, 고행을 할당하는 일을 하는 고해 신부들에게 지침을 주어야 할 필요에 의해 촉진되었다. 종교개혁 이후에 개신교도들은 "양심 문제 해결집"(Cases of Conscience)이라고 알려진 문학 형식을 발전시켰다. 이것은 목회자들이 각 개인들의 일상적인 삶의 도덕적이고 영적인 문제들을 인도하는 데 도움이 되었다. 비록 드물기는 했지만, 어떤 경우에 그런 문학은 실천신학이라고 언급되기도 했다.

둘째 단계는 개혁파 신학자 히스베르트 푸치우스(Gisbert Voetius, 1589-1676)가 1648년과 1669년 사이에 출간했던 5권의 『선별된 신학 논쟁』(Selectae Disputationes Theologicae)에서 취해졌다.[12] 푸치우스는 때때로 실천신학이 도덕신학과 동일시되었다고 언급하지만, 이 분야를 기독교 윤리학과 금욕적인 신학(영적인 삶의 실천), 그리고 교회학(ecclesiastics, 교회 정책

---

of Siena, trans. Suzanne Noffke (Tempe, AZ: Arizona Center for Medieval and Renaissance Studies, 2000); William Perkins, "The Whole Treatise of the Cases of Conscience," in William Perkins, 1558-1602, ed. Thomas Merrill (Nieuwkoop, Netherlands: B. De Graaf, 1966); Jonathan Edwards, A Treatise concerning Religious Affections, ed. John E. Smith (New Haven: Yale University Press, 1959) 와 같은 것을 포함한다.

11) 나는 여기서 Richard Osmer, A Teachable Spirit: Recovering the Teaching Office of the Church (Louisville: Westminster John Knox, 1990), 8장에 있는 나 자신의 설명을 따르고 있다.

12) 이것은 John Beardslee, ed. and trans., Reformed Dogmatics: Seventeenth-Century Reformed Theology through the Writings of Wollebius, Voetius, and Turretin (Grand Rapids: Baker, 1965), 265-334에 부분적으로 번역되어 있다.

과 안수 받은 목회자의 과제)을 포함하는 것으로 확장하는 것이 그것을 보다 유용하게 만든다고 주장했다. 실천신학에 대한 이런 이해는 그 다음 세기에 널리 퍼지기 시작했다.

가장 중요한 셋째 단계는 독일의 위대한 신학자 프리드리히 슐라이어마허(1768-1834)에 의해 취해졌다. 슐라이어마허는 18세기 말과 19세기 초에 활동했다. 유럽과 북미 전역에 걸쳐 이 시대는 거대한 사회 변혁의 시대였다. 민주적인 정부 형태가 영국과 미국에서 수립되었고, 프랑스에서는 계몽주의가 발생했다. 학문은 자연과학 분야에서 위대한 발걸음을 내딛는 중이었고 사회에서 점차 보다 많은 권위를 갖게 되었다. 유럽의 전통적인 삶의 많은 흔적이 여전히 남아 있었지만, 유럽과 미국은 자신들이 현대라는 새로운 시대의 최첨단에 위치해 있다고 널리 의식하게 되었다. 과거에 당연시되었던 전통과 권위는 비판과 개혁을 필요로 했다.

그것들 가운데 가장 중요한 한 가지는 기독교 신앙이었다. 전통적인 신앙과 실천은 의문시되었다. 그것이 사회와 개인에게 정말로 도움이 되었는가? 이 질문은 특별히 지식인들 사이에서 활발하게 제기되었다. 예를 들어 소위 과학과 종교 사이의 갈등이 지적인 토론의 주제가 되었던 것도 바로 이 시기였다. 이것은 고등교육에서 신학의 자리에 대한 질문을 제기했다. 중세 시대 대학의 출현으로부터 종교개혁 이후의 학문기관과 대학의 설립에 이르기까지, 신학은 학문적인 기관들에서 특권적인 지위를 차지하고 있었다. 하지만 현대에 이르러 연구대학의 출현과 함께 그 지위는 더 이상 유지될 수 없었다. 연구대학의 목적은 단순히 자유로운 교양교육 교과과정을 통해 과거의 문화적인 유산을 전달하는 것이 아니라, 현대 학문 분과들의 노선을 따라 새로운 지식을 산출하는 것이었다.

이것이 베를린 대학교의 설립에 주도적인 역할을 감당했던 슐라이어마허가 직면했던 상황이었다. 그는 대학에서의 신학의 자리를 단지 서구 문명 안에서의 기독교의 전통적인 역할에 호소함으로써만 마련할 수는 없었다. 슐라이어마허는 기독교가 수행하는 사회와 개인에 대한 기여를 합리적으로 입증해야 했다. 또한 그는 현대적 학과로서의 신학의 "학문적인" 특성을 서술해야 했다. 슐라이어마허가 그 주장을 위해 사용했던 한 가지 전략은, 첫 번째 현대신학 백과사전인 『신학연구의 간략한 개요』의 집필이었다.[13] 이 시기의 학문적인 백과사전은 다양한 주제들에 대한 정보를 함께 모으는 것 이상의 일을 했다.[14] 또한 백과사전은 학문의 본성과 그 다양한 분과들의 상호관계도 설명했다. 슐라이어마허의 백과사전과 같이, 특수한 분야의 백과사전은 인간 지식의 특수한 영역에 대해 그 작업을 수행했다.

슐라이어마허는 『간략한 개요』의 시작에서 성직자 교육이 대학의 적법한 과제라고 주장했다. 법률가와 의사들처럼 목회자들도 교회에 대한 지도력을 통해 사회에 기여한다. 슐라이어마허는 이 점을 종교가 문화와 개인의 성장(Bildung)에 중요한 기여를 한다는 사실에 근거시키고, 이것을 기독교 신앙이라는 특수한 경우에 적용한다. 또한 그는 현대의 여러 학과들의 노선을 따르면서 신학의 "학문적인" 기여를 설명한다. 현대 대학에서 신학은 세 가지 상호 관련된 분과로 이루어져 있다고 그는 주장한다. 철학적 신학, 역사신학, 실천신학이 그것이다. 각각의 분야는 독자적인 연구를 수행하면서 특수한 지식을 산출한다. 각각의 분야는 신학과 인간적 지식 일반에 대해 독특하게 기여한다.

슐라이어마허가 전개한 신학의 세 가지 분야에 대한 설명은 폭넓게 수용되지는 않았다. 그러나 그가 전문화된 학문 분과들의 노선을 따라 현대신

---

13) Friedrich Schleiermacher, *Brief Outline on the Study of Theology*, trans. T. Tice (Richmond: John Knox, 1966). 실천신학에 대한 슐라이어마허의 몇몇 강의는 J. Duke and H. Stone, ed., J. Duke, trans., *Christian Caring: Selections from Practical Theology* (Philadelphia: Fortress, 1988)에 번역되어 있다.

14) 백과사전을 신학 연구로 통합한 것에 대한 중요한 설명 두 가지는 Edward Farley, *Theologia: The Fragmentation and Unity of Theological Education* (Philadelphia: Fortress, 1983)과 Charles Wood, *Vision and Discernment* (Atlanta: Scholars Press, 1985)이다. 백과사전 패러다임에 대한 보다 폭넓은 토론은 Alasdair MacIntyre, *Three Rival Versions of Moral Enquiry: Encyclopaedia, Genealogy, and Tradition* (Notre Dame, IN: University of Notre Dame Press, 1990)에서 발견된다.

학을 묘사한 것은 상당한 영향력을 행사했다. 다른 신학자들의 신학적 백과사전에는 네 개의 분과가 표준적이었다. 성서 연구, 교회사, 조직신학, 그리고 실천신학이 그것이다. 이 분야들은 대다수 미국 신학교에서 오늘에 이르기까지 신학 교육의 뼈대를 이루고 있다. 우리는 이것을 신학과 신학 교육의 **백과사전적 패턴**이라고 부를 수 있다.

이 패턴의 강점은 학자들로 하여금 전문적인 영역에서 연구를 수행한 이후에 자연과학과 문화학 분야에서 밀접하게 관련된 학문과 학제 간 대화를 시작하도록 독려한다는 점이다. 하지만 이것은 동시에 약점이 되기도 한다. 현대에 이르러 신학의 학문 분과들은 점점 더 전문화되었지만, 서로에 대한 관계는 더 모호해졌다. 신학 교육에서, 예를 들어 조직신학과 같은 한 분야의 강의를 택한 학생들은 종종 자신이 택한 과정이 교회사, 성서 연구, 실천신학과 같은 다른 분야의 과정과 어떤 관계가 있는지를 이해하는 데 어려움을 겪는다. 각각의 분야는 너무 전문화되어서 교과과정을 넘나드는 통합은 매우 어렵다.

현대의 신학적 학문 분과들은 대단히 전문화되면서 흔히 교회보다는 학문성에 더 치중하게 되었다. 많은 신학자들이 자신들의 주된 과제를 "학문적인" 지식의 산출로 보았고, 이때 학자란 큰 학문적인 단체에 속한 다른 학자들을 위해 글을 쓰는 사람으로 이해되었다. 하지만 이들의 학문성은 교회, 특별히 회중에게는 어떻게 관계되는가? 신학자들이 이 질문에 대답하는 방식 가운데 한 가지는 이 시기 동안에 인기 있었던 학문적 이상(理想)을 인용하는 것이었다. 학문은 "사심이 없는" 객관적인 지식을 추구하기에 신학자들은 자신들의 연구가 교회에 미치는 결과를 염려하지 않아도 된다는 것이었다. 예를 들어 성서학자가 과학적 진화론이라는 관점에서 창세기의 창조 기사의 문자적 해석에 대해 의문을 제기할 때, 그것이 일반적인 기독교인들에게 미치는 영향을 염려할 필요가 없다는 식이다. 동일하게 만일 어떤 교회사가가 루터의 은혜를 통한 이신칭의의 이해가 바울 신학에 대한 오해의 표현이라는 것을 발견한다고 해도, 그것 역시 마찬가지라는 것이다.

현대의 학자들은 진리가 자신들을 어디로 인도하든지 상관없이 진리를 자유롭게 추구해야 한다고 생각한다.

이와 같이 학문을 "사심이 없는" 객관적 지식에 대한 추구로 이해하는 것은 실천신학에게는 분명한 문제를 만들어냈다. 백과사전적인 패턴에서 객관적 지식은 신학의 다른 전문화된 학문 분과를 교회와 관계시키는 과제를 갖고 있었다. 이것은 현대 실천신학을 괴롭히는 두 가지 문제를 야기했다.

첫째, 어떤 한 분야가 신학적 백과사전 전체의 통합을 성취하는 것이 실제로 가능한가? 성서학자나 조직신학자들이 매우 기술적이고 "사심이 없는" 지식을 추구할 때, 실천신학이 이 분야들을 서로에 대한 깊이 있는 대화로 인도하는 동시에 교회적 삶에 대한 이 분야들의 적절한 관계를 해명해주기를 기대한다는 것은 비현실적이다. 전문화된 분야들을 가로지르는 통합이 백과사전적 패턴에서 항구적인 문제로 남아 있다. 이 문제는 실천신학이 독자적으로는 극복할 수 없는 문제다.

둘째, 실천신학을 신학의 학과들 가운데 적용이 발생하는 한 분야로 보는 것은 현명한가? 이 관점은 백과사전적 패턴에서 흔한 것이었다. 성서연구, 교회사, 조직신학은 학문 분과의 현대적 노선을 따라 "학문적인" 것으로 설명되었고, 실천신학은 목회자의 과제와 회중의 삶이 직접적인 관심사가 되는 분야로 설명되어왔다. 때때로 이것은 이론과 실천 사이의 구별로 묘사되었고, 어떤 경우에는 "순수" 학문과 "응용" 학문 사이의 구분이라고도 묘사되었다. 하지만 어느 경우든지 실천신학은 배타적으로 "어떻게"에만 관심을 기울이는 것으로 이해되었다. 어떻게 설교하고, 어떻게 가르치며, 어떻게 목회적인 돌봄을 제공할 것인가의 문제들이 그것이다. 다시 말해 소위 "왜"라는 물음에 필수적인 것으로 간주되는 연구와 이론형성 작업과 씨름하다가 잠시 여유를 가지고 접근하는 것이 실천신학이라는 식의 이해가 생겨난 것이다. 많은 실천신학자들이 이 분야를 목회에 대한 "도움과 힌트"로 축소하는 것에 저항했던 반면에, 이런 전망은 현대에 걸쳐 확산되었다.

포스트모던의 맥락에서 본 실천신학

프리드리히 슐라이어마허가 시작한 신학의 백과사전적 패턴은 현대성의 맥락 안에서 중요한 공헌을 했다. 그것은 현대의 연구대학 안에서 신학의 자리를 확고히 마련하였으며, 세부적으로 전문화된 신학적 학문 분과들의 지위를 공고히 해주었다. 하지만 백과사전적 모형은 지적이고 사회적인 포스트모던적 맥락에서는 점차 문제 있는 것으로 간주되고 있다. 이 문제의 대부분은 현대의 연구대학을 지배하고 있는 학문적 패턴에 대한 비판으로부터 유래한다. 네 가지 주제가 그 비판에서 등장했다.[15]

첫째, 학문—특별히 자연과학—은 더 이상 모든 형태의 학문에 대한 표준과 방법론을 제공하고 있지 않다. 예술, 인문학, 그리고 문화적 학문들과 함께 신학은 자신의 유일한 중심 주제에 적합한 합리적 토론의 형식을 추구할 수 있는 자유와 의무를 동시에 갖는다. 둘째, 현대의 학문 분과들이 점점 더 전문화되는 경향은 많은 분야의 전망들을 함께 결합시키는 학제 간 작업의 중요성에 자리를 양보했다. 인간 게놈 프로젝트로부터 도시 계획에 이르기까지, 문제들은 너무나 복잡해서 고립된 하나의 전문분야로 다루어져서는 안 된다. 신학이 고도로 전문화되는 현상은 신학 안의 다양한 분과들과 다른 형태의 지식들 사이에서 학문적인 경계를 넘어서는 대화에 길을 내어주었다. 셋째, "사심이 없는" 객관적인 지식으로서의 학문이라는 오래된 견해는 모든 형태의 학문이 해석적인 전통 및 가치와 학자들의 실천적인 헌신을 반영하는, 실제로는 "사심이 있는" 것이라는 이해에 길을 비켜주었다. 신학자들이 객관성(objectivity)이라는 거짓된 이상을 성취하기 위해 교회적인 헌신을 간과하는 것은 필수적이지도 않고 바람직하지도 않다. 오히려 요청되는 것은 성찰(reflexivity), 곧 자신들의 작업에 영향을 미치고 있는 미리 전제된 해석학적·실천적 사전위탁(precommitment)에 대한 설

---

15) 나는 여기서 Osmer, *Practical Theology*의 후기를 활용하고 있다.

명이다. 넷째, 보편성과 의견일치를 추구하는 학문적 객관성에 대한 오래된 견해는 지적인 다원성과 합리적인 불일치의 이해에게 길을 비켜주었다. 실제로 오늘날은 모든 분야가 매우 다원적이다. 예를 들어 심리학은 인지심리학, 여성심리학, 정신분석학, 사회생물학, 그리고 신경과학을 포함하는 폭넓고 다양한 전망들을 포괄한다. 이러한 종류의 다원화는 어떤 분야가 활력이 있다는 증거로 여겨진다. 어떤 분야에 속한 사람은 그 분야의 다른 사람의 전망에 동의하지는 않지만, 그럼에도 불구하고 그 전망이 완전히 합리적이라고 인정할 수 있으며, 이것은 합리적인 의견불일치라고 알려져 있다.

현대의 학문적 모델에 대한 이와 같은 네 가지 비판은 연구대학에서 현대적인 학과들의 "학문적인" 공헌이라는 이상을 둘러싸고 형성되었던 백과사전적 패턴에 대해 중요한 질문을 제기한다. 이 질문들과 신학 일반에 대해 가능한 함축성을 설명하는 것은 이 장의 범위를 넘어선다. 여기서는 신학적 백과사전 안에서 실천신학에 주어졌던 통합과 적용이라는 문제가 포스트모던적인 관점에서는 매우 다르게 보일 수 있다는 사실을 말하는 것으로 충분할 것이다.

아마도 가장 중요한 것은 모든 형태의 신학이 이제는 특별한 신학자들의 가치와 실천적인 헌신에 근거하며 바로 그것들을 향해 방향이 설정되어야 한다는 사실일 것이다. 성서학자들과 교회사가들은 여러 관점에서 실천신학자들과 마찬가지로 교회와 공적인 삶에 관여되어 있다. 성서 본문과 교회사의 연구는 "학문적"이기 위해 "사심이 없을 것"을 필요로 하지는 않는다. 오히려 그 연구들은 특별한 학자들의 가치와 헌신에 의존하여 직접적으로 여성과 소수자들의 해방 또는 회중의 사명에 기여할 수도 있다. 백과사전적인 패턴을 조직하는 원칙이었던 구분, 곧 이론신학과 실천신학 또는 순수학문과 응용학문 사이의 옛 구분은 더 이상 유지될 수 없다.

나아가 전문화된 학문 분과들을 통합하는 문제는 이제 신학과 신학 교육 모두에서 새로운 방식으로 관찰되고 있다. 한 분야의 과거의 전문화된 자료만을 집적시키는 저장소는 "간학제적"(cross-disciplinary) 사고의 중요성에 길을 비켜주는 중이다. 간학제적 사고란 몇 가지 분야가 서로 대화할 수 있게 해주는 능력을 뜻한다. 이것은 신학자들뿐만 아니라 목회자들에게도 중요하다. 회중에 대한 리더십에서 목회자들은 정기적으로 다면적이고 다양한 분야와 전문성의 관점을 요구하는 주제들과 마주친다. 알콜중독자인 교인을 목회적으로 돌보는 것은 우리가 말하려는 핵심을 예시해준다.

기독교 전통의 대변자로서 목회자는 알콜중독에 대한 신학적 이해를 발전시켜야 한다. 과거에 교회 지도자들은 너무나 자주 알콜중독자들에게 도덕적으로 대응하면서 그들의 약한 의지력을 정죄했다. 하지만 오늘날 우리는 실제의 알콜중독자들이 의지를 장애 상태로 만드는 질병에 붙잡혀 있다는 것을 알고 있다. 회복을 향한 첫째 단계는, 그들이 자신들의 음주를 통제할 수 없다는 사실을 받아들이는 것이다. 어떤 소량의 알콜도 그들은 도무지 감당할 수가 없다. 기독교 신학은 사람들이 자신들의 통제를 넘어서는 어떤 힘에 사로잡히는 인간적인 상태에 대한 깊은 해석을 제공한다. 알콜중독을 신학적으로 이해하기 위해 그런 해석을 활용하는 것은 알콜중독 상태의 교인에 대한 목회적 돌봄에서 필수적인 한 부분이다. 나아가 사려 깊은 목회자는 알콜중독에 대한 최근 연구를 잘 알고 있을 것이다. 오늘날 이것은 의학(질병으로서의 알콜중독), 생물학(유전적인 성향으로서의 중독), 심리학(개인적인 요소들에 의해 촉발된 중독), 그리고 인류학(혼란스러운 음주와 같은 문화적인 모형에 의해 형성된 중독) 등에 대한 연구를 포함한다. 또한 목회자는 알콜중독자들의 가족 구성원들에게 요청되는 지지와 교육뿐만 아니라 알콜중독자 협회, 정신치료자, 그리고 가족치료자가 제공하는 처방들을 평가할 수 있는 능력을 갖추어야 한다.

이와 같은 사례에서 통합은 복합적이고 다차원적인 주제와 관련된 책임성 있는 정보적 방식으로 많은 분야를 활용하는 문제가 된다. 그것은 목회자들 편에서의 바른 대응을 요구하는데, 그것은 목회자들이 자신의 신학적인 전망과 그것이 어떻게 적절하게 다른 분야의 전문성과 대화할 수 있는지를 의식하는 것을 뜻한다. 신학자들의 사정도 마찬가지다. 과거의 고립된 신학적 전문성은 신학 분과들 사이, 그리고 다른 지식 형태들 사이에서 강조되는 학제 간 대화에 길을 내주고 있다.

요약하자면 실천신학에 대한 역사적인 관점이 중요하다. 이 분야의 중심 주제가 교회 자체만큼이나 오래되기는 했지만, 이 주제는 신학적 숙고의 특별한 형식으로서 많은 세기에 걸쳐 점진적으로 등장했다. 연구대학과 신학의 백과사전적 패턴이라는 맥락에서 현대 실천신학에 대한 특별한 관심이 주어지고 있다. 신학이 전문화된 현대적 학문 분과의 형태를 취했던 것처럼, 실천신학에게는 다른 신학 과목들의 "학문적" 지식을 통합하고 적용하는 과제가 주어져왔다. 우리의 포스트모던적 지성의 맥락에서는 백과사전적인 패턴과 그것에 기초한 (개별적으로 전문화된) 학문적 모델의 지속적인 생명력에 대해 심각한 의문이 제기되고 있다.

이것은 우리를 최종 질문으로 인도한다. 만일 신학의 모든 분야의 구성원들이 오늘날 실천과 통합에 관심을 갖는다면, 그때 실천신학의 과제는 무엇인가? 이 시대의 대부분의 실천신학자들은 "포스트모던적 전환"을 자신들의 연구와 이론 형성의 특별한 초점을 명확하게 만들 수 있는 기회로 본다. 현대의 시기 동안에 이 분야는 그 초점을 "어떻게"에 한정하고, "왜"라는 질문은 다른 신학 분야에 넘기라는 커다란 압력 아래 있었다. 1960년대 이래로 실천신학자들은 이 불균형을 시정하기 시작했다. 이 분야의 중심 주제는—"어떻게"와 "왜" 둘 다를 포함하면서—이 장의 처음 부분에서 간략하게 묘사했던 4가지 노선을 따라 추구되고 있다.

- **묘사적-경험적 과제**: 무엇이 발생하고 있는지를 충분히 이해하기 위해, 교회와 공적인 삶 안에서 기독교적 실천이 수행될 때 배경이 되는 특수한 맥락을 경험적으로 연구하는 것,
- **해석의 과제**: 어떤 행동과 양식이 왜 발생하는지를 설명해주는 틀 안에서 앞선 연구 결과물들을 해석하는 것,
- **규범적 과제**: 기독교적 실천의 특별한 맥락에서 무엇이 마땅히 행해

져야 하는지를 서술하는 신학적·윤리적 규범을 구성하는 것,
- **실용적 과제**: 회중의 삶과 공적인 삶에서 현대 교회를 인도할 수 있는 실천적 모델과 원칙들을 발전시키고, 반성적인 판단을 돕는 것.

이렇게 짜인 체계 안에서 실천신학은 현대라는 시기에는 주로 실용적인 과제에 관심을 기울인 것으로 볼 수 있다. 이것이 이 분야의 본질적인 부분으로 남아 있으면서, 이제 그것은 큰 연구 프로그램의 한 부분이 되었다.

오늘의 실천신학

현대 실천신학이 지닌 생명력을 보여주는 분명한 징표는 이 분야의 다원화다. 현대의 실천신학자들이 이 분야의 범위를 성직자적·교회적·공교회적 패러다임으로 정의할 때, 그 각각의 패러다임 내부에는 커다란 신학적 다양성이 존재한다. 나아가 실천신학자들은 이 분야의 4가지 과제에 서로 다른 중요성을 부여하며, 그것을 다양한 방식으로 수행한다.

현대 실천신학의 풍성한 다원주의는 처음으로 이 분야와 접하는 학생들을 종종 당혹스럽게 만든다. 이에 따라 이 장의 마지막 단락은 실천신학자들이 이 분야의 4가지 과제를 수행하면서 내리게 되는 몇 가지 핵심적 결정을 서술하고자 한다. 이 서술은 학생들로 하여금 이 결정들과 그것들을 정당화하기 위해 주어지는 이유를 알아채게 하는 데 도움이 된다. 그것은 또한 학생들이 실천신학자들의 제안을 현명하게 평가할 수 있도록 도울 것이다.

예비적인 결정들

실천신학에 관한 책을 처음 뽑아 들었을 때, 가장 유용한 첫 걸음 중의 하나

는 그 책의 일차적인 중심 주제가 무엇인지를 알아내는 것이다. 저자는 성직자의 과제, 회중의 실천과 사명, 또는 교회와 공적인 삶의 교차 가운데 어느 것에 초점을 맞추고 있는가? 이 질문은 그 책의 내용을 이끄는 실천신학의 패러다임에 대해 중요한 단서를 제공한다. 여기서 우리는 그것을 성직자적·교회적·공교회적 과제라고 불렀다. 종종 우리는 이것을 목차만 읽어도 파악할 수 있다.

하지만 어떤 본문에 대한 처음 판단을 예비적인 것으로 간주하는 것이 중요하다. 앞에서 언급했던 것처럼 공교회 패러다임의 지지자들이 때로는 성직자의 과제와 회중들에게 초점을 맞추며, 교회적 패러다임의 지지자들도 회중의 사명에 대한 봉사를 벗어나 공적인 증언에 초점을 맞추기도 한다. 예를 들어 『어린아이들을 맞아들임: 어린이 시절의 실천신학』에서 조이스 앤 머서는 회중이 예전과 기독교 교육에서 아이들을 환영하는 방식에 커다란 관심을 기울인다.[16] 첫눈에, 그녀가 교회적 패러다임에 초점을 맞춘 것으로 보일 수 있다. 하지만 그 책을 읽어보면 회중에 대한 머서의 강조는 전 세계에 걸친 자본주의가 어린아이들 사이에서 소비자 중심주의의 "습관"을 배양하는 방식에 대한 큰 비판의 한 부분이라는 것이 분명해진다. 머서는 "어린이 다움의 의미에 대한 대안적 비전"을 구성하기 위해 성서 연구와 교의신학, 그리고 여성주의 이론과의 대화를 통해 지식을 얻으면서 성서와 기독교 전통을 사용한다.[17] 그녀는 회중이 이런 대안적인 비전을 구현할 수 있는 방식에 흥미를 보일 뿐만 아니라, 공교육, 미디어, 가정, 그리고 정부기관의 정책 등의 공적인 삶 안에서 어린아이들을 소비자로 취급하려는 생각을 깨뜨리는 데에도 관심을 쏟는다. 머서는 해방신학과 여성신학 그리고 유럽의 정치신학에 영향을 받은 공교회 패러다임의 노선에 위치해 있다고 보는 것이 최상일 것이다.

---

16) Joyce Ann Mercer, *Welcoming Children: A Practical Theology of Childhood* (St. Louis: Chalice, 2005).

17) Ibid., 5.

중요한 것은 이와 같이 어떤 본문이나 저자를 특징짓는 실천신학적 패러다임에 대한 최초의 판단에서 우리가 조심해야 한다는 사실이다. 이 장에서 확인했던 세 가지 패러다임은 처음에 교육적인 도구로 사용되는 것이 최선일 것이다. 독자가 어떤 본문의 중심적인 논증과 신학적인 관점을 보다 낫게 파악할 때까지, 세 가지 패러다임은 그 본문의 성장 배경이 된 전통이 무엇인지 알아내는 데 도움을 주면서 그 본문에 대한 탐구를 인도한다. 그렇게 할 때, 우리는 이 분야의 중심 주제에 대한 접근방법을 알려주는 저자의 방법론적인 결정을 확인할 수 있는 위치에 있게 될 것이다.

실천신학의 묘사적·경험적 과제

실천신학은 현대의 기독교적 실천과 사명에서 무엇이 진행되고 있는지를 보다 잘 이해하기 위해 경험적 연구를 수행한다. 20세기 후반에 사회과학자들이 경험적인 연구를 이해하는 방식에서 혁명이 발생했고, 이것은 양적인 연구와 질적인 연구 둘 다의 역할을 확증했다.[18] 이 혁명에 대한 간략한 개관이 실천신학자들이 자신의 연구를 수행하거나 다른 사람의 연구를 활용할 때 직면하게 되는 몇 가지 결정을 명확하게 밝힐 것이다.

19세기 말에 사회학과 심리학이 처음 등장했을 때, 그것들은 자연과학적 연구방법에 지배되고 있었다. 강조점은 연구에 앞서 분명한 가설을 형성하고 통계적인 자료들을 통해 그 가설을 검증하거나 반증하는 것에 놓였다. 목표는 사회와 인간 심리의 "법칙들"을 발견하는 것이었다. 그러나 주로 문화인류학자들이 수행했던 이런 종류의 질적 연구(qualitative research)는 "엄격하지 못하고"(soft) 완전히 과학적이지는 않은 것으로 간주되었다. 그 연구는 단지 특수한 공동체나 개인의 삶의 방식을 묘사하고 해석할 뿐이라

---

18) 유용한 설명을 Uwe Flick, *An Introduction to Qualitative Research*, 2nd ed. (Thousand Oaks, CA: Sage, 2002)에서 볼 수 있다.

고 이해되었다. 연구의 결과물은 일반화되거나 통계적으로 검증될 수 없다고 여겨졌고, 종종 참여적인 관찰을 통해 자료들을 모았던 연구자의 주관적인 인상에 너무 의존한다고 생각되었다.

하지만 지난 50년에 걸쳐서 질적 연구는 점차적으로 사회과학적 연구의 한 부분으로서 적법하다고―나아가 어떤 사람은 필수적이라고 주장하며―인정되고 있다. 부분적으로 이것은 인간 존재에 대한 양적 연구(quantitative research)가 지니는 한계성에 대한 인식에 기인한다. 예를 들어 전화 통화를 통해 수집된 조사 자료는 폭넓은 사회적인 풍조와 태도에 대해 당신에게 많은 것을 말해줄 수도 있다. 그러나 그것은 사람들의 대답의 배후에 놓인 의미를 파악하는 데는 커다란 난점을 갖는다. 두 사람이 조사 질문에 동일한 대답을 할 수 있지만, 그 이유는 서로 매우 다를 수 있다. 이러한 종류의 상이성과 복잡성은 쉽게 간과된다. 하지만 이것은 질적 연구의 강점이 될 수도 있다. 질적 연구는 보다 긴 시간 동안 세부사항, 과정, 복잡성에 관심을 기울이면서 제한된 수의 사람들과 공동체를 보다 심도 있게 검사한다. 오늘날 사회과학은 양적 연구와 질적 연구 모두를 적법한 것으로 본다. 많은 연구자들은 두 가지 접근방법을 결합하는데, 이것은 흔히 혼합된 방법론적 연구라고 알려져 있다.[19] 사회과학자들은 또한 행위 연구(종종 변호나 실천에 근거한 연구라고 말해진다)에 보다 더 개방적이 되었다. 여기서 연구 목표는 단지 연구 주제만을 탐구하는 것이 아니라, 공동체나 조직이 어떤 가치를 보다 잘 구현할 수 있도록 행동 방식을 바꾸도록 돕는 것이다.

기독교적 실천과 사명의 현대적인 형태에 대해 경험적인 연구를 수행할 때, 실천신학자들은 연구계획을 고안하거나 다른 사람들의 연구를 활용하는 방식에 대해 어떤 결정을 내린다. 실천신학에 관한 본문을 읽을 때, 우리는 그 본문에서 사용된 접근방법과 그 방법의 선택을 정당화하기 위해 제

---

19) John Creswell, *Research Design: Qualitative, Quantitative, Mixed Methods Approaches*, 2nd ed. (Thousand Oaks, CA: Sage, 2003)를 보라.

시되는 이유들에 세밀한 관심을 기울이는 것이 중요하다. 실천신학의 서로 다른 연구 유형의 세 가지 사례는 독자들로 하여금 그 결정에 민감하게 주의하도록 해줄 것이다.

오늘날 실천신학의 경험적인 연구를 지지하는 중요한 사람 중 하나는 요한네스 반 데어 벤이다. 수년에 걸쳐 반 데어 벤은 많은 연구계획을 수행했고, 왜 그런 연구가 실천신학에서 중요한지에 대해 저술했다.[20] 반 데어 벤은 현재 종교가 인권에 대한 청소년들의 태도에 미친 영향을 연구하면서 국제적인 연구 팀을 이끌고 있다.[21] 반 데어 벤이 선택한 방법은 주로 사회적인 설문조사를 사용하는 양적인 방법이다. 이 방법의 선택에는 세 가지 이유가 있다. 첫째, 이 연구는 다른 종교적인 배경을 갖거나 종교를 가지고 있지 않은 십대들을 연구하기 위해 공립학교를 배경으로 하여 수행된다. 설문조사(Survey Research)는 이런 배경에서 자료를 모으는 방법 가운데 가장 적게 관여하는 방법이다. 둘째, 반 데어 벤은 진정으로 보다 광범위한 모집단을 대표하기에 충분히 큰 표본 집단으로부터 자료를 모으는 것을 필요로 하는데, 설문조사가 그 목적에 이상적이다. 셋째, 반 데어 벤은 국가적인 맥락에서의 비교를 원한다. 이것은 모든 상황에서 동일한 연구 수단을 사용할 것을 요구하며, 그것은 동일한 사회적인 설문조사를 집행함으로써 손쉽게 처리될 수 있어야 한다. 그렇다면 반 데어 벤이 자신의 연구계획의 목적을 위해 양적인 방법을 사용하는 것은 충분히 이해할 만하다.

『회중을 가르치는 목회』라는 책에서 나는 세 가지 서로 다른 문화적인

---

20) 예를 들어 Johannes A. van der Ven, *Practical Theology: An Empirical Approach* (Kampen, Netherlands: Kok Pharos, 1993)를 보라.

21) 개관을 위해 *Religion, Morality and Transformation*, ed. F. A. Swanepoel (Pretoria, S. Africa: Unisa, 2001), 103-34와 "Social Location of Attitudes Towards Human Rights among South African Youth," *Religion and Theology* 7 (2000): 249-83에 있는 Johannes van der Ven, J. S. Dreyer, and H. J. C. Pieterse, "Religions and Human Rights Attitudes among South African Youth in a Time of Transformation"을 보라.

배경에 놓인 교회들이 회중을 가르치는 목회적 방법들을 탐구하기 위해 질
적인 연구를 수행했다.[22] 사용된 각각의 질적인 접근방법은 사례 연구였고
이것은 인터뷰, 참여적인 관찰, 공간적인 분석, 그리고 가공품과 문서 연구
등을 포함했다. 나의 연구는 가설을 입증하거나 보다 넓은 모집단까지 일반
화할 수 있는 결과물을 제시하기 위한 것이 아니었다. 오히려 목표는 어떻
게, 어디서, 왜 그들이 가르치는 목회를 수행하는지 알아보기 위해 세 개의
개별적인 공동체를 심도 있게 관찰하는 것이었다.

『목회 상담』에서 시워드 힐트너(1910-1984)는 "임상적" 또는 실천 기반
적 연구라고 말해질 수 있는 것을 광범위하게 활용한다.[23] 힐트너는 목회
상담가로서 자신이 실행한 것과 동료와 학생들의 상담기록으로부터 채택
한 많은 녹취록과 사례들을 제공한다. 힐트너는 목회 상담의 가장 중요한
기술들이 실제적인 경험에 대한 반성으로부터 귀납적으로 얻어진다고 믿
는다. 이에 따라 힐트너는 어떤 사람들과의 목회적인 관계를 먼저 보고함으
로써 시작하며, 그렇게 한 이후에 독자들에게 그 사례들을 납득할 수 있도
록 도움을 주는 원칙과 이론들을 제공한다. 이것이 반성적인 판단이 형성되
는 방식이다. 또한 힐트너는 하나의 독립된 분야로서의 실천신학이 임상 연
구, 특별히 목회적 실천에 대한 반성으로부터 자신의 입지를 확인해야 한다
고 믿는다.[24] 반성적인 실천은 인식론적이다. 다시 말해 반성적인 실천은 다
른 어떤 방식으로는 얻을 수 없는 인간의 상태에 대한 신학적 통찰과 지식
을 산출한다. 힐트너는 이것을 신학에 대한 "역동적인" 이해, 곧 신학적 주
제들이 우리로 하여금 사람들의 삶의 긴장과 평온상태를 이해할 수 있게
해주는 방법이라고 묘사한다.[25] 이것은 신학의 다른 분야의 관점들을 보완

22) Richard Osmer, *The Teaching Ministry of Congregations* (Louisville: Westminster
   John Knox, 2005).
23) Seward Hiltner, *Pastoral Counseling* (New York: Abingdon, 1954).
24) Seward Hiltner, *Preface to Pastoral Theology: The Ministry and Theory of
   Shepherding* (Nashville: Abingdon, 1958).
25) Seward Hiltner, *Theological Dynamics* (Nashville: Abingdon, 1972).

해주는 신학적 지식의 원천이다.

이 세 가지 사례들은 현대의 실천신학자들이 경험적인 연구를 수행하는 서로 다른 방식을 예시한다. 그와 같은 연구는 현재의 기독교 실천과 사명을 통찰하는 데 필수적이고, 실천신학 서적을 읽을 때 그 특성을 평가하는 데 중요하다. 다음 질문들이 출발점에서 유용하다. 저자는 단지 현대적인 실천의 사례나 예증만을 제공하는가, 아니면 실제 경험적 연구에 근거하여 주장하는가? 만일 후자라면 어떤 연구방법이 사용되는가? 저자는 그 방법을 채택한 자신의 결정에 대한 이유를 제시하고, 그 방법의 상대적인 강점과 한계를 언급하는가? 만일 저자가 주로 다른 사람의 연구를 사용하고 있다면, 그는 단지 그 연구를 인용할 뿐인가, 아니면 독자들에게 그 기획의 일반적인 접근방법과 연구수단을 설명하여 그것의 강점과 한계를 통찰할 수 있도록 하는가? 이와 같은 종류의 질문은 독자들로 하여금 특정한 실천신학자가 현대적인 교회의 맥락, 실천, 사명을 서술하는 방법에 주의를 기울이도록 요청하지만, 또한 그 서술의 기초가 되는 경험적인 연구에 대한 평가 역시 요청한다.

실천신학의 해석의 과제

실천신학은 왜 어떤 형태 혹은 행위가 발생하는지를 보다 풍부하게 이해하기 위해 기독교적인 실천, 사명, 맥락을 해석한다. 앞 단락에서 인권에 대한 종교적 연관성과 태도에 관한 반 데어 벤의 연구를 설명했다. 이 태도들이 무엇인지를 발견하는 것—이것은 묘사적·경험적 과제다—과 그 발견들을 해석하고 설명하는 것은 별개의 것이다. 여기서의 과제는 그와 같은 태도들이 **왜** 현존하는지에 대한 설명을 전개하는 것이다.

현대라는 시기를 통해 철학과 과학에서 종종 해석과 설명은 서로 구분되었다.[26] 해석은 일상적 삶 속에서 인간의 행동을 형성하는 **의미**를 이해하

---

26) Richard Bernstein, *Beyond Objectivism and Relativism: Science, Hermeneutics,*

려는 시도로서 그려지곤 했다. 설명은 자연과 인간의 삶에 나타나는 현상들의 원인을 보편적인 "법칙들"로 설명하는 것이라고 생각되었다. 때때로 해석과 설명의 이와 같은 구분은 자연과학과 인문과학의 차이를 설명하는 데 사용되기도 했다. 자연과학은 자연을 설명하는 것으로 볼 수 있는 반면에, 인문과학은 의미 있고 목적이 있는 인간 행동을 해석하는 것으로 볼 수 있다는 것이었다. 하지만 많은 사회과학자들은 해석과 설명 사이의 이러한 구분을 거절했다. 그들은 사회와 개인적인 심리의 "법칙들"을 발견함으로써 인간적 행동을 자연과학의 노선을 따라 설명하려고 시도했다.

오늘날 해석과 설명이 종종 구분되기는 하지만, 일반적으로 그 구분은 그 용어들이 현대에 정의되었던 방식에 기초해 있지는 않다. 여기에는 많은 이유가 있다. 가장 중요한 이유 중 하나는 과학철학에서 등장했는데, 이것은 이제 자연과학을 포함한 학문의 해석학적인 차원을 인정한다. 과학은 과학자가 어떻게 현상을 개념화하고 탐구하는지를 결정하는 패러다임과 해석적인 전통을 가지고 작업한다.[27] 이와 비슷하게 설명에 대한 새로운 이해가 특별히 사회과학에서 출현했다. 이것은 모든 시간과 장소에 적용되는 어떤 보편적인 "법칙들"을 발견하는 문제가 아니다. 오히려 설명은 특수한 맥락에서 인간의 행동을 형성하는 선재하는 구조(structure)의 해명, 그리고 인간적 행위자가 그 구조에 반응하는 방식, 즉 그 구조를 유지하고 개정하거나 또는 거부하는 방식의 해명을 전개하는 문제다.[28] 이와 같이 설명은 특수한 사회적 맥락들 안에서 구조와 행위 주체 사이의 상호작용으로 간주된다.

이와 같은 배경은 학생들로 하여금 현대의 실천신학자들이 해석의 과제

---

and Praxis (Philadelphia: University of Pennsylvania Press, 1983).

27) 이것을 처음으로 주장한 사람 중 한 명은 Thomas Kuhn, *The Structure of Scientific Revolutions* (Chicago: University of Chicago Press, 1962)이었다.

28) 이와 같은 설명의 "새로운" 이해에 관한 가장 분명하고 가장 유용한 해설 중 한 가지는 Margaret Archer, *Realist Social Theory: The Morphogenic Approach* (Cambridge: Cambridge University Press, 1995)이다.

를 수행하는 방식을 이해하고 평가하도록 하는 데 도움을 준다. 우리는 이 것을 여성주의 실천신학의 두 가지 사례를 검토함으로써 밝히려고 한다. 엘레인 그레이엄의 『실천의 변혁』과 레오노라 텁스 티즈데일의 『지역 신학과 대중적인 기술로서의 설교』가 그것이다.[29] 이 두 명의 실천신학자는 공교회 패러다임 안에서 작업하고 있으며, 보다 폭넓은 사회적인 맥락에서 전형적인 성의 패턴을 바꾸는 데 깊이 관여하고 있다. 하지만 이 둘은 매우 다른 방식으로 해석의 과제를 묘사하고 수행한다.

『실천의 변혁』에서 엘레인 그레이엄은, 공동체가 더 이상 어떤 공통의 형이상학적 체계를 공유하지 않는 고도로 다원화된 포스트모던적인 맥락에서 현대의 신앙 공동체가 신앙과 실천을 어떻게 형성할 수 있는가라고 질문한다. 그녀는 특별히 회중이 가부장제를 넘어서는 성의 새로운 유형을 보여주는 모범적인 장소가 되도록 돕는 데 관심이 있다. 회중이 가부장제를 넘어서 기독교적 실천과 사명의 새로운 패턴을 형성할 때, 그들은 그레이엄이 실천의 변혁이라고 부른 것에 관여하게 된다. 그와 같은 실천은 기독교 전통을 변화시킬 수 있고 사회 변혁에도 기여할 수 있는 잠재력을 지닌 혁신적인 믿음과 규범을 만들어낸다. 그레이엄은 이 과정을 앞에서 서술했던 "설명에 대한 새로운 이해"로 해석한다. 인간 공동체와 개인 행위자는 구조와 행위 주체 사이의 상호작용에 참여한다. 양성 관계라는, 선재하는 구조는 매우 강력하다. 하지만 특별한 공동체와 개인들 안에는 이 구조를 유지하거나 개정하거나 또는 변혁하는 것과 같이 서로 다른 방식으로 반응하는 행위 주체가 있다. 그레이엄은 기독교 공동체가 가부장제를 넘어서며 움직이는 다양한 방식에 특별한 주의를 기울인다. 그녀는 이것을 공동체들이 구조를 경험하는 매우 다른 방식이라는 의미로 설명한다. 예를 들어 어떤 사람들은—다른 사람들이 양성의 구조를 경험하는 것과 마찬가지로—강력하

---

29) Elaine Graham, *Transforming Practice: Pastoral Theology in an Age of Uncertainty* (Eugene, OR: Wipf & Stock, 1996); Leonora Tubbs Tisdale, *Preaching as Local Theology and Folk Art* (Minneapolis: Fortress, 1997).

게 인종과 가난의 구조를 경험한다. 게다가 각각의 공동체는 자신들의 환경에 맞는 "실천적 변혁" 방식을 개발하며, 독특한 방식으로 행위를 주관할 것이다. 이것은 단지 가부장제 이후의 기독교 공동체의 다양성을 설명할 뿐만 아니라, 또한 광범위한 도덕적 명령법을 지시하기도 한다. "실천적 변혁"에 몰두하는 다른 공동체의 지혜를 배우는 것과 자신의 공동체의 관점을 절대화하지 않는 것의 중요성이 그것이다.

레오노라 텁스 티즈데일은 『지역 신학과 대중적인 기술로서의 설교』에서 해석의 과제를 매우 다르게 묘사한다. 그녀는 특별히 설교자들이 자신들에게 속한 회중의 문화를 설명할 수 있는 설교 기술에 도움을 주려는 관심을 가지고 있다. 설교자들은 성서 주석의 방법을 가지고 성서 분문의 의미를 탐구하는 것과 마찬가지로 다양한 사회문화적인 특수성 안에 놓인 회중을 "주석하기" 위한 방법들을 사용할 수 있기 위해 많은 것을 배워야 한다. 그렇지 않으면 설교자들은 청중들의 삶의 실제적인 상황과는 무관하게 어떤 일반적인 인류를 향해 추상적인 설교를 하게 될 것이다. 티즈데일은 특별히 문화 인류학이라는 방법이 제공하는 회중에 대한 연구의 관점으로부터 해석의 과제를 설명한다. 목표는 각각의 특수성 안에 있는 회중의 문화를 설명하는 것이 아니라 해석하는 것이며, 그곳의 삶의 독특한 방식을 구성하는 언어, 상징, 함축적 규범 안으로 직접 들어가서 이해하는 것이다. 이것은 단지 설교자가 청중들의 삶의 경험과 관련이 있는 설교를 작성하도록 돕는 것뿐만 아니라, 또한 설교가 진정으로 변혁적인 것이 되도록 지원하며, 특수한 공동체의 구성원들에게 이해될 수 있고 의미 있는 삶의 새로운 형태를 꿈꾸도록 돕는다. 그래서 티즈데일이 회중들로 하여금 가부장제를 넘어서도록 돕는 일에 헌신하는 것은 이미 개별 공동체 안에 현존하고 있는 고통, 저항, 가능성의 요소들을 대단히 진지하게 수용하는 것이다. 그 요소들이 공감과 예언자적 열정으로 해석될 때 그것들은 회중의 변혁을 위한 출발점이 될 수도 있다.

두 명의 현대 여성주의 실천신학자들에 대한 이와 같은 간략한 설명은,

비슷한 방식으로 신학에 헌신하는 많은 학자들이 실천신학의 해석이라는 과제에 매우 다른 방식으로 접근할 수 있다는 것을 분명히 보여준다. 실천신학에 관한 어떤 책을 읽을 때 학생들은 두 가지 주제에 주의를 기울이면 좋을 것이다. 한 가지는 기독교적 실천, 사명, 문맥에 대한 저자의 해석에서 뚜렷하게 드러나는 주제에 관계되며, 그것은 개인주의, 소비지상주의, 양성 관계 등과 같은 주제들이다. 두 번째 종류의 주제는 저자가 해석의 과제를 개념화하는 방식이다. 이것은 종종 명확하게 진술되지 않기에, 우리는 저자가 본문에서 실제로 하고 있는 일을 주의 깊게 살펴야 한다. 저자들은 특별한 관계와 공동체에 대한 심도 있는 탐구를 제공해서, 독자들로 하여금 그것들을 이해하면서 해석하도록 허용하는가? 그렇지 않으면 구조와 행위 주체의 상호작용이라는 의미에서 패턴과 행동을 설명하려고 노력하면서, 폭넓은 사회적 추세들과 그것들을 예시하는 개별적 사례들에 초점을 맞추고 있는가? 때때로 실천신학자들은 두 가지 모두를 행한다.

실천신학의 규범적 과제

실천신학자들은 기독교적 실천과 사명을 비판하고 인도하기 위해 규범적인 전망을 전개한다. 이 장의 시작에서 서술했던 기도에 대한 논의에서 우리는 실천신학자들이 신학적 규범을 수립할 때 맥락에 매우 민감해진다는 점에 주의를 기울였다. 이 단락은 다른 한 가지 중요한 주제를 다룬다. 그것은 실천신학자들이 기독교 신학의 원천에 상대적인 중요성을 부여한다는 사실이다. 우리의 목적을 위해 그 원천을 네 가지로 생각하는 것이 도움이 될 것이다. 기독교 경전, 전통, 이성, 그리고 경험이 그것이다. 이것은 흔히 웨슬리의 사각형으로 알려져 있는데, 알버트 아우틀러(Albert Outler, 1908-1989)가 존 웨슬리의 신학에 대한 성찰에서 이를 분명하게 표현했다.[30] 이

---

30) 이 개념과 이에 대한 아웃틀러의 분명한 표현에 관련하여 Stephen Gunter et al.,

모델은 교의신학과 기독교 윤리학의 논의에서도 유용하지만, 실천신학에서 규범적인 접근방법을 알아내는 데는 특별히 유용하다. 거의 확정적으로 현대의 실천신학자들은 현재의 실천에 대한 탐구에서는 경험에 주의를 기울이며, 사회과학과의 대화에서는 이성에 주의를 기울인다. 문제는 실천신학자들이 성서와 전통에 대한 관계에서 이 두 가지 원천에 부여하는 권위다. 실천신학자들은 네 가지 기독교 신학의 원천에 다른 중요성을 부여하는데, 우리는 논의를 진행하면서 각각의 사례들을 언급할 것이다.

성서는 분명히 실천신학자들이 그것에 부여하는 무게와 그것을 해석하기 위해 사용하는 전략과 관련이 있다. 어떤 사람들은 성서가 하나님의 말씀이고 하나님의 계시의 기록을 담고 있다고 믿는다. 다른 사람들은 성서가 각 세대마다 재해석되어야 하는 "자료"이며, 의미 있는 방식으로 당대의 문제들을 취급해야 한다고 본다. 말할 필요도 없이 이것은 성서의 권위를 보는 서로 다른 방식이고, 성서가 규범적인 제안을 할 때 매우 다른 중량감을 주게 된다. 또한 여기서 실천신학자들이 사용하는 해석학적인 전략에 유의하는 것도 중요하다. 예를 들어 복음주의와 개혁주의 진영의 실천신학자들은 흔히 성서를 신학적 성찰에 가장 중요한 권위, 즉 "규범들의 규범"으로 말하지만, 그들도 종종 성서 해석의 방법에서는 의견을 달리한다. 일부는 성서 본문들을 그리스도 중심적인 관점에서 해석하고, 다른 사람들은 이야기적 양식에 초점을 두며, 또 다른 사람들은 본문의 "문자적인" 의미에 권위를 부여한다. 성서의 권위에 대한 넓은 전망으로부터 이 실천신학자들은 매우 다른 방식으로 성서에 호소한다. 실천신학 텍스트를 읽을 때 저자의 규범적인 제안에서 성서에 부여되는 상대적인 중요성을 결정하는 것이 중요하다.

기독교 전통은 수세기에 걸쳐 기독교 공동체 안에서 출현한 믿음과 실

Wesley and the Quadrilateral: Renewing the Conversation (Nashville: Abingdon, 1997)을 보라.

천들을 가리킨다. 어떤 실천신학자의 교단적인 유산은 흔히 전통에 부여되는 권위에 큰 영향을 미친다. 로마 가톨릭과 성공회의 실천신학자들은 종종 전통이 성서와 동등한 권위를 갖는다고 본다. 그들은 자신들의 제안을 정당화하기 위해 교회 공의회의 가르침을 활용하거나, 전통적인 성례전과 예전의 실천에 특별한 무게를 부여한다. 개신교 종교개혁으로부터 출현한 교단의 실천신학자들은 흔히 전통이 성서의 하위에 놓인 것으로 보며, 성서의 중심적인 가르침의 해석에 해석학적인 지침을 제공하는 것으로 본다. 신조의 전통과 교회적인 실천은 그것들이 오직 현대 교회로 하여금 자신의 시간과 장소에서 신앙을 고백하고 복음을 구현하도록 도움을 준다는 한도에서만 중요성을 갖는다. 침례교와 재세례파에 뿌리를 둔 실천신학자들은 전형적으로 전통에 별다른 중요성을 부여하지 않으며, 자신들의 규범적인 제안을 성서에 직접 호소함으로써 보증하려고 시도한다.

하지만 이런 폭넓은 교단적인 차이의 내부에도 현대 실천신학의 많은 다양성이 존재한다. 예를 들어 교단적인 배경과는 상관없이 자유주의적인 실천신학자들은 일반적으로 전통에 거의 권위를 부여하지 않는다. 그들은 전통을, 신앙이 현대 세계에서 의미 있고 적절한 것이 되도록 하기 위해 재해석되어야만 하는 것으로 본다. 마찬가지로 여성주의 실천신학자들은 종종 전통을 억압의 원천으로 본다. 전통이란, 만일 그것이 여성의 현대적인 해방에 기여하려면 반드시 비판되고 재형성되어야만 하는 것이다. 하지만 전통을 규범적인 지침으로 보는 많은 실천신학자들이 있다. 특별히 흥미로운 사례는 가톨릭, 루터교회, 연합 감리회의 실천신학자들이 시도하는 교부시대의 성인 교리문답 교육의 회복이다. 그들은 전통을 개념이 아니라 규범적 실천의 원천으로 보면서 그것에 접근하는데, 그때 전통은 현재의 교회에서 입회식의 실천을 재형성할 수 있다. 짧게 말하자면, 실천신학자들은 자신들의 규범적인 제안에서 전통을 대단히 다양하게 활용하고 있다. 이것은 교단적 배경의 영향을 받고 있는 반면에, 또한 어떤 특정한 실천신학자의 신학적 입장도 반영한다.

이성은 어떤 공동체가 세상을 합리적으로 탐구하고, 자신의 문제에 대처하는 것을 돕는 지식을 얻고 인간적인 이해를 진전시키기 위해 개발했던 모든 학문적인 훈련의 방식을 포함한다. 서구에서는 이성이 예술 및 학문과 밀접하게 동일시되었으며, 최근 150여 년의 기간에는 현대 과학의 학과들과 긴밀하게 연결되었다. 거의 모든 실천신학자들은 오늘날 이성에 권위를 부여하고 있고, 특별히 사회과학으로부터 많은 것을 배우고 있다. 하지만 그들은 이 권위를 서로 다른 다양한 방식으로 개념화한다. 예를 들어 어떤 사람들은 이성의 권위를 성서와 기독교 전통의 권위와 동등한 것으로 본다. 그들은 현대의 지식을 성서 및 전통과 서로 관련시키고, 이 자료들과의 대화로부터 규범적인 제안을 도출한다. 다른 사람들은 이성의 현대적인 형태로부터 배우기는 하지만 성서와 전통이 하나님, 교회, 그리고 인류에 대한 지식의 유일한 원천이라고 믿는다. 그들의 규범적인 제안은 교회와 인간적 삶의 목적을 결정할 때 성서나 전통에 우위를 부여하며, 다른 형태의 인간적 지식은 그 목적을 성취하기 위한 보조적인 수단으로 본다. 신학의 원천으로서의 이성에게 부여되는 서로 다른 무게는 실천신학자들이 사용하는 학제 간 연구방법에 중요한 의미를 갖는다.[31]

경험은 광범위하게 다양한 방식으로 현대 실천신학 안에서 개념화되고 있으며, 서로 다른 중요성이 부여되고 있다. 이 다양성을 세 그룹으로 분류하는 것이 도움이 될 것이다. 1) 경험을 새로운 신학적 통찰과 규범을 산출하는 것으로 보는 사람들, 2) 경험을 복음의 문화적응의 중요한 한 부분으로 보는 사람들, 그리고 3) 복음이 경험과 긴장 가운데 있는 것으로 보는 사람들이 있다. 각 그룹의 사례가 그 차이를 명확하게 보여줄 것이다.

해방신학과 여성주의 실천신학자들은 억압받는 자들의 투쟁의 경험을 새로운 신학적인 통찰을 산출하는 것, 곧 "가난한 자들의 인식론적 특권"이

---

31) 학제 간 접근방법에 대한 개관을 Osmer, *Practical Theology*, 3장에서 보라.

라는 해방신학의 개념을 상기시키는 전망을 산출하는 것으로 본다.[32] 엘레인 그레이엄의 "변혁의 실천"이라는 개념이 이것을 훌륭하게 제시한다. 우리가 본 것처럼, 그레이엄은 가부장제를 넘어서서 새로운 신념과 실천을 형성하려고 애쓰는 신앙 공동체가 신학적 통찰의 원천이라고 주장한다. 그녀는 여성주의 실천신학자들이 자신들의 규범적인 제안을 형성할 때 그와 같은 공동체의 지혜를 모으는 데 성공할 것이라고 주장한다. 임상적 목회 교육 운동으로부터 배우고 있는 실천신학자들은 경험을 신학적 통찰의 원천 가운데 하나로 보면서, 신학이 거룩한 문서들과 전통들뿐만 아니라 "살아 있는 인간적 문서들"을 읽음으로써 형성된다는 안톤 보이슨(1878-1965)의 사고를 상기시킨다.[33] 시워드 힐트너와 찰스 저킨은 실천신학을 최소한 부분적으로는 목회적인 실천을 반성함으로써 규범적 제안들을 제조하는 것으로 묘사하기 위해, 보이슨의 개념에 기초하여 이론을 수립하고 있다.[34]

경험은 복음의 문화적응을 강조하는 실천신학자들 사이에서 서로 다른 관점으로부터 조망된다. 예수 그리스도의 복음에 유일한 권위가 주어지기는 하지만, 이 실천신학자들은 교회의 선교적 소명이 복음으로 하여금 다양한 문화적 상황에 뿌리를 내리도록 돕는 것이라는 사실을 인식하고 있다. 그렇다면 실천신학은 복음이 각각의 맥락에서 번역되고 구현되도록 하기 위해 공동체의 독특한 문화적 경험에 주의를 기울여야 한다. 이 입장에 대한 훌륭한 사례는 켄다 크리지 딘의 저술에서 발견된다.[35] 앤드류 월스

32) Gustavo Gutiérrez, *A Theology of Liberation: History, Politics, and Salvation*, trans. Caridad Inda and John Eagleson (London: SCM, 2001).
33) 보이슨이 이 입장을 주장한 여러 곳 가운데 하나는 Anton T. Boisen, *Problems in Religion and Life: A Manual for Pastors, with Outlines for the Co-Operative Study of Personal Experience in Social Situations* (Nashville: Abingdon-Cokesbury, 1946)이다.
34) Hiltner, preface to *The Living Human Document: Re-Visioning Pastoral Counseling in a Hermeneutical Mode*, by Charles Gerkin (Nashville: Abingdon, 1984).
35) 특별히 Kenda Creasy Dean, *Almost Christian: What the Faith of Our Teenagers*

(Andrew Walls)의 작업 위에 이론적 기초를 두면서 딘은 실천신학이 "토착화" 원리와 "순례자" 원리 사이의 긴장을 반드시 유지해야 한다고 주장한다. "토착화" 원리는 "하나님 자신의 문화적응"(God's self-enculturation)을 진지하게 취급하고 성령이 복음으로 하여금 특별한 문화적 경험 안에서 형태를 취하도록 해주는 방식이다. "순례자" 원리는 복음이 모든 문화를 의문스럽게 만드는 방식을 진지하게 취급하면서 복음의 변혁적인 힘을 증언하는 순례자 백성을 창조한다. 딘은 젊은 사람들과 함께하는 목회를 위해 이 관점이 지닌 함축성을 탐구한다. 그것은 젊은이들의 문화를 진지하게 수용하고, 또한 젊은이들이 순례하는 하나님의 백성으로 살도록 이끄는 것을 뜻한다.

　　마지막으로 어떤 실천신학자들은 경험을 매우 모호한 것으로 여기고 복음과 긴장 관계에 있다고 본다. 하나님이 누구신가를 발견하는 것, 그리고 인간적 삶과 교회의 목적을 분별하기 위해 경험에 의존한다는 것은 가능하지 않다는 것이다. 경험은 선과 미뿐 아니라 악과 죄와 고통으로 가득 차 있고, 그 자체로는 신학적 지식의 모호한 원천일 뿐이다. 인간의 경험으로부터 하나님에 대한 앎으로 건너가는 다리는 없다. 이 간격은 오직 하나님의 자기전달의 계시에 의해 극복될 수 있다. 이 입장의 한 사례는 칼 바르트의 친근한 동료였던 실천신학자 에두아르트 투르나이젠(1888-1974)의 저술에서 발견된다.[36] 투르나이젠은 예수 그리스도의 복음이 하나님의 사랑의 깊이를 계시하며, 그 사랑은 너무나 강력하여 깨어진 세상의 죄와 고통 속으로 완전히 들어왔고, 이 세상을 하나님과 화해시켰다고 주장한다. 이와 같은 좋은 소식은 선포의 형식을 취하여 인간의 경험 안으로 뚫고 들어오며, 인간의 경험과 긴장 관계에 놓인다. 목회자와 실천신학자들은 어떻게 메시지를 다양한 상황에서 선포할 것인지 알기 위해 경험에 주의를 기울여야

Is Telling the American Church (New York: Oxford University Press, 2010)를 보라.

36) Eduard Thurneysen, A Theology of Pastoral Care, trans. J. Worthington and T. Wiser (Richmond: John Knox, 1962).

하지만, 메시지 자체는 경험으로부터 유도되지 않는다. 메시지는 예수 그리스도 안에 있는 하나님의 구원하시는 행동으로부터 온다. 게다가 인간 존재는 여전히 죄와 죽음에 사로잡혀 있기에, 메시지는 오직 성령의 현재적인 활동을 통해서만 들려지고 주목될 수 있다. 그것은 사람들의 단순한 현재적인 경험의 결과물이 아니다.

사람들은 실천신학의 규범적인 과제의 중요성 때문에 그것에 많은 관심을 부여하고 있다. 실천신학은 **신학**의 한 형식이며, 단지 경험적이고 해석적인 흥미를 가진 사회과학의 "아류"에 불과한 것이 아니다. 그러므로 실천신학자들이 신학의 원천―성서, 전통, 이성, 경험―에 부여하는 권위는 실천신학이 갖는 신학적인 관점의 바로 중심에 위치한다. 그 권위는 그들이 규범적인 제안을 구성하기 위해 사용하는 신학적인 방법과 함께 실천신학을 다른 분야와 대화하도록 하는 학제 간 연구 방법도 제공한다.

실천신학자들이 규범적인 제안을 구체화하는 방법을 알아보려면, 학생들은 자신들이 읽고 있는 책이나 논문에 대해 어떤 질문을 제기하는 것이 도움이 될 것이다. 성서, 전통, 이성, 경험이라는 신학의 네 가지 원천 가운데 어느 것에 우위가 부여되는가? 대부분의 실천신학자들은 마치 당연한 것처럼 이성과 경험에 다소간의 주의를 기울이는데, 이성과 경험은 그들의 글 가운데 어떻게 개념화되는가? 이성과 경험은 성서와 전통의 권위와 동등한 권위를 부여받는가? 아니면 이성과 경험은 규범적인 제안에 단지 부차적인 기여만 하는 것으로 여겨지는가? 서로 다른 입장의 사례들이 위에서 제시되었으며, 그것들은 독자들이 저자의 특별한 관점에 유의하게 만들 것이다.

실천신학의 실용적 과제

실천신학은 현대의 기독교적 실천과 사명에 지침을 제시하는 실천적인 모델과 원칙들을 형성한다. 이것은 실천신학의 중심적인 문제들 가운데서 "어떻게"라는 주제로 묘사되어왔다. 실천신학자들이 오늘날 그 과제를 다루는 방식을 이해하고 평가하기 위해 학생들이 마음에 간직해야 할 두 가지 중요한 질문이 있다.

첫째, 제공되는 실천적인 모델과 원칙들의 기초는 무엇인가? 그것들은 어떤 특별한 배경 안에서 발생한, 어떤 사람의 경험에 배타적으로 근거하는가? 아니면 그것들은 수많은 사례들과 폭넓은 경험적 연구에 근거하는가? 어떤 사람의 경험적인 설명과 그 남자 또는 여자가 그 경험에 기초해서 지금 추천하는 프로그램에 대한 설명을 읽는 것은 큰 도움이 될 수 있다. 하지만 이와 같은 접근방법의 한계도 인지되어야 한다. 그런 방식으로 형성된 프로그램이 다른 배경에서, 특별히 그 배경이 민족, 인종, 계급, 교단 등등에 있어 저자의 배경과 매우 다르다면 제대로 작동할지는 분명하지 않다. 오늘날 최고의 실천신학자들은 단지 자신의 경험만을 나누는 것 이상을 행한다. 다시 말해 그들은 "어떻게"의 실천적인 모델과 원칙을 "왜"라는 풍성한 설명에 근거시킨다. 그들은 어떤 한 가지 상황에서 형성된 모델을 매우 다양한 다른 상황에 적응시키면서, 독자들이 스스로 반성적인 판단을 사용하도록 초대한다.

둘째, 저자는 특별한 모델과 원칙을 추천할 때 기독교적 실천과 사명에서 그 모델과 원칙을 사용하는 이유를 제시하면서 신학적인 정당성을 제공하는가? 우리가 이 장 전체를 통해 지적했던 것처럼 실천신학자들은 오늘날 사회과학과의 힘겨운 대화에 관여하고 있다. 실용적인 과제를 수행할 때, 그들은 리더십 이론, 정신치료분석, 교육, 가족 체계 이론, 그리고 다른 행동과학을 활용한다. 이 학문들은 유용하고 중요하다. 하지만 신학적으로 적절한지의 문제는 여전히 남아 있다. 일반 회사를 위해 개발된 리더십 이론이 어떤 중요한 변경 없이 교회에 그대로 채택될 수 있는가? 목사는 단지 정신치료만을 제공하는가, 아니면 심리치료사나 사회사업가의 노선을 따라 "위기 상담"도 제공해야 하는가? 기독교적 실천과 사명에 독특한 것은 무엇이며, 그것은 우리가 다른 분야에서 다른 목적을 위해 개발된 실천적인 모델과 원칙들에 의존하는 것에 어떤 영향을 미치는가? 아마도 다른 어떤 것 이상으로 이와 같은 질문들이 오늘의 실천신학이 "어떻게"와 "왜" 사이에서 균형을 잡기 위해 애쓰는 이유를 조명해 줄 것이다. 신앙 공동체는 현대 세계에서 많은 도전에 직면해 있으며, 성공을 약속하는 대답에 매달리려는 유혹을 받고 있다. 특별히 그 대답이 과학의 외양을 입고 있다면, 유혹은 더 위협적이다. 하지만 그런 대답이 과연 교회로 하여금 적절하고 효과적일 뿐만 아니라, 또한 신실한 실천과 사명의 형태를 발전시키도록 할 수 있는가? 너무도 많은 것이 "어떻게"와 "왜"의 균형에 달려 있다.

참고도서

Anderson, Raymond. *The Shape of Practical Theology.* Grand Rapids: Eerdmans, 2001.

Browning, Don. *A Fundamental Practical Theology: Descriptive and Strategic Proposals.* Minneapolis: Fortress, 1991.

Gerkin, Charles. *The Living Human Document: Re-Visioning Pastoral Counseling in a Hermeneutical Mode.* Nashville: Abingdon, 1984.

Graham, Elaine. *Transforming Practice: Pastoral Theology in an Age of Uncertainty.* Eugene, OR: Wipf & Stock, 1996.

Hiltner, Seward. *Preface to Pastoral Theology: The Ministry and Theory of Shepherding.* Nashville: Abingdon, 1958.

Loder, James. *The Logic of the Spirit: Human Development in Theological Perspective.* San Francisco: Jossey-Bass, 1998.

Miller-McLemore, Bonnie, and Brita L. Gill-Austern, eds. *Feminist and Womanist Pastoral Theology.* Nashville: Abingdon, 1999.

Osmer, Richard. *Practical Theology: An Introduction.* Grand Rapids: Eerdmans, 2008.

Schleiermacher, Friedrich. *Brief Outline on the Study of Theology.* Translated by T. Tice. Richmond: John Knox, 1966.

Van der Ven, Johannes A. *Practical Theology: An Empirical Approach.* Kampen, Netherlands: Kok Pharos, 1993.

14

교회론

벨리-마티 카르카넨

Veli-Matti Kärkkäinen

풀러 신학교

배경과 맥락: 촉매제로서의 선교운동

16세기 서방 교회에서 발생한 교회와 교회론의 거대한 변혁에 필적할 만한 것은 아무것도 없겠지만, 신학적 방법론이 현대적으로 변화하고 그로 인해 교회에 대한 사고방식이 현대화한 것은 또 다른 분수령을 제시한다.[1]

개신교 종교개혁을 필두로 하여 교회의 제도적인 통일성은 교회와 기독교 공동체의 점차 증가하는 다원성과 다양한 형태에 의해 대체되었다. 산업화 과정과 대대적인 식민지 사업의 강화와 같은 사회정치적인 변화는 19세기 교회의 삶에서 중요한 역할을 담당했지만, 아마도 그 어떤 것도 현대의 선교운동만큼 이전에 교회의 내부에는 존재하지 않았던 다양성을 불러일으키는 데 큰 역할을 담당한 요인은 없을 것이다. 18세기 말부터 기독교는 급속하게 세계 종교가 되어 새로 개발되는 지역 어디에서나 전초기지로서의 역할을 하게 되었다. 물론 교회의 정착은 아프리카, 아시아, 그리고 라틴아메리카 대륙에서는 종종 평탄하지 않았고, 때로는 해안선이나 식민지 개척자들과 상인들의 길을 따르기도 했다. 하지만 기독교회에 현재와 같은 확산의 기초를 마련해주었던 것은 현대적 선교운동이었으며, 그 결과 남반구(아프리카, 아시아, 그리고 라틴아메리카) 기독교인들의 숫자가 북반구(유럽과 북아메리카)의 기독교인들을 훨씬 압도하게 되었다.

가톨릭교인과 개신교인은 각각 다른 선교 활동을 수행했다. 개신교회의 확산은 선교단체와 진취적인 개인을 중심으로 이루어졌다. 가톨릭의 선교

---

1) Roger Haight, SJ, *Christian Community in History*, vol. 2, *Comparative Ecclesiology* (New York: Continuum, 2005), 291.

에서는 수도원과 몇몇 종단이 선두에 섰다. 이에 더하여 가톨릭교회는 제2차 바티칸 공의회(1962-1965)까지는 사실상 계몽주의의 영향에 맞섰던 반면에, 개신교회는 계몽주의의 결과인 현대성에 문을 활짝 열었다.[2] 규모 면에서는 훨씬 작았지만 특별히 18세기 동방 정교회의 선교사업도 잊어서는 안 된다. 정교회 신부들과 수도사들은 정교회 신자를 확보하기 위해 러시아, 시베리아, 알래스카, 그리고 다른 지역으로 진출했다.[3]

논의를 진행하면서 20세기의 발전된 교회론이 발생하게 된 단계를 간략하게 관찰해보자.

20세기가 시작되었을 때, 분열된 기독교의 주요 교회들은 각각 자신의 대의를 위해 새로운 교회론을 소개해야 했다. 그것은 그리스도의 정신 안에 있는 교회의 위치, 교회의 본질적인 메시지, 교회의 본성과 정체성, 교회의 연속성의 표지들, 교회의 권위와 구조, 스스로를 "세상에 물들지 않게" 지켜야 하지만 또한 "세상의 소금"이 되어야 하는 교회의 이중적인 사명에 대한 응답, 그리고 무엇보다도 교회의 역사적인 분열에도 불구하고 그것을 넘어서서 교회의 진정한 통일성을 추구해야 할 책임 등과 관련된 교회론이었다.[4]

---

2) Stephen B. Bevans and Roger P. Schroeder, *Constants in Context: A Theology of Mission for Today* (Maryknoll, NY: Orbis, 2004), 7장을 보라.

3) Ibid., 227-28.

4) Jaroslav Pelikan, *The Christian Tradition: A History of the Development of Doctrine*, vol. 5, *Christian Doctrine and Modern Culture (since 1700)* (Chicago: University of Chicago Press, 1989), 282.

교회의 전통들과 그것들의 신학적인 자기이해

19세기 개신교의 교회론

로마 가톨릭교회와는 달리 개신교회는 다원주의와 복수형태론을 구현했고, 지금도 계속해서 그렇게 한다. 현대 개신교 신학은 계몽주의의 영향을 지속적으로 받았을 뿐만 아니라, 상상력과 창조성을 강조했던 낭만주의의 영향도 크게 받았다. 상상력은 교회에 대한 신학적 숙고가 유기체적 은유, 유기적 성장, 그리고 그에 따른 교회의 사회적-유기체적 이해에 초점을 맞추는 데 도움을 주었다.[5] 하지만 전통적인 개신교인들에게 현대적 개신교 신학, 특별히 고전적 자유주의는 정통 교리와 전통적·기독교적인 경건에 비추어 볼 때 빈약해 보였다. 그와 같은 특징은 신학적으로 보다 보수적인 교회와 신학 집단에 두 가지 종류의 반응을 불러일으켰다. 대서양 양편의 대각성에 더하여 경건주의, 청교도주의, 성결교-감리교 운동과 같은 부흥운동이 "심정의 종교"를 다시 소생시키려고 시도했던 반면에, 근본주의 운동은 계몽주의 이전 그리고 역사비평 이전의 성서적이고 교리적인 입장을 재발견하려고 했다.

19세기 자유주의의 주도적인 신학자였던 프리드리히 슐라이어마허(1768-1834)의 19세기적 교회론은 『기독교 신앙』[6]이라는 그의 주요 저서에서 제시된다. 너무 많은 방식으로 혁신적이기는 했지만 교회론이 분리된 장으로 다루어지지 않고 그의 신학적 비전 전체와 통합적으로 관계되었다는 점에서, 그의 교회론은 **조직신학**의 고전적 전통을 이어가고 있다. 첫 번째 주요 부분은 인간성을 구성하는 한 부분으로서 하나님 의식을 상세하게 설명한다. 그다음 두 번째 주요 부분은 "죄와 은혜"라는 표제 아래 하나님 의

---

5) 더 깊은 이해를 위해 Haight, *Christian Community*, 2:306-7을 보라.
6) Friedrich Schleiermacher, *The Christian Faith*, ed. H. R. Mackintosh and J. S. Stewart (1821-22; rev. 1830-31; repr., New York: Harper & Row, 1963).

식에 대한 특별히 **기독교적인** 경험에 초점을 맞추면서, 그리스도와 교회에 집중한다. 우리의 구원을 위한 그리스도의 인격과 사역의 의미는 기독교 공동체의 경험이라는 관점에서 설명되며, 교회론의 논의는 구원론의 렌즈를 통해 "역사 속에서의 예수 그리스도의 경험을 역사적으로 중재하는 공동체를 지시한다."[7]

슐라이어마허에게 구속은 한편으로는 그리스도에게 의존한다. 다른 한편으로 우리는 첫 제자들과는 달리 단지 교회와 접촉할 수 있을 뿐이다. 이 문제의 해결은 오직 우리가 "비슷한 믿음을 산출하려고 할 때 교제의 영향이란 다름이 아니라 예수 자신의 인격적인 완전성의 영향이다"[8]라고 확신할 수 있을 때 가능해진다. "그리스도의 자기계시가 이제는 그를 설교하는 사람들에 의해 중재되고, 설교의 행위는 실제로 그분으로부터 나오고 본질적으로 그분 자신의 것"[9]이라는 점에서 교회의 중재적인 역할에 초점이 맞춰진다.

또한 이 요점은 성령론을 초점의 대상으로 옮긴다. 케빈 헥터는 다음과 같이 바르게 말한다. "바로 그 동일한 활동이 그리스도 안에서 성육신하였고 교회에 임재하고 있다. 이것은 그리스도의 활동이 교회 안에서 우리에게 정말로 임재한다는 것을 의미한다. 그래서 우리는 슐라이어마허의 성령론이 설명하려고 했던 것 중의 하나, 즉 하나님이 그리스도의 활동을 교회 안에 임재하시는 성령을 통해 우리에게 중재하시는 방식을 보고 있다."[10] 성령은 그리스도께서 교회와 자신 사이의 교제와 연합을 지속시키는 "매개"다. 슐라이어마허는 『기독교 신앙』 섹션 122에서 이것을 상세하게 설명한다.

---

7) Haight, *Christian Community*, 2:316.
8) Schleiermacher, *Christian Faith*, Section 88.
9) Schleiermacher, *Christian Faith*, Section 108.5. Kevin W. Hector, "The Mediation of Christ's Normative Spirit: A Constructive Reading of Schleiermacher's Pneumatology," *Modern Theology* 24, no. 1 (2008): 1-22를 보라.
10) Hector, "Mediation of Christ's Normative Spirit," 4. 슐라이어마허 자신의 형식을 보려면 Section 125를 보라.

교회를 통해 그리스도의 구속의 사명은 세상에서 계속된다.[11] 이것은 마침내 세계의 성화로 이어질 것이다.[12] 자신의 경건주의적인 뿌리를 반영하면서 슐라이어마허는 교회 안에 있는 두 종류의 교인들을 구별한다.[13] 교회는 점점 더 많은 사람들이 예수와 접촉하고, 그래서 바깥으로부터 내부 집단으로 움직일 때 확장된다.[14] 예정론은 왜 어떤 사람들은 교회 내부에 있는 반면 다른 사람들은 아직도 바깥에 있는지에 대한 기독교적 설명방식이다.[15]

로마 가톨릭의 교회론

제2차 바티칸 공의회 이전의 교회와 교회론

19세기의 가톨릭교회는 현대성에 대한 저항을 포함하여 "반문화적" 정신구조를 채택했을 뿐만 아니라 이와 더불어 권위주의를 지향하는 방향으로 변화했다. 이것은 제1차 바티칸 공의회(1869-1870)의 선언에 대단히 극적으로 반영되어 있다.[16] 동시에 가톨릭교회는 중세 기독교 시대와 그 교회를 이상화하는 경향을 보였다. 19세기 가톨릭교회의 신학적 환경을 말하자면, 그것은 "아리스토텔레스의 형이상학적 범주들을 통해 중재된 교과서 신학"이라고 특징지을 수 있을 것이다.[17] 개신교 신학과는 달리 가톨릭 신학은

---

11) Schleiermacher, *Christian Faith*, 124.

12) Ibid., 113.

13) Ibid.

14) Ibid., 114.

15) Ibid., 120.

16) 제1차 바티칸 공의회가 회칙 *Quanta Cura*(1864)의 발표자인 교황 피우스 9세에 의해 주관되었다는 것은 중요하다. 그는 "오류 요목"의 저자이자 현대주의 및 다른 유사한 견해들과 싸우려고 했던 교황이었다. 제1차 바티칸은 공의회 선언문의 서문에서 그 회합의 이유가 교회론 정의의 필요성뿐만 아니라 "현대적 오류들의 정죄"였다고 언급한다. "First Vatican Council (1869-1870)," Eternal Word elevision Network, http://www.ewtn.com/library/COUNCILS/V1.htm#6.

17) Haight, *Christian Community*, 2:308.

다원주의에 공간을 거의 허용하지 않았고, 지적인 독창성은 교회의 권위에 의해 속박되고 있었다.

"그리스도의 교회에 대한 첫 번째 교의적 헌법"에서 제1차 바티칸은 "그리스도의 진정한 대리자"로서의 교황의 수위권 선언에 초점을 맞추면서, 권위적이고 위계질서적인 교회관을 제시했다.[18] "전체 교회를 관할하는 수위권"이 베드로의 후계자에게 주어져 있으며, 이 수위권은 전 세계의 교회에 대해[19] "즉각적으로 그리고 직접적으로 약속되어 있고",[20] 영원히 지속될 것이다.[21] 로마 주교의 권력은 "감독의 권위를 갖는 동시에 직접적이기" 때문에, 모든 사람은 그것에 순종적으로 복종해야 한다.[22] 교황은 교회의—필요하다면 주교들의—교사일 뿐만 아니라,[23] 또한 "신실한 자들에 대한 최고의 심판자"다.[24] 교황의 권력 확립의 최종적인 정점은 교황의 무오성에 대한 진술이다. 그것은 "신적으로 계시된 교의"로 간주되며, 다시 말해 로마 교황이 "권위를 가지고"(*ex cathedra*) 말할 때 무오하다는 것이다.

> 모든 기독교인의 목자와 교사로서 자신의 직무를 수행할 때, 그는 자신의 최고의 사도권에 의지하여 전체 교회가 보유하는 신앙과 도덕에 대한 교리를 규정하며, 복된 베드로 안에서 그에게 약속된 신적인 도움에 의지하여 그는 신적인 구속자가 자신의 교회가 신앙과 도덕에 대한 교리를 규정할 때 향유하기를 원하셨던 바로 그 무오성을 소유한다. 그러므로 로마 교황이 내리는 그런

---

18) "First Dogmatic Constitution on the Church of Christ" 3.1, Eternal Word Television Network http://www.ewtn.com/library/COUNCILS/V1.htm#6.
19) Ibid., 3.1.
20) Ibid., 1.1.
21) Ibid., 2.1.
22) Ibid., 3.2.
23) Ibid., 3.6.
24) Ibid., 3.8.

규정들은 교회의 동의에 의해서가 아니라 그 자체로서 변개될 수 없다.[25]

이와 같은 공식적인 입장과 소위 교과서 신학에 대항해서-그리고 여러 가지 방식으로 그것들과 긴장관계에 놓이면서-보다 균형 있는 교회론의 사고방식을 얻으려는 시도들이 있었다. 그 가운데 두드러진 이는-특별히 심지어 제2차 바티칸에까지 미친 그의 후대의 영향과 관련하여-"현대의 가장 위대한 교회론자들"[26] 가운데 한 명이라 할 수 있는 요한 아담 묄러 (1796-1838)다. 데니스 도일에 따르면 묄러의 견해는 중세의 가톨릭적 교회론과 거리를 두었고, 슐라이어마허의 영향을 활용했으며, 그래서 교회론을 보다 덜 법적인 반면 보다 더 신비적이고 유기적인 것으로 만들었다.[27] 교회에 대한 묄러의 신학적인 상상에는 두 가지 국면이 있다. 한 가지는 『교회 안의 통일성』에서 제시된 것으로[28] 성령론을 지향했지만,[29] 그렇다고 기독론의 배제에 이르지는 않았다.[30] 다른 한 가지 국면은 그리스도의 성육신

---

25) Ibid., 4.9.

26) Peter J. Riga, "The Ecclesiology of Johann Adam Möhler," *Theological Studies* 22, no. 4 (1961): 563-64.

27) Dennis M. Doyle, "Möhler, Schleiermacher, and the Roots of Communion Ecclesiology," *Theological Studies* 57, no. 3 (1996): 478.

28) Ibid., 471. Johann Adam Möhler, *Unity in the Church or the Principle of Catholicism: Presented in the Spirit of the Church Fathers of the First Three Centuries*, ed. and trans. Peter C. Erb (Washington, DC: Catholic University of America Press, 1996).

29) Riga, "Ecclesiology," 573-77, 특별히; Bradford E. Hinze, "Releasing the Power of the Spirit in a Trinitarian Ecclesiology," in *Advents of the Spirit: An Introduction to the Current Study of Pneumatology*, ed. Bradford E. Hinze and D. Lyle Dabney, Marquette Studies in Theology 30 (Milwaukee: Marquette University Press, 2001), 347-81.

30) 이것은 예수회 교회론 신학자인 Philip P. Rosato의 중요한 논문 "Between Christocentrism and Pneumatocentrism: An Interpretation of Johann Adam Möhler's Ecclesiology," *Heythrop Journal* 19, no. 1 (January 1978): 46-70에 훌륭하게 설명되어 있다.

의 연속으로서의 교회라는 영향력 있는 가톨릭적 개념을 발전시키는 데 중요한 기여를 했다.[31] 우리의 논의는 전자의 국면과 그것에 이어지는 가톨릭적 교회론의 발전에 미친 그 국면의 영향에 초점을 맞출 것이다.

『교회 안의 통일성』이라는 책에서 묄러는 교회의 가시적인 본성과 비가시적인 본성을 다음과 같이 통합한다. "**하나의** 공통적이고 진실한 **생명**은 영적 능력과 그것의 외적·유기적 현현이라는 두 가지 요인 중 한 가지 결과로서, 그리고 신자들의 총체성을 통해 그 자체를 형성한다."[32] 자신의 현대적인 개신교인 동료들과 유사하게 묄러는 교회를 성장과 진화의 용어로 설명하는 유기적인 은유를 좋아했다. 이것은 특별히 그의 성령론의 서술에서 전면에 부상한다. "모든 믿는 자들은 함께 하나의 유기적인 전체를 형성한다."[33] 이것은 구조와 위계가 그의 교회론에 낯설다는 것을 말한다기보다는, 내부와 외부 사이, 신비적인 것과 조직체 사이에 균형을 맞추려고 시도했음을 뜻한다. 그와 같이 묄러는 제1차 바티칸과 제2차 바티칸 사이에서 중요한 가교 역할을 한다.

두 번째 천년기의 마지막 세기로 전환하면서―그리고 오늘날까지도―로마 가톨릭신학에 주어졌던 지속적인 도전은 "과거의 독특한 가톨릭적인 형식과 관례가 사라지는 것을 애통해하는" 전통주의자들과 "가톨릭 신앙을 보다 덜 법률적이지만 보다 더 교회일치적이고 은사주의적인 방식으로 표현하기를 고집하는" 진보주의자들 간의 딜레마를 중재해야 하는 난점이었다.[34] 「굳센 우리」(*Vehementer Nos*, 1906)라는 명칭의 교황 피우스 10세의 회칙은 성직자 및 평신도와 관련하여 교회를 "불평등한 사회"라고 명시

---

31) 후자에 대해 Michael J. Himes에 의한 중요한 연구 *Ongoing Incarnation: Johann Adam Möhler and the Beginning of Modern Ecclesiology* (New York: Crossroad, 1997)를 보라; 묄러의 신학에서 전환에 대해 Haight, *Christian Community*, 2:338-39를 보라.

32) Möhler, *Unity*, 2.1.49, 211-2; 또한 2.1, 209를 보라.

33) Ibid., 1.3.26, 143.

34) Rosato, "Between Christocentrism and Pneumatocentrism," 48.

적으로 묘사했다.[35] 보다 균형 잡힌 교회론을 향한 중요한 움직임을 피우스 12세의 회칙 「몸의 신비」(*Mystici Corporis*, 1943)에서 감지할 수 있다. 이 선언은 기독론적이고 성령론적인 방향을 취했고—이 방향은 성직자들의 조직체적이고 위계질서적인 주도성과 평신도들의 은사주의적이고 활력적인 참여성 사이의 역동성으로 표현된다—기독론과 성령론의 두 요소가 균형을 이루고 서로를 풍요롭게 만드는 교회의 그림을 그려주었다.[36]

현대 로마 가톨릭신학에서의 교회

제2차 바티칸의 사역은 칼 라너(1904-1984)나 한스 큉(1928-)과 같은 몇몇 주도적 가톨릭 신학자들의 중요한 사역에 의해 준비되고 주도되었다. 큉의 1967년 책인 『교회』는 이미 현대의 고전이 되었다. 그는 교회에 대해 끊임없는 갱신을 요구했고,[37] 종교개혁자들의 목소리에 반향하면서 교회가 거룩한 자들뿐만 아니라 죄인들의 공동체이기도 하다고 주장했다.[38] 또한 큉은 과도한 성직자 중심주의를 경고했고, 하나님의 백성 전체가 은사를 입는 것의 중요성을 강조했다. 은사주의적 요소의 중요성은 큉의 동료인 칼 라너가 공의회 기간 동안에 출간했던 『교회 안의 역동적인 요소』라는 책에서 더욱 고양되었다.[39]

제2차 바티칸 공의회는 가톨릭교회가 현대성과 타협하도록 도왔다.[40]

---

35) *Vehementer Nos* 8, at the Vatican website: http://www.vatican.va/holy_father/ pius_x/encyclicals/documents/hf_p-x_enc_11021906_vehementer-nos_en.html.

36) *Mystici Corporis Christi* 17, at the Vatican website: http://www.vatican.va/holy_ father/pius_xii/encyclicals/documents/hf_p-xii_enc_29061943_mystici-corporis- christi_en.html.

37) Hans Küng, *The Church* (New York: Image Books, 1976), 341.

38) Ibid., 230.

39) Karl Rahner, *The Dynamic Element in the Church* (New York: Herder & Herder, 1964).

40) Thomas P. Rausch, *Towards a Truly Catholic Church: An Ecclesiology for the Third Millennium* (Collegeville, MN: Liturgical Press, 2005), 8-9.

공의회는 아마도 모든 시대를 통틀어 가장 중요한 교회론적 문서라 할 수 있는 「세상의 빛」(*Lumen Gentium*, 교회에 대한 교의학적인 규정)을 발행했다.[41] 또 다른 중요한 문서는 「사목헌장」(*Gaudium et Spes*, 현대 세계 안에 있는 교회의 목회적 구성)이다.

본래 계획은 권위와 복종의 필연성에 더하여 교회의 제도적인 본성, 위계질서적인 구조, 사제 직분과 감독권을 강조하는 것이었는데, 최종적인 문서는 그와 매우 다르게 보이는 것으로 끝맺고 있다.[42] 「세상의 빛」은 "신비"로서의 교회의 본성으로 시작한다. 교회는 삼위일체 하나님에 의해 세워진 것이고(1장), 성직 서품을 받은 사람들과 평신도의 모든 구성원을 포함하여 하나님의 백성으로 묘사된다(2장). 그다음에 "위계질서로서의 교회"가 말해진다(3장). 바로 뒤따라오는 것은 평신도에 대한 장(4장), 그리고 매우 의미심장한 장인 "거룩함으로의 소명"(5장)이다. 왜냐하면 전체로서의 교회가 "종교적인" 것에 대한 장(6장)에 선행하기 때문이다. 이어지는 7장은 가톨릭교회를 "완전한 모임"으로 보았던 과거로부터 새롭고 극적인 방향전환을 일으키면서, 7장은 교회가 하늘의 본향을 향해 나아가며 따라서 아직은 완전하지 않은 "순례자 교회"라고 말한다. 마지막 장(8장)은—여전히 많은 논란 후에—마리아의 역할에 초점을 맞춘다. 성모 마리아에 대한 가르침을 별도의 문서로 만들지 않고 교회론적 문서의 한 부분으로 첨부하는 이유는, 교회와 예전을 하나님의 어머니에게 영예를 돌려드리는 적절한 수단으로 강조하기 위한 것이다.

모든 가톨릭신학에 공통된 성례전적인 기반을 유지하면서 「세상의 빛」은 "성례의 본성 안에 있는" 교회를 묘사한다. 이것은 교회가 "하나님과의

---

41) 제2차 바티칸의 문서에 대한 언급과 인용은 Austin Flannery, OP, ed., *Vatican Council II*, vol. 1, *The Conciliar and Post Conciliar Documents*, new rev. ed. (Northport, NY: Costello/Dublin, Ireland: Dominican, 1998)로부터 온 것이다.

42) 명확한 논의를 위해 Rausch, *Catholic Church*, 15-24를 보라.

교제 및 모든 사람의 연합의…증표와 도구"라는 것을 뜻한다.[43] 이것은 진정으로 "보편적인" 비전으로써 교회를 삼위일체 하나님과 연결시킬 뿐만 아니라(단락 2-4에서 상세히 설명되는 것처럼), 인류 전체와도 연결시킨다.

그 문서는 교회를 성례[44] 그리고 하나님의 백성으로 정의한 다음, 교회의 성장과 안녕을 위한 교회의 위계질서적인 본성을 상세히 설명한다.[45] 12 사도의 선택을 반영하는 모임을 구성하는 주교들은[46] 그리스도께서 임명한 지도자들이고, 로마의 주교인 교황의 사역 아래 있다.[47] 교황은 "믿음과 영적 연합이라는 양자의 일치를 위한 지속적이고 가시적인 원천"이다.[48] 이와 같이 제2차 바티칸은 교황의 권력을 확증하는 동시에 특성화한다. 하지만 교황 무오설은 여러 가지 방식으로 특화되어 관찰된다. 첫째, 교황 무오설은 무엇보다도 교회 전체의 무오성과 연결된다. 둘째, 교황뿐만 아니라 주교들의 모임도 특별히 교회일치를 위해 모였을 때는 무오성을 가질 수 있다. 셋째, 원칙적으로 교황 무오설은 교회의 수용 없이도 타당한 반면에, 그 맥락에서 "교회의 동의가 교황 무오설의 정의에 결여될 수 없다"는 진술이 성령의 사역에 대한 설명과 관계되면서 말해진다. 마지막으로, 선포의 무오성이 계시와의 일치 안에서 이루어진다고 확증된다.[49]

위계질서에 대한 가르침에 이어서 「세상의 빛」은 평신도의 성격과 그들의 사역에 대한 괄목할 만한 신학을 제시한다. 평신도들을 하나님의 백성 아래에 이미 포함시키고(2장) 서품을 받은 사람과 종교적인 사람들만이 아니라 모든 교회 구성원들을 거룩함으로 초대한 후에(5장), 이 문서는 그리스도의 제사장적이고 예언자적인 사역에 참여하는 평신도의 사도직을 말

---

43) *Lumen Gentium* 1.1.
44) 관련된 용어인 "신비"가 예를 들어 1.5에서와 같이 여러 곳에서 채택된다.
45) Ibid., 3.18.
46) Ibid., 3.19.
47) Ibid., 3.22.
48) Ibid., 3.18.
49) Ibid., 3.25.

한다.[50] 성령은 단지 성례전과 교회의 사역을 통해서만 아니라 다양한 방법으로 모든 신실한 자들에게 주어지는 특별한 은사들을 통해서도 하나님의 백성들을 거룩하게 하고 인도하신다.[51]

「세상의 빛」은 교회일치를 위한 사역과 연구를 위한 문을 활짝 열어주었으며 「일치의 재건」(Unitatis Redintegratio)이라는 별도의 문서에서 그것을 상세히 설명한다. 과거와는 달리 그리스도의 교회를 가톨릭교회와 직접 동일시하는 곳은 없다.[52] 비록 동방 정교회만 신학적 의미에서 "교회"라고 지칭되지만, 성서, 기독교적 열정, 삼위일체적인 고백 등 모든 기독교인 사이에서 공유될 수 있는 다수의 핵심적인 가치들이 그 안에서 인정되고 있다.[53]

현대 세계와 문화에 대한 교회의 관계는 가장 긴 문서인 「사목헌장」에서 매우 상세히 설명된다. 이 문서는 "시대의 표징"을 읽으려고 애쓰는데, 이것은 제2차 바티칸 공의회와 그 어간에 선호되었던 용어다.[54] "보편적인 (가톨릭적인)" 비전을 유지하면서 공의회는 여기서 교회뿐만 아니라 인류 전체를 언급한다.[55]

「비그리스도교에 대한 선언」(Nostra Aetate)과 다른 문서들은 나아가 가톨릭교회의 개방성에 대한 「세상의 빛」의 가르침을 다른 종교들에 대해서도 확장시킨다. 가톨릭교회와 어떻게 관계되는가라는 관점에서 종교들 중에는 유대교로부터 무슬림에 이르는 가장 가까운 종교가 있고, 이어서 다른 유일신 종교들 및 마지막으로 타종교들까지 이르는 일종의 종교적 "위계질서"가 있다. 이에 더하여 그리스도의 보편적인 구원 사역에 근거하여, 아직 복음을 듣지 못했지만 진지하게 자신들의 종교와 윤리적 명령의 빛을 따르

---

50) Ibid., 4.33-34.

51) Ibid., 2.12. 은사에 대한 다른 언급을 위해 4.30; *Apostolican Actuositatem* 1.3; 그리고 *Presbyterorium Ordinis* 2.2,9를 보라.

52) *Lumen Gentium* 1.8.

53) Ibid., 2.15.

54) *Gaudium et Spes* 4.

55) Ibid., 2.

는 사람들에게도 구원의 가능성이 있다고 말해졌다.[56]

가톨릭적 바닥 공동체

20세기의 로마 가톨릭적인 교회론에 대한 새롭고 중요한 도전들 가운데 하나는 라틴아메리카의 "바닥 공동체"(base communities)의 출현이다. 이 공동체는 평민과 가난하고 억눌리며 특권을 누리지 못하는 사람들의 대의를 지지하면서 "바닥으로부터" 출현했다. 이 출현은 콜롬비아 메데인에서의 제2차 라틴아메리카 주교 회의(1968)와 같은, 감독들과 성직자들의 지도력에 의해 예비 되었다.

가톨릭 바닥 공동체의 배후에 있는 주요 인물인 레오나르두 보프(1938-)는 자신의 갈채 받는 책인 『교회의 기원』에서 (바닥 공동체의) 주요 특징을 다음과 같이 요약한다. "천천히, 그러나 점점 더 강하게 우리는 사람들이 실제로 서로를 알고 인정하는 공동체의 창조를 증언해왔다. 거기서 사람들은 자신의 개성을 지닌 그들 자신일 수 있고, '자신들의 발언권을 가질' 수 있으며, 그들의 이름으로 환영받을 수 있다. 그렇게 하여 우리는 그룹들과 작은 공동체들이 모든 곳에서 생성되는 것을 본다."[57] 바닥 공동체는 사회에서 가난하고 가장 연약한 사람들과 단지 공감만 하는 것에 그치지 않는다. 바닥 공동체는 바로 그 가난한 사람들로 구성된 가난한 사람들의 **교회 자체다.**

바닥 공동체 배후에는 사회적이고 사회정치적인 중요한 이유들이—특별히 가난한 사람들을 위한 대의가—놓여 있지만, 또한 명확한 신학적·교회론적 확신도 있다. 이 신학자들은 바닥 공동체가 큰 교회(즉 로마 가톨릭교회) 안에서 단순한 갱신 운동 그 이상의 것을 제시한다고 주장한다. 다시 말

---

56) *Lumen Gentium* 2.16. 다른 것 가운데 또한 *Gaudium et Spes* 1.1.22와 *Nostra Aetate* 2를 보라.

57) Leonardo Boff, *Ecclesiogenesis: The Base Communities Reinvent the Church* (Mary knoll, NY: Orbis, 1986), 1.

해 이 공동체들은 새로운 교회론, "교회의 기원되기", "교회 다시 시작하기" 등을 표방한다는 것이다.[58] 이 공동체들을 가톨릭 교회론과 그 위계질서에 대해 긴장관계에 놓이게 했던 것은 바로 이 공동체들의 교회적 본성에 대한 신학적 주장 때문이었다.[59]

동방 정교회 교회론

동방 교회에는 네 개의 유서 깊은 총대주교직이 있다. 즉 콘스탄티노플, 알렉산드리아, 안디옥, 그리고 예루살렘의 주교직이다. 5번째의 총대주교직은 압도적으로 가장 큰 정교회인 러시아 정교회의 모스크바다. 옛날 동유럽에는 세르비아, 루마니아, 불가리아와 같은 많은 독립적인 교회들이 있었다. 정교회의 세 번째 중심지는 나머지, 즉 미국과 서유럽, 아프리카, 그리고 중국, 일본, 한국과 같은 몇몇 아시아 국가들이다.[60] 총대주교직 가운데 수위권은 콘스탄티노플 대주교에게 있다. 하지만 그 역할은 로마 가톨릭교회에서 바티칸이 갖는 역할과 비교될 수 없다. 왜냐하면 동방 교회에는 자치적인 총대주교직과 그 교회의 문제에 간섭할 권한이 콘스탄티노플 총대주교에게 없기 때문이다. 그러므로 현재의 세계교회에서 "동방"이라는 용어는 지리적이라기보다는 로마 가톨릭, 성공회, 개신교를 가리키는 "서방 교회"와 대조되는 교회를 지칭하는 방식이다.

그와 같은 다양한 그룹의 교회를 함께 묶어주는 것은 성례전적 교제와

---

58) Yves Congar, "Os grupos informais na Igreja," in *Communidades eclesiais de base: Utopia our realideade?* ed. Alfonso Gregory (Petropolis, Brazil: Vozes, 1973), 144-45.

59) Avery Dulles, "The Church as Communion," in *New Perspectives on Historical Theology: Essays in Memory of John Meyendorff,* ed. Bradley Nassif (Grand Rapids: Eerdmans, 1996), 133을 보라.

60) 최신의 훌륭한 안내서는 John Binns, *An Introduction to the Christian Orthodox Churches* (Cambridge: Cambridge University Press, 2002)이다.

살아 있는 전통에 대한 사랑이다. "합의성"(Conciliarity)이라는 용어는 교회 일치를 위해 초기 공의회의 중요성을 강조하는 동방 교회 신학자들이 사용하는 용어이고, 초기 공의회는 사도행전의 예루살렘 공의회부터 일곱 번의 초기 에큐메니칼 공의회까지를 가리킨다.[61] 역사를 통해 그리고 현재도 "동방 정교회 신학은 사도들의 교회에 중단되지 않고 직접 연결되어 있는 사도적 전통의 진실성을 보존해 왔다고 주장한다(문자적으로 "바른 믿음"을 의미하는 정교회[orthodoxia]라는 용어가 이 주장을 함축한다)."[62] "거룩한 전통이 동방 교회 신앙의 원천이기" 때문에[63] 정교회 신학은 중심에서 초기의 원천들, 즉 동방 교회의 교부들로부터 유래한다.

동방 교회의 전통적 교회론에서 가장 근본적인 진술은 교회가 삼위일체의 형상이라는 것이다.[64] 각 사람이 삼위일체의 형상에 따라 지어졌듯이, 전체로서의 교회도 "지상에서 다양성 안의 통일성이라는 신비를 재현하는" 삼위일체의 성상(icon)이다.[65] 서방의 교회론이 현저하게 기독론적인 범주 위에 세워진 반면에 동방의 교회론은 기독론과 성령론 사이의 균형을 추구한다. 그 결과 동방의 신학자들은 그리스도의 몸으로서의 교회, 그리고 성령의 충만으로서 교회에 대해 말한다.[66] 존 지지울라스(1931-)는 이런 두 가지 원칙을 다음과 같은 개념으로 표현한다. 교회는 그리스도에 의해 내적으로 **건립되고**(in-stituted), 성령에 의해 외적으로 **성립된다**(con-stituted).[67] 그

61) Paraskevé Tibbs, "Eastern Orthodox Theology," in *Global Dictionary of Theology*, ed. William Dyrness and Veli-Matti Kärkkäinen (Downers Grove, IL: InterVarsity, 2008), 244.

62) Ibid.

63) Kallistos Ware, *The Orthodox Church*, new rev. ed. (London: Penguin Books, 1993), 195(16장)의 장 제목이다.

64) 더 나아가 Vladimir Lossky, *The Mystical Theology of the Eastern Church* (New York: St. Vladimir's Seminary Press, 1997), 176-77을 보라.

65) Ware, *Orthodox Church*, 240.

66) Lossky, *Mystical Theology*, 157, 174.

67) John Zizioulas, *Being as Communion: Studies in Personhood and the Church*

러므로 동방의 성령론적 교회론은 위계질서와 영적 은사 사이에서 이상적인 균형을 잡아준다. "교회는 단지 위계질서적인 조직에 그치지 않는다. 교회는 은사주의적이고 오순절적이기도 하다."[68] 초기 교회 이후로 은사주의적 사역은 비록 그 증거가 적기는 하지만 전적으로 사라진 것은 결코 아니었다.[69]

동방 정교회의 삶과 교회론의 중심에는 성만찬이 놓여 있다. 성만찬은 우선적인 성례전이다. 그러므로 교부들에게로 소급되는 교회론의 기본적인 규정은 "성만찬이 있는 곳마다 교회가 있다"라고 말한다. 또는 "교회는 성만찬을 행하고, 성만찬은 교회를 만든다"라고 말할 수도 있다. 그러므로 성만찬을 기념하는 신적인 예전은 정교회의 영성과 교회 생활의 중심이다.[70]

20세기의 개신교 교회론

주류 개신교 신학의 교회론

고전적 자유주의, 그리고 특별히 슐라이어마허의 프로그램에 반대하는 강력한 반응은 개혁주의 신학자 칼 바르트(1886-1968)로부터 나왔다. 여러 권의 방대한 『교회교의학』의 집필을 시작하면서 바르트는 중요한 반체제적인 선언문인 "바르멘 선언"(1934)의 초안 작성에서도 중심적 역할을 담당했다. 이 선언문은 나치 체제라는 점증하는 정치적인 위협에 대항하여 교회로 하여금 오롯이 하나님 한 분께만 극단적으로 순종하라고 요구했다. 바르멘 선언은 세속 권력(카이사르)에게 굴복하는 것처럼 보였던 그 시대의 교회들에 대해 엄중히 경고했다.[71]

(Crestwood, NY: St. Vladimir's Seminary Press, 1985), 22.

68) Ware, *Orthodox Church*, 249.

69) Ibid., 249-50; 또한 Lossky, *Mystical Theology*, 190-92를 보라.

70) Ware, *Orthodox Church*, 13, 242, 275.

71) 바르멘 선언은 미국 장로교회(PCUSA) 헌법에도 포함되어 있다. 그것의 맥락과 본문에 대해 Arthur C. Cochrane, *The Church's Confession under Hitler* (Pittsburgh,

바르트의 교회론은 성령론, 기독론, 하나님의 말씀이라는 세 가지 교의학 분야에서 다루어진다. 교회를 부르시는 분이 성령이기는 하지만, 교회는 여전히 "세계사의 현상"이며, 인간들의 모임이다.[72] 이것은 교회의 가시적 본성의 강조에 이르는 출입구다. 바르트는 교회가 비가시적이라는 생각을 거부했으며, 그것을 "교회론적 가현설"이라고 불렀다.[73]

바르트는 감독정치나 장로정치보다 회중교회 정치를 지지한다. 그는 "공동체" 혹은 "회중"과 같은 용어를 선호한다.[74] "교회는 공동체나 회중이 발생하는 곳에서 존재한다."[75] 당연히 다음 질문이 제기된다. 누가 진정한 기독교인인가? 그때 우리는 어떻게 진정한 교회를 인식할 수 있는가? 바르트는 과거에 유행했던 두 가지 잘못된 방식에 반대하는데, 그것은 로마 가톨릭의 성례전주의와 재세례파의 "도덕주의"다. 로마 가톨릭은 성령의 자유를 제한하는 인간적 행동으로 귀결되고, 재세례파는 누가 진정한 기독교인인가에 대한 판단에서 자신들이 무오하다는, 주제 넘는 인간적 갈망으로 귀결된다.[76] 바르트의 대안은 예정론으로 시작하여 진정한 기독교인을 정의하는 것이며, 그 결과 참된 교회의 구성원은 "주님이 거기에 있도록 예정하셔서 그 교회에 모인 사람들"로 이해된다.[77] 바르트가 교회와 국가 사이의 어떤 연합도 강력하게 반대하는 것은 이해될 만하다.[78]

또 한 사람의 개혁파 신학자인 위르겐 몰트만(1926-)의 저서 『성령의 능력 안에 있는 교회』[79]는 20세기 교회에 대한 선구자적인 에큐메니칼 논문

PA: Pickwick, 1976)를 보라.

72) Karl Barth, *Church Dogmatics*, ed. G. Bromiley and T. F. Torrance, 4 vols. (Edinburgh: T&T Clark, 1956-1975), IV/1, 652.

73) Ibid., 653.

74) Ibid., 650.

75) Ibid., 652.

76) Ibid., 694, 695.

77) Ibid., 696.

78) Ibid., IV/2, 688.

79) 『메시아적 교회론』이라는 부제를 갖고 있다(London: SCM, 1977).

가운데 하나로 환영받았다. 이 책은 삼위일체론적인 기획에 따라 다음과 같이 전개된다. "예수 그리스도의 교회"(3장), "하나님 나라의 교회"(4장), "성령의 임재 안에 있는 교회"와 "성령의 능력 안에 있는 교회"(5장과 6장). 바르트의 목소리를 반영하면서 몰트만은 교회란 예수 그리스도의 교회이며, 그분의 주권에만 복종해야 한다고 주장한다. 교회는 그 자체로서 교회의 주님이신 분의 역사와 운명에 묶여 있다. 교회는 "십자가 아래 있는 교회"인 동시에 또한 "끝없는 축제"의 교회이기도 하다.[80]

사회적 삼위일체 개념과 예수의 포용적인 우정의 실례에 근거하여 몰트만은 "개방된" 교회를 주장한다. "바깥으로 나가서 타자를 만나는 개방되고 전체적인 우정은 하나님께서 인간에게 다가오시고 또 인간이 인간에게 나아가는 하나님 나라의 정신이다."[81] 교회의 개방성의 원칙은 몇 가지 확장된 층을 갖는다. 다시 말해 이스라엘, 세계 종교, 그리고 세계의 경제적·정치적·문화적 과정은 역사 안에서 동반자들이다. 하지만 이 "동반자들은…교회가 아니며 결코 교회가 될 수도 없을 것이다."[82] 다른 말로 하면 교회의 선교는 "교회를 퍼뜨리는" 것이 아니라 "하나님 나라를 퍼뜨리는 것"이다. 교회는 자신을 섬기는 것이 아니라 오히려 세상과 하나님 나라를 섬겨야 한다.[83]

또한 몰트만에게 교회는 평등한 사람들의 "은사적 교제"다. 직임을 맡은 관리자들과 일반 사람들 사이에는 어떤 구분도 있을 수 없다.[84] 교회는 성령의 자기현시가 넘쳐흐르는 능력 안에서 발생하는 곳, 즉 "성령의 은사"(charismata)가 있는 곳에 존재한다.[85]

의심할 바 없이 현대 교회론의 가장 중요한 제시 가운데 하나는 루터교

---

80) Moltmann, *Church in the Power of the Spirit*, 97, 114.

81) Ibid., 121.

82) Ibid., 134.

83) Ibid., 11.

84) Ibid., 298.

85) Ibid., 294.

신학자인 볼프하르트 판넨베르크(1928-2014)의 『조직신학』 3권에서 발견된다. 판넨베르크는 교회론에 대한 자신의 방대한 논의를 통해 몇 가지 중요한 변화를 불러일으킨다. 첫째, 판넨베르크의 교회론에는 확고한 성령론적 방향성이 선언되는데, 이것은 생명의 유지와 새로운 탄생이라는 성령의 창조 안에서의 사역과 교회 안에서의 사역이 지니는 연속성이라는 획기적인 사상에 근거한다. 둘째, 구원의 수용을 교회론적인 주제를 다루기 전에 개별적인 신앙인의 삶과 관련하여 논의하는 대부분의 조직신학들과는 달리, 판넨베르크는 구원론의 논의를 교회론 안에 위치시킨다. 개별적인 신앙인과 교회 사이의 관계는 쌍방향적이고 상호침투적이다.[86] 셋째, 예정론이 관례처럼 조직신학의 첫 번째 부분인 신론이나 인간론에 포함된 것이 아니라, 교회론과 결합되어 있다.

현대 교회론을 저술하면서 판넨베르크는 어떤 특수한 교단 또는 자신의 교단(루터교단)보다는 세계교회 전체를 목표로 했다. 좀 더 정확하게 말하자면 판넨베르크는 교회와 기독교인들을 향해 말하는 것으로 만족하지 않고, 나머지 인류 전체도 대상으로 삼았다. 왜냐하면 그의 견해로는 교회란 한 분 하나님 아래서 모든 사람이 통일되는 것에 대한 예기이자 표징이기 때문이다. 판넨베르크는 "만일 기독교인이 자신의 다원주의의 문제를 해결하는 데 성공한다면, 그들은 다원주의와 가장 넓은 도덕적 통일성을 결합시키는 모델을 산출할 수 있을 것인데, 이 모델은 정치적인 삶에 대해서도 타당할 것이다"라고 주장했다.[87]

"성례전"으로서의 교회라는 제2차 바티칸 공의회의 주장에 대한 몇몇 개신교적 비판에 동참하면서도, 판넨베르크는 실제로는 그리스도 안에 있는 교회를 한 분 하나님 아래서 미래에 일어나게 될 모든 사람의 통일에 대

---

86) Wolfhart Pannenberg, *Systematic Theology*, trans. Geoffrey W. Bromiley (Grand Rapids: Eerdmans, 1998), 3:xv.

87) Wolfhart Pannenberg, "Christian Morality and Political Issues," in *Faith and Reality* (Philadelphia: Westminster, 1977), 38.

한 징표로 간주함으로써, 가톨릭의 생각을 긍정한다. "그리스도의 몸으로서의 교회는 모든 백성이 나아와 모인 종말론적인 하나님의 백성이며, 그러므로 교회는 하나님 나라 안에서 새로워진 인류의 미래적 통일을 위한 화해의 표징이다."[88] 하나님과 하나님의 다가오는 통치가 대단히 중요한 틀과 목표를 이루는 자신의 특별한 "보편"신학적 비전을 유지하면서, 판넨베르크는 교회뿐만 아니라 사회도 하나님 나라 아래 위치시킨다. 달리 말하면 판넨베르크는 인간의 모든 질서를 하나님의 통치 아래 둔다.[89]

자유교회와 오순절 운동의 교회론

1) "믿는 자들의 교회"

많은 전문가들은 자유교회의 회중 모델이 가톨릭적인 모델과 함께 세 번째 천년기의 중심적인 패러다임이 될 것이라는 전망에 의견을 같이 한다.[90] 급진적 종교개혁의 유산에 따라 생겨난 재세례파와 (후대의) 메노파 교단, 침례교, 회중교회, 퀘이커교도, 몇몇 감리교와 성결 운동, 그리고 오순절주의자들과 같은 기독교 공동체들은 다른 많은 증가하는 독립적인 운동들과 더불어 일반적으로 "자유교회"라는 다소 애매한 개념 아래 포괄된다. 이 기독교인들 가운데 많은 사람이 사용하는 또 다른 자기호칭이 바로 "믿는 자들의 교회"다.[91] 하지만 다른 한 가지 용어도 때로 사용된다. 그것은 "주어진 교회"라는 오래된 전통적 명칭에 대항하는, "모이는 교회"라는 용어다.[92]

---

88) Ibid., 43.
89) Ibid., 3:49-57.
90) Miroslav Volf, *After Our Likeness: The Church as an Image of the Trinity* (Grand Rapids: Eerdmans, 1998), 12.
91) 나아가 Franklin H. Littell, "The Concept of the Believers' Church," in *The Concept of the Believers' Church*, ed. James Leo Garrett (Scottdale, PA: Herald, 1969), 15-33을 보라.
92) George H. Williams, "The Believers' Church and the Given Church," in *The People of God: Essays on the Believers' Church*, ed. Paul Basden and David S. Dockery (Nashville: Broadman, 1991), 325-32.

종교개혁 시대의 유럽으로 되돌아가는 핵심적·결정적인 요소는 유아세례라기보다는, **믿는 자들의** 세례 실행과 함께 주어지는 국가로부터의 자유(그래서 자유교회다)라고 할 수 있다. 다른 결정적인 특징으로는 제자도에 대한 강조와 함께 자발적인 회원자격(그래서 모이는 교회다), 모두가 사역에 참여하는 것, 지역교회의 자율성, 그리고 성서문자주의와 성서에 대한 사랑 등이 있다. 그런 점에서 공동체의 표준을 위반했을 때 회원자격을 박탈하는 정책이 종종 존재했다. 자유교회는 일반적으로 성례를 행하지만, 그들의 신학은 성례전적이지 않다. 사역의 형태는 유동적일 수 있고, 심지어 안수가 실행될 때도 대부분의 경우 평신도들이 모든 사역에 참여하는 것은 방해를 받지 않는다.[93] 전도와 선교는 자유교회의 표준적인 특징들이다.

2) 오순절교회

오순절주의에 대한 획일화된 정의와 같은 것은 존재하지 않지만,『오순절과 은사주의 운동에 대한 새로운 국제 사전』이 채택한 오순절주의라는 용어는 그런 포괄적인 이름으로 알려진 무수한 운동들을 유용하게 지시해준다.[94] 그 유형에 속한 목록을 살펴보자면, 첫째는 1906년의 유명한 아주사(Azusa) 부흥에서 처음으로 생겨난 하나님의 성회나 사중복음(Foursquare Gospel)과 같은 (고전적인) 오순절 교단이다. 둘째는 1960년대에 기성 교회 안에서 시작된 오순절 유형의 영성 운동인 은사주의 운동이다(그 가운데 가장 큰 교회가 로마 가톨릭의 은사주의적 갱신이다). 셋째는 신은사주의 운동인데, 그 가운데 가장 유명한 것은 미국의 빈야드 공동체, 아프리카 독립교회, 중국의 가정교회 운동 등이며, 이와 더불어 전 세계에 걸친 무수한 독립된 교회와 단체들도 있다. 이와 같이 시작된 오순절 운동은 전 세계에 극적으

---

93) 최근의 박식한 토론을 Robert Muthiah, "Believers Church Tradition," in *Global Dictionary of Theology*, 105-9에서 보라.
94) Edited by S. Burgess, rev. and expanded ed. (Grand Rapids: Zondervan, 2002).

로 전파되었다.[95]

오순절주의의 중심에는 새로운 신학적 발견보다는 은사주의적이고 역동적인 영성이 놓여 있다. 신학적으로 본다면 성령은 예배의 중심이 아니다. 예수 그리스도와 하나님이 성령의 능력 안에서 예배의 중심이다. 오순절주의자들은 단지 안수 받은 목회자들이나 교육받은 사람들뿐만 아니라 교회의 모든 구성원들이 영적인 은사를 실행하고, 믿지 않는 자들에게 나아가며, 곤궁한 가운데 있는 사람들을 돕기 위해 성령의 능력을 덧입어야 한다고 믿는다.

오순절주의자들은 교회론과 관련하여 상당히 많은 경우에 자유교회의 전형적인 전통을 따른다. 오순절교회의 개념을 묘사하는 전형적인 방식은 교회를 은사주의적 교제, 즉 그리스도의 몸이라고 부르는 것이다. 은사주의적 교회론은 즉흥적인 것에 많은 여지를 부여하는 임시적인 성격을 띠는데, 이것은 충분히 이해할 수 있는 현상이다. 그것은 그 본성에서 조직신학적이라기보다는 실천적이고, 대단히 복고적이다. 다른 말로 하면 그것은 신약성서적 유형의 교회적 삶으로 "되돌아가려는" 열망을 갖는다. 오순절주의자들은 모든 형태의 교회 구조를 드러내어 보여주었으며, 그것에는 회중교회로부터 감독교회에 이르는 모든 독립적인 유형들까지 포함된다. 오순절주의자들은 "신학자들"이라기보다는 주로 "실천가들"이기 때문에, 이 교회의 신학의 출현은 여전히 진행 중이다.[96]

---

95) 최근 업데이트된 접근 가능한 자료를 Cecil M. Robeck, "Charismatic Movements"와 Allan H. Anderson, "Pentecostalism," in *Global Dictionary of Theology*, 145-54와 641-48에서 각각 볼 수 있다.

96) 몇 가지 유망한 징표들은 다음과 같다. "Perspectives on Koinonia: Final Report of the Dialogue between Roman Catholics and Some Pentecostal Leaders (1985-1989)," in *Information Service* 75, no. 4 (1990): 179-1; Amos Yong, *The Spirit Poured Out on All Flesh: Pentecostalism and the Possibility of Global Theology* (Grand Rapids: Baker Academic, 2005), 3장; Chan Simon, "Mother Church: Toward a Pentecostal Ecclesiology," *PNEUMA: The Journal of the Society for Pentecostal Studies* 22 (Fall 2000): 177-208.

3) 이머징 교회

『다음 교회』(*Church Next*, 2000)나 『유동적 교회』(*The Liquid Church*, 2002)
와 같은 충격적인 제목[97]은 교회에 대한 가장 새로운 표현을 증언하는데,
그것은 "이머징 교회" 혹은 "교회에 대한 새로운 표현"이라는 유동적인 지
시어로도 알려져 있다. 미국의 맥락에서 베이비 붐 세대는 교외에 위치하
여 소위 "구도자"에게 친근했던 교회들로부터 섬김을 받았고, 그런 교회들
은 개인과 가정의 모든 종류의 필요에 응하였다. 더 가까운 시기에 우리는
"목적이 이끄는" 교회라는 것에 대해서도 듣고 있다. 가장 최근에 이런 종류
의 유형들은 그들 자신의 세대에 대해서는 여전히 호소력을 지니기는 하지
만, X세대들과 다른 포스트모던적인 세대들에게 길을 내주고 있다.[98] 이와
같은 새로운 형태의 기독교 공동체가 자라나는 주된 이유들 가운데 하나는
북아메리카와 특별히 유럽의 많은 주류 기독교에서 교인수와 활동이 분명
히 퇴조하고 있다는 사실이다.[99]

대서양 양편 모두에 대한 가장 철저한—신학적일뿐만 아니라 인종학적
인—연구인 에디 깁스와 리얀 볼거의 『이머징 교회』는 이 집단이나 운동 가
운데 분명한 교회론이 거의 발견되지 않는다고 말한다. 비록 그들이 부분적
으로는 무형적으로(virtually) 기능하고 있고 많은 이들이 예배당이 아닌 다
른 장소에서—특별히 영국에서는 종종 술집에서—모이고 있기는 하지만,
명확한 특징과 "실천"은 그들 대부분이 공유하고 있는 듯이 보인다.

---

97) Eddie Gibbs, *ChurchNext* (Downers Grove, IL: InterVarsity, 2000); Pete Ward,
   The Liquid Church (Peabody, MA: Hendrickson, 2002).
98) George Ritzer, *The McDonaldization of Society: An Investigation into the
   Changing Character of Contemporary Social Life* (Thousand Oaks, CA: Pine
   Forge, 1996)를 보라.
99) Peter Brierly, *The Tide Is Running Out* (London: Christian Research, 2000);
   George Gallup Jr. and D. Michael Lindsey, *Surveying the Religious Landscape*
   (Harrisburg, PA: Morehouse, 2000).

이머징 교회는 1) 예수의 삶에서 자신의 정체성을 얻고, 2) 세속적인 영역을 개혁하고자 하며, 3) 매우 공동체적인 삶을 산다. 이 세 가지 활동에 근거하여 그들은 4) 낯선 사람을 환영하며, 5) 관대함으로 봉사하며, 6) 생산자로서 참여하며, 7) 피조된 존재로서 창조하며, 8) 몸으로서 인도하며, 그리고 9) 영적인 활동에 참여한다.[100]

이와 같은 공동체들의 교회적 삶과 그 가운데 등장하는 신학적인 활동에는 옛것과 새것이 흥미롭게 혼합되어 있다. 한편으로 성례전주의와 신비주의의 몇 가지 측면을 상기시키는 반면에, 다른 한편으로 포스트모던의 문화와 사고방식 안에서 일어나는 최근의 움직임과 연계하려는 열망도 있다. 아이콘(Ikon) 공동체의 설립자인 아일랜드 벨파스트의 피터 롤링스(1973-)는 자신의 책인 『하나님에 대해 말 (안) 하는 방법』[101]에서 이 두 가지 방향을 함께 결합하는 멋진 경험을 제시한다.

에큐메니칼 운동: 교회일치를 향한 노력

"교회일치의 추구는 교회사 전체에서 새로운 위대한 사실(fact)이었다"라는 진술에는 거의 모든 사람들이 동의할 것이다.[102] 현대의 에큐메니칼 운동이 존재하기 위한 많은 주도적인 발전들이 준비되었고, 그 가운데 가장 가시적인 징표로서 1948년 세계교회협의회(WCC)가 설립되었다. 1920년(원래 1888년에 발표되었다)의 성공회 램베스 사변형(Anglican Lambeth Quadrilateral)은 성서, 신조들, 세례와 성찬의 두 가지 성례전, 그리고 감독

---

100) Eddie Gibbs and Ryan Bolger, *The Emerging Churches: Creating Christian Community in Postmodern Cultures* (Grand Rapids: Baker Academic, 2005), 45.
101) Peter Rollins, *How (Not) to Speak of God* (Brewster, MA: Paraclete Press, 2006).
102) Pelikan, *Christian Doctrine and Modern Culture*, 282.

제의 네 가지를 교회일치를 위한 기초로 승격시켰다.[103] 성공회, 감리교, 회중교회, 장로교, 그리고 개혁교회로부터 남인도 교회를 형성할 때 감독제가 특별히 문제가 될 소지가 있는 주제처럼 보였지만, 결국에는 그 교회의 삶으로 채택되었다.[104] 1920년 (정교회의) 콘스탄티노플 회의에서 정해진 회칙은 국제연맹과 유사한 교회들의 교제를 제안했다. 미합중국 쪽에서는 1898년 미국 그리스도의 교회 연합—지금의 미합중국 교회협의회—을 형성함으로써 연합을 향한 점증하는 노력 가운데 중요한 교회일치적인 한 걸음을 내디뎠다.[105] 교회 연합체들—예를 들어 감리교, 회중교회, 장로교회로 구성된 1925년의 캐나다 연합교회와 회중파 그리스도의 교회, 복음주의 및 개혁주의 교회로 구성된 1957년의 연합 그리스도의 교회(미국)—은 증가하는 교회일치의 열망에 보다 큰 기대를 갖게 해주었다.

연합을 향한 공동의 노력을 가장 의미 있게 추진시켜준 것은 1910년 에딘버러 선교 회의였는데, 회의의 의장은 존 모트(John R. Mott, 1865-1955)였다. 이 회의의 100주년 기념식이 2010년 6월에 에딘버러에서 거행되었다. 선교적 사명을 완수하기 위해서는 하나의 목표 아래 그리스도의 모든 교회가 연합되는 것이 필요한 것처럼 보였다.[106] 개신교의 선교적인 노력을 조정하기 위해 1921년 국제선교협의회가 형성되었다. 생명과 사역 운동이 1925년에 평화, 윤리, 국제관계 문제를 다루기 위해 나탄 죄더블롬(Nathan Söderblom, 1866-1931)의 지도 아래 설립되었다. 1927년에는 성공회 신도

---

103) "시카고-램베스 사변형"은 Anglicans Online, http://anglicansonline.org/basics/Chicago_Lambeth.html에서 볼 수 있다.
104) 그 이상의 자료를 보려면 Pelikan, *Christian Doctrine and Modern Culture*, 284-86을 보라.
105) 역사와 현대 상황에 대해 the National Council of Churches website, http://www.ncccusa.org/를 보라.
106) 그 이상의 자료들이 Paul E. Pierson, "Missionary Conferences, World," in *Global Dictionary of Theology*, 562-65. 에딘버러 2010의 웹사이트는 http://www.edinburgh2010.org/에 있다.

들이 인도한 첫 번째 "신앙과 직제 위원회"가 교리와 교회 헌법의 문제를 토론하기 위해 모였다.[107]

세계교회협의회(World Council of Churches; WCC)의 설립을 돕기 위해 1948년에 처음으로 두 기구가 암스테르담에서 연합하였고, 1961년에 제3의 기구가 가입했다. 동방 정교회가 시작부터 참여했지만 1960년대까지 WCC의 초기 사역은 현저하게 개신교 중심적이었다. 로마 가톨릭교회는 WCC에 가담하지 않고 바깥에 머무는 유일한 주류 교단이며, 대부분의 오순절교회와 많은 자유교회도 가입하지 않고 있다.[108]

WCC는 교회라기보다는 "교회들의 교제(모임)"이며, 현재 모든 대륙으로부터 약 350여 교단이 모여 구성된다. WCC의 자기이해는 1961년 뉴델리 기초 선언에서 다음과 같이 공표되었다.

WCC는 성서에 따라 예수 그리스도를 하나님과 구주로 고백하며, 그에 따라 한 분 하나님이신 아버지와 아들과 성령의 영광을 위해 공동의 부르심을 성취하려고 애쓰는 교회들의 교제다.[109]

그것의 목적은 다음과 같다.

우리의 목적은 전 세계적인 "수퍼-교회"를 세우는 것이 아니고 예배의 형식을

---

107) 그 이상의 자료를 Risto Saarinen, "Ecumenism," in *Global Dictionary of Theology*, 263-69에서 보라.

108) WCC를 포함하여 교회일치와 교회일치 운동의 다양한 국면에 관한 가장 포괄적이고 접근할 수 있는 자료는 *Dictionary of the Ecumenical Movement*, ed. Nicholas Lossky et al. (Geneva: WCC Publications, 1991)이다. 주요 본문을 *The Ecumenical Movement: An Anthology of Key Texts and Voices,* ed. Michael Kinnamon and Brian E. Cope (Grand Rapids: Eerdmans/Geneva: WCC Publications, 1997)에서 보라.

109) "The Basis of the WCC," World Council of Churches, http://www.oikoumene. org/en/who-re-e/self-nderstanding-ision/basis.html.

표준화하는 것도 아니며, 오히려 기독교회와 공동체의 교제를 깊게 하여 서로 안에서 "하나의, 거룩한, 보편적인, 사도적 교회"의 참된 표현을 볼 수 있게 하려는 것이다. 이것은 사도적 신앙의 공통적인 고백에 가입하는 것, 그리고 가능하다면 성찬도 함께 나누면서 선교와 인간적인 봉사활동에 협력하는 것을 위한 기초가 된다. 그 모든 교제의 행동은 주 예수 그리스도께서 "성서에 따라 하나님이시며 구원자"라는 WCC의 근본적인 선언을 증언한다.[110]

특별히 교회론 분야에서 신앙과 직제 위원회(Faith and Order), 그리고 WCC는 수십 년 동안 교회의 본성, 사명, 생명에 대해 반성하기 위해 교회들을 함께 불러 모으는 일에 협력해 왔다. 끊임없이 개정되고 있는 「교회의 본성과 사명」[111]이라는 문서는 교회에 대한 에큐메니즘적 이해의 주요한 특징과 윤곽을 제시하려는 중요한 시도다. 이 문서는, 예를 들어 최근의 논의의 중심에 있는 교회의 삼위일체적 기초, 교회의 선교적 본성,[112] 그리고 영적 연합으로서의 교회와 같은 몇 가지 핵심적인 교회론적 주제들을 모아서 발전시킨다. 마지막 주제는 1993년 산티아고 드 콤포스텔라에서 "신앙, 삶, 증언에서의 코이노니아를 향하여"라는 제목 아래 열린 신앙과 직제 위원회에서 의미 깊게 발전되었다.[113] 교회일치를 위한 거시적인 비전이 「교회와 세상: 교회의 연합과 인간 공동체의 갱신」(1990)에서 제시된다.[114] 1982년에 신앙과 직제 위원회는 성례전과 사역의 토론에서 조언을 구하고자 「세례,

---

110) "The WCC and the Ecumenical Movement," World Council of Churches, http://www.oikoumene.org/en/who-are-we/background.html.
111) Faith and Order Paper 198 (Geneva: WCC, 2005).
112) 대단히 의미 깊게─최근의 교회론 안의 중심적인 발전을 반영하면서─그 문서의 이름은 1998년 판 *The Nature and Purpose of the Church*으로부터 현재의 형태로 바꾸었다. 이것은 교회의 선교적 본성을 강조한다.
113) *On the Way to Fuller Koinonia: Official Report of the Fifth World Conference on Faith and Order*, ed. Thomas F. Best and Gunther Gassmann (Geneva: WCC, 1994)을 보라.
114) Faith and Order Paper 151, 2nd rev. (Geneva: WCC, 1990).

성만찬, 그리고 사역」[115]이라는 제목의 문서를 발표했다.

　교회일치를 향한 중요한 작업들이 기독교회들 사이의 양면적이고 다면적인 대화의 형식으로 부분적으로는 끊임없이 이어지고 있다. 대부분의 나라에는 신앙과 직제 위원회와 밀접하게 협력하며 작업하는 국가별 교회협의회(미국의 NCC, USA, 우리나라에는 NCCK가 있다—역자 주)가 있어서 국가적·지방적·지역적 차원에서 교회일치를 위한 대화, 사건, 기획 등을 촉진하고 있다. 또한 지도자들뿐만 아니라 평신도 사이에서도 교회일치를 위한 많은 비공식적인 접촉들이 있고, 각각은 다양한 수준에서 진정한 일치를 위한 탐구에 중요한 기여를 하고 있다.

　"가시적인 일치"의 형식과 모양에 대한 합의가 아직은 없지만, 교회일치를 위한 운동은 대체로 그것을 중심적 목표로 채택한다.[116] 물론 사역, 성례전, 그리고 말하자면 전도 및 개종 등 분열의 불씨가 되는 많은 주제들이 남아 있다. 이런 주제들은 인내심, 오랜 기간의 고찰, 그리고 상호 이해를 요청한다.

교회의 예배, 성례전, 그리고 사역

예배와 예전

동방 정교회의 삶의 중심은 신성한 예전 안에서 성만찬을 거행하는 것이다. 정교회는 고대 교회, 특별히 성 크리소스토모스(St. Chrysostom, c. 349-407)의 콘스탄티노플 예전으로 돌아가 비잔틴 시대의 예전 전통을 따른다.[117] 땅의 예배는 영원한 하늘의 예전의 형상(icon)이다. 그러므로 예배는 다름

---

115) Faith and Order Paper 111 (Geneva: WCC, 1982).
116) 일치의 신학을 위해 Saarinen, "Ecumenism," 266-68을 보라.
117) Tibbs, "Eastern Orthodox Theology," 246을 보라.

이 아니라 "땅 위에 있는 하늘"이다.[118] 동일한 설명이 가톨릭 전통이 산출한 예전에 대해서도 주어질 수 있다.[119]

가톨릭교회의 예전 갱신운동은 프랑스, 독일, 벨기에, 오스트리아를 포함한 많은 유럽국가에서 19세기 후반에 시작되었다.[120] 그 후 20세기에 그 갱신운동은 미국에서도 뿌리를 내렸다. 양 대륙 모두에서 가톨릭적인 예전 갱신운동은 베네딕트회 전통의 영향을 크게 받으면서 촉진되었다. 1947년에 교황 피우스 12세가 발표한 「하나님의 중보자」라는 회칙은 제2차 바티칸 공의회에서 일어날 예전적인 변화의 중요한 선구자들 가운데 하나였고, 신실한 자들의 보다 적극적인 참여를 요청했다. 제2차 바티칸은 예전 운동의 영감을 열정적으로 수용하고 확증했다. 「성스러운 공의회」(Sacrosanctum concilium, 거룩한 예전의 헌장)는 "예전은 정점이며, 교회의 활동은 그것을 향해 인도된다. 또한 예전은 교회의 모든 능력이 흘러나오는 샘이다"라고 주장하면서 예배의 전체적 전망을 제시했으며,[121] 모든 사람의 완전하고 의식적인 참여를 격려했다.[122] 적극적인 참여를 촉진하기 위해 공의회는 자국어를 예전 언어로 사용하도록 확정했다. 다른 중요한 변화는 제단을 돌려놓아 사제와 회중이 서로 얼굴을 맞대도록 한 것이었다.[123]

영국 성공회 역시 예전 운동의 영향을 받았다.

비록 많은 주목할 만한 예외가 있기는 해도, [20]세기의 첫 30년 동안 공중예

---

118) Ware, Orthodox Church, 265. 적절하게도 13장은 "Orthodox Worship I: The Earthly Heaven"이라는 제목을 가지고 있다.

119) Sacrosanctum concilium 1.8, at the Vatican website: http://www.vatican.va/archive/hist_councils/ii_vatican_council/documents/vat-ii_const_19631204_sacrosanctum-concilium_en.html.

120) Keith F. Pecklers, The Unread Vision: The Liturgical Movement in the United States of America 1926-25 (Collegeville, MN: Liturgical Press, 1998), 1-24.

121) Sacrosanctum concilium 1.10.

122) Ibid., 2.14.

123) Haight, Christian Community, 405-6.

배의 대부분이 흔히 나른하고 활기가 없고 개인주의적이며 사제 중심적이었 다는 많은 증거가 존재한다.…1930년대 이래로 주류인 영국교회의 예배에서 두드러진 변화는 주로 예전적 운동에서 일어났다고 할 수 있다. 다른 선례들 이 있다고 해도, 최근에는 은사주의 운동이 그 변화에 어느 정도 활기를 불어 넣는 역할을 했다(몇몇 평론가들이 이렇게 주장한다).[124]

이 본문에서 언급되는 "다른 선례들"이란 자유교회들의 영향을 가리킨다. 또한 주류 개신교회는 예전과 예전에서 사용되는 문서들을 20세기 동 안 개정하고 업데이트했다. 「예배서: 예배와 찬양」이 1972년에 미국 장로교 회들 사이의 연합 기획으로 발간되었다. 1978년에 미국의 루터교회는 「루 터교회 예배서」 개정판을 발간했고, 이것은 예전에서 보다 큰 개인적 선택 과 또한 다양하게 확대된 음악적인 유형들을 제공했다.

일반적으로 말해서 자유교회는 예전적인 순서를 따르지 않으며, 안수 받은 사람과 평신도들의 자발성과 참여에 보다 많은 공간을 부여하고, 종종 활기차고 역동적인 음악 유형의 특징을 갖는다. 오순절주의/은사주의적 영 성의 점증하는 영향은 자유교회들과 독립교회들 사이에서만이 아니라 로 마 가톨릭교회나 주류 개신교단 가운데서도 느낄 수 있다. 오늘날 기타와 대중적인 악기를 들고 찬양하는 그룹이 예전적인 예배의 한 부분이 되는 것은 보기 드문 일이 아니다.

성례전

물세례

성례전을 표현할 때 동방 정교회가 선호하는 용어는 성서들 그리고 교부

---

124) Terence Thomas, *The British: Their Religious Beliefs and Practices, 1800-1986* (Oxford: Routledge, 1988), 122.

들의 문헌에 잘 증언되어 있는 **"신비"**다. 17세기부터 시작되는 현대 정교회 신학이 인정하는 성례전의 숫자는 일곱이지만, 역사를 통해 어떤 확정적인 숫자가 있었던 것은 아니다.[125] 로마 가톨릭교회 역시 일곱 가지의 성례전을 인정한다. 그것은 세례, 견진, 성찬, 고해, 종부, 서품, 혼배 성사 등이다.[126] 이 일곱 가지의 전통적인 성례전에 더하여 몇몇 오순절주의와 자유교회들은 세족식도 성례전으로 실행한다.[127]

로마 가톨릭과 정교회 전통—그리고 성공회와 루터교회[128]와 같이 비슷한 성례전적 신학을 가지고 있는 다른 교회들—에서는 물세례가 중생을 일으키며, 그 사람을 그리스도 및 그분의 교회와 연합하게 한다. 정교회는 세례와 견진 성사를 통합하여 연결된 것으로 유지해오고 있다. 일단 세례를 받으면 그 유아는 기름을 바르고 첫 번째 성찬에 참여한다.[129] 로마 가톨릭과 루터교회에서 견진(루터교회에서는 성례전의 하나가 아니다)은 세례 후 여러 해가 지나 시행된다.

개혁교회 전통에서 세례는 두 가지 방식으로 이해된다. 츠빙글리 계열에서는 세례를 주로 그리스도의 공동체에 가입하는 징표로 간주하고 중생을 가능케하는 것으로는 간주하지 않는다. 칼뱅주의 다수파는 세례가 성례전의 전통적 사고처럼 중생하게 하는 것이라고 생각하지는 않지만, 세례를 하나님과의 언약의 "보증"으로 간주한다는 점에서 루터와 츠빙글리의 이해의 중간에 위치한다. 세례 그 자체는 다가올 신앙을 내다보면서 행

---

125) 상세한 자료를 John Meyendorff, *Byzantine Theology: Historical Trends and Doctrinal Trends* (New York: Fordham University Press, 1987), 191-92에서 보라.
126) *Lumen Gentium* 2.11.
127) 성례전적 행위로서의 세족식에 대한 간략한 논의를 Harold D. Hunter, "Ordinances," in *The New International Dictionary of Pentecostal and Charismatic Movements*, 948-49에서 보라.
128) 루터교회는 성례가 중생을 가져온다는 성례전적 신학을 유지하는 반면에, 루터교 전통은 가톨릭적인 성사에 대한 사효론적 가르침(*ex opere operato*, 이것은 성사가 "이루어진 일"로서 유효하다고 가르친다)을 부정한다.
129) Meyendorff, *Byzantine Theology*, 192-5.

해진다.[130]

자유교회는 물세례를 "조례"(ordinance), 곧 그리스도께서 제정하신 행동으로 이해한다. 세례는 성례전이라기보다는 믿는 자의 공적인 반응이다. 가톨릭, 정교회, 성공회, 루터교회의 유아세례보다 자유교회들은 (몸을 완전히 담그는) 침례에 의한 믿는 자("성인")의 세례를 실행한다.[131] 대부분의 개혁교회적 전통은 유아세례의 관행을 따르지만, 어떤 사람들은 두 가지 실행 모두에 대해 개방적이다. 개혁파 신학자인 칼 바르트의 성례전적 유아세례의 관행에 대한 비판과 믿는 자의 세례에 대한 지지는 자연스럽게도 많은 자유교회들의 열광적인 반응을 얻었다.[132]

기독교회가 물세례와 관련하여 논란이 되는 많은 주제들에 대해 일치된 의견을 내지 못하는 동안에, 1982년 WCC의 문서 「세례, 성찬, 그리고 사역」(이하 BEM)이 의미 깊은 공헌을 하게 된다. BEM은 세례를 그리스도의 죽음에 참여함, 회심, 용서, 청결, 성령의 은사, 그리스도의 몸과의 병합, 하나님 나라의 표징 등의 많은 차원으로 묘사한다.[133] 세례가 하나님의 선물이기는 해도, 그것은 믿음과 일생에 걸친 헌신을 요구한다.[134] "개인의 신

---

130) 예를 들어 Charles Hodge, *Systematic Theology* (1872; repr., Grand Rapids: Eerdmans, 1973), 3:582를 보라.

131) Faith and Order Paper 111 (Geneva: WCC, 1982), 3-7. 조심스런 교회일치적인 감수성을 지닌 침례교적 견해에 대해 Stanley J. Grenz, *Theology for the Community of God* (Grand Rapids: Eerdmans, 1994), 529-31를 보라; 이와 비슷한 재세례파 견해에 대해 Thomas N. Finger, *A Contemporary Anabaptist Theology: Biblical, Historical, Constructive* (Downers Grove, IL: InterVarsity, 2004), 160-84를 보라.

132) 토론과 원천에 대한 요약을 Dale Moody, *Baptism: Foundation for Christian Unity* (Philadelphia: Westminster, 1967), 50-71에서 보라.

133) "Baptism," in *Baptism, Eucharist and Ministry*, Faith and Order Paper 111, January 15, 1982, WCC, http://www.oikoumene.org/en/resources/documents/wcc-commissions/faithand-order-commission/i-unity-the-church-and-its-mission/baptism-eucharist-and-ministryfaith-and-order-paper-no-111-the-lima-text.html, 3-7.

134) Ibid., 8-10.

앙고백에 대해 세례를 베푸는 것은 신약성서적 문서에서 가장 분명하게 주장되는 유형"이라는 사실을 인정하면서, BEM은 삼위일체 하나님의 이름으로 거행되는 세례에 대한 상호 간의 인정을 표현하는 한 가지 방법으로 유아세례와 믿는 자의 세례(그 세례가 "반복될 수 없는" 실천인 한에 있어서) 모두를 권고한다.[135] 성령세례와 물세례—또는 크리스메이션(chrismation, 견진성사와 유사하게 동방 정교회가 시행하는 예식—역자 주)과 세례—가 서로 어떻게 관계되는지에 대해서는 견해차가 있지만, 모든 교회는 성령세례와 물세례를 밀접하게 서로 관련짓는다.[136]

성만찬

로마 가톨릭교회의 전통은 성만찬의 축사에서 발생하는 과정을 "화체"(transubstantiation)라는 용어로 묘사한다. 떡과 포도주가 그리스도의 피와 몸으로 변하는 "형이상학적" 변화 과정을 겪는다는 것이다. 그러므로 성찬은 희생제사다.[137] 정교회 전통은 성찬에서 그리스도의 현실적인 임재를 믿지만, 가톨릭이나 루터교처럼 인간적인 개념을 통해 그것을 설명하려는 시도는 삼가고 있다.[138] 가톨릭과 비슷하게 정교회도 성찬을 우선적으로는 희생제사, 즉 하나님께서 우리에게 주신 것을 하나님께 돌려드리는 것으로 간주한다. 이에 대해 정교회의 성찬예식서는 이렇게 말한다. "우리는 당신 자신으로부터 받은 당신 자신을 모든 것 안에서 그리고 모든 것을 위하

---

135) Ibid., 11-16.
136) Ibid., 14.
137) *Catechism of the Catholic Church* (Washington, DC: United States Catholic Conference, 1994), sec. 1333, www.usccb.org/catechism/text/. 간결한 현대적인 토론을 Brother Jeffrey Gros, FSC, "The Roman Catholic View," in *The Lord's Supper: Five Views*, ed. Gordon T. Smith (Downers Grove, IL: InterVarsity, 2007), 13-31에서 보라.
138) Meyendorff, *Byzantine Theology*, 201-2.

여 당신에게 드립니다."[139] 가톨릭교회와는 달리 정교회에서 전형적인 성만찬은 일 년에 단지 몇 차례만 받도록 되어 있다. 하지만 러시아 교회와 같은 예외가 있기는 하다.

그리스도의 임재를 묘사하기 위해 루터교회가 사용하는 전문용어는 "공재"(consubstantiation)다.[140] (그리스도께서 성찬의 요소들을 "아래", "안에", 그리고 "위에" 임재하신다는 뜻이다.) 주님의 만찬에 대한 이해에서 가장 폭넓은 초교파적인 다양성은 종교개혁 시대로 소급되는 개혁교회 전통에서 발견된다.[141] 츠빙글리의 반가톨릭적인 이해인 "기념" 또는 상징으로서의 이해에서는 "표징"과 "실재" 사이의 구별이 결정적이지만, 칼뱅의 "대표" 개념에서는 그 구별이 허용되지 않는다. 성찬의 요소들은 "구원의 실재를 심정과 마음에 가져오기 위해 그들 자신을 넘어선 곳"을 지시한다.[142] 일반적으로 침례교회와 오순절교회들과 같은 자유교회들은 "기념설"의 이해 가운데 어떤 한 형태를 따르면서 그리스도의 임재에 관한 "엷은" 신학의 노선을 택했다.[143]

19세기 말로부터 유래하는 예전의 갱신에 의해 영감을 받은 칼 라너, 한스 큉, 그리고 에드워드 스킬레벡스와 같은 신학자들은 가톨릭 신학의 고전적인 화체설 교리가 보다 적절한 표현형식에 이르도록 도움을 주었다. 이 신학자들은 말씀과 성례 사이의 통합적인 연결을 다시 확보한 것에 더하여 상징, 구현, 관계성의 개념을 통해 그리스도의 임재와 성례전의 효과를 생각했는데, 이것은 실체의 존재론으로부터 관계적인 존재론으로 이동하는

---

139) Ware, *Orthodox Church*, 85.
140) John R. Stephenson, "The Lutheran View," in *The Lord's Supper: Five Views*, 41-58; 이 논문은 루터교회 미주리 노회의 견해를 제시하지만 다른 루터교회의 지침도 소개한다.
141) 정확하고 유용한 토론은 Leanne Van Dyk, "The Reformed View," in *The Lord's Supper: Five Views*, 67-82이다.
142) Ibid., 70.
143) Roger E. Olson, "The Baptist View"와 Veli-Matti Kärkkäinen, "The Pentecostal View," in *The Lord's Supper: Five Views*, 91-108과 117-35을 각각 보라.

일반적인 추세에 보조를 맞춘 사고방식이었다.[144] 판넨베르크 등의 개신교 신학자들은 "의미 변화"(transsignification)와 같은 용어의 사용에 동참했다. 이것은 종이가 편지로 "변화"될 때와 같이 단순히 어떤 행위의 "의미"에 있어서의 변화를 뜻한다.[145]

세례에 대해서와 마찬가지로 BEM은 성만찬에 대해서도 다양한 차원으로 설명한다.[146] 아버지께 대한 감사, 그리스도의 기억 또는 기념, 성령의 탄원, 신실한 자들의 교제, 그리고 하나님 나라의 만찬 등이 그 차원들이다. 기독교인의 삶이 성찬의 축제를 통해 심화되기 때문에 성찬은 매 주일 행하는 것이 좋을 것이다.[147] BEM은 지혜롭게도 그리스도의 임재를 어떻게 정의할 것인가와 같은 신학적 논쟁에는 관여하지 않고, 기독교인들이 함께 확증할 수 있는 것에만 집중한다.

정교회, 로마 가톨릭, 루터교 미주리 노회, 그리고 몇몇 다른 교회들은 성찬에서 환대(hospitality, 믿지 않는 자들이나 다르게 믿는 자들도 성찬에 참석하도록 허락하는 것—역자 주)를 실행하지 않지만, (다른) 루터교회, 감리교회, 성공회, 그리고 대부분의 자유교회는 그것을 실행한다.

사역

1) 사역의 유형과 성직 안수

"정교회는 위계질서적인 교회다"[148]라는 진술에서 볼 수 있는 것처럼 교회 사역의 구조는 주교들의 사도적인 계승에 중심을 두고 있다. 가톨릭교회의 「세상의 빛」 3장에서도 "교회는 위계질서적이다"라고 선언하는데, 이처럼

---

144) 유익한 논의를 Regis A. Duffy, "Sacraments in General," in *Systematic Theology: Roman Catholic Perspectives*, ed. Francis Schüssler Fiorenza and John P. Galvin, vol. 2 (Minneapolis: Fortress, 1991), 특별히 201-5에서 보라.

145) Pannenberg, *Systematic Theology*, 3:300-303.

146) "Eucharist," in *BEM*, 5-26.

147) Ibid., 30-31.

148) Ware, *Orthodox Church*, 248.

두 교회 간에는 유사성이 존재한다. 두 교회 모두 주교, 사제, 집사라는 고대의 3계층 형식을 계승한다.[149] 가톨릭교회는 사제와 주교에게 미혼과 독신을 요구하지만, 동방의 전통은 안수(서품) 전에 결혼했다면 사제들의 결혼을 허용하고 있다. 일반적인 규칙으로는 감독의 직위는 (홀아비를 포함한) 미혼자에게 해당하며, 그래서 흔히 수도자가 감독직에 오르게 된다.

앞에서 언급했던 것처럼 로마 가톨릭교회의 주교 중심 교회구조에서는 주교회의가 중요한 역할을 맡고 있는데, 이것은 로마의 주교(교황)의 지위와 연결된다. 동방 교회에서는 주교회의를 주교들의 공의회라고 부른다. 주교의 지위가 양 교회 모두에서 가장 높은 직위이지만, 동방 전통은 신실한 자들의 전체 공동체가 믿음을 수용하는 것을 가톨릭교회보다 더 많이 강조한다.[150] 다른 개신교 신학자들과는 달리 루터교 신학자인 판넨베르크는— 비가톨릭 교회들이 바티칸의 관할 아래 놓여야 한다는 것만큼은 인정하지 않지만—하나의 일치의 표징으로서 전 세계적인 기독교회를 위한 교황 같은 보편적인 대변인이 존재해야 한다는 주장에 대해 개방적이다.[151]

성공회와 몇몇 루터교회들은[152] 감독직을 포함하는 3계층의 사역 구조를 유지하고 있다. 전 세계에 걸쳐 일부 성직자들을 감독이라고 부르는 자유교회, 특별히 오순절교회가 점점 늘어나고 있다. 대부분의 개신교들은 성직자들(말씀과 성례전의 사역자들)과 집사들(deacons)이라는 2계층의 사역 형태를 유지한다. 어떤 개별 교회가 선택하는 사역의 형태가 무엇이든지 관계없이 BEM이 교회일치를 위해 가장 중요하게 여기면서 요청하는 것은 사

---

149) 사역에 관한 로마 가톨릭적인 신학과 직제에 대해 *Lumen Gentium*, 3장과 *Christus Dominus* (Decree on the Pastoral Office of the Bishops in the Church) of Vatican II를 보라.

150) Ware, *Orthodox Church*, 251.

151) Pannenberg, *Systematic Theology*, 3:420-31.

152) 감독제는 모든 스칸디나비아 국가들 그리고 많은 아프리카 국가들에서와 마찬가지로 몇몇 루터교회들에서는 관례적이다. 하지만 감독들이 없는 루터교회도 많이 있다. 미국 복음주의 루터교회에서는 감독제가 상당히 새로운 현상이다.

역자들의 상호 인정이다.[153]

사실상 모든 기독교회는 어떤 구성원들을 구별하여 공적인 직분을 맡기려고 할 때, 어떤 형태로든 안수(서품)를 시행한다. 동방 정교회와 로마 가톨릭교회는 서품을 성례로 간주한다. 두 교회에서 서품은 철회될 수 없다. 로마 가톨릭은 이것을 서품 받은 자의 삶에 놓인 "지울 수 없는 표지"라는 고대의 사고로써 표현했다. 안수(서품)에 대한 이해에서 로마 가톨릭과 개신교의 중심적인 차이는, 「세상의 빛」[154]에 따르면 안수 받은 사람과 평신도들 사이를 나누는 "본질적인" 구분이다. 서품을 통해 사제직에 종사하게 된 사람은 다른 세례 받은 기독교인들이 가지지 못한 특별한 능력(potestas)을 갖게 된다. 교회 안에서 직분을 맡은 그 사람이 높은 수준의 기독교인이 아니라고 해도 관계없다. 하지만 개신교의 안수 신학은 그런 구분을 허용하지 않는다.

만인 제사장이라는 종교개혁의 교리는 베드로전서 2:9과 같은 성서 본문에 호소한다. 루터(1483-1546)에 따르면 주로 교회질서를 위해 회중이 어떤 기독교인을 안수 받은 사역자로 임명하게 된다.[155] 정교회[156]로부터 로마 가톨릭(위의 논의가 설명한 것처럼)에, 그리고 개신교에 이르기까지 모든 교회들 사이에서 일어난 중요한 발전은 평신도들이 보다 적극적으로 사역에 참여할 수 있도록 자격을 부여하려는 열망의 실현이다.[157] 일반적으로 자유교회와 오순절 운동이 이 원칙을 실천에 옮기는 데 가장 성공한 것처럼 보

---

153) "Ministry," in *BEM*, 51-55.

154) *Lumen Gentium* 2.10.

155) 그 이상의 상세한 자료를 Paul Althaus, *The Theology of Martin Luther*, trans. Robert C. Schultz (Philadelphia: Fortress, 1966), 294-332에서 보라.

156) Ware, *Orthodox Church*, 249-50.

157) 교회일치를 위한 토론을 Veli-Matti Kärkkäinen, "The Calling of the Whole People of God into Ministry: The Spirit, Church, and Laity," *Studia Theologia: Scandinavian Journal of Theology* 54, no. 2 (2000): 144-62에서 보라.

인다.[158] 이것은 또한 BEM의 요청이기도 하다.[159] 교회에서 안수 받은 사역자의 중요성을 확증한 후에, 그 문서는 안수 받은 자와 평신도 사이의 쌍방적 훈련을 강조한다.[160] 안수 받은 사역자들은 그리스도의 권위를 중재하지만, 그것에 어떤 권위적인 요소는 없으며, 오직 세워주고 격려하는 행동방식만이 있을 뿐이다.[161] 이때 적절한 방식은 "인격적이고 협력적이며 공동적인 방식이다."[162]

2) 교회와 사역에 종사하는 여성들

장로교 여성신학자 레티 러셀(1929-2007)은 이렇게 고백한다. "나는 항상 교회를 벗어나 교회와 멀어지는 것이 어렵다는 것을 발견하곤 하지만, 교회와 동행하는 것도 마찬가지로 어렵다는 것을 발견한다.…이런 소외감은 많은 다른 여성들 및 남성들이 함께 공유한다."[163] 여성들에게 (최소한 잠시 동안만이라도) 남성이 지배하는 교회로부터 탈퇴하라고 설득하는 극단적인 여성신학자들은 거의 없지만[164], 많은 여성신학자들은 보다 포괄적이고 긍정적으로 기독교 공동체와 그 사역을 생각할 수 있는 방식을 찾고 있다.

교회에서 여성의 위치는 단지 사역과 안수에 한정되지 않고 보다 광범위한 주제에 관계되기는 하지만 이 두 가지 문제는 현대적 토론의 중심에

---

158) 그 이상의 상세한 자료를 Paul Beasley-Murray, "The Ministry of All and the Leadership of Some: A Baptist Perspective," in *Anyone for Ordination?* ed. Paul Beasley-Murray (Tunbridge Wells, UK: Monarch Publications, 1993), 157-74에서 보라.

159) "Ministry," in *BEM*, 3, 5.

160) Ibid., 12.

161) Ibid., 15-6.

162) Ibid., 26.

163) Letty M. Russell, *Church in the Round: Feminist Interpretation of the Church* (Louisville: Westminster John Knox, 1993), 11.

164) 이러한 요청은 Rosemary Radford Ruether, *Women-Church: Theology and Practice of Feminist Liturgical Communities* (San Francisco: Harper & Row, 1985)에 나와 있다.

놓여 있다. 정교회와 가톨릭교회는—개신교회에서 침례교와 루터파 가운데 대단히 보수적인 일부 교단과 함께—여성 안수를 허용하지 않는 반면에, 성공회와 대부분의 주류 개신교는 여성안수를 허용한다. BEM은 교회가 남성과 여성 모두가 사역할 수 있는 길을 발견해야 한다고 강력하게 호소한다. 동시에 그 문서는 다양한 교회 전통이 여성 안수를 적절한 것으로 보는지, 그렇지 않은지에 대해 토론의 장을 마련하고 있다.[165]

우리의 언어가—"하나님 이야기"가 교회와 기독교적 전통의 담론 안에서 이루어지는 경우에—실재에 대한 우리의 인지를 형성한다는 것을 알기에, 로마 가톨릭교도인 엘리자베스 존슨(1941-)은 우리가 하나님에 대해 말하는 방식을 확장하고 보다 포괄적으로 만들어야 한다고 요청하는데, 그것에는 전통적인 것과 함께 여성적인 이미지와 은유를 사용하는 것이 포함된다.[166] 교회의 새로운 이미지를 만들어내기 위해 식탁의 상징을 활용하는 러셀의 『둥근 식탁의 교회』는 환대라는 문화적인 공통 이미지를 채택한다. 너무나 많은 일들이 가정에서 식탁에 앉았을 때 일어나며, 가장 소중한 기억 가운데 몇 가지는 언제나 식탁 교제로 소급된다. 나아가 여성주의를 표방하는 교회는 주변인들에게로 나아가며, 성차별이든 인종차별이든 아니면 다른 어떤 형태의 착취든 상관없이 모든 형태의 비인간화로부터의 해방을 추구한다. 이것은 남자들도 여성을 위한다면 기꺼이 여성주의자가 될 수 있음을 뜻한다. 자유와 평등의 추구는 그리스도의 사역을 지속하는 것이다. 그리스도께서는 모든 세대 그리고 남성과 여성 모두를 하나님의 통치권 안으로 받아들이고 환영하셨다.[167]

여성주의적 이해는 교회적 삶 안에서의 사역을 하나님이 주신 은사로

---

165) "Ministry," in *BEM*, 18.
166) Elizabeth A. Johnson, *She Who Is: The Mystery of God in Feminist Theology* (New York: Crossroad, 1992), 127-41.
167) Russell, *Church in the Round*, 22-3.

여기기 때문에, 그것이 남성과 여성 모두에게 개방되어 있다고 생각한다.[168] 그러므로 사역에 관한 논의의 핵심은 단지 여성의 안수에 대한 필연적 권리 주장만이 아니라, 안수라는 개념 자체의 개정이다. 가부장적 유형의 리더십이 주장되는 곳에서는 권위가 권력의 높은 자리에서 행사된다. 여성주의적 유형의 리더십은 공동체 형성을 지향하는 협력적인 패러다임으로부터 행동의 모델을 이끌어낸다. 여성주의적 유형의 리더십은 권위의 자리에 다른 사람들과 함께 설 뿐 아니라, 권력과 권위를 공유하려고 노력하면서 그것을 행사한다. 권력은 정점에 축적되어 있는 것이라기보다는 확장되고 공유되어야 하는 어떤 것으로 여겨진다. 교회 안의 리더십에 대한 이와 같은 새로운 접근방법의 탐구에서 여성주의적 교회론은 글자 그대로 식탁을 뒤집었던(turned the tables) 예수의 실례를 다시 따르고 있다.[169]

교회론적 주제와 도전들에 대한 정의

세계교회의 변화

3번째 천년기의 시작에 "거대 종교개혁"[170](Macroreformation)이 우리 눈앞에서 발생하고 있다. 그것은 기독교가 북반구(유럽과 북아메리카)에서 남반구(아프리카, 아시아, 라틴아메리카)로 움직이는 것이다. 이에 따라 2050년까지 전 세계적으로 대략 30억 명의 기독교인 가운데 단지 5분의 1만이 비히스패닉계 백인일 것이다. "만일 우리가 '전형적인' 현대 기독교인을 마음에 그리려고 한다면, 우리는 나이지리아의 마을이나 브라질의 슬럼가에 살고

---

168) Ibid., 특별히 47-54.
169) Ibid., 54-63, 67-74.
170) Justo L. Gonzalez, *Manana: Christian Theology from a Hispanic Perspective* (Nashville: Abingdon, 1990), 49.

있는 어떤 여성을 생각해야만 한다."[171] 동시에 전 세계에 분포한 교회들의 구성도 극적으로 변화하고 있다. 전체 기독교인들 가운데 절반은 로마 가톨릭이고, 4분의 1이 오순절/은사주의적 교회(위에서 개략적으로 제시했던 3개의 하위그룹)로 구성되어 있으며, 나머지는 동방 정교회와 가장 큰 부분으로서 자유교회를 포함한 주류 개신교들이다.[172]

이와 같은 극적인 변화가 지닌 교회론적인 의미는 무엇인가? 크기와 영향에서 기독교회의 주요한 두 기둥, 즉 로마 가톨릭과 오순절/은사주의 교회가 존재하게 될 것이다. 이 둘이 전체 기독교 구성원의 4분의 3을 포괄한다. 이 모든 것은 보수적이고 전통적인 사고방식이 기독교회를 둘러싸고 강화될 것임을 의미한다. 이것은 신학적 자유주의가 북반구의 지도자들이 주도하는 서구의 학계와 전 세계적인 기독교적 교제의 권역에서 아직은 영향력을 행사한다고 해도 마찬가지다. 오순절주의/은사주의적 영성과 예배 형태가 모든 교회에 스며들어 가 있음을 의미하는 기독교회의 "오순절주의화"는 또 다른 중요한 함의를 지닌다.

교회성에 대한 질문

전 세계 교회의 급격한 재형성은 "무엇이 교회를 교회되게 하는가?"라는 질문을 교회론과 교회일치를 위한 대화의 중심에 위치시킨다. 달리 말하자면 어떤 공동체가 신학적 의미에서 "교회"라고 말해질 수 있는 필요충분조건은

---

171) Philip Jenkins, *The Next Christendom: The Coming of Global Christianity* (Oxford: Oxford University Press, 2001), 2. 책의 제목은 물론 매우 유감스럽다. 또 다른 어떤 기독교권이란 존재하지 않을 것이다. 하지만 이 책의 기본논증이 적절하지 못한 제목의 선택에 의해 훼손되지는 않는다.

172) 기본적인 통계적인 자료는 David B. Barrett, George T. Kurian, and Todd M. Johnson, *World Christian Encyclopedia*, 2nd ed. (New York: Oxford University Press, 2001)이다; 전 세계적인 통계를 특별히 12-15와 *International Bulletin of Missionary Research*의 1월호에서 보라.

무엇인가? 이 논의에서 두 가지 극단적 견해가 출현한다. 한편으로 동방 정교회와 로마 가톨릭 전통은 다른 기독교 공동체들을 "교회"로 간주하지 않으며, 단지 기독교적인 "공동체들"에 지나지 않는다고 생각한다.[173] 다른 한편에는 자유교회가 있는데, 이것의 교회성(ecclesiality)에 대한 요구는 "최소한"이다. 권위적인 종교개혁적 교회는 말하자면 그 중간에 위치해 있다.

교회성의 조건과 관련하여 감독제[174] 교회와 자유교회의 전통은 특별히 세 가지 차이점을 보인다. 1) 가톨릭과 정교회 전통에 따르면 사도권을 계승하는 감독이 그리스도의 임재를 보증하기 위해 필요한 반면에, 자유교회에는 감독제가 없다(비록 자유교회들이 사역자들을 "감독들"이라고 부르기도 하지만, 거기에는 사도적 계승이나 그 사역의 교회론적인 구성의 역할에 대한 아무런 요구도 없다). 2) 합법적인 감독이 감독제 교회에서 필요한 이유는 감독이 성만찬 시행의 적법성을 보증해야 하기 때문이다. 이것은 교회의 존재를 구성하는 사건이다. 반면에 자유교회들에서는 그리스도의 임재가 우선적으로 성례전을 통해 중재되지 않으며, 아무런 중재 없는 "직접적인" 방식으로 전체 공동체에게 주어진다. 그러므로 3) 감독제 전통을 따르는 교회가 객관적인 성례전의 시행을 통해 구성된다면, 자유교회의 전통에서 교회를 교회되게 만드는 것은 믿음에 대해 "인격적인" 반응을 한 사람들(일반적으로 믿는 자들은 세례를 받는다)의 모임이다. 하지만 믿음에 대한 개인적인 반응이 가톨릭이나 정교회에서 중요하지 않다고 말할 수 없는 것은 자유교회에서 성례전들이 아무런 역할을 하지 못한다고 말할 수 없는 것과 마찬가지다. 다만 감독제 교회에서 교회를 구성하는 것이 개인적인 신앙이 아니듯이, 자유교회에서 주의 만찬이라는 성례전의 시행은 교회를 형성하는 활동이라기보다는 신앙을 강화시켜주는 것이라고 말할 수 있을 것이다.[175]

---

173) *Lumen Gentium* 15.

174) 그 일반적 의미에서 "감독제"라는 용어는 교회의 교회성의 필수적인 조건으로 감독을 생각하는 교회들을 의미한다.

175) 그 이상의 자료를 보려면 Volf, *After Our Likeness*, 133-35를 보라. 『삼위일체와 교

루터교회와 개혁교회의 신학에 따르면 교회성은 루터교회의 아우크스부르크 신조 7번을 따라 순수한 말씀의 설교와 성례전의 바른 집행에 있다. 감독들은—루터교회에서와 같이—아마도 사역의 유형에 속할지는 모르지만 교회를 구성하는 요소는 아니라고 말할 수 있다.

교제 교회론

교회일치 문제를 다룬 "루터교회의 교제 이해를 향하여"라는 최근의 문서는 교제의 다면적이고 다차원적인 본성을 강조하면서 그것의 가장 간결하고 포괄적인 정의를 제공한다. "'코무니오/코이노니아'라는 용어는 종종 모든 시대와 공간을 넘어 교회의 일치, 지역교회에서 더불어 사는 것의 본성, 지역과 전 세계적인 맥락에 놓인 지역교회들 사이의 관계성을 표현하기 위해 사용된다."[176] 이와 비슷하게 「세상의 빛」은 "사람을 거룩하게 하고 구원하시려는" 하나님의 열망을 말함으로써 두터운 교제의 교회론을 제시한다. 하나님께서는 "사람들을 서로 아무런 유대나 관련이 없는 개인이 아니라, 거룩함 가운데서 하나님 자신을 인정하고 섬기는 백성으로 만들기"를 열망하신다는 것이다.[177] 이것은 다름이 아니라 기독교의 구원이 공동체적이며, 비록 구원이 개인적으로 얻어지는 것이기는 해도 본성상 공동체적임을 의미한다. 어떤 다른 신학자보다도 정교회의 존 지지울라스가 자신의 유명한 『교제로서의 존재』에서 이 노선을 철저하게 논증한다.[178] 그의 논증은 단순하지만 심오하다. 성서의 하나님이 아버지와 아들과 성령의 신적인 교제 안에 존재하신다는 사실로부터 우리는 진정한 인격성이 오직 교제 가운데 존

회』(새물결플러스 역간).

176) "Toward a Lutheran Understanding of Communion," #2, in *The Church as Communion*, ed. Heinrich Holze, Lutheran World Federation Documentation No. 42 (Geneva: Lutheran World Federation, 1997), 13.

177) *Lumen Gentium* 2.9.

178) Zizioulas, *Being as Communion*, esp. 124-25.

재한다는 사실을 알게 된다. 그래서 그 책의 부제는 "인격성과 교회에 대한 연구"다. 게다가 사람의 **인격**의 적절한 존재 양식은 하나님과의 교제 그리고 다른 인간 존재와의 교제다.[179] 지지울라스에게 기독교인이 된다는 것은 곧 "생물학적인 개인성"으로부터 "교회론적 인격성"으로의 이동을 뜻한다.[180]

교회일치 운동은 열광적으로 교제의 신학을 자신의 주된 패러다임으로 채택해왔다. WCC 문서는 이렇게 요약한다. "코이노니아는 쌍방향의 대화로부터 출현하는 교회에 대한 근본적인 이해다."[181] 코이노니아는 또한 신앙과 직제 위원회의 문서인 「교회의 본성과 사명」의 핵심에 놓여 있다.[182]

선교로서의 교회—선교적 교회론

최근까지 선교는 교회에게 별도의 사명 또는 "영역"이었던 반면에, 현대신학은 교회 그 자체가 선교로서 존재한다는 교회일치적인 합의를 도출한다. 다시 말해 교회의 본성은 선교적이다. 이에 따라 제2차 바티칸 공의회의 「만민에게」(Ad Gentes)라는 교령은 "순례하는 교회는…자신의 본성에서 선교적"이라고 말한다.[183] 이와 비슷하게 「교회의 본성과 사명」은 교회의 선교적 사명이 "삼위일체 하나님 안에 있는 교제의 반영"으로부터 유도된다고

---

179) Ibid., 15.
180) Ibid., 49.
181) Fifth Forum on International Bilateral Conversations: Report (Geneva: WCC, 1991), 46.
182) *The Nature and Mission of the Church: A Stage on the Way to a Common Statement*, Faith and Order Paper 198, December 15, 2005, WCC, http://www. oikoumene.org/en/resources /documents/wcc-commissions/faith-and-order-commission/i-unity-the-church-and-its-mission/the-nature-and-mission-of-the-church-a-stage-on-the-way-to-a-common-statement.html, 특별히 57-66을 보라.
183) *Ad Gentes* 1.2.

말한다.[184] 이것은 "선교가 바로 교회의 존재에 속한다"는 것을 뜻한다.[185]

연합개혁교회 감독이었던 레슬리 뉴비긴은 인도의 장기 선교사였는데, 선교 현지에서 고국인 대영제국으로 돌아온 후 서구 사회가 "선교지"라는 생각을 처음으로 피력했고, 모든 곳의 모든 교회가 선교적인 접근방법과 존재를 채택해야 할 필요를 역설했다.[186] 그 결과 "복음과 우리의 문화"라는 이름의 초교파적인 네트워크와 연구계획이 시작되었다.[187] 곧바로 유사한 네트워크가 미국[188] 그리고 다른 곳에서도 뒤를 이었다.

미국의 맥락에서 1998년 『선교적 교회: 북미 교회의 파송을 위한 비전』이라는 제목의 책은 세계교회협의회의 "하나님의 선교"(missio Dei)에 대한 논의와 레슬리 뉴비긴의 북미에 대한 선교적인 통찰을 결합시키려고 노력했다.[189] 복음과 우리의 문화 네트워크의 대표자들이 쓴 이 논문집은 교회로 하여금 현상유지 또는 정복과 팽창에 초점을 두는 기독교 국가의 유형으로부터 멀어지도록 재촉한다. 마이클 프로스트와 앨런 허쉬는 선교적 교회를 "전체 공동체와 그 구성원 모두를 위한 하나님의 특별한 선교적 소명을 깨달으려고" 노력하는 교회로 정의한다.[190]

---

184) *Nature and Mission*, 34.

185) Ibid., 35.

186) 이와 같은 근본적인 생각에 이르는 최선의 길이 Lesslie Newbigin, *The Gospel in a Pluralist Society* (Grand Rapids: Eerdmans, 1989)에서 제시된다.

187) 소개와 활동, 그리고 자료들을 http://www.gospel-culture.org.uk/index.htm에서 발견할 수 있다.

188) 예를 들어 The Gospel and Our Culture Network at http://www.gocn.org/를 보라.

189) *Missional Church: A Vision for the Sending of the Church in North America*, ed. Darrell Guder (Grand Rapids: Eerdmans, 1998).

190) Michael Frost and Alan Hirsch, *The Shaping of Things to Come: Innovation and Mission for the 21st-Century Church* (Peabody, MA: Hendrickson, 2003), 11-12. 선교적 교회 개념에 대한 유용한 최근의 토론은 Alan Roxburg, "The Missional Church," *Theology Matters: A Publication for Presbyterians for Faith, Family and Ministry* 10, no. 4 (2004): 1-5; http://www.theologymatters.com/2004.cfm에서 발견할 수 있다.

결론적 숙고

삼위일체론 및 성령론과 함께 교회론은 국제적이고 초교파적인 영역에서 신학적 반성의 중심으로 떠오르는 중이다. 기독교 공동체의 의미와 본성에 대한 "두터운 설명"(thick account)은 극도로 개인주의화된 현대성의 문화, 그리고 전례가 없는 다양성을 불러일으키고 있는 교회의 세계화 과정에서 나타난 공동체 의식의 상실과 같은 많은 요소들로부터 요청된다. 또한 우리는 성서적 권위의 자명한 역할이 현대성 안에서 뿌리 뽑힌 이후로 교회의 지위를 신적 계시와 연결시킨다거나 또는 기독교가 이미 쇠락한 사회 안에서의 사회정치적인 역할과 연관시키려는 전통적인 시도가 심각하게 의심스러워졌다는 점을 덧붙일 수 있을 것이다. 무엇보다도 기독교회는 제3천년기에 이슬람의 움마(*umma*)와 같은 다른 신앙 공동체와의 관계를 되돌아보아야 할 긴급한 필요성에 직면해 있다.

삼위일체에 대한 관계적인 이해가 촉진시킨 관계성의 용어로 "인격성"의 의미를 새롭게 발견하는 철학, 심리학, 신학계의 최근 상황 안에서 많은 기회들이 새롭게 발견될 수 있을 것이다. 교제 교회론이 대두한 것은 이런 발전의 결과로 간주되어야 할 것이다. 기독교의 구원과 종말론적 성취에 대한 비전은 이제는 본성에 있어서 진정으로 공동체적인 것으로 여겨져야 한다.

결론적으로 우리는 교회론과 교회론적 반성의 르네상스를 조망할 수 있게 되었다. 지난 150-200년 동안에 일어난 교회론의 발전이 우리에게 선사하는 교훈과 도전은 그와 같은 신학적인 회복과 사역을 틀림없이 계속해서 풍성하게 만들 것이다.

참고도서

Basden, Paul, and David S. Dockery. *The People of God: Essays on the Believers' Church*. Nashville: Broadman, 1991.

Boff, Leonardo. *Ecclesiogenesis: The Base Communities Reinvent the Church*. Maryknoll, NY: Orbis, 1986.

Chan, Simon. "Mother Church: Toward a Pentecostal Ecclesiology." *PNEUMA: The Journal of the Society for Pentecostal Studies* 22 (Fall 2000): 177–208.

Gibbs, Eddie, and Ryan Bolger. *The Emerging Churches: Creating Christian Community in Postmodern Cultures*. Grand Rapids: Baker Academic, 2005.

Haight, Roger. *Christian Community in History*. Vol. 2, *Comparative Ecclesiology*. New York: Continuum, 2005.

Jenkins, Philip. *The Next Christendom: The Coming of Global Christianity*. Oxford: Oxford University Press, 2001.

Küng, Hans. *The Church*. New York: Image Books, 1976.

Moltmann, Jürgen. *The Church in the Power of the Spirit: Contribution to Messianic Ecclesiology*. Translated by Margaret Kohl. London: SCM, 1977.

Pannenberg, Wolfhart. *Systematic Theology*. Vol. 3. Translated by Geoffrey W. Bromiley. Grand Rapids: Eerdmans, 1998.

Rausch, Thomas P. *Towards a Truly Catholic Church: An Ecclesiology for the Third Millennium*. Collegeville, MN: Liturgical Press, 2005.

Russell, Letty M. *Church in the Round: Feminist Interpretation of the Church*. Louisville: Westminster John Knox, 1993.

Ware, Kallistos. *The Orthodox Church*. New rev. ed. London: Penguin Books, 1993.

15

종말론

마이클 호튼

Michael Horton

웨스트민스터 신학교

두 번의 천년기 동안 기독교인들은 그리스도께서 육체로서 재림하셔서서 죽은 자들을 살리고, 심판하고, 새롭게 하고, 회복된 우주를 영원히 다스리실 것이라는 확신을 고백해왔다. 이에 대한 놀라운 의견일치에도 불구하고, 종말론(ta eschata, "마지막 일들")과 관련하여 기독교인들은 성서의 예언들, 그 중에서도 특별히 천년기에 대한 예언을 어떻게 해석할 것인가의 문제에 대해서는 대단히 첨예한 차이를 보인다. 비록 요한계시록 20장이 성서에서 천 년이라는 시기에 대해 명시적으로 언급하는 유일한 장이지만, 그것은 교회사 전체에 걸쳐 상당한 양의 반성, 주석, 그리고 사변을 산출했다. 이것들에 대해 어느 정도 폭넓은 배경을 제시한 후에 이 논문은 지난 150-200년 동안 등장했던 종말론들을 다음 네 가지의 일반적인 주제 아래서 개관하고자 한다. 1. 천년왕국설에 대한 배경, 2. 파멸 또는 완성의 기대, 3. 적그리스도와 논란이 되어온 비밀 휴거, 그리고 4. 하늘과 지옥.

미래의 역사 그리고 역사의 미래: 천년왕국에 관한 논쟁

그리스도께서 문자적으로 천 년 동안 통치하신다는 신앙을 가리켜 **천년왕국설**(millenarianism)이라고 한다.[1] 이 단어는 천에 해당하는 헬라어 단어 킬리아(chilia)를 번역한 라틴어 단어인 밀레(mille)로부터 유래했다. 현대에는 천년왕국에 대한 3가지의 해석 학파가 존재하면서 각기 주장을 펼치고 있다. 전천년설, 후천년설, 무천년설이 그것이다. **전천년설자들은** 그리스

---

1) 오늘날은 천년왕국설을 가리킬 때 "millenarianism"(또는 millennialism)이 보다 더 친숙하지만 교회사의 대부분의 시기에 (라틴어보다는 그리스어를 따라) "chiliasm"이라고 불렸다.

도께서 천년왕국 전에 재림하실 것이라고 주장한다. **후천년설자들**은 일반적으로 온 세상이 광범위하게 복음으로 회심하는 대단히 특별한 축복의 황금시대 이후에 그리스도께서 재림하실 것이라고 가르친다. **무천년설자들**은 요한계시록 20장이 언급하는 "천 년"은 상징으로서 현재의 은혜 가운데에서의 그리스도의 통치를 가리키며, 그것은 그리스도의 미래의 영광스런 재림을 통해 완성될 것이라고 주장한다.

초기 유대교적 종말론과 기독교적 종말론

후기 예언자들의 중요성을 감안한다면, 제2성전기 유대교가 "다가올 시대"에 대한 묵시적인 기대로 가득 차 있었다는 것은 놀라운 일이 아니다. 부활을 부정했던 사두개인들(소수파였지만 카이사르를 지지해서 권력을 소유했다)은 현 체제를 공고화하는 데 보다 큰 관심을 가졌다. 하지만 (바리새인들이 주도했던) 대부분의 사람들은 역사 안으로의 신적 개입과 그에 따른 역사의 붕괴를 기대했다. 이스라엘 민족이 다시 한 번 엄격하게 토라를 지킬 때 메시아가 도래하실 것이며, 죽은 자들이 다시 살아나고 의로운 자들은 새로워지는 지정학적 신정정치를 경험하게 될 것이다.[2] 임박한 종말을 준비하기 위해 매우 금욕적인(독신을 포함한) 사막 공동체를 설립했던 에세네파와 같은 그룹은 종교적으로 타협한 예루살렘의 성전과 지도층을 모두 부정했다. 그들은 현재 예루살렘에서 벌어지는 사건들의 관점으로부터 예언들을 해석했다.

---

2) 그리스도 이전 1세기에 역사의 끝에 있을 문자적인 황금시대의 비전이 에녹1서에 기록되었다. 유사한 종말론이 에스라4서와 같은 훨씬 후대의 묵시적인 본문에서 발견되는데, 거기서 창조 전체는—메시아 자신을 포함하여—400년의 통치 이후에 파괴된다. 그 파괴의 7일 후에 부활과 심판이 발생하며, 새 하늘과 새 땅을 예고한다.

고대와 중세의 종말론

고대 교회는 대체로 하나님 나라가 그리스도의 초림과 더불어 시작되었지만, 미래에 있을 완전한 완성을 기다린다고 주장했던 것으로 보인다. 이 입장은 오늘날 무천년설과 가장 밀접하게 연결된다.[3] 첫 번째의 광범위한 천년왕국 운동은 3세기의 몬타누스주의자들과 관계가 있다. 두 명의 젊은 여성 프리스카 및 막시밀라와 함께 몬타누스는 대중적인 운동을 이끌었고, 결국에는 테르툴리아누스(c. 155-c. 240)까지 구성원으로 포함시켰다. 그의 예언의 실패, 괴벽한 금욕주의, 가시적(타락한) 교회와 비가시적(영적) 교회 사이의 날카로운 구별 등은 그 운동에 대한 제도적 교회의 정죄를 초래했다. 비록 몬타누스 운동은 사라졌지만 천년왕국적인 열광, 영적인 열정, 그리고 회복론적인 교회론 등은 교회사 전체에 걸쳐서 다양한 시점에 다시 살아나곤 했다.

이와 동시에 박해의 시기가 콘스탄티누스 대제 아래서 제국의 비호를 받는 시기로 전환됨에 따라, 두 시대 사이의 파멸적 갈등에 놓인 교회의 불안정한 존재를 인식했던 초기 무천년설의 유형은 보다 승리주의적인 유형으로 전이해갔다. 교회사가인 에우세비오스(260/265-339/340)는 콘스탄티누스에 대해 이렇게 말했다. "신적인 호의를 지닌 우리의 황제는, 말하자면 신적인 주권의 필사본을 수여받고 하나님 자신의 본에 따라 이 세상의 일들을 관리하고 인도한다." 이에 따라 콘스탄티누스 황제는 신적인 명령을 받아 "진리에 공개적으로 대적하는 자들을 전쟁을 사용하여 진압하고 징벌한다."[4]

---

3) 비록 순교자 유스티누스가 우리가 전천년설이라고 부를 만한 어떤 것을 주장했지만, 그는 그것이 자신의 시대의 가장 광범위하게 주장되던 견해는 아니라는 점을 인정했다. 종말론에 대한 교부들의 관점을 가장 훌륭하게 논증한 것은 Charles E. Hill, *Regnum Caelorum: Patterns of Millennial Thought in Early Christianity* (Grand Rapids: Eerdmans, 2001)이다. 힐이 유스티누스의 견해를 다루는 것을 특히 194-95에서 보라.

4) Eusebius, *Orat.* 1.6-2.5. Douglas Farrow, *Ascension and Ecclesia: On the Significance of the Ascension for Ecclesiology and Christian Cosmology* (Grand

5세기에 아우구스티누스(354-430)는 보다 미묘한 뉘앙스를 풍기는 고대의 무천년설을 지지했는데, 특별히 로마의 함락 이후에 되살아난 이교사상의 결과로 그는 점점 더 승리주의에 반대하게 되었다. 히포의 주교는 "이 세대"와 "오는 세대" 사이의 종말론적 긴장을 강조했다.[5] 아우구스티누스의 『하나님의 도성』도 현 세대의 "두 가지 도시"를 분명하게 구별했으며, 두 도시는 각각 자신의 임무, 목적, 운명, 수단을 가지고 있었다.

하지만 교회가 실현된 하나님 나라로서 점진적으로 진보한다는 지배적인 "종말론 이야기"와 함께 성공했던 것은 승리주의였다. 제의와 문화의 연합으로서의 "기독교 세계"(Christendom)라는 사상이 그것이다. (거룩한 전쟁을 포함한) 이스라엘의 신정정치에 대한 은유적인 해석이 그와 같은 융합을 주도했다. 초기 유대교에서와 대단히 흡사하게 묵시적 종말론(즉 임박한 심판과 현 체제 밖으로부터의 갱신)이 중세기에도 지배 체제에 대한 날카로운 비판과 함께 때때로 터져 나왔다. 그에 따라 콘스탄티누스가 하나님 나라의 완전한 실현이라는 방향으로 왜곡시켰던 무천년설은 단지 보수적인 분위기만 조장했다. 반면에 천년왕국 운동은 그리스도의 왕국을 묵시적이고 반체제적인 현실로 이해하면서 현 체제에 대한 급진적인 비판을 독려했다. "기독교 세계"에 대한 이야기는 다음 사실을 우리에게 상기시켜준다. 즉 세속사회를 기독교화하려는 무모한 시도는 교회가 완전히 세속화된다는 것만큼이나 쉽게 말해진 것이었다.

중세 시대에 있었던 많은 묵시적인 운동 가운데 한 가지는 그것이 오랫동안 행사했던 영향력 때문에 특별히 언급할 가치가 있다. 시칠리아의 수도사인 피오레의 요아힘(1132-1202)은 요한계시록에 대한 주석을 썼고, 종말

Rapids: Eerdmans, 2009), 115에서 재인용.

5) Robert Markus, *Saeculum: History and Society in the Theology of St. Augustine* (Cambridge: Cambridge University Press, 1989)을 보라. 또한 그의 보다 최근의 (다소 개정한) 책인 *Christianity and the Secular* (Notre Dame, IN: University of Notre Dame Press, 2006)를 보라.

론적인 이미지를 문자적이고 미래적인 용어로 해석했다. 요아힘은 역사를 세 시대로 나누었다. 아버지의 시대(아담의 시대부터 그리스도의 시대까지, 결혼한 사람들의 종단)는 율법의 시대였고, 아들의 시대(그리스도로부터 요아힘의 시대까지, 성직자의 종단)는 은혜의 시대였으며, 셋째의 상태—성령의 시대—는 베네딕트회의 규칙으로부터 시작했다(이것은 수도사의 종단이다). 요아힘은 그 시대가 1260년에 완전하게 밝아오기를 기대했다. 결혼, 가정, 시민사회 등의 "세속적인 삶" 그리고 말씀과 성례라는 가시적 사역을 지닌 "교회", 이 두 가지 모두가 보편적으로 실현된 "수도원적 이상"에 의해 극복될 것이다. 그 시대가 오면 모든 사람은 하나님을 직접적이고 즉각적으로 알게 되며, 인류는 완벽한 영적 일치를 이루게 될 것이다.[6]

요아힘의 많은 추종자들은 그의 견해를 훨씬 더 발전시켰고, 프레데릭 2세(신성로마 제국의 황제[1194-1250]—역자 주)를 적그리스도와 동일시했다. 하지만 1250년에 황제가 죽었을 때, 새로운 예언이 출현했다. 요아힘의 사상은 이후의 시대 전체에 영향을 미쳤으며, 특별히 르네상스 시대의 인물들이 받았던 유토피아적인 영감에 영향을 주었다. 많은 저명한 인물들 가운데 크리스토퍼 콜럼버스가 요아힘의 종말론에 호소했고, 로저 베이컨, 니콜라스 쿠자누스, 지롤라모 사보나롤라, 그리고 아메리고 베스푸치도 그랬는데, 아메리고 베스푸치는 "새로운 세계"의 적절한 명칭을 위해 자신의 이름을 빌려주었다. 또 요아힘의 사상은 자유정신 형제단과 재세례파와 같은 보다

---

6) Bernard McGinn, *The Calabrian Abbot: Joachim of Fiore in the History of Western Thought* (New York: Harper & Row, 1985); Ann Williams, "Recent Scholarship on Joachim of Fiore and His Influence," in *Prophecy and Millennialism: Essays in Honor of Marjorie Reeves*, ed. Ann Williams (London: Longman, 1981); Norman Cohen, *The Pursuit of the Millennium: Revolutionary Messianism in Medieval and Reformation Europe and Its Bearings on Modern Totalitarian Movements* (New York: Pimlico, 1993); Ronald Knox, *Enthusiasm* (Oxford: Oxford University Press, 1950); Delno C. West and Sandra Zimdars-Swartz, *Joachim of Fiore: A Study in Spiritual Perception and History* (Bloomington, IN: Indiana University Press, 1983).

과격한 운동에도 영감을 불어넣었다. 대부분의 재세례파가 평화주의자들이었던 반면에 토마스 뮌처(Thomas Müntzer, 1489-1525)와 레이든의 요한(John of Leyden, 1509-1536)은 하나님 나라를 세우려는 노력으로 폭력 혁명을 주도했다. 독일의 도시인 뮌스터를 점령했던 급진적인 재세례파는 공산주의적이며 일부다처제인 통치 영역을 수립했다.[7]

종교개혁의 종말론

실천적으로 항상 일관적이지는 않았지만 개신교 종교개혁자들은 이 시대의 왕국과 그리스도의 왕국이라는 두 왕국의 구분을 확증했다. 전자는 정의, 평화, 질서의 유지를 위해 하나님께서 세우시는 왕국이며, 그리스도의 왕국은 설교와 성례전을 통해 현재 드러난 왕국이다.[8] 지상적인 영역은 일시적으로 검에 의해 방어되는 반면에, 하늘의 왕국은 말씀과 성령을 통해 융성한다.

실천적으로 항상 성공적이지는 않았지만 종교개혁자들은 그럼에도 불구하고 현 시대 교회의 근저에 놓인 불안정성의 감각을 회복하는 먼 길을 나아갔다. 교회는 "이미"/"아직"이라는 현실이며, 그리고 의인인 동시에 죄인이라는 모호함의 존재다.[9] 두 왕국을 융합하려고 했던 중세기의 "기독교 세계" 그리고 급진주의자들의 종말론적 열광이라는 두 가지 전략은 개혁자들이 보았던 십자가 아래 있는 영적인 하나님 나라를 영광의 지정학적인 왕국으로 변개하려는 시도에 불과했다. 종교개혁자들은 두 가지 모두가 그

---

7) Eugene F. Rice Jr. and Anthony Grafton, *The Foundations of Early Modern Europe 1460-1559*, 2nd ed. (New York: Norton, 1994), 163-68, 178-83; Marjorie Reeves, *Joachim of Fiore and the Prophetic Future: A Medieval Study in Historical Thinking* (London: SPCK, 1976).

8) 이 내용에 대한 루터의 견해는 잘 알려져 있지만, 칼뱅도 『기독교강요』에서 동일한 구분을 (특별히 2.15.3; 4.5.17; 4.20.1, 8을 보라) 주장했다.

9) 더글라스 패로우(Douglas Farrow, 1920-2015)는 특별히 자신의 탁월한 책 *Ascension and Ecclesia*, 176-77에서 이 내용에 대한 칼뱅의 공헌을 지적한다.

리스도의 제자들이 오해했던 것과 동일한 종말론적인 오해에 이끌렸다고 주장했다. 그것은 메시아적인 왕이 도래했을 때, 땅의 신정정치를 회복하리라는 기대였다.[10] 개혁자들은 예수의 승리에 찬 예루살렘 입성에 뒤이어 십자가 사건이 따라왔을 때 예수의 동시대인들이 (심지어 제자들도) 몹시 실망했던 것은 바로 그 오해 때문이었다고 주장했다.[11]

하지만 "기독교 세계"라는 신화는 로마 가톨릭과 개신교 모두의 식민지 팽창 정책 안에서 지속되었다. 많은 개신교도들은 1588년 영국이 스페인 함대를 물리친 놀라운 사건을 용의 파멸로 해석했고, 적그리스도의 통치가 종말을 고하기 시작했다고 생각했다. 크롬웰(1599-1658)의 영연방은 요아힘의 성령의 제3시대에 대한 사색에 호소하여(존 밀턴[1608-1674]의 호소처럼) 활기를 띠게 된 천년왕국적인 열광주의의 폭동이었다.[12]

미국의 독립전쟁이 진행되는 동안—성공회, 장로교회, 회중교회의—많은 설교자들은 요한계시록의 예언들이 마치 가톨릭주의의 불신앙과의 전투에서 직접 성취되고 있는 것처럼 해석했다. 새로운 세속질서(*novus ordo seclorum*)는 기독교적 원칙에 입각한 정치적·사회적·도덕적·경제적 진보

---

10) Calvin, *Institutes*, 4.5.17.

11) 아우크스부르크 신앙고백(17항)은 천년왕국설을 "죽은 자들의 부활 이전에 경건한 자들이 세상의 나라를 차지하고 악인들은 모든 곳에서 제압당할 것이라는 유대인의 주장을 지금 퍼뜨리는" 재세례파들과 동일시하면서 거부했다. 개혁교회도 제2스위스 신조에서 "최후의 심판 이전에 지상에 있을 천년왕국 또는 황금시대에 대한 유대인의 꿈"을 거부하는 것에 동의했다. 칼뱅도 이와 유사하게 천년왕국에 대한 견해들을 일축하였으며(4.25.5), 대주교 크랜머(Cranmer)는 그런 견해들을 "유대인의 망령과 같은 우화"로 취급하며 거절했다(성공회 신조, 신조 41). 그러므로 위의 언급들은 단순히 반 셈족적인 비방으로 이해되어서는 안 되며, 그 시대의 천년왕국적인 운동을 예수의 동시대인들의 오해와 비교하는 것으로 이해해야 한다. Philip Schaff, *History of the Christian Church* (Peabody, MA: Hendrickson, 2004), 2:381을 보라.

12) Marjorie Reeves, "Joachim of Fiore and the Images of the Apocalypse According to St. John," *Journal of the Warburg and Courtauld Institutes* 64 (2001): 281-95; cf. Michael Fixler, *John Milton and the Kingdoms of God* (Evanston, IL: Northwestern University Press, 1964).

의 중심뿐만 아니라 세계 선교의 중심도 될 것이다. 요아힘은 자신의 종말론이 인류의 진보라는 신화를 통해 세속화되는 것을 대단히 반대지만, 칸트, 레싱, 헤겔, 그리고 마르크스는 외적 권위의 어떤 필요에도 굴복하지 않는 직관적 계시를 통해 미래의 유토피아 시대를 내다볼 때 수도원장이었던 요아힘의 종말론적인 비전을 다시 불러일으키고 있었다.

파국인가, 완성인가?

하나님 나라는 역사 안에서 도토리만 한 크기에서 시작하여 떡갈나무만 한 크기로 자라나는가? 아니면 하나님 나라는 격렬한 바람과 같이 "위로부터" 도래하여 역사를 꿰뚫고 심판하는가? 이 질문들에 대한 답은 "기독교 세계"와 그 경쟁자들의 상상력 안에서 지속적으로 형성되어왔다.

황금시대를 향한 진보

특별히 독일 관념론이 등장하면서 종말론은 역사 안으로 동화되었는데, 물론 그 역사는 특별한 역사(서구의 현대성)였다.[13] 많은 점에서 이런 발전은 "기독교 세계"라는 실현된 종말론의 세속화된 (또는 더욱 세속화된) 변형으로 볼 수 있다. 임마누엘 칸트(1724-1804)의 영향으로 하나님의 나라는 실천이성이 인도하는 도덕성의 보편적인 왕국과 동일시되었다.

특별히 G. W. F. 헤겔(1770-1831)과 프리드리히 슐라이어마허 (1768-1834)에게서 하나님 나라는 정신(Geist)이 역사와 문화 안에서 신비롭고 점진적으로 발현하는 것으로 이해되었다. 위로부터 돌입하는 역사의 극적(묵

---

13) Robin Barnes, "Images of Hope and Despair: Western Apocalypticism: ca. 1500-1800," in *The Encyclopedia of Apocalypticism,* vol. 2, *Apocalypticism in Western History and Culture*, ed. B. McGinn (New York: Continuum, 2000), 143-84.

시적) 붕괴 대신에 슐라이어마허는 하나님 나라의 도래를 "섭리라는 초월적인 능력"과 연결시켰는데, 다만 이 능력은 언제나 모든 자연적인 사건 안에서 사역한다.[14] 예수 그리스도는 칼케돈 회의(451)의 기독론적 의미에서가 아니라, 그가 완벽하고 온전한 "하나님 의식"에 유일무이하게 도달했다는 의미에서 신성과 인성의 합일을 대변한다. 이때 예수가 도달했던 하나님 의식은 예수와 연합된 다른 사람들 안에서도 다양한 수준에서 실현될 수 있다. 이 모든 서술 방식에서 "마지막 일들"로서의 종말(eschata)이라는 본래적 의미는 상실되었다. 예수 그리스도, 그리고 그와 연합된 모든 사람의 부활을 믿는 신앙도 하나님 의식이 역사 안에서 점진적으로 실현된다는 사고를 옹호하는 가운데 포기되었다.[15]

19세기 말에 하나님 나라와 역사적인 진보의 이와 같은 동일화는 자유주의 개신교의 확고한 특징이었는데, 특별히 리하르트 로테(1799-1867)와 알브레히트 리츨(1822-1889)의 사상에서 그러했다. 미국의 사회복음 운동의 창시자인 월터 라우셴부시(1861-1918)에 따르면, 사회복음에 적절한 모든 신학은 "단지 하나님 나라의 교리를 위한 여지를 만드는 데 그칠 것이 아니라 그 나라에 중심적인 자리를 부여해야 하며, 하나님 나라의 교리가 다른 모든 교리를 개정해서 다른 교리들이 하나님 나라의 교리를 유기적으로 명료화"시킬 수 있도록 만들어야 한다.[16] 우리는 "우리 편에서 행해야 하는 구속의 실천들을 단지 마비시키고 지연시키는" 미래적 강조, 즉 하나님 나라의 미래에 대한 모든 강조를 회피해야 한다.[17]

---

14) Friedrich Schleiermacher, *The Christian Faith*, trans. H. R. Mackintosh and J. S. Stewart (Edinburgh: T&T Clark, 1928), 56.

15) Nathan D. Hieb, "The Precarious Status of Resurrection in Friedrich Schleiermacher's *Glaubenslehre*," *International Journal of Systematic Theology* 9, no. 4 (October 2007): 398-414.

16) Walter Rauschenbusch, *A Theology for the Social Gospel* (New York: Macmillan, 1918), 131.

17) Ibid., 143.

역설적이게도 "기독교 세계"(Christendom)의 논지를 미국적으로 변형시켰던 것은 자유주의가 아니라 복음주의적인 부흥주의였다(이 주장은 세대주의라는 명백하게 모순적인 형태 안에서 특별히 "기독교적인 미국"을 변호하는 가운데 지속되고 있다). 리츨보다 32살이 많았고 분명 칸트에게 직접적으로 의존한 적이 없는 미국의 부흥사 찰스 피니(1792-1875)는 성숙한 현대성에 대한 펠라기우스적인 신학적 가정을 공유했으며, 교회를 도덕적이고 사회적인 개혁자들의 모임으로 바라보는 막연한 후천년설적인 비전을 고집했다.

또한 19세기 미국에서도 전천년주의 운동들이 있었는데, 이들은 회복주의적인 교회론(예를 들어 밀러교도들, 재림교도들, 여호와의 증인, 말일성도 예수 그리스도 교회, 캠벨파 신앙인, 그리고 다른 그룹들)을 고집했다. 그 가운데 많은 운동이 "불타오르는 지역"이라는 별칭으로 불리던 피니의 잦은 부흥회 지역에서 일어났다.[18] 많은 경우에 그리스도의 보편적 왕국의 수도는 그 운동의 기원이 되었던 도시나 마을에서 건설된다고 주장되었다.

후천년설은 미국의 주류 개신교에 아예 "기본 설정"이 된 것과 같은 상태로 남아 있었다. 줄리아 하우(1819-1910)의 "공화국 전투 찬가"(1861)는 미국 개신교도들이 얼마나 기꺼이 정치적 대의―실제로는 전쟁―를 최후의 심판과 동일시하는 데까지 나아갔는지를 단적으로 보여준다. 존 윈스롭(John Winthrop, 1587/8-1649)이 청교도 뉴잉글랜드를 "언덕 위에 빛나는 도시"라고 선언한 것부터 우드로 윌슨(1856-1924)의 "모든 전쟁을 끝내기 위한 전쟁"에 이르기까지 세계 선교, 학교, 구제기관들, 병원, 그리고 정치적 개혁이라는 교회의 점진적 진보(즉 자유 민주주의의 가치들)는 국내와 국외에서 세계의 미래를 위한 하나님의 계획 가운데 미국은 예외적이고 특별한 존재라는 생각에 연료를 공급해주었다. 좋은 시대(belle epoque, 프랑스에서 1880-1905년을 말함―역자 주) 또는 미국에서 알려진 것으로는 "즐거운

---

18) Whitney R. Cross, *The Burned-Over District: The Social and Intellectual History of Enthusiastic Religion in Western New York, 1800-1850* (New York: Harper Torchbooks, 1965).

90년대"(gay nineties, 1890년대의 미국 대중문화의 시작을 알리는 과도기를 이르는 말임ㅡ역자 주)를 향한 복음주의적 낙관론은 1900년에 피니의 부흥주의적 유산과 사회복음 운동을 융합하여 설립한 「크리스천 센추리」(*Christian Century*, 미국의 대표적인 진보성향의 신학 저널ㅡ역자 주)에서 명확하게 예시되었다. 한편 로마 가톨릭 국가들에서 교황은 모든 나라와 통치자들의 절대적인 복종을 계속해서 요구했다. 바티칸은 미합중국 수정헌법 제1조를 20세기 중엽까지 사실상 "미국적 이단"으로 간주했다.[19]

하지만 세속화되고 자유주의적인 변형뿐만 아니라 보다 보수적인 후천년설적인 견해도 피할 수 없었던 결정적인 타격은 제1차 세계대전이었다. 파라다이스의 꿈은 아마겟돈의 비전으로 변했고, 제2차 세계대전은 그런 관점의 외관을 정당화해주는 것처럼 보였다.[20]

위기와 파국

D. L. 무디(1837-1899)는 처음에는 찰스 피니의 사회적 행동주의에 매료되어 있었지만, 나중에는 결국 세상은 "파선된 배"라고 결론을 내렸다. "하나님은 내게 생명 줄을 주시며 말씀하셨다. '무디, 할 수 있는 대로 너는 모든 사람을 구원하라.'"[21] 부흥이 대개의 경우 복음전도와 사회적 행동을 통해

---

19) 저명한 미국 예수회 신학자 존 코트니 머레이(John Courtney Murray)는 자유 민주주의와 양립할 수 있는 로마 가톨릭의 사회적 교리를 발전시키는 데 공헌했다. 머레이의 *We Hold These Truths: Catholic Reflections on the American Proposition* (New York: Sheed & Ward, 1960)을 보라. 바티칸의 강력한 반대에 직면했지만, 그의 견해는 제2차 바티칸 공의회에 강한 영향을 미쳤으며, 그것은 공의회 문서인 「인간의 존엄성」(*Dignitatis Humanae*)에 특별히 분명히 드러나 있다.

20) James Moorhead, "Apocalypticism in Mainstream Protestantism, 1800-Present," in *The Encyclopedia of Apocalypticism*, vol. 3, *Apocalypticism in the Modern Period and the Contemporary Age*, ed. Stephen J. Stein (New York: Continuum, 2000), 72-107.

21) Wilbur M. Smith, ed., "The Second Coming of Christ," in *The Best of D. L. Moody*

사회를 기독교화하는 수단으로 간주되었던 것과는 대조적으로, 무디는 이제 개인들을 회심시키는 "영혼 구원"에 온 힘을 쏟았다.

아일랜드 (성공회) 교회에서 안수를 받은 영국계 아일랜드 변호사 존 넬슨 다비(1800-1882)는 이사야, 다니엘, 계시록의 예언이 교회와는 완전히 구별되는 미래적인 왕국을 지시한다고 확신하게 되었다. 1832년 그는 아일랜드 교회와의 유대 관계를 형식적으로 단절했으며, 대환난 이전에 있을 믿는 자들의 "비밀 휴거", 그리스도의 재림, 그리고 천년왕국에 대한 자신의 믿음을 분명히 밝혔다. 플리머스 형제단의 발흥에 기초를 놓은 인물인 다비는 **세대주의적 전천년설**의 아버지다.

세대주의는 이스라엘과 교회를 엄격하게 구별하고 7년 대환난 이전에 있을 믿는 자들의 비밀스런 휴거를 믿는다는 점에서 **역사적 전천년설**과 구별된다. 또한 세대주의는 역사를 7개의 구별되는 시대로 구분한다. 그것은 1) 무흠(타락 전), 2) 양심(타락 이후에서 노아까지), 3) 인간 통치(노아에서 아브라함까지), 4) 약속(아브라함에서 모세까지), 5) 율법(모세에서 그리스도까지), 6) 은혜(교회 시대), 7) 왕국(천년왕국 시대) 등의 세대들이다.[22]

후천년설자들과 마찬가지로 세대주의적 전천년설자들도 성서의 예언이 현재의 사건들을 가리킨다고 해석했다. 하지만 후천년설자들의 해석이 미래에 대한 보다 점진적인 낙관론의 형태를 취했던 반면에, 세대주의적 전천년설자들은 묵시적인 대재앙과 함께 임박한 미래에 대한 보다 비관적인

(Chicago: Moody, 1971), 193-95. George Marsden, *Fundamentalism and American Culture* (New York: Oxford University Press, 1980), 38에서 재인용.

22) 세대주의는 특별히 사이러스 스코필드(Cyrus I. Scofield)로부터 찰스 라이리(Charles Ryrie)와 존 맥아더 2세(John MacArthur Jr.)에 이르는 일련의 관주 주석 성경, 그리고 무디 성서학교와 달라스 신학교와 같은 성서대학과 신학교의 설립을 통해 급속히 확산되었다. 세대주의는 많은 성서적 예언집회, 가장 성공적인 텔레비전과 라디오 복음전도자들, 그리고 Hal Lindsey의 *The Late Great Planet Earth*로부터 최근의 Tim LaHaye and Jerry Jenkins의 *Left Behind* 시리즈와 같은 전국적인 베스트셀러를 통해 대중화되었다.

견해를 취했다. 양자 모두는 해외 정책을 포함하여 미국 문화를 형성할 기회를 가졌다.[23]

고전적 세대주의는 천년왕국이 재건된 성전과 희생제사를 통해 새로워진 신정정치로 이루어질 것이라고 가르친다. 루이스 스페리 샤퍼(1871-1952)와 존 월부어드(1910-2002)에 따르면 메시아의 통치 아래 이스라엘의 신정정치가 회복될 것이며, 그것은 다시 세워진 성전에서 드려지는 짐승의 희생제사를 포함할 것이다.[24] 찰스 라이리(1925-)에 따르면 "교회는 어떤 의미에서도 이스라엘에게 주어진 약속을 성취하고 있지 않다.…교회 시대란 이스라엘에 대한 하나님의 계획 속에서 보이지 않는다. 교회 시대는 막간이다."[25] 사실상 이스라엘의 현대적인 상태와 지정학적인 중요성이 이 학파의 옹호자들이 지닌 예언적 관심사의 초점이라고 말할 수 있다.

역사적 전천년설자들이 신약성서에서 이스라엘과 교회 간에 밀접한 관계를 보는 것처럼[26], 몇몇 무천년설자들은 하나님이 여전히 이스라엘 민족에 대한 목적을 가지고 계신다고 주장하면서, 이 시대의 종말에 광범위한 규모의 유대인이 예수 그리스도에게로 개종할 것을 기대한다.[27] 최근에 크

---

23) Ernest Sandeen, *The Roots of Fundamentalism: British and American Millenarianism, 1800-1930* (Chicago: University of Chicago Press, 1970); cf. Paul Boyer, *When Time Shall Be No More* (Cambridge, MA: Harvard University Press, 1994).

24) Lewis Sperry Chafer and John Walvoord, *Major Bible Themes* (Grand Rapids: Zondervan, 1974), 357-58.

25) Charles C. Ryrie, *The Basis of the Premillennial Faith* (New York: Loizeaux Bros., 1953), 136. "막간"은 윤년의 어느 한 달에 하루를 추가하는 것처럼 일반적인 것을 벗어난 삽입을 뜻한다.

26) George Eldon Ladd의 책은 아직도 역사적 전천년설에 대한 가장 탁월한 진술로 남아 있다. 그의 *The Blessed Hope* (Grand Rapids: Eerdmans, 1956)와 그의 *Commentary on Revelation* (Grand Rapids: Eerdmans, 1987)을 보라.

27) (또한 게할더스 보스와 헤르만 리델보스도 주장하는) 이 견해에 대한 변호를 보려면 John Murray, "The Last Things," in *Collected Writings of John Murray* (Edinburgh: Banner of Truth, 1982), 2:409를 보라.

레이그 블레싱(1949-)과 대럴 복과 같은 몇몇 세대주의자들은 **점진적 세대주의**를 공표했다. 그들은 전형적인 세대주의와는 달리 이스라엘과 교회 사이의 날카로운 구별로부터 떠났으며, 그리스도의 왕국이 비록 천년왕국에서 완전히 실현될 것이지만 어떤 의미에서는 이미 현존한다고 주장한다.[28]

고전적 세대주의가 대부분의 성서적 예언을 여전히 미래적인 것으로 다루는 반면에, **온전한 실현주의자들**(full preterists)이라고 불리는 복음주의자들의 작은 모임은 심지어 그리스도의 재림과 최후 심판도 이미 성취되었다고 주장한다. 하지만 **부분적 실현주의자들**(partial preterists)은 죽은 자들을 다시 살리고 세상을 심판하기 위해 그리스도께서 다시 오시는 것은 여전히 미래적이라고 주장한다.[29]

현대 종말론의 광범위한 추세들

수세기 동안 그리스도의 왕국을 세속 문화의 진보와 동화시킨 후에, 자유주의 개신교는 알버트 슈바이처(1875-1965)의 "철저한 종말론"에 의해 내부로부터 흔들렸다. 그는 사랑의 왕국의 단계적인 진보와 날카롭게 대립하면서 예수가 위로부터 도래하면서 격변과 심판을 가져오는 임박한 왕국을 기대했다고 주장했다. 하지만 그 왕국이 현실화되지 않자 예수는 자신의 죽음을 통해 아버지로 하여금 어떻게든 예수 자신을 위해 행동하도록 만들려는 소

---

28) Craig A. Blaising and Darrell L. Bock, *Progressive Dispensationalism* (Wheaton: Victor, 1993).

29) 완전한 실현론은 1878년의 책인 J. S. Russell, *Parousia: The New Testament Doctrine of Our Lord's Second Coming* (Grand Rapids: Baker, 1999)에서 주장된다. 부분적 실현론은 R. C. Sproul, *The Last Days according to Jesus* (Grand Rapids: Baker, 1998)와 Kenneth Gentry Jr., "The Preterist View," in *Four Views of the Book of Revelation*, ed. Marvin Pate (Grand Rapids: Zondervan, 1998)이 주장한다. 완전한 실현론의 견해에 대한 탁월한 반박은 Keith A. Mathison, ed., *When Shall These Things Be? A Reformed Response to Hyper-Preterism* (Phillipsburg, NJ: P&R, 2004)에서 발견된다.

망 가운데 자신을 죽음에 내던졌다는 것이다. 슈바이처는 예수의 죽음 이후에 그의 추종자들이 왕국의 임박한 도래라는 예수의 묵시적인 기대를 교회의 안정적인 성장으로 변형시켰다고 말한다.[30]

자유주의 그리고 슈바이처의 "철저한 종말론" 모두에 반발하면서 1920년대와 1930년대에 처음에는 변증법적 서클로 알려진 한 그룹(초기 불트만, 바르트, 고가르텐, 브룬너)이 등장했다. 최소한 초기 경향(불트만이 가장 완전하게 지속적으로 대변했던 경향)은 역사와 종말론을 시간과 영원의 이원론과 사실상 동의어인 반명제로 설정하는 것이었다.[31]

자유주의 스승들에게 환멸을 느낀 이후에 바르트는 역사적이고 도덕적인 진보라는 낙관론적인 사상으로부터 돌아섰고, 그것의 반명제로서의 종말론에 대한 급진적인 강조로 전환했다. 하나님의 혁명은 안전성의 노예도 혁명의 노예도 아니며, 상황을 변혁시키는 것이 아니라 그것을 전적으로 부정한다. 위로부터 도래하는 하나님의 활동은 유토피아를 향한 "역사의 행진"이라는 인간적 허세를 분쇄한다.[32] 예수 그리스도는 비슷한 사람들 또는 사회적인 진보에서 필적할 만한 선구자들 가운데 첫 사람이 아니다. 오히려 예수 그리스도는 이른바 역사에 종말을 가져오는 사건이다.[33] 자유주의적 역사주의 안에서 하늘로부터의 수직적인 화살이 수평적인 화살 안으로 흡수되었다면, 바르트의 종말론은 그리스도 사건의 역사(구원사,

---

30) Albert Schweitzer, *The Quest of the Historical Jesus: A Critical Study of Its Progress from Reimarus to Wrede*, trans. William Montgomery (1906; repr., Minneapolis: Augsburg Fortress, 2001); Albert Schweitzer and Ulrich Neuenschwander, *The Kingdom of God and Primitive Christianity* (New York: Seabury, 1968).

31) Rudolf Bultmann, *History and Eschatology: The Presence of Eternity*, Gifford Lectures, 1954-1955 (New York: Harper, 1962).

32) Karl Barth, *Der Römerbrief*, ed. H. Stoevesandt (1919; repr., Zürich: Theologische Verlag, 1985), 505-7.

33) Karl Barth, *Paul's Epistle to the Romans*, ed. E. Hoskyns (Oxford: Oxford University Press, 1933), 38.

Heilsgeschichte)를 광범위한 역사("보통 말하는 역사")로부터 분리시키는 경향이 있다. "미래에 발생하게 될 어떤 것도 부활의 날에 나타나신 인간 예수의 인격 안에 포함되고 예견되어 이미 발생하지 않은 것이 없다.…엄격하게 말하자면 어떤 '마지막 일', 즉 최후의 존재이신 그분으로부터 분리된 어떤 추상적이고 자율적인 마지막 일은 없다."[34] 하지만 무천년설자인 헤르만 리델보스(1909-2007)는 불트만의 견해는 물론 바르트의 종말론까지도 "가현설적"이라고 판단했다. "그것은 현실적인 왕국 그리고 그것의 유익한 현존이라는 측면에서 왕국에 대해 아무런 여지도 남겨두지 않는다."[35]

제2차 세계대전의 여파로 특별히 하이델베르크 대학교를 중심으로 역사에 대한 새로운 관심이 꽃을 피웠다(쿨만, 보른캄, 폰 라트, 폰 캄펜하우젠의 이름과 관계된다). 독일의 성서신학계가 반유대주의적인 선입견을 지닌 채한 세기를 보낸 후에, 이 서클은 이스라엘 역사와 그것의 언약신학에 대한 관심을 새롭게 부각시켰다. 이 서클의 젊은 구성원이었던 볼프하르트 판넨베르크(1928-2014)는 하나님 나라의 신학을 발전시키면서 종말론을 역사와 관련지으려고 시도했다.[36] 판넨베르크의 종말론은 미래 지향적이다. 오직 종말에 이르러서야 역사 전체의 의미는 최종적으로 드러날 것이다. 하지만 그리스도의 부활은 종말의 선취로서 기독교적인 희망을 보증하는 완전히 실현된 종말론의 양상이다.

위르겐 몰트만의 희망의 신학

위르겐 몰트만(1926-)은 이와 같은 광범위한 하이델베르크 서클의 궤도에

---

34) Karl Barth, *Church Dogmatics* II/2, 489-90.
35) Herman Ridderbos, *The Coming of the Kingdom*, trans. H. de Jongste, ed. Raymond O. Zorn (Philadelphia: P&R, 1962), 104.
36) Wolfhart Pannenberg, *Theology and the Kingdom of God* (Philadelphia: Westminster, 1969).

진입했다. 하지만 그는 현재를 변화시키는 그리스도의 미래적 능력에 더 큰 급진적인 기대를 가지고 있었다. 종말론은 사실상 몰트만의 작업에서 중심적인 주제다.[37] 몰트만은 그 어떤 살아 있는 신학자보다 현대의 종말론적인 사고를 결정적으로 형성하였기에, 그의 견해를 상세하게 개관하는 것이 필요하다.

바르트가 종말론을 영원과 시간의 이원론 안에서 역사 **너머**(또는 위)에 있는 희망으로 보는 경향이 있는 반면에, 몰트만은 종말론이란 우리를 미래로 내모는 희망, 곧 역사 **안에 있는** 희망이라고 본다. 티모시 고린지(1946-)는 이렇게 지적한다. "문화적인 배경에서 본다면 바르트의 신학은 묵시록 안에서 시작하여 상대적인 안정성으로 끝마친다. 몰트만은 상대적인 안정성에서 시작하여 묵시적인 것에 의해 지배되는 현재 문화의 불안정성 안으로 점차 나아간다."[38] 몰트만의 『희망의 신학』(1967)은 특별히 바르트의 "영원한 현재의 현현"에 반대한다고 고린지는 언급한다.[39] 몰트만은 부활이 바르트에게는 "더 이상 종말론적인 사건이 아니고 단순히, 그리고 다만 그리스도의 십자가의 구속적 의미에 대한 초월적 승인일 따름이다"라고 인식한다.[40] 다른 한편으로 세대주의는 평화의 왕국보다는 폭력적인 대화재를 통

---

37) 몰트만이 전천년설적보다는 후천년설 쪽으로 치우쳤던 방향성에 대해 Richard Bauckham, "The Millennium," in *God Will Be All in All: The Eschatology of Jürgen Moltmann*, ed. Richard Bauckham (Edinburgh: T&T Clark, 1999), 132-33 을 보라.

38) Timothy Gorringe, "Eschatology and Political Radicalism," in Bauckham, *God Will Be All in All*, 92.

39) Ibid., 104. 이와 비슷하게 미로슬라브 볼프는 이렇게 관찰했다. "종말론은 바르트 신학의 심장이었다. 하지만 그것은 말하자면 그 자체를 부정함으로써 자신을 간신히 세울 수 있었던 종말론이었다. 바르트의 종말론은 현재(초기 바르트에서 초월적인 '영원한 순간')나 과거(후기 바르트에서 그리스도가 오셨던 '시간')와 많은 관계가 있는 '영원화된' 종말론이었지만, 하나님의 미래나 하나님의 세계의 미래라는 측면에서는 미래와 별반 관계가 없는 종말론이었다"(CoG 15). Miroslav Volf, "After Moltmann," in Bauckham, *God Will Be All in All*, 233-34.

40) Jürgen Moltmann, *The Way of Jesus Christ* (Minneapolis: Fortress, 1993), 231.

한 세상의 멸망을 기대하면서 부정적인 묵시주의에 위험스런 애착을 느끼고 있다. 이 둘 사이에서 항해하면서 몰트만은 "기독교 종말론—메시아적이고 치유하며 구원하는 종말론—은 천년왕국적인 종말론이다"라고 주장한다.[41] 몰트만은 아마겟돈이라는 묵시적인 파국을 통과할 필요가 없는 그리스도의 천년 동안의 통치를 추구한다. "천년왕국의 희망이 없다면 저항하는 기독교 윤리와 그리스도의 일관성 있는 제자도는 가장 강력한 동력을 상실하게 된다."[42]

피오레의 요아힘(1135-1202)이 몰트만의 저술 전체에 걸쳐 되돌아온다. 사실상 몰트만의 『역사와 삼위일체 하나님』(1992)이라는 책의 때 묻은 표지는 요아힘의 세 시대에 관한 도표의 재현이다. 『삼위일체와 하나님 나라』에서 몰트만은 이렇게 주장한다. "만일 우리가 하나님의 주권성에 대한 유일

---

41) Jürgen Moltmann, *The Coming of God: Christian Eschatology*, trans. Margaret Kohl (Minneapolis: Fortress, 1996), 202. 몰트만이 자신의 초기 초점을 어떻게 발전시키는가에 대한 흥미로운 고찰을 Moltmann, "Can Christian Eschatology Become Post-Modern? Response to M. Volf," in Bauckham, *God Will Be All in All*에서 보라. "'다음은 무엇인가?'라는 것은 현대의 전형적인 질문이며, 일반적으로 미국적인 질문이다. 그래서 현대 '이후에' 무엇이 오는가? 우리는 그 대답을 이미 가지고 있다. 그것은 포스트모던이다. 포스트모던 이후에는 무엇이 오는가? 우리는 그 대답을 가지고 있다. 울트라-모던이다. 그런데 이 모든 것들은 단지 현대성의 계속되는 할부금에 불과한 것이며, 현대성이 항상 그 자체를 능가하는 일종의 '포스트-주의'(post-ism)일 뿐인가? 만일 우리가 생산되는 모든 것의 점점 더 짧은 '저장 수명'을 보고 있고 빨라지는 시간의 속도 증가를 보고 있다면, 포스트모던과 울트라모던은 더 이상 새로운 포장지로 싼 현대성이 아닐 것이다"(259). 몰트만이 『희망의 신학』을 쓴 후 듀크 대학교의 방문교수로 갔을 때, 자신의 책이 미국적인 낙관론을 강화하기 위해 사용되고 있는 것을 발견했다. 그 후 "나는 친구들에게 만일 내가 다시 돌아온다면, 나는 오직 '십자가의 신학'만 말하겠다고 약속했다. 이것이 내가 1972년에 나의 책 『십자가에 달린 하나님』에서 행했던 일이다. 이 책은 1974년에 영어로 번역되었다"(260). 종교개혁자들이 천년왕국설을 "유대주의의 꿈"이라고 공격했던 것이 몰트만의 관심을 끌었다. "종교개혁에 대한 비평가들은 의심할 바 없이 그 사실을 파악했다. 기독교적인 희망으로부터 천년왕국설을 떨쳐버리려고 하는 사람은 이스라엘에 대해 더 이상 아무런 관심도 갖지 않으며, 유대인들과 어떤 적극적인 관계도 갖지 않을 것이다"(262).
42) Moltmann, *Coming of God*, 201.

신론적인 해석을 하나님 나라의 삼위일체론적 이해를 통해 극복하려고 한다면, 우리는 피오레의 요아힘에게로 되돌아가야 하며 역사에 대한 그의 삼위일체론적 견해의 진리를 회복시켜야 한다. 요아힘은 '열광주의자'이자 국외자로 간주되었다." 하지만 몰트만은 요아힘이 아퀴나스 이래로 "삼위일체론을 역사 안에서 해소했다"는 판단에는 도전한다. 자신 이전의 많은 사람들처럼 몰트만은 그 칼라브리아 수도사의 사색이 "혁명적"이라는 것을 발견한다.[43] "프리기아(Phrygian) 예언과 몬타누스주의 이래로 그의 약속은 계속해서 성령에게 속한 계시의 특별한 시대에 대한 기대를 일깨워주었다.…요아힘의 사고가 위대한 것은 그가 세계사의 제7일을 성령의 왕국과 동일시했기 때문이다. 이것은 세상의 종말 이전에 역사의 위대한 '안식'과 성령의 왕국은 동일하다는 것을 뜻한다."[44]

몰트만은 현대성에 속한 인물들(특별히 레싱, 콩트, 마르크스)이 세속적인 방식으로 요아힘의 예언들을 해석하면서도 그 예언을 이용하는 방식을 매우 잘 알고 있다.[45] 비록 몰트만은 요아힘의 삼위일체적인 틀을 세 개의 연속적인 단계들로부터 끌어내어 더욱 변증법적인 관점을 향해 개정하기는 하지만, 요아힘의 삼위일체적 종말론과 같은 어떤 것이 "두 왕국 교리"에 도전할 수 있다고 믿는다.[46] 몰트만이 특별히 요아힘으로부터 계승하려고 했던 것은 묵시록적인 기대였는데, 그것은 하나님의 백성들의 대리적 행동을 통해 성령이 만물을 갱신하실 때가 임박했다는 기대다.

몰트만의 견해는 많은 전선에서 비판을 받고 있다. 마크 매트스는 몰트만의 종말론이 믿는 자들을 "수용자"들로 생각하기보다는 거의 배타적으로 "행위자"로 취급한다고 불평한다. 믿는 자들이 순수한 약속으로서의 복음을 들음으로써 하나님 나라를 얻는다기보다는 자신의 노력으로 그 나라

---

43) *The Trinity and the Kingdom* (Minneapolis: Fortress, 1993), 203.

44) Ibid., 203-9.

45) Ibid., 206.

46) Ibid., 209.

를 건립한다는 것이다.[47] 복음의 수용은 정적주의가 아니라 지상명령을 성취하라는 교회의 해방이며, 믿는 자들이 믿지 않는 자들과 함께 세상적인 소명을 성취하라는 해방이다. 매트스는 이렇게 말한다. "몰트만은 이와는 대조적으로 공산주의가 [토마스] 뮌처에게 빚을 지고 있다고 주장했던 엥겔스와 블로흐와 함께 인간이 수용자가 아니라 항상 행위자(*homo semper agens*)라고 믿는다." 그는 계속해서 다음과 같이 결론을 내린다.

> 루터가 묘사했던 역설, 곧 신앙을 유지하는 데 도움을 주는 역설(우리가 주인인 동시에 종이고 죄인인 동시에 의로우며 하나님은 은폐되신 동시에 계시되어 있으며 예수 그리스도는 인간인 동시에 하나님이라는 역설)은, H. 리처드 니버(1894-1962)의 유익한 유형론을 사용하자면, 정말로 이상하게도 바로 "문화에 저항하는 그리스도"라는 반문화적인 수단의 영향을 받아 "문화를 변혁하는 그리스도"라는 평이한 전망으로 전락하고 만다.…여기서 복음은 율법의 행렬의 내부에 감금된다.[48]

하지만 이것은 "잘못된 곳에 놓인 신뢰"가 윤리적 문제의 근본적인 원인이며, 그 문제에 대해서는 복음의 선포만이 도전할 수 있다는 중요한 사실을 간과하고 있다.[49] 그 결과 매트스는 몰트만을 "환난 후 전천년설자인 '좌파'"라고 부르기까지 한다.[50]

리처드 보컴(1946-, 몰트만은 보컴이 자신의 저술을 정확하게 이해한 독자라고 칭찬한다)은 몰트만이 주장하는 것처럼 "콘스탄티누스 이전의 교회는 결코 만장일치의 천년왕국론자들이 아니었다"고 본다. 그 시대에 무천년

47) Mark C. Mattes, *The Role of Justification in Contemporary Thought* (Grand Rapids: Eerdmans, 2004), 89-90.
48) Ibid., 91.
49) Ibid., 92.
50) Ibid., 95.

설자들은 분명 교회나 제국의 승리주의적인 관점을 주장하지 않았다는 것이다.[51] 보컴에 따르면 몰트만은 세대주의자들처럼 무천년설을 "영성화하는"(spiritualizing) 경향을 가지고 있다. 하지만 만일 아우구스티누스와 그의 동료들이 새 하늘과 새 땅에서 일어날 죽은 자들의 부활을 믿었다면, "영성화하는" 경향 때문에 무천년설을 용납했다고 그들을 비난할 수는 없을 것이다. "영성화하는" 것은 무천년설에 기인한 것이 아니라 "전통적으로 강한 플라톤적인 영향" 탓이었기 때문이다.[52]

둘째, 보컴은 몰트만이 전천년설과 후천년설 둘 다를 단일한 종말론 안으로 붕괴시키고 있으며, 요아힘의 사고를 전천년설과 동일시하는 잘못을 범하고 있다고 생각한다.[53] 셋째, 몰트만은 무천년설적인 전망이 "이 세상 너머의 세상인 하늘에 있는 영혼들에 대한 희망"을 위해 현재적인 창조의 갱신을 부정한다고 가정한다.[54] 하지만 보컴은 무천년설자들이 단순히 천년의 통치에서가 아니라 그리스도의 재림 때 있을 창조의 전적인 갱신을 기대한다고 지적한다.[55] 몰트만은 "천년왕국 전에 성도들의 통치는 없으며" 다만 "주님의 오심을 기다리는 사람들의 형제자매적이고 은사적이며 비폭

---

51) Bauckham, "Millennium," 130. "순교자들이 죽음의 순간에 그리스도의 하늘의 왕국에서 그리스도와 함께 있기 위해 승천한다는 대중적인 견해는 아마도 지상의 왕국에 대한 기대와 양립할 수 없는 것처럼 보였을지 모르며, 그런 견해는 콘스탄티누스 이전 시대에 이미 계 20장에 대한 비-천년왕국적인 이해로 인도했을지도 모른다. 그런 이해는 아우구스티누스가 순교자들의 통치와 관련하여 그들이 하늘에서 현재적으로 통치한다고 주석하게 될 것을 예견하고 있다"(*De Civ. Dei* 20.9)(Ibid.).

52) Ibid., 130-31.

53) Ibid., 131-32. "이것은 단지 용어상의 혼동만은 아니다. 이것은 또한 그가 두 종류의 미래적인 천년왕국설 사이를 구분할 수 없게 만드는데, 이 구분은 기독교적인 천년왕국 전통 그리고 그것과 현대의 세속적인 종말론 사이의 관계를 정확하게 이해하는 데에 필수적이다." Moltmann, *The Coming of God*, 147, 153, 194를 보라.

54) Bauckham, "The Millennium," 135, Moltmann, *The Coming of God*, 147을 인용하고 있다.

55) Bauckham, "The Millennium," 135-36.

력적인 교제"인 교회가 있을 뿐이라고 주장한다.[56] 하지만 이런 논증은 "기독교인들이 지금 세상에 대해 절대주의적이고 폭력적인 통치를 행사하려는 것은 미숙한 짓이지만, 다가오는 천년왕국에서는 그 통치를 행사하게 될 것이라고 제안하는 위험성"을 지닌다.[57] 보컴은 사정이 이렇다면 재세례파 과격주의자들이 원칙에서는 잘못되지 않았고, 그들의 시기 선택만 잘못되었다고 판단한다.[58] 게다가 "요한계시록에 따르면 성도들은 단지 천년왕국 (20:4)에서만이 아니라 새 예루살렘(22:5)에서도 다스린다." 왜 창조의 회복이라는 궁극적인 실현을 궁극 이전의 것으로 대체하는가?[59] "몰트만에 따르면 단지 천년왕국만이 '역사의 목표'를 제공한다(『오시는 하나님』 133-134, 137, 193, 197)."[60] 하지만 이 목표는 천 년 동안의 통치에서보다는 영원한 새 창조에서 훨씬 더 많이 실현되지 않는가?[61] 실제로 미로슬라브 볼프(1956-)는 "과도기로 이해한다면, 천년왕국은 불필요할 뿐만 아니라 **해롭기까지 하다**"고 주장한다.[62]

넷째, 미래에 있을 문자적인 천년왕국을 부정하는 사람들에게 보컴은 몰트만이 역사의 종말이란 오직 "갑작스러운 빅뱅"으로 기대될 수 있을 뿐이라고 주장하며, "거기에 '히로시마 이미지'와 '파국'이라는 용어를 덧붙인다"[63]고 말한다. 하지만 보컴은 몰트만의 주장이 무천년설자들이 주장하는 견해와는 상관없는 것이라고 대답한다. 그들에게 하나님의 새 창조의 행동은 파국적으로 창조를 파괴하는 것이라기보다는 "구속하고 갱신하며 변화시킨다." 다른 한편으로 "몰트만의 천년왕국에서 목표에 도달하는 세계사

---

56) Ibid., 136, Moltmann, *The Coming of God*, 184를 인용하고 있다.
57) Bauckham, "The Millennium," 137.
58) Ibid., 138.
59) Ibid.
60) Ibid.
61) Ibid., 139.
62) Volf, "After Moltmann," 243.
63) Bauckham, "The Millennium," 140.

자체도, 만일 그것이 종말을 개념화하는 적절한 방식이라면, '갑작스러운 빅뱅'으로 끝날 것이다."[64] 보컴은 몰트만을 인용하면서 이렇게 쓴다. "'오직 새 땅만이 인류의 새로운 체현(embodiment)의 가능성을 제공한다'(『오시는 하나님』, 104). 하지만 몰트만의 천년왕국 안에서는 정확하게 **새 땅이 없는** 새로운 체현으로서 부활한 인류가 있을 것이다.…여기서 몰트만의 천년왕국설은 모든 천년왕국설이 갖는 문제에 직면한다. 어떻게 천년왕국을 최종적인 것이라기보다 과도기적인 것으로 이해되도록 특징지을 수 있는가 하는 문제가 그것이다."[65]

몰트만의 신학은 (그의 종말론적인 견해를 포함하여) 특별히 라틴아메리카에서 해방신학을 형성해왔다.[66] 몰트만과 미국적 천년왕국설의 넓고 다양한 견해들 외에, 임박한 희망이나 묵시를 지닌 미래적인 종말론이 지금은 서구를 넘어, 심지어 기독교를 넘어 강력한 영향력을 행사하고 있다.[67]

적그리스도와 비밀스런 휴거

세대주의적 전천년설이 미국 복음주의자들에게 미친 영향(때로는 직접적으

---

64) Ibid., 140-41.

65) Ibid., 강조는 원문이 아니라 필자의 것임. 몰트만 자신은 그 점에 관한 한 다음과 같이 말하면서 문제를 훨씬 더 심화시킨다는 사실이 언급되어야 한다. "신학적 전통은 완성(consummatio)이라는 단어를 항상 창조세계에 관련지었다. 세상의 완성 (De consummatione mundi)은 17세기 루터교회와 개혁교회 신학 안에서 적절한 항목에 주어졌던 제목이다. 옛 하늘과 옛 땅은 불멸의 새 하늘과 새 땅이 될 것이다"(Moltmann, "Can Christian Eschatology Become Post-Modern?," 262). 사정이 이렇다면 몰트만이 전통을 비판하며 말했던 모든 것은 명백한 모순을 피하기 위해 최소한 어떤 단서를 필요로 하게 된다.

66) R. M. Levine, "Apocalyptic Movements in Latin America in the Nineteenth and Twentieth Centuries," in *Encyclopedia of Apocalypticism*, 3:140-78.

67) James F. Rinehart, *Revolution and the Millennium: China, Mexico, and Iran* (Westport, CT: Praeger, 1997).

로, 때로는 간접적으로)과 아직도 지속되는 그 영향력의 중요성을 인정한다면, 적그리스도의 미래적인 도래와 비밀스런 휴거에 대한 강조는 어느 정도 상세히 언급되어야 할 것이다. 이런 사상들은 교회, 국가, 복음 전파, 문화적 참여와 같은 많은 견해의 형성에 깊이 관여한다.

고전적인 세대주의자들에 따르면 다니엘의 이상(단 9장)에 나오는 70이레는 문자적으로 490년으로 해석되어야 하는데, 그 가운데 483년은 예루살렘을 회복하고 중건하라는 명령(단 9:25)부터 메시아의 출현까지의 기간이다.[68] 샤퍼와 월부어드는 이렇게 쓴다. "주의 날은 교회의 휴거부터 지상에서 이 사건에 이어지는 심판까지, 주님의 천 년 동안의 통치가 끝까지 확장된 긴 기간을 가리킨다(사 2:10-22; 슥 14장)."[69] 비밀스런 휴거 이후의 대환난 동안 살아 있는 사람들에게 복음을 전하는 주요한 역할은 유대인 개종자들에게 주어질 것이다. 대환난 자체는 되살아난 로마 황제(단 2장의 발의 단계와 7:7의 네 짐승 가운데 열 뿔의 단계)가 주도할 것이다.[70] 평화로운 7년의 기간 후에 적그리스도—러시아와 동맹을 맺은 중동의 독재자—가 이스라엘과 맺었던 조약을 파기할 것이다. 대환난은 42개월 동안 지속될 것이며, 그 후 "그리스도의 재림이 있을 것이다."[71]

샤퍼와 월부어드에 따르면 휴거와 재림을 "하나의 사건으로" 뒤섞는 사람들은 예언을 "영성화"하는 잘못을 범한다.[72] 휴거는 재림과 날카롭게 구분되고, 그것도 사실상 대환난에 의해 분리된다. "세상 전체가 그리스도의

---

68) Chafer and Walvoord, *Major Bible Themes*, 305-6. 다니엘의 "이레"에 대한 무천년설적인 해석을 Kim Riddlebarger, *A Case for Amillennialism: Understanding the End Times* (Grand Rapids: Baker, 2003), 149-56에서 보라.

69) Chafer and Walvoord, *Major Bible Themes*, 309.

70) Ibid., 315.

71) Ibid., 321.

72) Ibid., 332. 비록 복음주의적 무천년설자들과 후천년설자들이 그 예언의 성취가 지니는 역사적인 성격을 논박하지 않음에도 불구하고 이와 같이 반복해서 등장하는 비난은 거의 변호되는 일 없이 단순히 받아들여지고 있다.

영광을 도무지 볼 수 없는 아무런 증거도 없는 휴거와는 대조적으로, 지상으로의 재림은 가시적인 동시에 영광스러운 사건이다."[73] 우주의 전적인 멸망 이후에 하나님께서는 새 하늘과 새 땅을 창조하실 것이다.[74] 모두 합쳐서 7번의 부활이 있다.[75] "예언된 계획에 따라 그리스도의 재림 전에 대략 42개월(계 12:6 참조)을 시작점으로 하여, 사탄과 사악한 천사들은 마침내 하늘로부터 추방된다."[76]

요약하자면 고전적 세대주의는 비밀스런 휴거를 기대한다. 휴거에 뒤이어 대환난과 재림, 그리고 이스라엘을 어떻게 대우했는가에 따라 열국에 대한 심판이 있을 것이다(계 20:11-15; "백 보좌 심판"). 그 뒤를 이어 하늘과 땅의 멸망, 불의한 자들의 부활, 믿는 자들의 행위에 대한 심판("상급 심판")이 따라오고, 최종적으로 새 하늘과 새 땅의 창조가 있을 것이다.[77]

적그리스도

적그리스도 또는 "불법의 사람"에 대한 가장 분명한 언급 가운데 하나는 데살로니가후서 2:1-12에서 발견된다. 중세기를 거쳐 다양한 그룹들은 적그리스도를 교황 또는 보다 일반적으로는 교황직과 동일시했다. 개신교 종교개혁자들도 일반적으로 이 견해를 공유했다.[78] 하지만 현대의 무천년설자

---

73) Ibid., 333.
74) Ibid., 353. "이 논의에서 예언은 동일한 문자적 의미에서 신적 계시의 어떤 다른 주제로 해석되어야 한다는 사실이 전제된다." 하지만 예언적 또는 묵시적 문서들―또는 그 문제에 대한 비유와 시―을 마치 그것들이 역사적인 서사인 것처럼 해석하는 것은 본문의 실제적인 의도에는 위배된다.
75) Ibid., 340-43.
76) Ibid., 362.
77) Ibid., 366-69.
78) John R. Stephenson, *Eschatology: Confessional Lutheran Dogmatics* (Ft. Wayne, IN: Luther Academy, 1993), 12:79. 스티븐슨의 설명에 따르면 "루터는 1302년 교황 보니파키우스 8세의 *Unam Sanctam*에서 개진된 주장이 지닌 신성모독적인 표현을

들은 그런 이해에 주석적인 난점이 있음을 지적한다.[79]

　세대주의적 전천년설의 가장 대중적인 대표자들 가운데 많은 사람들은 자신들의 학파에 속하는 다른 사람들이 "실패한 사변적 유산에 더 이상 관여하지 말 것"을 권고하고 주의를 줄 때, 그것을 관례적으로 무시한다. 그 결과 많은 복음주의자들은 종종 가장 정교하고 자세하게 적그리스도의 임박한 출현을 기대한다. "죄악의 사람"을 다양한 세계 지도자들과 연결시키는 가운데 나타난 가장 최근의 후보자는, 홀 린지(1929-)가 주장하는 현재의 미국 대통령인 버락 오바마다.[80]

　무천년설적인 해석에서 사도 바울은 (아마도 50년대 초에 썼을 것이다) 그들 자신만의 메시아적 왕국의 패러디를 수립하는 미래의 카이사르들 또는 아마도 "적그리스도" 노선 전체의 어떤 숫자를 예언하고 있었을지도 모른다.[81] 어떤 경우든 데살로니가후서 2:7에서 바울은 "불법의 비밀이 이미 활동하고 있다"고 말한다. 또한 무천년설자들은 이 구절로부터 "불법의 사람"이 나타나는 것이 그리스도의 재림과 그분의 성도들을 모으는 일에 대한 전조로서 일어난다는 것을 지적하는데, 여기에는 앞서 언급된 그리스도의 재림이나 중간에 개입하는 천년왕국의 시기가 없다. 동시에 이 구절은 "주의 날이 이미 이르렀다"(2절)는 어떤 사람들의 가르침에 대해서도 경고한

　지목하고 있다. '이에 더하여 우리는 모든 인간적 피조물에게 그들은 필연적으로 구원을 위해 로마 교황에게 전적으로 종속된다고 선언하고, 말하고, 규정하고, 선포한다.' 이에 대해 루터는 천둥을 울리며 비판한다. "이것은 교황이 그리스도에 대항하여 자신을 높이고 세우는 진정한 적그리스도라는 강력한 증거다. 왜냐하면 교황은 교황 자신의 능력이 아니고서는 기독교인들이 구원받는 것을 허용하지 않을 것이기 때문이다. 이것은 하나님이 확립하신 것도 아니고 하나님으로부터 명령을 받은 것도 아니기 때문에 부질없는 짓이다"(Stephenson, *Eschatology*, 80에서 재인용).

79) Riddlebarger, *Case for Amillennialism*, 22.
80) Hal Lindsey, reported by Amy Sullivan, "An Antichrist Obama in McCain Ad?" *Time*, August 8, 2009, http://www.time.com/time/politics/article/0,8599,1830590,00.html.
81) Kim Riddlebarger, *The Man of Sin* (Grand Rapids: Baker Books, 2006).

다. 그것은 적그리스도가 "하나님의 성전에 자리를 잡고 앉아 자신이 하나님이라고 선언할"(4절) 미래 사건이다. 만일 우리가 이런 직접적인 예언을 문자적으로 취한다면, 이 예언이 기원후 70년 성전의 함락 이후에 성취되었을 수는 없을 것이며, 적그리스도가 (70년 이전의 성전이 아닌—역자 주) 다른 재건된 성전에 앉을 것이라는 언급도 여기에는 (또는 다른 곳에서도) 없다.

무천년설자들은 (79-81년까지 다스렸던) 티투스 황제 아래서 발생한 성전의 더럽힘이 바울의 예언에 이상적으로 부합하는 것처럼 보인다는 점을 지적한다.[82] 이에 더하여 그들은 또한 요한의 서신들을 언급하는데, 거기서 믿는 자들은 다음과 같은 경고를 받는다. "아이들아! 지금은 마지막 때라. 적그리스도가 오리라는 말을 너희가 들은 것과 같이 지금도 많은 적그리스도가 일어났으니, 그러므로 우리가 마지막 때인 줄 아노라"(요일 2:18). 외부뿐만 아니라 내부로부터 오는 환난은 이미 사람들의 배교를 통해 분명해졌다(19절). "아버지와 아들을 부인하는 그가 적그리스도니…"(22절). 특별히 "예수 그리스도께서 육체로 오신 것"을 부정하는 사람들은 "하나님께 속하지 않았다." "이것이 곧 적그리스도의 영이니라. 오리라 한 말을 너희가 들었거니와 지금 벌써 세상에 있느니라"(요일 4:2-3). 바울과 요한이 적그리스도가 "오리라" 그리고 "이미 세상에 있다"라고 말하는 것처럼, 무천년설자들은 환난이 이미 이르렀으며 이미 우리는 환난 가운데 있다고 말한다. 다락방에서 예수는 임박한 박해를 위해 제자들을 준비시키셨다(요 15-16장).

비밀스런 휴거

비밀스런 휴거에 대한 신앙은 19세기에 존 넬슨 다비가 그것을 서술하기

---

82) 무천년설자들은 종종 유대인 역사가 요세푸스가 예루살렘과 성전의 잔혹한 멸망에 대해 생생하고 비극적으로 묘사(돌 하나도 돌 위에 남지 않을 것이다)한 것을 언급한다. 요세푸스는 그 전쟁에서 생포되었던 사람이다. Josephus, *The War of the Jews* 6.4.3을 보라.

전까지는 교회에 알려져 있지 않았다. 하지만 오늘날 미국에서 휴거는 아마도 데살로니가전서 4:13-18에 대한 가장 대중적이거나 최소한 가장 친숙한 해석일 것이다. 이 본문에서 우리는 예수께서 다시 오실 때 살아 있는 사람들은 그리스도 안에서 이미 죽은 자들과 함께 그리스도의 강림에 합류하기 위해 "끌어올려질" 것이라는 말씀을 읽는다.

> 주께서 호령과 천사장의 소리와 하나님의 나팔소리로 친히 하늘로부터 강림하시리니, 그리스도 안에서 죽은 자들이 먼저 일어나고, 그 후에 우리 살아남은 자들도 그들과 함께 구름 속으로 끌어올려 공중에서 주를 영접하게 하시리니, 그리하여 우리가 항상 주와 함께 있으리라. 그러므로 이러한 말로 서로 위로하라(16-18절).

세대주의자들의 가르침에 따르면 이 본문은 지상에 살아 있는 신자들의 비밀 "휴거"(그리스어 동사 "끌어올리다"로부터 온 단어)를 예언한다. 이와 같은 휴거 이후에 7년의 대환난이 있을 것이다. 아마겟돈의 싸움 이후에 그리스도는 자신의 모든 성도들과 함께 다스리기 위해 다시 오신다.[83]

무천년설자들과 후천년설자들은 모두 이 본문에 대한 세대주의적 이해에 반대한다. 이 본문에서 바울은 동료 성도들의 죽음을 슬퍼하는 신자들에게 죽은 자들이 이미 그리스도와 함께 있고 그들은 "주께서 강림하실" 때 주와 함께 돌아올 것이라는 사실을 확신시킴으로써 단지 그들을 위로하는 중이며, 여기서는 단 한 번의 "강림"만 언급될 뿐이다. 게다가 바울은 그리스도께서 강림하실 때 살아 있는 우리가 이미 죽은 자들보다 앞서지 **않을** 것이라고 말한다. 그러므로 바울이 가리키는 것은 부활 이전에 있을 비밀스런 휴거가 아니라 부활 자체다. "그리스도 안에서 죽은 자들이 먼저 일어나

---

83) John Walvoord, *The Rapture Question*, rev. ed. (Grand Rapids: Zondervan, 1979).

고" 그다음에 아직 살아 있는 자들의 부활이 있을 것이며, 그래서 택함을 받은 모든 자들이 그리스도께서 마지막 심판의 구름을 타고 오실 때 그리스도를 수행하는 무리에 가담하게 될 것이다.[84] 이 사건은 바울에 의해 가장 공적인 용어로 묘사(마 24:30-31과 비교하라)되고 있기에, 비밀스런 휴거로 보기는 어렵다.

하늘과 지옥

지금까지 우리가 개관한 다양성에도 불구하고, 주류 기독교는 죽은 자들을 부활시키고 심판하고 영원한 의로움 가운데서 다스리기 위해 그리스도께서 육체적으로 다시 오실 것이라는 현실성에 대해서는 뚜렷한 의견 일치를 보인다.

꿈과 같은 삶을 즐기기 위해 영혼이 육체라는 껍질로부터 영원히 해방되는 장소로서의 어떤 하늘이라는 개념은 성서적 이해와는 거리가 멀다. 로즈마리 래드포드 류터(1936-)나 존 힉(1922-2012)과 같은 일부 현대 신학자들은 환생 또는 개인의 정체성 해소와 같은 동양 종교의 개념과 방향성을 지닌 우주적·지상적·역사적 희망을 종말론에서 배제한다.[85] 그런 방식의 이해에서는 "죽음 이후의 삶"—개인의 영혼이 이 세상에서의 삶을 넘어서 생존하는 것—이 몸의 부활과 회복된 우주에서의 영원한 삶이라는 기독교적 희망(롬 8:19-21)을 대체하게 된다는 것이다.

성서적 종말론에 따르면 하늘은 단지 마음의 상태가 아니라 현실적인 장소다(눅 24:51; 행 1:11; 7:55-56). 나아가 신약성서에서 하늘과 지옥은 함께

---

84) Riddlebarger, *Case for Amillennialism*, 130-48.
85) John Hick, *Death and Eternal Life* (New York: Harper & Row, 1976), 특별히 399-424; Rosemary Radford Ruether, *Sexism and God-Talk* (Boston: Beacon, 1983).

등장하고 함께 확증된다(벧후 3:7-13; 계 21:1-9). 이와 같은 생생한 성서적 주제를 어떻게 이해할 것인가에 대해 현대신학에서 활기찬 대화가 진행되어 왔다.

영원한 형벌

우리 주님이 사역을 시작하셨을 때, 세례 요한은 예수께 맡겨진 심판에 대해 지적했다(마 3:11-12). 예수께서는 온몸이 지옥에 던져지는 것을 경고하신다 (마 5:30). 사실상 어떤 예언자나 사도도 최후의 심판에 대해 예수께서 그렇게 하신 것처럼 생생하고 반복적으로 말하지는 않았다(마 3:11-12; 5:30; 8:10-12; 13:40-42, 49-50; 22:13; 24:51; 25:30; 눅 16:19-31; 계 1:17-18; 6:8; 20:14-15). 예수께서 종종 사용하셨던 게헨나(*Gehenna*)라는 용어는 힌놈의 아들 골짜기에서 영구히 타오르는 불길에 그 기원을 가지고 있다. 거기서 이스라엘은 어린 아이를 희생제물로 드리는 것과 같은 이웃 나라의 이교적 관습을 흉내 내었다(렘 19:5; 32:35). 기독교 역사의 수많은 위인들도 최후의 형벌이 있다고 확증했지만 그들의 해석은 다양했고, 특별히 최근에는 더욱 그렇다.

만인구원설과 내포주의

만인구원설(*apokatastasis*) 개념은 고대의 영지주의자들 그리고 초기 교회의 교부 오리게네스(184/185-253/254)가 가르쳤지만, 553년 제5차 콘스탄티노플 공의회에서 정죄되었다. 그럼에도 만인구원설의 사고는 여러 시대에 걸쳐서 지지자들을 발견했으며, 그중에는 에리게나(c. 800-c. 877)와 몇몇 재세례파 지도자들(한스 덱크[c. 1495-1527]와 한스 후트[1490-1527])이 있었다. 그 사고는 오늘 우리 시대에 이르기까지 보편구원론자들에게 지속적으로 영감을 주고 있다.[86] 기독교 종말론을 거의 변장하지 않은 채 플라톤

---

86) 오리게네스와 같이 몇몇 로마 가톨릭 신학자들은 연옥 교리를 통해 만인구원설의

화 했던 오리게네스의 견해에 따르면, 모든 영혼의 본질(인간의 영혼을 포함하여)은 마침내 육체로부터 자유롭게 될 것이며, 자신의 근원과 다시 연합하게 된다. 하지만 이것은 영혼이 교육적 효과를 지닌 연옥의 순차적인 순환을 통과한 후에 다른 세상에서 환생했을 때 발생한다. 심지어 사탄과 그의 무리들도 마침내 하나님과 다시 연합하게 될 것이다.

영원한 형벌에 관한 최근 몇 십 년 동안의 현대적인 견해들은 다음과 같이 분류된다. 1) 다원주의(모든 종교는 하나님께 이르는 통로다), 2) 포괄주의(구원은 오직 그리스도를 통해 오지만, 그것이 그리스도에 대한 배타적이고 명시적인 신앙을 통해서 오는 것은 아니다), 그리고 3) 배타주의(일반적으로 비평가들은 구원이 오직 그리스도를 믿는 믿음을 통해서만 온다는 주장을 극단적 배타주의나 제한주의로 간주한다). 다원주의적 견해를 주장하는 존 힉은 자유주의 개신교 진영에서 널리 일치하는 견해를 대변한다.[87] 이 주제에 대한 제2차 바티칸 공의회의 결론은 가장 적절한 포괄주의로 여겨진다.[88] 오늘날 대부분

교리를 되살리려고 시도한다. 이들은 다양한 수준의 "고난당하는 사랑" 이후에 모든 영혼들이 영적인 상승 안에서 최종적인 교육을 받게 될 것이라고 제안한다. 예를 들어 Valentin Tomberg's *Meditations on the Tarot: A Journey into Christian Hermeticism* (New York: Tarcher/Penguin, 2002), 특별히 659에 있는 한스 우어스 폰 발타자르의 서문과 후기를 보라. 복음주의 신학자 클라크 피녹은 연옥 개념이 아르미니우스주의 신학과 일치한다고 보는 반면에, 어떤 사람들은 그들의 자유의지에 대한 존중으로부터 나오는 자비로운 사랑 안에서 최종적으로 멸절당할 수 있는 가능성을 주장한다. John Walvoord, William Crockett, Zachary Hayes, and Clark Pinnock, *Four Views on Hell*, ed. illiam Crockett (Grand Rapids: Zondervan, 1996), 119-66을 보라.

87) John Hick, "The Pluralist View," in *Four Views on Salvation in a Pluralist World*, ed. Dennis L. Ockholm and Timothy R. Phillips (Grand Rapids: Zondervan, 1996), 27-59.

88) *The Documents of Vatican II*, ed. Walter M. Abbott, trans. and ed. Joseph Gallagher (New York: Herder & Herder, 1966), 662에 있는 "Declaration on the Relationship of the Church to Non-Christian Religions," 단락 2뿐만 아니라 *Catechism of the Catholic Church*의 단락 836-43을 보라. Karl Rahner, *Theological Investigations* (New York: Crossroad, 1966), 1:131-32. 배타주의뿐만 아니라 힉

의 복음주의적인 입장은 배타주의나 극단적 배타주의(오직 그리스도에 대한 명시적인 믿음을 통한 구원)를 거부하며, 다원주의보다는 다양한 형태의 포괄주의를 수용한다.

일반적으로 말해서 포괄주의는 일단의 사람들이 유기될 수도 있다는 가능성을 제외하지 않을 때, 보편구원론으로 기울어지는 경향이 있다. "아우구스티누스적인" 포괄주의자들은 하나님의 주권적 은혜를 확증하면서 자신들의 입장을 방어하는 반면에, 다른 몇 사람들은 보다 신인협력적(아르미니우스적) 노선의 논증을 따른다.

첫째 유형의 대표자는 칼 바르트다. 예정에 관한 그의 견해의 논리적 귀결은 보편구원이다. 어떤 사람은 그리스도 안에서의 예정과 화해에 의해 자신이 규정되는 것을 계속해서 반대하고 거부할 수 있지만, 그 거부가 최종적으로 결정적인 것은 아니다. "하나님은 [그 사람의 인격]이 그런 부정, 곧 그와 같은 모순과 저항을 실행하도록 그에게 허락하지 않으신다."[89] 오히려 하나님의 부정은 하나님의 긍정에 의해 뒤집힌다. 그러므로 율법은 최종적으로는 항상 복음 아래에 포괄되어야 한다.[90] "**바로 그** 부정은 실제로는 긍정이다. **바로 그** 심판은 은혜다. **바로 그** 정죄는 용서다. **바로 그** 죽음은 생명이다. **바로 그** 지옥은 하늘이다."[91] 바르트에게 죄, 죽음, 불신앙, 저주의 지배 아래 있는 인간 실존은 최종적으로는 플라톤의 동굴에 묶여 있는 죄수들의 실존과 같다고 말할 수 있다. 그들을 사로잡고 있는 것은 그들의 실재에

의 다원주의에 대해 내포주의를 변호하는 Gavin D'Costa, *Theology and Religious Pluralism: The Challenge of Other Religions* (New York: Basil Blackwell, 1986)을 참조하라.

89) Barth, *CD* IV/3.1, 3.

90) Ibid., II/2, 13. "바로 그 긍정은 부정이 들려지지 않는다면 결코 들려질 수 없다. 하지만 부정은 자체를 위해서가 아니라 그 긍정을 위해 말해진다. 그러므로 처음이자 마지막 말은 본질에 있어서 긍정이지 부정이 아니다."

91) Karl Barth, *The Word of God and the Word of Man*, trans. Douglas Horton (New York: Harper & Bros., 1956, 1957), 120.

대한 진리가 아니라, 끔찍한 꿈이다. 그들은 그 꿈에서 깨어날 필요가 있다. "[그리스도] 안에서 하나님을 향한 그와 같은 돌이킴에 참여되지 않은 사람은 없다.···그분과 함께하는 진정한 인간성으로 일으켜지고 고양되지 않은 사람은 아무도 없다."[92] 그럼에도 불구하고 바르트에 따르면 우리는 모든 사람이 구원을 받을 것이라고 확실하게 말할 수 없다. 왜냐하면 그것은 은혜 안에 있는 하나님의 절대적인 자유를 위태롭게 만드는 것이기 때문이다. 바르트는 "교회는 만인구원설을 설교해서는 안 된다"[93]고 주장한다.

위르겐 몰트만은 비록 보편구원에 대해 덜 과묵한 것처럼 보이기는 하지만 바르트와 유사한 해석을 따른다.[94] 바르트처럼 몰트만도 자신의 포괄주의를 인간의 선함보다 하나님의 은혜에 근거시키지만, 바르트와 달리 몰트만은 하나님의 존재에 고통이 필요하다고 설정하며, 바로 그렇게 해서 하나님의 자유로운 결정과 행동으로서의 은혜라는 개념을 위태롭게 만든다. 사실상 몰트만은 하나님의 은혜보다는 인간의 자유의지를 궁극적인 것으로 만들면서 멸절이라는 개념(아래를 보라)을 비판한다. 몰트만은 멸절설을 옹호하는 1995년의 영국 교회 성명서를 겨냥하여 다음과 같이 말한다.

지옥의 논리는 다름이 아니라 인간의 자유의지의 논리다. 후자가 선택의 자유와 동일하다는 점에서 그렇다.···하나님의 사랑은 우리의 자유의지를 보존하기만 하시는가, 아니면 죄의 권세 때문에 부자유하게 된 우리의 노예의지를 해방시키시는가? 하나님은 자유로운 남자와 여자를 사랑하기만 하시는가, 아니면 길을 잃은 남자와 여자를 찾고 계신가? 앵글로 색슨 기독교의 아버지는 분명 아우구스티누스가 아니라, 은밀하게 이 문제를 관장하는 교회 교부이자

---

92) Karl Barth, *CD* IV/2, 271. 이 논점에 관련된 바르트의 견해에 대한 유용한 토론은 George Hunsinger, *How to Read Karl Barth: The Shape of His Theology* (New York: Oxford University Press, 1991), 128-35에서 볼 수 있다.

93) Barth, *CD* II/2, 417.

94) Jürgen Moltmann, "The Logic of Hell," in Bauckham, *God Will Be All in All*, 43-8.

그의 반대자였던 펠라기우스(354-418)다. 그리고 근세의 성인은 루터나 칼뱅이 아니라 에라스무스(1466-1536)다.···첫째 결론은 내게는 비인간적인 것처럼 보인다. 왜냐하면 자신의 영원한 운명이 하늘 또는 지옥과 관련되는 곳에서 자유의지를 향유할 수 있는 사람은 많지 않을 것이기 때문이다.[95]

이 견해를 따른다면 "하나님은 단지 어떤 의지가 효력을 발하게 만드는 장식품에 불과하게 된다."[96] 그래서 몰트만은 이와 대조적으로 "기독교의 지옥 교리는 지옥을 전적으로 허무한 존재로 만드는 현대성 안에서가 아니라, 그리스도의 지옥 강하라는 복음 안에서 발견되어야 한다"고 주장한다.[97] "하나님의 은혜의 진정한 보편성은 '세속적인 인본주의'가 아니라" "십자가 신학"에 근거한다.[98] 여기서 몰트만은 크리스토프 블룸하르트(1842-1919)를 인용한다. "예수께서는 심판은 하지만, 정죄할 수는 없으시다."[99] "심판은 하나님의 마지막 말씀이 아니다.···이와 같은 [새로운 창조]로부터 그 누구도 배제되지 않는다.···**변혁의 은혜는 죄인들을 위한 하나님의 형벌이다.**"[100] 그러므로 바르트의 견해에서와 마찬가지로 진노와 은혜, 율법과 복음, 심판과 칭의는 사실상 구분이 불가능해진다. 나아가 인간 존재는 자신의 정죄를 선택할 만큼 자유롭지 않다. "인간적인 자유의 현실성을 규정하는 것은 선택의 권리가 아니다. 오히려 그것은 선을 행하는 것이다."[101]

클라크 피녹(1937-2010)과 존 샌더스(1956-)와 같은 복음주의적 아르미니우스주의자들은 하나님의 속성들 전부가 하나님의 사랑에 부속되며, 하

---

95) Ibid., 44. 이 인용은 영국교회 교리 위원회의 *The Mystery of Salvation: The Story of God's Gift* (London: Church House Publishing, 1995)를 검토하고 있다.
96) Ibid., 45.
97) Ibid., 46.
98) Ibid., 47.
99) Ibid.에서 재인용.
100) Ibid. 강조는 첨가된 것임.
101) Ibid.

나님의 목적은 모든 사람의 구원이라는 전제를 공유한다. 실제로 피녹은 이 논제들이 전제나 "공리"로서 기능을 행사하지만, 그것들의 주석은 반드시 검토되어야 한다는 사실을 인정하기는 한다.[102] 하지만 이들은 구원이 개인 들의 자유의지에 달려 있고 구원의 계시는 복음과 별개로, 심지어 "은혜의 수단"인 다른 종교들 안에서도 발생할 수 있다고 주장한다.[103] 그러므로 바 르트와 몰트만이 포괄주의를 그리스도 안에 있는 하나님의 보편적 예정의 은혜 개념에 근거시키는 곳에서 피녹의 포괄주의는 심지어 그리스도에 대 한 명확한 믿음과는 별도로, 믿음에 반응하는 그 사람들에게 하나님의 은혜 가 보편적으로 접근 가능하다는 개념에 근거해 있다. 피녹이 인정하는 것처

---

102) Clark Pinnock, "Overcoming Misgivings about Evangelical Inclusivism," *Southern Baptist Journal of Theology* 2, no. 2 (Summer 1998): 33-4. 피녹은 "그것 [내포주의]에 대한 증거는 만족할 만큼 많지는 않다"고 언급한다. 하지만 피녹은 "그 러나 그곳에 있는 하나님의 사랑의 비전은 너무 강해서 내게는 존재하는 증거가 충분 해 보인다"고 덧붙인다(35).

103) 이 논제들은 클라크 피녹의 다음의 저술에서 변호된다. "An Inclusivist View," in Okholm and Phillips, *Four Views on Salvation*, 251-54; *A Wideness in God's Mercy: The Finality of Jesus Christ in a World of Religions* (Grand Rapids: Zondervan, 1992); "Acts 4:12 No Other Name under Heaven," in *Through No Fault of Their Own? The Fate of Those Who Have Never Heard*, ed. William Crockett and James Sigountos (Grand Rapids: Baker, 1991), 114. 또 한 John Sanders, *No Other Name: An Investigation into the Destiny of the Unevangelized*, ed. Gabriel Fackre, Ronald H. Nash, and John Sanders (Grand Rapids: Eerdmans, 1992); Sanders, "Inclusivism," in *What about Those Who Have Never Heard? Three Views on the Destiny of the Unevangelized* (Downers Grove, IL: InterVarsity, 1995)를 보라. 또한 Amos Yong, *Beyond the Impasse: Toward a Pneumatological Theology of Religions* (Grand Rapids: Baker, 2003); Stanley J. Grenz, "Toward an Evangelical Theology of Religions," *Journal of Ecumenical Studies* 31 (Winter-Spring 1995): 49-65를 보라. 복음주의 써클 안 에서 내포주의에 대한 보다 아우구스티누스적인 (그리고 신중한) 해석은 John Stackhouse, *What Does It Mean to Be Saved? Broadening Evangelical Horizons of Salvation* (Grand Rapids: Baker Academic, 2002)과 Terrence L. Tiessen, *Who Can Be Saved? Reassessing Salvation in Christ and World Religions* (Downers Grove, IL: InterVarsity, 2004)에서 제시된다.

럼 그의 포괄주의는 특별히 칼 라너의 "익명의 기독교인" 개념과 제2차 바티칸 공의회에 빚을 지고 있다.[104] 하나님께서 성서적인 계시 밖에서도 구원의 방식으로 자신을 계시하신다는 생각을 변호하기 위해 피녹은 멜기세덱, 욥, 그리고 바울이 사도행전 17장에서 이교 시인을 인용하는 사례들에 호소한다.[105]

멸절

몇몇 기독교인들은 지옥의 실재성에 대한 주석적 증거가 보편구원과 양립한다는 것은 불가능하다고 결론을 내린다. 멸절설이 제기하는 질문은 하나님의 긍휼의 범위가 아니라 지옥의 성격이다. 멸절설자들은 영원한 의식적인 고통의 개념이 영혼불멸이라는 그리스의 가르침에 근거한 것이라고 주장한다. (필립 휴스[1915-1990]와 같은) 몇몇 멸절설자들은 (오직 그리스도에 대한 명확한 믿음을 통해서만 구원을 받는다고 주장하는) 배타주의자들로 간주될 수 있을 것이지만, (클라크 피녹과 같은) 다른 사람들은 포괄주의자들이다. 동시에 멸절설자들은 종종 다양한 구절들의 가르침으로부터 믿지 않는 자들이 마지막 날 영원하고 의식적인 고통을 위해서가 아니라 파멸(두 번째 사망)을 위해 부활한다는 해석을 이끌어낸다. 그들은 멸망당할 것이기 때문에 성서는 여전히 "그들의 연기가 영원히 올라간다"는 것과 영원히 멸절될 그들의 존재에 대해 묵시적인 용어로 말할 수 있다. 하지만 이것이 영원히 지속하는 의식적인 형벌을 함축할 필요는 없다.[106]

---

104) Pinnock, "Overcoming Misgivings," 34.

105) Ibid., 35-6.

106) 이 관점에서 영원한 형벌을 가장 포괄적으로 다룬 것 중의 하나는 Edward W. Fudge, *The Fire That Consumes: A Biblical and Historical Study of the Doctrine of Final Punishment* (Fallbrook, CA: Providential, 1982)이다. Robert A. Peterson, *Hell on Trial: The Case for Eternal Punishment* (Phillipsburg, NJ: P&R, 1995)를 포함하여 다양한 연구가 휴의 논지와 사려 깊게 상호작용한다. Edward W. Fudge and Robert A. Peterson, *Two Views on Hell: A Biblical and*

역사적으로 멸절설은 단지 재림교회, 여호와의 증인, 그리고 그리스도 형제단에서만 주장되었다. 하지만 보다 최근에 멸절설은 특별히 존 웬함 (1913-1996)과 필립 휴스 등의 영국 복음주의자에게서 세력을 얻었는데, (아마도) C. S. 루이스(1898-1963)와 잠정적으로는 존 스토트(1921-2011)도 여기에 포함된다.[107] 멸절설의 가장 논쟁적인 옹호자로서는 클라크 피녹과 에드워드 퍼지(1944-)를 들 수 있다.[108]

멸절설자들은 영원한 형벌 대신에 **조건적 불멸성**을 주장한다. 최종적인 부활과 심판의 때에 불멸의 하나님께서는 믿는 자들에게 불멸성을 부여하시고 믿지 않는 자들에게는 멸망을 선언하실 것이다. 사탄과 거짓 예언자들은 지옥에서 영원한 의식 가운데 고통을 당할 것이지만, 그들 외에 다른 어떤 사람도 그렇게 되지 않을 것이다(계 14:9-11; 20:10). 예수께서 불을 "영원하고" "꺼지지 않는" 것으로 묘사하는 것(마 3:12; 18:8; 25:41; 눅 3:17)은 멸절로 해석될 수 있다. 이 견해의 지지자들은 보다 적극적으로 믿지 않는 자들이 멸망한다고 말하는 구절(요 3:16), 그리고 그들이 멸절된다고 말하는 구절(마 10:28)에 호소한다. 나아가 이들은 요한계시록 20장에서 언급된 "두 번째 사망"은 단지 그런 멸절을 가리킬 뿐이라고 믿는다. 이와 비슷하게 마태복음 10:28에서 예수께서는 자신의 말씀을 듣는 사람들에게 "몸과 영혼을 능히 지옥에 멸하실 수 있는 이를 두려워하라"고 경고하신다.

Theological Dialogue (Downers Grove, IL: InterVarsity, 2000); Christopher W. Morgan and Robert A. Peterson, eds., Hell under Fire: Modern Scholarship Reinvents Eternal Punishment (Grand Rapids: Zondervan, 2004) 참조.

107) 존 스토트의 견해에 대해 David L. Edwards and John Stott, Essentials: A Liberal-Evangelical Dialogue (Downers Grove, IL: InterVarsity, 1988), 314-20을 보라.

108) Clark Pinnock, "The Conditional View," in Crockett, Four Views on Hell, 135-66; Edward Fudge, The Fire That Consumes: A Biblical and Historical Study of Final Punishment (Fallbrook, CA: Verdict, 1982).

마지막 심판에 대한 전통적 견해의 재고

종말의 상태에 대한 기독교의 전통적인 견해를 지지하는 사람들은 상당한 양의 주석과 신학적 논증에 의지해 왔다.[109] 첫째, 서로 다른 형태의 "보편구원론"을 구분하는 것이 중요하다. 오리게네스의 교리는 플라톤적이고 (비록 시대착오적이기는 하지만) 다소 펠라기우스적이라고 특징지을 수 있는 반면에, 바르트와 몰트만의 견해는 "아우구스티누스적 보편주의"라고 묘사하는 편이 나을 것이다.[110] 사실상 바르트와 몰트만의 견해는 초(超)아우구스티누스주의(나아가 초칼뱅주의)다. 최소한 전통적인 아우구스티누스주의자들(배타주의자들)에게는 일반적으로 그리스도를 믿는 믿음과 구별되는 별도의 구원이란 없다. 그것은 신적인 은혜에 대한 인간적 의지의 펠라기우스적인 승리 때문이 아니라, 원하는 자에게 자비를 보이시고 선택받지 못한 자들에게는 복음의 거절에 대한 책임을 물으시는 하나님의 자유 때문이다.

바르트와 그의 학파에 따르면 이 견해의 한 가지 실천적인 결과는 하나님의 주권적·선택적·불가항력적 은혜에 대한 강한 객관적인 교리다. 유일

---

109) 이에 더하여 다음 자료들을 추천할 수 있다. Ronald Nash, *Is Jesus the Only Savior?* (Grand Rapids: Zondervan, 1994); R. Douglas Geivett, "Is Jesus the Only Way?" in *Jesus under Fire: Modern Scholarship Reinvents the Historical Jesus*, ed. Michael J. Wilkins and J. P. Moreland (Grand Rapids: Zondervan, 1995); and R. Douglas Geivett and W. Gary Phillips, "A Particularist View: An Evidentialist Approach," in *Four Views on Salvation* D. A. Carson, *The Gagging of God: Christianity Confronts Pluralism* (Grand Rapids: Zondervan, 1996); Ajith Fernando, *The Supremacy of Christ* (Wheaton: Crossway, 1995); Paul R. House and Gregory A. Thornbury, eds., *Who Will Be Saved? Defending the Biblical Understanding of God, Salvation, and Evangelism* (Wheaton: Crossway, 2000); Douglas Moo, "Romans 2: Saved Apart from the Gospel?" in *Through No Fault of Their Own?* 137-5; Daniel Strange, *The Possibility of Salvation among the Unevangelized: An Analysis of Inclusivism in Recent Evangelical Theology* (Carlisle, UK: Paternoster, 2002).

110) See Oliver D. Crisp, "Augustinian Universalism," *International Journal for Philosophy of Religion* 53 (2003): 127-45.

무이하게 예정되신 자인 그리스도 안에서 모든 사람이 각각 선택되었다. 그러므로 이 사실에 대해서는 의심의 여지가 있을 수 없다. 모든 사람은 그리스도 안에서 최소한 원칙적(*de jure*)으로는 이미 구원을 받았다.[111] 하지만 바르트는 그와 동시에 하나님의 자유를 제한할 것을 두려워하여 사실상(*de facto*)의 보편적 구원은 인정하기를 거절하면서, 교회사에서는 처음으로, 무조건적으로 선택을 받은 자들 중 일부는 그럼에도 불구하고 최종적으로 정죄될 수 있다고 주장했다. 이 최종적인 물음표는 전통적인 견해에서 바르트와 관련된 분열을 넘어 하나님의 신비로운 은폐, 그리고 그리스도 안에서의 계시 사이의 간격을 열어 보이고 있다.

브룬너는 바르트와 마찬가지로 전통적인 아우구스티누스적 예정론을 강하게 반대하지만, 신약성서에 따라 오직 예정된 자들만이 "그리스도 안에" 있으며 그들이 "믿는 자들"임을 인정한다.[112] 브룬너는 바르트가 인간의 책임을 신인협력설로 오해했다고 말한다.[113] 브룬너에 따르면 바르트는 성서에 나오는 구원의 조건들을 무시하는 것 외에도 "하나님의 거룩성과 사랑의 변증법에 근거한 역동적 생명의 긴장을 일원론적인 **도식**에 의해" 제거한다.[114] 브룬너는 우리가 예수 그리스도 안에서 하나님의 사랑과 거룩성의 일치를 인식해야 한다고 확신한다. "그러나 예수 그리스도의 바깥, 그리고 믿음의 바깥에서 하나님의 거룩성은 하나님의 사랑과 동일하지 않으며, 오히려 **그곳에는** 하나님의 진노가 있다. **그곳에서** '자신 안에서의' 하나님의 존재는 '우리를 위한' 하나님의 존재와 동일하지 않다. **그곳에서** '위대한 비움'(nuda majestas)은 불가해하고 헤아릴 수 없는 신비로만 머문다. **그곳에는** 선택이 없으며 거부와 심판과 정죄…만 있다."[115]

---

111) Barth, *CD* IV/3, 811.

112) Emil Brunner, *Dogmatics*, vol. 1, *The Christian Doctrine of God*, trans. Olive Wyon (Philadelphia: Westminster, 1946), 315.

113) Ibid., 316.

114) Ibid., 334, 336.

115) Ibid., 337. 브룬너는 "…하지만 어떤 영원한 작정도 없다"(생략 부호는 나의 것임)라

포괄적인 입장과 관련하여, 계시가 구약성서의 그림자로부터 신약성서의 현실로 진전하기는 했지만 믿음의 대상은 여전히 동일하다는 사실이 언급되어야 한다. 열방의 종교들은 이스라엘 역사 전체를 통해 우상숭배로 간주된다. 순교자 유스티누스 이래로 몇몇 기독교인들은 모세와 예언자들이 유대인들을 준비시켰듯이, 이방의 철학자들이 이방인들 가운데 그리스도를 위한 길을 준비시켰다고 주장했다. 하지만 이것은 일반계시를 특별계시와 혼동하는 것이며, 율법을 복음과 혼동하는 것이다. 나아가 비평가들은 멜기세덱과 다른 사례들을 "고귀한 이방인들"로 해석하는 데 따르는 문제점을 자주 지적한다.[116]

이와 동시에 여러 교단의 개신교인들은 그리스도에 대한 명시적인 믿음과 분리된 구원이 절대로 존재하지 않는다고까지는 주장하지 않았다. 하나님께서 원하는 자들에게 긍휼을 베푸실 수 있는 신적인 자유에 대해 인간적 절차를 따르라고 주장하는 대신, 개혁교회는 다음과 같이 가르친다. 즉 신자의 자녀들은 은혜의 언약 안에서 부모들과 함께 포함되어 있기 때문에, 도르트 신조의 언어로 표현하자면, "경건한 부모들은 자녀의 선택과 구원을

고 덧붙인다.

116) 상서롭지만 수수께끼 같은 인물인 멜기세덱에 대해 James L. Kugel, *Traditions of the Bible: A Guide to the Bible as It Was at the Start of the Common Era* (Cambridge: Harvard University Press, 1988), 276-78을 보라. 욥과 아브라함의 관계가 정확하게 어떤 것이든지 간에, 시 8:4에 대한 욥의 언급(욥 7:17-18) 그리고 12장(21-24절)에서 시 107:40의 직접 인용은 욥을 단호히 하나님의 언약 공동체 안에 위치시킨다. 내포주의자들이 종종 제시하는 사례들은 *Faith Comes by Hearing: A Response to Inclusivism*, ed. Christopher W. Morgan and Robert A. Peterson (Downers Grove, IL: IVP Academic, 2008)에 각각 주의 깊게 다루어진다. 우리가 바울이 아테네에서 이교도 시인의 글을 인용하는 것(행 17장)을 어떻게 해석하든지 간에, 그 인용들은 바울의 주된 논점의 분명한 이해에 봉사한다. 그것은 "무지하던 시대에" 하나님께서 아무리 관대하셨다고 해도 이 마지막 시대에 그리스도께서 나타나신 것은 모든 사람으로 하여금 핑계할 수 없게 한다(행 17:30-31)는 논점이다. 사도행전이라는 책 전체를 통해 발견되는 선교적인 기획에 일종의 긴급성을 부여하는 것은 그리스도의 결정적인 사역과 다가오는 심판의 보편적이고 공적인 성격이다.

의심하지 않아야 한다. 유년기에 그들을 이 세상의 삶으로부터 불러내는 것은 하나님을 기쁘시게 한다(창 17:7; 행 2:39; 고전 7:14)."[117] 이와 비슷하게 웨스트민스터 신앙고백서도 가시적인 교회 바깥에 "구원의 어떤 **정규적인** 가능성도 없다"(강조는 첨가된 것)라고 주장할 때, 그것은 고대의 형식에 중요한 경고를 삽입한 셈이 된다.[118]

마지막으로 멸절과 관련하여 구원받은 자와 잃어버린 자의 최종적인 분리에 대한 예수의 가르침은 형벌과 생명을 똑같이 영원한 것으로 다루는 듯이 보인다. "그들은 영벌에, 의인들은 영생에 들어가리라!"(마 25:46) 우리의 결론과는 상관없이, 전통적인 견해의 주도적인 지지자들은 자신들의 주석적 논증의 근거를 위해 그리스적인 불멸성 개념에 호소하지는 않는다.

결론

이 장의 주제들이 수천 년 동안 토론되어왔다는 것은 성서적 종말론의 필연적인 중요성에 대한 작은 증빙이 될 것이다. 후천년설과 무천년설의 극단적인 버전은 최소한 복음주의적 종말론 안에서는 보다 "중도적인" 노선을 취하는 역사적 전천년설자들(점진적 세대주의자들을 포함한)과 무천년설자들의 입장에 길을 내주고 있다고 말할 수 있다. 하지만 전통적인 세대주의의 활기 찬 역동성은 종종 주석과 허구 사이의 구분을 흐리는, 말세에 대한 복음주의적·대중적인 책들과 영화의 엄청난 성공에서 분명히 드러난다.[119]

---

117) Canons of Dort, 1.17, in the *Psalter Hymnal: Doctrinal Standards and Liturgy of the Christian Reformed Church* (Grand Rapids: CRC Publications, 1976), 95. 또한 다윗의 일주일 만에 죽은 아들의 예가 있다. "나는 그에게로 가려니와 그는 내게로 돌아오지 아니하리라"라고 다윗은 말했다(삼후 12:23).

118) The Westminster Confession of Faith, 25장, *Trinity Hymnal*, revised ed. (Atlanta: Great Commission Publications, 1990), 863.

119) 홀 린지의 *The Late Great Planet Earth*, new ed. (Grand Rapids: Zondervan,

나아가 암묵적인 후천년설은 최근 복음주의자들 사이에서 되살아난 것으로 보이는데, 특별히 브라이언 맥라렌(Brian McLaren, 1956-), 톰 라이트(N. T. Wright, 1948-), 그리고 짐 월리스(Jim Wallis, 1948-)의 영향력을 통해 그렇다. 이 질문들에 대해 우리가 어떤 입장을 취하든지 간에 헤르만 리델보스는 우리에게 이렇게 상기시킨다. "하나님 나라의 '이미'와 '아직'의 측면을 함께 주장하는 것은 복음을 이해하기 위한 근본적인 전제조건 가운데 하나다."[120]

1998)은 미국에서 1970년대에 가장 많이 팔린 책이었으며, 팀 라하이와 제리 젠킨스의 *Left Behind* 시리즈는 1990년대 베스트셀러 목록의 상위를 차지했다.

120) Ridderbos, *Coming of the Kingdom*, 106.

참고도서

일반서

Bauckham, Richard, ed. *God Will Be All in All: The Eschatology of Jürgen Moltmann*. Edinburgh: T&T Clark, 1999.

Boyer, Paul. *When Time Shall Be No More*. Cambridge: Harvard University Press, 1994.

Hill, Charles E. *Regnum Caelorum: Patterns of Millennial Thought in Early Christianity*. Grand Rapids: Eerdmans, 2001.

McGinn, Bernard. T*he Calabrian Abbot: Joachim of Fiore in the History of Western Thought*. New York: Harper & Row, 1985.

Moltmann, Jürgen. *The Coming of God: Christian Eschatology*. Translated by Margaret Kohl. Minneapolis: Fortress, 1996.

Ridderbos, Herman. *The Coming of the Kingdom*. Translated by H. de Jongste. Edited by Raymond O. Zorn. Philadelphia: P&R, 1962.

Schweitzer, Albert. *The Quest of the Historical Jesus: A Critical Study of Its Progress from Reimarus to Wrede*. Translated by William Montgomery. Minneapolis: Augsburg Fortress, 2001.

천년왕국의 전망들

무천년설

Beale, G. K. *The Book of Revelation: A Commentary on the Greek Text*. Grand Rapids: Eerdmans, 1998.

Johnson, Dennis. *Triumph of the Lamb: A Commentary on Revelation*. Phillipsburg, NJ: P&R, 2001.

Riddelbarger, Kim. *A Case for Amillennialism*. Grand Rapids: Baker, 2003.

Venema, Cornelis. *The Promise of the Future*. Edinburgh: Banner of Truth, 2000.

후천년설

Davis, John Jefferson. *The Victory of Christ's Kingdom: An Introduction to Postmillennialism*. Moscow, ID: Canon, 1996.

Mathison, Keith. *An Eschatology of Hope*. Phillipsburg, NJ: P&R, 1999.

역사적 전천년설

Blomberg, Craig, and Sung Wook Chung, eds. *The Case for Historic Premillennialism: An Alternative to "Left Behind" Eschatology*. Grand Rapids: Baker Academic, 2009.

Ladd, George Eldon. *The Blessed Hope*. Grand Rapids: Eerdmans, 1956.

세대주의적 전천년설

Blaising, Craig A., and Darrell L. Bock. *Progressive Dispensationalism*. Grand Rapids: Baker Academic, 2000.

Ryrie, Charles. *Dispensationalism*. Revised and expanded. Chicago: Moody, 2007.

브라이언 브록(Brian Brock, Ph.D., King's College, London)은 애버딘 대학교의 도덕과 실천신학 교수다. 저서로는 *Christian Ethics in a Technological Age*와 *Singing the Ethos of God* 등이 있다.

스티븐 R. 홈즈(Stephen R. Holmes, Ph.D., King's College, London)는 세인트앤드루스 대학교의 조직신학 교수다. 저서로는 *Listening to the Past: The Place of Tradition in Theology* 외에 다수의 논문이 있다.

마이클 호튼(Michael Horton, Ph.D., University of Coventry and Wycliffe Hall, Oxford)은 웨스트민스터 신학교에서 조직신학과 변증학을 가르치는 J. Gresham Machen 석좌교수다. *Covenant and Eschatology*와 *The Christian Faith*를 포함하여 15권 이상의 책을 저술하거나 편집했다.

켈리 M. 케이픽(Kelly M. Kapic, Ph.D., King's College, London)은 카버넌트 대학의 신학 교수다. *Communion with God: The Divine and the Human in John Owen's Theology*와 *God So Loved He Gave: Entering the Movement of Divine Generosity*를 포함하여 수많은 논문과 책의 저자 또는 편집자다.

벨리-마티 카르카넨(Veli-Matti Kärkkäinen, Dr.theol., University of Helsinki) 은 풀러 신학교의 조직신학 교수다. 다수의 편집위원회 위원으로 봉사하고 있으며 *The Doctrine of God: A Global Introduction*과 *Pneumatology: The Holy Spirit in Ecumenical International and Contextual Perspective*를 포함하여 여러 책의 저자다.

리처드 린츠(Richard Lints, Ph.D., University of Notre Dame)는 고든-콘웰 신학교의 Andrew Mutch 신학 석좌교수다. 그는 미국 장로교회(PCA)에서 안수 받은 목회자이며 *Renewing the Evangelical Mission*과 *The Fabric of Theology*를 포함한 여러 책의 저자 또는 편집자다. 예일 신과대학, 노트 르담 대학교, 그리고 웨스트민스터 신학교를 포함하여 여러 학교에서 가르 쳤다.

브루스 L. 맥코맥(Bruce L. McCormack, Ph.D., Princeton Theological Seminary; Dr.theol. h.c., Friedrich Schiller University)은 프린스턴 신 학교의 Charles Hodge 조직신학 석좌교수다. 그는 세계적으로 유명한 바 르트 학자이며 *Karl Barth's Critically Realistic Dialectical Theology*와 *Engaging the Doctrine of God*를 포함하여 많은 책의 저자 또는 편집자다.

리처드 R. 아스머(Richard R. Osmer, Ph.D., Emory University)는 프린스턴 신학교의 Thomas W. Synnott 기독교 교육학 석좌교수다. 그는 미국 연합 장로교회(PCUSA) 목사이며 *The Teaching Ministry of Congregations*와 *Practical Theology: An Introduction*의 저자다.

프레드 샌더스(Fred Sanders, Ph.D., Graduate Theological Union)는 바이올 라 대학교 Torrey Honors Institute의 신학 교수다. *Jesus in Trinitarian Perspective*와 *The Image of the Immanent Trinity*의 저자다.

캐서린 손더레거(Katherine Sonderegger, Ph.D., Brown University)는 버지니아 신학교의 신학 교수이며 미국 성공회 사제다. 그녀는 *That Jesus Christ Was Born a Jew: Karl Barth's "Doctrine of Israel"*의 저자이며 현재 조직신학 책을 저술하고 있다.

대니얼 J. 트라이어(Daniel J. Treier, Ph.D., Trinity Evangelical Divinity School)는 휘튼 대학의 신학교수다. 그는 *Introducing Theological Interpretation of Scripture and Ecclesiastes and Proverbs*(Brazos Theological Commentary Series)의 저자이며 *Dictionary for Theological Interpretation of the Bible*의 편집자를 역임했다.

케빈 J. 밴후저(Kevin J. Vanhoozer, Ph.D., University of Cambridge)는 휘튼 대학의 Blanchard 석좌교수다. *Remythologizing Theology, The Drama of Doctrine, Dictionary of Theological Interpretation of Scripture* (with Craig Bartholomew, Daniel J. Treier, and N. T. Wright), *Hermeneutics at the Crossroads* (with James K. A. Smith and Bruce Ellis Benson), *The Cambridge Companion to Postmodern Theology* 등 다수의 책을 저술하고 편집했다.

존 웹스터(John Webster, Ph.D., University of Cambridge)는 애버딘 대학교의 조직신학 학과장이다. *International Journal of Systematic Theology*의 공동 발행인 겸 편집자이며 2005년에 에딘버러 왕립 학술원의 회원으로 선출되었다. *Holy Scripture: A Dogmatic Sketch, Holiness*와 *Barth's Early Theology*를 포함하여 다수의 책을 저술하였다.

인명 및 주제 색인

루이스, C. S.(Lewis, C. S.) 411, 658

루터, 마르틴(Luther, Martin) 24, 27n12, 140, 226n29, 324, 331, 399, 419, 465-466, 470, 472-473, 478, 479, 484-486, 547, 604, 610

뤼박, 앙리 드(Lubac, Henri de) 153, 394

류터, 로즈마리 래드포드(Ruether, Rosemary Radford) 72, 611n164, 650

리델보스, 헤르만(Ridderbos, Herman) 634n27, 637n35, 663n120

리즈, 티모시(Rees, Timothy) 93

리츨, 알브레히트(Ritschl, Albrecht) 44, 107, 289-295, 298, 310-311, 448-452, 630-631

리쾨르, 폴(Ricoeur, Paul) 140-141, 152n74, 229n36

리프, 필립(Rieff, Phillip) 229, 230n38

린드벡, 조지(Lindbeck, George) 164, 165, 530

린지, 홀(Lindsey, Hal) 633n22, 647, 662n119

ㅁ

마네르마, 투오모(Mannermaa, Tuomo) 478-480, 484-487

마레칼, 조셉(Marechal, Joseph) 76n64

마르크스, 칼(Marx, Karl) 401, 420, 422, 629, 640

마르하이네케, 필립(Marheineke, Philip) 284

매킨토시, H. R.(Mackintosh, H. R.) 20n2, 46n41

매트스, 마크(Mattes, Mark C.) 640, 641

맥라렌, 브라이언(McLaren, Brian) 663

맥머레이, 존(Macmurray, John) 218n8, 219n10, 220

맥아더, 존(MacArthur, John, Jr.) 633n22

맥코맥, 브루스(McCormack, Bruce L.) 146n60, 148n64, 149n68, 150n69, 294n55, 457n49, 469n79

맥킴, 도날드(McKim, Donald) 156

맥페이그, 샐리(McFague, Sallie) 176, 209

머서, 조이스 앤(Mercer, Joyce Ann) 554

메엔도르프, 존(Meyendorff, John) 482, 604nn125,129, 606n138

멘지스, 로버트(Menzies, Robert) 397n10

모리스, F. D.(Maurice, F. D.) 500

모리스, 레온(Morris, Leon) 339, 347

모트, 존(Mott, John R.) 598

몰트만, 위르겐(Moltmann, Jürgen) 57-60, 63-64, 74, 101n9, 108, 120, 299, 306, 328n61, 330, 333, 334, 399n14, 431-432, 590-591, 637-639, 640-644, 654-656, 659

  무감정(impassibility)에 관하여 120n55
  보편구원에 관하여 654-657, 659-660
  삼위일체에 관하여 55-59, 63-66, 73-74, 101n9
  성령에 관하여 430-433
  속죄에 관하여 328n61, 332-334
  의 교회론 590-593
  의 종말론 637-644
  하나님의 속성에 관하여 108-109

묄러, 요한 아담(Möhler, Johann Adam) 580-581

무디, D. L.(Moody, D. L.) 632-633

뮌처, 토마스(Müntzer, Thomas) 627, 641

밀뱅크, 존(Milbank, John) 412, 480, 487

밀턴, 존(Milton, John) 628

ㅂ

바르멘 선언(Barmen Declaration) 150, 421, 589

현대신학 지형도

조직신학 각 주제에 대한 현대적 개관

Copyright © 새물결플러스 **2016**

1쇄 발행 2016년 8월 25일
3쇄 발행 2023년 10월 15일

엮은이 켈리 M. 케이픽, 브루스 L. 맥코맥
옮긴이 박찬호
펴낸이 김요한
펴낸곳 새물결플러스

편 집 왕희광 정인철 노재현 이형일 나유영 노동래
디자인 황진주 김은경
마케팅 박성민
총 무 김명화 이성순
영 상 최정호 곽상원
아카데미 차상희

홈페이지 www.holywaveplus.com
이메일 hwpbooks@hwpbooks.com
출판등록 2008년 8월 21일 제2008-24호
주 소 (우) 04114 서울시 마포구 신촌로28가길 29
전 화 02) 2652-3161

ISBN 979-11-86409-69-5 93230

책값은 뒤표지에 있습니다.